WITHDRAWN
HARVARD LIBRARY
WITHDRAWN

CLUNY

WEGE DER FORSCHUNG

BAND CCXLI

1975

WISSENSCHAFTLICHE BUCHGESELLSCHAFT

DARMSTADT

CLUNY

BEITRÄGE ZU GESTALT UND WIRKUNG
DER CLUNIAZENSISCHEN REFORM

Herausgegeben von
HELMUT RICHTER

1975
WISSENSCHAFTLICHE BUCHGESELLSCHAFT
DARMSTADT

Ⓦ Bestellnummer 4664

© 1975 by Wissenschaftliche Buchgesellschaft, Darmstadt
Satz: Maschinensetzerei Janß, Pfungstadt
Druck und Einband: Wissenschaftliche Buchgesellschaft, Darmstadt
Printed in Germany
Schrift: Linotype Garamond, 9/11

ISBN 3-534-04664-1

INHALT

Vorwort. Von Helmut Richter VII

Das Kloster des hl. Odilo (1962). Von Jacques Hourlier O.S.B. 1

Cluny und Gregor VII. (1911). Von Lucy Margaret Smith 22

Die Cluniazensische Spiritualität (1945). Von Hugh Talbot O. Cist. 43

Cluny und der Begriff des religiösen Ordens (1950). Von Jacques Hourlier O.S.B. 50

Cluniazensische oder gorzische Reformbewegung? (Bericht über ein neues Buch.) (1952). Von Theodor Schieffer . . 60

Zur geistigen Welt der Anfänge Klunys (1954). Von Kassius Hallinger 91

Zum Wesen der Cluniacenser. Skizzen und Versuche (1958). Von Gerd Tellenbach 125

Das cluniazensische Mönchtum in der politischen und kirchlichen Welt des 10. und 11. Jahrhunderts (1960). Von Cinzio Violante 141

Cluny und der Investiturstreit (1961). Von Theodor Schieffer 226

Zur Geschichte des Lebens in Cluny (1962). Von Jean Leclercq 254

Von Cluny zum Investiturstreit (1963). Von Hartmut Hoffmann 319

Das Reformmönchtum und die Laien im elften und zwölften Jahrhundert (1968). Von Gerd Tellenbach 371

Plan des Klosters Cluny (1958). Nach Kenneth J. Conant 400/401

Bibliographie (in Auswahl). Von Helmut Richter . . . 401

VORWORT

Daß der Versuch, den „Weg der Forschung" anhand einer begrenzten Auswahl einzelner Aufsätze nachzuzeichnen, problematisch ist, hat bereits der Herausgeber des ersten Bandes dieser Reihe, Hellmut Kämpf, empfunden und ausgedrückt.[1] Einige von den Gründen, die 1956 dazu geführt haben, den ersten Band dieser Reihe trotzdem zu wagen, sind auch heute noch gültig: noch immer ist es für Lehrende und Lernende nötig, sich einen Überblick über die „Fragestellung der Forschung in ihrem Entwicklungsgang" zu verschaffen, noch immer ist es für manche Bibliotheken schwer, hierzu den bibliographischen Überblick und die benötigten Arbeiten zu liefern. Die Schwierigkeiten, die das Lektorat der Wissenschaftlichen Buchgesellschaft hatte, bei manchen der in diesem Band abgedruckten Arbeiten die Inhaber der Autorenrechte festzustellen, entsprechen denen des interessierten Lesers, an diese Aufsätze auf dem Weg über die zuständigen Bibliotheken heranzukommen.

Trotz dieser — und anderer — Gemeinsamkeiten zwischen dem ersten Band der Reihe und einem des dritten Hunderts ist die Ausgangssituation doch ganz anders. Waren dort noch Beiträge von deutschen Forschern zu einem Thema zusammengestellt, das gerade in den Jahren nach dem Zweiten Weltkrieg in einem Akt der Wiederfindung eigenen Selbstverständnisses besonders interessierte, so ist die derzeitige Beschäftigung mit dem Phänomen Cluny gerade durch ihre Internationalität gekennzeichnet. Gerade weil der cluniazensische Klosterverband die nationalen Grenzen überwand und im Laufe der Zeit zu einem die europäische Geschichte bestimmenden Faktor wurde, bietet er heute für Forscher aller Nationen Ansatzpunkte, sich mit dem Problem Cluny auseinanderzusetzen.

---

[1] Hellmut Kämpf, Die Entstehung des deutschen Reiches, Wege der Forschung Bd. I, Darmstadt 1956, VI.

Dies festzustellen, heißt bereits, sich eine entscheidende Wendung des Weges der Forschung bewußt zu machen.

Es war nicht immer selbstverständlich, daß Historiker aus den verschiedensten Ländern und aus verschiedenen ideologischen Lagern zum Verständnis des Phänomens Cluny beitragen. Als man 1910 das 1000jährige Jubiläum der Klostergründung Clunys beging, wurde es auf französischer Seite immerhin schmerzlich empfunden, daß „fremde Gelehrte" den entscheidenden Beitrag zur Erkenntnis Clunys geliefert hatten.[2]

Auch das zweibändige Sammelwerk, das zu diesem Anlaß erschien, wurde nur mit französischen Beiträgen bestritten, was ihm nicht immer zum Vorteil gereichte — im Gegensatz zu seinen zahlreichen, von internationaler Zusammenarbeit getragenen Nachfolgern.[3] Der Hinweis auf die „fremden Gelehrten" bezog sich offensichtlich auf Sackur und sein Werk[4], das auch heute noch als Ausgangspunkt für den weiteren Weg der Forschung angesehen werden kann.

Sackur hat das zerstreute Quellenmaterial gesammelt und zu einer Geschichte der Entstehung Clunys und seiner äußeren Entwicklung bis zum Jahr 1049 verarbeitet; da er dabei auch andere Zentren der monastischen Reform in seine Darstellung einbezog, vermittelt sein Werk zugleich einen ersten Überblick über die Geschichte der klösterlichen Reformbewegungen.

Die weiteren Stationen auf dem Weg der Forschung sind leicht zu bestimmen. Sackurs Entwicklungsgeschichte Clunys unter den ersten vier Äbten wird ergänzt durch Guy de Valous' Buch über das cluniazensische Mönchtum[5], in dem ein Querschnitt aus der Zeit, als die Cluniazenserklöster sich zu einer Kongregation formiert hatten, und damit über Aufbau und innere Gestalt dieses Verbandes gege-

---

[2] Fernand Cabrol, Zum Millennium von Cluny, Studien und Mitteilungen zur Geschichte des Benediktinerordens 32, 1911, 51—64, hier 51 f.; zuerst erschienen Etudes S. J. 1910, 441—465.

[3] Bibliographie Nr. 1, 2, 47, 51, 157.

[4] Dies geht aus dem ersten Erscheinungsort hervor. Sackurs Werk s. Bibliographie Nr. 184.

[5] Bibliographie Nr. 220.

ben wird. Die Neuauflagen beider Werke zeigen, wie sehr solche Überblicke auch heute noch der Forschung vonnöten sind.

Hat de Valous sich auf die Zeit des ausgehenden 12. Jahrhunderts beschränkt, so hat Kassius Hallinger die innere Gestalt Clunys in den ersten Jahrhunderten seines Bestehens herausgearbeitet und die gewonnenen Ergebnisse dazu genutzt, die einzelnen Reformrichtungen voneinander zu scheiden.[6]

Alle drei Werke haben als Stationen den Verlauf des Weges der Forschung — jedes in seiner Weise — bestimmt. Nach Sackurs Buch war der Begriff „Cluniazensische Reform" festgelegt. In der Folgezeit versuchte man, die feste Größe Cluny mit anderen als genau umrissen empfundenen Kategorien zu verbinden. Hessels Aufsatz über Odo von Cluny und das französische Kulturproblem wäre hier als Musterbeispiel anzuführen[7], weit länger die Forschung beschäftigt hat die Frage nach der Verbindung Clunys mit dem Reformpapsttum. Für die deutsche Forschung wäre hier die die weitere Diskussion stark beeinflussende Arbeit von Brackmann anzuführen[8], auf deren Abdruck nur verzichtet wurde, weil sie zur Zeit der Konzeption dieses Bandes in der Reihe der „Libelli" der Wissenschaftlichen Buchgesellschaft leicht verfügbar war. Statt dessen ist die Arbeit von L. M. Smith aufgenommen worden, die zum ersten Mal nach Sackur diese Frage aufwarf und zu beantworten versuchte.[9]

Bis zu dem vorläufigen Abschluß, den Cowdrey 1970 gegeben hat,[10] wurde das Thema immer wieder von der Forschung angegangen — im vorliegenden Band sind die Beiträge von Schieffer (S. 226—253) und von Hoffmann (S. 319—370) dafür ein Beispiel.

De Valous' Buch hat die Fixierung des Begriffs 'Cluny', wie sie nach Sackurs Werk gegeben war, zunächst nicht erschüttert — eher

---

[6] Bibliographie Nr. 101.
[7] Bibliographie Nr. 110.
[8] Bibliographie Nr. 27.
[9] Siehe S. 22—42. Noreen Hunt, Cluniac monasticism in the central middle ages, London 1971, 242 hat die Aufnahme dieses Aufsatzes kritisiert. Sie ist tatsächlich aus historiographischen Absichten erfolgt, die bei einem Band, der den Weg der Forschung nachzeichnen soll, eher zu vertreten sind als eine Dokumentation nationaler Spitzengelehrsamkeit.
[10] Bibliographie Nr. 56.

noch verstärkt, indem es ebenso monolithisch wie vorher Sackur die äußere Entwicklung nun die innere Organisation des Verbandes vorstellte —, trotzdem aber dahingehend gewirkt, daß man sich in der Folge intensiver mit Fragen des inneren Profiles von Cluny auseinandersetzte. Die knappen ersten Ansätze dazu stellen die Arbeiten von Talbot (S. 43—49) und Hourlier (S. 50—59) dar.

Im Gegensatz zum Werk von de Valous hat Hallingers Untersuchung über Gorze-Kluny [11] dazu geführt, das, was bei Sackur noch als eine monastische Reform, die sich unter dem Namen 'Cluny' begreifen ließ, aufzulösen in eine Vielzahl einzelner, teilweise aufeinander beruhender Reformrichtungen, die sich aber zuletzt auf die beiden Hauptrichtungen monastischer Reform, eben Gorze und Cluny, zurückführen ließen. Gerade die behauptete Polarisierung dieser beiden Reformzentren hat dazu geführt, Momente der beiden Richtungen schärfer zu sehen, als etwas Eigenes zu erkennen und miteinander zu vergleichen. Die Folge war eine Vielzahl von Arbeiten, die sich mit der cluniazensischen Spiritualität und Kultur, der klösterlichen und der Verbandsverfassung, der kirchenreformerischen und der verfassungsrechtlichen Wirksamkeit, der Geschichtsschreibung und der Baukunst Clunys befaßten. Hallinger selbst hat mit seinem Aufsatz über die geistige Welt der Anfänge Klunys (S. 91—124) einen gewichtigen Beitrag dazu geliefert.

Stellt sich demnach der Weg der Forschung nur als eine Auffächerung des anfänglichen Gesamtbegriffes 'Cluny' in einige Reformzweige und eine schärfere Herausarbeitung einzelner Teilgebiete dar, wozu nun eine größere Anzahl von Historikern aus mehr Nationen beiträgt? Läßt sich dann überhaupt noch von *einem* Weg der Forschung sprechen?

Den Arbeiten von Jean Leclercq (S. 254—318) und Gerd Tellenbach (S. 125—140) ist es gelungen, in all den Verästelungen des Weges der Forschung die Hauptlinie wieder sichtbar zu machen. Cluny — so könnte eine Zusammenfassung ihrer Ergebnisse lauten —, das ist die cluniazensische Art des klösterlichen Lebens in einer Einheit aus Wirken, Kultur und Gebet; Wirken und Gebet — das ist in der Hauptsache betendes Einstehen für alle Christen in

---

[11] Bibliographie Nr. 101.

der Welt. Daß dies als konstitutives Element cluniazensischer Wirklichkeit, in die sich die oben angeführten Teilgebiete integrieren lassen, erkannt wurde, ist wohl der Hauptfortschritt, den die Forschung seit Sackur gemacht hat.

Freilich wird damit auch das Tor zu neuen Fragen aufgestoßen. Wer ist „die Welt", für die Cluny eintritt; wie ist das Verhältnis zwischen Kloster und Welt? Versuche zu einer Antwort hat es schon gegeben. Zu nennen ist hier das Buch von Duby[12]; im vorliegenden Band weisen die Beiträge von Violante (S. 141—225) und Tellenbach (S. 371—400) in die gleiche Richtung. In neuerer Zeit versuchen Historiker aus der Schule Gerd Tellenbachs, insbesondere Joachim Wollasch, mit Hilfe der vergleichenden Nekrologforschung eine Antwort zu finden und die Forschung voranzutreiben; dabei wird der Gewißheit Ausdruck gegeben, auf diese Weise zu einem verbindlicheren Bild der klösterlichen Gemeinschaft Cluny gelangen zu können, als dies der bisherigen Forschung möglich gewesen sei.[13]

Sicherlich werden die Antworten auf die neuen Fragen weitere Aufschlüsse über Gestalt und Wirkung Clunys bringen können, sie sollten aber auch Anlaß sein, sich darüber Rechenschaft zu geben, was bisher hierzu geschehen ist. Der vorliegende Band möchte dies etwas erleichtern.

Dem Herausgeber ist es eine angenehme Pflicht, all denen, die ihm mit Rat, Kritik und sonstiger Förderung zur Seite gestanden haben, an dieser Stelle noch einmal zu danken.

Erlangen, im September 1975   Helmut Richter

---

[12] Bibliographie Nr. 66.
[13] Joachim Wollasch, Die Überlieferung cluniazensischen Totengedächtnisses, in: ders. und Karl Schmid, Die Gemeinschaft der Lebenden und Verstorbenen in Zeugnissen des Mittelalters, Frühmittelalterliche Studien 1, 1967, 389—405, hier 397; vgl. ders., Ein cluniazensisches Totenbuch aus der Zeit Abt Hugos von Cluny, Frühmittelalterliche Studien 1, 1967, 406—443, hier 435 f.

Jacques Hourlier O. S. B.: Le monastère de Saint Odilon. In: Analecta monastica VI (Studia Anselmiana 50), Rom 1962, S. 5—21. — Aus dem Französischen übersetzt von Katharina Arndt.

DAS KLOSTER DES HL. ODILO

Von Jacques Hourlier O. S. B.

Zum Verständnis einer bestimmten Form des mönchischen Lebens ist es äußerst nützlich, den Rahmen kennenzulernen, in dem es sich vollzog: Lage, Raum, Gebäude mit ihren Maßen, ihrem Stil und ihrer Anordnung. Wenn man weiß, welcher Plan den Bauten zugrunde lag, welches Verhältnis zwischen Bau und Mensch bestand und welche wirtschaftlichen Einrichtungen vorhanden waren, kann man die Vorschriften der Klosterregel besser beurteilen und den Tagesablauf eines Mönches in seiner konkreten Umwelt verfolgen. Außerdem ist solche Kenntnis oft ein Mittel, zum Seelischen vorzudringen und bestimmte Aspekte der Religiosität zu erkennen. Wilhelm von Saint-Thierry berichtet von seinem Freunde Bernhard, daß der Heilige, nachdem er ein Jahr als Novize in Cîteaux gelebt hatte, nicht wußte, ob das Dormitorium gewölbt war und wie viele Fenster die Apsis hatte.[1] Wir bewundern mit dem Biographen jede Abtötung der Neugier; doch wenn wir den Geist von Clairvaux begreifen wollen, haben wir mehr Gewinn von einem Besuch in Fontenay, dem besten noch erhaltenen Beispiel eines vom hl. Bernhard errichteten Klosters.

Der Grundsatz, den wir damit aussprechen, scheint einleuchtend und banal. Warum haben ihm die Historiker des Mönchtums nicht größere Bedeutung zugemessen? Es sind die Archäologen, die die Klöster untersuchen, doch interessieren sie sich dabei fast nur für die Kunstgeschichte. Seit der Zeit der Romantik, da man es liebte, durch Klostergewölbe schreitende, kapuzentragende Asketen zu beschwören,[2] hat man sich kaum darum bemüht, die Menschen an den Stät-

---

[1] Vita prima Bernardi, I, IV, 20, P. L., 185, 238.

[2] Das Thema wäre eine Untersuchung wert, wie sie über einen ähnlichen Stoff P. Anselme Dimier (La sombre Trappe, St.-Wandrille 1946)

ten, die ihr Leben für Generationen schützend umgeben hatten, sich lebendig vor Augen zu stellen. Zwar verfolgt man die Geschichte der Mönchsorden, untersucht ihre Einrichtungen und widmet sich sogar wirtschaftlichen und gesellschaftlichen Fragen, aber dies alles geschieht ohne jeden Bezug auf das zentrale Element des klösterlichen Lebens, das notwendigerweise das Kloster selber ist.[3] Wir wollten hier kein Manifest vorlegen; wir möchten nur zeigen, welche Blickrichtung wir den folgenden Ausführungen zu geben wünschen. Da sich jetzt einerseits die Untersuchungen über das cluniazensische Mönchtum mehren und anderseits die Archäologen uns in die Lage versetzen, besser als je zuvor eine große Anzahl von Klöstern kennenzulernen, haben wir versucht, die Arbeit der Archäologen zugunsten der Cluny-Forschung zu nutzen. Wir beschränken uns dabei auf einen bestimmten Zeitpunkt in der Geschichte des berühmten Klosters: die Zeit kurz vor dem Tode seines fünften Abtes, des hl. Odilo.

Die *Consuetudines Farfenses* haben uns eine wertvolle Beschreibung vom Kloster des hl. Odilo erhalten.[4] Man kann sie für einige

unternommen hat. Einige schlichte Bemerkungen finden sich bei Chateaubriand, besonders in seiner ›Vie de Rancé‹, sowie bei Vigny (›Le Trappiste‹). Auch Illustrationen tragen das ihre bei (z. B. B. Messager, La Mayenne pittoresque, Laval 1845: pl. 18, Abbaye de Port-du-Salut).

[3] Die Engländer scheinen sich für das Problem, das mönchische Leben in den ihm zugehörigen Rahmen zu stellen, eher zu interessieren. Wir erinnern an das Büchlein von D. H. S. Cranage, The Home of the Monk, Cambridge 1926. — Ausschließlich über den Rahmen mönchischen Lebens gibt es einen schönen Bildband mit einer Reihe sehr eindrucksvoller Ansichten: David Knowles und J. K. St. Joseph, Monastic sites from the air, Cambridge 1952. — Ferner verweisen wir auf Fred H. Crossley, The english Abbey, 2. Aufl., London 1942. — Von den Beiträgen über die Beziehungen zwischen Religiosität und Klosterarchitektur erwähnen wir trotz seiner Unzulänglichkeiten: Francis Cali, La plus grande aventure du monde. L'architecture mystique de Cîteaux (am Beispiel von Le Thoronet), Paris 1956.

[4] Wir haben daran erinnert, warum diese Beschreibung gerade Cluny betrifft: Saint Odilon bâtisseur, in: Revue Mabillon 51 (1961), S. 313. In der gleichen Arbeit haben wir versucht, das Datum des Dokuments zu bestimmen, und haben vorgeschlagen, für diese Beschreibung, die sowohl die

Einzelheiten durch andere Stellen desselben Dokuments oder durch andere Consuetudines und durch Urkunden vervollständigen. Sie lagen den Ausgrabungen zugrunde, sowie den archäologischen Rekonstruktionen;[5] sie begleiten auch uns auf dem Besuch in Cluny. Daher drucken wir hier ihren Text nach der einzigen bekannten Quelle ab.[6] Anstelle eines Kommentars beschreiben wir einen Rundgang durch das Kloster. Wir suchen schließlich zu erfahren, welchen Wert die Mönche diesem Komplex von Bauwerken beimaßen und was er für sie bedeutete.

I. Consuetudines Farfenses (Liber II, c. I)

Ecclesiae longitudinis CXL pedes, altitudinis XL et tres, fenestrae vitrae CLXta. Capitulum vero XL et V pedes longitudinis, latitudinis XXXta et

---

bereits bestehenden als auch die erst geplanten Bauwerke umfaßt, die Jahre um 1033—1035 anzunehmen.

[5] Professor K. J. Conant leitet seit 1927 die archäologischen Arbeiten in Cluny und veröffentlicht das Ergebnis seiner Forschungen in ›Speculum‹. Zu unserem Gegenstand siehe vor allem: Speculum 29 (1954), S. 1: Medieval Academy, Excavations at Cluny, VIII, Final Stages of the Project. — Weitere Schlußfolgerungen daraus zog derselbe Autor in: Carolingian and Romanesque Architecture, 800 to 1200, Harmondsworth 1959, sowie in: Bulletin de la Société nationale des antiquaires de France, 1960, Paris 1962, S. 88—91. — A. Talobre und I. Talobre, La construction de l'abbaye de Cluny, Mâcon 1936, benutzen in großem Maße die Consuetudines, aber ihre archäologischen oder historischen Interpretationen scheinen nicht immer genau zu sein.

[6] Manuskript Vatikan, lat. 6 808. Dom Réginald Grégoire, Mönch von Clervaux, hat dankenswerterweise die Ausgabe von B. Albers, Consuetudines monasticae, Stuttgart 1900, Bd. I, S. 137, mit dem Manuskript kollationiert. — Dom M. Hergott hatte für sein Werk: Vetus disciplina monastica, Paris 1726, S. 87, aus der gleichen Quelle geschöpft: für die *Consuetudines Farfenses* benutzte er gewöhnlich ein Manuskript aus San Paolo fuori le mura; da dieses aber keine Beschreibung des Klosters enthält, mußte er auf das andere Manuskript zurückgreifen, das durch die Benediktiner von St. Maur bekanntgeworden ist (Mabillon, Annales O. S. B., ad. an. 1009).

IIIIor. Ad oriente[m] fenestrae IIIIor; contra septentrionem tres. Contra occidentem XIIcī balcones, et par unumquemque afixe /fol 79/ in e[i]s duo colupmnae (afixe in eis: *2 m. interlin.*). Auditorium XXXta pedes longitudinis; camera vero nonaginta pedes longitudinis. Dormitorium longitudinis CtūLXta pedes, latitudinis XXXta et IIIIor. Omnes vero fenestrae vitreae, quae in eo sunt XCta et VIItē et omnes habent in altitudine staturam hominis, quantum se potest extendere usque ad summitatem digiti, latitudinis vero pedes duo et semissem unum; altitudinis murorum XXti et tres pedes. Latrina //// LXXta pedes longitudinis latitudinis XXti et tres; sellae XL et quinque in ipsa domo ordinatae sunt, et per unamquamque sellam aptata est fenestrula in muro altitudinis pedes duo, latitudinis semissem unum, et super ipsas sellulas compositas strues lignorum, et super ipsas constructionem, lignorum facte sunt fenestrae Xcē et VIItē, altitudinis tres pedes, latitudinis pedem et semissem. Calefactorium XXti et Ve pedes latitudinis, longitudinis eademque mensura. A janua ecclesiae usque ad hostium calefactorii pedes LXXV. Refectorium longitudinis pedes LXXXXta, latitudinis XXV; altitudinem murorum XXti tres, fenestrae vitrae, quae in eo sunt ex utraque parte octo, et omnes habent altitudinis pedes V, latitudinis tres. Coquina regularis XXXta pedes longitudine, et latitudine XXti et V. Coquina laicorum eademque mensura. Cellarii vero longitudo LXXta, latitudo LXta pedes. Aelemosynarum quippe cella pedes latitudinis Xcē, longitudinis LXta ad similitudinem latitudinis cellarii. Galilea longitudinis LXta et quinque pedes et duae turrae ipsius galileae in fronte constitute; et subter ipsas atrium est ubi laici stant, ut non impediant processionem. A(d) porta meridiana usque ad portam aquilonarium pedes CCLXXXta. Sacristiae pedes longitudinis L et VIII cum turre, quae in capite ejus constituta est. Oratorium sanctae mariae longitudinis XL et quinque pedes, latitudinis XXti, murorum altitudinis XXti et tres pedes. Prima cellula infirmorum latitudinem XX et VIItē pedes, long- /f° 79^v/ gitudinem XX et tres cum lectis octo et sellulis totidem in porticum juxta murum ipsius cellulae de foris, et claustra praedictae cellulae habet latitudinis pedes XIIti. Secunda cellula similiter per omnia est coaptata. Tertia eodemque modo. Similiter etiam et quarta. Quinta sit minori ubi conveniant infirmi ad lavandum pedes die sabbatorum: vel illi fratres qui exusti sunt ad mutandum. Sexta cellula praeparata sit ubi famuli servientes illis lavent scutellas, et omnia utensilia. Juxta galileam constructum debet esse palatium longitudinis CtūXXXta et Vq pedes, latitudinis XXXta, ad recipiendum omnes supervenientes homines, qui cum equitibus adventaverint monasterio. Ex una parte ipsius domus sint praeparata XLta lecta et totidem pulvilli ex pallio, ubi requiescant viri tantum, cum latrinis XLta. Ex alia namque parte ordinati sunt lectuli XXXta ubi comitissae vel aliae honestae mulieres pausent, cum latrinis XXXta, ubi solae ipsae suas indigerias procurent. In medio autem ipsius palatii affixae sint mense sicuti refectorii tabulae, ubi aedant tam viri quam mulieres. In festivitatibus sex [?] magnis sit (sit *inter lin.*) ipsa domus adornata cum cortinis et palliis et bamcalibus in sedilibus ipsorum. In fronte ipsius sit alia domus longitudinis pedes XLta et V, latitudinis XXXta. Nam ipsius longitudo pertingant usque ad sacristiam, et ibi sedeant omnes sartores atque sutores ad suendum quod camerarius eis praecipit. Et ut praeparatam habeant ibi tabulam longitudinis XXXta pedes, et alia tabula afixa sit cum ea, quarum latitudo ambarum tabularum habeat VIItē pedes. Nam inter istam mansionem et sacristiam atque aecclesiam, nec non et galileam sit cemeterim, ubi laici sepeliantur. A(d) porta meridiana usque ad portam VIItemtrionalem contra occidentem sit constructa domus longitudinis CCtū LXXXta pedes, latitudinis XXti et V, et ibi constituantur stabulae equorum per mansiunculas partitas, et desuper sit solarium, ubi famuli aedant atque dormiant, et mensas habeant ibi ordinatas longitudinis LXXXta pedes, latitudinis vero IIIIor. Et quotquot ex adventan- / f° 80 / tibus non possunt reficere ad illam mansionem, quam superius diximus, reficiant ad istam. Et in capite istius mansionis sit locus aptitatus, ubi conveniant omnes illi homines, qui absque equitibus deveniunt, et caritatem ex cibo atque potum in quantum convenientia fuerit ibi recipiant ab elemosynario fratre. Extra refectorium namque fratrum LXta pedum in capite latrine sint cryptae XIIcī et totidem dolii praeparati, ubi temporibus constitutis balnea fratribus praeparentur; et post istam positionem construatur cella noviciorum, et sit angulata in quadrimodis, videlicet prima ut meditent, in secunda reficiant, in tertia dormiant, in quarta latrina ex latere. Justa istam sit depositam alia cella, ubi aurifices vel inclusores seu vitrei magistri conveniant ad faciendam ipsam artem. Inter cryptas et cellas novitiorum atque aurificum habeant domum longitudinis Ctum XXti et quinque pedes, latudinis vero XXti et quinque et ejus longitudo perveniat usque ad pistrinum (2 *m in marg.* 1 *m:* pristinum). Ipsum namque in longitudinem cum turrem, quae in capite ejus constructa est, LXXta pedes, latitudinis XXti.

Die folgende Tafel faßt diese Beschreibung zusammen[7]:

Gebäude	Gebäudeteile	Maße (in Fuß) Länge	Breite	Höhe	Bemerkungen
Kirche		140		43	160 Fenster (sic)
Ostflügel	Kapitelsaal	45	34		4 Fenster nach Osten. 3 nach Norden. 12 Arkaden im Westen mit Doppelsäulen
	Parlatorium	30			
	Saal	90			
	Dormitorium	160	34	23	97 Fenster
	Latrinen	70	23		45 Sitze mit kleinen Fenstern. 17 hohe Fenster
Südflügel	Calefactorium	25	25		ca. 75 Fuß von der Kirchenpforte entfernt
	Refektorium	90	25	23	8 Fenster auf jeder Seite
Westflügel	Klosterküche	30	25		
	Laienküche	30	25		
	Vorratsraum	70	60		
	Almosenraum	10	60		
Vorbau der Kirche	Galilaea	65			Mit zwei Türmen an der Fassade und einer Vorhalle
Ausdehnung		280			Von der Südpforte bis zur Nordpforte
Nördlich der Kirche	Sakristei	58			Mit Turm am äußersten Ende
Krankenhaus	Oratorium St. Maria	45	20	23	
	1., 2., 3.,	23	27		8 Sitzplätze außer-

[7] Wir behalten die Maßbezeichnung Fuß bei. Um eine Vorstellung von der Wirklichkeit zu bekommen, genügt es, Fuß durch ein Drittelmeter zu ersetzen (genau 34,1 cm). Auch die Beschreibungen geben wir so wieder, wie sie die Consuetudo bringt, und behalten uns die notwendigen Erklärungen im Text vor.

Gebäude	Gebäudeteile	Maße (in Fuß) Länge Breite Höhe	Bemerkungen
	4. Kranken-zimmer		halb jedes Krankenzimmers. Kreuzgang von 12 Fuß Breite
	5.		Kleiner als die Räume 1—4
	6.		dito
Nahe der Vorkirche	Gästehaus	125 30	40 + 30 Betten, ebenso viele Latrinen
Am Ende des Gästehauses	Schneiderwerkstatt	45 30	Sie erstreckt sich bis an die Sakristei
	Friedhof der Laien		Zwischen Schneiderwerkstatt, Sakristei, Kirche und Vorkirche
Im Westen	Stallungen mit Obergeschoß	280 25	Von der Süd- bis zur Westpforte; am Ende ein Raum für Reisende
Im Süden	Bäder (14 Badeöfen)		60 Fuß vom Refektorium entfernt, am Ende der Latrinen
	Noviziat		Hinter den Bädern; in 4 Abteilungen
	Werkstatt		Nahe dem Noviziat
	Haus „domus" (Werkstatt?)	125 25	Zwischen den Bädern, dem Noviziat und der Werkstatt, Stößt an die Backstube
	Backstube	70 20	Mit Turm am äußersten Ende

II. Rundgang durch das Kloster

Mit dieser Beschreibung in der Consuetudo und gestützt auf die Forschungen der Archäologen können wir nun die verschiedenen Teile des Klosters des hl. Odilo durchwandern.

Unser Führer bringt uns zuerst in die Kirche, doch hält er sich dort nicht lange auf, denn er begnügt sich damit, uns Länge, Höhe und Zahl der Fenster anzugeben. Diese Zahl soll sich auf 160 belaufen, was viel erscheint;[8] ein Lesefehler wird hier Verwirrung gestiftet haben, man müßte eher auf die viel normalere Zahl von 60 oder 59 zurückgehen. Doch wie es sich auch immer mit diesem zweitrangigen Problem verhalten mag, die Ausgrabungen gestatten eine sehr genaue Nachkonstruktion des Plans von „Cluny II"[9], der Kirche, die der hl. Majolus baute und die am 14. Februar 981 geweiht wurde. Ein Schiff mit sieben Jochen, unterteilt durch drei runde Pfeiler und vier mit rechteckigem Querschnitt, mündet in ein weit ausladendes Querschiff. Hinter dem Querschiff staffeln sich sechs Kapellen zu beiden Seiten des Altarraums und der abschließenden Hauptapsis. Dies ist ein klassisches Beispiel für den sogenannten 'Benediktinischen Klosterplan'.

Am Ende des Querschiffes treten wir in den Kreuzgang. Über die Durance und die Rhône hatte der hl. Odilo Säulen aus dem Süden der Provence herbeischaffen lassen: *in novissimis suis claustrum construxit, columnis marmoreis ex ultimis partibus illius Provinciae, ac per rapidissimos Durentiae Rhodanique cursus, non sine magno labore advectis mirabiliter decoratum.*[10] Mit den Säulen kamen sehr wahrscheinlich auch die Kapitelle und die Basen, alles zweifellos einem antiken Bauwerk entnommen. Der Klosterhof war rechteckig und erstreckte sich mit seiner Längsseite vom Ende des

[8] K. J. Conant schätzt, daß die Kirche 63 Fenster hatte, von denen 4 schon sehr bald durch Strebepfeiler verdeckt gewesen sein müssen. Er empfiehlt zu lesen *fenestrae vitrae LIXta*. (Brief vom 17. September 1960). Es ist leicht, CLX in LIX zu korrigieren; die Buchstaben *ta* dürften also nicht im Originalmanuskript gestanden haben (dort heißt es *novem*), sondern durch den Schreiber infolge eines Lesefehlers hinzugefügt worden sein.

[9] Cluny I ist die Kirche Bernos, die auf Verlangen Odos durch den Bischof von Mâcon geweiht wurde, also nach dem 13. Januar 927, dem Todestag Bernos, aber nur wenig später, denn Berno konnte noch in dieser Kirche beigesetzt werden. K. J. Conant beschreibt Cluny II in: Les églises du Cluny à l'époque de s. Odon et de s. Odilon, in: A Cluny, Dijon 1950, S. 37 (mit Grund- und Aufriß); siehe auch den zitierten Beitrag in ›Speculum‹.

[10] Jotsald, De vita et virtutibus sancti Odilonis abbatis (oder Vita Odilonis), I, 13: P. L., 142, 908.

Querschiffes über das Kirchenschiff bis zu einem Teil der Vorkirche, der Galilaea oder auch Narthex. Die Schmalseite mißt 75 Fuß, die Längsseite 115, wenn wir der Beschreibung in der Consuetudo folgen, 130 Fuß, wenn wir uns nach der archäologischen Untersuchung richten.[11]

Auf den Ostflügel des Kreuzgangs öffnete sich der Kapitelsaal mit zwölf Arkaden, die von Doppelsäulen getragen wurden. Ein wenig weiter gewährte eine Tür Eintritt in das Parlatorium; von dort gelangte man in den großen 90 Fuß langen Saal, in dem die Mönche, dem Horarium gemäß, lesen und arbeiten konnten. Längs dieser Gebäude führte eine Treppe zum Dormitorium, das das gesamte Obergeschoß einnahm. Unter der Treppe befand sich ein Faß zur Ablage der Kleidungsstücke, die gewaschen werden sollten.[12] Die bei der Beschreibung des Dormitoriums angegebene Höhe der Wände von 23 Fuß kann ohne Zweifel nur von der Erde aus gerechnet sein.[13]

---

[11] K. J. Conant hat dafür zwei Gründe: 1. zwei ergiebige Grabungen, die eine an der Ostseite des Kreuzganges, die andere an der Grenzlinie seiner Westseite; 2. das Übereinanderlegen von Odilos Grundriß auf den von Hugo, der durch den Grundriß von etwa 1710 bekannt ist (siehe Jean Virey, Un ancien plan de l'abbaye de Cluny, in: Millénaire de Cluny, 1910, II, 230).

[12] Die *Consuetudines Farfenses*, II, 48, beschreiben auch Einzelheiten vom Kornboden: *in arca mittant ... vestimenta deportent ad gradus ... in arca(s) effundant operi huic instituta.*

[13] Das ist folglich die Höhe des Ostflügels bis zum Dachrand. Für ein Erdgeschoß und ein Obergeschoß scheint sie ausreichend, während sie für das Dormitorium allein übertrieben erscheint. Man kann einwenden, daß die Wände des Refektoriums ebenfalls 23 Fuß hoch waren, obwohl dieser Flügel kein Obergeschoß hatte; das wäre zwar sehr hoch im Vergleich zum Kapitelsaal, aber diese Höhe ergibt sich aus der Tatsache, daß das Refektorium an beiden Außenwänden Fenster hatte, die also oberhalb der Bedachung des Kreuzgangs gewesen sein müssen. K. J. Conant zieht es jedoch vor, dem Ostflügel eine viel größere Höhe zu geben als den übrigen Gebäuden (siehe die Nachkonstruktionen in: Speculum 29 (1954), pl. VI *b* und VIII *a*); die Nähe zum Oratorium S. Maria, das an den Kapitelsaal grenzt und eine Höhe von 23 Fuß hat, wird ihn zu dieser Schlußfolgerung bestimmt haben.

Das an der Südseite des Kreuzgangs gelegene Gebäude umfaßte die Wärmestube und das Refektorium, denen sich ein Gang von 15 Fuß Breite anschloß. Auf dieser Seite des Kreuzgangs befand sich sehr wahrscheinlich „der Brunnen" für die Waschungen.[14]
Unter dem weiten Dach des Westflügels lagen die beiden Küchen für die Klostergemeinschaft und die Laien, außerdem der Vorratsraum und der Almosenraum.

Die Grabungen haben das Aussehen der vierten Seite des Kreuzgangs veranschaulicht. Die Galerie lehnte sich nicht an das Kirchenschiff, sondern war in ihrer ganzen Länge durch einen Arm des Querschiffs von ihm getrennt. In dem auf diese Weise entstandenen Hof erstreckte sich ein schmales Gebäude entlang der Außenmauer des Kreuzgangs. Dies war das *armarium claustri*. Dieser Bücherschrank, sonst in die Klostermauern eingelassen, war hier ein kleines Nebengebäude in den für die damalige Zeit beachtlichen Ausmaßen von etwa 42 mal 3 Fuß.

Nachdem wir so den Rundgang durch den Kreuzgang beendet haben, gehen wir durch den Kapitelsaal, um in die Marienkapelle nahe dem Krankenhaus zu gelangen. Dieses lag etwas weiter östlich, und zwar sicher schräg zu den anderen Gebäuden, genau wie die Krankenhäuser späterer Zeiten. In dem rechteckigen Bauwerk lagen die Krankenzimmer, die in der Consuetudo ausführlich beschrieben sind, hintereinander, auch dies zweifellos aus dem gleichen Grunde. Die Bestimmung der vier Krankensäle und des Raumes zur Aufbewahrung und Reinigung des Geschirrs bietet keine Schwierigkeit. Ein letzter Raum diente den Fußwaschungen, dem *mandatum* der Kranken am Sonnabend. Von einer anderen Nutzung dieses Raumes ist in dem folgenden Satz die Rede: *(conveniant) illi fratres qui exusti sunt ad mutandum*. In nächster Nähe zu den Krankenzimmern denkt man leicht an einen Raum für Aderlässe, wenn man *ad minuandum* liest; doch setzt man wohl besser statt *exusti* das

---

[14] Die *Consuetudines Farfenses*, I, 14, machen die Existenz dieses Brunnens wahrscheinlich, der in den Urkunden erwähnt wird (siehe A. Bernard und A. Bruel, Recueil des chartes de l'abbaye de Cluny ..., Paris 1876—1903, Nr. 2 009).

Wort *exuti* und sieht in diesem Raum den Ort, an dem die verstorbenen Mönche gewaschen und eingekleidet wurden.[15]

Die Überlagerung der Pläne erlaubt uns eine Rekonstruktion der südlich des Refektoriums gelegenen Gebäude. Die Latrinen befanden sich über dem äußersten Ende des großen Saales, also am Ende des Dormitoriums. In der Consuetudo sind sie ausführlich beschrieben, jedoch kann man ihr nicht entnehmen, wie weit sie über die Saalwand hinausragten. Ebenso wissen wir auch nichts über die Größe des Raumes, der sich an die Latrinen anschloß, dagegen können wir uns leicht vorstellen, wie die zwölf in diesem Raum installierten Badeöfen funktionierten.[16] Schwierigkeiten bereitet dann wieder die Lage des Noviziats, der Schmiedewerkstatt und jenes *domus* von 125 mal 25 Fuß Größe, von dem es heißt, es läge *inter criptas et cellas novitiorum atque aurificum*. Das Noviziat hatte vier Abteilungen: einen Studiensaal, ein Refektorium, ein Dormitorium und Latrinen. Dieses Noviziat *angustata in quadrimodis* bildete wahrscheinlich ein Quadrat, das mit seinen vier Flügeln einen Innenhof umschloß, worauf der Schlußsatz *in quarta, latrina ex latere* hinzuweisen scheint. Allerdings war das spätere Noviziat ein langgestrecktes Gebäude, das eindeutig parallel zum Refektorium lag, so daß man über die ursprüngliche Lage im Zweifel sein kann.[17] Die Consuetudo macht auch keine Angaben über die Lage und die Größenverhältnisse der Schmiede, von der es nur heißt, sie

---

[15] Der Aderlaß scheint in der Wärmestube vorgenommen worden zu sein (*Consuetudines Farfenses*, II, 41). Die Consuetudo (II, 56) bezeichnet nicht genau den Ort, an dem die Leichen gewaschen und eingekleidet wurden, aber diese Zeremonie wurde sicher im Krankenhaus durchgeführt, von dem in den Kapiteln II, 52 bis 56 die Rede ist.

[16] Über die Einrichtung von Badeöfen, jedoch zu einer viel späteren Zeit als der des hl. Odilo, siehe G. Duhem, Deux étuves du Moyen Age conservées en France, in: Bulletin monumental 88 (1929, S. 479).

[17] K. J. Conant gibt der Lösung des langgestreckten Bauwerks den Vorzug. Nach seiner Ansicht lagen die vier Abteilungen des Noviziats hintereinander und die Werkstatt schloß sich daran an; das *domus* von 125 Fuß lag fast parallel zum Noviziat, nur getrennt von ihm durch einen engen Hof. Dieses *domus* wurde später das Noviziat des hl. Hugo, das alte Noviziat fiel der Vergrößerung des Refektoriums zum Opfer. Siehe

befinde sich nahe dem Noviziat. Und endlich kennen wir weder die Bestimmung noch die genaue Lage des als *domus* bezeichneten Gebäudes. Es ist wahrscheinlich für die Arbeiter bestimmt gewesen, da es gleich nach der Schmiedewerkstatt erwähnt ist. Die Consuetudo gibt nur an, daß es an die Backstube stößt. Auch Conant hat es an die Stelle eines späteren, dieser Angabe entsprechenden Bauwerkes versetzt, das fast parallel zum Refektorium lag. Das ganze Problem besteht darin, zu erfahren, in welchem Umfang die Baumeister des hl. Hugo die Bauten des hl. Odilo in diesem mehrfach umgebauten Teil des Klosters benutzt haben.

Der Grundriß von 1710 enthält eine Backstube, die den Hof des Noviziats im Westen abschließt. Ihre Maße wie ihre Lage stimmen mit den Angaben der Consuetudo überein; also wird sie seit der Zeit des hl. Odilo ihren Platz nicht gewechselt haben. Der Turm am Ende der Backstube ist sicher der Kamin, der hoch und mächtig genug war, um einen guten Zug zu gewährleisten. Die Backstube lag in der Nähe der Küchen und des Refektoriums sowie des Vorratsraumes, und das ist logisch. Aber zwischen der Backstube und den Küchen gab es einen Gang, der den Hof des Noviziats mit dem Außenhof des Klosters verband.

In diesem Außenhof lag zwischen zwei Pforten, deren Abstand voneinander 280 Fuß betrug, ein langgestrecktes Gebäude, in dessen Erdgeschoß sich die Stallungen befanden und dessen Obergeschoß den Familiares als Wohnung diente. In dem Raum am Ende der Stallungen konnte Essen an Durchreisende ausgeteilt werden. Er schloß sich zweifellos an den späteren „Tour des fromages" an, dessen unterer Teil wahrscheinlich aus dem 11. Jahrhundert stammt.[18] Es ist jedoch nicht ausgeschlossen, daß die Stallungen selbst an den Turm stießen, was bedeuten würde, daß die Nordpforte fast in die

---

Speculum 29 (1954), pl. III—X. Diese auf dem Grundriß von 1710 beruhende Nachkonstruktion erlaubt es, die Verbindung zwischen dem *domus* und der Backstube genau so herzustellen, wie sie in den *Consuetudines Farfenses* beschrieben ist. Die Beschreibung des Noviziats entspricht dem Text der Regel des hl. Benedikt (c. 58): *ubi meditetur, et manducet, et dormiat.*

[18] So hat auch K. J. Conant die Baulichkeiten nachkonstruiert.

Kirchenachse rückt, während die Südpforte in der Nähe des Turms bleibt.

Die Fassade der Kirche, oder genauer der Vorkirche, erhob sich über der Vorhalle, in der sich die Laien aufhielten, wenn die Prozession vom Kreuzgang in die Kirche an der Vorkirche haltmachte. Tatsächlich verbanden eine Pforte und ein Gang die Vorkirche mit dem Kreuzgang.[19] Zwei Türme flankierten den Giebel des Gebäudes.

Von der Vorhalle kann man in den Friedhof der Laien gelangen, der sich zwischen der Kirche einerseits und der Sakristei mit der anschließenden Schneiderwerkstatt anderseits erstreckte. Er war so breit wie der nördliche Arm des Querschiffs, vielleicht auch einige Fuß breiter.

So wie schon Sir Alfred W. Clapham[20] nehmen auch die Archäologen heute an, daß die Sakristei und die Werkstatt sich an der Stelle befanden, wo vor dem Bau des hl. Majolus das Kirchenschiff von „Cluny I" lag. Doch bereitet der Turm am Ende dieser Gebäude hinsichtlich seiner genauen Lage einige Schwierigkeit.[21] Auch die Lage des Gästehauses wird nicht deutlich. Dieses große Gebäude, das zur Beherbergung berittener Gäste bestimmt war, soll „in der Nähe der Vorkirche" gelegen haben; da die Schneiderwerkstatt am Ende des Gästehauses lag, kann man vermuten, daß sie sich direkt an dieses anschloß. Diese Vermutung wird noch dadurch unterstützt, daß beide Gebäude dieselbe Breite haben, aber ganz sicher ist das nicht.[22]

---

[19] Der Pförtner mußte diese Pforte die ganze Nacht geschlossen halten (*Consuetudines Farfenses*, II, 43).

[20] Archaeologia 80 (1933): On the plan of the early churches at Cluny.

[21] Die Fundamente eines mächtigen Turmes finden sich nicht genau am Ende (*in capite*) der Sakristei, sondern ein wenig seitlich. Die Formulierung der Consuetudo darf man sicher nicht allzu genau nehmen. Trotzdem bleibt die Tatsache bestehen, daß dieser Turm schlecht mit dem Bauwerk harmoniert, es sei denn, man verlegt die Sakristei etwas weiter nach Norden, wie Conant es tut.

[22] Das entspricht ganz und gar nicht den Nachkonstruktionen von K. J. Conant, der sich zum großen Teil auf die einander folgenden Grundrisse stützt. — In der Consuetudo fällt eine Abweichung in der Formulie-

So vollendet sich der Rundgang durch das Kloster, bei dem wir meistens dem Ordensprior auf seinem täglichen Inspektionsgang folgten, aber auch dem Pförtner oder dem Gästemeister bei der Ausübung ihrer Pflichten zusahen.[23]

Während dieses Rundganges haben wir feststellen können, daß uns manche Einzelheiten noch immer völlig unbekannt sind. Das hat einen einfachen Grund: Die Ausgrabungen haben nur in einigen Punkten zu genauerer Bestimmung der wesentlichen Angaben geführt; eine erschöpfende Untersuchung ist unter den gegebenen Umständen kaum möglich. Der Vergleich der Grundrisse erweist sich nur in dem Maße ergiebig, in dem die später folgenden Bauten die älteren Bauteile berücksichtigten oder benutzten oder wenigstens Zeugen von ihnen in die neuen Mauern miteinbezogen oder in der Erde beließen. Das trifft nicht unbedingt für alle Bauwerke zu, besonders nicht für die zweitrangigen. Schließlich ist auch die Beschreibung des Klosters in der Consuetudo in einigen Partien sehr unvollständig, in anderen sogar lückenhaft. Offenbar ist sie vor der Beendigung der Bauarbeiten verfaßt worden, zu einem Zeitpunkt, als einige Gebäude sich noch im Zustand der Planung befanden. Darum sind die Angaben über sie ungenau, während sich andere Teile des Klosters leicht und genau nachkonstruieren lassen.

Glücklicherweise betreffen diese Mängel nur weniger wichtige Teile. Der Gesamtplan gibt ein sehr deutliches Bild, so daß wir über

---

rung auf: wir finden hier *in fronte ipsius (palatii)*, während es gewöhnlich *in capite* heißt, und zwar für den Turm der Sakristei, für die Bäder, für den Turm der Backstube und für den Raum am Ende der Stallungen. — Die Consuetudo beschreibt im einzelnen die Einrichtung des Gästehauses und gibt an, wie es zu den sechs Hauptfesten geschmückt werden sollte. Das Wort *sex* ist im Manuskript nicht sonderlich gut lesbar, aber die Consuetudo (I, 139) führt die fünf Hauptfeste auf: Weihnachten, Ostern, Pfingsten, Peter und Paul, Mariä Himmelfahrt; hinzuzufügen ist noch das Fest des hl. Benedikt im März, das in der Liste von Festen verschiedener Rangstufen vergessen ist.

[23] Siehe *Consuetudines Farfenses*, II, 12: *De priore monasterii vel ... qualiter absconsa deferatur ...*; II, 41: *De portario monasterii*; II, 45: *De hospitibus*.

ausreichende Kenntnisse vom Kloster, besonders von der Kirche und den Klostergebäuden rings um den Kreuzgang verfügen. In dieser Hinsicht spielt Cluny eine besondere Rolle, denn ein ganzes vor der Mitte des 11. Jahrhunderts erbautes Kloster so genau und in so vielen kleinen Einzelheiten wiedererstehen lassen zu können, ist eine Seltenheit. Und da die Consuetudo uns bis ins einzelne mit der Beobachtung der Ordensregeln durch die Klostergemeinschaft an den vierundzwanzig Stunden eines jeden Tages und mit den besonderen Pflichten, die sich im Ablauf des Jahres und an jedem Festtag ergeben, bekannt macht, wäre es leicht, sich den Mönch von Cluny in seiner Umwelt vorzustellen. Jedoch wollen wir uns hier nicht dieser Aufgabe zuwenden; sie würde uns zu weit führen. Statt dessen wollen wir noch bei unserem Gegenstand verweilen und aufzeigen, welche Bedeutung diese so gut bekannte Gesamtanlage haben konnte.

III. Bedeutung des Klosters von Sankt Odilo

Der Grundriß des Klosters des hl. Odilo erlaubt einen Vergleich mit dem Grundriß von Cluny zur Zeit des hl. Hugo und des Petrus Venerabilis, aber auch mit denen anderer Klöster.[24] Er fordert weiter zur Suche nach ähnlichen Einrichtungen heraus, die an anderen Orten bestanden haben könnten,[25] ganz besonders in anderen cluniazensischen Klöstern;[26] man müßte also die Frage stellen, ob es eine cluniazensische Architektur gegeben hat. Wir können jedoch dieses architekturgeschichtliche Problem hier nicht untersuchen, denn es fehlt uns noch an Vorarbeiten in ausreichender Zahl, um eine Zusammenfassung versuchen zu können. Wir werden uns nicht einmal bei der Sonderfrage aufhalten, ob das Gebäude des Dormitoriums

---

[24] Zum Beispiel der nie ausgeführte Plan von St. Gallen aus dem 9. Jahrhundert, hrsg. von H. Reinhardt, *Der Karolingische Klosterplan von St. Gallen*, St. Gallen, 1952.

[25] Besonders die zisterziensischen Klosterpläne.

[26] K. J. Conant (A Cluny, S. 37 f.) stellt einige Vergleiche an, vor allem für die Kirche. Charlieu vermittelt auch heute noch eine ziemlich gute Vorstellung vom Kapitelsaal von Cluny.

eine Verlängerung des Querschiffes ist, oder sich viel weiter im Osten befindet. Wir möchten uns lediglich eine Vorstellung davon machen, was die Mönche von Cluny über ihr Haus dachten. Tatsächlich ist das Kloster von Cluny recht eigentlich ein Wohnhaus, in dem die Mönche und alle, die nach der Klosterregel mit ihnen zusammenlebten, wohnten. Es beherbergte eine Gemeinschaft und befriedigte für seinen Teil materielle und geistige Bedürfnisse.

Die erste Frage, die sich dabei erhebt, betrifft die Frage nach der Anzahl der Klosterbewohner, denn auf diese Weise können wir erfahren, unter welchen Bedingungen sie lebten. Wir wissen nicht, wie hoch diese Zahl in Cluny zur Zeit des hl. Odilo war, doch können wir trotzdem Angaben über die Größe der eigentlichen Klostergemeinschaft machen. Das Protokoll über die Wahl des hl. Odilo im Januar 994 trägt die Unterschriften von sechsundsiebzig Mönchen.[27] Die Liste der Fastenbücher von 1042 nennt vierundsechzig Namen, offensichtlich Namen von damals in Cluny anwesenden Mönchen; hierzu sind noch einige in Obedienz geschickte Mönche[28] zu rechnen. Danach umfaßte die Gemeinschaft ungefähr fünfundsiebzig Ordensleute.

Die Größe der Gebäude bestätigt diese Zahl. Die siebenundneunzig Fenster des Dormitoriums können höchstens sechsundneunzig Betten entsprechen, während seine Länge von hundertsechzig Fuß vierundsechzig Betten in zwei Reihen bei fünf Fuß Platz pro Person ergeben. Die fünfundvierzig Sitzplätze in den Latrinen ändern nichts an den Angaben für das Dormitorium. Im Refektorium konnten etwa hundert Mönche Platz nehmen; allerdings blieb dann in der Breite nur wenig Raum, um sich durchzuzwängen, denn man muß vier Reihen von Tischen mit je fünfundzwanzig Plätzen annehmen, und wenn man drei Fuß pro Tischplatz rechnet, bleiben fünfundzwanzig Fuß Raum zum Durchgang zwischen den Tischen. Die Abmessungen der Tische sind beachtlich: für die Schneiderwerkstatt sind sie mit dreißig mal dreieinhalb Fuß angegeben und für das Refektorium der Familiares mit achtzig mal vier Fuß. Die

---

[27] A. Bernard und A. Bruel, Recueil de chartes..., Nr. 1957.
[28] Dom A. Wilmart, Le convent et la bibliothèque de Cluny vers le milieu du XIe siècle, in: Revue Mabillon 11 (1921), S. 89.

Klostergebäude sind also für knapp hundert Mönche gedacht, die nicht gerade zusammengepfercht, aber doch verhältnismäßig beengt lebten.

Die Consuetudo enthält keine Angaben über die Größe des Noviziats. Dagegen gibt sie genau an, daß das Krankenhaus mit seinen vier Räumen bis zu zweiunddreißig Kranke aufnehmen konnte. Im Gästehaus hatten bis zu siebzig Personen Platz. Nach den Abmessungen der Tische dürfte die Zahl der Familiares und der Reisenden, die im Obergeschoß über den Stallungen aufgenommen werden konnten, höchstens hundert Personen in vier Reihen betragen haben.

Insgesamt konnte das Kloster von Cluny eine große Gemeinschaft, ungefähr zweihundertundfünfzig Personen, beherbergen. Selbst wenn diese Zahl nicht erreicht wurde, scheint das Kloster nicht zu groß gewesen zu sein. Seine Bewohner müssen sich in ihm wohl gefühlt haben, aber nicht gerade allzu bequem, denn der koinobitische Aspekt des cluniazensischen Lebens findet seinen Ausdruck ebenso in den Gebäuden wie in jeder Einzelheit der Observanz, in der er sehr deutlich hervortritt.

Es ist recht unwahrscheinlich, daß die Mönche von Sankt Odilo oder der hl. Odilo selbst Lobeshymnen auf das Klosterleben sangen, in dem sie das *Ecce quam bonum fratres habitare in unum* verwirklichten, oder auch auf die irdische Wohnung, in der sie ein Abbild des himmlischen Jerusalem [29] erblicken konnten. Sie waren wohl eher empfänglich für die Schönheit der Proportionen, da sie selbst deren Harmonie erstrebt hatten.[30] Darum besitzt ihr Kloster gewisse charakteristische Züge, die sich ihren empfänglichen Sinnen einprägten, so wie sie auch die unseren bewegen, wenn wir die Kunst von Cluny betrachten.

Für den Reisenden, der in das Tal der Grosne hinabstieg, bildete

---

[29] Die Kirche des hl. Hugo läßt diese Vorstellung vom himmlischen Jerusalem erkennen, sowohl in ihren Maßen als auch in ihrer Ikonographie.

[30] K. J. Conant betonte mehr als einmal die Sorgfalt, mit der die Baumeister von Cluny bestimmte Proportionen respektierten; siehe besonders: New Results in the Study of Cluny Monastery, in: Journal of the Society of Architectural Historians XVI (Oktober 1957).

Cluny ein wohlgeformtes Ganzes. Der Blick unterschied mühelos die Gebäude rings um die rechteckigen Höfe und über allen die beherrschende Baumasse der Hauptkirche. Sie überragte an Höhe alle anderen Bauwerke, die eher niedrig waren. Nur der Dormitorium-Flügel hatte ein richtiges Obergeschoß. Die Wohnräume der Familiares über den Stallungen bedurften dagegen keiner großen Höhe. Jedoch ist es nicht sicher, ob die Mauern des östlich vom Kreuzgang gelegenen Flügels mit Kapitelsaal und Dormitorium höher waren als die des Südflügels mit dem Refektorium; bestimmt aber war sein Dach höher und mächtiger, da dieser Gebäudeteil breiter war.

Alle Bauwerke erscheinen ziemlich schmal, nur 20, 23 oder 25 Fuß breit. Indessen sind das Gästehaus mit seinen 30 Fuß und der Dormitorium-Flügel mit 34 Fuß eindeutig breiter. Der Vorratsraum allerdings übertrifft sie alle mit seinen 60 Fuß bei weitem, in seiner Höhe dagegen sicher keineswegs. Dieses „Zweck"-Gebäude ist nach anderen Prinzipien als die übrigen Bauwerke errichtet: es ist eine Halle.

Die geringe Breite der verschiedenen Wohngebäude verstärkt den Eindruck ihrer Länge, jedoch nicht in übertriebener Weise. Ein Refektorium von 90 Fuß ist groß, aber nicht zu weiträumig für eine größere Klostergemeinschaft. Ebenso ist die gewiß nicht kleine Kirche doch recht bescheiden im Vergleich zu ihrer Nachfolgerin.

Als Ganzes vermittelt das Kloster des hl. Odilo vor allem den Eindruck von Maß. Es ist nicht zu geräumig und enthält dennoch in ausreichendem Maße Raum genug für alle Bedürfnisse. Seine Proportionen sind harmonisch und dem Menschen angemessen. Ordnung, Maß und Ausgewogenheit sind seine Kennzeichen. Was K. J. Conant von der Kirche sagte, gilt auch für alle übrigen Gebäude: „Nüchtern und doch kunstvoll, in ihren Proportionen sehr elegant und lebendig und solide gebaut." [31] Diese elegante Note verrät sich nicht nur in den Proportionen, sondern auch in den kunstvollen Stützbauten, die die Baumeister des hl. Majolus bis hin zu denen des hl. Hugo immer angestrebt zu haben scheinen.[32]

[31] A Cluny, S. 43.
[32] Bei solchen kunstvollen Stützbauten fragt man sich, ob der hl. Majolus bereits Gewölbe für seine Kirche vorgesehen hatte. In der

Über zwei weitere eng miteinander verbundene Charakteristika haben schon die Zeitgenossen gestaunt: die Helligkeit und die Sauberkeit. Das Kloster war der Luft und dem Licht weit geöffnet. Gewiß nicht ohne Grund nennt die Consuetudo die Zahl der Fenster, ihre Lage, ihre Größe und verzeichnet manche Einzelheit über die nächtliche Beleuchtung der Kirche.[33] Hier herrschte ein religiöser Geist, der licht und klar war.

Ebenso wie Luft und Licht fand auch das Wasser in reichlichem Maße Eintritt in das Kloster. Durch eine zweifache Kanalisation, die eine für frisches, die andere für verbrauchtes Wasser, gelangte es in alle Räume. Auch die Zahl der Latrinen und ihre Installierung in der Nähe der Dormitorien, sowie die Einrichtung von Badeöfen für die Klostergemeinschaft zeugen von dem Bemühen um Sauberkeit; ebenso das Krankenhaus mit seinem Raum zur Reinigung von Geschirr und Instrumenten und mit einem weiteren Raum zur Fußwaschung und Einkleidung der Verstorbenen, ferner die Vorschriften über die schmutzige Wäsche, die in ein zu diesem Zweck bestimmtes Faß abzulegen war, sowie über die Kleidung, die man zum Flicken und Ausbessern an einen dafür vorgesehenen Ort legte.

Als letzte Eigenschaft hat man die Schönheit der Bauwerke und ihr 'Dekor' beschrieben. Jotsald, der die verschiedenen vom hl. Odilo in Cluny und an anderen Orten unternommenen Bauten aufzählt, findet nicht genug Worte, um seinen Eindruck von ihnen wiederzugeben; er spricht von Glorie, Noblesse, Ornament und Dekoration in ihrem ursprünglichen und aktiven Sinn.[34] Die Consuetudo sieht alles vor, was an einem Festtag zum Glanz der Kirche und ihres Mobiliars beitragen kann: Vorhänge, Teppiche, Kerzen, Lampen, Reliquienkästchen und andere Kunstgegenstände; in den Refektorien sollten Tischtücher die langen Tafeln schmücken. Aber

---

Kirche des hl. Hugo verursachte allerdings diese Kunstfertigkeit den Einsturz des Gewölbes; heute noch ist man erstaunt über die äußerst dünnen, aber sehr hohen Mauern des Querschiffs.

[33] Die Zahl der Kerzen hing von der Bedeutung der Feste ab, deren Rangordnung genau festgelegt war; die Consuetudo erläutert sie bei verschiedenen Gelegenheiten.

[34] *Vita ... Odonis* I, 13, (P. L., 142, 908).

dies alles sind nur untergeordnete, nebensächliche Dinge; die Schönheit von Cluny, mangelhaft beschrieben, aber tief erfühlt, lag vor allem in seiner Schlichtheit, in seiner Klarheit, in seinen Maßen und Proportionen. Cluny war schön, weil Menschen in ihm den idealen Rahmen für ihr Leben schufen und weil ihr Leben schön war.

Die Bauten von Cluny sprechen von einem Humanismus, der nicht auf die Schönheit der Dinge und auch nicht auf einen gewissen Komfort verzichten kann. Das Bemühen um die Dinge ist jedoch nur das Mittel zur geistlichen Erhebung, die dem Humanismus seinen ganzen Wert verleiht.

Das Echo dieses Humanismus hören wir, kaum noch vernehmbar, beim hl. Odilo, deutlicher schon bei seinem Biographen Jotsald. Odilo spricht in seiner kurzen Geschichte Clunys von Berno, der den Bau des Klosters begann, sich ihm mit „frommer Andacht" widmete und lobenswerte Erfolge erzielte:

monasterium coepit construere, et in quantum potuit, in eadem constructione elaborare studuit et piae devotionis affectum laborioso certamine ad laudabilem perduxit effectum. Hujus enim merito et exemplo, plures tranquillum portum monasterii requirentes convertuntur de saeculo.[35]

Diese Stelle zeigt, wie leicht man von der materiellen zur spirituellen Ebene gelangt, und das wird noch deutlicher, wenn etwas später vom hl. Majolus die Rede ist:

Vere enim memoriam ejus in benedictione cognoscimus existere, dum recolimus et adhuc perspicere cernimus per eum et eos quos in Christo genuit aedificia fabricae coelestis excrevisse, crevisse et crescere. Et ut pace (= pauca) spiritalium artificium in eadem fabrica laborantium dicam, unus praecipue refulsit ... domnus videlicet et abba Willelmus ... Quam praecipue beatissimi Maioli ejusque discipulorum in benedictione existat memoria, respondeant monasteria ab ipsis, alia a fundamentis constructa, alia de corruptione cum incremento virtutum ad meliorem statum reducta.[36]

Nach der Aufzählung der vom hl. Odilo erbauten oder wiederhergestellten Klöster sucht sich Jotsald gegen den Vorwurf, dieser

---

[35] Odilo, *Vita Maioli* (P. L., 142, 946).
[36] Ibidem, 954.

Bericht sei nutzlos vertane Arbeit, zu rechtfertigen und sagt, die Bauten gehören zu den Tugenden der Seele Odilos und verdienen ewigen Lohn:

Si inimici subsanaverint vel amici reprehenderint me haec superflue posuisse, noverint profecto, noverint haec omnia ad virtutes animi ejus spectare, et pro talibus patrocinia sanctorum feliciter promeruisse atque coronam beatae retributionis jam a Domine percepisse.[37]

Eine solche Tätigkeit draußen in der Welt kommt zu den guten Eigenschaften der Seele hinzu, sie ist glorreich, wie Jotsald im selben Absatz sagt:

Et praeter haec interiora, fuerunt in eo extrinsecus gloriosa studiosa in aedificiis sanctorum locorum construendis, renovandis, et ornamentis undecumque acquirendis.

Der hl. Odilo rühmte sich voller Freude, ein Kloster aus Marmor hinterlassen zu haben, wo er ein Kloster aus Holz vorgefunden hatte.[38] Die Seite, auf der Jotsald über die von seinem Abt geleiteten Bauten berichtet, beschließt das Kapitel über die Mäßigkeit, jene Tugend, die „das Maß und die Ordnung in dem, was gesagt und getan werden muß, bewahrt". Er führt Beispiele an, die zeigen, wie der hl. Odilo Ausgeglichenheit und Mäßigung bewies. Und er fügt hinzu: weil sich alle Tugenden in ihm vereinten, erwies er sich seinen Untergebenen gegenüber umgänglich und wohlwollend und erschien in allem, was er tat und unternahm, schön und wohlgebildet:

affabilem se et benevolum subjectis exhibebat ... in omnibus suis actibus vel actionibus euformis et compositus coram Deo et hominibus apparebat.

Von angenehmen Formen, wohlgebildet, schön anzusehen, Ordnung und Maß verkörpernd: treffen diese dem hl. Odilo zugeschriebenen Eigenschaften nicht auch für sein Werk zu, für das Kloster von Cluny?

---

[37] P. L., 142, 908.
[38] Ibidem: *de quo solitus erat gloriari, ut jucundi erat habitus, invenisse se ligneum et relinquere marmoreum, ad exemplum Octaviani Caesaris ...*

CLUNY UND GREGOR VII.

Von Lucy Margaret Smith

In den trostlosen Jahren zu Anfang des zehnten Jahrhunderts gab Cluny ein Beispiel für religiöse Pflichterfüllung und Disziplin und für würdigen Gottesdienst. Entstanden in einer Zeit des rohen Materialismus, suchte es das Interesse der Menschen an geistlichen Dingen wiederzuerwecken, das verlorengegangen zu sein schien, und stellte ein Ideal auf, das in direktem Gegensatz stand zu dem in seiner Umwelt vorherrschenden Geist. Es hoffte, den Geist der Gottesverehrung, der das Motiv für seine Gründung war, über die eigenen Mauern hinaus zu entfachen.[1] So war es von Anfang an auf Klosterreform aus. Und das war in der Tat notwendig; denn die Normanneneinfälle hatten das monastische Leben in Gallien fast völlig zum Erliegen gebracht.[2] In Burgund waren die Normannen jedoch kaum eingedrungen, und die Lage machte Cluny zum geeigneten Zentrum für die Ausstrahlung der Reform. Es war geschützt durch die sanft ansteigenden Hügel, lag in der Nähe einer Pilgerstraße nach Rom und außerdem nicht weit entfernt von den Landstraßen entlang der Saône und Rhône. Da es auf neutralem Boden gelegen war, gerade in der richtigen Entfernung vom deutschen

---

[1] Schon 931 erhielt Odo zu diesem Zweck von Johannes XI. die Ermächtigung, andere Klöster unter seine Leitung zu stellen und Mönche aus anderen Klöstern selbst gegen den Willen ihrer Äbte aufzunehmen.

[2] In Odos Lebensbeschreibung wird erzählt, wie sein Freund Adhegrinus in ganz Franzien vergeblich nach einem Kloster suchte, in dem das Leben nach der Regel gelebt wurde. Schließlich gab er seine hoffnungslose Suche auf, machte sich auf eine Pilgerfahrt nach Rom und stieß so zufällig auf das kleine Kloster Baume in Burgund mit dem Abt Berno. Hier fand er, was er vorher vergeblich gesucht hatte, und übermittelte die erfreuliche Botschaft sofort Odo, der dort mit ihm zusammentraf. Vgl. Joannes, *Vita Odonis*, I 22; Migne, *Patrol. Lat.* CXXXIII.

Kaiser und dem fränkischen König und somit praktisch unabhängig von beiden, waren auch die Voraussetzungen für ein Festhalten an seinem Prinzip der monastischen Autonomie günstig. Die Persönlichkeit der frühen Äbte, die Männer mit bemerkenswerten Tugenden waren, trug ebenfalls zum Erfolg Clunys bei wie auch die Regel, die sie übernahmen — es war die Benediktinerregel, die durch Benedikt von Aniane und durch das Aachener Capitular modifiziert worden war.[3] Nicht allein aus diesem Grund, sondern weil es im Gegensatz zu der fast gleichzeitigen, aber mehr die Askese betonenden Reform der italienischen Eremiten, die ihre Inspiration aus dem Osten erhielten, von Grund auf westlich orientiert war, stand Cluny im Zeichen der Mäßigung. Seine Äbte wurden gerühmt, weil sie ihren Leib nur durch heiliges und maßvolles Fasten züchtigten und auf diese Weise menschlichen Ruhm und geistlichen Hochmut vermieden. In der Lebensbeschreibung des Majolus beschäftigt sich der Biograph ein ganzes Kapitel lang mit dem Lob des Mittelmaßes (!) und mit der Verurteilung der Übertreibung,[4] und in der gleichen Weise erscheint die Mäßigung[5] als eine der Haupttugenden[5] Odilos.

Wir halten den Gesichtspunkt für wesentlich, daß Cluny nach rein monastischen Prinzipien und für eine monastische Reform arbeitete. Da es darin seine Mission sah, war es nicht sonderlich an der weltlichen Kirche interessiert. Weil es der monastischen Tradition folgte, sah es nur im Mönch denjenigen, der das Wort des Evangeliums wörtlich erfüllte und deshalb einem höheren Ideal nachstrebte als der Weltgeistliche. In den Viten der Äbte können wir lesen, daß sie kirchliche Ämter verachteten, weil sie mit zu vielen weltlichen Interessen verbunden waren. So lehnte auch Majolus ab, der bereits Archidiakon von Mâcon war und von solch großer Tugend und Ansehen, daß man ihm das Erzbistum von Besançon fast mit Gewalt aufzwang; und da er weltlichen Ruhm gering

---

[3] Ibid.

[4] *Mensura ubique est laudabilis. Rebus enim in omnibus, etiam in bonis, est vitium quidquid excesserit modum:* Syrus, *Vita Maioli*, II, 8; Migne, CXXXVII.

[5] Jotsaldus, *Vita Odilonis*, I, 13; Migne, CXLII: *ut in omnibus actionibus et imperiis modum teneret.*

schätzte, zog er es vor, in Cluny einzutreten.⁶ Noch hervorstechender ist dieser Gedanke im Leben Odilos. Von Kindheit an dem Dienst der Kirche geweiht, war Odilo früh in St. Julian in Brioude aufgenommen worden. Seine Laufbahn war damit gesichert, denn St. Julian war eine angesehene Gemeinschaft, die aus vierundfünfzig Klerikern bestand, die den Rang eines Bischofs innehatten, und es wurden nur diejenigen aufgenommen, die ihre adlige Abstammung vier Generationen zurückverfolgen konnten, und zwar väterlicher- und mütterlicherseits. Odilo erschien das Leben dort jedoch wie das Genießen der Fleischtöpfe Ägyptens, und er floh.⁷ Andere prominente kluniazensische Führer,⁸ die im Innersten von der höheren Berufung überzeugt und in ihre eigene Klosterreform vertieft waren, lehnten die Weihe zum Bischof ab. Odilo selbst wies das Erzbistum von Lyon zurück, ungeachtet des Zorns Johannes XIX., der ihn an die starke Hand Roms erinnerte und unter Drohung zum Gehorsam aufrief.⁹ Und zweimal können wir feststellen, das Gregor VII. Hugo wegen des fehlenden Eifers für die römische Kirche tadelt. *Grata nobis et dulcia sunt verba vestra*, schrieb er, *sed multo uberiori delectatione nos ceperemus si vestra caritas ardentius erga Romanam ferveret ecclesiam*;¹⁰ und ferner: *Cur, frater carissime, non perpendis, non consideras in quanto periculo, in quanta miseria sancta versatur ecclesia ... apostolicae sedis praeceptum oboedientiam in te ut te decet, non invenit.*¹¹

⁶ Syrus, *Vita Maioli*, I, 12. *Ne mundi lucrum cogeretur expetere, et ad mundi gloriam, quam mente spreverat, per saeculare negotium delectabiliter tendere, grave pondus procellosi culminis per custodiam refugit humilitatis, Creatoris omnium sequens exemplum... Ita vir Dei per coelestis studii disciplinam mundi labilem contempsit gloriam.*

⁷ Jotsaldus, *Vita Odilonis*, I, 1: *Tacitus secum deliberat ut Aegyptias ollas desereret.*

⁸ Z. B. Poppo von Stablo und Richard von St. Vannes. Ein Stein des Anstoßes lag auch in den Worten des Matthäusevangeliums gegen das Schwören. Halinard von Lyon machte den gleichen Einwand, bevor er das Erzbistum übernahm.

⁹ *Te inultum relinquere nec debemus nec possumus.* Mansi, *Concilia*, XIX, S. 418.

¹⁰ Reg. I, 62; Jaffé, Bibl. II, 81.

¹¹ Reg. VI, 17.

Das hinderte Gregor nicht, mit der Bitte um die Gebete Clunys zu enden; denn Clunys Verdienste als Fürsprecher waren unbestritten, wie man aus der Erzählung ersehen kann, die Odilo die offizielle Gründung des Allerseelentages zuschreibt. Die Geschichte lautet folgendermaßen: Ein Eremit, der auf einer Insel im Mittelmeer lebte, sah immer wieder, wie die Seelen der Sünder von den Dämonen in die Flammen eines benachbarten Berges geworfen wurden. Er hörte jedoch häufig, wie sich die Dämonen darüber beklagten, daß so viele Seelen durch die wirksamen Gebete Clunys befreit würden. Deshalb schickte er eine dringende Botschaft: Möge Cluny noch inständiger im Gebet verharren; und um dieser dringenden Aufforderung besser nachkommen zu können, ordnete Odilo an, daß der Tag nach Allerheiligen in allen kluniazensischen Klöstern dem Gebet für die Toten vorbehalten werden solle.[12] Noch aufschlußreicher ist die Legende von Papst Benedikt VIII., der sich nach seinem Tode zu seiner Verwunderung nicht an dem Glanz des Lichtes erfreuen konnte, sondern sich im Reich der Schatten wiederfand.[13] Eines Nachts erschien er deshalb einem Freund und bat ihn um die Gebete Odilos und seines Klosters. Als Papst Johannes XIX. von dieser Bitte hörte, leitete er sie selbst an Odilo weiter, und schon bald danach konnte Benedikt wieder erscheinen und dem Abt demütig und frohen Herzens seinen Dank für die Befreiung aus dem grenzenlosen Chaos abstatten.[14] Das Gerücht verbreitete sich schnell über die Landesgrenzen hinaus und erhöhte Odilos Ruf beträchtlich.[15] Auch Abt Hugo schrieb man die Gabe einer ähnlichen Kraft zu; denn als Stephan IX. auf seinem Sterbebett durch die Gegenwart des Bösen gequält wurde, konnte nur Hugo den Feind in Schach halten.[16]

Da das Kloster diesen Ruf aufrechterhalten mußte, brauchen wir

---

[12] *Vita Odilonis*, II, 13.
[13] *Non splendore lucis, sed poenarum ... in umbris.* Ibid. II, 14.
[14] Ibid.
[15] Ibid. *Palam constat omnibus quantum venerabilis Odilo de individuae Trinitatis gratia possit, per quem uterus mortis raptata praeda potuit evacuari.*
[16] Rainaldus, *Vita Hugonis*, 5; Migne, CLIX.

uns nicht zu wundern, daß in den Viten der frühen Äbte wenig zu finden ist, das von historischem Wert ist. Sie waren, mit Ausnahme der Lebensbeschreibung des Odo, zur Erbauung geschrieben. Sie schildern, was dem Abt zum höchsten Ruhm gereichte und den Schreiber am meisten interessierte, nämlich die monastischen Tugenden. Von all den Lebensbeschreibungen sind die Odilos und Hugos für unser Thema am bedeutsamsten. Bevor wir uns ihnen jedoch zuwenden, müssen wir auf die Tradition Clunys hinweisen, das von einem weltlichen Fürsten gegründet wurde und in seiner Entwicklung viel dem Kaiser, dem König und dem Adel verdankte und deshalb von der frühesten Zeit an in enger Verbindung zur weltlichen Macht stand. Es stimmt, daß es Rom als Haupt betrachtete; die Gründungsurkunde hatte es direkt unter den Schutz Roms gestellt, so daß Cluny, im Unterschied zu der Regel des hl. Benedikt, theoretisch von jeher unabhängig von jeglicher Kontrolle durch den Diözesan war. Das war in der Tat eine notwendige Voraussetzung für seinen Aufstieg, und dafür erbat es die Unterstützung Roms. Und Rom hatte frühzeitig die Möglichkeiten der Situation erkannt, und je weniger Beachtung die neue Bewegung dem Bischof schenkte und je größer das wachsende Mißtrauen des Bischofs gegen den Mönch wurde, desto mehr frohlockte Rom. Denn daran, daß es die übergroße Macht des Bischofs zügelte, erkannte der Papst, daß Cluny sich als unschätzbarer Verbündeter erweisen könnte. Das soll nicht heißen, daß die Kluniazenser eine besondere Lehre zur Unterstützung der päpstlichen Macht gepredigt hätten. Davon ist in ihrer Literatur nichts zu finden, während für Abbo von Fleury, ihren berühmtesten literarischen Exponenten, der Aufstieg der Krone über weltliche und geistliche Ämter zur Grundlage des öffentlichen Rechts wurde.[17] Ja, weil Abbo nicht ahnte, daß sich ein Konflikt zwischen den beiden Mächten erheben könnte, grenzte er ihre Bereiche nie deutlich voneinander ab, und diese gedankliche Unordnung ist charakteristisch für die ganze Haltung Clunys. Erst bei Wazo von Lüttich ist eine klare Erkenntnis dessen festzustellen, wozu das Studium des kanonischen Rechts unausweichlich führen mußte. Cluny hingegen war von praktischen Überlegungen beein-

---

[17] Sackur, Die Cluniazenser, Halle a. d. Saale 1894, Bd. II, S. 305.

flußt. Wie Peter Damiani, der enge Freund der Äbte Clunys, war es davon überzeugt, daß Staat und Kirche sich gegenseitig helfen könnten. Und es verdankt ja in der Tat einen großen Teil des Erfolges in der Reform der Hilfe der zeitlichen Macht, stammten doch viele der ihm übergebenen Klöster aus königlichem oder kaiserlichem Besitz. Auch die Kluniazenser hatten die gebührende Achtung vor Würdenträgern. So wird Odilos Ehrerbietung gegenüber den Großen lobend erwähnt,[18] und den gleichen Charakterzug hebt man an Majolus hervor.[19] Die Einmischung des Kaisers in die Papstwahl scheint bei den Kluniazensern zu keiner Zeit irgendwelche Befürchtungen wachgerufen zu haben. Als Majolus von Otto II. und der Kaiserinmutter gedrängt wurde, die Tiara anzunehmen, weigerte er sich; aber diese Weigerung beruhte auf den herkömmlichen Gründen, daß er nicht würdig sei, Cluny unter keinen Umständen verlassen wolle, und auf den praktischen Erwägungen, daß er und die Römer vielleicht nicht zusammenpaßten;[20] sie ließ keineswegs erkennen, daß dem Kaiser eine solche Macht der Wahl nicht zustünde.

Man würde vielleicht Majolus losgelöst von seiner Zeit betrachten, wenn man dies erwartete; aber bedeutsamer ist, daß auch bei Odilo nichts von dieser Erkenntnis zu finden ist, obwohl sich zu seiner Zeit schon einzelne Proteststimmen erhoben. Im Gegenteil, Odilo war ein Herz und eine Seele mit Konrad II. und Heinrich III., wie uns überliefert ist.[21] Er war der Freund des letzteren, „der ihn über alle Maßen liebte und demütig auf seinen Rat hörte"[22]. Er billigte die Handlungsweise des Kaisers auf der Römischen Synode von 1046 und wohnte der Absetzung Benedikts IX. und der Inthronisation Clemens' II. bei. Es wird uns ausdrücklich berichtet, daß er die Inthronisation des letzteren befürwortete; *dans*

---

[18] *Vita Odilonis*, I, 7. *Principibus et potestatibus Christianis secundum apostolicam sententiam in nullo restitit sed ita amicabilem et officiosum se reddidit ut ... ab omnibus amaretur.*
[19] *Vita Maioli*, I, 7.
[20] Ibid. III, 8. *Ego et Romani ... minime convenimus moribus.*
[21] *Vita Odilonis*, II, 12. *Illis cor unum et anima.*
[22] Ibid. *Qui supra modum eum diligebat, illiusque consiliis humiliter adherebat.*

*gloriam Deo qui Romanum imperium, electo iustissimo praesule et
catholico reipublice principe, sedatis malorum turbinibus roborare
voluerit.*[23] Man kann zwar sagen, daß die üblen Zustände der Zeit
diese Zustimmung rechtfertigen, die auch viele andere mit Odilo
gaben. Aber schließlich schien die Lage sich von allein zu beruhigen.
Gregor VI. war unbestreitbar Papst. Von seinen beiden Rivalen
lebte Benedikt IX. wie ein Laie, und Silvester III. hatte sich in aller
Stille in sein Bistum zurückgezogen. Es ist möglich, wenn auch kaum
wahrscheinlich, daß Heinrich III. erst dann von Gregors simonistischer Transaktion gehört hatte. Als er die Alpen überschritt,
scheint er die Absetzung des Papstes noch nicht beschlossen zu haben, und weil uns ausreichende Informationen fehlen, ist es tatsächlich schwer zu verstehen, warum er handelte, als er handelte.[24] Was
immer seine Motive gewesen sein mögen, es ist dennoch bezeichnend,
daß es in dieser Zeit der Absetzung des Papstes Männer gab, die
ebenso reich an Tugenden waren wie Odilo, aber im Gegensatz zu
ihm über die Forderungen des Augenblicks hinausblickten und die
Handlung des Kaisers verurteilten. Wir müssen Odilo die stolze
Haltung Wazos von Lüttich gegenüberstellen, der nach reiflicher
Überlegung seine Folgerung aus den Schriften der Väter zog und
erklärte, der Papst sei nur Gott untertan.[25] Nach dem Tode Clemens' hielt er die Wahl eines neuen Kandidaten für unnötig, da
Gregor VI. noch immer der rechtmäßige Papst sei.

Durch die Reinwaschung des päpstlichen Stuhls kam Odilo jedoch
dem Kaiser und dem Papst des Kaisers näher. Er scheint auf der

[23] *Vita Odilonis;* erstmals veröffentlicht in: Neues Archiv der Gesellschaft für ältere Deutsche Geschichtskunde, XV, S. 119.

[24] Professor Hauck meint in seiner ›Kirchengeschichte Deutschlands‹
(Bd. III, 3. und 4. Aufl. Leipzig 1906, S. 587), daß Heinrich vielleicht befürchtete, daß Gregor, dem es gelungen war, die Römer durch einen Eid
an ihn zu binden, politisch gefährlich würde. Er zweifelt (S. 583) Bonizos
Nachricht in *Ad Amicum,* V, S. 585, an, daß die Römer eine Gesandtschaft
an Heinrich geschickt hätten, um sein Eingreifen zu erbitten.

[25] Anselm, Gesta Epp. Leod. Monum. Germ. hist., Scriptores VII, 224.
*Summum pontificem a nemini nisi a solo Deo diiudicari debere. Recogitet ... ne forte summi pontificis sedes depositi a quibus non oportuit, ipsi
divinitus sit reservata.*

antisimonistischen Synode gewesen zu sein, die Clemens abhielt, und auf der die Kluniazenser den Kaiser als die treibende Kraft ansahen.[26] Es mag auch darauf hingewiesen werden, daß Clemens' Name immer, wenn er in der *Vita Odilonis* erwähnt wird, mit dem ehrfurchtsvollen *piae memoriae* verbunden ist und daß Odilo sich über eine Unterredung mit Clemens und über seinen apostolischen Segen sehr gefreut haben soll.[27] Dem können wir wiederum das Argument eines zeitgenössischen Priesters aus Niederlothringen gegenüberstellen, der behauptete, Clemens sei auf Grund der Art und Weise, wie er gewählt wurde, kein Papst.[28] Clunys Haltung war ganz anders. Es hatte jeden Eingriff der Kaiser — von Otto I. bis zu Heinrich III. — zugunsten der Kirchenreform mit wohlwollendem Interesse beobachtet. Es hatte sich über die Läuterung des Papsttums gefreut, über dessen allmähliche Überlegenheit über die römischen Adelsfamilien und über den Versuch, eine strengere Disziplin über die Bischöfe auszuüben. In diesem letzten Punkt hatte sich Cluny als unschätzbarer Verbündeter erwiesen. Aber es war nicht bereit, noch weiterzugehen, und als sich unter Stephan IX. die Reform der Kirche dem Problem ihrer Freiheit zuwandte, hielten die Kluniazenser zurück. Die antikaiserliche Tendenz der neuen Reformbewegung kühlte das gute Verhältnis ab; Cluny hatte den Kaisern vielleicht zu nahe gestanden, als daß es den Sachverhalt in der richtigen Perspektive sehen konnte. Als daher das Streben nach Freiheit der Kirche unter Gregor VII. neuen Auftrieb erhielt und als dieser darauf hinarbeitete, die Kirche über alle zeitlichen und weltlichen Mächte zu setzen, nahmen die reformierten Klöster we-

---

[26] Rod. Glaber, V, 5.

[27] *Vita Odilonis*, I, 14. *dulcis memoriae Clementis papae desiderabilis collocutio et apostolicae reverentiae benedictio.*

[28] Forschungen zur Deutschen Geschichte, XX, S. 570. Der anonyme Autor kannte die Dekretalen des Pseudo-Isidor. Er argumentierte, kein Laie habe das Recht, sich in die Angelegenheiten der Kirche einzumischen. Er verurteilte Heinrichs Motive als persönliche Motive, d. h. Heinrich wußte, daß er Gregor VI. niemals zwingen könne, seine unkanonische Heirat anzuerkennen; deshalb wählte er einen Papst, der es nicht wagen würde, sich seinem Willen zu widersetzen.

der eine eindeutige noch eine einmütige Haltung für das Papsttum ein. „Man darf geradezu sagen, daß eine Parteibildung überhaupt nur von Rom ausgehen konnte." [29]
Auch in zwei anderen Punkten der gregorianischen Reform, in den Forderungen gegen Simonie innerhalb der Kirche und gegen die Priesterehe, kann Cluny nicht als Vorkämpfer gelten, wenn es auch zweifellos die Bewegung durch Sympathiekundgebung von außen unterstützte. Sicher, sein Hauptziel hatte darin bestanden, den Geist der Heiligkeit in der Welt zu wecken, und dadurch, daß viele seiner Mönche Bischöfe wurden, trug es dazu bei, das Niveau des geistlichen Lebens in der Kirche zu heben. Aber für einen organisierten Kampf gegen Simonie und Priesterehe fehlt jegliches Zeugnis. Über diese beiden Punkte schweigen sich die Lebensbeschreibungen aus. Ein einziges Mal findet man in der *Vita Maioli* [30] einen Hinweis ohne Bezug auf eine bestimmte Person, daß sich die Moral in der weltlichen Kirche bessere, und in der *Vita Odilonis* steht eine einzige vage Anspielung auf die Simonie; und so gefährlich es auch ist, ein Schweigen zu deuten, so ist es vielleicht noch gefährlicher, eine Theorie aufrechtzuerhalten, die ohne andere Beweise diesem Schweigen zum Trotz aufgestellt ist. In diesem Punkt halten wir Kerkers Urteil für zutreffend,[31] während Hauck Wilhelm von Dijons Eifer gegen die Simonie als auffälligen Gegen-

---

[29] Hauck, Kirchengeschichte, III, S. 515. Vgl. Grützmacher in: Realencyklopädie für protestantische Theologie, XIII, S. 183; Ladewig, Poppo von Stablo und die Klosterreformen unter den ersten Saliern, Berlin 1883, S. 129. Da tritt Gregor VII. auf, und das ganze lothringische Cluniazensertum kehrt sich fast einmütig gegen ihn. Cauchie, La Querelle des Investitures dans les Diocèses de Liège et Cambrai; Sackur, Die Cluniazenser.

[30] I, 5.

[31] Schon im Jahre 1863 schrieb Kerker, Wilhelm der Selige, Abt von Hirsau, Tübingen 1863, S. 109: „Abscheu vor der *haeresis Simoniaca* unter allen ihren Gestalten, der Kampf gegen den Concubinat der Cleriker, d. h. die Sehnsucht nach Reinigung und Befreiung der Kirche ist die Signatur einer Richtung in der Kirche, welche nicht von Clugny ausgegangen, sondern aus dem Innersten der Kirche entsproßt, sich auch da verbreitete, wo Clugnys Bereich aufhörte."

satz zur Haltung der anderen Kluniazenser anführt.[32] Das Gewissen der Öffentlichkeit habe in dieser Angelegenheit, die schließlich kein Herzensanliegen der Kluniazenser gewesen sei, so lange geschlafen, daß er ihre Gleichgültigkeit nicht für überraschend hält. Wir glauben die Ursache für diese Gleichgültigkeit darin zu sehen, daß Cluny an seiner eigenen Reform interessiert war und deshalb der weltlichen Kirche wenig Aufmerksamkeit schenken konnte. Es hatte in der Tat alle Hände voll zu tun.

Man kann behaupten, daß Cluny unter Odilo seinen Höhepunkt erreichte. Odilo hielt Audienzen wie ein Fürst, er war an jedem Hof willkommen, und „wo immer er hinging, folgte ihm eine Schar von Brüdern, so daß man ihn nicht für einen Herzog oder Fürsten, sondern tatsächlich für den Erzengel der Mönche hielt"[33]. Er schrieb sich den Ruhm zu, Cluny in Backsteinen vorgefunden zu haben und es in Marmor zurückzulassen *ad exemplum Octaviani Caesaris*. Unter Odilo spielte Cluny auch eine bedeutende Rolle in der Gesellschaftsreform; denn in dem ältesten Zeugnis[34] der *treuga Dei,* das wir haben, richten der Erzbischof von Arles, die Bischöfe von Avignon und Nizza und Odilo von Cluny im Namen der Kirche Galliens einen Aufruf an den Klerus in Italien, die *treuga Dei* aufrechtzuerhalten. Noch Ende des 11. Jahrhunderts erinnerte sich der betagte Bischof von Autun an die maßgebliche Rolle, die Odilo in dieser Bewegung gespielt hatte.[35] Ein Blick in die Liste der Klöster, die von Odilo reformiert wurden, und der Kirchen, die er bauen ließ, bezeugt ebenfalls seine erstaunliche Aktivität. Auch mit der Reform der Klöster war sein Werk nicht abgeschlossen, denn einige

---

[32] Hauck, Kirchengeschichte, III, S. 864: „Aber als Führer im Streit sind sie nicht aufgetreten, geschweige denn, daß in ihrem Kreise die gregorianischen Ideen erzeugt worden wären."

[33] *Vita Odilonis,* I, 11. *Quocunque procedebat tanta sequebatur eum frequentia fratrum ut iam non ducem et principem, sed revera putares eum esse archangelum monarchorum.*

[34] Mansi, Concilia, XIX, 593. *Una cum omnibus episcopis et abbatibus et cuncto clero per universam Galliam habitantibus omnibus archiepiscopis episcopis presbyteris et cuncto clero per totam Italiam commorantibus ... Recipite ergo et tenete pacem et illam treuvam Dei.*

[35] Pertz, M. G. H., Scriptores, VIII, 403.

der reformierten Klöster, besonders die älteren und bedeutenderen, lehnten sich gegen Clunys System der Zentralisierung auf, und es war keine leichte Aufgabe für Odilo, seine Autorität zu erzwingen. Gleichzeitig hatte Cluny — so groß sein Ruhm in der ganzen Welt auch war — doch Schwierigkeiten, die Autonomie des Klosters gegegenüber dem Diözesanbischof von Mâcon zu behaupten. Denn obwohl es theoretisch seit seiner Gründung außerhalb des Herrschaftsbereichs des Diözesans gestanden hatte, war das praktisch etwas anderes; und in Zeiten der Schwäche Roms spitzte sich die Auseinandersetzung zwischen Odilo und dem Bischof von Mâcon durch folgende Streitfrage zu. Odilo hatte den Bischof von Vienne ohne Erlaubnis des Diözesans zu einer Ordination nach Cluny eingeladen, woraufhin dieser sich auf dem Konzil von Anse 1025 an die dort versammelten Bischöfe Südgalliens wandte.[36] Obwohl Odilo sich durch Vorlage der zahlreichen päpstlichen Privilegien zu rechtfertigen suchte, die Cluny aus der Oberhoheit des Diözesans ausnahmen, weigerte sich das Konzil, die Gültigkeit der Privilegien anzuerkennen, stellte sie ausdrücklich als Widerspruch zu den Kanones des Konzils von Chalcedon hin und verurteilte den Abt. Der Streit zog sich über Jahre hin.[37]

Zudem erregte Cluny nicht nur im Süden den Unwillen der Bischöfe. Aus dem Norden stammt eine der berühmtesten Satiren des Mittelalters, die Satire von Adalbero von Laon,[38] die in der Absicht geschrieben war, Robert den Frommen gegen Cluny einzunehmen. Denn nicht nur Clunys Prinzip von der Autonomie der Klöster rief Feindschaft hervor, sondern vor allem die einflußreiche Stellung, die es erlangt hatte. Unter Odilo war es zu einem bestimmenden Faktor in offiziellen Kreisen geworden, und seine Mönche stiegen zu hohen Ämtern in Kirche und Staat auf. In der Satire wurde es von allen Seiten angegriffen: Luxus, Reichtum, Hang zu Neuheiten, Weltlichkeit, politische Interessen, die häufige Abwesenheit des Abtes und das Gefolge, das ihn auf seinen Reisen begleitete, wurden

---

[36] Mansi, Concilia, XIX, 473.
[37] Eine unglaubwürdige Geschichte besagt, daß Odilo später selbst sein Unrecht zugegeben habe. Vgl. Gall. Chr. IV, 1060.
[38] Bouquet, X, 61—72.

aufs Korn genommen. Andere Äbte sollten sich in acht nehmen, einen Mönch nach Cluny zu schicken, mache es doch aus dem Mönch einen Ritter. Es mag tatsächlich etwas Wahres in der Satire stecken, entging doch auch Cluny nicht dem Schicksal, das von je das Mönchswesen bedroht zu haben scheint; in seiner höchsten Entfaltung lag zugleich der Keim zum Verfall. Dennoch konnte Fulbert von Chartres, der bedeutendste Gelehrte der damaligen Zeit, die Kluniazenser als „heilige und weise"[39] Männer bezeichnen und von Odilo als „jenem Heiligen der Mönche" sprechen, „mit dem ich mich in nichts vergleichen kann"[40].

Man kann behaupten, daß die kluniazensische Reform in den späteren Jahren Odilos zum Stillstand kam. Der bedeutendste Teil des Programms war durchgeführt. So hatte Hugo die Hände freier als seine Vorgänger, obwohl er das Haupt eines internationalen Systems war. Um so bedeutsamer ist es daher, festzustellen, welche Rolle er in der gregorianischen Reform spielte. Es scheint keine bedeutende Rolle gewesen zu sein, denn Hugo ging einen Schritt zurück, und in dem Kampf zwischen Papst und Kaiser kann er als neutral angesehen werden. Diese Tatsache scheint man aus den Viten Hugos und aus den Briefen des Papstes ablesen zu können. Von den verschiedenen Lebensbeschreibungen Hugos sind fünf auf uns gekommen, aber vier davon bringen wenig Neues gegenüber der ersten, von Gilo verfaßten. Leider muß man Hugos Viten von allen Lebensbeschreibungen der frühen Äbte als diejenige betrachten, die vor allem zur Erbauung geschrieben wurden. Sein heiligmäßiger Charakter und sein Mönchseifer werden ausgemalt und gerühmt; ein Wunder folgt dem andern in ermüdender Aufzählung. Kaum erwähnt der Autor einmal ein historisches Ereignis, von dem das Papsttum und das Kaisertum erschütternden Streit weiß er oder sagt er gar nichts.[41] Nur ein einziges Mal ist Hildebrands Name erwähnt und das im Zusammenhang mit klösterlichen

---

[39] *Viris sanctis et sapientibus.*
[40] *Illo sancto monachorum, cui me in nullo comparare praesumo.*
[41] Rainaldus, *Vita Hugonis*, 26, erwähnt, daß Hugo Papst und Kaiser zu versöhnen suchte, *licet in concordiam vir Dei non potuisset adducere.* Seine Darstellung ist jedoch verwirrend.

Angelegenheiten; es ist die Geschichte, daß Hildebrand, als er 1053 auf seinem Wege nach Frankreich als päpstlicher Legat in Cluny halt machte, erzählt, wie er gesehen habe, daß der Weltenrichter Hugo beistände, die Ordnung der Regel aufrechtzuerhalten.[42] Und als Hugos Ruhm Rom erreicht haben soll, war es ebenfalls sein Ruhm als Erneuerer des Klosterlebens.[43]

Unter den wenigen historischen Ereignissen in Hugos Lebensbeschreibung wird das Konzil von Reims erwähnt, und dabei erfahren wir zugleich von Hugos Protest gegen die Simonie. Aber man kann behaupten, daß dieser Protest zweischneidig war, denn das Unheil der Simonie war schon so verbreitet, daß sogar Hugos eigene Wahl zum Abt nicht frei von Verdächtigungen blieb. Als er in dieser Angelegenheit befragt wurde, gab er zur Antwort: *Pro adipiscendo abbatiae honore, Deo teste, nihil dedi vel promisi; quod quidem caro voluit, sed mens et ratio repugnavit;*[44] Gilo gibt die Antwort so wieder: *caro voluit, spiritus repugnavit;* und er fährt fort, die Bewunderung wegen dieser Offenheit sei so groß gewesen, daß gerade Hugo vor allen Anwesenden vom Papst aufgefordert wurde, eine Predigt über die Simonie zu halten. Das habe er mit so viel Erfolg getan, daß *domus Dei precepit ut Symoniaci tam populares quam clerici presbyterique uxorati ab catholicorum communione arcerentur, ab ecclesiis eliminarentur*[45]. Hildebert von Lavardin, der Gilo soweit genau folgt, schmückt die Geschichte aus und stellt Hugo unter den wankelmütigen und furchtsamen Bischöfen als Mann „voller Autorität und Verehrung" dar: *zelo succensus iustitiae negotiationem Simonis constanter abolere curavit*[46]. Das Ausmaß, das die Autoren der Ausschmückung dieser Szene widmen, macht das Schweigen um so bedeutsamer, mit dem sie jegliche Teil-

---

[42] Siehe Gilos *Vita Hugonis*, Bibl. Nat., Paris, cod. 12607, fol. 205: *mundi iudicem suo Hugoni collateralem, qui sedens a dextris regularem disciplinam fovere prosequebatur.*

[43] Ibid. fol. 204: *Fragrantia sanctitatis eius apostolicae sedi ita redoluit, ut rectoris studio tantum confideret de nobilitandis cenobiis, de inserendis virtutibus, et vitiis extirpandis.*

[44] Mansi, Concilia, XIX, 738.

[45] *Vita Hugonis*, Fol. 206.

[46] Hildebert, *Vita Hugonis*, II; Migne, CLIX.

nahme Hugos an dem gregorianischen Streit übergehen. Auch aus Gregors Briefen haben wir Beweise dafür, daß Clunys Eifer nicht immer gegen die Simonie entbrannt war. Erbost über *Robertum illum qui supradictae iniquitatis auctor extitit, qui diabolica suggestione Hispaniensi ecclesiae tantum periculum invexit*, schrieb Gregor in seiner gewohnten Heftigkeit an Hugo:

Quanta impietas a monasterio vestro per Roberti monachi vestri praesumptionem exierit ex litteris potes cognoscere. Robertus Symonis Magi imitator factus quanta potuit malignitatis astutia adversus Petri auctoritatem non timuit insurgere et centum milia hominum qui laboris nostri diligentia ad viam veritatis redire ceperant per suggestionem suam in pristinum errorem reducere.[47]

Daraufhin mußten alle kluniazensischen Mönche aus Spanien zurückgerufen werden.

Und wiederum, wenn man einerseits aus dem Schweigen in den Viten und andererseits aus dem Ton in Gregors Briefen die Folgerungen zieht, kann man nicht leicht begreifen, wie die überlieferte enge Freundschaft [48] zwischen den beiden Männern entstanden sein soll. Vielleicht hat man dem berühmten Brief Gregors zuviel Bedeutung beigemessen, in dem er seiner Besorgnis über den Zustand der Kirche Ausdruck verlieh und aus Furcht, daß schließlich seine eigene Seele Schiffbruch erleiden könne, um die Gebete des Klosters bat. Aber wie schon gesagt, Clunys wirksame Kraft im Gebet stand fest, und Gregor wandte sich in seinem Brief an den Abt in seiner amtlichen Funktion.

In keinem Brief klingt die persönliche Note so stark an wie in den Briefen Urbans II. an Hugo. In einigen sind tatsächlich Reibungen zwischen den beiden Männern bezeugt. So schrieb Gregor, verärgert über das Fehlen des Abtes in Rom:

Quod non aliis occupationibus vestris imputandum esse credimus, nisi quod sanctitatem vestram labores fugere et aliquando graviora negotia quasi pigritantem quibus occasionibus declinare videmus.[49]

---

[47] Greg., Reg. VIII, 2, 3.
[48] Sie entstand größtenteils aus der Theorie (die jetzt bezweifelt wird), daß Hildebrand Mönch in Cluny war.
[49] Reg. I, 62 (1075), S. 81.

Geschäftsangelegenheiten waren dem Abt anvertraut worden, *quae propter absentiam vestram aut neglecta pereunt aut competentem finem habere non possunt*[50]. In einem anderen Brief steht der bittere Vorwurf: *Dum satis intendis aulicos nutrire, de rusticis parum tibi est curae*; und er endet:

Praeterea monemus fraternitatem tuam ut in talibus cautius te habeas omnibusque virtutibus dilectionem Dei et proximi praeponas.[51]

Bei einer anderen Gelegenheit beklagt sich Gregor über die *insolentia*[52] der Kluniazenser und darüber, daß Hugo nicht streng genug mit seinen Mönchen sei. Hierüber schrieb er an Hugo:

Nam ut aliis taceamus, pene omnes qui sunt fratres nisi freno rationis nostrae retinerentur, amorem ab eis loco vestro exhibitum in gravem inimicitiam convertissent.[53]

Andererseits ist es sehr wohl bekannt, daß Hugo während des ganzen Streites den Kontakt mit dem Kaiser aufrechterhielt. Als sein Taufpate hatte Hugo tatsächlich von Anfang an mit Heinrich IV. in Verbindung gestanden, und Herrscherhaus und Kloster waren sich gegenseitig verpflichtet.[54] Nach dem Tode ihres Gatten schreibt Agnes an den Abt und bittet ihn, über die Interessen des Kindes (Heinrichs IV.) in seiner Umgebung zu wachen.[55] Heinrich hat von jeher in Hugo seinen geistlichen Vater gesehen,[56] und in der Freude über die Unterwerfung seines rebellierenden Sohnes dankt er ihm, daß

---

[50] Ibid.
[51] Reg. VI, 17, S. 351.
[52] Reg. VIII, 52.
[53] Reg. VIII, 2, S. 429.
[54] [Es sollte allerdings nicht übersehen werden, daß der Brief an Bischof Hugo von Die, der Gregor zugeschrieben wird und in dem er von der *serpentis astutia* des Abtes spricht (Jaffés Regesta Pontificum, ed. 2, no. 5183), eine eingestandene Fälschung ist.]
[55] Migne, CLIX, 932. *Turbas, si quae contra eum in vestris vicinis partibus regni sui oriuntur, etiam consilio sedare studeatis.*
[56] Nach Berthold, S. 289, war Hugo erst ein paar Tage, bevor der Kaiser nach Canossa ging, von der Exkommunikation befreit worden, die er wegen seiner Verbindung zu Heinrich erdulden mußte.

Cluny und Gregor VII. 37

tuam semper pietatem et paternam erga nos sollicitudinem benigne experti sumus ... Pater carissime, ad te post Deum quasi ad singulare refugium necessitatis nostrae recurrimus.[57]

Ja, als Heinrich IV. noch unter dem päpstlichen Bann stand, stellte Hugo die Gebete für die Seele des Kaisers in seinem Kloster nicht ein — eine Tatsache, die den Unwillen Halinards von Lyon hervorrief, der sich Mathilde von Tuszien gegenüber beklagte, er habe Hugo wegen dieses Fehlers zur Rede gestellt und nur eine ausweichende Antwort erhalten. Und auch als man ihn zur Reue drängte, habe der Abt seinen Fehler nicht eingesehen.[58]

Bislang haben wir keine Beweise dafür gefunden, daß Cluny Vorkämpfer der gregorianischen Reform war. Die Theorie, daß es dies war, beruht in der Tat weitgehend auf der jetzt widerlegten Hypothese, daß Hildebrand Mönch in Cluny gewesen sei. Diese Behauptung finden wir nur bei einem seiner Zeitgenossen, bei Bonizo von Sutri,[59] dessen *Liber ad Amicum* Martens als „ganz und gar unhistorisch"[60] bezeichnet. Dann schloß sich in der Mitte des folgenden Jahrhunderts Otto von Freising[61] der Meinung Bonizos an und fügte noch hinzu, daß Hildebrand Mönch und Prior in Cluny war, was er zugegebenermaßen nur vom Hörensagen wisse. Es ist jedoch erwiesen, daß sich diese Behauptung nicht mit den bekannten Fakten aus Hildebrands Leben in Einklang bringen läßt, und man glaubt, daß Otto einer Namensverwechslung zum Opfer gefallen ist.[62] Leider hat der Herausgeber der *Bibliotheca Cluniacensis*[63] Ottos Behauptung nicht für ein Gerücht gehalten, wie dieser selbst zugab, sondern für einen echten Beleg, und in der Liste von

---

[57] Migne, CLIX, 934.

[58] D'Achery, Spicil. (ed. 1723), III, 426. *Neque tamen debita poenitentia errorem cognitum emendavit.*

[59] Paul von Bernried (*Vita Gregorii*, c. 10) wurde früher auch als Quelle zitiert; aber er erwähnt nur, daß Hildebrand in *Francia* blieb, womit das Rheingebiet gemeint sein kann.

[60] Martens, Gregor VII.

[61] Chronicon, VI, 33.

[62] Ein Mann namens Hildebrandus war zur Zeit Odos *praepositus* von Cluny.

[63] Marrier, Bibliotheca Cluniacensis (1614), Vorwort.

Päpsten, die Cluny durch ihre Gegenwart ehrten, führt er Gregor VI. als dort gestorben auf und Hildebrand als *antea monachus et prior Cluniacensis*. Die Bollandisten wiederholten den gleichen Irrtum. Von dieser Voraussetzung her glaubte man, Odilo „gebühre die Ehre, Gregor VII. geformt zu haben", und da die frühe Klostergeschichte nicht untersucht worden war, schien keine Diskrepanz darin zu bestehen, daß man Hildebrands Ideale auf Cluny zurückführte. Hildebrand war ein Mönch Clunys gewesen, also waren seine Ideale mit denen des Klosters identisch. Diese Hypothese ist besonders in Frankreich akzeptiert worden.[64] So schildert Champly, Otto von Freising folgend, Hugo und Hildebrand, wie sie Leo IX. Vorwürfe wegen seiner Wahl machen, und er zieht dann den Schluß:

de cette entrevue et des conseils que les deux amis suggérèrent au souverain pontife, surgit cette grave question qui allait agiter les XIe et XIIe siècles. Les inspirations et les conseils d'Hildebrand et de saint Hugon avaient fait naître la lutte de la papauté et de l'empire.

Noch 1888 und 1898 neigen d'Huillier und Jardet dazu, dieser Methode zu folgen,[65] und sogar noch 1905 kann Burgerette schreiben, „die gregorianische Reform bedeutete, die Ideen Clunys in Aktion zu setzen". Luchaire sah ebenfalls in Hugo « l'ami et collaborateur de Grégoire VII » und fügte die unmögliche Behauptung hinzu, « avocat de la papauté il parle pour elle dans tous les conciles »[66]. « Nul », fuhr er fort, « n'a travaillé plus activement à la fondation de la théocratie romaine. »[67]

Man konnte dieser Meinung mit keinem Argument begegnen, solange die frühe Geschichte Clunys nicht wissenschaftlich untersucht war, und das geschah erst, als Sackur sich der Sache annahm. Vor ihm hatten die meisten deutschen Historiker die Theorie von

---

[64] Vgl. die Geschichten Clunys von Champly (1873), von Lorain, von Pignot und von Cucherat.

[65] D'Huillier, St. Hugues; Jardet, St. Odilon.

[66] Es wird nur ein einziges Mal berichtet, daß Hugo gesprochen habe, und zwar auf der Synode zu Reims, wo er auf eine Anklage gegen ihn selbst antwortete, vgl. oben S. 34.

[67] Lavisse, Histoire de France, II, 2, S. 131.

der kluniazensischen Reform durch Hildebrand vertreten, und da diese Theorie so große Namen wie Ranke und Giesebrecht [68] hinter sich hatte, ist es nicht verwunderlich, daß andere Historiker ihnen folgten. Aber es verwundert doch, daß Ranke und Giesebrecht die Geschichte von Hildebrands Aufenthalt in Cluny so uneingeschränkt akzeptierten, obwohl sie wußten, daß Mabillon sie verworfen hatte. Giesebrecht ging sogar so weit, Hildebrand Empfindungen zuzuschreiben, für die uns die Quellen keine Rechtfertigung bieten. So berichtet er, Hildebrand habe Cluny „sehr heimisch" gefunden und später behauptet er oft, Hildebrand habe sich nichts mehr gewünscht als seine Tage in Gebet und Kontemplation hinter den Mauern Clunys zu beschließen. Eine derartige Gesinnung läßt sich weder in den Briefen noch in den Manifesten des Papstes feststellen.[69] Es gibt auch keine Beweise für die Worte, „daß Hildebrand nur ungern Cluny verließ, wissen wir aus seinem eigenen Mund"; denn alles was Hildebrand wirklich gesagt hat, ist, daß er Leo IX. ungern folgte.[70]

Weiterhin mag darauf hingewiesen werden, daß vor dem Beginn einer gründlichen Erforschung der frühen Geschichte Clunys die Historiker insofern irrten, als sie dessen spätere Position in die frühe Geschichte hineinlasen. Denn erst zur Zeit Innozenz' II. kann man sagen, daß die Kluniazenser sich geschlossen hinter den gregorianischen Standpunkt gestellt hätten. Wie schon erwähnt,[71] zog sich Hugo zurück, sobald der Streit zwischen Papst und Kaiser ausbrach. Unter Urban II. spielt er jedoch eine wichtige Rolle, und Hauck meint, sein Einfluß sei darin zu sehen, daß Urban mehr darum bemüht war, seine Stellung gegen Wibert zu sichern, als die Ideen Gregors mit großem Nachdruck zu verfolgen.[72] In diesem Zusammenhang ist von Interesse, daß Halinard von Lyon, den

---

[68] Beide waren wahrscheinlich beeinflußt von J. Voigts umfangreichem Werk über Gregor VII. (1815).

[69] Martens, Gregor VII., S. 283.

[70] Reg. VII, 14a, S. 401. *Invitus ultra montes cum domino papa Gregorio abii, sed magis invitus cum domino meo papa Leone ad vestram specialem ecclesiam redii.*

[71] Oben, S. 33 f.

[72] Hauck, Kirchengeschichte, III, S. 860.

Gregor sich ganz besonders als seinen Nachfolger gewünscht hätte, sich in einem Brief an Mathilde von Tuszien über die Haltung der Kluniazenser beklagt[73] und seine große Bitterkeit gegenüber den Mönchen zum Ausdruck bringt. Halinard war in der Tat von Natur kompromißloser als Urban II., der zwar sein Pontifikat mit der Erklärung begann, er werde in die Fußstapfen seines großen Vorgängers treten, aber bald die gemäßigte Linie Viktors III. aufnahm. Bei verschiedenen Anlässen gab Urban die Forderungen der Zeit[74] als Grund für seine Handlungsweise an; im Gegensatz zu Gregor VII. brachten ihn nämlich Schwierigkeiten nicht dazu, seine Forderungen höherzuschrauben, sondern sie einzuschränken. Darin, daß er seinen Kurs nach praktischen Gesichtspunkten ausrichtete, könnte man vielleicht einen Beweis für seine kluniazensische Erziehung sehen.

Zum Teil mag der strittige Punkt durch die Untersuchung beantwortet werden, wieviel Originalität Gregor VII. zugeschrieben werden muß. Mit wenigen Persönlichkeiten hat sich die Forschung in den letzten Jahren intensiver beschäftigt, und über wenige hat sich die Meinung so sehr geändert wie über ihn. So wirft Martens seinen Vorgängern in seinem bemerkenswerten Buch über Gregor VII. vor, sie hätten die Originalität des großen Papstes nicht zu erkennen gewagt. Er macht Gregor kühn zum einzigen Gründer des „hierokratischen" Systems, hält es jedoch für schwierig zu sagen, wer ihn beeinflußte.[75] Mit keinem Wort erwähnt er Cluny. Andere Wissenschaftler[76] verwerfen Clunys Anspruch und suchen den Einfluß bei Männern innerhalb der Kirche, vorwiegend bei Wazo von Lüttich. Denn er war der erste, der durch seinen berühmt geworde-

---

[73] D'Achery, Spicil. III, 426. *A monachis Cluniacensibus nobis tantas supergressiones et iniurias inferri ut nullomodo eas aequanimiter sustinere valeamus.*

[74] *Pro temporis labore; ... pro tempore; ... pro temporum et personarum qualitate.*

[75] Martens, I, S. IX: Gregor VII. aber hat mit originaler Kraft das hierokratische System geschaffen.

[76] Sackur, Die Cluniacenser, S. 311; Cauchie, La Querelle des Investitures dans les Diocèses de Liège et Cambrai; Hauck, Kirchengeschichte, III.

nen Protest gegen Wigger von Ravenna darauf hinwies, daß die
Einmischung des Kaisers in kirchliche Angelegenheiten nicht mit den
Prinzipien des kanonischen Rechts vereinbar sei, der bei einer späteren Gelegenheit die Erhabenheit der Salbung des Bischofs über
die des Kaisers hervorhob und dessen Entscheidung bezüglich der
Papstwahl schließlich eine Bedeutung hat, die nicht überschätzt werden kann. Als leidenschaftlicher Gelehrter des kanonischen Rechts
wurde er von Leo IX. als die „lebendige Regel der kirchlichen Lehren" angesehen; sein Beispiel hatte viel dazu beigetragen, den Eifer
für das Studium des kanonischen Rechts in den Bischofsstädten am
Rhein zu entfachen. Gerade in dieser Gegend hat Hildebrand während seines Exils studiert, wie man jetzt meint.[77] Dann muß er natürlich auch hier die neue Idee kennengelernt haben — eine Idee, die
noch nicht bis Cluny gedrungen zu sein scheint.

Außerdem muß Hildebrand höchstwahrscheinlich das Buch gegen
die Simonie von Kardinal Humbert vertraut gewesen sein, der nach
Hauck als Repräsentant der neuen Bestrebungen der Reformpartei
innerhalb der Kurie anzusehen ist, genauso wie Peter Damiani, der
enge Freund Clunys, als Repräsentant der alten Bestrebungen galt.
Humbert arbeitete für die Freiheit der Kirche. Er war der Todfeind
der Simonie. Die Investitur durch Laien fiel für ihn in die gleiche
Kategorie, und da die Simonie in seinen Augen Häresie war, stand
der Simonist für ihn außerhalb der Kirche. Den tatsächlichen Gegebenheiten zum Trotz verurteilte er die Einmischung des weltlichen Fürsten oder Kaisers in die Angelegenheiten der Kirche. Zum
Lohn für solche Einmischung dachte er sich selbst Heinrich III., ungeachtet all dessen, was die Kirche ihm verdankte, in den Flammen
der Hölle. Wieweit dies von dem Standpunkt der Kluniazenser abwich, kann man daran sehen, daß Odilo eine regelmäßige Gedächtnisfeier für Heinrich II., einen anerkannten Simonisten, und für die
verstorbenen Benediktiner in allen kluniazensischen Klöstern angeordnet hatte.[78]

---

[77] *In ecclesia Coloniensi enutriti sumus.*
[78] Migne, CXLII, 1038. *Necnon ut memoria chari nostri imperatoris
Henrici cum eisdem praecipue agatur constituimus ut merito debemus
multis ab ipso ditati opibus.*

Zusammenfassend läßt sich sagen, daß in den Viten der ersten fünf Äbte Clunys kein Beweis für einen Zusammenhang zwischen den Kluniazensern und der Reform Gregors VII. zu finden ist. Im Gegenteil, die wenigen Belegstellen, die es gibt, weisen in eine entgegengesetzte Richtung. Da Cluny das Mönchtum höher schätzte als die Kirche, da es intensiv mit der Klosterreform beschäftigt war und im ständigen Kampf um die Wahrung seines Autonomieprinzips stand, konnte es der weltlichen Kirche wenig Aufmerksamkeit schenken. Das gehörte auch nicht zu seinem Aufgabenbereich. Es predigte Heiligkeit, und wenn es seinen Weg zu diesem Ziel erkannt hatte, ergriff es die Mittel, die am nächsten lagen. Da viele seiner Mönche Bischöfe wurden, trug es zweifellos auch dazu bei, das Niveau des geistlichen Lebens in der Kirche zu heben. Dennoch scheint die einzige Rolle, die es in der Vorbereitung der Reform Gregors VII. gespielt hat, indirekter Art gewesen zu sein. Cluny war zu einem internationalen System geworden, und dadurch, daß es über den Bischof hinweg den Papst [79] als Oberhaupt betrachtete, hat es sehr zur Stärkung des Prestiges und der Macht Roms beigetragen.

---

[79] *Cluniacense monasterium longo iam tempore sedi apostolicae constat esse unitum.* Greg. Reg. VII, 8, S. 389.

DIE CLUNIAZENSISCHE SPIRITUALITÄT

Von Hugh Talbot O. Cist.

Obwohl zahleiche Autoren die Leistung Clunys vom kirchlichen, vom wirtschaftlichen und sogar vom politischen Standpunkt aus untersucht haben, befaßt sich offenbar keines der Standardwerke zur Geschichte der Spiritualität damit, der Entwicklung der cluniazensischen Frömmigkeit nachzugehen. Ja, man nimmt anscheinend auf allen Seiten als gegeben an, daß Cluny keine Formen der Spiritualität aufweist, die erwähnenswert wären. Ein ausgefeiltes Zeremoniell, eine Liebe zu prunkvoller Liturgie, verbunden mit einer nicht allzu beschwerlichen Askese: das ist der Eindruck, den die meisten Menschen von der cluniazensischen Frömmigkeit bekommen haben. Dieser Eindruck gründet sich lediglich auf ein paar isolierte Fakten, die aus einer Zeit stammen, als Cluny schon das dritte Jahrhundert bestand. Es mag daher angebracht sein, einige der Hauptgedanken zu skizzieren, die die cluniazensische Frömmigkeit im Laufe ihrer Geschichte — von der Gründung Clunys bis auf die Zeit des Petrus Venerabilis — beherrschten.

Als Berno im Jahr 910 die Abtei Baume verließ, um auf einem Grundstück, das der Herzog von Aquitanien gestiftet hatte, um das Kloster Cluny zu gründen, war das Klosterleben auf einem Tiefpunkt angelangt. Sechzig Jahre lang hatten die Normannen ein Land verwüstet, das bereits durch inneren Krieg zerrissen war. Die Städte und Dörfer waren entvölkert, die Klöster waren ausgeplündert und zerstört, und die wenigen Flüchtlinge, die sich in den Ruinen niedergelassen hatten, um so etwas wie ein Klosterleben wiederaufzubauen, zeichneten sich weder durch Religiosität noch durch monastische Zucht aus. Berno war sich über die Größe seines Unternehmens kaum im klaren, denn seine eigenen Ambitionen waren überraschend bescheiden. Ihm kam es einfach darauf an, die reine benediktinische Tradition durchzusetzen, und er faßte nichts

Höheres ins Auge als die buchstabengetreue Erfüllung der Regel. In seinem Letzten Willen, dem einzigen uns überlieferten literarischen Fragment, sagt er ausdrücklich:

> Ich bitte euch, alle eines Sinnes zu sein und bei der in diesem Kloster geübten Lebensweise zu bleiben: die gleichen Stunden des Gottesdienstes, das Gebot des Schweigens, die Art der Ernährung und der Kleidung sowie den Verzicht auf persönliches Eigentum beizubehalten.

Über die tieferen geistlichen Prinzipien, die diese materiellen Bräuche beseelen sollten, wird nichts ausgesagt; offensichtlich war Cluny in seinen Anfängen ebenso sehr rein äußerlichen Formen zugetan wie spätere reaktionäre Vertreter des Mönchtums. Kontemplative Ideale und liturgischer Prunk, die man gewöhnlich mit Cluny in Verbindung bringt, werden nicht erwähnt, sondern lediglich eine prosaische Frömmigkeit, die auch dem Stumpfsinnigsten leicht zugänglich war.

Diese Einstellung tritt unter dem Nachfolger Bernos, Abt Odo (927—942) noch deutlicher hervor. Seine *Collationes,* auf Bitten des Bischofs Turpin verfaßt, zeichnen ein düsteres, hoffnungsloses Bild der damaligen Zeit: eine lasterhafte Laienwelt, einen gleichgültigen Klerus, ein entartetes Mönchtum. In einer so rohen, brutalen Gesellschaft wäre eine Verfeinerung der Spiritualität fehl am Platze gewesen; deshalb ging Odo in erster Linie darauf aus, durch die nachdrückliche Forderung von Enthaltsamkeit und Keuschheit die Moral zu heben und durch die Durchsetzung der Ordensregel die klösterliche Disziplin wiederherzustellen. Nur ein Bruchteil seiner Lehren wendet sich ausschließlich an Mönche, und das erklärt zweifellos den strengen Ton, die pessimistische Lebensauffassung und das niedrige spirituelle Niveau seiner Schriften. Er stützt sich hauptsächlich auf Fasten und Wachen; dazu kommen die Tugenden der Demut und des Gehorsams. Die Liebe wird nicht als das Band der Vollkommenheit (Kolosser 3, 14) betrachtet, sondern als ein Notbehelf für diejenigen, die zu schwach sind, um ein heroisches Tugendleben zu führen: tatsächlich besteht ihre Hauptfunktion darin, Sünden abzuwaschen, wodurch sie mit dem Almosengeben gleichgesetzt wird. Der Inhalt der Heiligen Schrift läßt sich reduzieren auf *lamentationes et carmen et vae,* d. h. auf Reue über begangene Sünden, auf die Freuden des ewigen Lebens und auf die Pein der ewigen Verdammnis. Für Odo liefern die Schriften des heiligen Gregor kaum mehr als moralische Abhandlungen. Nichts weist darauf hin, daß er sich die bedeutungsvollen Lehren über das Gebet, über die Kontemplation und über die Vereinigung mit Gott angeeignet hat. Odo zeigt jedoch einen psychologischen Scharfblick und einen gesunden Menschenverstand, der herzerfrischend ist. Ausgefeilte kirchliche Zeremonien waren ihm alles andere als sympathisch; kostbare Meßgewänder und mit Edelsteinen verzierte Abendmahlskelche verurteilte er als „törichte Frömmigkeit", und die Jünger Christi wollte er nackt und bloß sehen, so wie ihr Herr am Kreuz hing. Odos Religiosität galt besonders Maria Magdalena, Martin von Tours und dem Heiligen Abendmahl; seine Frömmigkeit wird so wunderbar zusammengefaßt: die Sünderin Maria Magdalena ist sein Urbild der Reue; der Mönch Martin ist sein Urbild der Disziplin; das Heilige Abendmahl ist seine Quelle geistlicher Erneuerung.

Wenn wir den heiligen Aymard, der keine Schriften hinterlassen hat, übergehen, kommen wir zum heiligen Majolus (965—994), dessen geistige Haltung aus Biographien deutlich zu erkennen ist. Die groben Ideen Odos werden nun etwas kultiviert, die Atmosphäre wird wärmer, und es fällt auf, daß die Kasteiung des Körpers nicht mehr betont wird. Die Liebe zu Gott und zu den Mitbrüdern steht an höchster Stelle, und Majolus pflegt nicht nur bei sich selbst, sondern auch bei anderen ein Verlangen nach Gebet und frommer Kontemplation. Man studiert jetzt nicht mehr die Wehklagen des Propheten Jeremias, sondern — nach dem *Planctus* des Jotsald zu urteilen — offenbar das Hohe Lied, und statt der Moralpredigten des heiligen Gregor liest Majolus mit Eifer und Hingabe die Schriften des Pseudo-Dionysius, die in hohem Maße kontemplativ sind. In cluniazensischen Schriften dieser Epoche erscheint nun häufiger die Person Christi — entweder als Haupt des *corpus mysticum* oder als Führer und Urbild —, aber die Verehrung Christi ist eher rational als persönlich, eher intellektuell als gefühlsbetont. So legte man am Ausgang des zehnten Jahrhunderts in Cluny, obgleich man immer noch die grundlegenden Mönchstugenden pflegte, allmählich größeres Gewicht auf das Gebet und die Vervollkommnung der Liebe.

Mit Abt Odilo (994—1048) tritt eine weitere Veränderung ein. Das alte asketische Programm mit Fasten, Nachtwachen und ständigem Psalmengesang wird noch beibehalten und durch das Tragen von Ketten überraschend erweitert; aber die Betonung der moralischen Tugenden — Demut, Schweigen, Gehorsam — wird jetzt abgeschwächt, und diese werden dem Glauben, der Hoffnung und der Liebe untergeordnet. Obwohl die Bezwingung des eigenen Willens wichtig ist, nimmt die Vereinigung mit Gott den ersten Platz ein, und diese erreicht man durch die Liebe, „die Wurzel alles Guten". Deshalb ist das Leben des Mönches jetzt fast ausschließlich der geistlichen Lektüre und dem Gebet gewidmet. Eine intensive Pflege des sakramentalen Lebens wird deutlich (Odilo feierte sechsundfünfzig Jahre lang täglich die Messe), und die cluniazensische Spiritualität kreist mehr um die Geheimnisse des Glaubens. Ständig kommt man auf die Dogmen der Dreieinigkeit, der Fleischwerdung, der Wirkungsweisen des Heiligen Geistes, der Erlösung und des *corpus Christi mysticum* zurück; die persönliche Liebe zu Christus tritt stärker in den Vordergrund, und wir können das allmähliche Wachsen jener Verehrung des menschgewordenen Christus beobachten, die in einer späteren Epoche ihren Höhepunkt erreicht. Das Feuer dieser Frömmigkeit ist still und beherrscht. Es hat nichts Hysterisches oder Sentimentales an sich. Die Betrachtung Christi dreht sich meist um seine Geburt und seine Kindheit, und Odilo nimmt Sankt Ailreds Verehrung des „zwölfjährigen Jesusknaben" um zwei Jahrhunderte vorweg.

Auch die Muttergottes gewinnt damals in der Vorstellungswelt der Cluniazenser eine große Bedeutung, und hinter der gefühlsbetonten Frömmigkeit, die sich auf ihre Beziehungen zum Jesuskind richtet, erkennen wir ein solides theologisches Denken. Wenn Odilo von ihr spricht, schwingt sich seine Beredsamkeit zu erhabenen Höhen auf, und von Zeit zu Zeit bricht er in verzückte Gebete aus, die an den heiligen Bernhard erinnern. Ja, ein berühmter Abschnitt, in dem Bernhard die Muttergottes als *Stella Maris* bezeichnet, scheint vollständig dem Werk Odilos entnommen zu sein.

Mit Odilo nähert sich also die ganze cluniazensische Spiritualität offenbar einem Höhepunkt. Unter seinem Nachfolger Hugo (1048 bis 1109) wurde der Gedanke, daß das Leben des Mönches in

Kontemplation und geistlicher Lektüre seine vollkommene Erfüllung finde, einen Schritt weiter vorangetrieben. Geistige Interessen und die Erfordernisse der Liturgie hatten die körperliche Arbeit bereits in den Hintergrund gedrängt und waren schließlich an deren Stelle getreten; die Liturgie und das Zeremoniell hatten beträchtliche Erweiterungen erfahren. Unter dem irrigen Eindruck, Psalmengesang sei gleichbedeutend mit Gebet, wurde dieses einzelne Element der Benediktinerregel unverhältnismäßig stark betont; und auf diese Zerstörung des Gleichgewichts im monastischen Leben folgte rasch die vollständige Zerrüttung des grundlegenden asketischen Programms. Die „unerträgliche Last der liturgischen Pflichten", wie der Cluniazenser Matthäus von Albano es nannte, verlangte nach einem gewissen Ausgleich; und obwohl die Ordensregel immer noch streng beachtet wurde und immer noch hohe Ideale verkündete, standen die Verhältnisse einer langen Fortdauer entgegen.

Um diese Zeit fand in Cluny eine neue Idee allgemeine Geltung; der heilige Bernhard hat sie später in seinem Traktat *De gratia et de arbitrio* genauer ausgeführt. Die Seele, nach dem Ebenbild Gottes geschaffen, ist durch die Sünde entstellt worden, und der ganze Sinn des geistlichen Lebens besteht darin, dieses göttliche Bild zu erneuern und reinzuwaschen. Wenn man sie so einfach ausdrückt, erscheint die Idee banal; aber sie sollte den Mönchen des zwölften Jahrhunderts (und späterer Jahrhunderte) eine exakte psychologische Grundlage für ihre asketischen und mystischen Lehren liefern.

Petrus Venerabilis (1122—1156) übernahm die Leitung des Klosters zu einem Zeitpunkt, als der gute Ruf Clunys unter den Exzessen von Pontius schwer gelitten hatte und als die Zisterzienser — mit ihrer buchstäblichen Auslegung der Vorschriften der benediktinischen Regel — die Cluniazenser lax und entartet erscheinen ließen. Deshalb verbinden viele, beeinflußt von den kritischen Bemerkungen des heiligen Bernhard, das Cluny dieser Epoche mit üppigen Gelagen und golden glitzernden Pokalen. Gewiß hatte Cluny sich von der ursprünglichen Rauheit Bernos weit entfernt, aber dafür hatte es an Weite des Standpunktes und geistiger Freiheit beträchtlich gewonnen. Petrus war es vergönnt, durch ein Leben der Langmut zu beweisen, daß die Liebe zweifellos der Gipfel der Vollkommenheit ist; neben ihr konnte das rein äußerliche Befolgen der Ordensregel geradezu wie puritanische Scheinheiligkeit aussehen. Die Umstände verwickelten Petrus in eine Auseinandersetzung mit den Zisterziensern, doch in allen wichtigen religiösen Fragen — sogar in der relativen Geringschätzung rein intellektueller Arbeit — war er mit ihnen völlig einig. Daß er die Frömmigkeit höher stellte als die Gelehrsamkeit, zeigt sich in einem Brief an Heloise:

Du hast gut daran getan, den Gegenstand deiner Studien zu wechseln; und als eine kluge Frau hast du anstelle der Logik das Evangelium, anstelle der Physik die Episteln, anstelle Platons Christus, anstelle der Akademie das Kloster gewählt.

Seine Gebete kreisen um die gleichen Geheimnisse und um die gleichen Personen, aber sie waren theologischer in ihrem Gehalt und weniger gefühlsbetont in ihrem Ausdruck als die des heiligen Bernhard. Die Schriften des Petrus Venerabilis umfassen den gesamten Bereich der geistlichen Lehre, von Fragen der Freundschaft bis zu den grundlegenden Übungen des Einsiedlerlebens; und da Päpste, Erzbischöfe, Könige, Adlige und sogar seine eigenen Verwandten zu seinen Briefpartnern zählen, kann man von keinem einzelnen seiner Gedanken behaupten, dieser drücke seine ganze Frömmigkeit aus. Wenn wir jedoch seine weitherzige Nachsicht und sein Verständnis für jede menschliche Schwäche, seine Friedfertigkeit und seine Wahrheitsliebe, seine Verschmelzung von Vergebung und Urteil, seinen gelassenen Humor und seine majestätische Haltung in allen Schwierigkeiten betrachten, dann stehen wir der vollkommenen Liebe gegenüber, einer Tugend, die er jederzeit predigte. In Petrus sehen wir die cluniazensische Spiritualität auf ihrem höchsten Gipfelpunkt. Er verkörpert sowohl ihre asketischen als auch ihre mystischen Ideale, ihre starke benediktinische Tradition und die aus ihr entwickelte Frömmigkeit, ihre religiösen und ihre intellektuellen Interessen. Seine solide konservative Lehre, seine aus persönlicher Erfahrung und der Tradition geborene Weisheit, sein unerschütterliches Vertrauen auf das Erbe der Vergangenheit — dies alles war Ausdruck der geistlichen Entwicklung Clunys in den vor-

ausgehenden dreihundert Jahren. Die neuen brillanten Systeme und
die Weltanschauung der Renaissance des zwölften Jahrhunderts beruhten zwar auf derselben Tradition, standen jedoch mit Cluny
nicht in Einklang; Petrus empfand und beklagte das, aber trotzdem
bewegte er sich würdig und gemessen vorwärts — wie ein stattliches
Schiff, das allen Stürmen und Konflikten trotzt und das in seinem
Kielwasser den Frieden nach sich zieht.

Die cluniazensische Spiritualität hatte also während ihres dreihundertjähriges Wachstums eine gewisse Veränderung durchgemacht: sie entwickelte sich allmählich von einem bloßen, peinlich
genauen Befolgen asketischer Übungen über die Pflege der elementaren Mönchstugenden zu der erhabensten Idee des kontemplativen
Lebens. In dem Maße, wie die Bindung an formale Vorschriften sich
lockert, tritt die Beschäftigung mit Gebet und Werken der Liebe an
ihre Stelle, bis in den letzten Jahren von Petrus Venerabilis diese
beiden Beschäftigungen das strenge Befolgen der Benediktinerregel
gänzlich verdrängen. Zusammen mit dieser Veränderung vollzieht
sich die Entwicklung des religiösen Lebens: es ist zunächst schlicht
und beschränkt, umfaßt aber schließlich die hauptsächlichen Geheimnisse des Glaubens, das menschliche Leben Christi und gewisse
Aspekte des Lebens seiner Mutter. Eine gefühlsbetonte Frömmigkeit, die zunächst fehlt, zeigt sich deutlich unter Odilo, aber mit
einer wunderbaren Beherrschung und ohne die geringste Spur von
Sentimentalität. Alle Elemente der Spiritualität des zwölften Jahrhunderts, die im heiligen Bernhard ihren höchsten lyrischen Ausdruck finden, haben tatsächlich bereits in Cluny eine Heimat. Die
Schule der Zisterzienser führte keine Neuerungen ein, sondern
brachte — durch ihren führenden Geist — lediglich diejenigen Lehren und diejenigen Formen des Glaubenslebens zur Vollendung, die
durch die Spiritualität Clunys bereits angedeutet und begründet
worden waren. Es gab keinen meteorhaften Aufstieg der Verehrung
des menschgewordenen Christus, es gab auch kein plötzliches Aufkommen der Marienverehrung, sondern nur ein langsames Wachstum und eine Blüte zur rechten Zeit.

Jacques Hourlier: Cluny et la notion d'ordre religieux. In: A Cluny. Congrès scientifique: Fêtes et cérémonies liturgiques en l'honneur des saints Abbés Odon et Odilon, 9—11 juillet 1949; Travaux du congrès, publiés par la Société des Amis de Cluny, Dijon 1950, S. 219—226. — Aus dem Französischen übersetzt von Katharina Arndt.

CLUNY UND DER BEGRIFF DES RELIGIÖSEN ORDENS

Von Jacques Hourlier O. S. B.

Die Historiker erörtern die Frage, ob der Orden von Cluny seine Entstehung dem hl. Odilo oder dem hl. Hugo verdanke. Das an sich schon schwierige Problem wird noch dadurch kompliziert, daß diese Frage nicht immer exakt gestellt wird. De Valous beantwortete sie sehr richtig, indem er nuancierte:

Das Wahrscheinlichste ist, daß die cluniazensische Organisation, die unter dem hl. Maiolus ihren Anfang genommen und sich unter dem hl. Odilo kräftig entwickelt hatte, sich erst unter dem hl. Hugo verfestigte.

Wir möchten hierauf zurückkommen und versuchen, weniger die Organisation des Ordens als seine Existenz selbst zu beschreiben. Zu diesem Zweck wollen wir den „Orden von Cluny" während der beiden ersten Jahrhunderte seiner Geschichte untersuchen. Gleichzeitig wollen wir die Rolle Clunys in der Entwicklung des Begriffs vom religiösen Orden, so wie wir ihn heute verstehen, darstellen.

Der Ausdruck „religiöser Orden" weckt in uns die Vorstellung von einer Zusammenfassung von Klöstern mit gleicher Lebensführung und unter einem gemeinsamen Gesetz und gemeinsamen Oberen. Er impliziert den Gedanken einer Universalität und Autonomie des Ganzen. Wir haben daher nachzuprüfen, ob die cluniazensische Organisation zu dem gegebenen Zeitpunkt diese verschiedenen Elemente verwirklichte.

Hier drängt sich eine einleitende Bemerkung auf. Sie wurde bereits früher geäußert, aber es ist gut, sie in Erinnerung zu bringen. Ursprünglich bedeutete das Wort Orden keineswegs das, was wir heute unter religiösem Orden verstehen; es bezeichnete eine Art zu leben, eine Regel. Dieser Wortsinn wird aus dem Titel einer Consuetudo aus dem 11. Jahrhundert ersichtlich: *Ordo in monasterio qualiter ... Deo militari opportet ...* Man sprach auch von *Regu-*

Cluny und der Begriff des religiösen Ordens

laris ordo und von *Ordo monasticus*. Diese Bedeutung ist nur eine besondere Anwendung des allgemeineren Begriffs der Regel, wovon man sich bei Du Cange überzeugen kann.

Aus dem Gesagten ergibt sich eine weitere Bemerkung. Wie und zu welchem Zeitpunkt erfolgte der Übergang von der ursprünglichen zur modernen Bedeutung? Ohne eine Lektion in Semantik wagen zu wollen, könnte man sagen, die Zusammenfassung von Klöstern mit derselben Regel, demselben *Ordo* wurde selbst *Ordo* genannt, was dadurch erleichtert wurde, als es keinen Terminus gab, der sich zur Bezeichnung einer solchen Klostergesamtheit geeignet hätte. Hinzu kommt, daß der neue Sinn des Wortes durch die Tatsache erweitert wurde, daß die Klöster ein gemeinsames Führungs- und Kontrollorgan besaßen. Der Übergang von einer Wortbedeutung zur anderen vollzog sich ziemlich langsam. Es wäre wichtig, aus den Texten die Zeitspanne zu ermitteln, in der der Übergang stattfand; vielleicht war dies nicht vor dem 13. Jahrhundert der Fall.

Nach diesen Bemerkungen können wir an den Fall Cluny herangehen. Wir wollen untersuchen, wie es sich mit Cluny zu Beginn verhielt und was im Verlauf des 10. und 11. Jahrhunderts aus ihm wurde.

Die Gründungsurkunde enthält nichts, was auf einen Orden hindeutet. Die einzige Verfügung, die für uns hier von Wichtigkeit ist, verbietet allen Mächten, geistlichen wie weltlichen, das Ausstattungsgut des Klosters zu mindern. Das Kloster wird mit einer Freiheit ausgestattet, die später eifersüchtig gehütet und bis an die äußerste Grenze ausgedehnt wurde. Aber eine Tatsache interessiert uns hier ganz besonders: Abt Berno stand an der Spitze mehrerer Klöster, zunächst Beaume und Gigny, dann Déols, Massay, Ethice und Saint Lothain. Damit wurde nur das Prinzip der *Abbatia* verwirklicht; unter den Karolingern gab es mehrere Beispiele, wo ein Abt verschiedene Pfründen in seiner Hand vereinigte. Diese Tatsache brauchte nicht eigens hervorgehoben zu werden, wenn es für eine solche Zusammenfassung von Abteien in einer Hand nicht einen besonderen Grund gegeben hätte: den Willen zur Reform und das Bemühen um die Wahrung der Regel. Wesentlich ist nicht mehr die von Natur aus nicht dauernd gesicherte Pfründe, sondern der

Ordo, dem man Dauer verleihen will. Von Anfang an war mit einer Ordensregel eine rechtliche Ordnung verbunden, und eines Tages ging das Wort „Orden" auf die schon entwickelte rechtliche Ordnung über. Dies war dadurch möglich, daß zwischen beiden eine institutionelle Verbindung bestand. Man kann also schon von den Anfängen Clunys an in gewissem Sinn von einem Orden sprechen. Ist ein Gegenbeweis erwünscht, genügt es, an die lothringischen Reformer zu denken, die die Autonomie jedes einzelnen Klosters respektierten und wohl eine Regel verbreiteten, aber niemals einen Orden gründeten. Ihre Bewegung ist spirituell und nicht konstitutionell.

Wesentlich zur Charakterisierung eines Ordens erscheint uns das juristische Band zwischen Klöstern, auch dann, wenn es nur personeller Art war, vorausgesetzt, es bestand der Wille, es zu erhalten. Dies war der Fall bei den Klöstern, die Berno besaß. Hinzu kommt, daß mit der Unterwerfung unter ein und dieselbe Regel eine tatsächliche Verbindung einsetzte. Während der gemeinsame Abt eine Personalunion vollzog, begründete die allen seinen Klöstern gemeinsame Regel eine wenn nicht rechtliche, so doch tatsächliche Realunion. Und das Tatsächliche hatte die Tendenz, zum Recht zu werden infolge einer um so natürlicheren Entwicklung, als es der Abt, das rechtliche Band, war, der die Regel aufrechterhielt. Umgekehrt hatte die Unterwerfung unter ein und dieselbe Regel die Tendenz, ein tatsächliches Band zwischen dem Abt und seinen verschiedenen Klöstern herzustellen.

Wahrscheinlich kann man vom Testament Bernos aus noch nicht ab 926 auf eine vollendete Realunion schließen. Berno teilte seine Abteien unter seinen Neffen Guy, der die östlich der Saône gelegenen Klöster, ein Erbteil der Familie, zugewiesen bekam, und seinen Schüler Odo, der die Klöster Aquitaniens leitete. Diese Aufteilung entsprach einer Personalunion. Berno verlangte die Beibehaltung derselben Regel in den beiden Abteiengruppen und übertrug die Bestrafung von Schuldigen den beiden Äbten, die sich gegenseitig unterstützen sollten. Wenn also das ganze Erbteil auch nicht eine juristische Person bildete, so bestand doch zumindest ein gewisses „consortium" zwischen beiden Nachfolgeparteien, das dauerhaften Bestand versprach und einem höheren Ziel diente: der Regel und ihrer Wahrung. Darüber hinaus bedeutete dies auch die Aufgabe, die Regel zu verbreiten. Berno sah voraus, daß andere Klöster sich denen, die Gegenstand seines Testaments waren, anschließen würden. Der genaue Sinn des betreffenden Absatzes ist nicht ganz klar. Berno machte Cluny eine eigene Schenkung, und einer der Gründe für diese Begünstigung war, daß künftige Söhne nicht enterbt werden sollten. Der tiefere Sinn seines Gedankens ist offenbar, daß kein Kloster vom Nutzen der cluniazensischen Regel ausgeschlossen werden konnte und daß diese Regel, kostbarster Teil seiner Erbschaft, von jeder Teilung unberührt bleiben sollte. Zugleich empfing Cluny eine Art von Erstgeburtsrecht, mit der Aufgabe, sich führend an der Wahrung der Regel zu beteiligen.

Berno befand sich also ungefähr in der gleichen Lage wie Wala, der ein Jahrhundert zuvor seine *Ordinatio palatii* verfaßt hatte. Er teilte seine Güter unter seine Erben und wollte damit die Einheit des Erbgutes bewahren. Das ist der Preis für das Eindringen des Privatrechts in das öffentliche Recht und darüber hinaus die Konsequenz aus der Tatsache, daß der Begriff der moralischen Person noch gar nicht entwickelt war. Dies war für die Geschichte des Ordens von Cluny von allergrößter Bedeutung, ebenso wie seine Annäherung an das Kaisertum, die als Vorstellung bereits in der Verfassung des Ordens den obersten Platz einnahm.

Bernos Testament bestimmte die Lage im Jahre 926; es bewirkte außerdem eine wichtige Veränderung. Bis dahin war Cluny Teil eines Ganzen gewesen, nur ein Kloster unter anderen des von Berno geleiteten Ordens. Jetzt aber machte Odo aus Cluny das Zentrum eines neuen Ordens, denn sein Kloster errang eine unvergleichliche Bedeutung, während die Spaltung unter Abt Guy nicht auf sich warten ließ, einem Abt, der niemals die Berühmtheit eines Odo erlangte.

In Wirklichkeit dürfen jedoch die meisten Abteien, die der Leitung Odos anvertraut waren, nicht als Teil des Ordens von Cluny angesehen werden, denn der Heilige wurde nur dorthin gerufen, um zu reformieren und die Regel zu erneuern, er vereinigte sie jedoch nicht mit seinem Orden, auch dann nicht, als der Patrizius Alberich ihn zum Archimandriten der römischen Klöster ernannte. Vielleicht bildete Santa Maria auf dem Aventin, das zum Wohnsitz der Äbte von Cluny in Rom wurde, eine Ausnahme. Dagegen schlossen sich einige Abteien wie Romainmôtier und Charlieu in aller Öffentlichkeit dem Orden von Cluny an. Im Jahre 931 bestätigte Papst Johannes XI. den letzten Willen des Gründers von Cluny und ermächtigte Odo, jedes Kloster, das seine Regel verbessern wollte, und jeden Mönch, dessen Abt sich weigere, sich der Reform anzuschließen, in seinen Orden aufzunehmen. Der Papst dachte nur an die Reform, aber seine Entscheidung war für die Entwicklung des Ordens und infolgedessen auch für seine Organisation von entscheidender Bedeutung. Während der Amtszeit des Abtes Aymard wuchs der Orden um drei bedeutende Klöster an: Sauxillanges, Saint-Saturnin du Port und Ris. Zu der Zeit des hl. Majolus war der Zuwachs bedeutend größer, ohne daß genau zu entscheiden wäre, zu welchem Zeitpunkt eine Schenkung auch eine Gemeinschaft von Mönchen erhielt, auch dort nicht, wo die Gründungsurkunde die Errichtung eines Klosters zur Voraussetzung machte.

Über die Ordnung in den durch Schenkung an Cluny gekommenen Klöstern ist uns leider zu wenig bekannt, doch kann man sich immerhin eine gewisse Vorstellung davon machen. Wir schließen dabei diejenigen Abteien aus, die Odo oder seinen Nachfolgern zu dem alleinigen Zweck anvertraut waren, dort die Reform der Regel durchzuführen. Indessen muß zu der Situation, in der sich diese Klöster befanden, ein Wort gesagt werden. Bekanntlich leitete der hl. Odo sie wie sein eigenes Kloster; er setzte dort eine kleine Gruppe cluniazensischer Mönche ein mit der Aufgabe, den Ordo zu lehren. Häufig besuchte er selbst diese Abteien, um dort die Regel zu erläutern und ihre Wahrung zu überwachen. Wenn er dann die Möglichkeit für gegeben hielt, ernannte er für das betreffende Kloster einen Abt, der im allgemeinen aus Cluny kam. Man könnte sagen, diese Klöster gehörten dem Orden von Cluny nur auf eine gewisse Zeit an. Im übrigen wissen wir nicht, inwieweit der hl. Odo sie überhaupt in seiner Abhängigkeit halten wollte. Andererseits geben sie uns Aufschluß darüber, wie der hl. Odo die enger mit Cluny vereinigten Klöster leiten konnte.

In diesem Zusammenhang ist die Schenkungsurkunde von Romainmôtier besonders interessant. Adelheid legt dar, daß die

Mönche beider Klöster eine einzige Gemeinschaft bilden, einem einzigen Abt gehorchen und zusammen an seiner Wahl teilnehmen. Die Mönche und sogar die Güter konnten von dem einen Kloster in das andere versetzt bzw. überführt werden. Es gab also zwischen Cluny und Romainmôtier eine Realunion, die beider Persönlichkeit durchaus nicht unterdrückte; das „römische Kloster" erhielt seine eigenen Urkunden und wurde bei der Aufzählung der Besitzungen Clunys besonders erwähnt. Ebenso verhielt es sich mit Payerne und Sauxillanges.

Außerdem ist darauf hinzuweisen, daß alle an Cluny angeschlossenen Klöster dieselbe Freiheit gegenüber jeder königlichen, bischöflichen oder lehnsherrlichen Macht genossen. Zugleich waren sie Eigentum des Apostolischen Stuhles und genossen seinen Schutz, sei es über den Abt von Cluny, sei es über ihren eigenen Abt.

Anhand dieser Feststellungen können wir nun die Gruppierung der an Cluny angeschlossenen Klöster auf die charakteristischen Kennzeichen eines Ordens hin untersuchen. Daß der Orden existierte, unterliegt keinem Zweifel, obwohl über seine innere Organisation wenig bekannt ist. Wahrscheinlich ist sie ziemlich wenig entwickelt gewesen; der Abt spielte die Hauptrolle und neben ihm seine Kurie. Jedoch läßt sich unter den Klöstern des Ordens eine Rangordnung erkennen. Die Bulle Gregors V. an den hl. Odilo ist in dieser Hinsicht besonders aufschlußreich.

Neben Cluny sind in dieser Bulle neun „Klöster" aufgezählt, ohne daß dabei zwischen Abteien oder Prioraten unterschieden wird. Es sind dies: Charlieu, Mesvres, Souvigny, Ris, Sauxillanges, Saint-Saturnin du Port, Ternay, Payerne und Romainmôtier. Darauf folgen zwei „kleine Klöster": Saint-Pantaléon und Ganagobie. Die Liste der Zellen ist wesentlich länger; sie enthält neunundzwanzig Zellen und zwei „kleine Zellen". Diese Ordenshäuser lassen sich nicht immer leicht identifizieren, selbst wenn man die Bulle Gregors V. mit ähnlichen Urkunden von Viktor II. und Stephan IX. vergleicht. Es sind dies: Saint-Martin de Mâcon, Saint-Victor sur Rhins, Beaumont-sur-Grosne, Huillaux, La Ferté und Escurolles; hinzu kommen die fünf Zellen von Sauxillanges: Chargnat, Bournoncles, Bonnac, Gignac und Saint-Hilaire-sur Veyre; ferner Saint-Flour, Reilhac, Rompon, Rochemaure, Rioms, Saint-Amand de

Montségur, Piolenc, Saint-André de Rosans, Taluyers, Pouilly-les-Feurs, Arthun, Ambierle, Savigneux und Chavevriat. Saint-Pierre *ad boscum* ist wahrscheinlich Boisson; die beiden kleinen Zellen könnten Maringues und Lugny sein. Bleiben die beiden Zellen von *Mizoscum* und *Causella*, die nicht mit Sicherheit genau bestimmt werden können. Sehr oft erlaubt eine ausdrückliche Erwähnung oder der Platz auf der Liste zu erkennen, von welchem Kloster eine Zelle abhing. Schließlich erwähnt die Bulle eine ganze Anzahl von Kirchen und Hufen, die als weltliche Verwaltungseinheiten nicht von einer Ordensgemeinschaft bewohnt waren.

Im Verlaufe seiner langen Abtszeit gründete der hl. Odilo neue Priorate oder erwarb schon bestehende hinzu, darunter Paray-le-Monial, Saint-Marcel de Chalon, St. Majolus in Pavia, Mougon, Lavoûte, Carennac u. a. Er empfing verschiedene Schenkungen, die sehr bald zu Klöstern umgewandelt wurden. Außerdem wurden ihm die folgenden Abteien angeboten: Saint-Jean d'Angély, Bréme-Novalése, Vézelay und Moissac; sie waren häufig Anlaß zu ernsten Schwierigkeiten so wie auch andere schon an Cluny angeschlossene Abteien, z. B. Marmoutier oder Saint-Cyprien de Poitiers. Damit ist die Grenze des Ordens von Cluny mit den im Ausstrahlungsbereich des Abtes von Cluny gelegenen Klöstern bezeichnet. Diese letzteren übrigens bedachte der hl. Odilo, der eine entscheidende Rolle in der Geschichte von Farfa und Saint-Denis spielte, keineswegs mit geringerer Gunst und Fürsorge; es zeigt sich gerade am Fall von Saint-Denis und Farfa, wie der Abt von Cluny, sozusagen als Außenstehender, im Interesse anderer Klöster handelte; gingen doch diese Klöster trotz all ihrer Beziehungen zu Cluny nicht im Orden auf.

Wie seine Vorgänger leitete der hl. Odilo also zahlreiche Klöster von unterschiedlichem Rechtsstatus. Nicht alle waren Teil des Ordens von Cluny, und die Grenzen dieses Ordens sind nicht leicht zu bestimmen. Doch gab es eine ganze Anzahl von Klöstern, die — ungeachtet ihrer verschiedenen Rechtsverhältnisse — den Orden von Cluny bildeten. Was sie alle kennzeichnete, war neben der obersten Autorität des Abtes von Cluny, neben der gemeinsamen Observanz und der gleichen juristischen Lage der Wille, der *animus*, zu einem Ganzen zu gehören. Andere Klöster waren von dem entgegengesetzten Willen beseelt und unternahmen alles, um sich von Cluny freizumachen; Saint-Maur-des-Fossés ist das beste Beispiel dafür.

Hinsichtlich der inneren Organisation des Ordens zeigte der hl. Odilo die Neigung, die Verbindung zwischen den Klöstern enger zu gestalten. Die Erfahrung hatte gelehrt, daß in vielen Fällen die Unabhängigkeit sich schädlich auf die Zucht auswirkte. Odilo sah kein anderes Mittel dagegen als eine noch strengere Unterwerfung unter Cluny. Der hl. Hugo verfolgte später die gleiche Linie, obwohl die Anzahl der ihm anvertrauten Abteien zugenommen hatte.

Zur gleichen Zeit, in der sich die Autorität des Hauptklosters festigte, trat zu seiner weltlichen eine geistliche Unabhängigkeit hinzu. Gregor V. untersagte jedem Bischof, Konsekrationen und Priesterweihen vorzunehmen, und jedem Priester, Messen in Cluny zu feiern, ohne vorher vom Abt dazu aufgefordert worden zu sein. Andererseits konnte der Abt seine Mönche zur Erteilung der Weihen zu dem Bischof schicken, den er bestimmte, und selber vom Bischof seiner Wahl den Abtssegen erbitten. Noch weiter ging Johannes XIX., indem er jedem Bischof untersagte, Cluny oder die Mönche von Cluny, wo sie sich auch befinden mochten, zu exkommunizieren oder mit dem Kirchenbann oder dem Interdikt zu belegen. Jede Beschwerde eines Bischofs gegen Cluny mußte dem Apostolischen Stuhl zur Entscheidung vorgelegt werden. Diese Privilegien sind in der Folgezeit oft erneuert und mit genaueren Erläuterungen versehen worden. Keiner hat dazu so viel beigetragen wie Papst Gregor VII.

So hatten sich also in der Abtszeit des hl. Odilo die Kennzeichen der Universalität und der Autonomie des Ordens entwickelt, die Autonomie sogar so weit, daß sie völlige Immunität bedeutete, und zwar nicht nur im gottesdienstlichen Bereich und auf juristischem Gebiet, sondern auch in der geistlichen Gerichtsbarkeit bis hin zur kanonischen Exemtion. Die Aktivität des Abtes und die rechtliche Lage machten in gewissen Fällen die Unterwerfung unter das Haupt des Ordens noch deutlicher. Die Herausgabe einer neuen Consuetudo erleichterte die Beobachtung der gemeinsamen Regel, die zugleich durch die häufigen Visitationen des Abtes garantiert wurde, wie auch durch die Ernennung solcher Oberen an die Spitze abhängiger Klöster, die oft ein wichtiges Amt in Cluny ausgeübt hatten. So zog sich das Band des Ordens enger zusammen. Andere Klöster, die aus dem Einfluß Clunys Vorteile gezogen hatten, betonen dagegen ihre Unabhängigkeit. Dies ist vielleicht der beste Beweis für die Existenz des Ordens, sowie ein Anzeichen dafür, daß sich der Übergang von Ordo als Regel zum Ordo als Gruppierung damals vollzog, wenngleich das Wort noch nicht seine neue Bedeutung angenommen hatte.

Zusammenfassend läßt sich sagen, daß der Orden von Cluny in einer gewissen Form schon seit der Gründung des Klosters bestand. Sein äußeres Gesicht nahm im Verlauf des 10. Jahrhunderts deutlichere Züge an, und danach trug der hl. Odilo viel zur Sicherung seines Zusammenhalts bei. Der hl. Hugo und seine Nachfolger entwickelten die Organisation des Ordens und veränderten geringfügig seinen Charakter. Doch blieb seine beherrschende Eigenschaft davon unberührt; sie bestand vor allem in der zentralen Rolle, die der Abt von Cluny innerhalb des Ordens spielte.

Man muß berücksichtigen, daß es sich hier um die erste Gruppenbildung von Klöstern handelt, und darf infolgedessen nicht überrascht sein, wenn der Orden etwa während zweier Jahrhunderte nur eine so unentwickelte Organisation besaß, daß man sogar seine Existenz hatte bestreiten können. Der Orden war aus dem Willen der Cluniazenser entstanden, die Reform zu sichern, indem einerseits jede Oberherrschaft von außen abgewehrt und andererseits die Klöster zu einem Ganzen vereinigt wurden, deren gemeinsames Organ der Abt von Cluny war, der in den einzelnen Ordenshäusern vom Prior oder jeweiligen Abt vertreten wurde. Man darf dabei außerdem nicht vergessen, daß vom 9. bis zum 11. Jahrhundert das Recht im allgemeinen noch kaum entwickelt und überhaupt nicht in ein System gefaßt war. Es war auf allen Gebieten erst im Aufbau begriffen. Was das Klosterrecht betraf, so schuf Cluny eine neue Institution, die juristische Zusammenfassung von Klöstern. Andere Reformbewegungen haben kein ähnliches Ergebnis erzielt; bezeichnend hierfür ist die Tätigkeit des hl. Wilhelm von Dijon. Die vom Orden von Cluny im 12. und 13. Jahrhundert entwickelte Organisation ist im übrigen der Beweis dafür, daß der Orden in dem Zeitraum, der uns hier beschäftigt, bereits auf einer festen Grundlage stand. Für die Folgezeit läßt sich keine weitere Neuschöpfung des Ordens mehr feststellen, sondern lediglich eine Weiterentwicklung seiner Organisation.

Vom Ende des 11. Jahrhunderts an bildeten sich andere Klostergruppierungen, die sich in einem neuen Geist und unter anderen Voraussetzungen eine eigene Organisation schufen, nicht ohne aus den Erfahrungen Clunys Nutzen gezogen zu haben. Die Rolle von Cîteaux ist von erstrangiger Bedeutung, denn dieser Orden machte es durch sein Generalkapitel, dem Organ der Gesamtheit aller Klöster, möglich, daß die juristische Person des Ordens sich auf das deutlichste abhob, während diese in der Person des Abtes von Cluny etwas unscharf blieb. Der Orden wurde jetzt zu einem klaren, deutlich umrissenen Begriff, der geeignet war, mannigfache Veränderungen zuzulassen und sogar eine Vielfalt religiöser Institute zu bezeichnen, gleich denen der religiösen Orden von heute. Es ist nicht unsere Absicht, ihre Organisation mit der von Cluny zu vergleichen, wir wollen damit nur sagen, daß Cluny am Anfang einer Wirklichkeit steht, deren juristisches Wesen fortschreitend deutlichere Gestalt gewinnt. Der hl. Odilo hat viel zu seiner Entwicklung beigetragen, der hl. Hugo gab ihm seine vollendete Gestalt.

CLUNIAZENSISCHE ODER GORZISCHE REFORMBEWEGUNG?

(Bericht über ein neues Buch*)

Von THEODOR SCHIEFFER

Die weitausgreifende monastische Reformbewegung des 10./11. Jh.s steht seit Generationen im Brennpunkt des wissenschaftlichen Interesses, aber niemand wird behaupten wollen, die Forschung habe dieses geschichtliche Phänomen wirklich geklärt, so wie dies doch weithin bei dem Thema „Investiturstreit" gelungen ist. Die zeitgenössischen Quellen kommen der Fragestellung, mit der der moderne Historiker an diese Erscheinung herantritt, auch nicht sonderlich entgegen. Um das Ausmaß der Schwierigkeiten ins Bewußtsein zu heben, brauchen wir uns nur auszumalen, wie unsicher wir auch den Problemen des Investiturstreites gegenüberständen, hätten wir nicht das unschätzbare Material, das in den Libelli de lite bereitgelegt ist. Die Klosterreformen aber haben ihre Ausprägung eben in dem vorausgehenden Zeitalter gefunden, das solche polemisch-prinzipiellen Erörterungen des Für und Wider, der gegensätzlichen Standpunkte noch nicht hervorgebracht hat! Die Ausstrahlung in die Breite, die von den Reformzentren ausging, war unerhört — freilich, *wie* gewaltig sie war, erfährt auch der Leser, der die Entwicklung bereits halbwegs zu überschauen meinte, erst aus P. Hallingers Buch — und im Verhältnis zu dieser Breitenwirkung ist das Quellenmaterial recht knapp, aber schwerer als diese quantitative Unzulänglichkeit wiegt die unbefriedigende inhaltliche

---

* Kassius Hallinger OSB, Gorze-Kluny. Studien zu den monastischen Lebensformen und Gegensätzen im Hochmittelalter, 2 Bände (Studia Anselmiana fasc. XXII—XXIII und XXIV—XXV); Rom, Orbis Catholicus/Herder 1950/51; Großoktav, XXVIII, 1059 S.

Ergiebigkeit gerade der erzählenden Quellen, denn die Viten und Klosterchroniken vereinfachen die Zusammenhänge durchweg in einer geradezu irritierenden Weise, indem sie ihrem Bericht mit Vorliebe ganz naiv eine ethische Note geben: das jeweilige Kloster sei disziplinär (oft genug auch wirtschaftlich) in einen trostlosen Zustand geraten, und erst die Refom habe die monastische Zucht, die strenge Beobachtung der Regel wiederhergestellt, was dann auffälligerweise mehrfach nach einiger Zeit von neuem notwendig wurde. An die Quelleninterpretation werden hier also besondere Anforderungen gestellt. Das Bild, das die Forschung von der Klosterreform gewann, war vielgestaltig, aber auch verwirrend und ist erst in einer sehr allmählichen Klärung begriffen. Aus der Fülle der Namen und Gestalten heben sich natürlich einige anerkannte Zentren heraus, so Cluny, Fleury, St. Vannes, Gorze, St. Maximin, St. Emmeram, Niederaltaich, Fruttuaria, St. Bénigne, die meisten zudem durch einen oder mehrere berühmte Äbte vertreten; deutlich ist die Existenz des straffen cluniazensischen Klosterverbandes, während andere monastische Brennpunkte rasch wieder zu verlöschen scheinen; Eigenarten und Zusammenhänge mancherlei Art ergeben sich aus den verschiedenen Consuetudines, und vor allem lassen sich in unübersehbarer Fülle Querverbindungen zwischen den Klöstern beobachten, denn immer wieder greift die Reform durch Entsendung von Mönchen von einem Institut aufs andere über. Aber damit ist gerade der ungeklärte Aspekt des ganzen Problems berührt: ein Spiel des Zufalls kann das alles schwerlich sein, aber steckt in diesem Hin und Her der zwischenklösterlichen Beziehungen ein Sinn, ein System? Liegt eine bestimmte Entwicklungslinie darin verborgen? Handelt es sich um eine große, allenfalls in mehrere Zweige gegabelte, einheitliche Bewegung (die sich dann etwa mit Gregor VII. zur weltgeschichtlichen Wirkung ausgeweitet hätte), oder bestehen mehrere Reformrichtungen selbständig — vielleicht gar rivalisierend — nebeneinander? Besondere Beachtung gefunden hat der Widerstand gegen die monastischen Neuerungen, der in der Klosterchronik von St. Gallen quellenmäßig greifbar wird. Aber wie ist er geschichtlich zu verstehen? Sicherlich nicht einfach als gestörter Schlendrian, und die vielfach beliebte Auslegung, daß der deutsche Volkscharakter sich hier gegen westliche Überfremdung zur Wehr gesetzt habe, ist doch auch nur eine Verlegenheitsausrede.

Die Literatur ist gewiß umfangreich, aber entsprechend der Vielgestaltigkeit des Stoffes zerfließt sie mehr oder minder ins lokalhistorische Detail. Daß man jedoch von der Einzelstudie über dieses oder jenes Kloster her dem Gesamtphänomen nicht beikommen kann, wird durch P. Hallingers Buch geradezu schlagend dargetan, und eben an umfassenden monographischen Darstellungen mangelt es. Als grundlegend gilt immer noch das zweibändige Werk von Ernst Sackur (Die Cluniacenser, 1892/94), das aber nur den französisch-burgundischen und den lothringischen Kreis behandelt und zudem mit dem Tode Odilos von Cluny (1048) endet. Die von Sackur beiseite gelassene bayerische Reform ist von Ernst Tomek dargestellt worden (Studien zur Reform der deutschen Klöster im 11. Jh. I. Teil: Die Frühreform, 1910), aber auch mit regionaler und zeitlicher Beschränkung. Die knappe Arbeit von Ernst Landers (Die deutschen Klöster vom Ausgang Karls d. Gr. bis zum Wormser Konkordat und ihr Verhältnis zu den Reformen, 1938) ist nur eine — wenn auch nützliche — Zusammenfassung, die das Problem nicht grundsätzlich fördert. Auch die französische Literatur erfüllt nicht recht die Erwartungen, die man in sie setzen könnte (zu nennen: Guy de Valous, Le monachisme clunisien des origines au XVe siècle, 1935). Neue Gesichtspunkte, die über Sackur hinausführen, sind dagegen in den auf die Klosterreform bezüglichen Kapiteln weitgespannter kirchengeschichtlicher Darstellungen und Untersuchungen zutage getreten, so bei Hauck, G. Schreiber (Kurie und Kloster, 1910; dazu seine Schriften aus jüngster Zeit), A. Fliche (La réforme grégorienne I, 1924), G. Tellenbach (Libertas, 1936), J. Haller (Das Papsttum II, 1951), E. de Moreau (Histoire de l'Eglise en Belgique, 1940) u. a., wobei wir die urkundenkritischen Erörterungen, die das Problem „Hirsau" umkreisen, hier außer Betracht lassen. Im Vordergrunde des Interesses steht für all diese Werke die kirchenpolitische Rolle des Reformmönchtums in der großen Geschichte des 10. und 11. Jh.s, und hierbei hat sich die Diskussion vor allem auf zwei Fragen zugespitzt:

1. Wie verhalten sich monastische Reform (insbesondere Cluny) und humbertinisch-gregorianische Reform zueinander? Die scharfe

Cluniazensische oder gorzische Reformbewegung? 63

Unterscheidung zwischen einer kirchenpolitisch konservativen älteren und einer revolutionären jüngeren Richtung hat sich, beginnend mit Sackur, so gut wie völlig durchgesetzt, die alte Formel von Gregor VII. als dem Vollstrecker cluniazensischer Ideen scheint zwar in den populären Schriften unausrottbar zu sein, hat aber kaum noch wissenschaftlichen Kredit. Hallinger streift dieses Problem nur, ohne den Anspruch, eine definitive Lösung zu bringen.

2. Die andere Frage wurde schon angedeutet: Darf man summarisch von einer einheitlichen ‚cluniazensischen' Bewegung sprechen in dem Sinne, daß die gesamte Klosterreform sich zumindest mittelbar auf die Abtei Cluny als *den* Ausstrahlungspunkt schlechthin zurückführen lasse? So haben noch Sackur und Tomek die Zusammenhänge aufgefaßt, und der gängige Sprachgebrauch, so wie er sich bis heute gehalten hat, kommt dieser Anschauung sehr zu Hilfe. Aber sie hat immer mehr an Boden verloren, denn es war längst beobachtet worden, daß der eigentliche Klosterverband Clunys in Deutschland erst spät Fuß gefaßt hat und daß innerhalb der Reformbewegung Widersprüche und Spannungen obwalteten. Doch mangelte all diesen Feststellungen die wünschenswerte Bestimmtheit, so daß sie noch keineswegs wissenschaftliches Gemeingut geworden waren; es ist eher so, daß die Forschung, ausgehend von Einzelbeobachtungen, im ganzen das selbständige Nebeneinander mehrerer Reformrichtungen mehr intuitiv erfaßt hat; sie bewegte sich auf sehr unsicherem Gelände, und an die Frage, wo denn eigentlich die räumlichen und personellen Scheidungslinien zu ziehen seien, und gar: worin sich die sachlich-konkreten Unterschiede dieser Richtungen dokumentierten, hatte sich noch niemand herangewagt.

Dieses zweite Problem, die *Differenzierung innerhalb der monastischen Bewegung,* bildet das Thema, das in dem voluminösen neuen Buche auf denkbar breitester Materialbasis und mit scharfsinnigster Durchdringung des Stoffes endgültig gelöst wird. Auf Einzelkorrekturen durch spätere Detailforschung muß man gefaßt sein, aber daß das Ergebnis im Prinzip noch einmal erschüttert werden könnte, ist eine schwer vollziehbare Vorstellung. Ganz ausnehmend kommt es diesem Werke zustatten, daß sich hier endlich ein Benediktiner von den ihm vertrauten Voraussetzungen her in einer großen Spezialuntersuchung mit den vieldiskutierten Fragen befaßt. Freilich muß sich der Leser stets bewußt bleiben, daß ihm nicht etwa eine historische Darstellung der Klosterreform vorgelegt wird, sondern analytische, logisch-systematisch aufgebaute Studien zu einem scharf umrissenen Teilproblem, zum Nachweis der These, daß *das Reichsmönchtum seit der ersten Hälfte des 10. Jh.s Träger einer autogenen Reformbewegung war, die nicht in Cluny, sondern im lothringischen Gorze ihren Ursprung hat*, und zudem:

Gorze und Cluny ... kommen trotz gelegentlicher Berührungen von zwei entgegengesetzten Traditionsrichtungen her. Beide monastischen Lebensformen sind eigenständig und dürfen nicht mit Sackur und Tomek einander zugeordnet werden (S. 11).

In einem fesselnden Einleitungsabschnitt (S. 1—42) umreißt P. Hallinger zunächst das Gesamtproblem und legt seine völlig neuartigen methodischen Grundsätze dar, nach denen er „die kreuz und quer verlaufenden reformgeschichtlichen Fäden" entwirren will: 1. Aufzuarbeiten sind die Äbtereihen und die aus dem Verhältnis von Mutter- und Tochterkloster sich ergebenden Filiationen („Das monarchische Prinzip der Filiation"). 2. Ebenso systematisch, aber auch kritisch-behutsam, sollen die Nachrichten über die Spannungen und Zusammenstöße zwischen Cluniazensern und Reichsmönchtum ausgewertet werden, bei denen das in Grundfragen der Disziplin und der Verfassung hineinreichende „Gesetz vom Reformgegensatz" herausspringt. 3. Vergleich der liturgisch-monastischen Consuetudines. 4. Das methodische Kernstück, zugleich eine bahnbrechende Neuerung, mit deren Hilfe der Verfasser völlig unbekannt gebliebene Tatsachen und Zusammenhänge aufdeckt, ist die Durchmusterung der nüchternen Nekrologien, die er in virtuoser Technik zum Sprechen zu bringen weiß: so ergeben Vermerke wie *de nostris, n(ostrae) c(ongregationis), fr(ater) n(oster)* Aufschlüsse über die Herkunft von Äbten; aber die Einträge, die zur Anniversarienverlesung bei der Prim bestimmt sind, lassen auch ganz allgemein erkennen, welche klösterlichen Gemeinschaften in Verbindungen zueinander standen — also die denkbar wertvollste Erhärtung der Filiationszusammenhänge, und obendrein ein Erkenntnismittel, das zugleich als schlagendes *argumentum e silentio* umkehrbar ist, denn das Fehlen oder gar das Abreißen von Nekrologbeziehungen eröffnet erst recht die überraschendsten Ausblicke. In gegenseitiger Bestätigung ergeben Filiationen und Nekrologforschung, daß — bis auf bestimmte Ausnahmen — Cluny mit seiner Gruppe in dem weiten Gorzer Kreise der Reichsklöster *nicht* Fuß gefaßt hat — das zentrale Ergebnis des Buches überhaupt! —, und zugleich enthüllt sich jetzt erst wirklich, *wie* weite Kreise die Gorzer Reform gezogen hat, denn da das methodische Prinzip der Äbtereihen und der Nekrolognotizen in den zahlreichen kontrollierbaren Fällen der Probe standhält, ist der Verfasser vollauf berechtigt, auf Grund solcher Beobachtungen eine Zugehörigkeit von Klöstern zur Gorzer Reform deduktiv auch dann zu erschließen, wenn kein ausdrückliches Quellenzeugnis darüber vorliegt. Von 169 Klöstern im Reichsgebiet (natürlich sehr verschiedener Größen- und Bedeutungsstufen) ist die Rede!

Nachdem somit das Gelände abgesteckt, Marschroute und Ziel festgelegt sind, beginnt in Gestalt von fünf umfangreichen Kapiteln, deren jedes ein eigenes Buch bilden könnte, die Wanderung durch die beiden Jahrhunderte der monastischen Reform.
I. Das erste Kapitel („*Gorzer Filiationen*", S. 43—416) bringt mit der Ausführung des methodischen Filiationsprogramms die grundlegende Flurbereinigung. Es ist von vornherein klar, daß es nicht angeht, die zwischenklösterlichen Beziehungen, das Fortschreiten der Reform wie bisher üblich in landschaftlicher Aufreihung zu verfolgen, daß vielmehr an den chronologischen, vertikalen Filiationszusammenhängen der Äbtelisten das organische Wachstum der Reform abgelesen werden muß. Bei der Durcharbeitung des Kapitels erweist sich dem Leser, daß recht vieles im einzelnen schon bekannt war, aber eben nur im einzelnen, und es ist ein intellektuelles Erlebnis von hohem Genuß, die bereits gegebenen, aber recht disparaten und durchweg bloß fragmentarisch erfaßten, oft genug nur vermuteten Erkenntnisse sich in ungeahntem Ausmaße erweitern und zum systematisch geschlossenen Bilde abklären zu sehen. Was den besonderen Gesichtskreis unseres ›Archivs‹ angeht, so tritt mit elementarer Deutlichkeit zutage, wie unabdingbar für alle landesgeschichtliche Forschung der offene Blick über die Provinzgren-

zen hinaus bleibt; das Werk P. Hallingers gibt erstaunliche Ergebnisse zur mittelrheinischen Kirchengeschichte her, die aber nur durch die Einbettung in die weitesten Zusammenhänge möglich geworden sind und die von einer eigentlichen Lokalhistorie nie hätten erzielt werden können.

Der Verfasser arbeitet *zehn Filiationsgruppen* heraus, die sich allerdings nicht als genealogisches Stemma mit ebenso vielen säuberlich voneinander geschiedenen Linien darstellen, da sich im Laufe der beiden Jahrhunderte von 933 an immer wieder gegenseitige Berührungen und Beeinflussungen ergeben haben, so daß manches bedeutendere Kloster in mehreren der hier dargestellten Gruppen begegnet. Um die Meinung des Rezensenten vorwegzunehmen, so erscheint die Herausstellung dieser zehn Gruppen in den entscheidenden Grundzügen überzeugend, geradezu zwingend, und ist natürlich als hoher wissenschaftlicher Gewinn zu werten; in sekundären Fällen meldet sich vereinzelt der unbestimmte Eindruck, daß auch eine andere Anordnung diskutabel wäre, aber eine Erörterung darüber wäre mühsam und kaum förderlich, denn ganz ohne Vereinfachung und eigenes Ermessen ist noch kein Historiker einer auf den ersten Blick amorphen Stoffmasse Herr geworden. P. Hallinger untersucht also Kloster um Kloster, erweist mit Hilfe seiner schon gekennzeichneten Methoden die Zugehörigkeit zur Gorzer Reformrichtung und sucht jeweils zu klären, wann diese lothringische Prägung durch Einflüsse von Cluny oder Hirsau unterbrochen oder losgelöst worden ist.

Die zeitlich und genetisch erste Gruppe (S. 49—93) beginnt natürlich mit *Gorze* selbst — „Gorzia Mater" heißt das Kloster später bei Sigebert von Gembloux — und seinem Reformabt Johannes, organisatorisch und geistig gänzlich unabhängig von Cluny (933). Bereits 934 besetzt Herzog Giselbert St. Maximin mit Gorzer Mönchen, und es folgen bis über die Jahrtausendwende nahezu dreißig lothringische Klöster, die in den Bannkreis Gorzes treten, darunter St. Evre und St. Mansuy in Toul; St. Arnulf, St. Glodesindis, Groß-St. Peter und St. Symphorian in Metz; Senones und Moyenmoutier in den Vogesen; St. Vannes in Verdun, St. Eucharius in Trier, Stablo und Prüm in der Eifel.

In erhöhten, geradezu einzigartigen Glanz tritt jetzt aber die

Trierer Abtei St. Maximin (zweite Gruppe, S. 94—128), denn ihre zentrale Bedeutung liegt darin, daß von ihr die gesamten Ausstrahlungen der lothringischen Reform in das innere, östliche Reichsgebiet ergingen. Als geistige Vermittlungsstelle ist sie, historisch gesehen, im Grunde wichtiger als Gorze selber, das nur an der Spitze der monastischen Genealogie steht. Für das außerlothringische Deutschland kann man daher ebensogut von einer *Trierer Reform* sprechen (vgl. S. 47). Als erste Kolonie entsteht 937 das Magdeburger St. Moritzkloster, das nach der Errichtung des Hochstiftes als Abtei Berge fortlebt. Am Beispiel des Kölner Klosters St. Pantaleon, das vom Erzbischof Bruno reformiert wurde, erprobt P. Hallinger zum ersten Male seinen Nekrologbeweis und kann mit Hilfe des Totenbuches von St. Maximin dartun, daß St. Pantaleon nicht von Corvey aus besiedelt wurde (so Schrörs), daß der erste Abt vielmehr aus dem Trierer Kloster kam. In der Trierer Filiationsgruppe begegnen noch weitere Namen von höchstem Klang, z. B. Weißenburg, Reichenau (neu!), Gladbach, Echternach, Lüneburg, Pfävers, Tegernsee (wieder schlüssiger Nekrologbeweis!), Ellwangen, Deutz, vor allem aber *St. Emmeram in Regensburg,* wohin der Bischof Wolfgang den Mönch Ramwold aus St. Maximin berief und das alsbald Haupt der dritten Gruppe wurde (S. 129 bis 160).

An sich war gerade die Bedeutung dieser Abtei als eines Reformzentrums der Forschung bekannt, besonders seit dem Buche von Tomek. Um so bemerkenswerter sind die Präzisionen und Ergänzungen, die P. Hallinger hier beizubringen weiß: die Regensburger Filiationen im geschlossenen Zusammenhang, ihre Unabhängigkeit von Cluny, die führende Bedeutung des Abtes Ramwold — all das tritt jetzt erst in klares Licht. Abgesehen von den bayerischen Klöstern, auf die wir hier nicht eingehen wollen, zeigt sich, daß die namentlich von Heinrich II. geförderte süddeutsche Reform auch auf unseren mittelrheinischen Raum zurückstrahlte, denn Lorsch (1005) und von dort aus Fulda (1013) und Corvey (1014) gehören in diese Filiation, in die bald darauf (vor 1027) auch Bleidenstadt einbezogen wurde.

„Als ein Seitenarm der Ramwoldreform" erscheint die von *Niederaltaich* ausgehende Godehardreform (vierte Gruppe, S. 161 bis

177), die, im ganzen ebenfalls bekannt, von P. Hallinger gleicherweise in schärfere Beleuchtung gerückt und deutlicher gefaßt wird, beginnend mit der gewichtigen Darlegung, daß der alamannische Reformkreis (Einsiedeln), von dem Niederaltaich geistig herkam, nach Ausweis der Consuetudines und dem Zeugnis der Nekrologien zur gorzisch-trierischen Prägung gehört. Für unser Arbeitsgebiet ist aus dieser Gruppe die Formung von Hersfeld (1005) hervorzuheben, das sich später nachhaltig gegen die fruttuarisch-siegburgischen Einflüsse gesperrt hat (Lampert!).

Ein weiteres Geschenk an die mittelrheinische Forschung ist die Herausarbeitung der fünften, der *Lorscher Gruppe* (S. 178—215). Zunächst wird die Geschichte dieser Abtei selbst in wichtigen Punkten aufgehellt: ihre gorzische Formung (durch Trier) bereits bei der Übernahme durch Bruno von Köln um 950 wird erschlossen, dazu tritt die Berufung des Regensburger Reformmönches Poppo im J. 1005 durch Heinrich II.; in der Abwehr gegen die Hirsauer pochen die Lorscher zu Beginn des 12. Jh.s ausdrücklich auf ihren *Ordo Gorziensis* (den der Verfasser des Codex Laureshamensis dann um 1170 als 'cluniazensisch' deklariert, ein Zeichen für die Verwischung der Unterschiede in späterer Zeit). Die Beteiligung Kerbodos von Lorsch und Sandrats von St. Maximin an den Visitationen von St. Gallen um 970 gibt dann den Anlaß zu einer chronologischen und inhaltlichen Bereinigung dieser Nachrichten, die in der Literatur die oberflächliche und im Prinzip verfehlte Meinung von einem Widerstande des deutschen Mönchtums gegen die lothringische Erneuerung haben aufkommen lassen: keineswegs die lothringische Prägung an sich, sondern die Dauerüberwachung durch Visitatoren wurde von den St. Gallern abgelehnt. Noch unmittelbarer berührt es uns, daß der Verfasser dank seiner verfeinerten Arbeitsmethoden dem kurz vor 1000 von Lorsch aus reformierten Odenwaldkloster Amorbach und seinem Abt Richard (nachher in Fulda) eine besondere Bedeutung zusprechen kann; von dieser Stätte ergingen weite Ausstrahlungen vor allem in die Mönchsniederlassungen des Bamberger Bereiches.

Tiefgreifende Korrekturen erfährt das bei Tomek entworfene Bild von der Klosterpolitik Heinrichs II. nicht minder bei der — durch die Person dieses Abtes Richard mit der vorausgehenden verknüpften — sechsten, der *Fuldaer Filiationsgruppe* (von 1013 an; S. 216—238), die sich vor allem nach Nordwesten und Nordosten erstreckt (z. B. Schlüchtern, St. Jakob in Erfurt, Naumburger Klöster) und ebenfalls als solche bisher nicht gesehen worden war. Erst recht gilt dies von der (siebenten) *Mainzer Abteiengruppe* St. Alban, St. Jakob, Disibodenberg, Bleidenstadt und Seligenstadt (S. 239—269), die in Ermangelung positiver Nachrichten bei der bisherigen Forschung überhaupt keine Rolle gespielt hat. Dafür feiert jetzt die Auswertung der Nekrolognotizen wahre Triumphe, indem sie, ausgehend von der Eintragung des Abtes Reginold von Seligenstadt (um 1018) in den Totenbüchern von St. Maximin und Bleidenstadt, mit verblüffender Sicherheit personelle Querverbindungen dieser Klöster untereinander und nach Trier, Lorsch, Fulda, St. Emmeram usw. aufdeckt und damit für das 11. Jh. die Zugehörigkeit dieses Kreises zur lothringischen Reform außer Zweifel stellt. Freilich, „die eigentliche Einordnung der einzelnen Gemeinschaften in bestimmte Gorzer Filiationen bleibt der Einzelforschung überlassen" (S. 240) — wobei die nochmalige grundsätzliche Bemerkung nicht überflüssig erscheint, daß eine „autarke" Lokalforschung von sich aus schwerlich zu diesen Problemen vorgestoßen wäre. Sorgsam untersucht P. Hallinger auch — zum guten Teil in Überschneidung mit den Ausführungen Büttners in unserem ›Archiv‹, 1 (1949) — die um 1100 eintretenden monastischen Wandlungen im Mainzer Kreise, die sich aber noch einer völlig klaren Erfassung entziehen.

Die achte, die *alamannische Gruppe* mit dem Zentrum Einsiedeln (S. 270—279) ist seit dem Ende des 11. Jh.s von der Hirsauer Reform überspielt worden. Sie umfaßte einige süddeutsche Klöster, teilweise allerdings nur auf sehr kurze Zeit, auch sind die Filiationszusammenhänge nicht immer deutlich. Um so gewichtiger ist aber der — wieder durch eine Nekrolognotiz unterbaute und bereits oben (zu Ramwold von St. Emmeram) angedeutete — Nachweis, daß die Consuetudines der Abtei Einsiedeln nicht, wie die Forschung bisher annahm, mit dem ersten Reformabt Gregor aus England gekommen sind, sondern eine Bearbeitung der St. Maximiner Sandrat-Statuten darstellen (vgl. dazu auch das V. Kapitel).

Mit der neunten Gruppe, der „*Lothringischen Mischobservanz*"

(S. 280—316), kehrt P. Hallingers Untersuchung ins Heimatland der monastischen Bewegung zurück und wendet sich dem nächst Cluny berühmtesten Reformkreise zu, der sich von der Stadtabtei St. *Vannes in Verdun* aus wellenförmig über Lothringen und Nordostfrankreich ausbreitete. Hier handelt es sich natürlich nicht um eine neue Entdeckung, denn der hohen Bedeutung eines Richard von St. Vannes und eines Poppo von Stablo war man sich längst bewußt, aber auch hier werden unsere Kenntnisse erweitert und präzisiert, denn an die 50 Klöster, darunter altangesehene Reichsabteien, erweisen sich als zumindest zeitweilig diesem Kreise angehörig: aus unserem engeren Interessegebiet sind es (chronologisch) St. Maximin und St. Eucharius in Trier, Limburg an der Haardt, Echternach, Hersfeld, Weißenburg, Busendorf, Fulda, Komburg (unsicher), Maria Laach. Lehrreich, für ein tiefer dringendes geschichtliches Verständnis sogar grundlegend ist die Tatsache, daß die ehrwürdige Mutterabtei St. Maximin selber eine neue Formung durch Poppo von Stablo erfuhr, denn hier liegt ein markantes Beispiel dafür vor, wie die monastische Bewegung sich in ungebrochenem Schwung von wechselnden Zentren aus durch neue Kräfte von innen her verjüngte; das methodische Darstellungsprinzip der Filiationen darf nicht bei flüchtiger Lektüre die Vorstellung aufkommen lassen, als ob St. Maximin über den gesamten Zeitraum hin ein Ausstrahlungspunkt aus unwandelbarer eigener Kraft geblieben wäre. P. Hallinger führt für die hier behandelte Gruppe die Bezeichnung als „Mischobservanz" in die Fachsprache ein, weil sich bei ihr wirkliche Berührungen mit Cluny zeigen: Richard und Poppo „haben in der Frage der monastischen Tracht wie auch in der straffen Anspannung zwischenklösterlicher Verbindungslinien den lothringischen Überlieferungen in zusätzlicher Weise fremde, burgundische Formelemente einzufügen versucht" (S. 280). (Als weitere Besonderheit wäre noch stärker zu unterstreichen als der Verfasser es tut, daß auch das Übergreifen nach Frankreich ganz aus dem Rahmen des „Gorzer" Reformkreises herausfällt.) Diese Berührung mit Cluny galt der älteren Forschung (vor allem Sackur) als so entscheidend, daß sie gerade diese lothringische Gruppe mit Selbstverständlichkeit unter die Cluniazenser subsumierte. Gewiß bleibt die Beobachtung wichtig, daß die Scheidung zwischen den

Komplexen „Cluny" und „Gorze", die sich durchweg mit so erstaunlicher Sauberkeit durchführen läßt, angesichts der reichen Vielfalt allen geschichtlichen Lebens doch nicht zu einem starren Schema überspitzt werden darf, daß nicht überall und zu jeder Zeit ein beziehungsloses (höchstens feindliches) Nebeneinander herrschte, aber ein Kritiker, dem der Verdacht käme, die „Mischobservanz" sei ein Verlegenheitsbegriff, dazu bestimmt, eine brüchige Stelle zu verdecken, die des Verfassers ganzes System fragwürdig erscheinen lasse — ein solcher Kritiker befände sich in schwerem Irrtum. P. Hallingers Grundgedanke, daß burgundisches und lothringisches Mönchtum zweierlei sind, ist nämlich in diesem — scheinbar kritischen — Punkte glänzend gerechtfertigt, denn bereits vor geraumer Zeit hat E. Sabbe in der Revue belge de philologie et d'histoire 7 (1928) dargetan, daß die niederlothringisch-flandrischen Richardklöster sich zu Ende des 11. Jh.s aufs hartnäckigste gegen die Einführung der cluniazensischen Formen als einer Neuerung zur Wehr gesetzt haben. Soweit ich den Gang der Forschung überschaue, hat eben dieser bedeutsame Aufsatz von Sabbe sehr anregend dahin gewirkt, daß man auf die interne Differenzierung des Reformmönchtums stärker achtete.

Durch die ausführlichen und gänzlich neuartigen Darlegungen über die zehnte und letzte, die *„Junggorzer Gruppe"* (S. 317—416) wartet der Verfasser mit einer abermaligen Überraschung und dankenswerten Entwirrung auf. Es handelt sich um ein Gegenstück zur „lothringischen Mischobservanz", sowohl sachlich wie im zeitlichen Ansatz. Das Stammkloster Gorze war durch die Übertragung an Wilhelm von Dijon (den der Verfasser mit kaum verhüllter Animosität regelmäßig als den „Übercluniazenser" etikettiert) um 1016 zeitweilig unter burgundischen Einfluß geraten. Unter dem Abt Siegfried († 1055) begann Gorze dann von neuem personell und geistig auf eine Gruppe innerdeutscher Klöster zu wirken, aber nicht mehr über die bisherige ausschließliche Schleuse St. Maximin; der Ausstrahlungspunkt wird jetzt vielmehr (vor 1046) die Abtei Schwarzach am Main. P. Hallinger unterscheidet eine unmittelbar von Schwarzach ausgehende süddeutsche Linie, zu der vor allem mainfränkische und österreichische Klöster gehören, und eine — nicht gleichermaßen bedeutende — norddeutsche Linie, an deren

Anfang Ilsenburg steht. Aus den chronikalischen und urkundlichen Quellen ist die Existenz dieser Gruppe so gut wie gar nicht abzulesen. Der Verfasser ist daher genötigt, in weit ausholenden Untersuchungen, denen wir hier nicht im einzelnen nachgehen können, zumal sie sich nicht auf unseren mittelrheinischen Raum erstrecken, aus dem spröden Material der Totenbücher mit den letzten Feinheiten seiner neuartigen Methode die Aufschlüsse herauszupressen. Außer den aufgedeckten Zusammenhängen gewinnen mehrere Persönlichkeiten, so die Äbte Ekkebert von Schwarzach († 1076/77) und Herrand von Ilsenburg († 1102), aber auch der 1075 als Simonist gestürzte Bischof Hermann von Bamberg, ein bemerkenswertes Relief. Die klärende Entwirrung des bisherigen Geschichtsbildes liegt darin, daß diese „Junggorzer" jetzt prinzipiell von den Hirsauern geschieden werden, mit denen sie lediglich in der Siedehitze des Investiturstreites zeitweilig kirchenpolitisch zusammengingen, während bald darauf der Gegensatz wieder deutlich aufbrach. Der kritische Leser gewahrt mit immer frischem Staunen, welche Ausblicke sich hier auftun, und die Argumentation erscheint so zwingend, daß des Verfassers neue Sicht im ganzen als gesichert gelten muß, es bleibt nur — wie so leicht beim ersten Gang durch unerschlossenes Gelände — das vage Gefühl, nicht zu jedem Einzelfalle sei bereits das letzte Wort gesprochen. Der Verfasser gibt aber auch die Unterschiede im Grade der erreichten Sicherheit und Deutlichkeit offen zu erkennen, und der Detailforschung verbleibt noch ein ergiebiges Tätigkeitsfeld. Bei keinem Abschnitt des ganzen Buches drängt sich im übrigen so elementar wie hier die Erkenntnis auf, daß der Stand unserer Forschung jetzt erst für eine Gesamtdarstellung der Klosterreform reif zu werden beginnt; es ist geradezu ein Glück, daß bisher niemand das verfrühte Wagnis unternommen hat, das Werk von Sackur (mit der gebotenen stofflichen und zeitlichen Erweiterung) neu zu schreiben.

Des Lesers, der dem Verfasser bewundernd und kritisch auf dieser ersten, mühsamen Durchquerung seines Forschungsgebietes gefolgt ist, bemächtigt sich zunehmend eine gewisse Ungeduld: die gewiß im einzelnen stark variierten, aber in den Grundzügen zwangsläufig gleichbleibenden Ausführungen haben nach der räumlichen und personellen Seite hin die Scheidung der Komplexe „Cluny" und „Gorze" zur Gewißheit erhoben, womit jedoch nur äußerlich-formal der Rahmen abgesteckt ist. Die Frage, *worin die Verschiedenheit denn konkret-inhaltlich bestanden habe,* ist zwar häufig gestreift worden, drängt jedoch längst nach einer Beantwortung in einer Gesamtschau. Ihr sind die restlichen Kapitel des Buches gewidmet, in denen der Verfasser seinen Leser auf immer wieder neuen Wegen durch das gleiche, bereits einmal sorgsam abgesuchte Gelände führt. Was Charakter und Anlage des Werkes angeht, so wird schon aus diesem allgemeinen Hinweis klar, daß das Buch sich jetzt von historischer Darstellung noch weiter entfernt, auch die chronologische Aufgliederung vollends fallen läßt und — fast schon in der subtilen Art scholastischer Distinktionen — zur rein systematischen Darlegung wird, auf weite Strecken hin sogar zur sachlich aufgeteilten Materialausbreitung unter wechselnden Gesichtspunkten, wobei es im Vor- und Rückgriff auf gleiche Themen auch nicht ohne Wiederholungen abgehen kann. Es leuchtet ein, daß dabei eine gewisse Vertrautheit mit Stoff und Fragestellungen vorausgesetzt wird und daß P. Hallingers Werk nicht zur ersten Einführung in den Problemkreis der monastischen Erneuerung bestimmt ist.

II. Das zweite Kapitel (*„Spannungen zwischen Gorze und Cluny",* S. 417—660) weist über die bisherigen Andeutungen hinaus nach, daß es sich nicht um ein schiedlich-friedliches Nebeneinander der beiden Reformkreise gehandelt hat, daß vielmehr im Laufe der Zeit ein sehr bewußter Gegensatz aufgebrochen ist. „Wo zwei verschiedene Prägungen des Mönchtums sich in Reformbegegnung gegenübertreten, kommt es durchwegs zu heftigen gefühlsbetonten Gegensätzlichkeiten" (S. 422). In sehr instruktiver Weise wird dies einleitend an der altbekannten Spannung zwischen Cluny und Citeaux im 12. Jh. als einem Analogiefall erläutert: bei diesen erregten Kontroversen muß der Blick des Historikers über das Psychologische hinaus zum sachlichen Kern des Gegensatzes vordringen:

Exemtion oder nicht Exemtion, Handarbeit oder nicht Handarbeit, wörtliches Regelverständnis oder sinngemäße Deutung: an diesen und ähnlichen konkreten Problemen haben sich jene endlosen Auseinandersetzungen entzündet (S. 420 f.).

Eine nicht minder aufschlußreiche Digression über die Widerstände, denen Cluny in Frankreich begegnete, erhärtet noch diese Feststellung. In gleicher Weise darf auch der Gegensatz Gorze—Cluny nicht vordergründig gesehen werden, und man wird

> mit dem Gebrauch des Wortes 'Reform' weit vorsichtiger sein als dies bisher in der Literatur geschehen ist. Reformvorgänge im Sinne der Umstülpung der äußeren Form und Verfassung sind im Reichsgebiet des 11. Jh.s weit häufiger als sogen. 'Reformen' im rein disziplinären Sinn! (S. 426.)

Abgesehen von der schon berührten vorübergehenden Übertragung der Abtei Gorze an Wilhelm von Dijon erkennt P. Hallinger vier Stützpunkte, von denen aus das burgundische Mönchtum gegen Ende des 11. Jh.s in das Reichsgebiet vorstieß: Anchin, Siegburg, Hirsau, St. Blasien. (Hier wäre kritisch anzumerken, daß der späte Zeitpunkt, der in die kirchenpolitisch erregte Atmosphäre des Investiturstreites fällt, eine stärkere Beachtung verdient, als ihm vom Verfasser geschenkt wird; noch scheint mir die ältere Auffassung nicht widerlegt, daß bis über die Mitte des 11. Jh.s hinaus von einer ernsthaften Offensive der Cluniazenser auf die deutschen Klöster kaum die Rede sein kann.) *Emotionale Urteile, gefühlsbetonte Abwertungen* von seiten der Hirsauer (S. 428—442) und der Schule von Dijon (S. 442—448) gegenüber den Klöstern älterer Observanz lassen sich aus den erzählenden Quellen genugsam zusammentragen, es fehlt aber auch nicht der Gegenschlag des Urteils, „die Antwort des Reichsmönchtums an Cluny" (S. 448—459), und es bietet wieder besonderen Reiz, bekannte Quellen unseres Gebietes, so Lampert von Hersfeld, das Rundschreiben der Montecassineser (neuerdings übrigens mit der älteren Wormser Briefsammlung abschließend ediert von W. Bulst, MG. Briefe der deutschen Kaiserzeit 3 [1949] 13 Nr. 1), den *Liber de unitate ecclesiae conservanda*, das Spottgedicht auf die Hirsauer im Codex Laureshamensis, ganz neu gewürdigt zu sehen.

In diesem großen Ringen hat es aber nicht beim Kampf der Feder sein Bewenden. Unter der Überschrift „*Gewaltwiderstand*" verfolgt P. Hallinger, den Leser zuweilen auch durch die Niederungen des geschichtlichen Lebens führend, die vielfältigen und mehr als einmal zu robuster Handgreiflichkeit gesteigerten Versuche der gegnerischen Gruppen, einander aus wichtigen Positionen zu verdrängen oder sich in der Abwehr zu behaupten. Die Überführung vieler Klöster aus ursprünglich gorzischer in die cluniazensische Observanz, die im I. Kapitel bereits kurz berührt worden war, wird hier ausführlicher und in innerem Zusammenhang abgehandelt. Wieder wird der Stoff, aus dem manches gewiß schon früher die Aufmerksamkeit der Forschung erregt hatte, zur einprägsamen Unterbauung der Grundthese säuberlich in Gegensatzpaare aufgegliedert.

1. *Dijon—Gorze* (S. 461—470). Hier handelt es sich — außer einem Seitenblick auf St. Bénigne selber — um die Ausweisung der Trierer Mönche aus Siegburg durch den Erzbischof Anno (1071) und der Mainzer Mönche aus Iburg durch den Bischof Benno von Osnabrück (nach 1080). Die Filiation geht ja von Dijon über Fruttuaria nach Siegburg und von dort nach Iburg. Auch auf diesem Wege erweist sich also: „Die lothringische Formung und der Ordo von Fruttuaria werden allerorten als Gegensätze empfunden" (S. 469).

2. *Hirsau—Gorze* (S. 470—473); veranschaulicht an einigen süddeutschen Klöstern und an dem kurzfristigen Hirsauer Zugriff auf Lorsch (etwa 1105—1111).

3. *Cluny-Lothringische Mischobservanz* (S. 473—492). Von der Bedeutung dieses Themas als Prüfstein für die Grundthese des ganzen Buches war bereits bei der 9. Filiationsgruppe die Rede. Der Zusammenstoß der beiden Richtungen in den flandrischen Abteien und Prioraten gewinnt unter dem geschärften Blick P. Hallingers gegenüber der bisherigen Sicht noch bedeutend an Umfang und Klarheit.

4. *Lothringische Mischobservanz - Gorze* (S. 493—516). An dieser Stelle, wo man es beim Überblättern des Buches kaum suchen würde, entwickelt der Verfasser nach der voraufgegangenen negativen Formel (St. Vannes nicht cluniazensisch) eine abschließende Differentialanalyse von Richards monastischer „Mischobservanz", wie sie keiner seiner gelehrten Vorgänger zuwege gebracht hat: Richard wird in cluniazensischen Nekrologien erwähnt, er wollte seine Mönche in der Tracht Cluny angleichen und strebte nach burgundischem Vorbilde eine zentralistische Zusammenfassung seiner Klöster an; dagegen verharrt seine monastische Prägung im Grund-

charakter, vor allem in den Fragen der Klosterverfassung, der Exemtion, der Vogtei, ganz in der Tradition der „Gorzia Mater", der man sich in den Häusern seines Kreises bewußt zugehörig fühlte. Mit dieser Einsicht tritt nun endlich der berühmte Widerspruch St. Gallens gegen den Richardschüler Poppo von Stablo (1034) aus dem irritierenden Zwielicht der Unverständlichkeit heraus, ohne daß man (mit Hauck) zu dem Notbehelf des Nationalcharakters zu greifen braucht: der Widerstand richtet sich gegen die cluniazensischen Elemente der Mischobservanz, also gegen die Tracht und die zentralistische Ringbildung (Vorwurf des „Schismas"!), es kommt hier keineswegs eine prinzipielle Reformfeindlichkeit zu Wort. Und was sich bei St. Gallen mit hinreichender Sicherheit belegen läßt, gilt dann sinngemäß auch von der Opposition, auf die Poppo schon vorher in Stablo und St. Maximin gestoßen war. Ob die bequeme Interpretation dieser Erscheinungen als primitiver Renitenz nun endlich aus der Literatur verschwinden wird?

5. *Junggorze—Cluny* (S. 517—599). Hier stoßen wir erneut auf gewichtige Darlegungen, aber erst recht in unorganischer Gesamtanordnung, denn die Rubrik „Gewaltwiderstand" — der auch dieser Abschnitt noch untersteht — trifft nur eine belanglose Seite des Problems; die konkreten Zusammenstöße werden auf drei knappen Schlußseiten skizziert (S. 597—599). Die „Junggorzer" Gruppe, so sahen wir, gehört zu den wesentlichen Neuentdeckungen des Verfassers. Er unterzieht sich jetzt der Aufgabe, diese Richtung in ihrer Besonderheit und in Abgrenzung gegen Cluny inhaltlich zu kennzeichnen, und diese abermalige Differentialanalyse führt ihn zur Erörterung zentraler Fragen der klösterlichen Rechtsgeschichte. Prioratsverfassung und Nekrologbeziehungen erweisen die Junggorzer zwar fürs erste als eine „von Cluny her stark belastete Gruppe" (S. 520) — solche nicht ganz affektfreien Formulierungen, die dem Leser ein Schmunzeln abnötigen, finden sich recht häufig! —, aber viel schwerer wiegt auch hier die Verschiedenheit. Zum Nachweis rollt der Verfasser zunächst die Entwicklung des *Konverseninstituts* auf. Unter Korrektur und Vertiefung der geltenden Auffassungen zeigt sich, daß die seit Wilhelm von Hirsau begegnenden Konversen jüngerer Ordnung, die nicht mehr als

eigentliche Mönche gelten, eine cluniazensische Einrichtung mit schon relativ alter Wurzel sind und von den gorzischen Gruppen, wenigstens zunächst, abgelehnt werden, während diese umgekehrt an der *Ministerialität* festhalten. Allgemein zeigt sich ferner, daß die Junggorzer weit weniger als die Cluniazenser auf die urkundliche Fixierung ihrer Rechtsstellung drängen, wobei zwei Fragen in den Vordergrund der Diskussion rücken: während die *Exemtion* einen alten und zäh verfolgten Programmpunkt der Cluniazenser darstellt (dazu reiche Urkundenbelege S. 558—561), fehlt bei den deutschen Mönchen gorzischer Prägung die antiepiskopale Spitze durchaus (S. 544—573). Bei der Stellung zur *Vogtei* ergibt sich genau die gleiche Diskrepanz (S. 573—597). Beides wird in lehrreicher, ausgiebig belegter und scharfsinnig differenzierender Analyse dargelegt, von der aus der Verfasser zugleich geradewegs zu vieldiskutierten Fragen von allgemeinster Tragweite vorstößt: er unterstreicht mit allem Nachdruck eine von Anfang an gegebene und konsequent durchgeführte antifeudalistische Haltung Clunys (im Unterschiede zum Reichsmönchtum) und findet, daß unter diesem Aspekt „Cluny ganz zweifellos eine wirkliche Vorbereitung zu Gregor VII. hin" bedeute (S. 584), „daß man mit dem allzu geschäftigen Auseinanderreißen der Verbindungslinien zwischen Cluny und dem sogenannten ‚Gregorianismus' etwas behutsamer sein sollte" (S. 582) — womit er sich unverkennbar gegen die in der modernen Forschung vorherrschend gewordenen Auffassungen wendet.

An diesem etwas unvermittelt erreichten zentralen Punkte scheint es mir aber angebracht, kritische Vorbehalte anzumelden oder doch zumindest einer vorsichtigeren Beurteilung das Wort zu reden, weil die hier aufgeworfene Frage, die über die konkrete These des Buches weit hinausführt, einfach noch nicht zur Beantwortung reif ist. Damit ist freilich schon gesagt, daß der Kritiker dem Verfasser keineswegs mit dem gleichen schweren Rüstzeug begegnen kann, um seinen Gedankengängen ein gleicherweise durchsystematisiertes Geschichtsbild entgegenzusetzen, daß es hier vielmehr fürs erste bei allgemeinen Bedenken und Erwägungen sein Bewenden haben muß. Der Verfasser, der sonst so sorgfältig differenziert, nimmt die Begriffe „Cluny" und „Feudalismus" als globale, unveränderliche Größen, ohne viel nach zeitlichen und räumlichen

Schattierungen zu fragen. Das Verhältnis der Cluniazenser zum Feudaladel ist aber ein weitschichtiges Problem, dem man nicht ausschließlich von den Bestimmungen der berühmten Gründungsurkunde von 910 (Eigentumsverzicht Wilhelms von Aquitanien; traditio Romana) her beikommen kann. Dieser radikale Gegenschlag gegen die feudale Klosterherrschaft ist aus bestimmten, aber zeitlich und räumlich begrenzten Voraussetzungen zu verstehen: aus der maßlosen Entartung des Eigenkirchentums, die sich in der Erscheinung der Laienäbte repräsentiert, die aber nur in Frankreich und im westlichen Lothringen verbreitet ist und auch hier im Laufe des 10. Jh.s wieder verschwindet. Für das Reichsmönchtum stellte sich dieses Problem demnach gar nicht, zumal im außerlothringischen Deutschland das königliche und das bischöfliche, nicht aber das laikale Eigenkloster der vorherrschende Typ war. Die konservative Haltung der gorzischen Klöster ist daher unreflektiert selbstverständlich und bedarf keiner ideologischen Begründung. Aber auch bei den Cluniazensern muß neben den theoretisch-programmatischen Formulierungen, die sich in den Privilegien des Hauptklosters finden, die Praxis des Alltags beachtet werden. Bis zu einer abschließenden Klärung — zu der uns P. Hallinger natürlich weithin die Wege geebnet hat — glaube ich vorläufig an der Auffassung festhalten zu sollen, daß auch die Cluniazenser in den ersten anderthalb Jahrhunderten ihrer Wirksamkeit nicht an eine Revolutionierung der Rechtsverhältnisse dachten, daß sie, nachdem die ärgsten Mißstände relativ rasch beseitigt waren, den Eigentumsverzicht der Herrenfamilie als eine auf besondere Fälle beschränkte Ideallösung, nicht aber als ein unabdingbares und überall angestrebtes Ziel ansahen, daß sie es sich in der Regel vielmehr angelegen sein ließen, die Auswüchse des Eigenkirchenwesens mit den Rechts- und Machtmitteln der Eigenklosterherrschaft selbst zu beschneiden; auf Schritt und Tritt leisteten ihnen ja die adligen Klosterherren die entscheidende Hilfestellung. Unter Vorbehalt späterer Korrektur darf als Arbeitshypothese sogar die Formulierung gewagt werden: die klösterliche Ringbildung der Cluniazenser ist gewiß eine Selbsthilfe des Mönchtums gegen die Verfallserscheinungen, unter denen es in dem — einer reichskirchlichen Organisation entratenden — feudalistisch zersplitterten Frankreich zu leiden hatte, aber möglich war diese weitgespannte Aktion doch zugleich nur im Schutze der eigenkirchlichen Rechtsordnung. Sie setzt natürlich einen Gesinnungswandel bei den Feudalherren voraus, der seinerseits wieder dem Einflusse Clunys zu danken ist. Die Cluniazenser sind ja insofern eine typisch abendländische Erscheinungsform des Mönchtums, als sie mit der Weltflucht bewußt — nicht halb widerwillig, wie etwa ein Petrus Damiani — eine Weltoffenheit verbinden und sich der Verchristlichung der maßgebenden Schicht, eben des kriegerischen Feudaladels, widmen; Carl Erdmann (Die Entstehung des Kreuzzugsgedankens, 1935) hat darauf mit Nachdruck den Blick gelenkt. Der im Großabt gipfelnde Verband weist unverkennbare Analogien zu einer Lehnspyramide auf, was die Gegner auch — nach Ausweis der Satire des Bischofs Adalbero von Laon auf den „König Odilo" — deutlich empfunden haben. Damit ist schon angedeutet, daß die Cluniazenser, die mit ihrer überdiözesanen Kongregation die kirchliche Geschlossenheit des Bistums durchbrachen, als ihre eigentlichen Gegner offensichtlich die Bischöfe betrachteten; zu diesem Zweck sicherten sie sich planmäßig den Rückhalt beim Papst (und beim Königtum!), und mit den Diözesanbischöfen — kaum mit dem Feudaladel — stießen sie immer wieder zusammen. Die kämpferische Note grundsätzlicher Abwehr, die sich in der Haltung einflußreicher Mönchskreise gegenüber dem weltlichen Herrschertum und der laikalen Kirchenhoheit in der zweiten Hälfte des 11. Jh.s durchsetzt, bedeutet einen Umbruch, der noch der wirklich befriedigenden wissenschaftlichen Aufhellung harrt. Als zwangsläufiges Ergebnis der cluniazensischen Bewegung kann er jedenfalls nicht erschöpfend gedeutet werden; hier wirkt sich zumindest auch die Belebung der Kanonistik aus. In den turbulenten Jahrzehnten des Investiturkampfes hat sich Cluny selbst mit dem Abt Hugo an der Spitze eine sehr konservative Reserve auferlegt, Rufer im Streite waren dagegen die Seitensprossen der Bewegung, voran die Hirsauer. Die Anzeichen sprechen dafür, daß auch der Komplex „Cluny" in sich differenziert werden muß. (P. Hallinger spricht allerdings — sehr zu Recht — häufig von den „Jungcluniazensern", ohne diesen Kreis aber mit der sonst bei ihm üblichen begrifflichen Schärfe zu umreißen.) Natürlich wäre es eine Naivität, die allen gesunden Prinzipien genetischen Geschichtsdenkens widerspräche, wollte man sich Cluniazenser und Gregorianer als beziehungslos neben- und nacheinander stehende Größen vorstellen, aber es ist zweifelhaft, ob man mit der klösterlichen Rechtsgeschichte die adäquate Ebene gewonnen hat, um der Lösung dieses Problems näherzukommen. Man fährt sicherer, wenn man sich vorläufig mit allgemeineren Kriterien bescheidet: die Cluniazenser (wie das romanische Reformmönchtum überhaupt) haben, schon ob ihres gespannten Verhältnisses zu den Bischöfen, jederzeit den Gedanken des päpstlichen Primats hochgehalten, und die intensivere Verchristlichung der Welt, die geistig-moralische Hebung der Mönche und Kleriker mußte in Verbindung mit einem erneuerten kanonistischen Denken eine Atmosphäre verfeinerten Empfindens schaffen, in der man begann, die faktische Abhängigkeit der Hierarchie und der kirchlichen Institute von den Laiengewalten als unzuträglich zu betrachten — ohne daß man darum aber in die Zwangsvorstellung der älteren Literatur und der populären liberalen Auffassungen verfallen darf, als habe es Kräfte gegeben, die planmäßig einen Kampf auf Leben und Tod zwischen Regnum und Sacerdotium hätten herbeiführen wollen! Dieses Bild in seiner blassen Allgemeinheit bedarf freilich noch sehr der präzisierenden Farben, und P. Hallinger hat uns diesem Ziele ein respektables Stück nähergebracht, aber die Auswertung seiner reichen Ergebnisse für die große Staats- und Kirchengeschichte steht noch aus, die Schlußfolgerungen, in die er seine Erörterung der Exemtions- und Vogteifrage einmünden läßt, erscheinen mir, ganz im Gegensatz zu seiner sonstigen ungemein behutsamen Art, etwas vorschnell.

Das (II.) Kapitel über die Spannungen zwischen gorzischem und cluniazensischem Mönchtum rundet sich mit einem Abschnitt über *„Widerstand auf Dauer"* (S. 602—660). Abermals sind Fragestellung und klärende Ergebnisse ganz neuartig, denn das Reichsmönchtum wird in seiner defensiven Beharrungskraft sichtbar gemacht. Die Berichtigung herrschender Auffassungen geht sehr tief, galt doch, teilweise gar bis in die jüngste Zeit (und in den durchschnittlichen Geschichtskenntnissen noch heute) die gorzisch-lothringische Reform als eine kurzlebige Erscheinung. Nun, daß sie keineswegs schon um die Jahrtausendwende vom Cluniazensertum aufgesogen wurde, ist bei der Untersuchung der Schule von Verdun ausgiebig zutage getreten. Dagegen hat bereits das I. Kapitel im einzelnen erwähnt, daß innerdeutsche Klöster von ursprünglich gorzischer Prägung hundert Jahre später in sehr großer Zahl an die Hirsauer überzugehen begannen. Im Westen erfolgte auch eine eigentliche „Clunisierung", so in Flandern-Niederlothringen, und beispielsweise bei St. Maximin anscheinend nach dem Verluste der Reichsunmittelbarkeit (1142; vgl. S. 292 f.). Die von ihm erarbeiteten Forschungsergebnisse erlauben es P. Hallinger jetzt, bedeutende Inseln des Widerstandes nachzuweisen, in denen sich die alte monastische Formung über das 11. Jh. hinweg und sogar noch länger behauptet hat. Der „Äbteaustausch" verrät schlagend den Zusammenhalt der Regensburger Gruppe, während umgekehrt die Opposition der Reichenauer gegen Immo von Gorze-Prüm unter Heinrich II. dank der weitgespannten Sicht in ihrer geschichtlichen Tragweite entschieden zurücktritt: sie war kein Ausdruck grundsätzlicher Reformfeindlichkeit, so wenig wie die schon berührten Schwierigkeiten, auf die Poppo von Stablo in St. Gallen stieß. Neues Licht fällt auch auf die St. Emmeramer Fälschungen und auf die Übergangsjahrzehnte vor dem Eingriff der Hirsauer in diese Abtei (1143). Aus den Quirinalia des Metellus erbringt P. Hallinger ferner für Tegernsee ein ausdrückliches Bekenntnis zur St. Maximiner Tradition aus der zweiten Hälfte des 12. Jh.s, und der Codex Laureshamensis erweist die Lebenskraft des Gorzer Ordo noch um 1170 in unserem rheinischen Lorsch. Die Überprüfung der Urkunden — ein in diesem Buche sonst zurücktretendes Quellenmaterial — zeitigt ein ähnliches Ergebnis für die Ilsenburger „junggorzische" Gruppe, und schließlich bleiben zwei führende Institute unseres Gebietes, Hersfeld und Fulda, mit der Beibehaltung der Dekanieverfassung (vgl. das IV. Kapitel) dauernd Reichsabteien alten Stils.

Der Gewinn dieses Abschnittes liegt also darin, daß die äußere Geschichte des Mönchtums gorzischer Prägung auch bis zu ihrem Abklingen verfolgt und damit erschöpfend untersucht wird. An solchen Ausblicken mangelt es in der Literatur durchaus. Ist sie einer geistigen Bewegung (auch Cluny) einmal bis über den Höhepunkt hinweg gefolgt, so erlahmt das Interesse, und die weitere Entwicklung bleibt im Halbdunkel. Wer ist sich bewußt, daß die Abtei Cluny bis 1790 bestanden hat? Nur darf der Leser nicht aus dem Auge verlieren, daß der Abschnitt „Widerstand auf Dauer" ausschließlich einen bestimmten Aspekt klärt, ohne ein historisches Gesamtbild zu entwerfen. Wenn P. Hallinger seinen nach und nach unterliegenden „Gorzern" eine unverkennbare Sympathie zuwendet, so will er damit natürlich nicht bestreiten, daß seit dem 12. Jh. und vollends im Zeitalter der Bettelorden das kirchlich-religiöse Leben bei weitem in erster Linie von ganz anderen Kräften getragen wurde als den altbenediktinisch-aristokratischen Reichsabteien, deren Glanzzeit vorbei war.

III. Der besondere methodische Wert des Buches liegt nicht zuletzt darin, daß der Verfasser schrittweise zur konkret-inhaltlichen Aufklärung des durchgehenden Gegensatzes vorstößt, dessen Existenz er zunächst nachgewiesen hat. Das dritte Kapitel, *„Trachtengegensatz zwischen Gorze und Cluny"* (S. 661—734), bedeutet für die Forschung über die Klosterreform die Erschließung weiteren Neulandes. Daß die Verschiedenheit des Mönchsgewandes eine Rolle spielte und den Zeitgenossen sogar als sehr wichtig galt, war gewiß bekannt, und es fehlt auch in der älteren Literatur nicht an förderlichen Beobachtungen zu diesem Thema; „worin aber eigentlich diese Unterschiede bestanden und welche Folgerungen hieraus zu ziehen sind, erfahren wir nirgends" (S. 664). Ein singulärer historiographischer Tatbestand ist das natürlich nicht, denn es hat überhaupt lange gedauert, bis auch der „profanen" Geschichtsforschung der Blick aufging für die Bedeutung intern kirchlicher Lebensformen; wie jung ist z. B. das allgemeine Interesse an der Liturgiegeschichte! Aus einem mühsam überprüften, weitverstreuten Material von Miniaturen und Consuetudines formt P. Hallinger nunmehr endlich ein klares Bild von den Typen der Mönchskleidung, ihrer Kontinuität und ihrem Wandel — schon unabhängig von der reformgeschichtlichen Fragestellung eine höchst respektable wissenschaftliche Leistung! Hier spricht eben der Benediktiner, der aus eigenem Erleben an diese Fragen herantritt.

Das dem Wandel unterworfene und daher für die äußere Erscheinung des Mönches maßgebende Kleidungsstück ist das Obergewand, die Kukulle. Ursprünglich eine bloße Haube für Kopf und Schultern zum Wetterschutz, nimmt sie beim frühen Mönchtum variierende Erweiterungen als Mantel und Umhang an. Den vom

Mittelalter her geläufigen Grundsatz, daß mit der Formung neuer monastischer Gemeinschaften, neuer Orden, auch stets eine Regulierung und Veränderung der Tracht einhergeht, daß Trachtunterschiede oder -neuerungen zumindest als Symptome alle Beachtung verdienen — diesen Grundsatz weist P. Hallinger auch schon für die vorausgehenden Jahrhunderte als gültig nach. Benedikt von Aniane, der Klosterreformer unter Ludwig dem Frommen, hat erstmalig die Tracht uniformiert, und die Mönche des Reichsgebietes, auch diejenigen des Gorzer Reformkreises, trugen seitdem, wie durch verschiedenartige Zeugnisse belegt werden kann, die knielange „Skapulierkukulle" (offenbar als Arbeits- und Alltagstracht) und daneben, jedenfalls als feierliches Gewand, die fußlange „Talarkukulle" mit Kapuze und Ärmeln. Die Cluniazenser führten dagegen (schon im 10. Jh., wie sich erschließen läßt) eine andere Kleidung ein: eine längere und weitere Skapulierkukulle und darüber — also gleichzeitig getragen! — eine stoffreiche, weit- und langärmelige Talarkukulle, den „Froccus" (daher bis heute frz. „froc" = Mönchskutte), der das äußere Erscheinungsbild des Cluniazensers und Hirsauers bestimmte. Aus Miniaturen, Consuetudines und gelegentlichen anderen Quellenaussagen läßt sich diese Trachtenänderung belegen, nicht zuletzt aber findet diese interessante Entdeckung ihre Bestätigung in der scharfen Polemik des konservativen Reichsmönchtums, die sich vor allem gegen die „laxa vestis" (= verlängerte und weitere Skapulierkukulle) und die „duplex vestis" (= beide Kukullen zugleich) als schismatische Neuerungen wandte. Die entscheidenden Quellen kommen wieder aus unserem engeren Arbeitsgebiet: der Hersfelder *Liber de unitate*, das in Lorsch, Hersfeld und Fulda überlieferte Rundschreiben aus Montecassino und das Lorscher Spottgedicht auf die Hirsauer. Eine Vertiefung vertrüge gewiß noch die — bei der Quellenlage allerdings recht schwierige — Frage nach Grund und Bedeutung der von den Cluniazensern eingeführten Neuerungen, ob Erwägungen der Zweckmäßigkeit mitgespielt haben mögen, inwieweit diesen äußeren Formen ein symbolischer Sinn beigelegt wurde, welche geistig-religiöse Haltung sich darin ausspricht? Doch kann bereits jetzt der Wert von P. Hallingers klärenden Ergebnissen für die lebendige Veranschaulichung unserer geschichtlichen Vorstellungen nicht genug unterstrichen werden, denn was gewinnt die rekonstruierende Phantasie des Historikers nicht alles an plastischer und farbiger Bestimmtheit, wenn er jetzt auch in äußerlich-konkreter Bildhaftigkeit die Schatten der Vergangenheit heraufbeschwören und sich ausmalen kann, wie in den bewegten Jahrzehnten des Investiturstreites der Hirsauer im wallenden Froccus und etwa der Hersfelder in der altüberlieferten schlichten Skapulierkutte einander als Repräsentanten alten und neuen Geistes entgegentreten!

IV. Von den äußeren Formen dringt die Untersuchung noch weiter zum Wesen der unterschiedlichen monastischen Prägung vor mit dem vierten Kapitel: *„Verfassungsgegensätze zwischen Gorze und Cluny"* (S. 735—868). Nachdem bereits das II. Kapitel wichtige Seiten dieses Problemkreises beleuchtet hat, kommen hier zwei Kernfragen zur Sprache.

1. Der *cluniazensische Verbandszentralismus* (S. 735—780). Es ist bekannt, daß sich gewisse Ansätze zu einer Weiterentwicklung über die ursprüngliche Vollautonomie des Einzelklosters hinaus bereits früh zeigen. Föderative Formen sind die schon in der Regula vorgesehene Mitwirkung der Nachbaräbte bei schwierigen Abtswahlen und die vielfältigen Totenbünde, herrschaftlicher Art ist das „Schema des Haupt- und Nebenklosters, der Ecclesia matrix und der abhängigen Cella", zu dessen Erklärung der Verfasser ganz zu Recht „die eigenkirchenrechtlichen Vorstellungen des Mittelalters" heranzieht (S. 739). Zu einem Prinzip wird die Zusammenfassung erstmals wieder durch Benedikt von Aniane, aber es bleibt bei einem „Zusammenschluß unter Kontrolle" (S. 740 f.) auf der ideellen Basis der gemeinsamen monastischen Formung; die Unterordnung von Nebenklöstern spielt bei ihm keine Rolle. Dies aber ist das Prinzip, mit dessen Hilfe Cluny schon sehr früh einen zentralistischen Verband aufzurichten beginnt. Wieder arbeitet der Verfasser hier mit seinem nach unserer Meinung ungebührlich vereinfachenden Begriff einer konsequent „antifeudalistischen Haltung" der Cluniazenser, übersieht aber nicht, daß die Grundvoraussetzung für die Verbandsbildung, die *„traditio-subiectio"* an das Hauptkloster, nur vom eigenkirchenrechtlichen Denken her zu verstehen ist (S. 746), und an einer ungemein kennzeichnenden Erscheinungs-

form dieses Zentralismus, dem von den abhängigen Klosteroberen dem Großabt von Cluny geschuldeten Handgelöbnis, erkennt er völlig zutreffend Clunys „feudalistische Grundstruktur" und kommt mit der schon eher vertretbaren Formel von einer „Kampfansage an die Übergriffe des Feudalismus" (S. 755) einem abgewogenen Urteil wesentlich näher. Gorze nun — das ist schlechthin fundamental — kennt keine Verbandsbildung, es ist „lediglich Observanz geblieben" (S. 745), wie sie sich in den Statuten des Trierer Reformkreises ausspricht. So stark das Gemeinschaftsbewußtsein ist, die Selbständigkeit des Einzelklosters bleibt grundsätzlich unberührt, *„Prinzip der Einheit ist hier nicht die subiectio, sondern die Filiation"* (S. 767). Zur genetischen Aufhellung dieses bemerkenswerten Phänomens wäre es allerdings förderlich gewesen, den zeitgeschichtlichen Hintergrund, die tiefgreifende Verschiedenheit der politisch-kirchlichen Zustände zwischen dem zersplitterten Frankreich und dem ottonischen Reichskirchensystem herauszuarbeiten; das Fehlen, ja die Unmöglichkeit einer klösterlichen Ringbildung in Deutschland träte damit erst klar in Erscheinung.

2. Die Frage *Dekanie-Priorat* (S. 781—868) betrifft die innere Klosterverfassung und gibt wieder Anlaß zur Entwirrung unseres bisher sehr unsicheren Wissens. An sich gehört die dem Militär entlehnte Dekanie zu den Urformen des coenobitischen Mönchtums, aber im einzelnen hatten die Gewohnheiten und die Bezeichnungen für die höheren Klosterämter lange geschwankt. Erst der „Reichsabt" Benedikt von Aniane normierte die Lebensformen dahin, daß der nächste nach dem Abt der Praepositus sein sollte, dem der Decanus nachgeordnet wurde, tunlichst unter Beschränkung auf den internen Klosterbereich als „der berufene Hüter der monastischen Disziplin" (S. 800). Freilich ging diese Regelung nicht ohne Widerstände durch. Veranschaulicht wird dies am ›Supplex Libellus‹ von Fulda, der als eine gegen die anianische Reform gerichtete Bittschrift zu 816/17 datiert werden kann — eines der zahlreichen Forschungsergebnisse, die das Buch auf Schritt und Tritt bietet, weit über das hinaus, was Titel und Problemstellung erwarten lassen! Eine sich anschließende höchst ergiebige Untersuchung führt zu der völlig neuen Erkenntnis, daß Benedikts Regelung sich tatsächlich durchgesetzt hat (S. 803—819). Die gorzischen Klöster

haben an diesem System festgehalten, Cluny dagegen hat schon in der zweiten Hälfte des 10. Jh.s als Vertreter des Abtes den Prior — unter Beseitigung der alten Dekanieverfassung —; vorher war dieses Wort unbestimmter Sammelname für die Klosteroberen allgemein gewesen. Die Bestellung von Prioren für die abhängigen Klöster wurde ein wichtiges Mittel zum Aufbau des zentralistischen Cluniazenserverbandes. Damit ist ein neues durchgehendes Kriterium für die Unterscheidung lothringischer und burgundischer Formung, für die Eigenständigkeit des Reichsmönchtums (mitsamt seinem kulturellen Hochstand) gegenüber Cluny gewonnen. Die Erwähnung des Dekans im vieldiskutierten Hirsauer Diplom von 1075 (während er wenige Jahre später in den Constitutiones von Hirsau fehlt) wird dadurch zu einem entscheidenden Moment für die Beurteilung dieser Urkunde (S. 840—843), und es leuchtet nunmehr ein, wie aufschlußreich der dauernde Fortbestand der Dekanie in Hersfeld, Fulda, St. Gallen ist.

V. Den innersten Bezirk klösterlichen Lebens erreicht P. Hallinger vollends mit dem abschließenden fünften Kapitel: *„Liturgisch-monastische Gegensätze zwischen Gorze und Cluny"* (S. 869—983). Hier muß die These des Verfassers von der grundlegenden Verschiedenheit der beiden Reformbewegungen ihre letzte, sogar entscheidende Probe bestehen, denn wenn die Eigenständigkeit dieser Gruppen sich nicht bis in die internen monastischen Daseinsformen verfolgen ließe, dann wäre der Begriff der unterschiedlichen „monastischen Prägung" doch noch dem Verdachte ausgesetzt, ein Schlagwort zu sein, dem in der Wirklichkeit allenfalls eine Rivalität, ein Machtkampf bloß äußerlich differenzierter Kräfte gleicher „Prägung" entspräche. Der Stoff dieses Kapitels, der auf dem Wege induktiver Darlegung am Schluß gebracht wird, ist also im Grunde — sowohl logisch wie historisch — das Primäre und Ausschlaggebende.

Der letzte Abschnitt stellt wieder eine weitausgreifende Monographie dar, der nochmals eine methodisch einwandfreie Flurbereinigung großen Stils zu danken ist. Sie gilt dem „von der Forschung der letzten Jahrzehnte sorgfältig gemiedenen Gebiet der *liturgischen Consuetudines*" (S. 869), die als „Auslegung, Ergänzung und

Sicherung der Regula" (S. 870) eine über das Einzelkloster hinausweisende gemeinschaftsbildende Kraft ausstrahlen, wie sie machtvoll in dem Ideal der „Una Consuetudo" bei Benedikt von Aniane geschichtlich wirksam wird. Schrittweise festigt sich bei der Lektüre des Buches die von der älteren Forschung nur unbestimmt begriffene Erkenntnis, daß die unter den Auspizien Ludwigs d. Fr. stehende anianische Klosterreform, über deren Tragweite man sich bisher keineswegs klar war, der gemeinsame Mutterboden gewesen ist, aus dem die im 10. Jh. so weit ausgreifenden Bewegungen — Cluny und Gorze — ihre Wurzelkraft gezogen haben. Die Consuetudines eröffnen nun gar einen der aufschlußreichsten genetischen Durchblicke: die Entwicklung gabelt sich, die Cluniazenser greifen das anianische Ideal der Gemeinsamkeit in der Übersteigerung zur „Verbandsidee" auf, „indes in der... lothringischen Reichsobservanz mehr die andere, abgeschwächte Seite der anianischen ‚Sicherheitsidee', das bloße Festhalten an der gemeinsamen Consuetudo, d. h. an der gleichen verbandslosen Prägung, fortlebte" (S. 873). (Freilich, wie der Berichterstatter, so muß auch der Kritiker sich wiederholen: die mehr deskriptiv-analytische Gegenüberstellung des konservativen Reichsmönchtums und der zur Verbandsbildung fortschreitenden Cluniazenser gewänne erst das rechte Relief durch die ausgiebige Beachtung der sehr unterschiedlichen zeitgeschichtlichen Voraussetzungen auf politischer, verfassungsrechtlicher und kirchlicher Ebene.)

P. Bruno Albers hatte mit den fünf Bänden seiner ›Consuetudines monasticae‹ (1900—1912) die Textgrundlage geschaffen, aber er sowohl wie Tomek hatten aus mancherlei Übereinstimmungen voreilig geschlossen, auch die Bräuche des lothringischen Kreises seien im Kern cluniazensisch, wobei die in der zweiten Hälfte des 10. Jh.s nach Einsiedeln gekommene, mit dem Namen Dunstans von Canterbury verbundene ›Regularis Concordia‹ (Migne 137, 475—502) als Bindeglied gedient habe. Die breitangelegte Widerlegung dieses auf eine cluniazensische Urform zielenden Schlusses bildet das Kernthema des Kapitels, wobei P. Hallinger nach einem vorzüglich orientierenden Forschungsbericht die methodisch einleuchtende Forderung erhebt, daß beim Textvergleich „neben den Gleichungen auch die Gegensätze befragt werden" sollen (S. 891).

Zunächst werden die sog. Einsiedler Bräuche (Albers V 73—133) und die auf ihnen beruhenden Sandrat-Consuetudines (eb. 3—69) — beide noch aus dem 10. Jh. — als Typ der Gorzer Formung in trierischer Ausprägung herausgestellt, und darauf folgt ein sorgsamer Vergleich mit den ältesten Bräuchen von Cluny (Albers II 1—61). Angefangen mit Einteilung und Aufbau der Consuetudines wird in liebevoller und kenntnisreicher Kleinmalerei an nicht weniger als 37 Punkten dargetan, daß die liturgischen und disziplinären Vorschriften in wichtigen und in geringfügigen Fragen ganz wesentlich voneinander abweichen (S. 897—959), und anschließend wird überdies mit der gleichen unerbittlichen Präzision der Nachweis erbracht, daß die angelsächsische ›Regularis Concordia‹ *nicht* als Vorlage für die sog. Einsiedler Consuetudines gedient hat (S. 959—983), womit aus der seit Tomek gültigen Konstruktion vollends der Schlußstein herausfällt. Natürlich liegt der Wert der zwangsläufig sehr detaillierten Darlegungen, denen genauer nachzugehen hier unmöglich ist, nicht in diesen konkreten Ergebnissen allein, der Weg zum Ziele ist mindestens ebenso reizvoll und lehrreich wie das Ziel selbst, denn was bei den Untersuchungen über die Mönchstracht erstmals zu sagen war, gilt hier erst recht: die scheinbar unsystematische Durchmusterung des klösterlichen Alltags im 10./11. Jh. vermittelt fesselnde Einblicke und gibt den historischen Vorstellungen überhaupt erst lebendige Farben. Der Leser, der sich vom kundigen Benediktiner wie Dante von seinem Vergil durch dieses irdische Purgatorio führen läßt, wird sich daher auch mit steigendem Unbehagen bewußt, wie sehr diese Erscheinungen, von denen her das Werden der Klosterreformen wissenschaftlich aufgerollt werden müßte, von der Literatur übersehen worden sind. Die Hilflosigkeit und innere Fremdheit, mit der etwa Sackur und Wilhelm Schultze (Forschungen zur Geschichte der Klosterreform im 10. Jh., Diss. Halle 1883) allen internklösterlichen Dingen gegenüberstehen, erscheint rührend und fast peinlich. Es war ein böser Nachteil, daß die Forschung an die geistig-religiösen Wandlungen dieser Jahrhunderte lange Zeit nur von außen, von der politischen Geschichte her, herangetreten ist; daher heute die große Mühe, das Gestrüpp der Fehlurteile zu beseitigen. Ob die kritisch-analytische Untersuchung der Consuetudines — bisher eine Domäne weniger Spezialisten — jetzt soweit einen Abschluß erreicht hat, daß wir von berufener Seite eine Darstellung des monastischen Lebens in der Welt der Cluniazenser und der Gorzer Reichsmönche in veranschaulichender Synthese erhoffen dürfen?

In einigen prägnanten Schlußsätzen faßt P. Hallinger das Ergebnis seiner Untersuchungen über Gorze und Cluny zusammen:

Beide monastischen Lebensbewegungen dürfen von nun an nicht mehr in eins gesetzt, die Gorzer Richtung kann nicht mehr von Cluny abgeleitet werden. Das von Lothringen her geprägte Mönchtum des Hochmittelalters erhebt sich als eigene, selbständige Größe, gegliedert in bestimmte Filiationsgruppen, geformt in eigenständigen Traditionsbahnen, verwachsen mit der Idee vom Reich, kulturoffen, sowie durch Tracht, Verfassung und Consuetudo von allen westlichen monastischen Formen geschieden (S. 983).

Eindringlich führen diese Worte uns nochmals vor Augen, was das Anliegen des Buches ist: nicht Darstellung, sondern weitausholende kritische Studien zu einer, allerdings grundlegenden, ganz präzisen Einzelfrage. Eine leichte Lektüre oder gar ein literarischer Genuß ist das Werk nicht, kann es auch nicht sein. Der Leser wird vielmehr in eine strenge Schule genommen, was der dringend erforderlichen Breitenwirkung der beiden umfangreichen Bände fraglos nicht zuträglich sein wird. Unser Bericht will daher als Einführung und Wegweiser dienen, um zunächst auf das allgemeine Ergebnis, die Entwirrung eines unsicheren, widerspruchsvollen Geschichtsbildes, mit allem Nachdruck aufmerksam zu machen. Aber nicht nur das soll dabei klarwerden: auch wer so weit mit dem Forschungsstande vertraut ist, daß er dem Titel und dem Thema des Buches sogleich die hohe Bedeutung der hier erörterten Probleme abliest, vermag sich keine annähernde Vorstellung davon zu machen, welche Fülle von Stoff, von Anregungen und Gesichtspunkten uns in dieser Summe monographischer Studien geschenkt wird. Abschließend ist das Werk gewiß nur für die Frage, die das konkrete Thema bildet, d. h. für den endgültigen Nachweis, daß das Reichsmönchtum, konservativ in der Tradition Benedikts von Aniane stehend, einen eigenen, über St. Maximin nach Gorze als Ausgangspunkt zurückführbaren, aber von Cluny unabhängigen Reformkreis gebildet hat. Mit der Beschränkung auf dieses Pro-

blem hat der Verfasser zugleich dem Kritiker alle entscheidenden
Waffen aus der Hand geschlagen, denn der Hinweis darauf, daß
mehr als einmal Fragen auftauchen, die unerledigt bleiben, daß
die Untersuchungen noch weitergeführt werden müssen, wobei
sicherlich dieses oder jenes Detail noch ein anderes Gesicht bekommen mag, daß die Auswertung der vielfältigen Ergebnisse für die
große kirchliche und staatliche Geschichte erst bevorsteht, daß eine
moderne Paralleluntersuchung über das Werden des Cluniazenserverbandes zu einem immer fühlbareren Desideratum wird — dieser
Hinweis scheint mir nützlich zur allgemeinen Orientierung des
Lesers, aber er richtet sich nicht in bemängelndem Sinne an den
Verfasser selber, der sich ja nur eine genau umrissene Aufgabe gestellt hatte. Durch die Bewältigung dieser Aufgabe wird das Erscheinen des Werkes zu einem wissenschaftlichen Ereignis ersten
Ranges. Es wäre eine betrübliche Perspektive, wenn die unbefriedigende Ausstattung unserer Bibliotheken es verhindern sollte, daß
P. Hallingers Buch baldigst in aller Hände käme und wenn es, wie
so oft bei Forschungsergebnissen, Jahre oder gar Jahrzehnte dauern
sollte, bis die neue Gesamtschau zum Allgemeingut wird. Als Korrektiv zu den noch immer tonangebenden Darstellungen — etwa
Sackur und Hauck — muß es künftig auf Schritt und Tritt herangezogen werden, und wer immer bei seinen Arbeiten auch nur peripher
eine Persönlichkeit, ein Kloster, einen Begriff zu berühren hat, die
mit der Reformbewegung des 10./11. Jh.s zusammenhängen, darf
niemals unterlassen, sich bei Hallinger Rat zu holen; ein ausgiebiges
Register (S. 985—1053) erschließt den Zugang zur Fülle des Inhalts. Für den Arbeitskreis unseres ›Archivs‹ gilt diese Forderung
in besonderem Grade, denn die Lande um Mosel, Mittelrhein und
Main erweisen sich in einem bisher kaum zu ahnenden Ausmaße
als geistiges Kraftfeld und Einzugsgebiet.

ZUR GEISTIGEN WELT DER ANFÄNGE KLUNYS*

Von Kassius Hallinger

I

G. Schreiber hat im Jahre 1942 festgestellt, das Problem Kluny sei bislang ohne Lösung geblieben.[1] Wer die Bemühungen der Fachwissenschaft kennt, wer Einblick genommen hat in die umfänglichen Literaturberichte[2], wer insbesondere weiß, mit welchem Luxus gerade G. Schreiber seine eigenen Kluny-Aufsätze dokumentiert, der ist über ein solches Urteil verwundert. Wer indes selbst einmal mit diesen Fragen zu tun hatte, merkt bald, was der erfahrene Altmeister sagen wollte: Von einer *Durchdringung* der historischen Wirklichkeit Klunys sind wir noch weit, weit entfernt. Wir besitzen nicht einmal eine verlässige Liste der Dependenzen, von einer Überschau über die noch zahlreicheren Formungsgemeinschaften gar nicht zu reden.[3] Wenn wir von außen nach innen gehen, wenn wir etwa nach der Innenseite, nach der geistigen Welt Klunys Ausschau halten, dann wird unsere Verlegenheit noch größer. Nach einer Spezialuntersuchung dürfen wir hier überhaupt nicht fragen; sie existiert nicht. Diese Tatsache ist um so auffallender, als die

---

* Der Aufsatz erschien in erweiterter französischer Bearbeitung in: Revue Mabillon 46 (1956), 117—140, sowie in englischer Sprache (korrigierte Fassung) in: Cluniac Monasticism, ed. by Noreen Hunt, 1971, 29 bis 55.

[1] Gemeinschaften des Mittelalters (1948), S. 81—88 und 421 f. Erstfassung des Aufsatzes in AUF 17 (1942) 359—418.

[2] Übersicht bei K. Hallinger in: Enciclopedia cattolica 3 (1949), 1883 bis 1898.

[3] Am brauchbarsten sind die Listen bei G. de Valous, Le monachisme clunisien 2 (1935), 179—270, sowie bei J. Evans, Romanesque architecture of the Order of Cl. (1938), S. 153—218.

Forschung von jeher mit dem Faktum Kluny als einer bekannten Größe zu operieren pflegt. Sicherheit für ein derartiges (an sich nicht leicht verständliches) Verhalten bietet die monumentale Leistung E. Sackurs[4], dessen Name seit den neunziger Jahren als Schild, als stets zitierter Beleg in allen einschlägigen Fragen auftaucht. Infolge der extensiven Sicht Sackurs muß freilich das Wort „kluniazensisch" auch für fernliegende, oft heterogene Bereiche herhalten.[5] Das Mißliche dieser Lage blieb auf die Dauer nicht unbeachtet. Es führte in Fachkreisen zur Forderung nach „Auflockerung des Begriffes Kluny"[6]. In einem größeren Beitrag konnte ich einen weiten Bezirk, die sog. Lothringische Reform, von der Klunys abtrennen.[7] Die vorliegende Untersuchung will aus dem gleichen Anliegen heraus die *innere* Wirklichkeit Klunys schärfer umgrenzen. Um Unklarheiten auszuschließen, sei darauf aufmerksam gemacht, daß in der vorliegenden Untersuchung Kluny in lokalem Sinn gebraucht wird. Die Untersuchung will keine geistige Entwicklungslinie der burgundischen Abtei vorlegen; sie bescheidet sich mit dem Ideengehalt der Anfänge, der sich aus den Werken des Abtes Odo (c. 924—c. 942) deutlich ablesen läßt.[8]

Ein Blick in die Problemgeschichte zeigt, daß man sich über die Innenseite Klunys mehrfach bereits seine Gedanken gemacht hat.

[4] Die Cluniazenser in ihrer kirchlichen und allgemeingeschichtlichen Wirksamkeit, 2 Bde. (1892/94).

[5] K. Hallinger, Gorze-Kluny, 2 Bde. (Studia Anselmiana 22—25, 1950/51) S. 5 Anm. 20.

[6] Th. Schieffer, DA 1 (1937), 352 f. Neuestens P. E. Schramm, GGA 207 (1953), 80 f.

[7] Die Kritik hat den Hauptthesen zugestimmt, vgl. R. Bauerreiss, StMGBO 63 (1951), 60—70; — H. E. Feine, ZRG Kan. Abt. 68 (1951), 404—16; — H. Schmidinger, MÖIG 59 (1951), 466—68; — H. Büttner, HJb. 71 (1952), 406—08; — U. Engelmann, Beuroner Monatsschrift 28 (1952), 494—500; — St. Hilpisch, Theol. Rev. 48 (1952), 60 f.; — Th. Mayer, HZ 174 (1952), 571—75; — Th. Schieffer, Arch. für mittelrhein. KG 4 (1952), 24—44; — P. Volk, RHE 47 (1952), 247—51; — Fr. Kempf, Gregorianum 34 (1953), 125—128. Zum Referat von F. Weigle, DA 9 (1952), 584 f., s. folg. Anm. 27, 67 und 106.

[8] Zu den Werken Odos vgl. M. Manitius, Gesch. d. lat. Lit. d. MA 2 (1923), 20—27.

Das geschah nicht immer in Form strenger Analysen. Es ist darum auch gar nicht zu verwundern, wenn Aussagen sich gelegentlich überschneiden, oder wenn ein und derselbe Autor abwechselnd verschiedene Momente unterstreicht. Sachlich gesehen lassen sich etwa fünf Stellungnahmen unterscheiden.

1. *Liturgische Denkform.* An erster Stelle ist der liturgische Aspekt zu nennen. Kluny erscheint den meisten Beobachtern ganz unreflektiert als strahlende Vision einer Gottesburg.[9] Vor ihrem geistigen Auge steht die achttürmige Himmelsstadt, die im Glanz ihrer Leuchter, ihrer Himmelskronen und Liturgien prangt.[10] Der Ort selbst ist zu einer einzigen Kirche geworden. Die Mönche singen erdentrückt ihre Festliturgien, halten lange Prozessionen, sie üben den immer höher anschwellenden Totendienst. Hier gerade liege die Wesensmitte Klunys.[11] Manche Autoren sehen die liturgische Denkform als derart zentral an, daß sie dieselbe unwillkürlich und ohne erkennbare Abstriche auch auf das kluniazensische Priorat übertragen. G. Schreiber sprach in diesem Sinn von der erhabenen „kultische(n) Gebärde" Klunys, die vom Priorat aus dem französischen Laienadel die Niederkirchen im 11. Jh. entrissen habe.[12]

2. *Denkform der Weltoffenheit.* Andere Beobachter hinwiederum ließen sich mehr von den erstaunlichen Ausmaßen des Kluniazensischen Verbandes beeindrucken. Sie sahen das Anwachsen der Schenkungen, die mächtigen Latifundien, sie sahen, wie die Großäbte ihr monastisches Reich in Kontrolle hielten, sie sahen deren Weltreisen, deren unausgesetztes Bemühen um Besitzabrundung und Sicherung, deren Beziehungen zu Fürsten, Königen und Päpsten. Sie kamen infolgedessen zum diametral entgegengesetzten Urteil. Bei allem Respekt vor der „kultischen Gebärde" Klunys erschien der älteren Historischen Schule der eigentliche Akzent nicht so sehr auf der liturgischen Denkform, als auf dem Moment der Weltoffenheit und Weltläufigkeit zu liegen. Die geistige Haltung Klunys war unter dem angegebenen Blickwinkel in der Tat alles andere als weltflüchtig zu nennen. Sie erweckte stellenweise den Eindruck

[9] Rekonstruktionsmodell in Enc. catt. 3 (1949), 1887 f.
[10] Fr. Heer, Aufgang Europas 1 (1949), 387.
[11] Heer 1, 403.
[12] Gemeinschaften des Mittelalters S. 102 f.

weitblickender, recht weltlicher Politik. A. Brackmann untersuchte aus dieser Schau heraus in einer eigenen Studie die politische Wirksamkeit der kluniazensischen Bewegung.[13]

3. *Denkform der Weltabgewandtheit.* Gegen diese allzu modernpolitischen Wertungen meldete sich indes während der letzten Jahre immer lauterer Widerspruch. Man lernte zwischen den Fernzielen des Gregorianismus und den weit bescheideneren Wünschen der Kluniazenser zu unterscheiden. Die Denkform Klunys sei deswegen letzten Endes eben doch *weltflüchtig* gewesen. In Frankreich begründete diese These A. Fliche,[14] in Deutschland kam G. Tellenbach zu ähnlichen Lösungen;[15] in England schrieb H. Talbot[16] — leider ohne Belege — im gleichen Sinn einen höchst aufschlußreichen Aufsatz. Talbot gab nicht die Analyse eines einzelnen Begriffs, er gab als erster einen Querschnitt durch die Innenwelt Klunys. Er zeigte überdies als erster die geistige Entwicklungslinie auf. Nicht minder wichtig war die von ihm gebotene Überschau über die Grundideen Klunys, die samt und sonders dem *asketischen* Bereich angehören. Für die alte These von der „Weltoffenheit" Klunys können, wie jedermann sehen kann, jene Ideen in keiner Weise angezogen werden.

4. *Feudale Denkform.* F. Heer hat 1949 die Talbotschen Ergebnisse neu aufgenommen. Sein Klunybild[17] folgt Zug um Zug den Ausführungen des Engländers. In Altkluny fehlt nach ihm jegliche höhere Idee. Es herrschte dort eine unsägliche Primitivierung des Christlichen. Odo ist unerbittlicher Zuchtmeister, der seinen Sippengenossen erst einmal eine Art asketisches Rechts-um Links-um beibringen muß. Erst *nach* der Odozeit kam es zur humanistischen Aufweichung des primitiven Frömmigkeitsstils. Heer ergänzt die Gedanken Talbots sodann nach zweifacher Richtung. Einmal durch

---

[13] HZ 139 (1929), 34—47. — Weitere Vertreter der These von der Weltoffenheit Klunys werden aufgezählt in: G. Tellenbach-R. F. Bennett, Church, State and Society at the time of the Investiture contest (1948), S. 189 f.

[14] La réforme grégorienne 1 (1924), 39—60.

[15] Vorgearbeitet hatte E. Sackur 2, 445 ff.

[16] Cluniac spirituality, The life of the spirit 2 (1945), 97—101.

[17] Heer 1, 387—421.

die Idee von der „politischen Religiosität", als deren Vertreter Kluny bezeichnet wird. Weit folgenschwerer jedoch wiegt die Einführung des *soziologischen* Aspektes.[18] Wie von einem Zauberstab angerührt sprühen die Dinge plötzlich in fremdem Lichte auf. Kluny II ist nach Heer das wehrhafte Haus einer streng geschlossenen Adelsgesellschaft, die Turmgruppen dortselbst sind Ausdruck nordischer, symbolistischer Tendenzen jener Adelsherren,[19] die Ausgewogenheit der künstlerischen Spätepoche entspreche ihrem Lebensstil.[20] Das Bildungsproblem löst sich von der gleichen Seite her als Heimholung sämtlicher Traditionsteile, die in Kluny angeblich vor allem als Schmuckelement, als Erhöhung des eigenen adeligen Daseins, begriffen würden. Das Verhältnis Klunys zu den Klassikern erklärt sich gleichfalls vom feudalen Hintergrund her aus der nonchalanten Unbefangenheit, mit der jene Herren Antikes mit Christlichem mischten.[21] Die wirtschaftsgeschichtliche Entwicklung der Abtei löst sich genauso einfach; sie zeigt das typische Bild der Mißwirtschaft eines hochadeligen Hauses.[22] Wenn Alexander III. auf seiner Flucht in Kluny keine Aufnahme fand, so sei darin der wesensgesetzliche Ausdruck feudalen Kirchenherrentums mit seiner Ablehnung des Bürgerlichen zu erblicken.[23] Selbst das Seelsorgeproblem der Kluniazenser erfährt von hier aus eine umstürzende Deutung: Jene adligen Mönchssippen gehen einfach nicht ins Volk.[24] Man sieht: alle Probleme Klunys werden von Heer auf die eine soziologische Formel gebracht. Entgegenstehende Tendenzen sowie andere, weit tiefer in das geistige Gefüge Klunys eingreifende Wirkkomponenten hat Heer nicht beachtet.

5. *Monastische Denkform.* Es sieht sich an wie das Ei des Kolumbus, wenn auf dem Klunykongreß 1949 der bekannte Archivforscher J. Leclercq OSB die monastische Idee als die grundlegende

[18] Heer 1, 394.
[19] Heer 1, 410 f.
[20] Heer 1, 408.
[21] Heer 1, 405—407.
[22] Heer 1, 404.
[23] Heer 1, 592.
[24] Heer 1, 417.

Denkform Klunys angesprochen hat.[25] Jene adeligen „Mönchssippen"(!), von denen Heer spricht, gingen nicht ins Volk, nicht weil sie etwa adlig waren, sondern weil sie vom Mönchsideal in einer bestimmten traditionsgebundenen Prägung erfüllt waren! Der Wille zum Mönchtum ist in Kluny so grundlegend, so unbedingt gewesen, daß von hier aus sämtliche Bereiche geformt worden sind. Die Beobachtungen Talbots fügen sich in diese Sicht zwanglos ein. Sie müssen indes nochmals aufgenommen und überprüft werden. Der Aufsatz Talbots steht für die Odozeit auf der schmalen Basis der Collationes. Andere Werke Odos scheint Talbot überhaupt nicht herangezogen zu haben. Das von ihm gezeichnete Bild bedarf daher einiger nicht unwesentlicher Korrekturen. Auch die wertvolle Studie von J. Leclercq, die hauptsächlich auf der Basis der Occupationes Odos aufruht, kann durch Heranziehung der übrigen Werke Odos sowie der von Johannes von Salerno geschriebenen Vita Odos fruchtbringend vertieft werden.

II. Die monastischen Grundideen der Odozeit

Es ist eine selbstverständliche Tatsache, daß nicht ein einzelnes Werk, sondern erst das Gesamtwerk die Ideen eines Menschen einigermaßen wiedergibt. Wer einseitig von der Klunyliteratur herkommend[26] sich erstmals in die Schriften Odos einliest, fällt von einer Überraschung in die andere. Die Ideen, die dort aus-

---

[25] L'idéal monastique de St. Odon d'après ses œuvres, in: A Cluny, Congrès scientifique 1949 (1950), S. 227—32.

[26] Übersicht jetzt bei Cl. Schmitt, Enc. catt. 9 (1952), 65—67. Dazu sind zu ergänzen die Aufsätze von A. Hessel, HZ 128 (1923), 1—25; W. Williams, Monastic studies (1938), S. 24—28; J. Laporte in: A Cluny, Congrès scientifique, S. 138—43 und A. Nitschke, Die Welt Gregors VII. (Diss. Msch. Göttingen 1950), welche Arbeit ich nur kenne aus: P. E. Schramm, GGA 207 (1953), 72 f. Dazu kommen die oben in Anm. 16 und 25 gen. Arbeiten. Von der unter Leitung von W. Holtzmann entstandenen Diss. von K. Voormann, Studien zu Odo von Cluny (Msch. Bonn 1951), habe ich erst nach Fertigstellung der vorliegenden Arbeit durch Mitteilung von Herrn Dr. Schmale Kenntnis erhalten.

gesprochen werden, sind alles andere als primitiv. Sie zeigen eine Durchdringung der monastischen Existenz, die niemand im 10. Jh. vermutet hätte, deren wesentliche Linien für das Mönchtum geradezu zeitlose Gültigkeit beanspruchen können. Vom Standpunkt des *historischen Anliegens* aus verlangen diese Ideen besondere Beachtung. Von jenen monastischen Werten[27] ist nicht nur ein Großteil des Mönchtums des 10. und 11. Jh.s geformt worden, auch die nichtklösterliche Welt jener Tage hat von daher bestimmende Einflüsse empfangen. — Welches sind die wichtigsten Gedanken, in denen das Mönchtum Altklunys sich begreift?

1. *Mönchtum ist Verwirklichung der Pfingstkirche.* Diese These ist nicht ein gelegentlich hingeworfenes Wort. Sie gehört zu den Grundüberzeugungen Odos, die in seiner bald nach 924 entstandenen ›Occupatio‹[28] niedergelegt sind. In breiter heilsgeschichtlicher Schau wird dort der geistige Ort des Mönchtums umschrieben. Durch sieben Bücher hindurch sagt Odo seinem Leser, daß sein Fuß nicht im Willkürlichen und Weglosen, sondern nur durch Einlenken in das wirkliche und eigentliche Weltgeschehen Stand gewinnt. Die Bahn jenes Geschehens verläuft über die Urtatsachen von Schöpfung, Urfall, das Mysterium der Inkarnation. Sie mündet ein in das Pfingstgeschehen, in dem der Gottesgeist sich die ideale Gemeinschaft geschaffen hat. Die letzte Ausformung jenes Geschehens vollzieht sich im Mönchtum, in dem der Pfingstgeist den *animus socialis* verwirklicht. Das göttliche Feuer bindet die Herzen

---

[27] Kluny besaß monastische Werte, die den Erfolg der Reformbewegung erst verständlich machen, vgl. K. Hallinger, Gorze-Kluny, S. 10, 445, 449, 458, 516, 587 Anm. 171, 715, 742 f., 748 f. u. 1019 (Register). — Wenn trotz dieser Angaben F. Weigle von einer „Schwarzweißmalerei zugunsten Gorzes" spricht (DA 9, 585), dürfte er daher den Sinn des Buches nicht ganz treffen. — Auch Th. Schieffer (Arch. f. mittelrhein. KG 4, 35 u. 39) konstatierte in meinem Buch unverkennbare Sympathien für die Gorzer Seite, ohne jedoch deswegen die wesentlichen Ergebnisse in Zweifel zu ziehen. Auf der gleichen positiven Linie liegt die Stellungnahme von Th. Mayer, HZ 174, 574 und U. Engelmann, Beur. Monatsschrift 28, 497.

[28] Odonis abbatis Clunicensis Occupatio, ed. A. Swoboda (Leipzig 1900). — Vgl. Manitius 2, 22 sowie L. Kolmer, Beilage z. Jahresber. d. H. Gymn. Metten 1912, S. 31 ff.

zu solcher Einheit zusammen, daß der Spalt, den die Urschuld des Egoismus aufgerissen hat, im letzten geschlossen wird und überwunden erscheint. Wie in der Pfingstgemeinde ist alles allen gemeinsam: *Ecclesiae nascentis honesta forma,* sagt Odo.[29] Seit den Tagen eines Basilius und Augustinus lebte das Mönchtum aus dieser Ideenwelt [30]. Odo steht somit zweifellos im Banne alter Traditionen. Seine weitausgesponnenen Betrachtungen beweisen aber, daß er das überlieferte Gut nicht einfach aufgeladen, sondern nach allen Seiten hin durchdacht und sich angeeignet hat.

2. Mönchtum ist Hinausschreiten über die Welt hinaus. Stärkeren Einfluß auf die Formung des Kluniazensertums sollten gregorianische Impulse ausüben. Bei der Hochschätzung, der Gregor d. Gr. († 604) in Mönchskreisen sich erfreute, ist es nicht zu verwundern, wenn man in Altkluny gewisse Lieblingsideen des Mönchspapstes übernommen hat. Seine Forderung des *extra mundum* entsprach nicht nur den Urtendenzen der Eremos, diese Devise war obendrein durchtränkt von persönlichen, leidvollen Erfahrungen.[31] Um so tiefer prägt sich sein Herzensanliegen naturgemäß den Nachfahren ein. Der Biograph sagt vom reifen Odo, daß er schon im gegenwärtigen Leben „auf die Erde vergessen habe" [32]. Wer die Forderungen, die Odo an sich und die Seinen stellte, nicht kennt, liest über ein solches Wort allzuleicht hinweg. Näheres Zusehen zeigt indes, daß die Formel ernst gemeint ist. Die Mönche sind für Odo die *professores sublimis propositi,* d. h. ihr Lebensraum liegt *über*

---

[29] Wörtlich: *Ecclesiae formam docet hoc nascentis honestam,* Occupatio 6, 572, Swoboda S. 135. — Die übrigen Belege bei Leclercq, S. 227 ff.

[30] Basiliusregel 3, Migne PL 103, 496 ab; — Augustinus, Enarratio in Ps. 132, 2, Migne PL 37, 1729 f. — Zum Ganzen vgl. A. Zumkeller, Das Mönchtum des hl. Augustinus (1950), S. 129 f.

[31] Einfluß Gregors auf Odo, s. Laporte, S. 138 ff. — Die Extramundum-Forderung Gregors steht in Dial. 2 pr., ed. U. Moricca (Fonti per la storia d'Italia 4, 1924), S. 14 sowie in Reg. 1, 5, MGH Epp. 1, 5. Vgl. dazu O. Porcel, La doctrina monastica de San Gregorio M., Diss. Washington (1950), S. 29 ff.

[32] Johannes von Salerno, Vita Odonis 3, 12, Migne PL 133, 84 c. — Über den Autor vgl. A. Chagny in: A Cluny, Congrès scientifique, S. 121—29.

der Erde. Ihr Ziel ist jenseitig.[33] Sie dürfen nicht, wie in der Vita des Gerald von Aurillac drastisch formuliert wird, *terram lingere*,[34] d. h., sie haben über alle Erdendinge hinauszugehen. Das Hinausschreiten wird in mehrfachen Stufungen beschrieben. Es beginnt mit dem Gleichgültigwerden der Erdendinge,[35] dann folgt die Besitzaufgabe.[36] Eine weitere Phase ist gekennzeichnet durch das Aufbrennen der Gottessehnsucht,[37] um schließlich im asketischen Kampf, im Martyrium des täglichen Kreuztragens[38] weit über alles sonst Bekannte und Vertraute hinauszuführen. Wer einen solchen Weg geht, vollzieht seinen Auszug, der steht nach Odo im Scheitelpunkt der Dinge, ja, er ragt sogar nach Odos Worten noch *über* die höchsten Erdenhöhen hinaus.[39] Eine rein formgeschichtliche

---

[33] Vita Geraldi 2, 16 ed. Marrier, Bibliotheca Cluniacensis (= BC) (1915; Neudruck), S. 94. — Zur Echtheit der Vita vgl. A. Poncelet, Anal. Boll. 14 (1895), 89—107, sowie A. Zimmermann, LThK 4 (1932), 406 f. Die Collationes 1, 37 BC 183 rechnen die Mönche zu den Himmlischen; sie verlieren ihre Sphäre, wenn sie sich an irdische Dinge verlieren. Weitere Belege unten Anm. 39.

[34] Vita Geraldi 2, 1 BC 88, hier von dem zum Mönchtum herangereiften Gerald ausgesagt.

[35] Vita Geraldi 2, 2 und 8 BC 88, 91 (*fastidire*).

[36] Vita Geraldi 2, 4; — Collationes 2, 34 und 36 BC 89, 213, 215; — Joh. v. Salerno 1, 11, 18, 22, Migne PL 133, 48 d, 51 d, 53 b.

[37] Vita Geraldi 2, 8; — Collationes 1, 10 BC 91, 168 (*ad desiderium conditoris incalescere*).

[38] Vita Geraldi 2 pr. BC 87, ferner Martinushomilie BC 126 sowie Coll. 2, 11 BC 196 (*conditio portandae crucis*, tgl. Martyrium). Die Forderung der asketischen Härte findet sich öfters, z. B. in Coll. 2, 8 BC 167 f., Forderung des Lasterkampfes in Vita Geraldi 2, 1 BC 88. — Zur Vorgeschichte des Gedankenkreises s. E. Malone, The monk and the martyr, Diss. Washington 1950.

[39] Collationes 2, 1 BC 88 (*in rerum vertice situs, iam super altitudines terrae eminebat*). Auch die Contemplatio führt nach Odo weit über die Erde hinaus; wer diese Höhe läßt, stürzt ab, vgl. Vita Geraldi 1, 6 f. BC 70: hier der anschauliche Gemsenvergleich, der aus Gregors d. Gr. Moralia 35, 10 n. 36 Migne PL 76, 543 d entnommen ist. Zur Auffassung der Askese als ein Hinausschreiten über die Welt vgl. Ambrosius, De virginibus 1, 3 n. 11, Migne PL 16, 202 b, sowie M. Frickl, Das sittliche

Betrachtung — darauf sei nochmals hingewiesen — kann am Ernst solcher Gedanken vorbeiführen. Für deren Wirklichkeitsgehalt besitzen wir bei Johannes von Salerno eine nicht zu verachtende Rückkontrolle. Wir erfahren da, wie beispielsweise Odo auf Reisen ohne Sorge um den kommenden Tag alles auszuteilen pflegte. Einem, der ihn umbringen will, gibt er noch Geld. Seine Mönche lassen sich lieber offenen Auges die Pferde wegstehlen, als daß sie das nächtliche Schweigen brechen [40]: Solche Menschen sind wirklich *extra mundum*.

3. *Mönchtum ist Heimkehr in den Urzustand.* Das Hinausschreiten über die Erdendinge ist für Odo nicht gleichbedeutend mit dem Schritt in die Sinnlosigkeit. Odo sieht im asketischen Auszug aus der Welt die Heimkehr in den Uranfang. Mit dieser neuen begrifflichen Bestimmung gewinnt Odo Anschluß an das zentrale patristische Anliegen vom *reditus in paradisum*.[41] Alles Geschehen erscheint nach dieser Idee als Wiederherstellung eines verlorenen Idealzustandes. Nicht erst Origenes († c. 254), schon Ignatius von Antiochien († c. 110) lebte in solchen Gedanken.[42] Es ist reizvoll zu beobachten, wie ausgerechnet im zehnten, im eisernen Jh., jene Ideen erneut ihre Strahlungskraft entfalten. Die Brücke zu dieser entlegenen Gedankenwelt bildete bezeichnenderweise wieder Gregor d. Gr., näherhin seine Magierhomilie, wo die asketische Härte, das Schmerzliche des Verzichts, als heilende Wiederherstellung jenes Urstandes aufgezeigt wird, der durch eigensüchtige Nachgiebigkeit einst verlorenging. Die *lamenta* löschen die *delectamenta* des

---

Verhältnis von Seele, Materie, äußerer Welt und Leib in des hl. Ambrosius De Isaac et anima (Diss. Msch. St. Anselmo Roma 1951).

[40] Johannes von Salerno 2, 7—10, Migne PL 133, 63—67.

[41] Eine wertvolle Einführung in diese Gedankenwelt der Väterzeit bietet jetzt J. Daniélou, Sacramentum futuri (1950), S. 3—52. — Den Vätern gilt besonders das ehelose Leben als *reditus in paradisum*, s. Dem. Dumm, S. Jerome's theology of virginity (Diss., Msch. S. Anselmo Roma 1950).

[42] G. Bürke, Des Origines Lehre vom Urstand des Menschen, ZkTh. (1950), 20 ff. sowie E. Peterson, Der Stand der Vollkommenheit in der Urkirche, Acta et documenta Congressus generalis de statibus perfectionis 1 (1950), 476—79.

Urfalles,⁴³ wie umgekehrt das selbstsüchtige Nachgeben an die Sünde von neuem aus dem wiedergefundenen Paradies herausführt.⁴⁴ Gilt dieses Axiom zunächst für alle Christen, so erst recht für die Gemeinschaft der Mönche, die jenen Paradieseszustand repräsentiert.⁴⁵ Jeder ihrer Verzichte ist ein Auslöschen, ein Unwirksammachen der Urschuld und gleichzeitig ein Neu-Herbeiführen der Gehorsamsordnung der Urzeit.⁴⁶ Die wiederhergestellte Ordnung greift sogar auf die Tierwelt über, die ihre Scheu vergißt.⁴⁷ Der Wolf, der Odo sich dienstbar zur Verfügung stellt, — Odo, der gar nicht so finster ist, wie gemeinhin behauptet wird, der die Kinder auf der Straße singen läßt und sie belohnt, den eine ungemessene, stete Freudigkeit erfüllt, der sogar seine Mönche zum Lachen bringt,⁴⁸ — niemand würde solch „franziskanische Züge" schon im 10. Jh. auch nur vermuten! Es bestätigt sich von neuem,

---

⁴³ Gregor d. Gr., Hom. 10 in Mt. 2 n. 7, Migne PL 76 1113 c—1114 c (*regio quippe nostra paradisus est*). Odo nimmt mehrfach diesen Gedanken auf, so in Coll. 2, 12 BC 196, wo der *reditus* für alle Menschen ausgesagt wird; ähnlich in Coll. 3, 49 BC 258. Seinen Helden Gerald nennt Odo *cedrus paradisi futurus* (Vita Geraldi 1, 9 BC 172). Funktion Mariens zum *reditus* ist berührt in der Magdalenenhomilie BC 138.

⁴⁴ Collationes 2, 12 BC 196 (*qua ad paradisum reditur ... quem locum totiens deserimus, quotiens peccamus*).

⁴⁵ Johannes von Salerno 1, 14, Migne PL 133, 49 c; ebenda 3, 1 BC 42 wird die asketische Härte als Weg zu den *paradisi gaudia* bezeichnet.

⁴⁶ Odos Gedanken kreisen um den Urzustand der Menschheit. Die Heiligen gehen nach ihm in jenen Urzustand ein (Vita Geraldi 1, 3 BC 68), der Sturz der Urzeit wiederholt sich bei jedem Nachgeben an egoistische Unbeherrschtheit (Coll. 2, 18 BC 201), jeder freie Verzicht hebt die *praesumptio* des Urfalles auf und stellt so die ursprüngliche Ordnung wieder her (Vita Geraldi 2 pr. mit 1, 15 BC 87 und 76). — Diese bei Odo anklingenden Gedanken wurden im patristischen Zeitalter breit durchgeführt, vgl. etwa Tertullian, De ieiunio 3—7, CSEL 20, 277—83, wo die asketische Enthaltung als *renovatio status primordialis* (CSEL 20, 279) verstanden wird.

⁴⁷ Johannes von Salerno 1, 14, Migne PL 133, 50 a. — Zur Tierfreundschaft der Vollendeten vgl. A. Stolz, Theologie der Mystik (1936), S. 26 ff.

⁴⁸ Johannes von Salerno 2, 5, Migne PL 133, 63 b. — Das Bild vom harten Zuchtmeister Odo (Heer 1, 396) muß demnach korrigiert werden.

daß nur die Quellennähe ein wirklichkeitsgetreues Bild der Anfänge Klunys gewährleistet.

4. *Mönchtum ist Vorwegnahme des Künftigen.* Die vierte und tiefste Selbstaussage Altklunys greift ins Eschatologische. Das ist jener Bereich, in den alles Geschehen einmündet, in dem der „dreifache Schritt der Zeit" gegenstandslos wird. Vergangenheit wie Zukunft werden in der eschatologischen Sicht zur Gegenwart. Das läßt sich gut an der augustinischen Stellungnahme zum Apokatastasis-Begriff der Griechen beobachten. Nach Augustinus schauen die östlichen Menschen allzu sehr in die Vergangenheit. Sie verstehen ihr asketisches Leben mit Vorliebe als Wiederherstellung eines vergangenen Zustandes. Das sei einseitig. Die Apokatastasis sei weit mehr Neuschöpfung, ein Bauen an der großen Zukunft, wo wir in die Reihen der Engel eintreten werden.[49] Aber selbst dieser Gesichtspunkt des Künftigen ist noch zu einseitig. Das asketische Werk nimmt nicht nur das Kommende vorweg, es macht Vergangenheit wie Zukunft zur Gegenwart. Die besten Köpfe der afrikanischen Kirche haben gerade diesen Gesichtspunkt, den Gedanken der eschatologischen Präsenz unterstrichen.[50] Wir wundern uns nicht wenig, daß solche Ideen, die wahrhaftig nicht einfachhin an der Oberfläche liegen, in Altkluny Auferstehung feiern. Wiederum muß festgestellt werden, daß es sich nicht um gelegentliche Anklänge handelt. Odo erweist sich von der Erbmasse dieser Gedankenwelt

---

[49] De Genesi ad litteram 6, 24, CSEL 28, 1, 196. — Über die Zusammenhänge mit reichen Belegen s. G. Ladner, MIÖG 60 (1952), 41—48, bes. Anm. 82.

[50] Tertullian, De carnis resurrectione 61, Migne PL 2, 932 a; Askese ist hier Vorwegnahme des künftigen, endgültigen Zustandes und seiner Kraft *(virtutis futurae liniamenta).* — Ähnlich Cyprian von Karthago, De oratione 36, CSEL 3, 1, 294, 11 *(imitemur, quod futuri sumus)* und ebenso Augustinus, Enarrationes in Ps. 132 n. 13, Migne PL 37, 1736 d *(corde praecede, quo sequaris corpore).* Auch außerhalb der karthagischen Kirche wurden solche Gedanken betont, vgl. Hieronymus, Ep. 22, 41, CSEL 54, 210 *(esse incipe, quod futura es).* Ähnlich schon lange vorher Origenes, Exp. in Eph. 5 *(qui similes angelis futuri sumus, iam nunc incipiamus esse),* Text bei Fr. W. B. Bornemann, In investigatione monachatus origine (1885), S. 24.

zutiefst durchdrungen. Mit unverkennbarer Vorliebe pflegt er den antizipativen Charakter im asketischen Werk des Mönches hervorzuheben. Einige wenige Beispiele sollen das näher verdeutlichen.
Mönchtum ist Verwirklichung der endzeitlichen Pax. Die Besitzfrage, die so unheilvolle Spaltungen entfacht, ist in der Pfingstkirche, wie auch in deren monastischem Abbild — im Grunde wenigstens — gelöst. Die Wurzel alles Übels ist ausgeschnitten. Der Gottesgeist hat die Herzen verbunden und so die Endphase der Weltgeschichte, den Zustand der Pax heraufgeführt. Die Besitzaufgabe des Mönches gewinnt so eschatologischen Sinn. Sie nimmt einen Zustand voraus, der erst am Ende der Tage allgemein sein wird.[51]

Mönchtum ist antizipative Teilnahme am Schweigen der Ewigkeit. Das Stillewerden im Schweigen galt von jeher als eines der Hauptanliegen der Mönche.[52] Auch in Altkluny dachte man so. Das Schweigen betrachtete man als einen der Hauptpunkte im Reformprogramm.[53] Eine Reihe von Gründen, biblische, typologische, moralische, hatte man zur Rechtfertigung der Schweigeregel bereit. Schwerer als alle diese Gründe wiegt der latreutische Gesichtspunkt. Der Schüler Odos, Johannes von Salerno, bringt die Begriffe Beten und Schweigen enge zusammen. Das Schweigen wirkt das *stare ante filium hominis*. Im anbetenden Stehen des Schweigenden, der zweitrangige Beziehungen hinter sich lassend vor den Menschensohn hintritt, sieht man in Altkluny offenkundig die eigentliche Rechtfertigung der Schweigeübung.[54] Odo hat diesen Gedanken noch erheblich vertieft. Er pflegte das ganztägige Schweigen, das man zu Zeiten höchster Festtage und Festwochen beobachtete, als „Teil-

---

[51] J. Leclercq, S. 229 mit Belegen.

[52] Pachom, Regula 60, ed. A. Boon, Pachomiana latina, RHE 7 (1932), 32. — Basilius, Regula pr., Migne PL 103, 487 b. — Benediktus, Regula 6 ed. C. Butler (1935), S. 28 f.

[53] Das zeigt schon der Widerstand gegen diesen Programmpunkt in der Odozeit, vgl. Johannes von Salerno 2, 23 mit 2, 12, Migne PL 133, 74 a mit 63 b.

[54] Johannes von Salerno 2, 10—13, Migne PL 133, 66 b—69 a; Betonung des latreutischen Gesichtspunktes in 2, 13 a. a. O. 68 c, ferner in Vita Geraldi 2, 15 BC 94.

nahme am Schweigen der Ewigkeit" zu bezeichnen.⁵⁵ Wenn man die Traditionsgrundlage dieser Deutung aufzeigen will, muß man weit zurückgehen. *Silentium aeternum* war für die Gnosis wie auch für Ignatius von Antiochien der Schoß der Gottheit selbst, aus deren ewigem Schweigen der Logos hervorgeht.⁵⁶ In der Apokalypse führt das Öffnen des siebenten Siegels den Endzustand herbei. Es entsteht das große Schweigen, in dem alle Wesen vor dem Menschensohn stehen (Apoc. 8, 1 ff.). Welcher der beiden Traditionslinien Odo folgt, soll hier nicht entschieden werden. Seine Deutung des asketischen Schweigens steht auf jeden Fall unter dem Gedanken der eschatologischen Präsenz, d. h. der Schweigende wird noch vor Vollendung der Dinge in den Abgrund des ewigen Gottesschweigens aufgenommen.

Mönchtum ist Vorwegnahme des Festes der Ewigkeit. Die soeben umschriebene Sinngebung des Schweigens erfüllt sich vorwiegend an den festlichen Höhepunkten des liturgischen Jahres. Sie kommt damit einer weiteren antizipativen Deutung Odos recht nahe, der im asketischen Werk die Teilnahme am Festtag der Ewigkeit gesehen hat. Einer, der wie Gerald den Lasterkampf geführt hat und reif geworden ist für das Mönchtum, wird von Odo mit dem Berggipfel verglichen, den der Morgenglanz des ewigen Festtages bereits umleuchtet.⁵⁷ Unter diesem anschaulichen Vergleich kommt die

---

⁵⁵ Die von B. Albers (Consuetudines monasticae 2, 1905, 22) herausgegebenen Bräuche von Altkluny bezeugen die von Johannes von Salerno 1, 32, Migne PL 133, 57 a, gebotene Nachricht. Zum Ganzen siehe K. Hallinger, Gorze-Kluny 2, 872 f. Anm. 10 und 925—33. — Keine Kenntnis der Bräuche Klunys und ihrer Überlieferung verraten die Ausführungen von G. Brugnoli, La biblioteca dell'abbazia di Farfa, Benedictina 5 (1951), 10 ff. Die Bücherliste der Cons. Farfenses gehört nach Kluny. Vgl. A. Wilmart, Rev. Mab. 11 (1921), 89—124.

⁵⁶ I. Cechetti, Tibi silentium laus, Misc. Mohlberg 2 (1949), 521—70, bes. 522 ff., mit Darlegungen über das gnostische, biblische, christologische, asketische, mystische und liturgische Schweigen; die Behandlung des monastischen Schweigens fehlt. — Odo kannte Gregors d. Gr. Moralia 30, 16 n. 53, Migne PL 76, 533 b, wo über das apokalyptische Schweigen gehandelt wird. Eine unmittelbare Berührung Odos mit Ignatius von Antiochien erscheint weniger naheliegend.

⁵⁷ Vita Geraldi 2, 1 BC 88.

alte alexandrinische Anschauung zum Vorschein, die das Leben des
Asketen als ἑορτή, als Festfeier ständiger Anbetung, definiert hat.
Der Ort des freiwillig Verzichtenden ist nicht mehr die Erde, son-
dern der Festtag des Himmelshofes.[58]

Mönchtum ist Vita angelica. Von zwei Seiten her erklärt Odo
die Teilnahme am Festtag des Himmelshofes. Da ist zunächst einmal der Eheverzicht des Mönches, der den Zeitpunkt vorausnimmt,
wo für alle einmal das eheliche Leben enden wird, da nach dem
Herrenwort alle sein werden wie die Engel (Mt. 22, 30). Die so
leben, sagt Odo, stehen nicht nur dem Verdienst nach in den Reihen
der Körperlosen, sie *verwirklichen* bereits im Fleisch das Engel-
leben.[59] Der andere Titel, der die Mönche hier schon den Engel-
chören einreiht, liegt auf liturgischem Gebiet.[60] Was bei Rezitation
des Psalters aufklingt, hat mit rein menschlichen Formeln nichts
mehr zu tun. Odo umschreibt diesen Sachverhalt — und das ist
ungemein bezeichnend für die Mentalität Altklunys — mit der
feierlichen virgilischen Formel: *nil mortale sonans.* Odo will mit
dieser Adaptation sagen: Mehr als die Sibylle von Kumae, die
nichts Menschliches mehr reden konnte, unterliegt die liturgische Ge-
meinde dem Zugriff der Gottheit. Ihr wurden tatsächlich die Aus-
sprüche Gottes anvertraut. Aus diesem Grund, sagt Odo, dürfen
die nicht mehr nach der Erde gieren,[61] die jetzt schon in das große

---

[58] G. Békés, De continua oratione Clementis Alexandrini doctrina, Studia Anselmiana 14 (1942). Vgl. auch die folg. Anm.

[59] Occupatio 7, 542—50, ed. Swoboda S. 164 f. *(vita angelica* und geschlechtliche Enthaltung); ähnlich in Vita Geraldi 2, 8 BC 91: *monachi perfecti beatis angelis assimilantur.* — Mönchtum ist darum für Odo schlechthin *coelestis disciplina,* bzw. *coelestis militiae tyrocinium,* vgl. seine Benediktuspredigt (BC 138, 141). Benediktus wird mit dem Ehrennamen „Engel" bezeichnet (BC 141), und für Odo weiß Johannes von Salerno 2, 5, Migne PL. 133, 63 c, keine bessere Kennzeichnung, als daß er gewesen sei: *angelicus videlicet et humanus.*

[60] Die geschlechtliche Enthaltung schenkt das „neue Lied" und läßt die Sänger dieses Liedes zu Himmelsfürsten *(super aethera reges)* werden, vgl. Occupatio 7, 555—59, ed. Swoboda S. 165.

[61] E. Norden, P. V. Maro Aeneis Buch VI² (1916), S. 52 (hier: *nec mortale sonans*). In der liturgischen Verwendung dieses Virgilzitats (Vita Geraldi 1, 11 BC 73) verrät sich ungewollt Odos wertmäßige Einschät-

Lob der Endzeit einstimmen, an dem bei Vollendung der Dinge
alle Wesen teilnehmen werden. Auf Grund des Eheverzichtes und
der Teilnahme am Lob der Endzeit steht also der Mönch in den
Reihen der Engel. Dorthin gehört er, wenn er vollkommen ist, dorthin
gehört selbst der Gefallene, der von Odo den gefallenen Engeln
zugerechnet wird: sein Ort ist auf jeden Fall eschatologisch.[62]
Die Kategorie der Vorwegnahme des Künftigen vollendet sich
schließlich in einer besonderen Nähe zu Christus:

Mönchtum bedeutet endzeitliche Nähe zu Christus. Mit dieser
Feststellung schließt sich der Kreis der Selbstaussagen Klunys. —
Nach fast allgemein geltender Ansicht war das Christusbild der
Frühromanik hieratisch, herrisch, abweisend. Es duldete keine
Nähe. Christus habe man vor allem als Himmelskönig, als obersten
Kriegsherrn gesehen. Sein Psalter sei die Hymnik kriegerischer
Gottesstreiter. In der streng gerichteten Heerstraße der romanischen
Basilika (F. Heer) herrschte der *terror dei* (W. Weisbach), selbst
am Kreuz wahre der Herr noch über die karolingische Zeit hinaus
die königliche Haltung, um bis zum 13. Jh. schmerzlich sein Haupt
zu neigen (I. Herwegen). F. Heer bezeichnete Kluny als Exponenten
solcher Anschauungen,[63] die indes im Licht der Quellen
fragwürdig werden: Altkluny hatte bereits ein sehr differenziertes
Christusbild. Für Odo ist Christus nicht bloß König, er ist
ebenso Hirte, er ist der *humilis deus,* der Verachtete, der Verhöhnte,
der Mann mit der Dornenkrone, der die bittere Galle trinkt, der
Kreuzschlepper, das Lamm, das sich schlachten läßt. Er ist in ganz
unfeudaler Weise der arme Christus. Im metaphysischen Bereich
sieht Odo Christus als die Wahrheit. Über der Christologie Odos
— das will eigens beachtet sein — liegt eine spürbare Wärme.

zung des Chordienstes überhaupt; ähnlich Coll. 2, 6 BC 190 *(quibus
eloquia dei credita sunt);* ebenda das Verbot, *terrenis inhiare.*

[62] Vita Geraldi 2, 8 BC 91.

[63] Heer 1, 402 mit 1, 393, 396, 398 u. 410. — W. Weisbach, Religiöse
Reform und mittelalterliche Kunst (1945), S. 37—41. — I. Herwegen,
Kirche und Seele (1928), S. 22 ff. Der Vorgang der Vermenschlichung des
Königsbildes habe etwa in der karolingischen Zeit langsam begonnen. —
Demnach müßte in unmittelbar nachkarolingischer Zeit, also im 10. Jh.,
das Königsbild wenigstens stärker hervortreten.

Zur geistigen Welt der Anfänge Klunys 107

Man glaubt bereits im voraus die Sprache der späteren Mystik zu hören, wenn Christus als der Herzensgast, als das *cordis secretum*, als *dulcedo praesens* erscheint, als jene gegenwärtige Süße, die Ölströme von Freude in die Seele gießt.[64] Der Schwung eigenpersönlicher Gottesliebe setzt längst vor Bernhard ein. Es ist unbegreiflich, wie man das leugnen, wie man behaupten konnte, Odos Caritasbegriff umschließe nicht die Gottesliebe, sondern lediglich die Werke der Barmherzigkeit.[65] Zu Christus haben die Mönche ein besonders nahes Verhältnis. Er ist der „gütige Jesus", der die Mönche zusammenführt. Sie begegnen ihm überall, im liturgischen Dienst, in der Lectio sacra, in den Armen, vor allem aber im eigenen Herzen. Der nüchterne asketische Alltag ist nach Odo ein Entgegenreifen, ein Näherkommen, ein Christus-Anziehen[66] — mit einem Wort: die gegenwärtige mystische Vorwegnahme endzeitlicher Nähe.

[64] In Altkluny kennt man auch das Königsbild Christi (De S. Bened. BC 142; Coll. 1, 31 BC 179 u. ö.), aber diese Sicht steht nicht allein, sie ist noch weniger dominant: Coll. 1, 19 BC 172 (Hirte); — Coll. 1, 14, 34 BC 170, 182 *(humilis rex, humilis deus);* — Coll. 2, 35 u. 3, 52 BC 214, 261 (der Gegeißelte, Dornengekrönte, der die Galle trank); — Vita Geraldi 2 pr. BC 87 (Kreuzträger); — ibid. 2, 1 BC 88 *(agnus);* — ibid. 1, 14 BC 75 *(pauper);* — Coll. 2, 30 BC 210 *(sacerdos);* — Vita Geraldi 1, 15 u. Coll. 1, 18 BC 76, 172 *(veritas)* u. ö. Schon in der Frühkirche war das liturgische Königsbild keineswegs herrschend, wie gezeigt hat: A. Dumon, Grondleggers der Middeleeuwse vroomheid, Sacris erudiri 1 (1948), 206—24. (L. Eizenhöfer, Rom, hat mich auf diesen Aufsatz hingewiesen.) — Zur bes. Wärme der Christusfrömmigkeit Altklunys vgl. Vita Geraldi 1, 6 BC 70 *(cordis secretum, refectio, rivos olei);* — ibid. 1, 8, 10, 15 BC 71, 73, 76 (innerer Gast); — ibid, 1, 6, 9, 26 u. 2, 9 BC 70, 72, 79, 91 *(dulcedo praesens);* — ibid. 2, 16 BC 94 *(in Christi delectatione);* — ibid. 1, 12 BC 74 *(suavis amplexus sponsi);* — Bened.-homilie, Coll. 2, 6, 11, Vita Geraldi 1, 12 BC 143, 191, 195, 74 u. ö. *(Christus = sponsus);* — Coll. 2, 23 BC 203 *(puer Jesus);* — Coll. 2, 16 u. 3, 37 BC 199, 246 *(benignus iudex)* und Vita Geraldi 1 pr. BC 66 *(benefactor populi).*

[65] Gegen Heer 1, 394 ist festzuhalten, daß Odo sehr oft von der reinen Gottesliebe spricht, z. B. Coll. 1, 10 BC 168, De S. Bened. BC 141, 144, Vita Geraldi 2, 2 BC 89 u. 1, 26 BC 79.

[66] Johannes von Salerno 1, 14, Migne PL 133, 49 c *(bonus Jesus).* — Vita Geraldi 2, 9 BC 91 (Gebetsgegenwart), ibid. 1, 6 BC 70 (Schriftgegen-

III. Die geistige Prägung Altklunys

Das ist in großen Zügen die Gedankenwelt, in der Altkluny gelebt hat. Sie umschließt ein Grundgerüst von Selbstaussagen, die ohne sorgsame Analyse nicht zu heben sind. Niemand ist diesen Dingen im Zusammenhang nachgegangen. Niemand konnte darum auch nur ahnen, wie intensiv das 10. Jh. sich mit der Sinngebung der monastischen Existenz beschäftigt hat. Auf die *inhaltliche* Seite jener Selbstaussagen, die in der geistigen Situation des patristischen Alters wurzeln, ist der Beobachter des 20. Jh.s wohl am allerwenigsten gefaßt. Derlei Dinge sind dem heutigen Empfinden begreiflicherweise nicht nur zeitlich ferngerückt. Immerhin: Altkluny hatte seine monastischen Ideale. Diese Ideale waren, wie man sieht, anspruchsvoll, sie waren alles andere als primitiv. Wir fügen bei: Diese Ideale haben sich ausgewirkt. Sie formten ein eigenwilliges, eigenständiges Mönchtum, das sich charaktervoll von jeder anderen Traditionsprägung abhob.[67] Jene entlegenen, jenseitigen Ideen haben den Machtbau Klunys errichtet und getragen. Gerade sie haben über den monastischen Bereich hinaus folgenreiche allgemeingeschicht-

---

wart), ibid. 1, 14 BC 75 (im Armen), ibid. 2, 1 u. Coll. 2, 8 BC 88 u. 192 (Christus-Anziehen).

[67] Zum Gegensatz Kluny—Reichsmönchtum vgl. K. Hallinger, Gorze-Kluny 1, 417 ff. — Die Gegensätzlichkeit beider Formungen sprach sich nicht in einer dauernden Feindschaft aus, noch möchte ich mich der Formulierung anschließen, als hätten beide Richtungen „überhaupt nichts miteinander zu tun" gehabt (DA. 9, 584). — Um Herrn Weigles Bedenken aufzuklären, möchte ich darauf hinweisen, daß es zu eigentlich feindseligen Reaktionen hauptsächlich im Zeitpunkt der Reformbegegnung gekommen ist. In den übrigen Zeiten wechseln die Beziehungen beider Partner zwischen Gleichgültigkeit, Ablehnung, bis zur Bewunderung und zeitweisen Zusammenarbeit. Man vgl. dazu die Ausführungen über Fleury und die Junggorzer Richtung sowie über die verschiedenen Mischobservanzen und die Persönlichkeiten eines Richard von Verdun, Herrand von Halberstadt, Bern von Reichenau, Ekkehard von Tegernsee-Aura (s. Register). — Es ging mir bei den gen. Untersuchungen eigentlich nur um die Frage der Ableitbarkeit oder Nichtableitbarkeit zweier monastischer Formungen (s. S. 663 f. u. 983 u. ö.).

liche Impulse entbunden. Nur die wichtigsten Linien, in denen die geistige Welt Altklunys sich ausformte, sollen im folgenden besprochen werden.

1. Ritualismus

Zu den sprechendsten Zügen Klunys gehört jene Seite, die R. Graham als Ritualismus bezeichnet hat.[68] Das Mönchtum betrachtete die Liturgie immer als Herzensanliegen. Eifrige gaben sich mit den sieben hl. Zeiten auf die Dauer nicht zufrieden, sie strebten zur *laus perennis*. Möglichst oft, am liebsten dauernd, wollten sie in den Reihen der Himmelsfürsten stehen, um die Endzeit vorwegzunehmen, um mit einem Wort: ganz Mönch zu sein. In Kluny war man sich bewußt, daß den Mönchen die *eloquia dei* anvertraut sind.[69] Man ging deshalb über die erhöhten liturgischen Anforderungen Benedikts von Aniane († 821) noch hinaus. Zusatzpsalmen und Zusatzoffizien wuchsen mehr und mehr an. Psalmen durften bei keiner Gelegenheit fehlen. Auf Reisen zog man psallierend des Weges. Selbst zum Rasieren waren Psalmen vorgesehen.[70] Schon in der Odozeit kam man mit 138 täglichen Psalmen weit über das von der Regula vorgeschriebene Pensum hinaus. Und man war nicht wenig stolz darauf, daß man in einem Tag fast die Wochenleistung vollbrachte.[71] Zum Moment der Steigerung gesellte sich, wie St. Hilpisch in einem lesenswerten Aufsatz gezeigt hat, das Moment der Feierlichkeit, das sich in Schmuck, Beleuchtungseffekten und festlichen Begehungen entfaltete.[72] Es muß jedoch sofort hinzugefügt werden, daß mit diesen beiden Angaben die gesamte Wirklichkeit des kluniazensischen Ritualismus keineswegs umschrie-

---

[68] K. Hallinger, Gorze-Kluny 2, 1036 (Register) mit Angaben.

[69] Oben Anm. 61.

[70] Oben Anm. 68 sowie Johannes von Salerno 2, 5, 19, Migne PL 133, 63 d, 71 a *(psallendo iter peragere)*. — Udalrich, Consuetudines Cluniacenses 3, 16, Migne PL 149, 760 a.

[71] Johannes von Salerno 1, 32, Migne PL 57 b, mit Regula S. Bened. 18, ed. Butler S. 53.

[72] St. Hilpisch, Chorgebet und Frömmigkeit im Spätmittelalter, Heilige Überlieferung (1938), S. 263—84.

ben ist. Jene Wirklichkeit war mit Spannungen und Gegengewichten beladen, was nicht beachtet worden ist. Vollends von einer objektiv-liturgischen Frömmigkeitshaltung, wie sie von Heer[73] rundweg behauptet wird, kann in Altkluny überhaupt nicht die Rede sein. Der Ritualismus Altklunys erlaubt sogar recht „unliturgische" Haltungen. Das Moment des Eigenpersönlichen, des Subjektiv-Warmen meldete sich deutlich bereits zur Konkurrenz. Odo bejahte gewiß ein Höchstmaß ehrfürchtiger Sorgfalt im liturgischen Dienst,[74] sein Herz aber — und das ist bedeutsam — gehörte ersichtlich dem einsamen Gebet: *Tanto dulcius, quanto secretius,* meint Odo.[75] Im Munde eines Abtes von Kluny klingt ein solches Bekenntnis reichlich subjektiv und unerwartet. Überraschend — in Anbetracht des ritualistischen Hintergrundes — klingt ebenfalls Odos Kritik an der bis zu seiner Zeit erfolgten zahlenmäßigen Vermehrung der Meßfeier. Odo ist der Überzeugung, daß die Andacht an die Seltenheit der Feier, nicht aber an deren Häufung gebunden sei.[76] Wohl noch mehr überrascht seine entschiedene Abneigung gegen liturgische Prachtentfaltung. Er ist gegen die *pomposa vox,* er persönlich zieht einen Glaskelch und ein Weidengeflecht für die Eucharistie vor. Aller Glanz ohne innere Reinheit ist wertlos. Ohne Innerlichkeit sei das alles nur eine *stulta devotio*.[77] Auch bei der Christusfrömmigkeit Odos liegen die Akzente, wie soeben gezeigt wurde, nicht auf dem herben liturgischen Königsbild, sondern auf dem Herzensgast, dem mystischen Bräutigam, kurz auf dem inneren, persönlichen Herzensbereich. Odo betont nachdrücklich, daß erst das Innenleben die Grundlage schaffe für den liturgischen Dienst.[78] Schon im 10. Jh. beginnt also das Vordringen des „Herzensbereiches". Odo spricht von der *pretiosa anima,* längst vor Theresia

---

[73] Heer 1, 401 Z. 4 f.

[74] Vita Geraldi 2, 9, 16 BC 92, 95.

[75] Vita Geraldi 2, 16 u. 26 BC 95, 99.

[76] Collationes 2, 28 BC 207: *quanto rarius, tanto religiosius.*

[77] Collationes 2, 34 BC 213. — Bei Talbot S. 98 fehlt der notwendige Hinweis auf die Innerlichkeitsforderung Odos als Grundfolie solcher Anschauungen.

[78] Collationes 2, 25 BC 205 *(pretiosa anima);* — Vita Geraldi 1, 16 mit oben Anm. 64—66.

redet er von der „Seelenburg" der Frömmigkeit, ja, er formuliert bereits die Devise von der „Kultur der Seele".[79] Längst vor Bernhard erhebt Odo nachdrücklich die Innerlichkeitsforderung. Frömmigkeitsgeschichtlich ergibt sich hieraus, daß man nicht einfachhin, wie dies geschehen ist, zwischen einer Epoche kluniazensischer Feierlichkeit und bernhardinischer Innerlichkeit unterscheiden kann. Derlei Scheidungen zerschneiden einen geschichtlichen Lebensbereich mit seinem Herüber und Hinüber zahlloser Verästelungen. Die ritualistische Haltung Altklunys war weiter, als man wahrhaben wollte. Sie duldete objektive *und* subjektive Elemente, Feierlichkeit und gänzlich unzeremoniöse Innerlichkeit.

2. Reformwille

Die unbedingte Bejahung des Mönchtums, die für die Odozeit bereits charakteristisch ist, verrät sich zweitens im Reformwillen. Gewiß, auch andere Richtungen haben mit Hingabe reformiert. Nirgends erreichte jedoch die Reform auch nur entfernt solche Ausmaße. Das große Anliegen der *restauratio coenobiorum* trieb Odo ruhelos durch die Lande. Er brannte geradezu mit Ungeduld darauf, sagt sein Biograph, daß man ihn zu diesem Geschäft herbeirief. Und die Kirchenherren riefen ihn tatsächlich. So entstand, wie Johannes von Salerno versichert, allüberall die *familia patris nostri*, in deren Gemeinschaften die Formung Klunys herrschte.[80]

---

[79] Collationes 2, 25 BC 205 *(pretiosa anima)*; — Vita Geraldi 1, 16 mit Coll. 2, 9 BC 76 mit 193 *(cultus animae)*. — Vita Geraldi 1, 9 BC 71 *(arx pietatis in corde)*. — Ein besonders sprechendes Zeugnis aufbrechender privater religiöser Wärme ist Odos Andacht zur Mater misericordiae, vgl. hierüber P. Cousin, A Cluny, Congrès scientifique, S. 210—18. — Längst vor Bernhard lebt Odo in den Gedanken der Brautmystik (oben Anm. 64), schon vor Maiolus sieht Odo in Christus das Haupt des Mystischen Leibes, vgl. Petrushomilie (BC 129) und Coll. 2, 17 BC 200 f. gegen Heer 1, 401 Z. 15—23. — Vor Maiolus betont Odo auch schon die Kontemplation, vgl. Joh. v. Salerno 3, 12, Migne PL 133, 84 c, Vita Geraldi 2, 9 BC 92 *(suspensus in contemplatione)* u. ö.

[80] Johannes von Salerno 2, 16, 19, Migne PL 133, 69 d u. 71 a.

Die Eigenkirchenherren riefen. Das ist die eine Seite. Der Reformwille Klunys bildete dazu das Komplement. Zur weiteren Erklärung der Reformbewegung beschränkt sich die Klunyliteratur auf die Nennung zeitgeschichtlicher Notwendigkeiten.[81] Das ist alles richtig. Doch ohne Heranziehung der geistigen Grundlage bleiben solche Erklärungen in der Randzone haften.

Odos Reformeifer gründete, um es kurz zu sagen, in der monastischen Eschatologie. Sein Kampf gilt der *bestia,* die nach tausend Jahren losgebunden wird, dem Geheimnis der Bosheit, vor dessen Angesicht die religiöse Verarmung einhergeht.[82] Das Mönchtum ist unter dem Druck der Widermächte nach Odos Ansicht überall niedergebrochen.[83] Hier Wandel zu schaffen, erscheint aussichtslos. Nicht nur die Schlachtreihen der Unterwelt sind zu durchbrechen. Odo ist sich zu allem Überfluß über die naturnotwendigen Gesetze des Aufstiegs und Niedergangs im klaren, die sein Beginnen in absehbarer Zeit eben doch wieder vereiteln werden.[84] Seine Stellungnahme, mit der er diese Erwägungen beantwortet, ist letztlich nur religiös faßbar. Odo resigniert nicht. Er will „Seelen retten", so viele er nur unter solch widrigen Umständen noch retten kann.[85] Auf diesem religiösen Hintergrund allein sind die konkreten Forderungen Altklunys zu verstehen, über die E. Sackur, allerdings nur in einseitiger Auswahl, unterrichtet hat.[86] Alle diese Forderungen, die über den monastischen Bereich hinausgingen, hat Sackur umgangen. Seiner These: Die Reform Klunys war rein religiös, hat man um so lieber Glauben geschenkt, da man „religiös" etwas voreilig mit „geschichtlich wirkungslos" gleichgesetzt hat. Man hätte im Gegenteil folgern sollen: Eben weil die Reform Klunys von

---

[81] Sackur 1, 20 ff., Heer 1, 388.

[82] Collationes 2, 38 BC 217 und Benediktushomilie BC 139 b.

[83] Johannes von Salerno 3, 1, Migne PL 133, 75 c; Vita Geraldi 2, 6—9 BC 90 f. — von Jugend auf war Odo der Ansicht, es gäbe nirgends mehr in Gallien Mönche, vgl. Joh. v. Salerno 1, 22, Migne PL 133, 53 c d.

[84] Collationes 2, 35 BC 214.

[85] Johannes von Salerno 1, 14, Migne PL 133, 49 c (*animarum lucrum,* hier im Sinne der Gewinnung von Klosterberufen). — Zum religiösen Untergrund der Reformideen vgl. G. Ladner, MIÖG 60 (1952) 31—59.

[86] Sackur 1, 50—62 und Tellenbach-Bennett S. 186 ff.

Zur geistigen Welt der Anfänge Klunys 113

echten religiösen Kräften getragen war, müßte zum mindesten mit der *Möglichkeit* geschichtlicher Konsequenzen gerechnet werden. Nach Ausweis der Quellen hat die Odoreform tatsächlich in breiter Front bereits den klösterlichen Sonderbereich überschritten. Die *concordia regum* war ein Programmpunkt Odos, der gewiß über den Klaustralbereich hinausging.[87] Für die Neuformung der Feudalherren schrieb Odo in der ›Vita Geraldi‹ einen eigenen Adelsspiegel, in dem er den Herren manche Unarten abzureden suchte. Odos Gemeinschaften sind nicht für sich allein da, sondern sie sollen ihre Umgebung religiös beeinflussen. Gegen den predigenden Mönch von Aurillac hat der sonst zu schnellem Tadel bereite Reformmann nichts einzuwenden.[88] Odos Reformwille erstreckt sich sogar auf den Klerus.[89] Mit seiner Libertas-Forderung rührt seine Kritik gar an die Wurzeln der damals bestehenden Weltordnung. Hierauf müssen wir näher eingehen.

3. Libertasideal

In einem meisterhaft klaren Umriß hat jüngst Th. Schieffer zum augenblicklichen Stand der Frage Kluny-Gregorianismus Stellung genommen.[90] Danach ist heute sicher: Kluny und der Gregorianis-

---

[87] Johannes von Salerno 1, 14 und 2, 19, Migne PL 133, 49 c und 71 a.
[88] Nach Odos Ansicht ist ein Wirken des Mönches über den Klaustralbereich hinaus möglich, vgl. Vita Geraldi 1, 49 BC 85. Der Mönch braucht deswegen nicht gerade etwas von seiner Vollkommenheit zu verlieren, vgl. Coll. 3, 7 BC 225 nach Beda, Historia ecclesiastica 2, 1 ed. Plummer (1895) 1, 74 (von Gregor d. Gr. ausgesagt). Aus dem monastischen Paradies sollen Ströme des Segens in die Herzen der umwohnenden Gläubigen fließen, vgl. Johannes von Salerno 1, 14, Migne PL 133, 49 c.
[89] Johannes von Salerno 3, 10, Migne PL 133, 82 b (Eintritt von Bischöfen und Kanonikern). Die Collationes sind als Handbuch für einen befreundeten Bischof gedacht und als Heilmittel für die Gebrechen des Zeitklerus, s. unten Anm. 100.
[90] Cluniazensische oder Gorzische Reformbewegung?, Arch. f. mittelrhein. KG 4 (1952) 24—44, bes. 35—38. — Zur kanonistischen Teilkomponente vgl. jetzt H. Adelson-R. Baker, Traditio 8 (1952), 35—80, bes.

mus sind voneinander verschieden. Sicher sei ebenfalls, daß beide Größen nicht beziehungslos im leeren Raum zueinander stehen. Fast allgemein angenommen sei heute die partielle Mitwirkung Klunys bei Schaffung eines für den Gregorianismus günstigen Klimas. Der Lösung harren noch folgende Fragen: Erstens, die nähere Bestimmung des Grades jener Mitwirkung und zweitens die Frage des Übergangs zur grundsätzlichen Abwehr gegen laikale Kirchenhoheit, die seit der zweiten Hälfte des 11. Jh.s in Mönchskreisen und außerhalb als untragbar empfunden wurde. Ohne die abgesteckte Fahrbahn der sogenannten „partiellen Mitwirkung" überschreiten zu wollen, sei auf bestimmte geistige Verbindungslinien zwischen beiden geschichtlichen Größen hingewiesen. Von der Libertasforderung Klunys her lassen sich zweifellos deutlichere Vorstellungen von jenem geistigen Klima gewinnen, das die burgundische Abtei und ihre Formungsgemeinschaften im 10. und 11. Jh. mitgeschaffen haben.

Das Mönchtum lebte von jeher vom sogenannten „gegenweltlichen Protest". Gregor d. Gr. hat dieses Grundanliegen in seine Extramundum-Losung gekleidet. Aus jener Losung hat Kluny nachweislich von Anfang an wohlüberlegte, konkrete Folgerungen gezogen. In der berühmten Gründungsurkunde von 909/10 ist ein ganzes Freiheitsprogramm niedergelegt, das in der Forderung gipfelt: Keine Macht der Erde soll von jenem Tag an im Bereich der Stiftung einen Rechtsakt ausüben können. Ausgeschlossen werden im einzelnen: der König, der Bischof, der Graf, die Stifterfamilie.[91] Mit einem Wort: jeglicher Rechtseinspruch erlischt. Die Stiftung tritt in ein unwahrscheinliches Vakuum von Freiheit, sie wird gleichsam *extra mundum*. Mit der Zuerkennung einer nur örtlich begrenzten Bedeutung wird man dem geschichtlichen Ernst jener Bestimmungen nicht gerecht. Die in ihnen lebende Mentalität ist die des altmonastischen gegenweltlichen Protestes, der im Jahre

---

50 ff. — Ch. Dereine, RHE 46 (1951), 769 f., betont als Teilkomponente des Gregorianismus die Kanonikerbewegung des 11./12. Jh.s.

[91] A. Bernard-A. Bruel, Recueil des chartes de l'abbaye de Cluny 1 (1876), 126. — Zur Extra-mundum-Forderung Gregors I. vgl. oben Anm. 31.

910 eine lange Vorgeschichte hatte und danach folgenschwere Auswirkungen haben sollte.

Die *Vorgeschichte* des Freiheitspassus von 910 ist geknüpft an Namen von Rang: Gregor d. Gr. († 604), Benedikt Biskop († 690), Beda Venerabilis († 735), Bonifatius († 754) und Benedikt von Aniane († 821), sie alle sprachen ihren Protest aus gegen Einmischung außerklösterlicher Gewalten im Klaustralbereich. Der ursprünglich tranzendentale altmonastische Protest hat in jenen Tagen durch die Übergriffe außerklösterlicher Gewalten eine konkrete, zeitgeschichtliche Spitze erhalten. Zahlreiche Synoden (z. B. v. J. 619, 633, 646, 673) haben das monastische Anliegen unterstrichen. Die konkreten Proteste richteten sich nicht nur gegen Übergriffe kirchlicher Instanzen, sondern ebensosehr auch gegen laikale Einmischung. Die Übergriffe, denen Kluny zu begegnen hatte, kamen wiederum nicht nur von bischöflicher Seite her. Man mußte sich nach Ausweis des Urkundenbuches genausogut gegen die Gefahr des *invadere* von seiten benachbarter Feudalherren zur Wehr setzen.[92] — Die weitere Geschichte der Freiheitsforderung erhebt zur Evidenz, daß man in Altkluny das traditionelle Anliegen bewußt aufgenommen und mit einer spürbaren inneren Anteilnahme, ja mit einer gewissen Animosität, weitergetragen und entwickelt hat. Sämtliche Rechtsurkunden der burgundischen Abtei zwischen 931 und 1049 halten so z. B. am Freiheitspassus von 910 fest. Im Jahre 1049 werden nicht nur alle Könige, sondern auch der Imperator aus dem kluniazensischen Rechtsbereich ausgewiesen.[93] Welch tiefes Anliegen diese Forderung gewesen sein muß, ergibt sich ferner aus der sogenannten „Wanderung von Kluny 910", auf die schon P. Fabre einst hingewiesen hat. Déols, Romainmôtier, Pons-de-Tomières, Peterlingen haben im 10., Marseille, Beaulieu, Hirsau, Schaffhausen haben in der zweiten Hälfte des 11. Jh.s nach der Freiheit Klunys gegriffen. Die zweite Gruppe zählt bereits, wie man sieht, zu jenen Kreisen, in denen das Wort „Freiheit" eine erneute Zuspitzung erfahren hatte, wo man, wie in Hirsau und

---

[92] Belege bei K. Hallinger, Gorze-Kluny 1, 581 ff. und 550 ff. — Zum *invadere* der Feudalherren in Klunys Latifundienbereich vgl. die Beispiele S. 550 Anm. 92, 555 Anm. 112 und 575 Anm. 142.

[93] Hallinger, Gorze-Kluny 1, 555 Anm. 112.

Schaffhausen, nicht nur seine feudalen Nutznießer loszubekommen suchte, sondern darüber hinaus dem größeren Anliegen, der Befreiung der Großkirche, sich verpflichtet wußte.[94] Die Linie des gegenweltlichen Protestes des kluniazensisch beeinflußten Mönchtums läuft somit von Anfang bis zum Ende des 11. Jh.s hin durch. Die Farben des Protestes wechseln, sie werden intensiver, besonders in den jungkluniazensischen Gemeinschaften von Fruktuaria und Hirsau.

Th. Schieffer hat fein bemerkt, daß die weitgespannte Aktion Klunys letzten Endes doch nur im Schutz der eigenkirchlichen Rechtsordnung möglich gewesen ist, wie denn auch das ganze Gefüge Klunys von feudalen Elementen durchsetzt war.[95] Man wird aus dieser unbezweifelbaren Tatsache jedoch wohl nicht die Folgerung ableiten wollen, daß der gegenweltliche Protest Klunys deswegen vielleicht weniger ernst gemeint oder überhaupt nicht vorhanden war, weil nämlich als äußerer Gegner den Mönchen praktisch die damalige feudale Weltordnung, der man verwandt und verpflichtet war, sich entgegenstellte. Kluny hat an seiner feudalen Umwelt, was wiederum kaum beachtet worden ist, entschiedene Kritik geübt. Man befürwortete so z. B. das Konverseninstitut, um endlich wieder Freiwillige hereinzubekommen, um nicht durch die aufgezwungenen nachgeborenen Söhne der feudalen Umwelt belastet zu werden. Man befürwortete Großkonvente, um gegen den adligen Schutzherrn einen gewissen Rückhalt zu besitzen. Man übte von Anfang an die Abtsdesignation, um nur ja alle von außen kommenden Einflüsse feudaler Familienpolitik hintanzuhalten. Bei Wahlakten und anderen inneren Angelegenheiten schloß man — im Gegensatz zu nichtkluniazensischen Konventen — rücksichtslos die Nichtprofessen und mit ihnen jegliche von außen kommende Einmischung aus. Mindestens seit Beginn des 11. Jh.s übte man die sog. „freie Abtsinvestitur", bei der nicht, wie es sonst üblich war, der Vertreter einer außerklösterlichen Autorität, sondern der Neugewählte selbst mit dem Hoheitszeichen des Stabes sich selber rechtlich einsetzte. Auch der zentralistische Großverband Klunys war, wie

---

[94] Hallinger, Gorze-Kluny 1, 580—86.
[95] Arch. f. mittelrhein. KG 4, 37.

G. Schreiber gezeigt hat, von ähnlichen exklusiven Tendenzen getragen. Die Absetzbarkeit der Prioren, die auf einen Wink des Großabtes hin abgerufen wurden, sorgte dafür, daß keinerlei feudale Sippeninteressen an irgendwelchen Dependenzen sich ankristallisieren konnten. Der gegenweltliche Protest Klunys trug somit eine betont „antifeudale" Note, womit nicht gesagt sein soll, daß Kluny den Adel als Adel abgelehnt hätte. Klunys Kritik hat sich nie gegen die Herrschaft als solche gewandt, sondern einzig und allein gegen außerklösterliche Einflüsse. Als in der Großkirche ähnliche Empfindungen um sich griffen, war die Stellungnahme der kluniazensischen Gemeinschaften und anderer Beteiligter nicht immer einheitlich. Im Prinzip aber — darüber soll man sich nicht täuschen — waren sich Hugo d. Gr. wie auch Gregor VII. völlig einig. Keiner von beiden wünschte die Vernichtung weltlicher Gewalten, aber man wünschte beiderseits, jeder in seinem Bereich, unbedingt die Beseitigung sämtlicher von außen kommender Bevormundung.[96]

Die neuere Forschung sieht in der Mitte des 11. Jh.s etwa einen geistigen Umbruch. Einflußreiche Mönchskreise beginnen um diese Zeit an der laikalen Kirchenhoheit Kritik zu üben. Seit den Tagen Nikolaus' I. († 867) gilt als erster greifbarer Vertreter dieser Richtung der Kluniazensermönch Dijoner Prägung Humbert von Moyenmoutier († 1061), der in dem nicht näher bestimmbaren *Autor gallicus* einen ähnlich gesonnenen Vorläufer hatte. Frühere derartige Äußerungen sind nach Tellenbach unbekannt.[97]

Wir stellen nun die entscheidende Frage: Wie verhält sich Alt-

---

[96] Hallinger, Gorze-Kluny 1, 535 (Konverseninstitut, Großkonvente der Kluniazenser); — 1, 566 f. (Abtsdesignation); — 2, 840 Anm. 243, 841 Anm. 248 u. ö. (Ausschluß Fremder von Wahlakten); — 1, 564—73 (Freie Abtsinvestitur); 1, 579 f., 587; 2, 759 f. (Prioratsverfassung); — 1, 584—97 (Vogtkampf der Jungkluniazenser). — Keiner dieser Programmpunkte war „politisch" gedacht (im heutigen Verständnis des Wortes), sie alle aber griffen empfindlich in außerklösterliche Rechtsbereiche ein. Die Ausweitung der Freiheitsforderung ins Großkirchliche stellte in diesen Kreisen kaum allzu große gedankliche Anforderungen.
[97] Tellenbach-Bennett, S. 66 f., 103—110, ferner Th. Schieffer, Arch. f. mittelrhein. KG 4, 37.

kluny zu solchen Gedanken? Die soeben besprochenen Belege aus der Rechtsgeschichte der burgundischen Abtei bekunden, daß man sich im klösterlichen Bereich ein *extra mundum* zu schaffen suchte. Sie bekunden darüber hinaus, daß die mit diesem Ziel verbundenen Forderungen empfindlich bereits in den außerklösterlichen Rechtsbereich der Feudalherren eingriffen. Man muß sich fragen: Hat erst Humbert wieder solche freiheitliche Gedankengänge und Stimmungen auf die Großkirche übertragen, oder steht Humbert vielleicht doch schon auf den Schultern anderer? Zur Beantwortung gehen wir von der amtlichen Rechtsgeschichte zum kluniazensischen Alltag über. Odos Reformanliegen gingen, wie bereits festgestellt wurde, über den bloßen Klaustralbereich hinaus. Eine nähere Überprüfung jener außerklaustralen Reformanliegen Odos ergänzt die gewonnenen Einsichten. Sie erbringt darüber hinaus Einblicke in bisher nicht beachtete Zusammenhänge. Ich gebe eine knappe Zusammenstellung der in den ›Collationes‹ Odos niedergelegten Reformthesen.

1. Die Zeitverhältnisse sind nach Odo in völliger Verwirrung. Keinerlei rechte Ordnung wird mehr eingehalten (Coll., Ep. ad Turp. BC 159 und 2, 37 BC 216). Ganz ungerecht ist es, daß weltliche Macht über den Kirchenbereich herrscht (Coll. 3, 24: *numquid iustum est, ut a terreno caelestia superentur?*).
2. Niemand achtet mehr die kirchlichen Zensuren, in denen die Rettung liegen würde und für deren Achtung und Beachtung Odo seine Collationes schreibt (ebd. BC 160 und 216).
3. Kirchliche Amtsgewalt steht über der weltlichen Gewalt (Coll. 3, 24 BC 236: *dedit enim nobis potestatem multo perfectiorem tribunalibus vestris*), Beispiele für diese Bewertung (Coll. 3, 7 BC 225, ferner in 1, 26 f. BC 177). Nimbus der Fürsten wird angetastet; sie haben die *aequalis natura*, sie haben nur einen Sonderauftrag von Gott (Coll. 3, 24 und 30 BC 236 und 240), den sie jedoch nicht erfüllen (Coll. 2, 37 BC 216).
4. Die kirchlichen Zensuren erfassen selbst Könige (Coll. 1, 24 BC 175), selbst ein einfacher Mönch verhängt bindende Zensuren (Coll. 1, 23 BC 175), selbst ungerecht verhängte Zensuren binden (Coll. 1, 28 BC 178). Warnung an die Laienherren: *Manebit ergo ecclesiae sua potestas* (Coll. 1, 27 BC 177), *ergo accipite libertatem nostram* (Coll. 3, 24 BC 236).

Zur geistigen Welt der Anfänge Klunys 119

5. Päpstliche Amtsgewalt wird umschrieben: *super gentes et regna constitutus* (Coll. 3, 7 BC 225).
6. Weitere großkirchliche Reformanliegen sind: Kampf gegen Priesterehe (Coll. 2, 26, 30 und 3, 19 BC 206, 209 f. und 234), Kampf gegen simonistischen Kauf des geistlichen Amts (Coll. 3, 9 BC 226 und Joh. v. Salerno 1 BC 30). Die Libertasforderung der Mönche erhält bei Odo eine zukunftsträchtige Akzentuierung; Odo lehnt die *subiectio* unter irdische Gewalten ab (Coll. 1, 37 BC 138).

So lauten die Grundthesen des außerklaustralen Reformanliegens der Odozeit. Man braucht durchaus nicht die Geschichte des Gregorianismus rückwärts zu lesen, um in den soeben angeführten Gedanken Verbindungslinien geradezu mit Händen zu greifen: Kampf gegen Priesterehe, Kampf gegen simonistischen Ämterkauf, der im Sinne Gregors d. Gr. als Häresie gilt,[98] dazu Frontstellung höchst selbstbewußter Art gegen die Gewalt der Laienherren, deren Schalten und Walten kirchlicherseits als ungebührliche Bevormundung empfunden wird. Man vergleiche dazu die in Coll. 3, 24 gestellte Frage, die nach dem Zussammenhang negativ zu beantworten ist: *Numquid iustum est, ut a terreno coelestia superentur?* Aus der Hand jener Erdenmächte fordern die Reformkreise um Odo und B. Turpio von Limoges die „Freiheit der Kirche" zurück, gegen unbotmäßige Herren wünscht man schon in Altkluny den Gebrauch des Schwertes der Exkommunikation, wie das in alten Zeiten Brauch gewesen sei. Am Herrentum der feudalen Gewalten nimmt man bereits eine beträchtliche Glanzminderung vor. Die Frontstellung gegen laikale Kreise wagt sich sogar bis zur königlichen Spitze. Zu beachten ist, daß Odo nicht nur etwa verträumt mit dem fernliegenden Gedanken spielt, ob ein Fürst vielleicht einmal gebannt werden könne. Nein, für ihn gehört eine solche Möglichkeit, die noch in den Tagen Gregors VII. weithin als unerhört empfunden wurde,[99] durchaus zur gesunden Rechtsordnung, die nur einfachhin

---

[98] J. Leclercq, Simoniaca haeresis, Studi Gregoriani 1 (1947), 523—30, wo die Traditionslinie dieses Begriffs über Gregor VII. hinaus aufgewiesen wird. — Zu ergänzen ist das Fortleben dieses Begriffes in der Odozeit.

[99] Hugo von Flavigny, MGH SS 8, 736 f. — Vgl. auch J. Haller, Das Papsttum 2 (1951), 606.

wiederaufzunehmen sei. Wir verstehen jetzt: Das also sind die Zensuren, die man zum allgemeinen Schaden verlassen hat. Darum ist in der Odozeit keine Ordnung, weil die Laienherren den kirchlichen Zensuren nicht unterworfen sind. Das konkurrierende Verhältnis von Temporale und Spirituale wird also bereits empfunden. Mehr noch, man hat darüber ernsthaft nachgedacht. Bischöfe haben sich mit Mönchen darüber unterhalten und die Niederschrift solcher Gedanken nahegelegt.[100] Es ist also gar nicht so, als ob solche Überzeugungen auf interne Klosterkreise beschränkt geblieben wären. Der institutionelle Gedanke der Kirche, der im ausgehenden 11. Jh. zum Sieg kommen sollte, ist in der Odozeit unverkennbar im Ansteigen begriffen. Der Boden, auf dem Gregor VII. stehen und sich bewegen sollte, verdichtet sich. Eine weitere Verbindungslinie besonders überraschender Art bieten gewisse Schriftworte, mit denen Gregor VII. sein Programm im Schreiben an B. Hermann von Metz veranschaulicht hat. Die gleichen Lieblingszitate, auf die E. Caspar hingewiesen hat,[101] finden sich schon bei Odo! Sie stehen ausgerechnet im Bereich seiner Exkommunikationsthesen, wo es ihm darauf ankam, die überlegene Macht und Hoheit des geistlichen Amts zu unterstreichen. Jenen reformgeschichtlich wichtigen Abschnitt leitet Odo mit dem Pauluswort ein: *Spiritualis ... omnia diiudicat* (1. Kor. 2, 15). Das ist jenes Wort, aus dem später Gregor VII. weittragende Folgerungen zieht. Der „Geistliche" (im mittelalterlichen Sinn des Wortes) hat über alles, selbst über Fürsten und Kaiser zu „richten". Seinen Reformeifer begründet Odo mit derselben Stelle aus Jeremias 48, 10 wie später Gregor VII.: *Maledictus, qui prohibet gladium suum a sanguine.*[102] Selbst wenn diese

[100] Einleitung zu den Collationes, BC 159 f.

[101] E. Caspar, Gregor VII. in seinen Briefen, HZ 130 (1924), 1—30. Im Mittelpunkt der Untersuchung steht Reg. 4, 2 vom 25. 8. 1076, ed. Caspar, MG Epp. sel. 2, 1, 293 ff.

[102] Collationes 1, 22 und 2, 17 BC 174 b, 200 b. — In der Zeit des Investiturstreits gebrauchen auch andere die Stelle bei 1. Kor. 2, 15; so Anselm von Canterbury, Ep. de incarnatione Verbi prior recensio, die vor 1092 geschrieben worden ist; vgl. Opera S. Anselmi ed. Fr. Schmitt 1 (1938), 284 Z. 20; hier freilich wird das Zitat im rein religiösen Sinn gebraucht.

Zitate auch von anderen Autoren des 10. Jh.s gebraucht worden sein sollten, muß man immerhin noch den Lebenszusammenhang jener Zitate in Rechnung stellen, in dem sich Odos Schriften auswirken mußten. Werke Odos waren um die Mitte des 10. Jh.s schon in zahlreichen Klöstern verbreitet.[103] Die monastische Erziehung Gregors legt eine Berührung mit der Ideenwelt Odos ungezwungen und ganz von selbst nahe.[104] Der Schritt von Odo zu Gregor liegt somit durchaus im Bereich des Möglichen.

Wir dürfen abschließend feststellen, daß die Odozeit mindestens die Ansätze zu einer kommenden Zeit besessen hat. Die Frontstellung gegen die weltlichen Herren, insofern diese in den geistlichen Bereich eingriffen und insoweit sie aus der herrscherlichen kirchlichen Rechtssphäre herausfielen — das ist das geistige Klima späterer Tage, zu dem Altkluny das Seine beigetragen hat. Über eines freilich muß man sich klar bleiben: Verbindungslinien sind keine Gleichheitszeichen. Das *praepostero ordine omnia fiunt* Humberts[105] hat konkretere Konturen als ähnlich lautende Klagen Odos. Aus der mißtrauischen Warnung vor der *subiectio* hat man in Altkluny keineswegs die Folgerungen gezogen, wie dies humbertinische Kreise tun sollten. Der Begriff der simonistischen Häresie wird in der Odozeit noch nicht auf das Laienkirchentum als solches angewandt. Die propagandistische Schärfe, mit der gegen die Laienkirchenherren Front aufgenommen wird, gehört ebenfalls einer späteren Zeit an. Der praktische Durchbruch in der vorgezeichneten Linie war wiederum eine weitere Etappe, die allein der Persönlichkeit Gregors VII. gebührt. Von einem „gregorianischen

---

[103] Johannes von Salerno 1, 37, Migne PL 133, 60 c.

[104] Zum Mönchtum Gregors VII. vgl. G. B. Borino, Studi e Testi 125 (1946), 218—62 und Studi Gregoriani 1 (1947), 3—46 und 4 (1952), 441—66. — In S. Maria auf dem Aventin brachte Gregor einen Teil seiner Jugend zu; die Aventinabteien zählten zu den Reformkonventen Odos (Joh. v. Salerno 2, 21 f., Migne PL. 133, 72). Wenn Odos Werke im 10. Jh. in Klöstern schon weit verbreitet waren (oben Anm. 103), dann wird man doch an erster Stelle an Odos Reformkonvente denken müssen; denn nur diese hatten eine lebendige Beziehung zur Persönlichkeit Odos.

[105] Lib. adv. simoniac. 3, 6 MGH Libelli de lite 1, 205 Z. 6. Vgl. dazu A. Michel, Studi Gregoriani 1 (1947), 85 f.

Kluniazensertum" kann man somit nicht sprechen, andererseits aber darf man die Verbindungslinien, die zwischen beiden geschichtlichen Wirklichkeiten hin- und herlaufen, nicht achtlos zerreißen.[106]

4. Zentralistische Linie

Ein viertes, weithin bekanntes Kennzeichen Klunys ist die sog. zentralistische Linie. Man brauchte kein Wort über diese Tatsache zu verlieren, wenn nicht immer wieder der Versuch unternommen würde, diese Linie späteren Entwicklungen des 11. Jh.s zuzusprechen. Ich verweise auf meine eigene Untersuchung, wo das Nötige bereits gesagt ist[107]. Ergänzend sei eine Stimme aus der Odozeit beigefügt, die eine Kritik französischer Mönchskreise gegen den Reformerwerb Altklunys darstellt. Man warf in diesen Kreisen den Kluniazensern vor, daß sie nach Art von Geiern sich auf die Provinzen der Welt stürzten und Besitztümer sammelten[108]. Eine solche Kritik bleibt unverständlich ohne das Vorhandensein zentralistischer Allüren in jenen frühen Tagen.

5. Romanitas

Einer der schönsten Züge im geistigen Gefüge Klunys ist der Zug der Romverbundenheit, die Berno und Odo bereits eifrig

---

[106] Hallinger, Gorze-Kluny 1, 544—97 mit Einzelangaben zum Problem „Gregorianismus und Kluny", welche Angaben im obigen Textabschnitt präzisiert werden. Die Formel vom „gregorianischen Kluniazensertum", die F. Weigle im DA 9, 584 anwendet, finde ich nicht glücklich. Das gegenseitige Verhältnis von Gregorianismus und Kluny bedarf m. E. noch weiterer Untersuchung, vgl. Hallinger, Gorze-Kluny 1, 255 f. Anm. 81.

[107] Hallinger, Gorze-Kluny 2, 735—80. — P. Cousin verweist die Verbandbildung Klunys ins 11. Jh., vgl. A Cluny, Congrès scientifique, S. 186 f. Richtig stellt dagegen im gleichen Sammelwerk S. 219—26 J. Hourlier die Entwicklung dar.

[108] Johannes von Salerno 2, 23, Migne PL 133, 73 d. — Der Aufbau des zentralistischen Verbandes in Kluny hatte reformsichernden Charak-

pflegten und die in der goldenen Epoche Klunys immer hochgehalten wurde. Th. Schieffer hat einen wichtigen Grund dieser Haltung hervorgehoben. Die überdiözesane Verbandsbildung bedeutete praktisch eine Durchbrechung der Geschlossenheit des Bistums. Kluny mußte darum, um allen Gegenzügen des Diözesans zuvorzukommen, notwendigerweise einen Rückhalt beim Papst suchen.[109] Diese Notwendigkeit gilt zweifellos für die Zeit der dreißiger Jahre der Odozeit, wo die Verbandsbildung anlief. Doch schon in der Gründungsurkunde von 910 findet sich der „römische Zug". Das zeigt, daß in der Gründungszeit andere ideelle und gemütsmäßige Werte in jene Richtung bereits gedrängt haben. Odo und sein Held Geraldus gehören zu den Vertretern einer im gallischen Raum seit alters heilig geübten Frömmigkeitsform. Beide übten ausgiebig die Romwallfahrt, die mit besonderer Beziehung zum Petruskult Odo verstanden wissen wollte als *pietas christianae unitatis*[110]. Unter dieser Devise ist die Wallfahrtsfrömmigkeit zu bewerten, die seit frühen Tagen die gallische Kirche mit der römischen verbunden hat.[111] — Die Romanitas Klunys wurde nicht zu allen Zeiten im gleichen Sinn verwirklicht. Auch dieser Zug Klunys verlangt eine sorgfältige Nuancierung. Trotz der herzlichen Beziehungen zu Hugo hat Gregor VII. zeitweise sich veranlaßt gesehen, den übermächtig werdenden Einfluß der burgundischen Abtei in Spanien zurückzudämmen. Statt nach Rom zinsten damals Könige nach Kluny. Statt wie ehedem den Weg nach Rom zu nehmen, machten damals manche Fromme den kürzeren Weg zum hl. Petrus in

---

ter, er entsprang somit, wie alle übrigen Merkmale Klunys, dem dort herrschenden Willen zum Mönchtum, vgl. Hallinger 2, 749—53.

[109] Arch. f. mittelrhein. KG 4, 37 f.

[110] Vita Geraldi 2, 17 BC 95 (Gerald siebenmal in Rom!). Odo kam schon als junger Kanonikus in die Ewige Stadt (De comb. eccl. B. Martini BC 149). — In seiner Petrushomilie entwickelt Odo eine ganze Petrustheologie (BC 127—31); der Petruskult ist für ihn die *pietas christianae unitatis* (BC 127 d). Die Romfahrt geht zu den *coeli consules* (Vita Geraldi 2, 22 BC 97), sie hat streng religiösen Charakter (ibid. 2, 24 BC 98).

[111] J. Zettinger, Röm. Quartalschr. Suppl. 11 (1900), 1—112.

Kluny. All das führte zu einer zeitweisen Trübung des gegenseitigen Verhältnisses, ohne indes zum Bruch zu führen.[112] Im Gegenteil, die Kurie bediente sich bald gerne des eingespielten Finanzapparates der Kluniazenser.[113] Zur Trennung kam es erst im Zeitalter des erwachenden Nationalstaates. 1258 vollzug Kluny die Selbstauslieferung an die französische Krone. Das bedeutete das Ende und zugleich die Absage an eine geistige Welt, deren historische Stunde schon seit dem 12. Jh. erfüllt war.

[112] M. Defourneaux, Les Français en Espagne aux XI et XIIe siècles (1949), S. 17—37.

[113] J. Sydow, Cluny und die Anfänge der Apostolischen Kammer, StMGBO 63 (1951), 45—66.

ZUM WESEN DER CLUNIACENSER

Skizzen und Versuche

Von GERD TELLENBACH

I

Die Klosterkirche von Cluny aus der Zeit Abt Hugos erregte durch ihre Größe, Schönheit und Pracht das Staunen des ganzen Abendlandes. Sie hatte eine Länge von 187 m und übertraf damit die berühmtesten Dome ihrer Zeit (Alt-St. Peter ohne Vorhalle: 112 m, Speyer: 133 m, Neu-St. Peter: 211 m). Die Äbte Odo, Majolus, Odilo, Hugo, Petrus Venerabilis gehörten im 10., 11. und 12. Jahrhundert zu den bedeutendsten und allgemein bekannten Persönlichkeiten Europas. Daß Cluny und die Cluniacenser die abendländische Geschichte entscheidend mitgeprägt haben, ist dementsprechend die ungeteilte Meinung der neuen Forschung. Worin aber die geschichtliche Wirkung der Cluniacenser hauptsächlich besteht, wie weit sie reicht, worauf sie eigentlich beruht, darüber sind schon längst von der Forschung verschiedene Ansichten vorgetragen worden. Am bekanntesten war bis vor kurzem die Kontroverse über die Rolle, die den Cluniacensern in den säkularen Auseinandersetzungen ihrer Zeit zukam, in der Kirchenreform des hohen Mittelalters, in der Durchsetzung des päpstlichen Führungsanspruches, bei der Bestimmung des Verhältnisses von geistlicher und weltlicher Gewalt. Immer wieder wurde und wird untersucht, wie das Cluniacensertum historisch zum Gregorianismus steht. Und wie auch das Urteil ausfallen mochte, so zeigte sich doch ein gewisses Schwanken in der Begründung des unbestritten großartigen Einflusses der Cluniacenser auf das Geschehen ihrer Zeit.

Die jüngere Forschung hat den Eindruck verstärkt, daß wir noch weit entfernt sind von abschließender Erkenntnis des Cluniacensertums und seiner Wirkungen. G. Schreiber hat darauf hingewiesen, die Werke von K. Hallinger lehren es, und auch die von mir demnächst herausgegebenen Arbeiten von J. Wollasch, H. E. Mager und H. Diener werden deutlich machen,[1] daß wir in vieler Hinsicht noch am Anfang stehen. Erst K. Hallinger ist darangegangen, ein Corpus der reformklösterlichen Consuetudines zu schaffen, wozu eine eigene Methodik, wie etwa in der Diplomatik, der Epistolographie oder in der Sakramentarforschung, zu entwickeln sein wird. Auf neue methodische Grundlagen ist ferner erst noch die Auswertung der Verbrüderungen, Martyrologien, Nekrologien usw. zu stellen,[2] bevor diesen unentbehrlichen Quellen des hochmittelalterlichen Mönchtums einigermaßen sichere Ergebnisse abgewonnen werden können. Auch in Liturgie- und Architekturgeschichte, Ikonographie, Hagiographie, Trachtenkunde bleibt noch vieles aufzuklären, ehe in vergleichender Betrachtung die Eigenart des Cluniacensertums im Kreise der gleichzeitigen und nachfolgenden Mönchsgruppen völlig deutlich gemacht werden kann. Umfangreiche Aufgaben stellt schließlich die Erforschung der Personengeschichte, die in breiter Front mit neuen Methoden und Gesichtspunkten in Angriff genommen ist.

Obwohl also Wesen und geschichtliche Wirkungen der Cluniacenser heute noch nicht endgültig und erschöpfend zu bestimmen sind, so lassen sich doch bei dem gegenwärtigen Forschungsstand gewisse gesicherte Feststellungen machen, wenn diese teilweise auch noch ziemlich allgemein bleiben und manche Einzelzüge auslassen müssen. Außerdem muß bedacht werden, daß viele Eigenschaften

---

[1] G. Schreiber, Gemeinschaften des Mittelalters, Ges. Abhandlungen I, Münster 1948; K. Hallinger, Gorze — Kluny, 2 Bde., Rom 1950/51; ders., Zur geistigen Welt der Anfänge Clunys, in: DA 10 (1953/54); ders., Neue Fragen der reformgeschichtlichen Forschung, in: Archiv für mittelrheinische Kirchengeschichte 9 (1957). Neue Forschungen über Cluny und die Cluniacenser mit Beiträgen von H. Diener, H. E. Mager und J. Wollasch erscheinen demnächst (hrsg. v. G. Tellenbach, Freiburg i. Br. 1959). Zur Forschungslage vgl. bes. auch Th. Schieffer, Cluniazensische oder gorzische Reformbewegung?, in: Archiv für mittelrhein. Kirchengesch. 4 (1952).

[2] An dieser Aufgabe arbeitet ein von mir geleiteter Arbeitskreis.

dem christlichen Mönchtum gemeinsam sind, wenn sich manche auch in der einen Gruppe, manche in der anderen stärker ausprägen. Wenn etwa hier das Streben nach sittlicher Vollkommenheit mehr hervortritt, dort nach mystischer Versenkung, so braucht das eine wie das andere nicht zu fehlen, sondern es handelt sich meist um sorgsam abzuwägende Gradunterschiede.

Im christlichen und außerchristlichen Mönchtum stehen bekanntlich das Cönobiten- und das Anachoretentum nebeneinander. Im alten wie im griechischen und russischen Mönchtum liegen stärkere Akzente auf eremitischen Lebensformen als im Abendland.[3] Die Cluniacenser scheinen ausgesprochen in der Tradition des Pachomius und des Benedikt von Nursia zu stehen. Man hört seltener von Reklusen und Einsiedlern als selbst bei älteren Benediktinern oder, erst recht, bei zeitgenössischen Reformgruppen, wie den Camaldolensern, den Vallumbrosanern und verwandten italienischen Kreisen. Auch bei späteren mönchischen Bewegungen, wie bei dem Franziskanerorden und namentlich in den sich von ihm abspaltenden Gruppen, hat das Ideal des Eremitentums wieder stärkere Kraft. Wie bei den älteren Benediktinern überhaupt, fehlt ferner in Cluniacenserklöstern die Einteilung in eine höhere und niedere Gruppe, die wir an so vielen Stellen des universalen Mönchtums finden, wie etwa die μικρόσχημοι und μεγαλόσχημοι in griechischen Klöstern zur Zeit des Bilderstreits, die Konventualen und Konversen bei den Cisterciensern, die perfecti und sequentes häretischer Gruppen, die Dritten Orden der Franziskaner usw.

Charakteristische Neuerungen für das abendländische Mönchtum brachte Cluny ohne Zweifel durch die Bildung seines großen klösterlichen Verbandes. Es hat darin freilich keine historische Monopolstellung. Denn gegenüber der Vereinzelung der älteren Benediktinerklöster beobachten wir auch sonst seit dem 10. Jahrhundert die Entstehung klösterlicher Gruppen, wie die genannten italienischen, die lothringischen von Gorze, Brogne, St. Vanne, die

[3] A. Harnack, Das Mönchtum. Seine Ideale und seine Geschichte. 8.—10. Auflage, Gießen 1921; K. Holl, Enthusiasmus und Bußgewalt beim griechischen Mönchtum, Leipzig 1898; ders., Über das griechische Mönchtum, Ges. Aufsätze zur Kirchengeschichte II, Tübingen 1928; K. Heussi, Der Ursprung des Mönchtums, Tübingen 1936.

deutschen von Einsiedeln oder Hirsau, die französische von St. Viktor in Marseille. Aber keiner von allen diesen Verbänden kam dem cluniacensischen an Größe und historischem Gewicht gleich.

J. Wollasch hat wertvolle Hinweise dafür gegeben, wie bewußt und taktisch klug bereits Odo den Aufbau seines Klosterverbandes betrieben hat. Erst er hat das Dreieck Cluny — Fleury — Bourg-Dieu im 10. Jahrhundert erkannt und dargetan, wie etwa Odo nur für sie die päpstliche Reformlizenz erwirkte, d. h. die Erlaubnis, andere Klöster zu reformieren und Mönche aus fremden Klöstern aufzunehmen. Außerdem wies er mit modernen besitzgeschichtlichen Methoden nach, wie überlegt Odo seine Besitzpolitik für diese drei Häuser aufeinander abgestimmt hat. Anderseits ergibt sich, wie elastisch die Cluniacenser in ihrer Verbandsbildung gewesen sind. Es bleibt wohl dabei, daß es kein grobes Schema dafür gibt, und mit dem Schlagwort vom cluniacensischen „Zentralismus" ist wenig geholfen. Der Abt von Cluny war zugleich Abt in mehreren Klöstern, er hielt andere Häuser als Priorate in enger Abhängigkeit, er besaß Eigenklöster und übte auf viele königliche, bischöfliche, gräfliche Klöster als Abt des Mutterklosters oder als Reformator einen religiösen und moralischen Einfluß aus. Überaus verschieden waren Rechtsstellung und Privilegien vieler Klöster, in denen Cluniacenser oder Zöglinge von Cluniacensern lebten und die Consuetudines von Cluny mit mehr oder minder leichten Abwandlungen befolgt wurden.[4] Auch für das innere Leben einzelner Klöster machte Cluny entsprechend den regionalen und individuellen Bedürfnissen Zugeständnisse.

Man hat mit Recht darüber diskutiert, ob und von wann ab man den cluniacensischen Verband einen Orden nennen dürfe.[5] Bei der Entscheidung kommt viel auf die angemessene Definition des Ordensbegriffes an. Ordo Cluniacensis bedeutet in den Quellen noch lange die religiöse und verfassungsmäßige Form von Cluny, nicht eine ausgebildete, streng organisierte Kongregation. In einem

---

[4] G. Schreiber, Kurie und Kloster I, Stuttgart 1910, S. 75 ff.

[5] Neuerdings J. Hourlier, Cluny et la notion d'Ordre réligieux, in: A Cluny, Congrès scientifique, Dijon 1950, S. 219 ff.

allgemeinen Sinn kann man daher gewiß seit Abt Odo von einem Orden sprechen, aber Cluny erstrebte und erreichte nie diejenige Angleichung aller seiner Glieder, die etwa die Entwicklung eines päpstlichen privilegium commune ermöglicht hätte wie bei den Cisterciensern. Was den Verband zusammenhielt, war das — verschiedenartige — Verhältnis seiner Glieder zu Cluny und seinem Abt, während sie untereinander nur wenige Beziehungen haben konnten. Doch entwickelten sich innerhalb der großen Gemeinschaft auch eigenartige und selbstbewußte Einzelgruppen, wie die von Fleury, St.-Benigne-de-Dijon, Hirsau. Nirgends haben wir aber die Organisationsformen der späteren großen Orden: ständige Generalkapitel und Visitationen, wobei die Kompetenzen genau geregelt sind. Wenn solche Institutionalisierung auch erst im Zusammenhang mit der allgemeinen Verrechtlichung des Kirchenlebens vom ausgehenden 11. und dem 12. Jahrhundert an erfolgte, so ist Cluny doch eine entscheidende Stelle in der Geschichte der mönchischen Verbandsbildung im Abendland zuzuerkennen.

II

Wie über allem Mönchtum steht über den Cluniacensern das Ideal eines weltabgeschiedenen Lebens im Dienste Gottes, zum Heil der eigenen Seele. Es ist jedoch zu fragen, in welcher Weise, mit welchen Akzenten die Verwirklichung dieses Vorsatzes erstrebt wurde.

Man findet an verschiedenen Stellen das tiefe Schweigen cluniacensischer Genossenschaften hervorgehoben. Man stieß sich sogar gelegentlich an dem konsequenten Schweigegebot der Hirsauer. Trotzdem werden die Cluniacenser von anderen mönchischen Richtungen des Morgen- und des Abendlandes sowie von nichtchristlichen Mönchsgruppen in dieser Hinsicht übertroffen.

Der Wissenschaft gegenüber waren die Cluniacenser aufgeschlossen, und sie rechnen bedeutende Theologen zu den Ihrigen. Ihre Bibliotheken pflegen sie wie andere Benediktinerklöster, und besonders viele liturgische Handschriften scheinen von ihnen hergestellt worden zu sein. Es fehlen aber auch nicht antike Schriftsteller in ihren Bücherbeständen. Aber es ist nicht gerade so, daß wissenschaftliches Wirken Cluny oder bedeutendere seiner Gliedklöster weltberühmt gemacht hätte wie einst Fulda, Reichenau oder St. Gallen, wie im späten Mittelalter die Franziskaner und die Dominikaner, wie Bollandisten oder Jesuiten und in neuesten Zeiten S. Anselmo in Rom oder Beuron, wie Maredsous oder Quaracchi. Vor allem kann man nicht behaupten, daß bestimmte philosophische, theologische oder juristische Lehren geradezu den cluniacensischen Verband zusammengeschlossen hätten. Eher läßt sich von einer fortwirkenden cluniacensischen Baukunst reden, obwohl trotz einiger gesicherter Ergebnisse noch vieles aufzuklären bleibt. Das Schlagwort von der cluniacensischen Dichtung oder Literatur, zumal in Deutschland, ist durch neueste Forschungen von H. Rupp wohl endgültig abgetan.[6]

Viel Aufmerksamkeit und Kraft haben die Cluniacenser auf die Klosterwirtschaften verwandt, sowohl auf Besitzerwerbung und -organisation wie auf die Verwaltung der Erträgnisse. Doch unterschieden sich ihre agrarwirtschaftlichen Methoden und Organisationsformen von denjenigen anderer zeitgenössischer kirchlicher und weltlicher Grundherrschaften in Frankreich und Burgund nicht. Daß die wirtschaftliche Macht des Abtes von Cluny sehr bedeutend gewesen ist, liegt nahe.

Wenn wir bisher Züge einer gewissen Weltoffenheit der Cluniacenser innerhalb des klösterlichen Bereiches verzeichnen, so stellen wir nun die wichtigere Frage nach ihrer Ausstrahlungskraft nach außen.

In der Heidenmission des hohen Mittelalters liegt die Initiative vor allem bei den weltlichen Fürsten.[7] Daneben ist die Wirksamkeit des Papsttums in einzelnen Perioden hervorragend. Auch bischöfliche Missionare konnten in einzelnen Abschnitten die Führung übernehmen, wie etwa die Namen Ebo von Reims, Anskar von Hamburg-Bremen, Adalbert von Prag, Pilgrim von Passau oder

---

[6] H. Rupp, Deutsche religiöse Dichtungen des 11. und 12. Jahrhunderts, Freiburg 1958, S. 281 ff.

[7] K. Holl, Die Missionsmethode der alten und die der mittelalterlichen Kirche, Ges. Aufsätze zur Kirchengeschichte III, Tübingen 1928, S. 127.

Adalbert von Bremen beweisen. Natürlich wurden Weltgeistliche wie Mönche von solchen Initiatoren der Mission mitherangezogen, und es fehlt in diesen Kreisen nicht an Männern, in denen ein starker missionarischer Zug lebte. Zunächst sind es aber nicht mönchische Gruppen oder einzelne Klöster, die sich aus eigenem Antrieb die Mission zur Lebensaufgabe gemacht hätten. So ist neuerdings mit guten Gründen der älteren Annahme widersprochen worden, daß Brun von Querfurt durch Romuald von Camaldoli zur Mission angeregt worden sei. Es wurde vielmehr überzeugend dargetan, daß Pereum wie Cluny ursprünglich eine missionarische Tendenz fremd war, diese vielmehr durch deutsche oder slawische Schüler, wie Brun, Adalbert von Prag oder einen Sohn Boleslavs von Polen, in die Genossenschaften hineingetragen wurde. Auch das Cluniacenserkloster St. Bonifaz und Alexius in Rom war keine „Missionsanstalt", wie man früher geglaubt hatte.[8] Und wenn selbst Cluniacenserklöster oder -mönche missionarisch tätig geworden sind, so kann man sicher Mission nicht für eine charakteristisch cluniacensische Leistung erklären. Das gleiche gilt für lothringische Reformrichtungen, obgleich Adalbert von St. Maximin in Trier als Apostel nach Rußland zog und später als Erzbischof von Magdeburg in der Westslawenmission führend wurde. Für Mission und Kolonisation wurden Cistercienser und Prämonstratenser, dann die Ritterorden und in späteren Jahrhunderten Franziskaner, Dominikaner oder Jesuiten jedenfalls originär viel aktiver als die benediktinischen Reformer des 10. und 11. Jahrhunderts.

Unter den frommen Werken der abendländischen Mönche sind bekanntlich Wallfahrten nur von geringerer Bedeutung. Denn ihnen stand schon die Stabilitas loci der Cönobiten entgegen. Das heißt aber nicht, daß die Mönche die Wallfahrer nicht unterstützt oder verehrt hätten. Manche Laien sind aus Frömmigkeit nach Jerusalem, Rom oder S. Yago gepilgert und danach ins Kloster gegangen. Und wir wissen, daß beispielsweise Odilo von Cluny mehrfach Jerusalemfahrer unterstützt hat.[9]

[8] R. Wenskus, Studien zur historisch-politischen Gedankenwelt Bruns von Querfurt, München-Köln 1956, S. 143 ff. u. 145 ff.

[9] C. Erdmann, Die Entstehung des Kreuzzugsgedankens, Stuttgart 1935, S. 282 f.

Vielfach ist erwogen worden, ob Cluny ein bedeutender Anteil am Ursprung der Kreuzzüge zukomme. Nun hat jedenfalls C. Erdmann zwingend nachgewiesen, daß die Meinung, die Cluniacenser hätten schon im zweiten Viertel des 11. Jahrhunderts in Spanien Kämpfe gegen die Moslems organisiert und dabei französische Ritter eingesetzt, sie seien daher die eigentlichen Väter der Kreuzzugsbewegung, bloße Phantasie war:

Die einzige positive Nachricht, die wir über die Stellung der älteren Cluniacenseräbte zum spanischen Krieg besitzen, ist die briefliche Versicherung des Abtes Odilo, daß er für die Befreiung des Königreiches von den Heiden beständig — Gebete zum Himmel sende.[10]

Vor dem berühmten Konzil von Clermont (1095) ist Papst Urban, selbst ein Cluniacenser, freilich in Cluny gewesen. Aber die Cluniacenser sind dennoch nicht die Initiatoren des Kreuzzuges. Denn dieser hat vielfältige, dem cluniacensischen Leben teilweise fremde Wurzeln. Wollte doch schon Gregor VII. wie Urban II. in der Hoffnung auf Wiedergewinnung der Ostkirche dem Hilferuf aus Byzanz folgen, und waren Urbans Vorstellungen von dem Unternehmen recht verschieden von dem, was infolge der historischen Situation und der geistigen Impulse der Kreuzfahrer dann in Wirklichkeit daraus wurde. Trotzdem sind die Cluniacenser aus der Frühzeit der Kreuzzüge nicht wegzudenken. Ihr tiefgehender historischer Einfluß beruht ähnlich wie derjenige auf die Kirchenreform des 11. Jahrhunderts auf ihrer durchdringenden religiösen Beeinflussung aller christlichen Stände.

Man hat früher geglaubt, infolge der Exemtion Clunys und eines Teiles der cluniacensischen Klöster und Priorate sei ein Gegensatz zwischen Cluny und dem Episkopat entstanden. Nach den überreich belegten Nachweisen von H. Diener muß man solche Vorstellungen ganz fallenlassen. Man hat sich durch die Auseinandersetzung Clunys mit Mâcon irreführen lassen. Diese waren zeitlich und persönlich begrenzt, und viele Bischöfe von Mâcon sind als Freunde und Gönner des berühmten Klosters bekannt. Nicht nur sind zahlreiche Cluniacenser selbst Bischöfe geworden, sondern

[10] Ebd. S. 60 f.

Cluny ist so reich vom französischen und burgundischen Episkopat beschenkt worden wie wohl kein anderes Kloster. Die Beziehungen Clunys zu den Bischöfen hatten eine einzigartige Reichweite, und das freundschaftliche Verhältnis zum Episkopat hat, worüber wir uns noch weitere Gedanken machen müssen, auch in den Krisenzeiten der zweiten Hälfte des 11. Jahrhunderts im ganzen kaum Einbußen erlitten.

Es ist dies auch verständlich, wenn man bedenkt, daß die Cluniacenser der ordentlichen Seelsorgegeistlichkeit nicht, wie im 13. Jahrhundert die Bettelorden, Konkurrenz gemacht haben. Das hinderte sie aber nicht daran, sehr kräftig ihre Stimme zu erheben, wenn es galt, die allgemeinen Reformforderungen ihrer Zeit durchzusetzen. Cluniacenser sind in der frühen Gottesfriedensbewegung tätig geworden, und sie haben gegen Simonie und Priesterehe gewirkt, ohne sich gerade sehr extrem und eifernd hervorzutun. Sie stimmen aber hierin mit den führenden Fürsten, Päpsten und Bischöfen überein.

Das Verhalten der Cluniacenser zur herrschenden eigenkirchen- und staatskirchenrechtlichen Verfassung wird noch bis heute sehr verschieden beurteilt. Während lange Zeit diejenigen, die mit A. Brackmann[11] an einen den Gregorianismus vorbereitenden Aktivismus glaubten, in der Minderzahl geblieben waren, hat neuerdings G. Schreiber ähnliche Vorstellungen wieder mit Nachdruck vorgetragen.[12]

Nun ist gewiß zu differenzieren zwischen der Haltung der bedeutenden Cluniacenser und der der einzelnen cluniacensischen Gruppen. Abbo von Fleury[13] oder Wilhelm von St.-Benigne-de-Dijon scheinen andere Meinungen über das Eigenkirchenrecht gehabt zu haben als die Mehrzahl der Cluniacenser. Vor allem ist zu unterscheiden, was die Cluniacenser vor und nach Gregor VII. über diese Hauptfragen ihres Jahrhunderts gedacht haben.

[11] A. Brackmann, Die politische Wirkung der kluniazensischen Bewegung, Ges. Aufsätze, Weimar 1941, S. 290 ff.
[12] G. Schreiber, bes. Gemeinschaften S. 81 (= AUF 17 [1942], S. 359 ff.); K. Hallinger, Gorze—Kluny, S. 41 f.
[13] G. Tellenbach, Libertas. Kirche und Weltordnung im Zeitalter des Investiturstreites, Stuttgart 1936, S. 114 f.

G. Schreiber hat das Thema „Cluny und die Eigenkirche" am Beispiel des Cluniacenserpriorates Saint-Mont in der Gascogne studiert, das nach 1050 gegründet wurde. Dabei stellte er die Kirchenerwerbungen des Priorates, namentlich diejenigen aus Laienhand, zusammen, weil jede von ihnen das laikale Eigenkirchenrecht zurückgedrängt habe. Nun steuert Schreiber zwar, wie immer, viele höchst förderliche und anregende Bemerkungen bei. Seine Gedankenführung ergibt aber nichts Entscheidendes für das angeschnittene Problem. Wichtiger als die Kirchenerwerbungen eines Priorates sind gewiß die des Mutterklosters selbst. Und um zu haltbaren Ergebnissen zu kommen, muß man die von Laien und von Geistlichen stammenden klösterlichen Eigenkirchen zusammennehmen, vor allem aber muß man vergleichend vorgehen. Zu vergleichen ist einmal der Kirchenerwerb in verschiedenen Perioden, namentlich in vorgregorianischer und in gregorianischer Periode, weil nur so festgestellt werden kann, ob Cluny unabhängig vom Reformpapsttum und als sein Vorläufer eine Eigenkirchenpolitik getrieben hat. Dies kann aber vor allem nur gelingen, wenn man, wieder in aufeinanderfolgenden zeitlichen Stufen, den Kirchenerwerb Clunys mit demjenigen nichtcluniacensischer Klöster vergleicht.

Eine solche Untersuchung hat H. E. Mager angestellt und ist dabei zu eindeutigen Ergebnissen gelangt: Der Anteil der Kirchen- und Klosterschenkungen an Cluny beträgt in den letzten Jahrzehnten des 10. und in der ersten Hälfte des 11. Jahrhunderts etwa 6,5 %/o aller Schenkungen an die Abtei. Er steigt in der Zeit Hugos vor dem Pontifikat Gregors VII. auf 16 %/o und dann weiter für die Zeit von 1073 bis 1109, also für den eigentlichen Investiturstreit, auf 27 %/o. Zum Vergleich wurde das nichtcluniacensische Kloster Conques-en-Rouergue herangezogen, das im ganzen eine ähnliche Bewegung zeigt (1000—1050: 15 %/o, 1050—1100: 39 %/o). Weniger ergiebig ist ein Vergleich der Kirchenschenkungen an Redon in der Bretagne, weil nur der Prozentsatz für das 10. Jahrhundert (14 %/o) mit dem des ganzen 11. Jahrhunderts (37 %/o) zusammengestellt wurde. Dagegen fällt auf, daß bei dem 1059 gegründeten und 1079 an Cluny tradierten Kloster Saint-Martin-des-Champs in Paris der Anteil der Kirchenschenkungen mit 50 %/o vor der Übergabe an Cluny danach auf 37 % herabsinkt. Es handelt sich vorläufig noch um einige Vergleiche, die fortgesetzt und vertieft werden müssen. Aber sie mahnen mindestens zur Vorsicht. Und wenn weiter beobachtet werden kann, daß die Cluniacenser vor und nach dem Einsetzen der großen Reform Teilschenkungen von Kirchen annehmen und sich Auflagen gefallen lassen, wird man darin bestärkt, daß sie nicht die Vorkämpfer gegen das Eigenkirchenrecht gewesen sind. Hinzu kommt der Eindruck, daß in Frankreich am Ende des Jahrhunderts nicht die Reformmönche, sondern die Synoden und der gregorianisch gesinnte Episkopat einen Druck auf Laien ausübten, um sie zur Abgabe ihrer Eigenkirchen zu bewegen.

Auch die Vorstellung, daß in der Wendung gegen das Staatskirchentum nicht die Cluniacenser Vorläufer Humberts von Silva-Candida und Gregors VII. gewesen sind, dürfte bis jetzt unerschüttert sein. Sie läßt sich sogar mit einer neuen Stütze versehen, seitdem C. Erdmann den Brief Abt Odilos an einen Kaiser Heinrich richtiger eingeordnet und der Zeit um die Kaiserkrönung Heinrichs II. (Februar 1014) zugeschrieben hat.[14] Es handelt sich dabei um die Besetzung des Ravennater Erzbischofsstuhls, und Odilo fordert in einer der Zeit gemäßen Weise, der Kaiser möge diese kirchliche Angelegenheit mit Geistlichen beraten wie das Kriegswesen mit Lehnsleuten; aber den Ravennater Fall zu regeln ist des Kaisers Aufgabe, und zwar geht es dabei um sein Seelenheil. Wir haben auch aus den späteren Jahren Odilos († 1048) keinen Anhaltspunkt dafür, daß er Zweifel an den Rechten des Kaisers im kirchlichen Bereich hegte.

Wenn man nun auch zu dem Ergebnis gelangt, daß die Cluniacenser und ihnen verwandte mönchische Bewegungen nicht die Initiatoren der gregorianischen Kirchenreform oder der Kreuzzugsbewegung gewesen sind, so wäre ihre geschichtliche Rolle doch ganz falsch beurteilt und viel zu niedrig eingeschätzt, wenn man jede Beziehung zwischen ihnen und jenen großen Vorgängen des hohen Mittelalters abstritte. Man muß denjenigen beipflichten, die

---

[14] C. Erdmann, Das ottonische Reich als Imperium Romanum, in: DA 6 (1943), S. 436 f.

A. Fliche¹⁵ widersprachen, der das Cluniacensertum als rein monastische Erscheinung isolieren wollte. Dies ist an sich für eine bedeutende Richtung ausgesprochen abendländischen Mönchtums unwahrscheinlich, das sich bekanntlich weniger einem individuellen Frömmigkeitsstreben hingab als östliches Mönchtum und bei allem Ernst apostolischer Lebensführung, bei allem Eifer, das Christentum wirklich zu leben, und aller Konzentration auf die eschatologische Betrachtungsweise die Mitverantwortung für die ganze Christenheit stark empfand.

Bei der Analyse des christlichen Mönchtums ergaben sich in seinem Wesen verschiedene Seiten. Die Askese führt zur sittlichen Läuterung und Steigerung des Menschen, und die dadurch gewonnenen Tugenden und Leistungen werden viel bewundert. Anderseits besteht das Ideal mystischer Versenkung, das Sehnen nach Einigung mit Gott, nach Erfüllung mit seinen geistlichen Gaben. Im Mönchtum leben die Charismatiker der Anfangszeit fort. Nun hat aber K. Holl mit Recht davor gewarnt, diese beiden Seiten auseinanderzunehmen. Das Charisma befähigt zu asketischen Leistungen, und diese wiederum heiligen die ganze Persönlichkeit, so daß sie zu Visionen, Empfang von Offenbarungen und Wundertun befähigen. Nach der Biographie des hl. Antonius geht mit den sittlichen Fortschritten „ein stetes Kraftgewinnen aus Gott" Hand in Hand.¹⁶

Wenn das Mönchtum nun auch in innigem Zusammenhang asketischen Strebens und charismatischer Heiligung steht, so treten in seinen historischen Ausformungen doch Gradunterschiede hervor. Östliches Mönchtum ist im ganzen weltabgewandter und quietistischer als das westliche. Und Wundertaten werden zwar auch von Cluniacensern berichtet, aber die Welt ist von ihnen sicherlich nie so erfüllt gewesen wie von den Wundern des heiligen Bernhard von Clairvaux oder des heiligen Franz von Assisi. Die mystischen Züge fehlen auch bei Cluniacensern und verwandten Richtungen nicht, aber sie sind es nicht, die bei vergleichender Betrachtung besonders stark hervortreten. Die Cluniacenser stehen ausgesprochen mitten im Leben der ganzen Kirche. Ihnen ist der Gedanke fremd,

---

¹⁵ A. Fliche, La Réforme Grégorienne I, Louvain—Paris 1924, S. 39 ff.
¹⁶ K. Holl, Enthusiasmus und Bußgewalt, S. 148.

daß durch Askese oder unmittelbare Heimsuchung durch Gott der Sakramentendienst irgendwie zurücktreten könnte. Im Zentrum ihres ganzen Strebens stand — daran wird heute wohl nicht mehr gezweifelt — die Liturgie. Nicht die Handarbeit der Benediktinerregel oder der Cistercienser, nicht Mitwirkung an der allgemeinen Seelsorge, wie etwa bei den Bettelorden, sondern Messe, Schriftlesung und Gebetsdienst sind die Hauptsache. Dazu kommt eine Lebensführung, die streng bis in die Details hinein geregelt ist. Ph. Schmitz spricht geradezu von einem *„excès de ritualisme"*, der am Anfang der Dekadenz Clunys und mit ihm des benediktinischen Mönchtums stehe und der seit dem 12. Jahrhundert eine kritische Situation herbeigeführt habe.[17]

Indessen, was die Cluniacenser waren und was sie leisteten, war gerade das, wessen die abendländische Christenheit im 10. und 11. Jahrhundert bedurfte. Es wäre gewiß falsch, den Cluniacensern religiöse Innerlichkeit und Freiheit abzusprechen. Die Gestalt des heiligen Odo und seine Werke würden schon allein dagegen zeugen. Und doch werden im ganzen gesehen die Cluniacenser von den Wogen mönchischer Religiosität, die ihnen im 12. und 13. Jahrhundert folgten, darin übertroffen. In ihrer Zeit kommt es für die kirchliche Entwicklung darauf an, daß die Ideale strenger christlicher Lebensführung, der Hingabe an den Sakramentendienst, die Achtung vor den kirchlichen Ordnungen, des betenden Einstehens des Christen für seine Mitchristen in weiten Kreisen durchdringen. Und dieses ist es, worin die Cluniacenser und ihnen verwandte Richtungen vorangingen. Und es ist die unentbehrliche Grundlage für das weltumordnende Schaffen des Reformpapsttums und eine der nicht wegzudenkenden geistigen und gesinnungsmäßigen Voraussetzungen des ersten Kreuzzuges.

III

Cluny hat auch nach dem Aufstieg des Reformpapsttums eine eigene Richtung beibehalten, trotz seiner engen Verbundenheit mit

---

[17] Ph. Schmitz, Histoire de l'Ordre de Saint Benoît I, Maredsous 1948, S. 157.

den Päpsten in Rom. Man darf überhaupt nicht glauben, daß der römische Reformerkreis ganz undifferenziert und in jeder Hinsicht gleicher Gesinnung gewesen wäre.

Bekannt ist der Gegensatz zwischen Humbert von Silva-Candida und Petrus Damiani, bekannt sind die Einwände, die der Eremit von Fonte-Avellana gegen die kriegerischen Unternehmungen schon Leos IX. erhoben hat,[18] und es läßt sich auch eine gewisse Spannung zwischen ihm und Hildebrand spüren, obgleich oder gerade weil dieser seine Berufung auf das Kardinalbistum Ostia durch Stephan IX. herbeigeführt hat. Es wird ihm bei dem Papst nicht viel Mühe gekostet haben. Denn Friedrich von Lothringen, Abt von Monte Cassino, lebte in strengen mönchischen Auffassungen und begünstigte die Mönche. So erwählte er sich Desiderius, den langobardischen Fürstensohn, der vorher Mönch in La Cava und in S. Sofia in Benevent gewesen war, zum Nachfolger in Monte Cassino, und er machte des Desiderius Freund Alfanus, vorher gleichfalls Mönch in S. Sofia, zum Erzbischof von Amalfi. Vor allem aber ist darauf hinzuweisen, daß einer von den fünf nachweisbaren Rombesuchen Hugos von Cluny in den kurzen Pontifikat Stephans IX. fällt und daß Hugo dann auch dem sterbenden Papst in Florenz zur Seite war.[19]

Die mönchische Gruppe um Stephan IX. verdient Aufmerksamkeit. So ist das Verhalten des Desiderius, des späteren Papstes Viktor III., aufschlußreich. In des Desiderius Dialogen werden besonders die frühen Reformpäpste mit Sympathie behandelt, Leo IX., dem der Beneventer Fürstensohn beistand, und Viktor II. Was in des Desiderius Leben am meisten auffällt, ist bei aller Treue zum Reformpapsttum ein konzilianter Zug. Immerfort vermittelt er: zwischen Normannen und Langobarden, zwischen süditalienischen Fürsten und dem Heiligen Stuhl, zwischen Papst und Kaiser. Und bei den Versuchen, 1082 zwischen Gregor VII. und Heinrich IV. zu vermitteln, ging er so weit, daß er sich die Exkommunikation zuzog.[20] Dabei war er nie Gregor VII. untreu

[18] Libertas, S. 84.
[19] H. Diener, vgl. Anm. 1.
[20] G. Meyer v. Knonau, Jahrbücher des Deutschen Reiches unter Heinrich IV. und Heinrich V. III, Leipzig 1900, S. 443 ff., Anm. 14.

geworden und wurde nach dessen Tod der eigentliche Führer der Reformpartei und nach langem Sträuben sogar Papst, der römische Gegner Wiberts-Clemens' III. Damit waren aber die extremen französischen Gregorianer, an ihrer Spitze Erzbischof Hugo von Lyon, durchaus nicht einverstanden. Dieser konnte, wie er der Großgräfin Mathilde von Canossa schrieb, dem neuen Papst, obwohl er seine Wahl anerkannt hatte, nicht verzeihen, daß er unter Gregor ein Jahr und länger exkommuniziert gewesen war, ohne Buße zu tun. Durch seine Wahl habe man sich gegen Gott versündigt. Hugos Widerstand gegen Viktor III. war so heftig, daß er 1087, ebenso wie Abt Richard von St. Viktor in Marseille, exkommuniziert wurde.[21]

Anscheinend hat Cluny, das mehrere Jahre vorher eine Gebetsverbrüderung mit Abt Desiderius und Monte Cassino geschlossen hatte, diese Sentenz respektiert. Dies ist um so verständlicher, als der Erzbischof von Lyon, gleichfalls nach einem Brief an die Großgräfin, Hugo von Cluny einen bitteren Vorwurf daraus gemacht hatte, daß dieser am Karfreitag für den exkommunizierten Heinrich IV. das Kaisergebet gesprochen habe. Der Abt, zur Rede gestellt, habe geantwortet, „*orationem illam pro imperatore quolibet se dixisse*" [22]. Man wird es Hugo durchaus zutrauen, daß er auch sonst für Heinrich IV. gebetet hat. War er doch Pate des Kaisers und mit dessen Eltern, Heinrich III. und Agnes, eng verbunden gewesen. Er hat alles Erdenkliche getan, um seine Patenpflichten zu erfüllen. Es ist bekannt, daß er vor Canossa mit Heinrich IV. zusammengetroffen ist, um zu vermitteln, so daß er sich dadurch die Exkommunikation zuzog, und daß er in Canossa selbst zugegen war. Und als 1083 wieder eine Aussöhnung zwischen Kaiser und Papst denkbar schien, war er abermals zur Stelle und traf mit dem in der Engelsburg eingeschlossenen Gregor VII. und mit Heinrich IV. in Sutri zusammen. Dies ist um so auffallender, als sich Papst und Abt offenbar bei keiner anderen Gelegenheit getroffen haben als bei diesen beiden Aussöhnungsverhandlungen, obwohl der briefliche Verkehr zwischen Gregor und Hugo rege gewesen sein muß.

---

[21] Ebd. IV, Leipzig 1903, S. 180.
[22] Hugo v. Flavigny, chron., SS VIII, S. 634.

Auch das Verhalten Hugos von Cluny in Frankreich, wie H. Diener es ausführlich darstellt, zeigt, wie der große Abt in kirchenpolitischen Streitigkeiten selten Stellung nimmt. Cluny erhält Schenkungen von allen Seiten, auch von Bischöfen, die wegen Simonie von Rom zur Rechenschaft gezogen wurden oder gar schon abgesetzt waren. Dabei ist Hugo einer der Vertrauensmänner Gregors VII. in Frankreich, vielfach tätig als Legat des Heiligen Stuhls. Es ist bezeichnend, daß er den Rigorismus solcher Legaten wie Hugo von Die oder Amatus von Oloron nicht teilt. Und ihm wird von allen Seiten Vertrauen entgegengebracht, sogar von einem so stolzen Metropoliten wie Manasse von Reims, der, von Hugo von Die vorgeladen, sein Erscheinen verweigert, weil bei der anberaumten Synodalverhandlung der andere päpstliche Legat, Hugo von Cluny, offenbar nicht anwesend sei. Charakteristisch für Hugos überlegene und versöhnliche Art ist es, daß er von der Zeit Urbans II. ab selbst mit Hugo von Lyon, der ihn noch kurz zuvor so heftig angegriffen hatte, in ein gutes Verhältnis kam.

Päpste, Kaiser und Könige wandten sich in entscheidenden Momenten mit ihren Briefen immer wieder gerade an Hugo von Cluny. Dieser war zwar ein zuverlässiger Freund der Reformpäpste, aber er brachte es fertig, eine Stellung über den Parteien zu behaupten, und er hat sich mehrfach erlaubt, vermittelnd auch zugunsten von Persönlichkeiten zu wirken, die von Rom verworfen waren. Und selbst der größte, leidenschaftlichste der Reformpäpste, Gregor VII., scheint dies hingenommen zu haben. Das Vertrauen zu Hugo von Cluny, seine Autorität in Europa müssen so groß gewesen sein wie nach ihm erst diejenige Bernhards von Clairvaux, ja vielleicht noch unbestrittener. Dies rührt wohl daher, daß es dem großen Abt gelang, Cluny aus den zeitgebundenen theologischen und politischen Spannungen weitgehend herauszuhalten und unbeirrt sich und die Seinigen nach den religiösen Idealen zu orientieren, die Cluny groß gemacht und ihm seinen Wert für die abendländische Christenheit gegeben hatten.

Cinzio Violante: Il monachesimo Cluniacense di fronte al mondo politico ed ecclesiastico (secoli X e XI). In: Convegni del Centro di studi sulla spiritualità medievale II (Spiritualità cluniacense), Todi 1960, S. 155—242; auch in: Cinzio Violante: Studie sulla Christianità medievale, Milano 1972, S. 3—67. — Aus dem Italienischen übersetzt von Katharina Arndt.

DAS CLUNIAZENSISCHE MÖNCHTUM IN DER POLITISCHEN UND KIRCHLICHEN WELT DES 10. UND 11. JAHRHUNDERTS

Von Cinzio Violante

Unser Aufenthalt in Todi, fast möchte ich sagen, unsere 'Einkehr', naht sich nun dem Ende. Daß mir die Ehre des letzten Vortrags* zufiel, ist vielleicht kein Zufall, denn damit steigen wir ein wenig von den Höhen der Spiritualität, jedoch ohne sie gänzlich zu verlassen, herab und nähern uns dem festen Boden jener Wirklichkeiten, die die Franzosen „réalités humaines" nennen. Wir wollen untersuchen, wie die lebendigsten politischen und geistigen Kräfte des 10. und 11. Jahrhunderts im Wandel der politisch-administrativen und der kirchlichen Strukturen ein günstiges Klima fanden und ihrerseits zu dieser Umwandlung den Anstoß gaben, wodurch sie die Möglichkeit zu wirkungsvollem Handeln erhielten und die Gesellschaft ihrer Zeit entscheidend prägen konnten.

I

Mit den vorangegangenen Referaten wurde in der Untersuchung des Phänomens Cluny ein wichtiger Schritt nach vorne getan und seine Grundlage, die Spiritualität und die Kultur im weitesten Sinne des Wortes eingehender erforscht. Mir ist vor allem aufgefallen, daß der ekklesiologische Aspekt der cluniazensischen Geistigkeit, besonders des Abtes Odo, hier — wie ich glaube erstmals, zumindest in so deutlicher Form — hervorgehoben wurde. Verfolgt man diesen Weg weiter, so erreicht man nach meiner Ansicht eher

---

* Beim Vortrag dieses Referats fiel der letzte Teil aus Zeitgründen erheblich kürzer aus.

eine Verbindung zwischen den verschiedenen Forschungsrichtungen, die den Versuch unternommen hatten, den besonderen Charakter des cluniazensischen Mönchtums genauer zu bestimmen. Diese Aufgabe war durch die Vielzahl der in den letzten dreißig Jahren erfolgten Untersuchungen über die im Bereich der Klosterreform immer zahlreicher werdenden Zentren und Bewegungen so notwendig geworden wie nie zuvor. Auf der einen Seite untersuchte man die Spiritualität, die Kultur, die Gedankenwelt Clunys, auf der anderen Seite erforschte man die Organisation des cluniazensischen Ordens und stritt sich über die Durchsetzung des Ordens mit feudalen Elementen. Schon 1928 hatte Molitor[1] von einem streng juristischen Gesichtspunkt aus die feudalen Kennzeichen in der Struktur des Ordens erkannt. In gleicher Richtung folgten die grundlegenden Arbeiten von De Valous[2] und Ph. Schmitz[3]. Immer galt die Aufmerksamkeit im wesentlichen der inneren Organisation des cluniazensischen Ordens und der Frage, ob und bis zu welchem Grade er sich nach dem Beispiel des hierarchischen Aufbaus der Feudalgesellschaft in ihren typischen juristischen Aspekten geformt hatte.

Die interessanteste Frage muß aber erst noch gestellt werden: Welche Beziehungen bestanden zwischen der Entwicklung der cluniazensischen Reformbewegung und ihrem Aufbau in Form eines Ordens einerseits und der tiefgreifenden Umwandlung andererseits, die im 10. und 11. Jahrhundert die ökonomischen und sozialen Strukturen, die administrative und politische Ordnung sowie die Organisation und die Einrichtungen der Kirche erfaßt hatte? Fügte sich die cluniazensische Bewegung in die Gesellschaft ihrer Zeit ein, indem sie deren Strukturen und Mentalität übernahm und daraus Impuls und Unterstützung für eine rasche und weitgreifende Ausdehnung erhielt? Oder entwickelte und organisierte sie sich vielmehr im Gegensatz zu der feudalen Gesellschaftsordnung und dem

---

[1] A. Molitor, Aus der Rechtsgeschichte benediktinischer Verbände, I, Münster 1928.

[2] De Valous, Le monachisme clunisien des origines au XVe siècle, 2 Bde., Ligugé — Paris 1935.

[3] Ph. Schmitz, Histoire de l'ordre de saint Benoît, 2. Aufl., I, Maredsous 1948.

mit ihr verbundenen Gerüst der kirchlichen Institutionen, so daß sie tiefgehende Umwandlungen nicht nur im Bereich der Kirche, sondern auch auf gesellschaftlicher Ebene herbeiführte oder zumindest begünstigte?

Eine solche Problematik verlangt eine Erweiterung des Blickfeldes, damit nicht nur das gewaltige geistige Ringen in den Klöstern, in Volk und Kirche, das sich in der Forderung nach moralischer Erneuerung und religiöser Reform und in deren Realisierung äußerte, berücksichtigt wird, sondern auch der Wandel der kirchlichen Strukturen im Zusammenhang mit den Problemen und der Pflege des geistigen Lebens, aber auch in Verbindung mit der Entwicklung der Feudalgesellschaft, mit dem Entstehen kommunaler Selbstverwaltungen und den ersten Erfolgen der Monarchien.

Auf dieser Ebene gab Schreiber [4] die Anregung zu fruchtbaren Forschungen, vor allem mit seinen Untersuchungen über Cluny und die Eigenkirche. Er übte, wie mir scheint, einen starken Einfluß auf den jungen eifrigen und begabten österreichischen Wissenschaftler Friedrich Heer [5] aus, der die Bemerkungen Talbots [6] über die Entwicklung der cluniazensischen Geistigkeit zu verschiedenen Zeitpunkten manchmal in ein vielleicht zu betont soziologisches System eingeordnet hat.

Aber noch im Jahre 1954 konnte Hallinger ausrufen: „Von einer Durchdringung der historischen Wirklichkeit Klunys sind wir noch

---

[4] Von G. Schreiber s. neben dem Hauptwerk: Kurie und Kloster im 12. Jahrhundert. Studien zu Privilegierung, Verfassung und besonders zum Eigenkirchenwesen der vorfranziskanischen Orden, vornehmlich auf Grund der Papsturkunden von Paschalis II. bis auf Lucius II. (1099 bis 1181), Stuttgart 1910, die in dem Band: Gemeinschaften des Mittelalters. Recht und Verfassung, Kult und Frömmigkeit, Münster 1948, gesammelten Aufsätze, und besonders die Beiträge: Cluny und die Eigenkirche (S. 81—138), Zur cluniazensischen Reform (S. 139—149), Gregor VII., Cluny, Cîteaux, Prémontré zu Eigenkirche, Parochie, Seelsorge (S. 283—370).

[5] Fr. Heer, Aufgang Europas. Eine Studie zu den Zusammenhängen zwischen politischer Religiosität, Frömmigkeitsstil und dem Werden Europas im 12. Jahrhundert, Wien-Zürich 1949, S. 384—421.

[6] H. Talbot, Cluniac spirituality, in: The life of the spirit, II, nr. 18, 1945, S. 97 ff.

weit, weit entfernt . . .!" [7]. Doch reiften bereits neue Gesichtspunkte und Entwicklungen in der Forschung heran.

Schließlich betrachtete Werner [8] in einer zusammenfassenden organischen Schau die religiösen und strukturellen Aspekte des Einflusses der cluniazensischen Bewegung auf die Geschichte, jedoch erscheint bei ihm das Religiöse in enger Abhängigkeit vom Strukturellen — als dessen Überbau. Nach Ansicht des nach marxistischer Methode arbeitenden Wissenschaftlers aus Leipzig sollten die Bemühungen der Cluniazenser um die moralische Reform verhindern, daß die Empörung der Gläubigen über die Sittenlosigkeit des Klerus die ökonomischen Grundlagen der Macht der Feudalgesellschaft und der Kirche zerstörte. Ebenso sollten die Feierlichkeit der Zeremonien und die einladende Weite der Sakralbauten dazu dienen, das Volk anzuziehen und es der Feudalherrschaft zu unterwerfen, und Gebete und Formen des Kultes (von Byzanz eingeführt) seien als „liturgische Gegengifte" gegen die aufkommenden antiklerikalen und antifeudalen Häresien eingesetzt worden.

Gegen die angenommenen „liturgischen Neuerungen" Clunys sind Einwände, wenn auch vielleicht in allzu entschiedener Form, erhoben worden; [9] es ließen sich noch weitere Einzelheiten zu diesem

---

[7] K. Hallinger, Zur geistigen Welt der Anfänge Klunys, in: Deutsches Archiv X (1954), S. 417—445, besonders S. 417.

[8] E. Werner, Die gesellschaftlichen Grundlagen der Klosterreform im 11. Jahrhundert, Berlin, 1953.

[9] K. Hallinger, Progressi e problemi della ricerca sulla riforma pregregoriana, in: Il monachesimo nell'alto medioevo e la formazione della civiltà occidentale (Settimane di studio del Centro italiano di studi sull'alto medioevo, IV), Spoleto 1957, S. 256—291, besonders S. 272—289.*
Die Einwände Hallingers gegen den byzantinischen Ursprung gewisser liturgischer Bräuche in Cluny und der Nachweis ihrer frühen Herkunft aus gleichen Bräuchen in der abendländischen Kirche sind sicher belegt und überzeugend, so daß auch Werner im Verlauf der Diskussion nach dem Referat in Spoleto (Ibidem, S. 474 bis 481) sich ehrlich davon überzeugen ließ. Wenn man die Einwände und die These Hallingers übernimmt, so stellt sich für den Historiker das Problem, zu erklären, wie solche litur-

* [Anm. d. Herausgebers: deutsch in Archiv für mittelrheinische Kirchengeschichte 9, 1957, 9—32.]

Teil des bedeutenden Werkes von Werner anführen. Jedoch möchte ich mich vor allem mit dem Versuch des scharfsinnigen Wissenschaftlers beschäftigen, die Entwicklung der Klosterreform, besonders der cluniazensischen, mit der Entwicklung der ökonomischen Strukturen und der politisch-administrativen Ordnung fest zu verknüpfen, weil es sich hier um die erste umfassende, abgeschlossene Untersuchung dieser Art handelt, die die Grenzen einer nur die innere Organisation des Ordens berücksichtigenden Forschung zu überwinden sucht und an das Problem des Einflusses Clunys auf das politische Zeitgeschehen mit weit größerer Gründlichkeit herangeht, als es eine ausschließlich auf die äußere Aktivität der großen Äbte beschränkte Untersuchung vermag.

Werner hat das Interesse des Adels an der Gründung und Wiederherstellung von Reformklöstern in rein ökonomischen und politischen Motiven gesehen. Als Folge der Verwüstungen, die durch die Einfälle der Normannen, Sarazenen und Ungarn oder durch die inneren Kämpfe einer immer mehr in Gruppen zerfallenden Feudalgesellschaft verursacht waren, stellte sich die Forderung — im bestehenden System der Naturalwirtschaft —, verlassene oder noch nicht nutzbar gemachte Landgebiete zu kultivieren, wozu eine große Anzahl von Arbeitskräften auf das Land zurückgeholt und auf den halbverlassenen Böden zusammengezogen werden mußte. Das war nur unter geistlichem Schutz und im wirtschaftlichen Machtbereich der Klöster möglich. Damit die Produktion wieder aufgenommen und die gestörte soziale Ordnung wiederhergestellt werden konnten, waren daher die Adligen, deren Macht auf dem Landbesitz beruhte, indirekt an der Förderung der Reform interessiert, die das Ansehen, die Macht und die Anziehungskraft der

---

gischen Bräuche von bisweilen unterschiedlicher Herkunft sich im cluniazensischen Mönchtum begegneten und dort besonders intensive Anwendung fanden, sowie die Bedeutung dieses unbestreitbaren Tatbestandes zu interpretieren. Man könnte auf diese Weise zumindest die Hypothese Werners nachprüfen (Ibidem, S. 476), der „den byzantinischen Einfluß als eine Art von Katalysator" betrachtet, „der vielleicht Fakten und Phänomene, die seit uralten Zeiten existierten und von Byzanz zu neuem Leben erweckt worden waren, in das Abendland zurückbrachte".

Klöster steigerte. Die hochentwickelten liturgischen Bräuche und das große geistliche Vorbild der Klöster — besonders Clunys — brachten diesen von seiten weltlicher Eigentümer Schenkungen an Land und Eigenkirchen ein. Die wirtschaftliche Macht, die dem Kloster daraus erwuchs, gereichte dem Feudalherrn zum Vorteil, der, obwohl er auf seine Besitzrechte gegenüber dem Kloster verzichtete, sobald es die Reform unterstützte, dennoch für sich und seine Erben das Vogteirecht behielt und es reichlich ausnutzte. In diesem Zusammenhang überträgt Werner (ohne es zu belegen) auf den gesamten Bereich der Klosterreform die Politik, mit der die Herzöge von Zähringen die Entwicklung der von ihnen beherrschten Klöster ausnutzten, um ihre eigene wirtschaftliche und politische Macht im Schwarzwald zu festigen und auszudehnen. Was Cluny betrifft, so räumt der marxistische Wissenschaftler zwar den Verzicht des Gründers auf jede Art von Machtausübung durch ihn und seine Erben ein, doch sieht er das Motiv für die Übergabe des Klosters in das Eigentum des Heiligen Stuhles in dem Wunsch des Herzogs von Aquitanien, eine so reiche und mächtige Schenkung an der Peripherie seines Herrschaftsgebietes, wie es die Grafschaft Mâcon war (im Schatten jener hohen Protektion), fest in der Hand zu haben.

Werner gibt zwar die ständige Opposition Clunys gegen die erbliche Vogtei zu, betont jedoch, daß das Kloster am Ende die Obervogtei des Landesherrn akzeptierte (aber auf einer höheren Ebene und im Bereich des öffentlichen Rechts!), die feudalen Charakter und Schutzpflicht hatte und durch *subadvocati* ausgeübt wurde. Auf diese Weise fügte sich Cluny in den entstehenden französischen Territorialstaat ein. Doch traf dies wohl erst gegen Ende des 12. Jahrhunderts zu. Die Interessen des obersten Vogtes und der adligen *subadvocati* hatten meiner Auffassung nach nichts mit dem Entstehen und der Entwicklung des cluniazensischen Mönchtums zu tun.

Werner behauptet, die Abrundung der klösterlichen Besitzungen habe dem hohen Feudaladel ein Instrument gegen die Zersplitterung der feudalen Macht in die Hand gegeben. Fluktuierende Elemente seien auf der Scholle seßhaft gemacht worden, und es habe sich eine homogene Bevölkerungsschicht gebildet, die zu einem Kloster gehörte; dadurch habe sich — von unten her — das gräfliche

Territorium gefestigt, rechtlich gesehen habe die Vereinheitlichung der Arbeitermassen unmittelbar die Tendenz des Feudaladels zur Bildung eines Staatsgebietes gefördert.

Gegen diese Behauptungen wenden wir ein, daß die obenerwähnten Erscheinungen gerade in engem Zusammenhang mit der Festigung der monastischen Immunität in Grundherrschaften und der Entstehung von Burgvogteien stand. Jedenfalls stellt dies alles auf sozialer und juristisch-administrativer Ebene einen Entwicklungsprozeß dar, der der Konsolidierung des gräflichen Territoriums genau entgegengesetzt war.

Zwischen dem 10. und 11. Jahrhundert bestand in der Tat die Tendenz zu einer wachsenden territorialen Zersplitterung, wobei durch die Bildung kleinerer Gerichtsbezirke, verglichen mit der alten Grafschaft, und gerade innerhalb dieser kleineren Bezirke eine Gleichstellung der Masse der Arbeiter gegenüber der Justizgewalt stattfand.

Werner sieht die cluniazensische Bewegung vollkommen in die Feudalstruktur eingefügt, weil das Leben des Klosters, seiner Priorate und abhängigen Zellen auf einer feudalistisch organisierten Bodenwirtschaft basierte. Wir wollen an dieser Stelle nicht darüber diskutieren, ob die Entwicklung der Curtiswirtschaft — auch zeitlich — von der des Feudalsystems unterschieden werden muß, denn das würde uns zu weit führen, sondern festhalten, daß es nicht richtig ist, den abnehmenden Einfluß des Ordens von Cluny auf Politik und Kirche der wirtschaftlichen Krise des riesigen Grundbesitzes von Cluny zuzuschreiben, denn diese Krise zeigte sich erst viel später zu Beginn des 12. Jahrhunderts. Andererseits kann man nicht behaupten, das Wirtschaftsleben Clunys sei so eng an das System der Naturalwirtschaft gebunden gewesen, daß es in eine Krise geraten mußte, sobald sich die Geldwirtschaft zu entwickeln begann. Im Gegenteil: im Gebiet von Mâcon, wo das cluniazensische Mönchtum zuerst entstand und sich ausbreitete, entwickelte sich gerade von Cluny aus die Geldwirtschaft, denn das Kloster brachte das aus den Abgaben der Priorate und das aus den jährlichen Schenkungen des Königs von Kastilien und anderer Herrscher einkommende Geld in Umlauf. Cluny paßte sich nur zu gut und schnell dem wachsenden Geldumlauf an, so daß es sogar die

Nutzbarmachung der sundrischen Ländereien nach der Methode des Curtissystems vernachlässigte.[10]

Man kann Werner auch nicht folgen, wenn er einen grundlegenden Unterschied zwischen der Initiative von Cîteaux und der von Cluny auf dem Gebiet der Landwirtschaft verfolgten Methode herausarbeitet. Wenn Petrus Venerabilis in seiner ökonomisch-administrativen Reform zu wirtschaftlichen Praktiken des vorangegangenen Jahrhunderts zurückzukehren beabsichtigte (die Mentalität der Reformer, besonders der kirchlichen, trägt immer den Wunsch nach Rückkehr zum Althergebrachten in sich), so scheint es mir doch ohne Zweifel, daß der große Abt eine neue Richtung einschlug und sich in Wirklichkeit den veränderten Zeiten anpaßte.[11] Tatsächlich maß er den Abgaben der *tenures* immer weniger Bedeutung bei; sie wurden zum großen Teil in einer an Wert verlierenden Währung bezahlt und bezogen die Barentschädigung für die abgelösten *corvées* [Frondienste] ein; der fast totale Einsatz wurde zur direkten Nutzung der *reserve* verwandt mit Hilfe einer immer stärkeren Beschäftigung von *barbati* [Laienbrüdern], um dadurch die Ausgabe für die Bezahlung der *praebendarii* einzusparen. In der Praxis war dieses neue System landwirtschaftlicher Nutzung nicht weit entfernt von der konsequent durchgeführten Methode der Zisterzienser. Der Unterschied bestand vielmehr in der Tatsache, daß die Zisterzienser sich vorwiegend der Nutzbarmachung unbebauter Ländereien widmeten und deren Kultivierung in der klaren Absicht betrieben, den religiösen Forderungen und der geistigen Haltung entsprechend zu leben, die das Fundament ihres Ordens bildeten und sich deutlich von denen des cluniazensischen Ordens unterschieden.

[10] Über die wirtschaftliche Seite des Lebens in Cluny vgl. G. Duby, Economie domaniale et économie monétaire: le budget de l'abbaye de Cluny entre 1080 et 1155, in: Annales. Economies — Sociétés — Civilisations VII (1952), S. 155—171. Wertvolle Hinweise und treffende Bemerkungen zu dem Wirtschaftsleben des cluniazensischen Klosters finden sich überall in dem Hauptwerk von G. Duby, La société aux XIe et XIIe siècles dans la région mâconnaise, Paris 1953.

[11] In diesem Punkt glaube ich von der Interpretation Dubys etwas abweichen zu können.

Man kann deshalb den Grund für den Niedergang Clunys und den gleichzeitigen Aufstieg von Cîteaux nicht der Tatsache zuschreiben, daß die cluniazensische Bewegung an der überholten Wirtschaftsstruktur, unter der sie sich entwickelt hatte, festgehalten habe, während sich die zisterziensische Bewegung den neuen Wirtschaftsformen angepaßt habe.

Der Versuch ist also sinnlos, Erfolg und Niedergang Clunys mit der Entwicklung und der Krise eines Wirtschaftssystems zu erklären. Wenn man den Begriff „Struktur" nicht in der besonderen Bedeutung benutzt, die ihm die Marxisten beilegen, sondern in dem gewöhnlichen Sinne, dann sollte man eher untersuchen, welche Beziehungen sich zwischen den Strukturen, in denen sich auf der einen Seite das cluniazensische Mönchtum organisierte, und den politischadministrativen und kirchlichen Strukturen auf der anderen Seite erkennen lassen. Es ist klar, daß diese Frage hier nicht nur die Institutionen in ihrer äußeren Gestalt betrifft, sondern auch alles, was sie zum Ausdruck bringen: die Entwicklung des Inhalts politischer Ideologien und ekklesiologischer Begriffe, die Konkretisierung sich wandelnder Kräfteverhältnisse, die Äußerung richterlicher, administrativer, politischer und kirchlicher Gewalt in verschiedenen Bereichen und mit unterschiedlichen Methoden.

In dieser Richtung bewegte sich Lemarignier;[12] er markierte einen entscheidenden Wendepunkt in unserer Forschung, indem er

---

[12] Von J. F. Lemarignier zitiere ich in chronologischer Reihenfolge die mir vorliegenden Werke: Etude sur les privilèges d'exemption et de juris- diction ecclésiastique des abbayes normandes depuis les origines jusqu'en 1140, Paris 1937 (Archives de la France monastique, vol. XLIV); Recherches sur l'hommage en marche et les frontières féodales, Lille 1945 (Travaux et mémoires de l'université de Lille, n. s., Droit et Lettres, vol. XXIV); Le prieuré d'Haspres, ses rapports avec l'abbaye de saint-Vaast et la centralisation monastique au début du XIIe siècle, in: Revue du Nord XXIX (1947), S. 261—268; L'exemption monastique et les origines de la réforme grégorienne, in: A Cluny. Congrès scientifique, fêtes et cérémonies liturgiques en l'honneur des saints Abbés Odon et Odilon, 9—11 juillet 1949, Dijon 1950, S. 288—340; La dislocation du « pagus » et le problème des « consuetudines », in: Mélanges L. Halphen, Paris 1951, S. 401—410; Hiérarchie monastique et hiérarchie féodale, in: Revue

seine Untersuchungen in die umfassendere Problematik der wesentlichen Aspekte des gregorianischen und feudalen Zeitalters einordnete.

Der französische Historiker geht davon aus, daß in der Vorstellungswelt der karolingisch-ottonischen Zeit Staat und Kirche eine einheitliche Gesellschaft bildeten, in der die priesterliche und die königliche Gewalt eng vereint handeln mußten, um die „Gerechtigkeit" durchzusetzen. Der Kirche entstanden daraus Privilegien, Schutz und sozialer Einfluß, aber auch die Gefahr einer drückenden Kontrolle durch die weltlichen Fürsten. So stellte sich schon bei der Gründung des Kaiserreiches das Problem des Verhältnisses zwischen den beiden höchsten Autoritäten, die an der Spitze verschiedener Bereiche eines einzigen politisch-religiösen Organismus standen.

Die Karolinger hatten versucht, dem Kaiserreich eine feste politische Struktur zu geben, indem sie dem Treueeid, den alle freien Männer dem König schuldeten, etwas von der Strenge des Vasallitätsverhältnisses gaben und die *vassi regales,* und damit alle *seniores,* mit der Verantwortung richterlicher und militärischer Befehlsgewalt gegenüber ihren eigenen Vasallen betrauten. So entstand eine Skala notwendiger Vermittler zwischen der Autorität und

---

hist. de droit franç. et étrang., 4ᵉ s., t. XXXI (1953), S. 171—174 (Beitrag zu den ›Journées d'histoire du droit tenues à Liège par la société d'histoire du droit et la société d'histoire du droit des pays flamands, picards et wallons‹, 15.—19. Mai 1951); Fidèles du roi de France (936—987), in: Recueil de travaux offerts à M. Clovis Brunel, Paris 1955, S. 138—162; Autour de la royauté française du IXᵉ au XIIIᵉ siècle, in: Bibl. de l'Ecole des Chartes, CXIII (1955), S. 5—36; Structures monastiques et structures politiques dans la France de la fin du Xᵉ et des débuts du XIᵉ siècle, in: Il monachesimo nell'alto medioevo, cit., S. 357—400; Le déclin de la royauté au premier siècle capétien et l'amorce du redressement (987 bis 1108), (Zusammenfassung eines Referats anläßlich der ›Journées de Paris de la société d'histoire du droit‹: 3.—8. Juni 1957), in: Revue hist. du droit franç. et étrang., 4ᵉ s., XXXVI (1958), S. 305—307.

Lemarignier hat eine umfangreiche Arbeit über die französische *royauté* vom 10. bis 13. Jahrhundert in Vorbereitung, die für die Probleme, von denen hier die Rede ist, besonders wichtig ist.

Macht des Herrschers und den freien Männern; es bildete sich eine Hierarchie in mehreren Stufen: vermittelndes Glied zwischen den Stufen, einigendes Band zwischen Herrscher, Adel und Vasallen waren die persönlichen Bindungen der Vasallenschaft. Kernzelle der feudalen Organisation war der *pagus,* die kleinste und unteilbare Gebietseinheit, in der die Gewalt durch einen Vasallen ausgeübt wurde.

Im karolingisch-ottonischen Kaiserreich war die kirchliche Hierarchie (Erzbischöfe, Bischöfe, Archidiakone) ganz ähnlich wie die weltliche feudale Hierarchie aufgebaut. Auch hier überwogen die Beziehungen persönlicher Natur. Der mit dem Chrisma gesalbte karolingische Herrscher besaß fast priesterlichen Charakter und wurde *episcopus externus* genannt. Ihm als dem *defensor et advocatus Ecclesiae* waren die Bischöfe durch Bande, die immer mehr feudalen Charakter annahmen, verbunden. So entwickelte und verwirklichte sich die typisch germanische Vorstellung von der Oberhoheit des Herrschers über die Kirche seines Staatsgebietes. Deshalb war der Herrscher geneigt, die Macht der Bischöfe zu stärken, und sah mit Wohlwollen, wie sich der Reichtum und die Privilegien der Bischofskirchen vermehrten; denn Kern und Grundlage der Stufenleiter kirchlicher Macht war der Bischof, und die Organisation der Diözese bildete den Rahmen der kirchlichen wie der staatlichen Ordnung.

In diese politischen und kirchlichen Strukturen fügte sich das Mönchtum als Insel der Andacht und Arbeit gut ein; es beugte sich der königlichen Schutzherrschaft, die vor allem auf der Kontrolle über die Abtswahlen beruhte, und akzeptierte seine Unterwerfung unter die Bischöfe. Die einzelnen voneinander unabhängigen Klöster waren der Ordnungs- und Gerichtsgewalt des zuständigen Diözesanbischofs unterstellt.

Ein solches System setzte voraus, daß an der Spitze ein Fürst stand, der einen hohen Begriff von seiner Sendung und genügend Autorität zu ihrer Verwirklichung besaß. Doch zwischen 843 und 887 entwickelte sich die Krise des karolingischen Kaiserreiches; Einfälle von außen und Kämpfe zwischen den Feudalherren im Inneren schufen eine verworrene Situation, die in Anarchie überzugehen drohte.

Unter den Ottonen stellte sich dann in Deutschland die Ordnung wieder her, und die Autorität des Herrschers erstarkte von neuem, so daß die ottonische Kirche, Weltgeistlichkeit wie Ordensgeistlichkeit, ebenso wie im vorangegangenen Jahrhundert aufgebaut war. Die Canones-Sammlung Burkards bestätigt die Unterwerfung der Klöster unter die Bischöfe. (Das war auch möglich, weil die deutschen Bischöfe im allgemeinen ein hohes Niveau besaßen, da die Kaiser auf ihre Wahl große Sorgfalt verwandten.)

In Frankreich dagegen erfuhren die letzten karolingischen Herrscher eine zunehmende Schwächung ihrer Autorität gegenüber den „Territorial"-Fürsten und den anderen Feudalherren. Die Auswahl der Bischöfe, die außerhalb des direkten Hoheitsgebietes der Monarchie in die Hände der Territorialfürsten gefallen war, war so, daß das moralische Niveau sank und die Übergriffe und Gesetzwidrigkeiten der Prälaten zunahmen. In der ersten Zeit der Kapetinger, zwischen dem Ende des 10. und dem Beginn des 11. Jahrhunderts, wurde die Macht des Königs immer schwächer und bestand schließlich in den südlichen Landesteilen praktisch überhaupt nicht mehr. Gleichzeitig nahm die politisch-administrative Zersplitterung immer mehr zu; einige Grafschaften waren auf einen einzigen *pagus* zusammengeschrumpft. Aber auch diese kleinste Einheit der karolingischen Verwaltungsstruktur, die ihre Geschlossenheit bis zum Beginn der Kapetingerherrschaft bewahrt hatte, zerbröckelte. Die persönlichen Bindungen vervielfachten sich, und es verbreitete sich der Brauch, zu mehreren Herren ein Vasallenverhältnis einzugehen. Die auf diese Weise veränderte Vasallenschaft hörte auf, die verbindende Kraft einer Hierarchie zu sein, die auf der an sich schwachen persönlichen Bindung beruhte. Das aber bedeutete extreme Anarchie.

Da der König weniger Schutz bot, fielen die Klöster in die Gewalt der Bischöfe und der mit ihnen eng verbundenen weltlichen Lehnsherren. Gegen Gewalttätigkeiten und Übergriffe gab es keine andere Zuflucht als den Schutz des Heiligen Stuhles. Cluny war von seinem Gründer direkt zum Eigentum Sankt Petri erklärt worden. Das Kloster, das auf diese Weise den päpstlichen Schutz erhielt, blieb dadurch von jeder Einmischung des Bischofs im weltlichen Bereich verschont.

Ebenso gelang es Abbo, dem Abt von Fleury, nach heftigen Auseinandersetzungen mit seinem Bischof, von Gregor V. ein Privileg zu erhalten, das das Kloster von der Gerichts- und Zwangsgewalt des Diözesanbischofs befreite und dem Abt das Recht verlieh, vor dem Gericht der Provinzialsynode zu erscheinen und gegebenenfalls an den Papst zu appellieren (997). Den entscheidenden Schritt zur vollkommenen Exemtion machte im folgenden Jahr der Abt von Cluny, als er das Recht erhielt, sich wegen der Weihe an einen Bischof seiner Wahl zu wenden.

Der von den Klöstern gegen den Episkopat geführte Kampf, in dem sie danach trachteten, unter dem Schutz des Heiligen Stuhles Zuflucht zu finden und von ihm die Exemtion zu erlangen, führte zu einer Stärkung des römischen Primats auf disziplinarischer Ebene. In den Diskussionen auf dem Konzil von Saint-Basle-de-Verzy im Jahr 991 unterstützte Abbo den römischen Primat gegen die These der Bischöfe, die sich auf die karolingische Tradition, die Kirchenlehre Hinkmars von Reims und auf den Aufbau der ottonischen Kirche stützte. Auf Gregor den Großen wie auf die römische Tradition berief sich der Abt von Fleury in seiner Verteidigung des Rechts auf die monastische Exemtion.

Aber nicht nur die theoretischen Grundlagen der Exemtion, sondern auch die praktischen Folgen, die sich aus dem päpstlichen Eigentum an Klöstern ergaben, führten zur Stärkung des römischen Primats. Als Benedikt VIII. im Jahr 1016 zur Verteidigung Clunys, das päpstliches Eigentum war, eingriff, befahl er den Bischöfen von Burgund, der Provence und Aquitanien, die weltlichen Herren, die sich Güter des Klosters angeeignet hatten, zu exkommunizieren. Die direkte, einem Befehl gleichkommende Einmischung des Papstes in die inneren Angelegenheiten der einzelnen Diözesen war ein erster schwerer Schlag gegen das Episkopalsystem. Auch Johannes XIX. verteidigte den cluniazensischen Abt Odilo und bestritt die These des Bischofs von Mâcon, nach der das päpstliche Privileg, das das Recht verlieh, die Mönchsweihe durch einen anderen als den Diözesanbischof vollziehen zu lassen, nichtig sei, da es den früheren Konzilsentscheidungen widerspreche; dadurch bestätigte der Papst,[13] daß jede Entscheidung des Heiligen Stuhles auf der Autori-

---

[13] Auf der Lateransynode von 1027.

tät Petri beruhe und daß die römische Kirche *caput et cardo omnium ecclesiarum* sei.

Derselbe Johannes XIX. hatte im Jahre 1024 die cluniazensischen Mönche *ubicumque positi* vor der Exkommunikation durch die Bischöfe geschützt und dadurch alle dem Kloster Cluny unterstellten Gründungen der Zwangsgewalt der Diözesanbischöfe entzogen. Auf diese Weise wurde die organisatorische Zentralisierung erheblich beschleunigt, so daß sich, nach Auffassung von Lemarignier, aus der Exemtion der starr zentralisierte Aufbau des cluniazensischen Ordens ergab. Mit seinen Prioraten und abhängigen Klöstern bildete der Orden von Cluny sehr bald eine festgefügte Pyramide, an deren Spitze der Abt stand, der unmittelbar vom Papst abhängig war.

Dadurch begann sich die Struktur der Kirche grundlegend zu verändern. Während die kirchliche Autorität sich früher vor allem auf Diözesanebene auswirken konnte oder — zu bestimmten Zeiten und an bestimmten Orten — im Provinzialbereich, insofern alles auf den Bischof oder den Erzbischof zurückging und der Papst keine Mittel hatte, um seine Macht innerhalb des Diözesanbereichs ständig fühlbar zu machen, ging von der zweiten Hälfte des 11. Jahrhunderts ab innerhalb der Kirche alles vom Papst aus und kehrte alles zu ihm zurück; er konnte von nun an in jedem Bereich und bei jedem beliebigen Problem eingreifen. Am Ende dieses Entwicklungsprozesses, im 12. Jahrhundert, erschien der Papst als das Haupt zweier Hierarchien, der weltlichen und der geistlichen, die beide unabhängig voneinander waren, und bediente sich bald der einen, bald der anderen zur stärkeren Behauptung seines Primats.

Nach Auffassung von Lemarignier hat die Entwicklung der cluniazensischen Hierarchie der Entwicklung der feudalen Hierarchie nichts zu verdanken; beide verliefen nicht einmal symmetrisch, sondern im Gegensatz zueinander, denn die Feudalstrukturen beruhten wesentlich auf der persönlichen Bindung und tendierten zur Zersplitterung, zum Individualismus und zur Anarchie. Die cluniazensische Hierarchie gründete sich auf der festeren sachlichen Bindung der Abhängigkeit einer Klostereinheit von der anderen, einer Bindung, die alle anderen ausschließt; das Band der Vasallenschaft dagegen erfuhr eine Schwächung, weil es möglich geworden war, den Lehnseid mehrfach zu leisten.

Diese neue auf sachlichen Bindungen beruhende hierarchische Struktur, die sich zum erstenmal im cluniazensischen Mönchtum verwirklichte, fand in den Kreisen um Gregor viel Anklang, und diese übertrugen sie auf den politischen Bereich des Feudalismus. Als erster Staat, dem andere folgten, bekannte sich das normannische Herzogtum von Apulien als Vasall des Heiligen Stuhles. (Ein solches Band ist vor allem sachlicher Natur: Das Vasallenverhältnis bindet die einzelnen Staaten an den Heiligen Stuhl und nur als Folge davon auch die Herrscher an den Papst.)

Diese gregorianische Vorstellung vom sachlichen Charakter der Feudalhierarchie kommt in der Haltung des exemten Abtes von Saint-Denis, Suger, deutlich zum Ausdruck; seine Schriften enthalten die ideologischen Grundlagen des Entwicklungsprozesses, der zur Restauration der monarchischen Autorität in Frankreich in der ersten Hälfte des 12. Jahrhunderts führte. Daraus schließt Lemarignier, daß es indirekt dem cluniazensischen Mönchtum zu verdanken sei, wenn im französischen Königreich der klassische Feudalismus entstand, der von einer Hierarchie gebildet wurde, in der Land und Menschen in wechselseitiger Beziehung zueinander standen und in der das sachliche Element überwog, da ein Lehen vom anderen abhing bis hinauf zur Spitze der Pyramide, dem *regnum*.

So weit die lebendige und neuartige Ansicht von Lemarignier. Wir wollen der Richtung folgen, die der kluge französische Wissenschaftler gewiesen hat, und werden dabei viele seiner Forschungsergebnisse benutzen. Jedoch glaube ich, daß man zu einer anderen Interpretation gelangen könnte und daß der Schluß erlaubt sei, daß sich die Umbildung der politisch-administrativen wie der kirchlichen Strukturen in einem einzigen Entwicklungsprozeß vollzogen hat, innerhalb dessen die cluniazensische Bewegung organisch eingebettet zu betrachten ist.

II

Wir wollen den Prozeß der Zersplitterung des *pagus* näher untersuchen und dabei besonders das südliche Burgund berücksichtigen als jene Landschaft, in der das Kloster Cluny entstand und in deren Grenzen sich im wesentlichen der erste und später festeste Kern cluniazensischer Gründungen entwickelte.[14] Bis zur Mitte des 10. Jahrhunderts war das Gericht des Grafen, das aus *boni homines* oder Schöffen gebildet wurde, die Fortsetzung der öffentlichen Volksversammlung der Karolingerzeit gewesen und hatte die zivile Gerichtsbarkeit über die freien Männer des gehobenen Standes, sowie die Strafgerichtsbarkeit über alle in der Grafschaft Ansässigen ausgeübt. In den kleineren Bezirken hatten die *vicarii*, gräfliche Justizbeamte niederen Ranges, die zivile Gerichtsbarkeit über die freien Bauern innegehabt, während über die Leibeigenen die Autorität des betreffenden Landeigentümers entschieden hatte. In der zweiten Hälfte des 10. Jahrhunderts gewann das Gericht des Grafen, dem nun Gefolgsmänner und Vasallen beiwohnten, immer

---

[14] Zu den folgenden Bemerkungen über die Entwicklung der gerichtlichen Institutionen im Rahmen der Entwicklung der administrativen Strukturen und in Verbindung mit der sozialen und politischen Entwicklung s. besonders die tiefschürfende Abhandlung von G. Duby, Recherches sur l'évolution des institutions judiciaires pendant le Xe et le XIe siècle dans le sud de la Bourgogne, in: Le Moyen Age, 1946, n. 3—4, S. 149—194; 1947, n. 1—2, S. 15—58. Über vorangegangene Untersuchungen (auch über jene, die andere französische Regionen betreffen) s. die von Duby angeführte Bibliographie, deren mit seiner eigenen Auffassung nicht immer übereinstimmende Thesen er glänzend bespricht. S. auch das schon zitierte Werk von Duby La société ... dans la région mâconnaise, cit., S. 88 ff.; 155 ff.; 172 ff. 205 ff., sowie die ausgezeichnete Besprechung dieses Buches durch Lemarignier in: Le Moyen Age, LXII (1956), S. 167—184.

Von den wenigen Untersuchungen zu diesem Thema, die gleichzeitig mit der Abhandlung von Duby oder später erschienen sind, seien folgende genannt: J. Dhondt, Note sur les châtelains de Flandre, in: Mém. de la Comm. départ. des mon. hist. du Pas-de-Calais V (1947) (= Etudes pour Rodière), S. 43—51; M. Garaud, Les circonscriptions administratives du Comité de Poitou et les auxiliaires du Comte au Xe siècle, in: Le Moyen Age LIX (1953), S. 11—61; M. Garaud, L'organisation administrative du Comté de Poitou au Xe siècle et l'avènement des châtelains et des châtellenies, in: Bull. de la soc. des Antiquaires de l'Ouest, 1953. S. ferner das gründliche Werk von Y. Bongert, Recherches sur les cours laïques du Xe au XIIIe siècle, Paris 1948.

mehr das Aussehen eines feudalen Gerichtshofes. Zu Beginn des 11. Jahrhunderts nahm es einen ausgesprochen privatrechtlichen Charakter an, da gemeinsam mit dem Grafen nur seine Familiares und Ministerialen zu Gericht saßen. Die mächtigsten Vasallen entgingen von nun an der gräflichen Gerichtsgewalt, die sich damit auf einen immer engeren Kreis beschränkt sah und nur noch als Schiedsrichter zwischen den Parteien fungierte.

Es kam vor, daß die größeren Vasallen in den Bezirken, in denen sie Besitzungen und Lehen in größerem Umfang besaßen, sich an die Stelle der gräflichen Justizbeamten setzten und von ihnen die zivile Gerichtsgewalt über die freien Bauern übernahmen; diese faßten sie mit der Gerichtsgewalt über die Leibeigenen zusammen, wodurch die Leibeigenen, die zu einem großen Teil von diesen selben Vasallen abhängig waren, eine gewisse persönliche Freiheit gewannen. Zur selben Zeit bauten diese großen Feudalherren im strategischen Mittelpunkt ihrer Besitzungen und Bezirke ihre Burgen, woraus sich das Recht der Strafjustiz und militärischer Verwaltung in dem umliegenden Gebiet ergab. Jetzt begann auch um den Burgvogt ein feudaler Gerichtshof zu entstehen, vor dem seine niederen Vasallen gerichtlich belangt werden konnten. Die Burgvögte waren um diese Zeit vom Grafen völlig unabhängig geworden und übten auf ihrem Territorium die volle Gerichtsgewalt jeder Art über alle dort Ansässigen aus. Ausgenommen waren einige Lehnsherren von größerer Bedeutung, die noch vor Gericht des Grafen erschienen oder sich auch diesem entzogen, und ausgenommen waren auch alle, die in den Immunitätsgebieten der kirchlichen Einrichtungen oder einiger großer weltlicher Landeigentümer wohnten.

Infolge einer solchen strukturellen Umwandlung gab es keinen Unterschied mehr zwischen Wesen und Autorität der gräflichen Macht und denen des Burgvogts. Die gräfliche Macht konnte wohl eine größere Ausdehnung haben, jedoch war der Machtbereich des Grafen nicht mehr der geschlossene einheitliche Bezirk, der einer alten Verwaltungseinheit entsprochen hatte. Die Reichweite der gräflichen Justiz hing jetzt vielmehr von der Anzahl der Burgen ab, die der Graf besaß und die weit voneinander entfernt in verschiedenen alten Verwaltungseinheiten liegen konnten. Dieser Entwicklungsprozeß ergab sich aus der administrativen Zersplitterung und wurde von dem neuen Brauch der mehrfachen Lehnsverpflichtung gefördert, der selber eine Folge dieser Erscheinung war. Doch konnte der Graf — ebenso wie die neuen Grundherren — aus diesem Prozeß administrativer Zersplitterung, der die Macht innerhalb des ursprünglichen Grafschaftsbereiches unterhöhlte, gelegentlich Nutzen ziehen. Graf Otto Wilhelm, Herr der Grafschaft Mâcon, war durch seine Besitzungen jenseits der Saône Vasall von Rudolf von Burgund, während er gleichzeitig jegliche Gerichtsgewalt über Immunitätsgebiete verloren hatte, sowie über viele der Burgvogteien, in die der *pagus,* auf den seine Grafschaft bereits reduziert war, zerfallen war.[15]

Anderseits wurde der Brauch des mehrfachen Lehnsverhältnisses,[16] der ein Ergebnis der fortschreitenden administrativen Zersplitterung war und zur selben Zeit die Maschen in der hierarchischen Feudalstruktur lockerte und die Krise der obersten Autorität verschärfte, trotzdem gelegentlich zu einem Mittel der Stärkung und Ausbreitung der Macht eines Herren. Dank dieses Brauchs dehnte Graf Odo II. von Blois und Troyes seinen Einfluß über die Grenzen seiner Grafschaften hinaus aus und brachte zahlreiche Vasallen anderer Herren, vor allem Vasallen des Königs, deren Lehen zum Teil mitten in königlichen Hoheitsgebieten lagen, in seine Abhängigkeit.[17]

Ein hiermit parallel verlaufender Entwicklungsprozeß läßt sich auch bei den Vizegrafen feststellen. Zu Beginn des 11. Jahrhunderts wurden die Vizegrafen in Burgund, die bereits Beamte des Grafen waren und einen *pagus* in dem noch nicht reduzierten Territorium der Grafschaft beherrschten, zu mächtigen Lehnsherren über mehrere Burgvogteien in verschiedenen *pagi*.[18]

Ein ähnlicher Prozeß der Umwandlung politisch-administrativer Strukturen vollzog sich im Königreich Italien, besonders in seinen

---

[15] Zu allem hier Gesagten s. Duby, La société ... dans la région mâconnaise, cit., S. 155 ff.

[16] F. L. Ganshof, Depuis quand a-t-on pu, en France, être vassal de plusieurs seigneurs, in: Mélanges P. Fournier, Paris 1929, S. 261 ff.

[17] Lemarignier, Recherches sur l'hommage en marche ..., cit., S. 131 ff.; 143—144.

[18] Lemarignier, La dislocation du « pagus » ..., l. c., S. 402.

nordwestlichen Regionen. Es genügt zu sehen, wie tiefgehend sich die konkreten Grundlagen der Macht und der politisch-militärischen Kräfte der Markgrafen vom Ende des 10. bis zum Ende des 11. Jahrhunderts verändert hatten. Zu diesem Zeitpunkt übten die Markgrafen ihre Macht nicht mehr im Bereich der historischen *marca* aus; denn sie konnten ihre Gerichtsgewalt über eine oder mehrere Grafschaften nicht mehr ausüben, weder direkt noch indirekt durch Vizegrafen, noch konnten sie sich auf die Bindungen des Vasallenverhältnisses zu den Grafen und Vizegrafen stützen.[19] Vor allem aber befand sich die Macht der Grafen in einer Krise; sie wurde in ihrem städtischen Mittelpunkt von der Entfaltung der bischöflichen Gerichtsgewalt unterhöhlt und auf dem Lande durch die Aufsplitterung des Gebietes in kleinere Bezirke wie die ländlichen Gaugrafschaften und die Pfarrbezirke, ferner durch die Ausdehnung und Festigung der kirchlichen Immunitätsgebiete, sowie durch die Bildung von Herrschaften mit territorialem Charakter rund um die Burgen.[20]

Daher bemühten sich die Markgrafen, von König und Kaisern immer zahlreichere und weitgehendere Bestätigungen und Schen-

[19] Eine grundlegende Arbeit über das Problem der Marken in Italien und ihre Umbildung in Markgrafschaften, sowie allgemein über die Geschichte des italienischen Feudalismus vom 10. bis 13. Jahrhundert ist auch heute noch das klassische Werk von C. Desimoni, Sulle marche d'Italia e sulle loro diramazioni in marchesati. Lettere cinque al comm. Domenico Promis; die 2. Auflage wurde um andere Untersuchungen desselben Autors erweitert und mit einigen Stammbaumtafeln versehen (Atti della Società Ligure di Storia Patria XXVIII [1896], S. 1—338). Die wenigen und nicht durchwegs zuverlässigen späteren Untersuchungen sind von F. Cognasso, Tommaso I ed Amadeo IV, 2 voll., Turin 1940, I, cap. I, angeführt und in einer kurzen, aber gelungenen Zusammenfassung verwertet.

[20] Zu diesem Punkt s. auch das wertvolle Werk von P. Vaccari, La territorialità come base del'ordinamento giuridico del contado. Italia superiore e media, Pavia 1921. (Der Autor hat eine zweite durchgesehene Auflage für Anfang 1960 in Aussicht gestellt.) S. auch P. Vaccari, Il «castrum» come elemento di organizzazione territoriale, in: Rend. R. Istituto Lombardo di scienze e lettere, 1924; ferner F. Cusin, Per la storia del castello medievale, in: Riv. stor. ital., ser. V, vol. (1939), S. 499 bis 542.

kungen lehnfreier Besitzungen und Pfründe, die mit Immunität und Gerichtsgewalt [21] verbunden waren, zu erhalten, da sich nun vor allem auf diesen Grundlagen eine wirksame politische und militärische Macht begründen ließ. Im Verlauf des 11. Jahrhunderts vermehrten sich die Mitglieder der markgräflichen Familien, doch schmückten sich alle weiterhin mit demselben Feudaltitel; sie bewahrten den Besitz an den einzelnen Familiengütern, teilten ihn aber in immer mehr abstrakte Teile auf entsprechend den Rechten, die jeder einzelne von ihnen auf die jeweiligen Einkünfte hatte. Zwischen dem Ende des 11. und dem Anfang des 12. Jahrhunderts wurden der gesamte Allodialbesitz und die Lehngüter unter die verschiedenen Zweige, in die sich die markgräfliche Familie gespalten hatte, aufgeteilt.[22] Diese Güter lagen über das ländliche Gebiet verstreut, oft außerhalb und fern der Grafschaften, die die alte Mark gebildet hatten. Von den bedeutendsten der zugeteilten Besitzungen übernahmen die einzelnen Zweige des Markgrafenstammes ihren neuen Namen, der damit nicht mehr mit der zentralen Stadt der Grafschaft verknüpft war, sondern mit einem Kastell in der ländlichen Umgebung. An die Stelle der großen aus der Vereinigung mehrerer Grafschaften entstandenen Mark trat die Markgrafschaft, die in der Hand eines oder mehrerer Mitglieder eines Familienzweiges die einzelnen Allodial- und Lehngüter personal zusammenfaßte; diese Güter lagen ohne territorialen Zusammenhang auf weite Gebiete verstreut, nicht mehr rund um das alte Zentrum eines politisch-administrativen Bezirks, sondern rund um

---

[21] Diese wichtige Tatsache hat bereits Desimoni (l. c., S. 12 ff.) gesehen und darauf hingewiesen; jedoch erforschte er die Frage nach den gerichtlichen Institutionen nicht bis auf den Grund und stellte sich auch nicht das konkrete Problem, die neuen Grundlagen realer Macht, die die jungen Zweige vom alten Markgrafenstamm errungen hatten, herauszuarbeiten.

[22] S. hierzu das oben erwähnte Werk von Desimoni (l. c., passim). Über den bekanntesten Vertrag der Aufteilung markgräflicher Erbgüter unter die verschiedenen Zweige einer alten Markgrafenfamilie s. F. Gabotto, I marchesi Obertenghi fino alla pace di Luni, in: Giornale storico della Lunigiana, vol IX, fasc. I (1918), neu hrsg. in: Per la storia di Tortona nell'età del Comune (= Bibl. della Soc. Storica Subalpina, vol. XCVI) Turin 1922, S. 149—190. Vgl. Cognasso, Tomasso I ..., cit., vol. I, S. 25 ff.

das größte und an einer militärisch besonders günstigen Stelle liegende Kastell.

Dennoch war die markgräfliche Macht zu diesem Zeitpunkt noch nicht geschwunden, wohl aber war sie, da ihre Grundlagen selbst sich verändert hatten, in eine Krise geraten. Manchmal nahm sie sogar noch zu, da die Markgrafen es geschickt verstanden, sich in die Streitigkeiten zwischen Bischöfen, Vasallen und Bürgern einzumischen. Sie hielt sich durch die militärische Kraft, die die Ritter der die markgräfliche Würde wahrenden Familie darstellten, und fand Verstärkung in ihren Beziehungen zu dem hohen französischen und deutschen Feudaladel. Doch gegen Ende des 11. Jahrhunderts bestand die Stärke der Markgrafen vorwiegend in den einzelnen Allodialgütern und Lehngütern verschiedener Herkunft, besonders wenn sie durch Burgen mit dazugehöriger Gerichtsgewalt befestigt waren. Die Markgrafen waren also Besitzer von Kastellen ebenso wie andere Lehnsherren auch, doch besaßen sie weit mehr Kastelle als diese, in günstigeren strategischen und politischen Positionen und in viel ausgedehnteren Landgebieten, wenn auch ohne territorialen Zusammenhang. Es genügt ein Blick auf die Urkunde, die Heinrich IV. für die Söhne des Markgrafen Alberto Azzo aus der markgräflichen Familie Obertenga,[23] Ugo und Folco, ausgestellt hat, um zu erkennen, daß die künftige Stärke der Markgrafen, die ihren Namen vom Kastell von Este übernahmen, nicht auf der politisch-militärischen Herrschaft beruhte, noch auf der Ausübung der gräflichen Gerichtsgewalt im Bereich dieser oder jener Grafschaft, sondern auf ihren Besitzungen, Kastellen und Herrschaften, die sich in großer Fülle von den *comitatus* von Padua, Verona und Vicenza bis zu denen von Arezzo, Luni, Tortona usw. hin erstreckten. Das Machtzentrum der Erben von Folco Obertenga war nun nicht mehr eine Grafschaft oder eine Hauptstadt des *comitatus*, sondern ein Kastell, das sich mit der Bildung der territorialen Gerichtsbarkeit innerhalb und außerhalb seiner Mauern von der Bezirkseinheit der Grafschaft Padua losgelöst hatte und vom Territorium der alten Obertengamark weit entfernt lag.

---

[23] Diplomata Henrici IV, ed. von Gladiss, in: MGH, Diplomata regum et imperatorum Germaniae, T. VI, S. 377—379, Nr. 289 (Verona 1077).

Wegen der extremen Machtzersplitterung waren die neuentstandenen politisch-administrativen Bezirke, in denen Autorität konkret und wirksam ausgeübt wurde, sehr eng begrenzt. Doch sammelten sich viele politisch-administrative und mit Gerichtsgewalt ausgestattete Zentren, die ohne territorialen Zusammenhang waren, in der Hand eines einzigen Herrn, wobei die alten Bezirke ihre Einheit und Geschlossenheit verloren und auseinanderbrachen.

Dieser Prozeß neuer Autoritätsbildung ging in Gestalt des sich entwickelnden politisch-administrativen Partikularismus von unten aus und hatte „reale" Grundlagen und im wesentlichen „territorialen" Charakter. Trotz ihres öffentlich-rechtlichen Ursprungs war die Macht der Burgvögte an die Burg, den Allodialbesitz und das Lehensgut des ihrer Gerichtsgewalt unterworfenen Gebietes gebunden. Das gleiche läßt sich für Italien von den Markgrafen oder den Zweigen alter markgräflicher Familien sagen, die zahlreiche Allodialgüter, Lehen und Burgen beherrschten. Selbst die Stadtgemeinden begannen mit der Eroberung ihrer ländlichen Umgebung, indem sie hier und da Herrschaftsrechte erwarben.[24] Daher flossen die öffentlichen Einnahmen mit den Bodenrenten und -leistungen zusammen; die *honores* und die *iura* nahmen den Charakter und den Namen von *consuetudines* an.[25] Es war natürlich, daß sich die auf diesen Grundlagen entstehenden politisch-administrativen Strukturen zu einer feudalen Hierarchie mit der Betonung auf den „realen" Beziehungen aufbauten.

Im Bereich der kirchlichen Strukturen vollzog sich ein ähnlicher Auflösungsprozeß, der in die Geschlossenheit des Diözesanbezirks einbrach. In Südfrankreich und besonders in Burgund geriet die Gerichtsgewalt der Bischöfe innerhalb der Diözese und außerhalb der bischöflichen Besitzungen, nachdem sie zuvor an die Stelle der in Verfall geratenen gräflichen Gerichtsgewalt getreten war, in eine sehr ähnliche Krise. Als am Ende des 11. Jahrhunderts Ansprüche

[24] Zu dieser Frage s. vor allem G. De Vergottini, Origini e sviluppo storico della comitatinanza, in: Studi Senesi XLIII (1929), S. 347—481; ferner vom selben Autor: I presupposti storici del rapporto di comitatinanza e la diplomatica comunale, in: Scritti della Fac. giurid. di Bologna in onore di U. Borsi, Padua 1955, S. 49—86.

[25] Lemarignier, La dislocation du «pagus» ..., l. c., S. 402—408.

von seiten Dritter auf bischöfliche Güter zu Kontroversen führten, war die Kurie des Bischofs nicht mehr in der Lage, Urteile zu erlassen und deren Befolgung durchzusetzen, sondern mußte sich zu diesem Zweck an den Schiedsrichter des Grafen oder der Burgvögte wenden. Eine wirkliche Gerichtsgewalt übte der Bischof nur noch in der Immunitätsgerichtsbarkeit im Bereich seiner eigenen Besitzungen aus.[26]

Die Gründung und Errichtung von immer mehr Eigenkirchen brachte, wie Feine bemerkt hat,[27] die gesamte innere Struktur der Diözesanorganisation in eine Krise, jene Taufkirchenorganisation, die aus verschiedenen Bezirken und Unterbezirken (Archidiakonaten und Dekanaten) gebildet war, an deren Spitze ein kirchlicher Würdenträger stand, der seine Funktion vom Bischof, einer Personalhierarchie entsprechend, ableitete. Die Erhebung des Zehnten und die Seelsorge erfolgten von nun an auch innerhalb der Grenzen des Territoriums, auf dem die Eigenkirchen gegründet waren und wo ihre Besitzungen lagen.

Im Verlauf des 10. Jahrhunderts und in der ersten Hälfte des 11. Jahrhunderts stieg innerhalb der Diözese die Zahl der Archidiakonate und Dekanate (in die jene unterteilt waren) noch weiter an. Die Parallele zu dem Prozeß der Zersplitterung der politisch-administrativen Bezirke ist eindrucksvoll: Im 10. Jahrhundert entsprach z. B. das Archidiakonat von Troyes einem einzigen *pagus*![28]

Die Errichtung von Eigenkirchen beeinträchtigte den öffentlich-rechtlichen und verwaltungsrechtlichen Charakter des kirchlichen Organisationssystems. Es bildete sich ein gewisser Individualismus; in dem begrenzten Bereich, in dem jetzt auch der Zehnten erhoben und Seelsorge ausgeübt wurde, rückte das Individuum in den Vordergrund: der Eigenkirchenherr und der Meßpriester mit den entsprechenden Rechten und Pflichten, die auf der Realität des Bodens beruhten, auf dem die Kirche erbaut war und von dem der eine der

---

[26] Duby, Recherches sur l'évolution des institutions judiciaires ..., l. c., S. 165 ff.

[27] H. E. Feine, Kirchliche Rechtsgeschichte, I: Die katholische Kirche, 3. Aufl., Weimar 1953, S. 219 ff.

[28] Wir sahen bereits (S. 152), daß einige Grafschaften auf einen einzigen *pagus* zusammengeschrumpft waren.

Eigentümer, der andere der Pfründeninhaber war. Das personale Recht des Priesteramtes wandelte sich in Nutz- und Sachrechte, die priesterliche Pflicht in Belastungen, die mit dem Besitz der Pfründe verbunden waren.[29] So bestätigte sich auch auf der Ebene der kirchlichen Organisation der Charakter der „Territorialität".

Wie die Eigenkirchen bildeten auch die Eigenklöster praktisch Inseln im Diözesanbezirk, auch wenn sie unter der geistlichen Gerichtsbarkeit des Bischofs verblieben.

Daher war der Bischof, der aus Gründen der Kirchenreform oder aus ökonomisch-politischen Absichten seine disziplinarische und geistliche Kontrolle über sein Diözesangebiet besonders wirkungsvoll auszuüben wünschte, gelegentlich gezwungen, eigene Eigenkirchen und Eigenklöster zu errichten oder sich zu beschaffen, so wie der Graf seine Kraft innerhalb seiner Grafschaft nur im Besitz von Burgvogteien finden konnte.

In enge Verbindung mit der Zersplitterung des *pagus* bringt Lemarignier[30] die Tendenz von Klöstern, Kapiteln und sogar von Laien, sich auf den ihrer Herrschaft unterworfenen Territorien die Rechte eines Archidiakons oder eines Bischofs anzueignen, bis hin zu dem Recht, kirchliche Rechtsfälle zu untersuchen und daraus Vorteile zu ziehen. Diese Erscheinung zeigte sich zwischen dem 10. und 11. Jahrhundert besonders in der Normandie und in England, aber auch in den westlichen Landesteilen Frankreichs.

Bei einem solchen Prozeß der Umwandlung der politisch-administrativen wie der kirchlichen Strukturen erscheint die Bildung eines Ordens wie des cluniazensischen nur zu natürlich. Tatsächlich war dies einer der zahlreichen Prozesse partikularistischer Entwicklung, so daß man geradezu vom „Zeitalter des Partikularismus"[31]

---

[29] H. E. Feine, Die Periodisierung der kirchlichen Rechtsgeschichte, in: Zeitschr. Sav. Stift. f. Rg., K. A. XXXVI (1950), S. 1—14, besonders S. 9.

[30] Lemarignier, Etude sur les privilèges d'exemption..., cit., S. 116 bis 117; Recherches sur l'hommage..., cit., S. 48—49; La dislocation du «pagus»..., l. c., S. 409—410.

[31] Den Begriff „mittelalterlicher Partikularismus" in seiner positiven Bedeutung führte G. Falco, Il particolarismo medievale. Alberico II, in dem Band: La Santa Romana Repubblica, 3ᵉ ed., Mailand-Neapel 1958, S. 213—236, in die Geschichtsschreibung ein (die erste Auflage erschien

sprechen kann. Dieser Prozeß der Autoritätsneubildung und ihrer Ausdehnung von unten her ähnelt in etwa dem Prozeß, in dem sich zahlreiche Immunitätsherrschaftsgebiete und Burgvogteien in der Hand eines mächtigen Markgrafen (in Italien) und eines Grafen oder Herzogs (in Frankreich) vereinigten und auf diese Weise eine starke politische Macht bildeten.

Auf dem Gebiet des Klosterwesens zeichnete sich eine ähnliche Erscheinung ab und nahm eine kraftvolle Entwicklung; Zentren des Klosterlebens, die weit entfernt voneinander lagen, strebten zusammen, während andere durch Neugründungen ihre Ausläufer in die Ferne ausstreckten. Klöster, die innerhalb ihrer Diözese abgesonderte Inseln des Gebets und der Andacht gewesen waren, begannen jetzt, die Autorität des Bischofs nicht mehr anzuerkennen (und sie dadurch zu zerbröckeln); sie schlossen sich zusammen, durchbrachen und überwanden die Grenzen der Diözese, bauten sich hierarchisch auf und leiteten damit den Prozeß der Autoritätsneubildung ein.

Im cluniazensischen Orden selbst besaßen einige Priorate, wie z. B. Moissac, scheinbar unabhängig für sich Anziehungskraft und Fähigkeit, auszustrahlen und sich auszudehnen. Aber auch außerhalb des Ordens von Cluny gab es zahlreiche Klosterverbände; man braucht nur an die um die Zentren von Marmoutier und Saint-Victor in Marseille entstandenen zu denken. Die Klosterbewegung von Marmoutier ging um 1040/1050 vom Dunois und dem Vendôme aus und dehnte sich von der Jahrhundertmitte ab auf die Provinz Maine aus, wobei sie bedeutende Chorherrenstifte in eigene Priorate umwandelte; schließlich verdankte sie Wilhelm dem Er-

---

1942). Vom selben Autor s. auch die beiden in Spoleto gehaltenen Referate: La crisi dell'autorità e lo sforzo della ricostruzione in Italia, und: L'Italia e la restaurazione della potestà universali, in: I problemi comuni dell'Europa postcarolingia, (Settimane di studio del Centro italiano di studi sull'alto medioevo, II), Spoleto 1956, S. 39—65. In die von Falco gewiesene Richtung geht der Beitrag zum ersten Band der ›Storia d'Italia‹, zusammengestellt von N. Valeri, I, ed. Utet, Turin 1959, S. 35—50, den G. Arnaldi unter dem Titel: ›L'età del particolarismo in Italia‹ geschrieben hat.

oberer ihren Erfolg und ihre Entfaltung an den Grenzen der Normandie und in England.³²

Die von Saint-Victor in Marseille abhängigen Gründungen dehnten sich in ein Gebiet aus, das nicht dem Einfluß einer einzigen politischen Autorität unterworfen war, von der sie zum Aufbau einer einheitlichen und straff zentralisierten Ordnung Anregung und Unterstützung hätten erfahren können.³³ Aber in dem Ausbreitungsgebiet der Gründungen von Saint Victor, die enge Verbindungen zu dem Zentrum in Marseille unterhielten, entstand von Katalonien bis zur südlichen Provence, bis nach Sardinien und in das Gebiet von Pisa³⁴ ein immer dichteres Netz von Handelsbeziehungen und politischen Kontakten zwischen den Städten, die wirtschaftlichen Wohlstand entwickelten und sich die politische Unabhängigkeit an den Küsten des von der gemeinsamen Bedrohung durch die Sarazenen befreiten Mittelmeeres eroberten.

Dagegen war der Prozeß, in dem sich immer mehr benediktinische Klöster immer enger an die cluniazensische Gründung banden, nicht durch die Unterstützung eines oder mehrerer Fürsten veranlaßt, die damit gerechnet hätten, auf dieser Grundlage ihre Autorität wiederherstellen zu können. Auch kann man nicht sagen, daß das Gebiet, in dem sich der erste feste Kern der cluniazensischen Gründungen entwickelte, bereits im 10. Jahrhundert eine eigene politische oder wirtschaftliche Einheit hergestellt oder erlangt hätte.

---

[32] S. den glänzenden, auf Einzelheiten eingehenden Beitrag von Coutansais zu den Diskussionen der schon erwähnten Studienwoche über das hochmittelalterliche Mönchswesen in Spoleto (Il monachesimo nell'alto medioevo ..., cit., S. 523—525). Coutansais faßte hierin die Ergebnisse einer von ihr in der École des Chartes vertretenen thèse zusammen.

[33] P. Schmid, Die Entstehung des Marseiller Kirchenstaates, in: Archiv für Urkundenforschung X (1928), S. 176—207; J. C. Devos, L'abbaye de Saint-Victor et la réforme grégorienne, in: Mélanges Busquet. Questions d'histoire de Provence (XIᵉ—XIXᵉ siècles), Vaison-la-Romaine 1956 (Sonderheft der ›Provence historique‹, Dezember 1956).

[34] E. Baratier, Les prieurés sardes de Saint-Victor de Marseille, in: Marseille XXXIII (1957); A. Boscolo, L'abbazia di san Vittore, Pisa e la Sardegna, Padua 1958, Pubblicazioni della Deputazione di storia Patria per la Sardegna).

Wie Berthellier bemerkt hat,[35] bedeckte die erste Gruppe cluniazensischer Klöster genau die geographische Fläche, die dem alten burgundischen Königreich Guidobalds (491 bis 516) entsprach, drang aber über die Grenzen der zeitgenössischen politischen Formationen hinaus, wobei Regionen zusammengeschlossen wurden, die untereinander keinerlei politische Verbindung gehabt hatten, von denen Cluny aber nur jeweils einen Teil in seinen Machtbereich miteinbezog.

Es war also nicht ein Fürst, der den Zusammenschluß zahlreicher Klöster im cluniazensischen Orden in Gang brachte, noch war der Boden durch die Bildung einer festen politisch-ökonomischen Einheit der Region dafür vorbereitet gewesen. Wie wir im Bereich der politisch-administrativen, sowie der kirchlichen Strukturen gesehen haben, begann gerade von der äußersten Zersplitterung aus der „partikularistische" Prozeß der Wiederherstellung und Ausbreitung der Autorität von unten her. Die Gründung und erste Entwicklung des cluniazensischen Ordens war eine Seite dieser tiefgehenden strukturellen Umwandlung. Die Bildung späterer Klostergemeinschaften wie der um Marmoutier und Saint-Victor in Marseille und die Gründung weiterer cluniazensischer Kernzellen seit der zweiten Hälfte des 11. Jahrhunderts standen dagegen in Beziehung zu der wirtschaftlichen und politischen Einheit einer Region und zu der weitgreifenden politisch-kirchlichen Aktivität eines Fürsten oder Herrschers. Aber diese selben Umstände führten zu dem Prozeß „partikularistischer" Entwicklung, der auf allen Gebieten seit Beginn des 10. Jahrhunderts in vollem Gange war.

III

Es ist unmöglich, mit einer gewissen Sicherheit den Zeitpunkt zu bestimmen, an dem sich der cluniazensische Orden wirklich zu bilden begann, bevor er dann klare institutionelle Formen annahm. Es

---

[35] S. Berthellier, L'expansion de l'ordre de Cluny et ses rapports avec l'histoire politique et économique du Xe au XIIe siècle, in: Revue archéologique XI (1938), S. 319—326; besonders S. 323.

handelte sich um einen langsamen Reifungsprozeß, der, abgesehen von den starren äußeren Formen, leicht an der konkreten Wirklichkeit der historischen Entwicklung zu erkennen ist, die auch — und wesentlich — eine kulturelle und religiöse, kurz, eine geistliche Entwicklung war. Tatsächlich sehen wir uns vor einem entscheidenden Augenblick in der Entwicklung der mittelalterlichen *societas* in ihrer Gesamtheit und Geschlossenheit, wobei es immer schwer ist, die verschiedenen Aspekte voneinander zu unterscheiden. Dies ist um so schwerer, als ich, wenn ich von „Struktur", „Umwandlung und strukturellen Krisen", „Zersplitterung von Bezirkseinheiten" „Schrumpfung von Gebieten", „Durchbrechung und Überschreitung von Bezirksgrenzen" spreche, mich nicht auf erstarrte institutionelle Äußerlichkeiten in ihrer juristisch-formalen Gestalt beziehe, sondern in diesen immer die politisch-religiösen „Kräfte" mitten in ihrem historischen Wirken zu erkennen versuche und damit auch die sich wandelnden Grenzen, innerhalb derer sie von Mal zu Mal einen konkreten und wirkungsvollen Ausdruck zu finden vermochten.

Die einander ähnlichen Entwicklungsprozesse, die ich auf politischer und kirchlicher Ebene herauszustellen versucht habe, bilden also eine einzige historische Tatsache.

Wenn wir jetzt — ohne diese Probleme aus den Augen zu lassen — den Blick auf den inneren Bereich des Mönchtums wenden, finden wir den Kern, aus dem sich die Tendenz zum Aufbau des einheitlichen Ordensgefüges bildete und entwickelte, in dem klösterlichen Geist und in den Vorstellungen, nach denen sich ursprünglich das Leben der Cluniazenser gerichtet hatte. Baume, Gigny, Cluny, Déols, Massay, Ethice und Saint-Lithain waren durch die Person des ersten Abtes Berno vereinigt und bildeten Bernos *abbatia* im karolingischen Sinn des Wortes. Damals bedeutete *abbatia* nämlich noch das Amt, bzw. die Funktionen des Abtes in ihrem ganzen Umfang; der Begriff hatte eine gewisse öffentlich-rechtliche Bedeutung und eine personale Gültigkeit: die *abbatia* war mit der Person des Abtes verknüpft und ihr zuerkannt. (Es wäre interessant, die Entwicklung in der Bedeutung des Begriffs *abbatia* bis dahin zu verfolgen, wo er sich mit Dingen, das heißt mit dem Kloster verband — eine Entwicklung, die mir auf den ersten Blick dem Prozeß zu ähnlen scheint, in dem das öffentlich-rechtliche *honos* und *jus* durch den privatrechtlichen Begriff der *consuetudo* ersetzt wurde. Von der öffentlichen, der Person zuerkannten und im Bereich der Rechtsprechung ausgeübten Funktion ging die Betonung über auf das reale, konkret bestimmbare und eng lokalisierte Element.) Doch kehren wir zurück zu Berno und prüfen wir sein Testament,[36] das eine weit größere Bedeutung hat als eine einfache privatrechtliche Vermögensverfügung.[37] Als Erben in der Leitung der von ihm geführten Klöster setzte er seinen Verwandten Guido und seinen geliebten Schüler Odo ein; der erstere erhielt Gigny, Baume und Ethice mit der Cella von Saint-Lithain, der letztere Cluny, Massay und Déols, und außerdem erhielten sie den Besitz, der den einzelnen Gründungen zukam. Die Gerichtsbarkeit über die Mönche wurde jedoch ungeteilt übertragen; in Zukunft sollte sie von beiden Äbten gemeinsam ausgeübt werden. Ungeteilt blieb auch der kostbarste Teil von Bernos Erbschaft, die unanimitas, das heißt die gemeinsame Befolgung der Klosterregeln, die bereits unter seiner Führung in allen von ihm geleiteten Klöstern befolgt worden waren.[38]

[36] Herausgegeben in Bibliotheca Cluniacensis, coll. 9—12.

[37] Es genügt, die feierliche Anrede des Dokuments noch einmal zu lesen: «Ex quo divina dispensatio post diluvium constituit ut homo homini praeesset, quicumque secundum Deum tam in veteri Testamento quam in novo aliis praefuerunt, quantum possibile fuit procurarunt ut consultum subditis in posterum esset. Quod et beatum Benedictum et alios quamplures nostri Ordinis instructores fecisse sibique successores dum adviverent elegisse multa documenta probant. Quapropter tam regalis potestas quam sacerdotalis auctoritas sed et principum sublimitas necnon et reliquorum fidelium, quos forte hanc scripturam audire contigerit, ignoscat universitas quod »... (Bibl. Clun., col. 9).

[38] Aus dem Testament des Abtes Bernon: «... tam praelatos quam et omnes fratres, praesentes videlicet et futuros, per misericordiam Dei, qui praesens respicit, deposco ut inter vos unanimitas ita perseveret quatinus modum conversationis huc usque retentum, tam in psalmodia quam in observatione silencii sed et in qualitate victus et vestitus et insuper in contemptu rerum propriarum, si non melius saltem sicut huc usque fecistis sic deinceps custodiatis. Si autem, quod absit, ab aliquo eorum fuerit pertinaciter erratum, praecipimus per sanctae Regulae auctoritatem ut utriusque loci priores (scilicet: Vuido et Oddo) at corrigendum errorem sibi mutuo suffragentur». (Bibl. Clun., coll. 11—12).

Doch wurde eine solche *unanimitas* der Observanz und eine solche Einheitlichkeit der Gerichtsbarkeit von Berno nicht nur seinen schon bestehenden Klöstern und den Mönchen seiner Zeit als Erbschaft hinterlassen, sondern auch den Klöstern, deren Entstehung und Vermehrung er voraussah.[39] Die künftige Entwicklung eines straff einheitlichen Mönchtums trotz der immer zahlreicher werdenden Neugründungen hatte Berno also im Keime bereits gesehen.

Aber in Odos betont monastischen Kirchenbegriff und in den besonderen Motiven seiner Frömmigkeit erkennen wir deutlicher den Geist, in dem sich der einheitliche Aufbau des cluniazensischen Ordens vollzog. Das Ideal Odos war die Pfingstkirche, die durch den Geist der Liebe beseelt und eng vereint war.[40] Das Klosterleben, das die Verwirklichung der Pfingstkirche in der Zeit sein sollte, wurde von Odo als wesentlich soziales Leben im Geist der Nächstenliebe und absoluter Einmütigkeit (*unanimitas*) verstanden, das jeden Egoismus überwindet; dieser dagegen bejaht die Individualität in ihrer Begrenzung und verneint das soziale Bewußtsein und bedeutet damit eine Bindung an die irdischen Güter, worin der Keim zur Spaltung, zur Zwietracht und zum Gegensatz aller gegen alle liegt. *Hic modus est monachis, quos vita ligat socialis.*[41]

In dem von der Nächstenliebe beherrschten klösterlichen Gemeinschaftsleben, in dem jeder Individualismus und jeder Egoismus überwunden ist und jede Bindung an das, was begrenzt oder vorübergehend ist, durchbrochen wird, wollte der Heilige die Vereini-

---

[39] Ibidem: «... si post filios priores et priorem locum, quibus testamentum feci, nobis alios divina largitas et locum et filios ampliare dignata est, ratum debet videri ut posteriores filii non exhaeredentur, sed aliqua pars haereditatis nostrae eis proficiat qui, quamvis in alio loco, tamen eidem domino, id est beato Petro in cuius nomine utrumque locum construximus, servituri sunt. Decaetero tam praelatos quam et omnes fratres, praesentes videlicet et futuros, per misericordiam Dei, qui praesens respicit, deposco ut inter vos unanimitas ita perseveret quatinus...» (Bibl. Clun., col. 11.)

[40] J. Leclercq, L'idéal monastique de saint Odon d'après ses œuvres, in: A Cluny, cit., S. 227—232.

[41] Oddonis abbatis cluniacensis ›Occupatio‹, ed. A. Swoboda, Leipzig 1900, L. I, praef. 20.

gung mit dem mystischen Leibe Christi verwirklicht sehen.[42] Odo beschäftigte sich daher nicht ausschließlich und auch nicht vorwiegend mit der allgemeinen Mahnung zu Eintracht und Einigkeit. Nur eine einige Klostergemeinschaft kann danach streben, sich mit dem mystischen Leibe Christi zu identifizieren (wie Capitani dargelegt hat [43]). Diese Vorstellungen, wenn sie auch von Odo noch nicht so deutlich ausgesprochen oder zumindest noch nicht bis in die äußerste Konsequenz verfolgt waren, fanden einen präziseren und bewußteren Ausdruck bereits bei seinem Schüler und Biographen Johannes von Rom, wie Arnaldi nachgewiesen hat.[44]

Der besondere Charakter von Odos Frömmigkeit kann nicht voll verstanden werden, wenn man von den Verhältnissen der Gesellschaft seiner Zeit, die den heiligen Abt tiefgehend beeinflußten, absieht. Unzucht, Egoismus, Gewalttätigkeit und Ungerechtigkeit waren die Laster, die Odo überall in ihrer schlimmsten Form begegneten und die von der Unzulänglichkeit der Richter noch gesteigert wurden:

Et ipsi (judices), qui ad haec reprimenda constituti fuerant, graviores tempestates et perniciosiores in miseros exercent. Haec autem iniqua atque iniusta inaequalitas non solum in urbibus sed et in agris ... committitur...[45]

Der *iniusta inaequalitas,* die eine von Gewalttätigkeit und Ungerechtigkeit beherrschte Welt charakterisiert, stellte Odo das Ideal der *aequalitas* gegenüber, in der niemand den Rechten anderer zu-

---

[42] O. Capitani, Motivi di spiritualità cluniacense e realismo eucaristico in Odone di Cluny, in: Bullettino d'Istituto storico italiano per il medioevo 71 (1959), bes. S. 11—15. Vgl. auch Capitanis Beitrag auf der Tagung in Todi, in: La spiritualità cluniacense, Convegni del centro sulla spiritualità medievale II, Todi 1960, S. 250—257.

[43] Capitani, cit.

[44] Arnaldis Diskussionsbeitrag in Todi s. in: La spiritualità cluniacense, loc. cit., S. 245—249. Außerdem s. über Johannes von Rom G. Arnaldi, Il biografo «romano» di Oddone di Cluny, in Bull. Ist. Stor. It. per il M. E. 71 (1959), S. 19—37.

[45] Oddonis abbatis cluniacensis ›Collationes‹, L. II, c. 37, in: Bibl. Clun. col. 216.

widerzuhandeln versucht. Die *aequalitas* entstammt der Liebe; aus Egoismus und Haß dagegen entsteht die *inaequalitas*. Die Verurteilung von Richtern, die *iniusti* und *inaequales* sind, bedeutet jedoch nicht die Ablehnung jeder laizistischen und weltlichen Autorität, denn gerade diese sollte ausdrücklich die Funktion haben, die *aequalitas* zwischen den Menschen zu gewährleisten.[46] Wenn aber

[46] Über die Beziehung zwischen der irdischen Machtbefugnis der Richter und der der Priester, ein Thema, das eingehender untersucht zu werden verdiente, s. den folgenden Absatz in den ›Collationes‹ (L. II, c. 24): «Potentiores quidem tanto cautius alloquendi sunt, quanto et laxiorem vitam ducere permittuntur, et ipsi sua potentia veluti quadam superbiendi materia ne se humilient incitentur. His ergo verba Gregorii Nazianzeni, quae in Jeremia loquitur, ita proferantur. Ad vos mihi sermo convertitur. Quid ergo dicetis? putasne patiemini ut non secundum personam sed veraciter agam vobiscum? An libenter accipietis quod lex Christi sacerdotali vos subiicit potestati? *Dedit enim nobis potestatem multo perfectiorem tribunalibus vestris. Aut nunquid iustum est ut a terreno coelestia superentur? ergo potienter quaeso accipite libertatem nostram. Scito te, quisquis es, ovem gregis esse mei,* a Christo mihi summo pastore annumeratam et a Sancto Spiritu consignatam. *Scito te inter sacra altaria cum veneratione subiici manibus sacerdotis.* Scito beatae Trinitati cultum fidemque debere. Nolumus inaequales quidem videri ut abiectos videlicet doceamus et vestrae potentiae credamus, aut erga illos et non erga vos utamur libertate quam nobis Christus in Ecclesia dedit: alioquin illis potius consulere, vos vero dispicere ac negligere videremur.

Quorum itaque maiorem curam habere dignum est? tanto — inquam — maiorem, quanto ad multorum perniciem pertinet si quid a vobis erratur, et rursus multorum saluti consulitur in quibus iustitiam tenueritis et clementiam. Tu, o homo, qui licet aliis praelatus sis aequalis tamen natura tibi est cum illis. Memento igitur quantum Deo debitor sis, qui tibi super aequales tribuit potestatem. Noli attendere quid potes agere, sed quid debes. *Ipsius* (scilicet Dei) *enim dispositione gladium portas non ut ferias, sed ut commineris; quem utinam impollutum restituas commendatori Christo, qui iccirco potestatem divinitus tribuit ut quos sanctae Ecclesiae auctoritas propter propriam virtutem ab oppressione pauperum fraenare non sufficit, er istorum opitulationem comminuat.*» (Bibl. Clun, col. 236—237. Ich habe die Abkürzungen ausgeschrieben und die Interpunktion an einigen Stellen leicht abgeändert, um meine Interpretation des Textes deutlicher zu machen, und habe ferner die für meinen Zweck inter-

Das cluniazensische Mönchtum im 10. und 11. Jh. 173

die Autorität der Richter in Verfall gerät, weil diese ihre Amtspflichten verletzen, dann bleibt immer noch die Autorität der Kirche, die über den gewöhnlichen Menschen und den Königen steht, auch wenn sie in ihren Gliedern korrupt und unwürdig ist.[47] Gott ließ zu, daß im Verhalten der Männer der Kirche schwere Sünden offenbar werden, denn er wollte die Gläubigen auf die Probe stel-

essantesten Zeilen kursiv gesetzt.) Auf religiöser Ebene sind die irdischen Richter — neben den anderen Gläubigen — der priesterlichen Gewalt unterworfen. Die *potestas* und das *gladium* sind den irdischen Richtern unmittelbar von Gott verliehen, dem sie Rechenschaft über deren Verwendung schulden. Das Schwert darf nicht verwandt werden, um Gewalttaten und Übergriffe zum Schaden der Armen und Schwachen zu begehen, sondern soll dazu dienen, den Mächtigen, die solches zu tun beabsichtigen, zu drohen. Die Unterdrückung der Schwachen durch die Mächtigen zu verhindern, ist indessen die Hauptaufgabe der Kirche, aber wenn es deren Autorität nicht gelingt, dieses Ziel durch die Verwendung ausschließlich religiöser Mittel zu erreichen, dann greift das Schwert der irdischen Gewalt ein.

[47] Odo bekräftigt ausdrücklich, daß die priesterliche Autorität nicht auf den Verdiensten der Person beruht: „Non ergo melior est baptismus per manus cuiuslibet sancti hominis quam per manus peccatoris, quoniam qualiscumque baptizator sit, Jesus est qui baptizat. Sic de ministerio sancti altaris debet intelligi, quia scilicet per manus aut iusti aut iniusti sacerdotis oblationem consecrat ipse Christus ... Hinc itaque ex obliquo unusquisque intelligat quia vis et pondus excommunicationis aut ammonitionis pondus — per qualemcumque personam fiat — ex Dei maiestate pensetur cuius auctoritate deponitur." (›Collationes‹, L. I, c. 21, in: Bibl. Clun., coll. 173—174.) Odo führt den Lesern das Beispiel des Kaisers Theodosius an, der die Exkommunikation durch einen fahrenden Mönch („girovago") demütig hinnahm, dem nicht nur von den zuständigen kirchlichen Obrigkeiten diese Gewalt nicht verliehen war, sondern der auch „non bene compos mentis suae erat"; Odo will also zeigen, daß auch die höchste irdische Obrigkeit der Gerichtsgewalt der Priester unterstehen muß und Exkommunikationen und Ermahnungen hinzunehmen hat, ohne sich um die Würde der Person, die solche Strafe verhängt, zu kümmern. Odo fügt in der Tat abschließend hinzu: „quisquis ... regiminis gradum sortitur, locum Apostolorum in ligandi atque solvendi auctoritate suscipit". (›Collationes‹, L. I, c. 28, in: Bibl. Clun., col. 178.)

len, um die zu erkennen, die — über den äußeren Anschein und die leibliche Armseligkeit des Klerus hinaus — all ihr Sinnen und Trachten auf das Religiöse und Übernatürliche, die ewigen Grundlagen der Kirche, richten. Doch sorgte sich Odo um die Gläubigen, die eine rechtliche Vorstellung von der Kirche haben und nach einer unmittelbar sichtbaren Sittlichkeit verlangen; sie möchten das Zeichen von Gottes Willen und Gerechtigkeit unmittelbar und konkret faßbar in der politischen und kirchlichen Wirklichkeit aller Tage erkennen und sind angesichts der herrschenden Korruption des Klerus geneigt, den göttlichen Ursprung und Auftrag der Priesterwürde und der Kirche zu verneinen.[48]

[48] „Spiritalis — iuxta Apostolum — omnia diiudicat, sed animalis homo non percipit spiritalia. Quapropter et isti, nihil secundum fidem metientes, pro eo quod contemptus eorum non statim per aliquod manifestae ultionis signum redarguitur, negligunt futurum examen contremiscere quod ad praesens non experiuntur, et idcirco ad peccandum sunt praecipites, ad corrigendum vero difficiles. Unde scriptum est quia propter hoc multiplicantur mala in terra, quod non cito profertur sententia contra deliquentes." (›Collationes‹, L. I, c. 22, in: Bibl. Clun., col. 174.) Ohne Zweifel gab es für Odo zu seiner Zeit keine Zeichen, nach denen die Menschen zu prüfen und die „spirituali" von den „carnali" zu unterscheiden wären: „Sancta Ecclesia signis ad corroborandum suorum fidem in primordiis suis indiguit. Nunc vero, constante iamdudum fidei statu, signa admodum non requirit. Verum ut internus arbiter cogitationes ex multis cordibus revelet, terribili dispositione — priusquam Antichristus appareat — virtutum signa ab eadem Ecclesia subtrahuntur. Nam prophetia absconditur, curationum gratia aufertur, prolixioris abstinentiae virtus minuitur, doctrinae verba conticescunt, miraculorum prodigia tolluntur: hoc in XXXIV libro Moralium. Quod idcirco fieri permittitur, ut, dum subtractis virtutibus eadem Ecclesia abiector apparuerit, manifestum fiat qui illam propter spem caelestium praemiorum et non propter praesentia signa venerantur, et qui sunt illi qui invisibilia quae promittit sequi negligunt dum signis visibilibus ad eius reverentiam non incitantur, cum etiam a fidelibus miraculorum divitiae subtrahuntur." (›Collationes‹, L. I, c. 25, in: Bibl. Clun., coll. 175—176.)

Über die Unterscheidung und den Gegensatz zwischen *spirituales* und *carnales* im Denken Odos s. die ausgezeichneten Bemerkungen von Capitani, op. cit., S. 10 ff.

Um diesen drückenden Gefahren zu begegnen, forderte Odo einerseits die Gläubigen auf, den Blick zur Anschauung des Übernatürlichen zu heben, und anderseits alle Glieder am Leibe der Kirche, im Geiste zu leben und schon auf dieser Erde das Leben von Engeln zu führen, um so die göttliche Aufgabe der Kirche zu bezeugen.[49] Damit stellte er der *iniusta inaequalitas* der verwirrten Welt seiner Zeit das Ideal des klösterlichen Lebens gegenüber, in dem die *unanimitas* den Egoismus, den Hochmut und die Unzucht verdrängt und — mit der Nächstenliebe — die *vita socialis* erlangt wird, in der sich die *aequalitas* wahrhaft verwirklicht.

Der Keim zu der organischen, einheitlichen Entwicklung der cluniazensischen Bewegung zu einem Orden kann mithin bis auf die Ursprünge von Cluny zurückverfolgt werden,[50] bis auf jene besonderen religiösen Forderungen und Vorstellungen, die jedoch nicht außerhalb der konkreten Verhältnisse der damaligen Gesellschaft verstanden werden dürfen. Den spontanen Expansionseifer und die früh einsetzende Zentralisierung Clunys bezeugt schon Odos Schüler Johannes von Rom in seiner ›Vita sancti Odonis‹, wo wir auch die herbe Kritik an den Cluniazensern finden, in der ihnen vorgeworfen wird, sie fielen wie die Geier über die Länder der Erde her, um dort Besitztümer zu sammeln.[51] Wenn wir uns nicht auf den juri-

---

[49] Hallinger, Zur geistigen Welt..., l. c.

[50] Ich greife hier auf die These von J. Hourlier, Cluny et la notion d'ordre religieux, in dem Band A Cluny, cit., S. 219—226, zurück und entwickele sie weiter.

[51] In der ›Vita sancti Odonis‹ berichtet uns sein Schüler, der Mönch Johannes, deutlich über die von Anfang an beachtliche Ausdehnung des cluniazensischen Mönchtums, weil zahlreiche Klöster dem Abt von Cluny zur Reform übertragen wurden: „... longe lateque patris nostri (scil. Odonis) nomen velut clarissimum sidus coepit effulgere. Factus est notus regibus, episcopis familiarissimus, magnatibus charus. Quaeque enim monasteria in eorum finibus constructa erant, juri patris nostri ea tradebant ut nostro more corrigeret et ordinaret". (›Vita sancti Odonis‹ scripta a Joanne monacho, L. II, cap. 23; in: PL, CXXXIII, col. 73.)

Der Mönch Johannes berichtet unmittelbar nach dem oben zitierten Abschnitt von den heftigen Beschimpfungen, die ein Mönch aus einem Kloster, in dem Odo die cluniazensischen Consuetudines eingeführt hatte,

stisch-formalen Aspekt beschränken, sondern die historische Wirklichkeit erfassen wollen, müssen wir daher den Schluß ziehen, daß die einheitliche und konzentrische Organisation einer breiten klösterlichen Bewegung und — in Korrelation dazu — die Tatsache, daß die Geschlossenheit des Diözesanbezirks zerbröckelte und die bischöfliche Macht innerhalb der Diözese in eine Krise geraten war, der Entwicklung zur Exemtion der Klöster vorangingen. Auf der anderen Seite unterliegt es keinem Zweifel — und darin stimme ich mit Lemarignier überein —, daß die Exemtion ihrerseits die Krise der bischöflichen Macht beschleunigte und verschärfte, indem sie die Einmischung der päpstlichen Gerichtsgewalt in den Diözesanbezirk zuließ. Damit wird die Behauptung des französischen Historikers bestätigt, daß die reformatorischen Klosterbewegungen, vor allem die cluniazensische, durch die Exemtion die päpstliche Macht stärkten und schließlich die kirchlichen Strukturen veränderten; doch kann man meiner Ansicht nach nicht mit Bestimmtheit behaupten, daß am Ende dieses Entwicklungsprozesses, also zu Beginn des 12. Jahrhunderts, zwei verschiedene Hierarchien, die priesterliche und die klösterliche, beim Papst zusammentrafen und, da sie nach Bedarf gegeneinander ausgespielt werden konnten, besser zu beherrschen waren. Man darf nämlich nicht die große Anzahl und die manchmal widerspruchsvolle Vielfalt der Klosterbewegungen und der Orden als Zentren der Reform übersehen; innerhalb des cluniazensischen Ordens selbst wurden einige Priorate, die ein hohes Ansehen und eine gewisse Unabhängigkeit besaßen, ihrerseits zu Mittelpunkten einer neuen Entwicklung des Klosterlebens und klösterlicher Aktivität.

Während Papst Gregor VII. zur Zeit seines Pontifikats und der cluniazensische Abt Hugo trotz ihrer engen geistlichen Freundschaft

---

gegen diesen schleuderte. Die Worte, die der Hagiograph dem Mönch in den Mund legt, sind besonders bezeichnend: „O qui solebas negotiando circuire mundi provincias, nunc venisti nobis praedicare regulam et meliorum tuorum corrigere vitam. Jurando periurando, more accipitris hominum assueveras auferre substantias; et nunc impudenter beatificare a nobis appetis, quasi nescientibus actiones tuas". (Ibidem, coll. 73—74.)

bisweilen unterschiedlicher Auffassung über Heinrich IV.[52] gewesen waren und einen gegensätzlichen Standpunkt in der Frage eingenommen hatten, wie und bis zu welcher Grenze der Orden in die christlichen Königreiche Spaniens vordringen dürfte,[53] fand die cluniazensische Bewegung in den Jahren nach Gregors Pontifikat neue Entwicklungsgebiete in Norditalien, in der Ile-de-France, in der Normandie und in England.[54] Aber diese neuen Kernzellen (unter ihnen die bis Ende des 11. Jahrhunderts noch wenig entwikkelte italienische) erlangten trotz ihrer in juristischer Hinsicht noch engen Abhängigkeit vom Abt von Cluny doch eine gewisse tatsächliche Autonomie, die durch die Aufnahme von konkreten Verbin-

[52] Es gibt keine neueren, eigens dem Abt Hugo gewidmeten Untersuchungen. S. daher noch R. Neumann, Hugo I. der Heilige, Abt von Cluny, Frankfurt am Main 1879; A. L'Huillier, Vie de saint Hugues, abbé de Cluny (1023—1109), Solesmes 1888. Über die Beziehungen zwischen Abt Hugo und Gregor VII. s. bes. A. Brackmann, Die politische Wirkung der kluniazensischen Bewegung, in: Hist. Zeitschr. CXXXIX (1929), S. 34—47, bes. S. 41 ff.

[53] Zu den Gegensätzen zwischen Abt Hugo und Gregor VII. über die Tätigkeit der Cluniazenser in Spanien s. J. Massino, Gregor VII. im Verhältnis zu seinen Legaten, Diss. Greifswald 1907, S. 64—69; G. Säbekow, Die päpstlichen Legationen nach Spanien und Portugal bis zum Ausgang des 12. Jahrhunderts, Diss. Berlin 1921, S. 24—27 u. 62—69; P. F. Kehr, Das Papsttum und der katalanische Prinzipat bis zur Vereinigung mit Aragon, in: Abhandl. d. Preuß. Akad. d. Wiss., Phil. hist. Klasse, Berlin 1926, S. 32 ff.; Werner, op. cit., S. 92 ff. Über die Versuche Roms zur Vereinheitlichung der Liturgie in Spanien s. A. Ubieto Arteta, La introduccion del rito romano en Aragon y Navarra, in: Hispania Sacra I (1948), S. 299—324.

[54] Über die Verbreitung der Cluniazenser in Italien (und besonders in Norditalien) in der zweiten Hälfte des 11. Jahrhunderts s. vor allem De Valous, op. cit., II, S. 266—270, sowie die von G. Antonelli in Benedictina IV (1950), S. 19—40, besorgten Ergänzungen. Über die Verbreitung der Cluniazenser in der Diözese Mailand s. P. Zerbi, Monasteri e riforma a Milano dalla fine del sec. X agli inizi del XII, in: Aevum XXIV (1950), S. 57 ff. Neue Angaben enthält auch Hallingers Referat in Spoleto, Problemi della riforma pregregoriana, l. c., S. 266 ff. Auf derselben dem Mönchtum gewidmeten Tagung in Spoleto wurden im Verlauf der Diskussion wertvolle Einzelheiten von P. Zerbi, G. P. Bognetti und F. Co-

dungen zu den politischen Machthabern der einzelnen Regionen begünstigt wurde. In der Tat ist das dichter werdende Netz cluniazensischer Gründungen in der Ile-de-France und im Gebiet von Orléans begleitet von der Wiederherstellung und Stärkung der königlichen Herrschaft in jenen Landesteilen und von dem erneuerten Ansehen der Kapetinger-Dynastie.[55] Die Gründung von Longueville (1092) in der Normandie und von Lawers (1088) in England bezeichnet die beiden weit auseinanderliegenden Wegemarken auf der Straße, die bald von cluniazensischen Prioraten und Cellae gesäumt war und unter dem Schutz (und unter der Herrschaft) von Wilhelm dem Eroberer stand, der auf diese Weise dafür sorgte, daß die politisch-kirchlichen Strukturen des ererbten Herzogtums und des eroberten Königreichs sich festigen konnten.[56] Wenn man sich

gnasso vorgetragen (Il monachesimo nell'alto medioevo, cit., S. 539—643). Einen straffen Überblick über die Verbreitung des cluniazensischen Mönchtums in Norditalien am Ende des 11. Jahrhunderts gab Bognetti in L'abbazia benedettina di Civate, Civate, 1957, S. 74 ff.

Über die Verbreitung des cluniazensischen Mönchtums in der Ile-de-France in der zweiten Hälfte des 11. Jahrhunderts s. De Valous, op. cit., II, S. 167—168.

Über die Verbreitung des cluniazensischen Mönchtums in der Normandie s. G. Goyau, La Normandie bénédictine, 1940, S. 85 ff. und das inzwischen klassisch gewordene Werk von Lemarignier, Etude sur les privilèges d'exemption ... des abbayes normandes, cit., passim.

Über England s. L. Guilloreau, Les prieurés anglais de l'Ordre de Cluny, in: Revue Mabillon VIII (1912), S. 1—42; und Schmitz, op. cit., I, S. 224 ff.

[55] Vgl. W. Schwarz, Der Investiturstreit in Frankreich, in Zeitschr. f. Kirchengesch., XLIII, N. F. VI (1924), S. 133—143. Die ersten Anzeichen einer Wiederbelebung der königlichen Autorität beschreibt J. Dhondt in einer ausgezeichneten Abhandlung, in der er die Ergebnisse seiner noch unveröffentlichten Dissertation mitteilt: Quelques aspects du règne d'Henri Ier, roi de France, in: Mélanges L. Halphen, cit., S. 199—208. In seinem Referat (zit. in Anm. 12) über ›Le déclin de la royauté ... et l'amorce du redressement‹ hat Lemarignier die verschiedenen Aspekte der neuerstandenen Macht der Landesherren in der Zeit von 1077—1108 beschrieben.

[56] Vgl. H. Böhmer, Kirche und Staat in England und in der Normandie

daran erinnert, daß der cluniazensische Abt Odilo die Aufforderung zur Reform der normannischen Klöster abgelehnt und es vorgezogen hatte, der Initiative Dijons eine mit der eigennützigen Zustimmung des Herzogs durchgeführte Reform zu überlassen, dann kann man sich vorstellen, wie am Ende des 11. Jahrhunderts auch für das Mönchtum von Cluny neue Zeiten angebrochen waren.

Auch wenn in den beiden letzten Jahrzehnten des 11. Jahrhunderts die cluniazensische Bewegung noch neue Zentren der Entwicklung und Verbreitung schuf und die politische Aktivität, sowie das persönliche Ansehen des Abtes Hugo sich noch verstärkten, kann man meiner Ansicht nach doch bereits die Krise des cluniazensischen Mönchtums sich vollziehen sehen. Die neuen Kernzellen im Herrschaftsbereich der Kapetinger und Normannen entwickelten sich nicht nur aus der inneren Dynamik der Bewegung und sicher unter königlicher Gunst, sondern begannen auch — und das fällt mehr ins Gewicht —, von dem Landesherrn Schutz und finanzielle Hilfe anzunehmen, die sich bald als unentbehrlich erwiesen und in der Praxis Bindungen schufen, die Cluny bis dahin nicht gekannt hatte.[57]

Vor allem aber machten sich in der abendländischen Kirche neue religiöse Forderungen und Bestrebungen geltend, und es entstanden neue Reformbewegungen neben der klösterlichen, die nun nicht mehr in Cluny ihren einzigen und bedeutendsten Ausdruck fand. Nachdem die Päpste in der verstärkten hierarchischen Zentralisie-

---

im 11. und 12. Jahrhundert, Leipzig 1899, S. 33 ff., 106 ff., Z. N. Brooke, The english church and the papacy from the conquest to the reigne of John, Cambridge 1931, S. 135 ff.; Lemarignier, Etude sur les privilèges d'exemption ... des abbayes normandes, cit., S. 138 ff.; J. Yver, Le développement du pouvoir ducal en Normandie de l'avènement de Guillaume le Conquérant à la mort d'Enri Ier (1035—1135), in: Atti del convegno internazionale di studi ruggeriani, Palermo 1955, S. 183—204, und bes. S. 187—190. S. auch N. F. Cantor, Church, Kingship and lay investiture in England (1089—1135), Princeton 1958, S. 20 ff., 29 ff.

[57] Über die geldlichen Zuwendungen, die Cluny außer von den Landesherren Kastiliens auch von den viel mächtigeren normannischen Königen erhielt, s. die genannte Abhandlung von Duby, Le budget de Cluny entre 1080 et 1155.

rung den unzweifelhaften Einfluß Clunys erfahren hatten, strebten sie in den beiden letzten Jahrzehnten des 11. Jahrhunderts danach, alte Institutionen mit neuem Geist und neuen Aufgaben zu erfüllen, oder suchten nach neuen Lösungen für die Gewährleistung der Seelsorge, für die Förderung der Frömmigkeit unter den Gläubigen und die Eingliederung der Äußerungen solcher Frömmigkeit in den kirchlichen Rahmen, um der Einmischung der Laien in die Randbezirke des kirchlichen Lebens zu widerstehen. Daher war der cluniazensische Orden nicht mehr der Rahmen, in den das Papsttum sein Werk der Reform und der engmaschigen Reorganisation der Kirche, vor allem in den Ländern, die besonders starrköpfig zu König Heinrich standen und daher einer „gregorianischen" Wiedereroberung bedurften, hätte einfügen wollen.

IV

Eine solche Zeit der Krise im Einfluß Clunys auf die päpstliche Tätigkeit im politisch-kirchlichen Bereich fiel meiner Auffassung nach genau mit dem Pontifikat des Cluniazensers Urban II. zusammen.[58] Sehen wir uns dazu vor allem das Problem der klösterlichen Eigenkirchen an.

Es war schon die Rede von dem Zerbröckeln der Kirchenbezirke und von einer Krise der bischöflichen Autorität im Diözesanbereich wie von der Krise der Autorität der Pfarrer und Archidiakone in ihren Distrikten. Die Krise der 'Taufkirchenorganisation' war vor allem durch die Entwicklung der Eigenkirchen und später durch die monastische Exemtion hervorgerufen worden. Wenn man sich über die Bedeutung des Wortes „Feudalisierung" verständigt und ihm nicht einen bloß negativen Sinn gibt, dann könnten wir von der

---

[58] Es gibt nur wenige und ziemlich überholte Untersuchungen über diesen Papst; nach verschiedenen Andeutungen in neueren Forschungsarbeiten scheint die Tendenz zu bestehen, ihm in dem Maße eine größere Bedeutung beizumessen, in dem die Historiker ihre Aufmerksamkeit den institutionellen Problemen und damit der Periode konkreter Verwirklichung der Kirchenreform zuwenden.

„Feudalisierung"[59] der organisatorischen Strukturen der Kirche sprechen.

[59] In meinem Buch: La pataria milanese e la riforma ecclesiastica. I: Le premesse (1045—1057), Rom 1955, im IV. Kapitel mit dem Titel ›Movimenti religiosi popolari e Chiesa feudale‹, habe ich die Ansicht vertreten, daß man nicht „von einer Feudalkirche sprechen kann als von einer Kirche, die abseits von dem neuerblühten Leben gestanden hätte, das sich im Sozialen wie im Religiösen ausschließlich in den unteren Volksschichten so intensiv entwickelt hatte". (S. 116.) Ich wandte mich damals gegen die landläufige „manichäische" Interpretation, die einen deutlichen Unterschied macht zwischen der „Feudalkirche" einerseits, die hierarchisch und straff gegliedert, mit dem Adelsstand verbunden, ohne innere Frömmigkeit und von einem unfruchtbaren Formalismus beherrscht sei, und den „religiösen Volksbewegungen" anderseits, die von einem tiefen religiösen Verlangen durchdrungen waren und daher mit unwiderstehlichem reformatorischen Schwung nach einem freieren und wirksameren Ausdruck der Gefühle, der Gedanken und des Glaubens strebten. Nur für eine kurze Zeit habe — so wurde weiter behauptet — die römische Kirche die heranbrausende Woge wahrer und reiner Frömmigkeit verspürt, sei jedoch dann — infolge einer tragischen und nicht wiedergutzumachenden inneren Notwendigkeit — sehr bald gezwungen gewesen, die Ideale der Reform und ihre eigene ursprüngliche Berufung zu „verraten", und habe sich nur aus politischer Berechnung auf die religiösen Volksbewegungen gestützt, wenn eine vorübergehende Übereinstimmung in den Erfordernissen des Kampfes es als opportun habe erscheinen lassen.

Ich halte auch heute noch die in meiner Schrift von 1955 aufgestellte Behauptung aufrecht; denn ich bin noch immer überzeugt, daß man die sozialen, politischen und ideologischen Kräfte auf religiöser und kirchlicher Ebene nicht so scharf voneinander trennen und in Gegensatz zueinander stellen darf. Ich glaube, man kann auch in anderen Punkten auf das, was ich vor nunmehr vier Jahren schrieb, zurückgreifen: die starken und noblen religiösen Forderungen zu erkennen (die sich in gewissem Sinne auch im Verlauf der folgenden Ereignisse als wirksam erwiesen), die auch in jenen kirchlichen Kreisen lebendig waren, die die religiösen Volksbewegungen und die brennenden Forderungen nach der Kirchenreform bekämpften; und anderseits die reformatorische Tätigkeit von Bischöfen und Äbten einzugliedern in die Entwicklung der ökonomischen und sozialen Strukturen der Feudalgesellschaft, ohne Verrat an der streng religiösen Aufgabe der moralischen Erneuerung zu begehen (vgl. La Pataria, cit., S. 103 ff.).

Vom Ende des 9. Jahrhunderts, doch vor allem von der Mitte des 10. Jahrhunderts an wurden immer häufiger Kapellen oder Eigenkirchen von weltlichen Eigentümern an Klöster, auch an

Wenn ich heute von „Feudalisierung der organisatorischen Strukturen der Kirche" spreche, so akzeptiere ich damit also nicht die Definition 'Feudalkirche' in dem starren und komplexen Sinn, gegen den ich mich damals so entschieden gewandt hatte. Wenn ich mich heute mit der Entwicklung der kirchlichen Strukturen in Verbindung mit der Entwicklung der administrativ-politischen Strukturen beschäftige, so meine ich eine Periode erkennen zu können, in der sich die Entwicklung der Eigenkirchen und der monastischen Exemtion vollzog und die man als 'feudal' bezeichnen kann, weil sie sich deutlich von der vorangegangenen Periode unterscheidet, in der die Taufkirchenorganisation noch das tragende Gerüst des kirchlichen Gebäudes war, sowie von der auf sie folgenden kurzen Periode, in der das Papsttum versuchte, das organisatorische Gefüge wiederherzustellen, das auf der priesterlichen Hierarchie beruhte, die in den verschiedenen Distrikten *ex officio* errichtet war. (Als „kurz" bezeichne ich diese letzte Periode, die vom Ende des 11. bis zum Anfang des 12. Jahrhunderts dauerte, weil sehr bald — bereits in der ersten Hälfte des 12. Jahrhunderts — ein neuer Prozeß der Zerbröckelung der traditionellen Kirchenbezirke, sowie eine neue Krise der Autorität der Bischöfe, Pfarrer und Archidiakone einsetzten, weil nun auch in den Kreisen der Zisterzienser die monastische Exemtion und die Einmischung der Mönche in die Seelsorge wieder eine neue Entwicklung zu nehmen beginnen, weil im neuen juristischen Gewand des Patronats und später der Kommende der Einfluß der Laien wieder zunahm und weil im Gefüge des kirchlichen Organismus und in seinen Verbindungsgliedern neue juristische Elemente feudalen Typs im Rahmen eines neuen Feudalismus auftauchten.

Eine umfassende Erörterung über diese Probleme, die in Zusammenhang stehen mit der Untersuchung von Marc Bloch über das von ihm so genannte zweite Zeitalter des mittelalterlichen Feudalismus verschiebe ich an andere Stelle und auf einen anderen Zeitpunkt. Hier genügt es (und ist, wie ich glaube, auch angebracht) zu bemerken, wie in der gesamten Periode der „Feudalisierung der organisatorischen Strukturen der Kirche" (vom Ende des 9. bis zur Mitte des 11. Jahrhunderts) die monastische Exemtion und die Erwerbung und Verwaltung von Eigenkirchen und -kapellen durch die exemten Reformklöster sich sehr deutlich in der Geschichte der Kultur, der Religiosität und der Geistigkeit durch eine besondere Tendenz zur Reform und eine besondere Rolle in ihrer Durch-

cluniazensische, übereignet.⁶⁰ Gewiß, beherrschendes oder zumindest mitspielendes Motiv für diese Übereignungen war auf seiten des Schenkers oft der Wunsch, in den Genuß geistlicher Vorteile für sich selbst und für seine verstorbenen Angehörigen zu kommen, oder er willigte damit ein, die Kirche Gottes wieder in geistliche Hände zurückzugeben, wozu er immer häufiger dringlich aufgefordert worden war. Doch haben wir auch den Nachweis, daß sich manchmal die an Klöster übereigneten Eigenkirchen in einem erbärmlichen Zustand befanden, weil ihr Vermögen durch die Nachlässigkeit der Meßpriester oder durch die Gewalttätigkeit benachbarter Machthaber verschwendet worden war. Nicht selten waren die geweihten Gebäude verfallen oder zum großen Teil zerstört.⁶¹ In manchen Fällen war das Eigentum der Kirchen oder Kapellen in zahlreiche Teile zerfallen.⁶² Unter solchen Umständen war der regelmäßige Gottesdienst in diesen Kirchen und Kapellen nicht mehr gewährleistet, so daß ihre geistliche Funktion und ihr Ansehen zusehends verfielen. Dieser Verfall auf religiöser Ebene bewirkte seinerseits, daß die Hilfsquellen, die den Kirchen und Kapellen aus der Frömmigkeit der Gläubigen zugeflossen waren, versiegten. Wahrscheinlich (und in dieser Richtung sollte systema-

führung abheben. Aber das schließt nicht aus, daß nicht auch in der Entwicklung der Eigenkirchen durch die Tätigkeit von Laien — und gerade durch sie — etwas für die Bedürfnisse des Kultus und des Glaubens Nutzbringendes und Notwendiges sich verwirklicht haben konnte. (Auf diesen letzten Aspekt habe ich bereits in meiner Arbeit über La Pataria, cit., S. 113—115 hingewiesen.) Die Bemerkungen, die ich in diesem Referat zusammenfasse, bestätigen meiner Ansicht nach die These, die jede rein politische Interpretation der sogenannten „Feudalkirche" und damit die klare Gegenüberstellung von 'Feudalkirche' und 'religiösen Volksbewegungen' ablehnt.

⁶⁰ Schreiber, Cluny und die Eigenkirche, in: Gemeinschaften des Mittelalters, cit., S. 99 ff.; ders., Gregor VII., Cîteaux, Prémontré zur Eigenkirche..., ibidem, S. 293 ff.; G. Mollat, La restitution des églises privées au patrimoine ecclésiastique en France du IXᵉ au XIᵉ s., in: Rev. hist. du droit franç. et étrang., sér. IV, an. XXVIII (1949), S. 399—423.
⁶¹ Verschiedene Fälle hat Mollat, l. c., S. 409, belegt.
⁶² Vgl. Schreiber, Gregor VII., Cluny, Cîteaux..., l. c., S. 344—345.

tisch geforscht werden) kann die Krise der Funktionsfähigkeit der Kapellen in Beziehung zu der Krise des Curtissystems gesetzt werden, das den ökonomisch-sozialen Raum darstellt, in dem sich die Kirchen so zahlreich vermehrt hatten. So klagte Abbo von Fleury darüber, daß sich die Anzahl der Kirchen innerhalb der einzelnen Diözesen so stark vergrößert hatte, daß die für den Klerus und den Kultus bestimmten Ausgaben nicht mehr durch den Zehnten bestritten werden konnten, weil die Einnahmen infolge der übertriebenen Zersplitterung immer weniger ausreichten.[63] Mit der Zersplitterung der Curtisbesitzungen zerbröckelte nicht nur der Besitz der Eigenkirchen mit all den schädlichen Folgen, auf die wir hingewiesen haben, es drohten auch viele von Bauern bewohnte kleine ländliche Ortschaften, deren geistlicher Mittelpunkt die Kapellen gewesen waren, sich zu entvölkern oder sogar ganz aufzulösen.[64]

Zahlreiche Klosterverbände, vor allem der cluniazensische, erhielten als Schenkung die Splitteranteile einzelner Kapellen oder erwarben sie nach verschiedenen Anläufen von den betreffenden Eigentümern.[65] Indem das Kloster den vorher zersplitterten Besitz einer Kapelle in seiner Hand vereinigte, gewährleistete es dort den regelmäßigen Gottesdienst; auf jeden Fall verlieh das hohe Vorbild des in den Reformklöstern geführten geistlichen Lebens den in Klosterbesitz befindlichen Kapellen neues Ansehen, und es kam oft vor, daß diese Kapellen neue Mittelpunkte lebendiger Frömmigkeit

[63] „Cumque in uno quolibet episcopio interdum mille sint ecclesiae, mirum est si tanta est avaritia sacerdotum ut satiari nequeat tertia vel — quod minus est — quarta parte suarum ecclesiarum?" (Brief des Abtes Abbo von Fleury an seinen Schüler, den Mönch Gauzlin, ed. Bouquet, Recueil d. hist. d. Gaules, X, S. 441.)

Die vermehrte Neugründung von Kirchen und Kapellen im Verlauf des 10. Jahrhunderts wird aus der Durchsicht der privaten Schenkungen ersichtlich. Doch muß eine systematische Untersuchung dieser Neugründungen an Ort und Stelle, unter besonderer Berücksichtigung der zeitlichen Aufeinanderfolge, der Lage und der Widmungen erst noch in Angriff genommen werden.

[64] Über diese Aspekte der Umgestaltung des *habitat* in Verbindung mit der Entwicklung der ökonomischen Strukturen und mit den veränderten kirchlichen Strukturen s. weiter unten S. 206 f., Anm. 101.

[65] Schreiber, Gregor VII., Cluny, Cîteaux ..., l. c., S. 344 ff.

wurden, denen zahlreiche Spenden von Gläubigen zuflossen, und nicht nur von den *rustici* der umliegenden *villae* (die sich manchmal infolge der ökonomisch-sozialen Umwälzungen der Zeit in alle Winde zerstreut hatten), sondern auch von Adligen und Fürsten, oder von fahrenden Kaufleuten und Pilgern. Und wenn der Eigentümer die Eigenkirche dem Kloster 'precario nomine' unter der Bedingung, einen Teil der Erträge zu erhalten,[66] überlassen hatte, konnte sich die Gabe für den Schenker auch als ein äußerst günstiges Geschäft erweisen!

Im 9. und 10. Jahrhundert unterstützten die Bischöfe im allgemeinen die Erwerbung von Eigenkirchen durch die Klöster. Die Gründe für die Haltung waren je nach Lage verschieden: Vom reformatorischen Geist beseelte Bischöfe begünstigten den Übergang von Kirchen in den Besitz von Klöstern, um jene dem Einfluß der Laien zu entziehen. Andere Bischöfe, die vor allem darauf bedacht waren, ihre eigene Autorität innerhalb der Diözese wiederherzustellen, glaubten gelegentlich, die den Klöstern unterstellten Kapellen besser als die in den Händen von Laien befindlichen beherrschen zu können, oder meinten, als die Klosterverbände begannen mächtiger zu werden und die Exemtion anzustreben, sie könnten ihre Autorität über die Klöster durch jenes Minimum von Ordnungs- und Gerichtsgewalt, das sie noch über die Eigenkirchen besaßen, wiederherstellen. Schließlich konnten die verarmten und verwahrlosten Kapellen, die sich in privater Hand befanden, auch nicht den Appetit der Bischöfe wecken, so daß diese es vorzogen, sie im Schatten eines ehrwürdigen Klosters gedeihen zu sehen, in der Hoffnung zumindest auf die wachsenden Einkünfte aus den Synodalabgaben.

Als jedoch viele Klöster, und vor allem die cluniazensischen, die Exemtion erlangten[67] und besonders das Recht, sich wegen der Weihen an einen Bischof ihrer Wahl, der nicht der Diözesanbischof

---

[66] Zahlreiche konkrete Beispiele mit entsprechenden Belegen hat Mollat, l. c., S. 401, n. 1; S. 402—404, angeführt.

[67] Über das Problem der monastischen Exemtion im allgemeinen s. Ph. Hofmeister, Die Exemption der Ordensleute vom Pfarrverband, in: Archiv f. kathol. Kirchenrecht CXXII (1942—1943, aber veröffentlicht erst 1947), S. 46—87.

zu sein brauchte, zu wenden, begann der Episkopat, sich der Erwerbung von Eigenkirchen durch die Klöster zu widersetzen;[68] denn die Möglichkeiten zur Kontrolle hatten sich verringert. Zu einem Zeitpunkt, den wir nicht kennen (aber sehr wahrscheinlich in den letzten Jahren seines Pontifikats) entschloß sich Gregor VII., die eindringlichen Bitten der Bischöfe zu erhören, und verbot den Fürsten, ihre Eigenkirchen den Klöstern zu überlassen,[69] da es sich oft um Übereignungen mit finanzieller Gegenleistung handelte,[70] die daher wegen Simonie angefochten werden konnten.[71] Wahr-

---

[68] Mollat, l. c., S. 409.

[69] Auf dem römischen Konzil von 1078 wurde beschlossen, „ut nullus abbas decimas et primitias et reliqua quae secundum statuta canonum ad episcopos pertinent, sine auctoritate Romani pontificis seu episcopi consensu, in cuius dioecesi habitat, detineat (can VIII: Mansi, XX, 510). Wenn im November 1078 für die Erwerbung von Eigenkirchen durch die Klöster noch keine Beschränkungen und Bedingungen gefordert wurden, sondern lediglich verfügt wurde, daß dem Diözesanbischof die ihm zustehenden kirchlichen Einkünfte und Abgaben der Episkopalkirchen garantiert werden sollten, dann muß daraus geschlossen werden, daß die Anordnung Gregors VII., auf die wir im Text verwiesen, nach diesem Datum erlassen wurde, jedoch nicht viel später, da doch im selben Jahr 1078 auf der unter dem Vorsitz des päpstlichen Legaten Hugo von Die abgehaltenen Synode von Poitiers beschlossen wurde, „ut abbates, monachi, canonici ecclesias quas nunquam habuerunt non emant nec alio modo sibi vindicent nisi consentiente episcopo in cuius fuerint dioecesi. In illis vero quas hactenus absque calumnia habuerunt, redditus et beneficia quae obtinebant canonice obtineant. Presbyter tamen de cura animarum et de Christianitatis ministerio episcopo respondeat". (can. 6, Mansi, XX, 498.) Wie wir gleich sehen werden, gleicht diese Anordnung sehr einer Verfügung, die Gregor VII. im vorletzten Jahr seines Pontifikats auf einer römischen Synode erlassen hat.

[70] Fälle von Erwerbungen von Eigenkirchen durch Klöster belegt Mollat, l. c., S. 416. Vgl. ›Epistola Joannis sanctae Romanae ecclesiae diaconi et cancellarii ad abbatem Molismensem‹: „... praeteritis temporibus principibus saecularibus licuit etiam ecclesias monasteriis tradere. Hac vero licentia nimis laxe principes usi sunt, ut etiam ecclesias monachis venderent..." (Mansi, XX, 726.)

[71] Das Kloster Marmoutier mußte vor Papst Urban II. ein Vergehen dieser Art bekennen. (E. Martène, Hist. de l'abbaye de Marmoutier, Tours

scheinlich waren Schenkungen von Kirchen an Klöster mit der Einwilligung des Diözesanbischofs erlaubt.[72]

Die von den Bischöfen mit dem Hinweis auf diese Verfügungen begangenen Gesetzeswidrigkeiten und Ausplünderungen von Klöstern auf dem Höhepunkt der Auseinandersetzungen zwischen Heinrich IV. und Gregor VII. trieben den Papst dazu, auf einem im vorletzten Jahr seines Pontifikats abgehaltenen Konzil[73]

1874, I, S. 523, zitiert bei Mollat.) In seinem kurz vor 1123 geschriebenen Opusculum VII (›De ordinatione episcopi et de investitura laicorum‹) lehnte Gottfried von Vendôme entschieden jede Befugnis von Laien ab, die Investitur von Kirchen und Kirchengütern zu gewähren, eben weil es ihnen vor allem verboten war, in irgendeiner Form über diese zu verfügen. („Cum laicis, etiam religiosis, disponendarum aecclesiarum vel aecclesiasticarum rerum omnis facultas ab apostolis prohibetur, manifestum est quod eis investitura negatur ab ipsa veritate, a Christo videlicet, qui in apostolis loquebatur".) MGH, Libelli de lite, II, S. 698.

[72] Ein absolutes Verbot für die Klöster, die Schenkung von Kirchen und den damit verbundenen Rechten anzunehmen — sei es auch ohne finanzielle Gegenleistung —, ist nur in dem oben zitierten Brief des Kardinals Johannes erwähnt, der sich — wie wir noch sehen werden — auf dieser Ebene als Extremist erweist; Urban II. ergriff auf dem Konzil von Melfi (wie wir gleich sehen werden) nicht die uns vom Kanzlerkardinal berichteten drastischen Maßnahmen („... Urbanus papa praecepit in ... concilio Melfitano ut quae usque ad illud concilium per principes data monasteriis fuerant, firma et integra permanerent; de caetero abbates ab adquisitione huiusmodi abstinerent"); sondern beschränkte sich darauf, die Zustimmung des Diözesanbischofs zur Erwerbung von Kirchen durch die Klöster als unerläßlich zu erklären.

[73] Vgl. den Brief des Kardinals Johannes, l. c.: „... praeteritis temporibus, principibus saecularibus licuit etiam ecclesias monasteriis tradere. Hac vero licentia nimis laxe principes usi sunt, ut etiam ecclesias monachis venderent. Hoc papa Gregorius septimus acriter prohibuit. Propter quam prohibitionem episcopi monasteria acrius spoliare coeperunt. Unde idem moderatione hac uti voluit in concilio antepenultimi anni sui, ut quaecumque res vel ecclesiae ante ipsum concilium a principibus datae monasteriis fuerant, in eorum possessione persisterent". Die Konzilscanones Gregors VII. sind auch in das Jahr 1083 datiert und uns in einem Codex Vallicellianus überliefert worden (Pflugk-Harttung, Acta Pont.

(wahrscheinlich auf dem Konzil vom November 1083) anzuordnen, daß den Klöstern der Besitz von früher erworbenen Kirchen ungestört belassen bleiben sollte. Die Bischöfe brachten ihre Beschwerden gegen die Klöster zu Beginn des Pontifikats Urban II. erneut vor. Auf dem Konzil von

Rom. Ined. II, S. 125—127); diese schon von Giesebrecht angesetzte Datierung wurde auch von Leclercq in seiner Bearbeitung der ›Konziliengeschichte‹ von Hefele (Hefele-Leclercq, Hist. des conciles, vol. V, Teil I, S. 310, beibehalten). In einigen dieser Konzilscanones wird ganz allgemein das Problem des Besitzes von Pfründen und Kircheneinkünften in der Hand von Laien aufgegriffen; nicht nur solcher Besitz wird verboten, sondern man untersagt auch den Klerikern und Mönchen, von Laien kirchliche Ämter anzunehmen und sogar Schenkungen von Kirchen und den mit ihnen verbundenen Einkünften (auch dann nicht, wenn keine finanzielle Gegenleistung daran geknüpft ist). Can. 1: „Nullus laicus ecclesiam vel beneficium ecclesiae teneat, oblationes scilicet altaris, sepulturam, baptisterium, sed neque ea quae pertinent ad feudum presbyterale et tertiam partem decimae. Neque aliquis clericus vel monachus ab ipsis laicis ecclesias recipiat dono vel praetio, nisi ab episcopo". Can. 2: „Nullus presbyter ministerium ecclesiae vel ipsam ecclesiam ab aliquo accipiat, nisi ab episcopo, qui iniungat sibi obedientiam et curam animarum". Can. 10: „Nullus clericus vel monachus vel laicus donum ecclesiasticae rei vel ipsam ecclesiam a laico recipiat, sed ab episcopo". (Die Übereinstimmung zwischen einigen gregorianischen Canones und besonders zwischen den drei von uns zitierten hat Leclercq veranlaßt, die keineswegs gewagte Hypothese aufzustellen, daß die zweiunddreißig Canones aus der Sammlung des Codex Vallicellianus von verschiedenen Konzilien stammen).

In den Canones des Codex Vallicellianus wird ausschließlich das allgemeine Problem des Besitzes von Kirchen und kirchlichen Rechten in der Hand von Laien behandelt und folglich der von Laien geübte Brauch, in privater Eigenschaft über diese Güter zu verfügen, und sei es auch zugunsten von Mönchen und Klerikern, verboten. Der 'episkopale' Charakter der Canones 1, 2 und 10 ist unzweifelhaft; sie wollen die Seelsorge und die Zuteilung von Pfründen und kirchlichen Einkünften unter die ausschließliche Kontrolle des Diözesanbischofs stellen. Jedoch finden wir keine eindeutige Spur vom Kampf der Bischöfe gegen den Besitz der Klöster an Eigenkirchen und Kapellen. Mehr noch als die großen Reformklöster scheinen die Laien Gegenstand solcher Angriffe zu sein. Lediglich der Canon 13 bezieht sich im einzelnen auf Probleme, die Klöster be-

Melfi (1089)[74] wurde tatsächlich auf Ersuchen der Bischöfe angeordnet, daß „nullus abbas, nullus ecclesiarum praepositus[75] quae iuris sunt ecclesiastici accipere sine episcopi concessione praesumat" (can. 6); und daß auf der anderen Seite „nullus laicus decimas suas aut ecclesiam aut quidquid ecclesiastici iuris est, sine consensu episcopi vel Romani concessione pontificis monasteriis aut canonicis offerre praesumat" (can. 5). Man untersagte den Klöstern (und

treffen: Er untersagt den Priestern, die in ein Kloster eintreten wollen, diesem die eigene Kirche ohne Einwilligung des Bischofs abzutreten. („Nullus presbyter volens monachus fieri ecclesiam monachis relinquat nisi ex licentia episcopi").

Ich halte die Auffassung von Leclercq für begründet, daß die gregorianischen Canones des Codex Vallicellianus von verschiedenen unter Gregor VII. abgehaltenen Konzilien stammen und erst in späterer Zeit zusammengestellt worden sind. Wegen ihres allgemeinen Charakters und ihres Bezuges auf die reformatorischen Grundsätze Gregors gegen die Einmischung von Laien in Fragen der Kirche würde ich die Canones 1, 2 und 10 vor das Jahr 1083 datieren, also in das vorletzte Jahr des Pontifikats Gregors VII., in das der Kardinal Johannes den heftigen Protest der Bischöfe gegen den Besitz der Klöster an Kapellen und Eigenkirchen angesetzt hat.

Über die Bedeutung der oben genannten Sammlung gregorianischer Konzilscanones und die Zeit, in der diese wahrscheinlich zusammengestellt wurden, s. weiter unten S. 211 f., Anm. 111.

[74] Mansi, XX, 721—726.

[75] *Praepositus* wird hier im allgemeinen der Obere eines Kanonikerstifts genannt. Für Urban II. standen die Regularkanoniker hinsichtlich ihres religiösen Lebensstatus auf derselben Stufe wie die Mönche (vgl. Ch. Dereine, L'élaboration du statut canonique des chanoines réguliers spécialement sous Urbain II, in: Rev. hist. eccl. XLVI [1951], S. 534 bis 565); daher galten bestimmte Verpflichtungen und Beschränkungen in gleicher Weise für die Regularkanoniker wie für die Klöster. Die Kanonikerstifte konnten allerdings Parochialkirchen besitzen, jedoch nur mit der vorherigen Zustimmung des Bischofs. Ebenso bedurften sie auch der Zustimmung des Diözesanbischofs, um die von ihnen abhängigen Parochien mit Weltpriestern oder solchen Geistlichen zu versehen, die in einer Ordensgemeinschaft lebten. (Zu diesem ganzen Fragenkomplex s. weiter unten S. 195, Anm. 86.)

Stiften) nicht die Erwerbung von Eigenkirchen, Zehntrechten und
anderen Zuständigkeiten der kirchlichen Gerichtsbarkeit, verlangte
aber für solche Schenkungen die Einwilligung des Bischofs, um verhüllte simonistische Praktiken zu verhindern (ein Problem, das
schon Gregor VII. Sorge bereitet hatte). Doch durften die Bischöfe
nicht nach eigenem Ermessen handeln, und es war ihnen daher verboten, die Einwilligung in Schenkungen zu verweigern „improbi-
tatis et avaritiae causa"; in solchen Fällen konnte die Schenkung
unmittelbar vom Papst genehmigt werden.

Auf dem Konzil von Clermont wurde auf Verlangen einiger
anwesender Bischöfe über die „quaestio de ecclesiis vel de ecclesiasticis possessionibus a clericis vel a monachis usque ad prae-
sentiarum, inconsultis episcopis, acquisitis"[76] diskutiert. Offen-

---

[76] Vgl. Mansi, XX, 819. In zwei wichtigen Artikeln (Le voyage
d'Urbain II et ses négotiations avec le clergé de France [1095—1096], in:
Rev. hist. CLXXIX [1937], S. 271—310; Le voyage d'Urbain II en
France [1095—96] et son importance au point de vue archéologique, in:
Annales du Midi XLIX [1937], S. 42—69) hat Crozet hervorgehoben,
daß Papst Urban II., der sich vor allem über die Kreuzzugspredigt, aber
auch über die Beziehungen zwischen dem Heiligen Stuhl und dem König
von Frankreich sowie dem Kaiser Sorgen machte, sich intensiv der Lösung
zahlreicher kirchlicher Fragen in den französischen Landesteilen, besonders im Languedoc, in Burgund, Aquitanien und in der Champagne, widmete. Wie Crozet betont, beschäftigte sich Urban II. mit Bistümern,
Reformklöstern (cluniazensischen und anderen), Kanonikerstiften, sowie
mit religiösen Volksbewegungen und Eremitenbewegungen. Die neueren
Untersuchungen über das wieder aufblühende Gemeinschaftsleben des
Klerus gegen Ende des 11. Jahrhunderts ermöglichen es uns heute, die
Bedeutung und das Neuartige des Interesses Urbans II. für die Entwicklung der Regularkanoniker hervorzuheben, das sich auch und besonders
auf seiner Reise durch Frankreich zeigte. Wenn man an die religiösen Forderungen und ekklesiologischen Vorstellungen denkt, die die Bewegung
zur Wiederaufnahme des Gemeinschaftslebens in den Kreisen des Klerus
förderten, sowie an die Ernsthaftigkeit und Tiefe, die den antiklöster-
lichen Forderungen des Episkopats zugrunde lagen, dann kann man heute
die Bedeutung des Konzils von Clermont für die Organisation der
Kirche ermessen. Dieser Aspekt steht auch in der Arbeit von Crozet im
Schatten der Probleme über die Kreuzzugspredigt und -vorbereitung. Auch

sichtlich war der Canon von Melfi in geringerem oder größerem Umfang übertreten worden, und es ist wahrscheinlich, daß von seiten des Episkopats auch äußerste Maßnahmen gefordert wurden, falls der Papst es für opportun halte, sich an „saniori consilio episcoporum" zu halten, und in friedlicher Absicht beschließe, daß

ea quae a clericis vel monachis vel a quibuscumque personis prout potuerint usque hodie fuerint acquisita, rata perenniter et inconcussa *permanerent*, hoc tamen tenore ne in posterum inconsultis episcopis talia *praesumerent*.

Die Interpretation, die Kardinal Giovanni (wahrscheinlich vor dem Konzil von Clermont)[77] vom Canon von Melfi gegeben hat, ist als ungenau und übertrieben anzusehen. Der Kanzler des Apostolischen Stuhls stellte es so dar, als sei in Melfi beschlossen worden, daß alle Güter, die weltliche Fürsten den Klöstern damals übereignet hatten, in deren Besitz verbleiben sollten, aber „de caetero abbates ab acquisitione huiusmodi abstinerent"[78]. Der Kardinal Giovanni erläuterte ausdrücklich, daß „omnes ecclesiarum res in manu episcoporum canonica decreta constituunt", und behauptete, daß darum die Schenkungen von Kirchen (auch wenn sie ohne finanzielle Gegenleistung erfolgt seien), die die weltlichen Fürsten den Klöstern gemacht hatten, als eigenmächtig betrachtet werden müßten.[79] Die gegen Entgelt, also simonistisch, vollzogene

---

das ganze Geflecht der Eingriffe Urbans II. in die vielfältigen und komplizierten Fragen, die den Welt- und den Ordensklerus in Frankreich betreffen, werden von Crozet — wie von den anderen Wissenschaftlern — vor allem im Zusammenhang mit dem vorrangigen Ziel des Kreuzzugs gesehen.

[77] Ich glaube, daß der Kanzler der Heiligen Römischen Kirche das Konzil von Clermont erwähnt haben müßte, wenn es schon stattgefunden hätte; auf jeden Fall hätte er, nach Clermont, nicht mehr so ohne weiteres eine so extremistische Interpretation des Konzils von Melfi geben können.

[78] Mansi, XX, 726.

[79] „Omnes ecclesiarum res in manu episcoporum canonica decreta constituunt. Sed praeteritis temporibus, principibus saecularibus licuit etiam ecclesias monasteriis tradere". (Mansi, XX, 726.)

Übereignung sei nichts anderes als eine Verschlimmerung der Gesetzwidrigkeit.[80]

Urban II. ging sicher nicht so weit, die Erwerbung von Kirchen durch die Klöster *de toto* zu untersagen; jedenfalls aber strebte er danach, die gesamte Kontrolle über die Ausübung der Seelsorge innerhalb der Diözese wieder vollständig in die Hände des Bischofs zu legen, und versuchte, dem Diözesanbischof die regelmäßige Einnahme seiner kirchlichen Einkünfte von neuem zu sichern. Auf dem Konzil von Nîmes (Juli 1096) wurde den Bischöfen untersagt, auf simonistischem Wege beträchtliche Geldbeträge von den Klöstern für die Erneuerung der Genehmigung zum Besitz von Kirchen und Zehntrechten beim Tod oder Wechsel von Klerikern zu fordern, denen diese Pfründen gewährt worden waren. Die „ecclesie vel decimae, quae vulgari vocabulo apud eos (scil. *Gallos*) altaria nuncupantur, monasteriis datae" sollten im Besitz der Klöster bleiben, aber „salvo utique episcoporum censu annuo, quem ex eisdem altaribus habere soliti sunt" [81]. Auch beim Besitz der Klöster an Kirchen und kirchlichen Abgaben wurde also die *ex officio*-Abteilung vom Diözesanbischof bekräftigt; diesem mußte der Zins von allen in der Diözese Inkardinierten, die dort Pfründen und Ämter erhalten hatten, gezahlt werden.

Das Konzil zeigte sich besorgt über die Tatsache, daß die Mönche sich gelegentlich weigerten, den Bischöfen diese Abgaben zuzuerkennen, und beschloß, um solche Gesetzwidrigkeiten zu vermeiden, daß die Klöster die in ihrem Besitz befindlichen Kirchen nicht ohne den Rat des Diözesanbischofs mit Priestern besetzen durften.[82]

---

[80] Tatsächlich beeilt sich Kardinal Johannes unmittelbar nach dem in der obigen Fußnote zitierten Satz hinzuzufügen: „Hac vero licentia nimis laxe principes usi sunt, ut etiam ecclesias monachis venderent."

[81] Can. I, (Mansi, XX, 933).

[82] Konzil von Nîmes, can. I (ibidem). Vgl. auch das Konzil von Clermont, can. IV (Mansi, XX, 902): „ne in parochialibus ecclesiis quas tenent (abbates) absque episcoporum consilio presbyteros collocent." Gleiche Verordnungen ergingen in ähnlichen Fällen für die Kanonikerstifte. S. die Bulle Urbans II. für die Kanoniker von Saint-Jean-des-Vignes bei Soissons: „interdicimus ne aliquis saecularis in parochialibus ecclesiis vestris substituatur presbyter, nisi qui ab abate vestro, cum con-

Diese Verordnungen erklären meiner Ansicht nach die Bedeutung, die die vorgeschriebene Bedingung der bischöflichen Zustimmung zu den künftigen Erwerbungen von Kirchen und kirchlichen Abgaben durch die Klöster, aber auch durch die Stifte hatte. Urban II. hatte nicht die Absicht, den Klöstern (und noch weniger den Stiften) für die Zukunft das Recht zur Erwerbung von Kirchen zu nehmen. Doch bemühte er sich eifrig, dem Bischof alle kirchlichen Rechte und Ämter innerhalb der Diözese zurückzugeben.

Episcopus *omnia sua episcopatus membra,* videlicet archidiaconatus, archibresbyteratus, decanias vel alias praepositúras ecclesiae sive canonicas gratis absque omni venalitate disponat, praebendas etiam, quae canonicatus dicuntur, sine venalitate distribuat.[83]

Der „episkopale" Charakter des Konzils von Melfi (1089) ist deutlich! Mit ihm beginnt der umfassende Versuch, den Diözesanbezirk in seiner Geschlossenheit wiederherzustellen, womit ein Entwicklungsprozeß einsetzte, der in entgegengesetzter Richtung verlief zu dem, der sich mit Beginn des 10. Jahrhunderts abgezeichnet und vollendet hatte, in jenem Zeitraum also, in dem das cluniazensische Mönchtum geblüht und in dem sich die monastische Exemtion entwickelt und verbreitet hatte.

Was die in Klosterbesitz befindlichen Kirchen betrifft, so wurde jetzt deutlich unterschieden zwischen dem geistlichen Bereich, der der bischöflichen Kontrolle unterlag, und dem weltlichen, der in der Verfügungsgewalt des klösterlichen Eigentümers verblieb. Die Weihe der Meßpriester und die Kontrolle über ihre gottesdienstliche und seelsorgerische Tätigkeit oblag also ausschließlich dem Diözesanbischof.

Episcopi parochiae curam — cum abbatum consensu — sacerdoti committant, ut eiusmodi sacerdotes de plebis quidem cura episcopo rationem reddant, abbati vero pro rebus temporalibus ad monasterium pertinentibus debitam subiectionem exhibeant. Et sic cuique sua iura serventur (Konzil von Nîmes).[84]

---

sensu capituli vestri, dioecesano fuerit praesentatus episcopo" (reg. JL 5391; ed. PL, CLI, 295—296).

[83] Konzil von Melfi, can. I (Mansi, XX, 722).

[84] Can. I (Mansi, XX, 933).

Die geistliche Herrschaft über das christliche Volk wurde, wie Urban II. beabsichtigte und in die Tat umsetzte, durch die kirchlichen Institutionen mit dem Bischof an der Spitze ausgeübt: daher

in ecclesiis ubi monachi habitant, populus per monachum non regatur, sed capellanus qui populum regat ab episcopo per consilium monachorum instituatur; ita tamen ut ex solius episcopi arbitrio tam ordinatio quam depositio et totius vitae pendeat conversatio.[85]

[85] Konzil von Clermont (Mansi, XX, 820). Es ist interessant zu sehen, welcher Unterschied besteht zwischen diesen Maßnahmen und denen, die in der gleichen Angelegenheit auf der von Wilhelm dem Eroberer in Lillebonne zu Pfingsten 1080 einberufenen Synode ergriffen wurden. Auf der Synode von Lillebonne waren die Schenkungen von Eigenkirchen an Klöster nur unter der einen Bedingung erlaubt, daß der Meßpriester von dem neuen klösterlichen Eigentümer in seinen Funktionen und Rechten belassen wurde. Im Falle seines Todes sollte der Abt des Klosters den Nachfolger nach vorher eingeholter Zustimmung des Diözesanbischofs in sein Amt einsetzen. Der neue Meßpriester der klösterlichen Eigenkirche war nicht obligatorisch dem Bischof in Fragen seiner *conversatio vitae* unterstellt (wie dies später auf dem Konzil von Clermont beschlossen wurde); offensichtlich empfand man den Unterschied zwischen dem Leben im Kloster und dem der mit der Seelsorge betrauten Priester noch nicht in so starkem Maße. Daher behielt der Meßpriester die Freiheit, zwischen einem Leben in der Ordensgemeinschaft zusammen mit den Mönchen und dem im Pfarrhaus seiner Kirche zu wählen; im ersteren Falle hatte der Abt die Pflicht, sich um die Geräte, Bücher und alles von der Kirche benötigte zu kümmern, so wie es nach den von ihr eingebrachten Gütern angemessen war, im zweiten Fall mußte er auch den Priester gebührend unterhalten, damit der Gottesdienst gewährleistet war. „Si donatur monachis ecclesia, presbyter qui eiusdem tenet ecclesiam honorifice teneat quicquid de eadem ecclesia haberet antequam monachi eam haberent: et tanto melius quanto sanctioribus associatur hominibus. Eo autem mortuo vel aliquatenus deficiente, abbas idoneum quaerat presbyterum et episcopo eum per se vel per nuntium suum ostendat. Quem, si recipiendus est, episcopus recipiat. Si vero presbyter cum monachis religiose vivere voluerit, videat ut ecclesia quam episcopali licentia intravit honeste tractetur tam in vestimentis quam libris et caeteris ecclesiae serviendae necessariis secundum eiusdem ecclesiae facultatem. Quod si quis presbyter cum monachis vivere noluerit, tantum ei det abbas de bonis ecclesiae unde et bene vivere et ecclesiae

Die Mönche (aber nicht die Kanoniker)[86] waren also von der direkten geistlichen Herrschaft über das christliche Volk in den institutionellen Organen der Kirche ausgeschlossen, aber ich glaube, es war ihnen weder der Zugang zur Priesterwürde verwehrt, noch die Ausübung des Priesteramts für ihre Mitbrüder innerhalb der

servitium convenienter valeat adimplere." (Can. 12 des Konzils von Lillebonne, Mansi, XX, 557.) Der oben erwähnte Unterschied ist auf die Tatsache zurückzuführen, daß die Synode von Lillebonne (1080) früher stattfand als die Konzilien von Nîmes und Clermont (1096), aber auch auf den besonderen Charakter der Kirche in der Normandie, die dem Druck des Episkopats weniger Entgegenkommen zeigte.

[86] Es ist bemerkenswert, daß alle Dekrete und Canones, die die Erwerbung von Kirchen und Kapellen ohne die Zustimmung des Diözesanbischofs untersagten, sowohl die Klöster als auch die Stifte betrafen, während das Verbot geistlicher Herrschaft über die Gläubigen sich nur gegen die Mönche, aber nicht gegen die Kanoniker (und nicht einmal gegen die Regularkanoniker) richtete. Urban II. billigte in der Tat den von dem Abt des Stiftes Saint-Jean-des-Vignes von Soissons eingebrachten Antrag, in den vom Stift abhängigen Parochialkirchen Regularkanoniker einsetzen zu dürfen, die vorbehaltlich der Rechte des Diözesanbischofs die Seelsorge ausüben sollten. (Aus der Begründung dieser Maßnahme scheint hervorzugehen, daß die Ausübung eines solchen Amtes durch Regularkanoniker auf Widerstand gestoßen war). „Ut igitur propositi vestri ordinem secundum beati Augustini regulam commissi tibi fratres tranquille valeant absque saecularium tumultuum perturbationibus annuente Domino custodire, postulationi tuae libenter annuimus et praesentium litterarum auctoritate concedimus ut in parochianis ecclesiis quae ad vestrum monasterium pertinent regulares vobis liceat claustri vestri clericos canonicos ordinare, qui et ecclesiis ipsis religiose serviant et adiacentis populi parochiam secundum timorem Dei, salvo episcopi iure debito, sollicite procurare non negligant, quatenus omnia quae domus Dei sunt a sapientibus et sapienter administrentur." (Reg. JL 5729, ed. PL, CLI, 524—525.) Eine ähnliche Ermächtigung mit den gleichen Formulierungen wurde den Regularkanonikern von Saint-Quentin von Beauvais erteilt, und zwar bemerkenswerterweise auf Antrag des Diözesanbischofs (Anal. jur. pont., X, 531). (Diese beiden letzten Hinweise gab mir meine Schülerin I. Gallucci, die im Semester 1958/59 eine Dissertation über ›Urbano II e la vita comune del clero‹ an der Katholischen Universität ›Sacro Cuore‹ in Mailand vorlegte.)

Klöster und der klösterlichen Oratorien und im Notfall auch für die Laien, und normalerweise wohl auch nicht bei kultischen und sakramentalen Handlungen, die nicht ausdrücklich in den Zuständigkeitsbereich von Mutterkirchen, Pfarrkirchen oder Parochien fielen.[87]

Jedenfalls bestand die Tendenz, die geistliche Herrschaft über die Gläubigen und den Rahmen, in dem diese ausgeübt wurde, von

---

[87] Die Grenzen des Priesteramtes für Mönche sind in dem Canon 6 der Sammlung von Canones aus den unter Gregor VII. abgehaltenen Synoden deutlich gezogen; Pflugk-Harttung, der die Sammlung veröffentlichte, vertritt, wie wir gesehen haben, die Ansicht, daß es sich dabei um den Text eines römischen Konzils von 1083 handelt. „Monachus officium presbyterale non praesumat facere, id est ea quae pertinent ad parochiam, nisi tantum per necessitatem, scilicet baptismum et absolutionem, si presbyter defuerit." (APRI, II, 125.) Aus diesem Text geht meiner Auffassung nach klar hervor, daß den Mönchspriestern das Recht gewährt wurde, auch abgesehen von Notfällen die Funktionen „quae non pertinent ad parochiam" auszuüben.

Innerhalb dieser Grenzen bestand, wie ich glaube, für die Mönche das Recht zur Ausübung des Priesteramtes, das in zwei Canones des Konzils von Nîmes von Juli 1096 heftig verteidigt wurde (es handelt sich um die Canones 2 und 3 der Ausgabe von Mansi, XX, 934—935). Darum sehe ich auch nicht den von Dereine betonten eindeutigen Widerspruch zwischen diesen Canones und der wohlwollenden Haltung Urbans II. gegenüber den Kanonikern. Die Verteidigung des Priesteramtes der Mönche — innerhalb der oben angeführten Grenzen — braucht nicht unbedingt eine gegen die Kanoniker gerichtete Bedeutung zu haben, die bei Urban II. unverständlich wäre. Wie Dereine selbst bemerkt hat, waren die in den zwei erwähnten Canones zusammengestellten Texte mit aller Wahrscheinlichkeit in Mittel- und Norditalien zum ersten Mal kurz vor 1060 verwandt worden als Waffe bei der Verteidigung der vallombrosanischen Mönche, die sich in den Kampf gegen die Simonie und um die Ersetzung unwürdiger Priester eingemischt hatten. Der Angriff gegen das Priestertum der Mönche wurde zuerst von den Gegnern Gregors, z. B. von Benzo von Alba, geführt. Erst in späterer Zeit, gegen Ende des Jahrhunderts, begannen die Regularkanoniker und ihre Befürworter dieselben Texte in ihrer Fehde gegen das Priestertum der Mönche zu verwenden. Daher glaube ich nicht, daß man die beiden Canones nicht dem Konzil von Nîmes von 1096 zuschreiben könnte, nur weil sie in Gegen-

der direkten oder indirekten Kontrolle durch die Klöster zu befreien, indem, vor allem in Norditalien und Südfrankreich, die Kapellen und Parochialkirchen den Klöstern weggenommen wurden. Um die Wende vom 11. zum 12. Jahrhundert wurde der Erwerb einer Kirche gegen Bezahlung (auch von seiten eines Klosterverbandes) immer mehr als ein Akt schwerer Simonie betrachtet, und man strebte danach, den Besitz von Kirchen oder kirchlichen Rechten in privater Hand als ungesetzlich zu erklären.

So vollzog sich die Unterordnung aller im Bereich einer *ecclesia maior* (Pfarr- oder Parochialkirche) liegenden Kapellen unter die Hauptkirche;[88] der Gottesdienst der einzelnen Titel stand dem Klerus der Mutterkirche zu;[89] diese Kleriker hatten sich in großer

satz zu der stets sehr wohlwollenden Haltung Urbans II. gegenüber den Regularkanonikern stehen.

Sehr begründet erscheinen mir dagegen die Bemerkungen von Dereine über die handschriftliche Tradition, aus der hervorgeht, daß die oben genannten Texte zur Verteidigung des Priestertums der Mönche schon etwa vierzig Jahre vor dem Konzil von Nîmes weitgehend bekannt waren, während nur ein nicht besonders glaubwürdiger Kodex dieselben Texte als Canones dieses Konzils hinstellt. Außerdem ist es sonderbar, daß Konzilscanones (wenn es sich um solche handelt) in keiner Weise die 'Autoritäten' erwähnt haben sollten, denen die einzelnen Abschnitte entnommen sind (Pseudogregorius und Pseudobonifatius). (Zu dieser ganzen Frage s. Ch. Dereine, Le problème de la cura animarum chez Gratien, in: Studia Gratiana II, Bologna 1954, S. 305—318.)

Der von Dereine erhobene Zweifel an der Herkunft der beiden Canones bleibt jedoch bestehen. Daher stütze ich mich in meiner kritischen Ausführung nicht auf diese Texte.

[88] Hierzu s. den schönen Band von C. Boyd, Tithes and parishes in Medieval Italy. The historical roots of a modern problem, Ithaca-New York 1952, bes. S. 103 ff. und 154 ff. Über die Entwicklung des Aufbaus der Parochien im Italien des Mittelalters vgl. L. Nanni, L'evoluzione storica della parrochia, in: La scuola cattolica, 1953, S. 65—134.

[89] Für die Kapellen, die nicht ausreichend dotiert waren, um einen Kleriker zu unterhalten, sollte der Propst der Hauptkirche sorgen, indem er von Zeit zu Zeit, wenn es erforderlich war, Kleriker seines Stifts dorthin entsandte und diese aus dem Vermögen der betreffenden Kapelle und, falls notwendig, auch aus dem Vermögen der Gemeinschaft unterstützte.

Zahl zusammengeschlossen und führten eine Art von mehr oder weniger unter einer Regel stehendem Gemeinschaftsleben.[90] In den Gebieten, in denen sich die Pfarrkirchen, die trotz der Blüte des Eigenkirchenrechts und der monastischen Exemtion fast immer noch zumindest die Einheit der Taufordnung bewahrt hatten, nicht entwickelt hatten, vollzog sich die Wiederherstellung der kleineren Kirchendistrikte im Diözesanbereich durch die Verleihung (oder die Wiedereinführung) der Rechte und Gewalten von Archidiakonen und Dekanen in bestimmten Bezirken an Domkapitel oder an Stifte alter Bischofsparochien (oder an einzelne Würdenträger dieser Kapitel und Stifte).[91] Der Prozeß der Wiederherstellung

„Si quae ... capellae sunt, quae suis redditibus clericos sustinere non possint, earum cura aut dispositio praeposito maioris ecclesiae cui capellae subditae esse videntur immineat, et tam de possessionibus quam et de ecclesiasticis capellarum officiis ipse provideat." (Konzil von Piacenza, can. 15, Mansi, XX, 807.) In einer Einzelfrage erscheint mir dieser Canon sehr bedeutsam; er macht die Tendenz deutlich, die sich schon unter Gregor VII. gezeigt und unter Urban II. verstärkt hatte, die Kapellen (zumindest in Mittel- und Norditalien) in der Gestaltung der Seelsorge und der Verfügung über die von ihnen eingebrachten Güter wieder in enge Abhängigkeit von den „Hauptkirchen" zu bringen. Das bedeutete, daß die Kapellen der Kontrolle durch die Eigentümer entzogen wurden, die um diese Zeit weniger weltliche Herren als vielmehr die Klöster waren. Viele lombardische Urkunden (um mich auf das mir am unmittelbarsten bekannte Gebiet zu beschränken) zeigen, wie häufig und erfolgreich die Pfarrkirchen auf Grund ihnen mehrfach bestätigter Rechte auf alle Kirchen im Pfarrbezirk den Klöstern den Besitz der auf Klosterboden errichteten Kapellen streitig machten.

[90] Diese Formen von Gemeinschaftsleben im Bereich der Hauptkirche sind die Folge davon, daß die Kapellen des Bezirks ihr in der Frage der Seelsorge und der Verfügung über das eingebrachte Vermögen unterstellt waren. Vgl. jetzt A. Palestra, Ricerche sulla vita comune del clero in alcuni pievi Milanesi nel secolo XII, in: La vita comune del clero nei secoli XI e XII, Atti della settimane di studio Mendola sett. 1959; Pubblicazioni del centro dell' Università cattolica del S. Cuore (= Miscellanea del centro di studi medioevali III), 2 Bde., Mailand 1962, Bd. 2, S. 142—149.

[91] Dies gilt natürlich für die Gebiete, in denen sich zur Zeit der Entwicklung der Eigenkirchen weniger die Kapellen als vielmehr die im Be-

der Taufkirchenorganisation und die auf bestimmte Bereiche begrenzte Rückgabe aller Funktionen an die Kirchendistrikte, die der charismatischen Rangordnung der ihnen vorgesetzten Prälaten entsprechend aufgebaut waren, vollzog sich durch die Institution der Kanonikerstifte, besonders jener, die in der Nähe von Pfarr- oder Archidiakonatskirchen lagen.

Dieser Prozeß der durch die Stifte erfolgten strukturellen Umwandlung war eine Folge des langen, intensiven und oft äußerst heftigen Kampfes der Regularkanoniker gegen das Priestertum der Mönche, der sich im letzten Viertel des 11. Jahrhunderts entfesselt hatte.[92] Die beiden Erscheinungen entwickelten sich auf verschie-

---

sitz von Laien oder Klöstern befindlichen Parochien vermehrt hatten und in denen sich daher im Diözesanbereich Dekanats- und Archidiakonatsdistrikte gebildet hatten, die von der Kirchenpolitik der Karolinger unterstützt wurden. Als nach der weiteren Entwicklung der Eigenkirchen und der Krise der größeren und kleineren Kirchendistrikte der Heilige Stuhl begann, die Kirchenbezirke neu aufzubauen und die Distriktsobrigkeiten wiederherzustellen und zu festigen, vollzog sich dieser Prozeß der Zentralisierung in einigen Gebieten im Bereich der Pfarr- oder Erzpriesterbezirke im Umkreis der „Hauptkirchen", in anderen Gebieten im Bereich der Dekanate und Archidiakonate durch die Erteilung der Dekanats- und Archidiakonatsbefugnis an einzelne Würdenträger von Kapiteln oder auch an Kanonikerkollegien. Doch trotz der Verschiedenartigkeit der juristisch-administrativen Formen war der Prozeß der strukturellen Umwandlung, der sich im kirchlichen Organismus anbahnte und vollzog, im ganzen einheitlich. Über die Erteilung von Dekanats- und Archidiakonatsgewalten an Stifte oder an einzelne Kapitelwürdenträger, sowie allgemein über die Übertragung der Seelsorgsbefugnisse an Kanoniker s. H. Schaffer, Pfarrkirche und Stift im deutschen Mittelalter, Stuttgart 1903 (= Kirchenrechtl. Abhandl., hrsg. von U. Stutz, Heft 3), S. 155 ff.; K. H. Schäfer, Die Pfarreigenschaft der regulierten Stiftskirchen, in: Zeitschr. Sav. Stift. f. Rechtsgesch., Kan. Abt. XVI (1925), S. 161—173.

[92] Der Streit um das Priestertum der Mönche ist in den letzten Jahren vielfach untersucht worden. Vgl. P. Berlière, L'exercice du ministère paroissial par les moines dans le haut moyen âge, in: Rev. Bénédictine XXXIX (1927), S. 227—250; P. Delhaye, L'organisation scolaire au XIIe s., in: Traditio V (1947), S. 211—268, bes. S. 214—216; J. Winandy, Les moines et le sacerdoce, in: La vie sprituelle LXXX (1949), S. 23—36;

denen Ebenen und waren eine Reaktion auf verschiedene ideologische Richtungen und religiöse Bedürfnisse, aber an einem bestimmten Punkt trafen sie zu einem gemeinsamen Ziel zusammen, da sie dasselbe Motiv für ihre Fehde hatten: das Vordringen der Klöster, vor allem der cluniazensischen, auf dem Gebiet der Seelsorge und der damit zusammenhängenden Einkünfte. Dieser Kampf fand in wachsendem Maße Zustimmung in den von neuer Frömmigkeit erfüllten Schichten des Volkes.

Der Wohlstand, die Macht und das Vordringen der großen Stadtklöster (oder jener Klöster, die mit ihren Dependancen zu Städten angewachsen waren) wurde von den vielen Eremitenbewegungen heftig bekämpft; diese waren oft nichts anderes als die Antriebskraft zu einer Klostererneuerung, zu einem Mönchtum der Einsamkeit und der Armut — in Gemeinschaft oder als einzelne —, zu einem Mönchtum, das sich vor allem der Buße weihte und weniger dem ehrgeizigen Streben nach Herrschaft über die Gläubigen.[93] Diese „Eremiten"-Bewegungen hatten lebhaften Kontakt zur Masse der Gläubigen, da sie den stark empfundenen Bedürfnissen der Volksfrömmigkeit entsprachen; gleichzeitig waren sie mit den

---

(vgl. E. v. Severus, in: Archiv für Liturgiewissenschaft IVa [1956], S. 517—518); Ph. Hofmeister, Mönchtum und Seelsorge bis zum 13. Jh., in: Studien und Mitteilungen zur Geschichte des Benediktiner-Ordens LXV (1953—1954), S. 209 ff., Dereine, Le problème de la cura animarum..., l. c.; R. Foreville—J. Leclercq, Un débat sur le sacerdoce des moines au XIIe s., in: Analecta monastica IV (= Studia Anselmiana, nr. XLI), Rom 1957.

[93] Der Ausdruck „Krise des Klosterwesens" war in diesem Zusammenhang zum ersten Mal von G. Morin verwandt worden und wurde seitdem für die neuere Geschichtsschreibung zu einem klassischen Begriff. Vgl. G. Morin, Rainaud l'Ermite et Yves de Chartres: un épisode de la crise du cénobitisme aux XIe—XIIe ss., in: Rev. Bénédictine XL (1928), S. 99—115; J. Leclercq—J. P. Bonnes, Un maître de vie spirituelle au XIe s.: Jean de Fécamp, Paris 1946, bes. S. 22—23; Ch. Dereine, Odon de Tournai et la crise du cénobitisme au XIe s., in: Rev., du moyen âge latin I (1948), S. 137—154; J. Leclercq, La crise du monachisme aux XIe et XIIe ss., in: Bull. Ist. Stor. It. per il Medioevo nr. 70 (1958), S. 19—41.

fortschrittlichsten Kreisen der kanonischen Reform verbunden,[94] die die Armut auch für die Kanoniker anstrebten.

Die schwierige und mühselige Strukturveränderung, die sich in der Kirche zwischen dem 11. und 12. Jahrhundert abzeichnet, ist der exakte Ausdruck für diese komplizierte religiöse Atmosphäre, die das Klosterwesen, und zwar das „feudale" vom Typ Clunys, in eine Krise brachte.[95]

[94] S. Referat von G. Miccoli, San Pier Damiani e la vita comune del clero, in: Vita comune del clero, cit. Bd. 1, S. 186—211, und: S. Boesch, San Giovanni Gualberti e la vita comune del clero, nelle biografie di Andrea da Strumi e di Atto da Vallombrosa, Vita comune del clero, cit. Bd. 2, S. 228—235.

[95] Die Problematik, wie sie auf den obigen Seiten dargelegt und besprochen wurde, hat schon Schreiber (wenn auch nur fragmentarisch) erkannt und formuliert. Doch weichen meine Schlußfolgerungen von denen des berühmten deutschen Wissenschaftlers ab. Schreiber hat meiner Ansicht nach dem Widerstand der Bischöfe gegen die Erwerbung von Eigenkirchen durch die Reformklöster nach dem Erfolg und der Verbreitung der monastischen Exemtion nicht die richtige Bedeutung beigemessen; daher meint er, daß die cluniazensischen Klöster, die die bisweilen winzigen Splitteranteile einzelner Kirchen in ihrer Hand vereinigen wollten, auf der gleichen Linie vorgegangen sein müßten wie die Karolinger, die mit ihrer Politik danach strebten, die Strukturen der Taufkirchenorganisation angesichts der Entwicklung der Eigenkirchen zu wahren und zu festigen. Schreiber berücksichtigt vielleicht nicht genügend, daß die juristische Lage der privaten Taufkirchen gegenüber der bischöflichen Autorität und im Bereich des Diözesanbezirks und die juristische Lage der Eigenkirchen gegenüber der Autorität des Pfarrherrn und innerhalb des Pfarrbezirks sich nicht änderten, wenn das Eigentum von einem Laien auf einen Klosterverband überging. Natürlich habe ich nicht die Absicht zu verkennen, daß die Erwerbung von Kirchen und Kapellen durch die Klöster jenen eine neue Funktionsfähigkeit gab, doch möchte ich noch einmal betonen, daß sich gerade durch die Tätigkeit der exemten Reformklöster ein System kirchlicher Organisation durchsetzte, dem die Politik der Karolinger vergeblich zu entgehen versucht hatte. Gerade die Einführung des Eigenkirchenrechts hatte eine positive Funktion, auch vom kirchlichen Gesichtspunkt aus, weil es dadurch gelang, bestimmte Obliegenheiten des Gottesdienstes auf mehr oder weniger wirksame Weise dort zu gewährleisten, dort wo die neuen ökonomischen und sozialen Strukturen es

Um den Aufbau der Kirchenbezirke zu festigen, ergriffen die Päpste und vor allem Urban II. in der zweiten Hälfte des 11. Jahrhunderts energische politische Maßnahmen gegen die Unbeständigerforderten. In einem kritischen Zeitpunkt in der Entwicklung spielten die kleinen Eigenkirchen und Kapellen dieselbe positive Rolle wie (auf wirtschaftlicher Ebene) im gleichen Zeitraum die Curtismärkte (vgl. C. Violante, La società milanese nell'età precomunale, Bari 1953, S. 12 ff.). Die Reformklöster flößten neuen religiösen Geist in diese Institution der Eigenkirche, die gleichzeitig durch die weitere Umwandlung der ökonomischen und sozialen Strukturen in eine Funktionskrise geriet, während die Entwicklung der nun vom Römischen Stuhl durchgeführten Kirchenreform zu neuen Rechtsformen führte, denen das Eigenkirchenrecht widersprach. Daher vollzog sich jetzt im System der kirchlichen Organisation wieder ein Umwandlungsprozeß, der im Gegensatz zu dem während der Karolingerzeit erfolgten stand. Von diesem Gesichtspunkt aus kann man meiner Ansicht nach die Auffassung von Schreiber nicht akzeptieren, der gerade dem cluniazensischen Mönchtum das Verdienst zuschreibt, unmittelbar zur Wiederherstellung der Strukturen der Taufkirchenorganisation am Ende des 11. Jahrhunderts beigetragen zu haben. Diese Wiederherstellung ist dagegen das Werk des Episkopats und des Kanonikats und vollzog sich geradezu im Gegensatz zur monastischen Exemtion und in der Auseinandersetzung mit ihr, sowie im Kampf gegen die Leitung von Kirchen und Kapellen und die Ausübung der priesterlichen Funktionen durch Mönche. (Über die These Schreibers s. seine umfangreiche Abhandlung: Gregor VII., Cluny, Cîteaux ..., vol. cit., bes. S. 283 ff.; 336 ff.).

Vor kurzem wurde in einer Auseinandersetzung mit Schreiber die Auffassung vertreten, daß man nicht ausschließlich oder vorwiegend Cluny das Verdienst zuschreiben dürfe, Laien zu Schenkungen von Eigenkirchen veranlaßt zu haben. Zu diesem Ergebnis hatte eine Untersuchung von H. E. Mager unter der Leitung von G. Tellenbach geführt, der jetzt die Gesamtergebnisse aus einigen Abhandlungen seiner Schüler veröffentlicht hat (G. T., Zum Wesen der Cluniazenser, Skizzen und Versuche, in: Saeculum IX [1958], S. 370—378; den Band mit den erwähnten Abhandlungen habe ich noch nicht gesehen). Doch halte ich die Methode, mit der die Untersuchung vorgenommen wurde, nicht für sehr überzeugend. Mager hat den Prozentsatz der Schenkungen von Eigenkirchen im Vergleich zu der Gesamtzahl von Schenkungsakten zugunsten Clunys errechnet und betont, daß dieser geringer sei als der, der sich aus den Urkunden einiger anderer nicht-cluniazensischer Klöster errechnen lasse. Doch glaube ich,

keit der Mönche, Kanoniker, Kleriker, Eremiten und Gläubigen, die jede strenge Einordnung ablehnten.

Solche Maßnahmen von Seiten der Kirchenkonzilien gegen die

daß es angesichts des außergewöhnlichen Umfangs an Schenkungen für Cluny ein bezeichnenderes Ergebnis gegeben hätte, wenn man die absoluten Zahlen der dem cluniazensischen Kloster übereigneten Kirchen mit den betreffenden Zahlen anderer Klöster verglichen hätte. Vor allem aber sind die statistischen Erhebungen nicht immer ausreichend glaubwürdig (besonders wenn es nicht möglich ist, einen Vergleich zwischen Reihen verschiedener Art aufzustellen); manchmal ist das Urkundenmaterial nur unvollständig erhalten oder seine Auswahl wurde dem Zufall überlassen. Natürlich kann man nicht leugnen, daß *auch* Cluny und die cluniazensischen Gründungen in beträchtlichem Umfang von Laien Eigenkirchen als Schenkungen erhielten. Demnach konnte sich der Widerstand der Bischöfe gegen die Erwerbung von Kirchen durch die Klöster nicht nur *auch* gegen die cluniazensischen Klöster gerichtet haben, sondern mußte im Gegenteil gerade sie als sein Hauptziel gesehen haben, denn die Aktivität des Episkopats setzte unmittelbar nach der Bestätigung der Exemtion der cluniazensischen Klöster ein und strebte vor allem danach, zu verhindern, daß die Kirchen und Kapellen, die in die Abhängigkeit von exemten Klöstern gerieten, der Kontrolle durch den Diözesanbischof entgingen. H. Diener (ein weiterer Mitarbeiter Tellenbachs und im selben Aufsatz erwähnt) hat sicher recht, wenn er behauptet, daß viele Bischöfe, darunter einige, die aus dem burgundischen Kloster stammten, Cluny gegenüber Wohlwollen hegten; doch handelte es sich hier immer nur um vereinzelte und rein persönliche Fälle und um Äußerungen eines vagen Wohlwollens, die die allgemeine Tendenz der Bischöfe — die sich der Heilige Stuhl zu einem bestimmten Zeitpunkt zu eigen gemacht hatte — nicht in den Hintergrund zu rücken vermochten, eine Tendenz, die in Richtung auf eine Reorganisation der Strukturen der Kirchenbezirke zielte; falls dieses Ziel verwirklicht werden konnte, mußte gerade dadurch das Hindernis, das die von den großen, reichen und mächtigen Klöstern und den von ihnen abhängigen Kirchen gebildeten Inseln der Exemtion darstellten, überwunden werden. In dem Bestreben der Klöster zu strengster Kontrolle über die in ihrem Besitz befindlichen Kirchen fern von aller Einmischung des Diözesanbischofs kam in der Tat ebensosehr die Bindung an die monastische Exemtion (verschiedenen Typs und Ursprungs) zum Ausdruck als auch die noch lebendige Tradition des Eigenkirchenrechts, und es besteht

„girovaghi" und „acefali"⁹⁶ waren schon häufig zur Zeit der Karolinger ergriffen worden. Als jetzt die Stabilität der kleineren Kirchenbezirke und das Ansehen ihrer Obrigkeiten in eine immer stärkere Krise gerieten, strebte die Politik der Landesherren, der Bischöfe und Erzbischöfe danach, diesen Prozeß der Abbröckelung aufzuhalten.⁹⁷

Doch nach der Synode von Altheim (916) sind für ungefähr anderthalb Jahrhunderte (bis 1059) keine Maßnahmen von Konzilien und keine päpstlichen Dekrete in dieser Richtung bekannt.⁹⁸ Das System des Eigenkirchenrechts hatte sich behauptet und hatte die karolingischen Kirchenbezirke in eine eindeutig kritische Lage gebracht. Kleriker und Mönche waren jetzt, auch durch neue Vorteile

kein Zweifel, daß so, wie die Exemtion des cluniazensischen Ordens in anderen Klöstern Nachahmung fand, jetzt auch die Macht und die feudale Mentalität der Kirchenherren in den Gründungen Clunys lebendigen Ausdruck fanden. Unter den reichen und mächtigen Klöstern, die in den politischen Kampf verwickelt waren und danach strebten, weite Gebiete im Umkreis der unter privater Klosterherrschaft stehenden Kirchen der Kontrolle der Diözesanobrigkeiten zu entreißen, unter den Klöstern, denen am Ende des 11. Jahrhunderts eine schwere Krise drohte, bildeten sicher die Abteien, Priorate und Zellen des cluniazensischen Ordens die Gruppe mit der größten Bedeutung.

[96] Diese sind allgemein als Vorläufer der *clerici vagantes* des 12. und 13. Jahrhunderts angesehen worden und haben vor allem die Aufmerksamkeit von solchen Wissenschaftlern auf sich gelenkt, die sich mit der Literatur und den Schulen des Mittelalters befassen. Mit ihnen beschäftigte sich hauptsächlich H. Waddel, The wandering scholars, V ed., London 1930.

[97] Eine gute Darstellung der karolingischen Kirchenpolitik zu diesem Punkt gab G. Forchielli, La pieve rurale. Ricerche sulla storia della costituzione della Chiesa in Italia, e particolarmente nel Veronese, Bologna 1938. (Forchielli hat dabei vor allem die klassischen Werke von Imbart de La Tour und Sägmüller berücksichtigt.) Heute gibt es jedoch eine gute Zusammenfassung in dem Kapitel: La renaissance carolingienne (VIIIe— IXe ss.) von E. Delaruelle in: Histoire du catholicisme en France, Bd. 1, Paris 1957.

[98] S. die ausführliche Liste von Daten und Quellen im Anhang der Arbeit von H. Waddel.

und Bande feudaler Art, fest an private Kirchen und Klöster gebunden. Die Gläubigen im Bereich der *curtis* rückten enger an die Kapelle des Grundherrn und strömten regelmäßig in die Kirche innerhalb der Burg, die ihre Zuflucht war, oder in die Kirche in der Nähe des außerhalb der Stadt gelegenen Marktes, von wo sie alles, was sie für ihre neuerwachte wirtschaftliche Aktivität brauchten, bezogen.[99]

Die Übereignung vieler Eigenkirchen und Kapellen von seiten der weltlichen Eigentümer an Klöster, besonders an cluniazensische, förderte nur, zumindest in der ersten Zeit, diesen Entwicklungsprozeß.

Mehr noch trug der Zusammenbruch des Karolingerreiches, die Machtkrise des Königtums, die fehlende päpstliche Autorität, die Bedrohung und Zerstörung durch die Einfälle der Wikinger, Sarazenen und Ungarn dazu bei, eine Fortführung der karolingischen Kirchenpolitik zur Verteidigung der traditionellen Taufkirchenorganisation unmöglich zu machen.[100]

Doch zwischen dem 10. und 11. Jahrhundert setzte, wie wir gesehen haben, die Krise und der Verfall der Eigenkirchen und Kapellen ein, auch derer, die sich im Besitz von Klöstern befanden. Die Entwicklung und die Krise des Curtissystems bestimmten eine Veränderung im ländlichen *habitat* und verursachten die Entvölkerung der kleinen Zentren alter *curtes* und die Überfüllung der größeren

---

[99] Es sei mir gestattet, noch einmal auf meine Arbeit: La Pataria, cit., S. 114, hinzuweisen. Beispiele von der Existenz von Eremiten außerhalb des kirchlichen Rahmens waren in Kontinentaleuropa vor dem Jahre 1000 selten und vereinzelt und hatten daher keinen bemerkenswerten Einfluß auf die Stabilität und Geschlossenheit der kirchlichen Strukturen. In diesem Zusammenhang wird es interessant sein, nach der Veröffentlichung der ›Atti‹ des Kongresses von Maredsous anläßlich des ›Millénaire de la mort de saint Gérard de Brogne‹ den Beitrag eines Fachmannes von Rang, J. Sainsaulieu, über ›La vie érémitique en Occident avant le Xe siècle‹ zu lesen. [Anm. des Hrsg.: Die Beiträge des Kongresses wurden nur zum Teil in: Revue Bénédictine 70 (1960), S. 1—240 veröffentlicht. Der genannte Vortrag von J. Sainsaulieu ist nicht dabei.]

[100] Forchielli, op. cit., S. 85 ff.; Feine, Die Periodisierung der kirchlichen Rechtsgeschichte, l. c.

Zentren, die um eine Pfarr- oder Parochialkirche[101] oder um einen Herrensitz entstanden waren. Die Gläubigen fühlten sich nicht mehr streng an die Kapelle oder das Kirchlein gebunden, wohin sich ihre Vorfahren traditionsgemäß zum Sakramentenempfang begeben hatten, und manchmal auch nicht mehr an ihre eigene

[101] Schon Schreiber erkannte, daß bei dem Widerstand der Einsiedler und der Kanoniker gegen den Besitz der Klöster an Eigenkirchen und gegen die Ausübung der priesterlichen Funktionen durch Mönche „im Hintergrunde" ... „strukturelle Veränderungen" stehen, vgl. die Abhandlung ›Gregor VII., Cluny ...‹ in dem zitierten Band, S. 349.

Für das Gebiet von Mâcon hat Duby (La société mâconnaise, cit., S. 285 ff.) gezeigt, wie nach dem Jahr Tausend und besonders zwischen dem Ende des 11. und dem Beginn des 12. Jahrhunderts die Festigung der parochialkirchlichen Einheit und Ordnung gleichzeitig mit der demographischen Entwicklung der *villa,* die Sitz der Hauptkirche war, sowie mit der Entvölkerung der übrigen *villae* des Parochialdistrikts verlief. (Über das Problem im allgemeinen s. Ammann, Les églises paroissiales, in: Hist. de l'Eglise, Bd. VII, hrsg. von Fliche und Martin, S. 266).

In dem zitierten Beitrag von A. Palestra sind für Italien Fälle von alten Kapellen aufgeführt, die an Orten errichtet waren, von denen bekannt ist, daß sie schon im 12. Jahrhundert verlassen waren. Es wurde zum Beispiel eine neue Kapelle an einem Ort erbaut, der zwar in der Nähe, aber nicht an derselben Stelle der Ortschaft war, in der die alte Kapelle gestanden hatte, in der es aber im 12. Jahrhundert keine Einwohner mehr gab. Eine andere Kapelle, die 1054 von ihrem weltlichen Eigentümer dem Kloster San Vittore al Corpo vermacht worden war, wurde vom Propst der Pfarrkirche von Corbetta im Jahre 1170 zurückgefordert, als man nur noch die Erinnerung an den Namen Verdezago bewahrt hatte, der den verschwundenen Ort, in dessen Nähe die Kapelle stand, bezeichnet hatte. Ein weiteres Beispiel: Im Jahre 1167 erhob der Propst der Pfarrkirche von Casorate gegenüber dem Kloster Morimondo Anspruch auf Ländereien in Coronato, die zu einer Kapelle „que dicitur a Farizola" gehört hatten; im Jahre 1199 stellte sich dann heraus, daß auf dem umstrittenen Land eine *ecclesia nova* errichtet worden war (an der Stelle der alten und ebenso wie diese dem heiligen Ambrosius geweiht); zu dieser Zeit erinnerte man sich noch an eine „villa antiqua que dicebatur Farizola", die ehemals bewohnte, inzwischen verschwundene Ortschaft.

Für die ländliche Umgebung von Pavia ist nachgewiesen worden, daß 10—12 % der Landeigentümer (auch der kleinsten) im Jahre 1181 aus

Taufkirche, sondern erfüllten ihre religiösen Pflichten an irgendeiner anderen Stelle. Die schwächer werdenden Bande der Leibeigenschaft und die zahlenmäßige Abnahme der Leibeigenen ermöglichten in zunehmendem Maße Ehen zwischen Personen aus verschiedenen Orten, was zur Folge hatte, daß einer der beiden Ehepartner nicht mehr in der Pfarrkirche seines Geburtsortes verwurzelt war. In dem neuen Bewußtsein von der Bedeutung der Tauf- und Zehntenbezirke, das, wie wir gleich sehen werden, die kirchlichen Obrigkeiten gegen Ende des 11. Jahrhunderts entwickelten, entstanden bald darauf zahlreiche Streitigkeiten und Kontroversen über die Zugehörigkeit einzelner Personen oder Orte zu diesem oder jenem Bezirk.[102]

anderen Orten stammten als denen, in denen sie jetzt wohnten. (C. M. Cipolla, Popolazione e proprietari delle campagne attraverso un ruolo di contribuenti del sec. XII, in: Boll. Soc. Pavese St. patria XLVI [1946], S. 85—93). Ein nicht viel später lebender Dichter, der die Lage in diesem ländlichen Gebiet gut kannte, sagte von den *rustici*, daß sie „vagabundi sunt ut avis" (ed. L. Suttina, „Infelices rustici", in: Studi medievali VI (1928), S. 165—173, v. 13 auf S. 169). Die Handschriften, die das poetische Werk überlieferten, sind venezianischen Ursprungs.

Eine gewisse Ortsunbeständigkeit in der ländlichen Bevölkerung und ihre Abwanderung nicht nur in die Städte, sondern auch in andere Orte auf dem Lande sind kürzlich in einer Untersuchung als ein positiver Faktor der Umstellung und Anpassung der Bevölkerung an neue wirtschaftliche Situationen im Prozeß der Entwicklung in der Landwirtschaft gesehen worden. (Vgl. D. Herlihy, The agrarian revolution in southern France and Italy, 801—1150, in: Speculum XXXIII [1958], S. 23—41).

[102] Die territoriale Grundlage der Rechte der Pfarrkirche über die innerhalb des Pfarrbezirks erbauten Kirchen hat der Propst von Seveso gegenüber dem Kloster Meda klar ausgesprochen: „Prefate siquidem plebis prepositus, fretus que inferius leguntur rationibus, asserebat capellam in honore sancte Marie Virginis, in loco Meda videlicet in foro sitam, sub predicte plebis regimine et tamquam membrum capiti et filiam sue matrici ecclesie debet esse suppositam, *dicens sepenominate capella infra plebis terminos esse fondata.*" (a. 1138) (ed. J. A. Saxii Archiepiscoporum mediolanensium series historico-chronologica, II, Mediolani, MDCCLV, S. 527; C. Agrati—G. Antona Traversi, Per le nozze Ponzani-Antona Traversi, Mailand 1919, S. 27—28. Ich habe den in diesen Ausgaben wiedergege-

Die verschiedenen Bewegungen von der Art der Pataria, die die unwürdigen Priester öffentlich verdammten und die Gläubigen verpflichteten, deren Gottesdienste zu meiden, trugen zweifellos Unordnung und Unruhe in die bis dahin respektierten Kirchenbezirke, so daß die Bevölkerung dort zusammenströmte, wo die manchmal wenigen für würdig erachteten Priester Gottesdienst hielten. Die Eremitenbewegungen, die Gegner der alten und mächtigen Klöster waren und sich nicht selten mit den Patarenern und den Kanonikern gegen den unwürdigen Weltklerus verbunden hatten, trugen dazu bei, daß Gläubige, Kleriker und Ordensleute aus ihrer strengen Ordnung ausbrachen und durch das Land zogen. Die Institution eines streng organisierten Gemeinschaftslebens an einigen Kirchen zog Kleriker und Priester aus anderen Pfarreien, Parochialkirchen und Diözesen an und veranlaßte sie, ohne Einwilligung ihres eigenen Bischofs den Titel, in dem sie inkardiniert waren, aufzugeben.[103]

Die zweite Hälfte des 11. und der Anfang des 12. Jahrhunderts waren in der Tat eine Zeit großer Unbeständigkeit im kirchlichen *habitat*. Neue wirtschaftliche Bedürfnisse und soziale Entwicklungen, neue politisch-administrative Zentren (die Städte, aber auch die Burgen, die den Kern der Grundherrschaften bildeten), sowie neue religiöse Strömungen und Wogen lebendiger Frömmigkeit bewirkten zahlreiche und (zumindest dem Anschein nach) ungeordnete Verschiebungen von geringer, aber manchmal auch von größerer Be-

---

benen Text berichtigt, nachdem ich eine Fotographie der im Archiv der Familie Antona-Traversi in Meda aufbewahrten Originalurkunde gelesen hatte). In dem zitierten Beitrag von A. Palestra finden sich weitere Beispiele für das Gebiet von Mailand, wo Pröpste von Pfarrkirchen (nicht immer mit Erfolg) versuchten, die gesamten und alleinigen Rechte über die im Pfarrbezirk gelegenen Kirchen und Kapellen gegenüber den Ansprüchen von Klosterverbänden zu erlangen. Vgl. S. 206, Anm. 101.

[103] Unter Urban II. wurde den Klerikern erlaubt, auch ohne Einwilligung des Diözesanbischofs einer kanonischen Gemeinschaft, die ein klösterliches Leben führte, beizutreten. Vgl. Dereine, L'élaboration du statut des chanoines réguliers spécialement sous Urbain II, l. c.; M. Duquesne, Saint-Thomas et le canon attribué à Urbain II (c. 2, C. XIX, q. 2), in: Studia Gratiana I, Bologna 1953, S. 415—435.

deutung unter den Gläubigen, den Eremiten, den Klerikern, Priestern, Kanonikern und Mönchen. Das System der Eigenkirche geriet in eine Krise. Vor allem aber bildeten die exemten Klöster — ob das einzelne Kloster oder ein Klosterverband, immer jedenfalls zusammen mit den zugehörigen Eigenkirchen und Kapellen — nun nicht mehr das feste Gerüst des kirchlichen Gebäudes. Rund um diese Bollwerke wehte ein neuer Wind; das religiöse und kirchliche Leben gedieh jetzt auch außerhalb von ihnen, manchmal schäumend, bewegt und verworren, aber Leben heißt Bewegung.

Doch schienen sich trotz der stürmischen Bewegungen und persönlichen Leidenschaften die Linien einer neuen Ordnung abzuzeichnen. Die Päpste selbst, die, als die Reformbewegung den Römischen Stuhl erobert und von dort aus konzentrisch die kirchliche Erneuerung in Gang gebracht hatte, der Anregung und dem Vorbild des cluniazensischen Mönchtums gefolgt waren, versuchten jetzt, gegen Ende des 11. Jahrhunderts, das aufschäumende Leben auf kirchlicher Ebene zu zügeln und in den Griff zu bekommen, indem sie nicht zuließen, daß sich die neue religiöse Unruhe in die ehrwürdigen Eckpfeiler der exemten Klöster ergoß, sondern sich in die charismatische Ordnung und Begrenzung einfügte.

Während des Pontifikats Urbans II. appellierte das Konzil von Melfi, das die traurige Erscheinung der fahrenden Mönche beseitigen wollte, an die Erzbischöfe und Bischöfe, sie sollten solche Mönche nicht in ihren Kirchenprovinzen und Diözesen aufnehmen.[104] Das Konzil von Melfi[105] und später das Konzil von Clermont[106] waren ferner beunruhigt, weil sich durch die Bildung von *curiae* durch die neuen Grundherren für die Kleriker ein neuer Anstoß zum Umherschweifen ergeben hatte; Kleriker jeden Ranges wurden nämlich dazu veranlaßt, Mitglied dieser *curiae* zu werden. Also versuchte man, die Seßhaftigkeit dadurch zu garantieren, daß man die Kleriker und Bischöfe dazu verpflichtete, für den Fall eines

---

[104] Can. 10: „ne quis episcopus aut primas monachum quemlibet vagantem in sua dioecesi provinciave retineat, nisi abbatis proprii fuerit literis regulariter commendatus." (Mansi, XX, 723.)
[105] Can. 9, Mansi, XX, 723.
[106] Can. 18, Mansi, XX 817.

Ortswechsels die Einwilligung des Bischofs bzw. Erzbischofs einzuholen.[107] Das Konzil von Piacenza beschloß, daß die Priesterweihen nicht gültig seien ohne Zuweisung des Ordinierten an einen bestimmten Titel und daß eine solche Inkardination lebenslängliche Geltung haben solle.[108] Das Konzil von Nîmes bekräftigte: „sacerdotes, quando regendis praeficiuntur ecclesiis, de manu episcopi curam animarum suscipiant ubi et in tota vita sua Deo deserviant".[109] Die Pflicht der Gläubigen, sich zu den Festgottesdiensten in ihre Taufkirche zu begeben oder, falls sie absolut daran verhindert sein sollten, sich durch Nachbarn mit der Kirchenfahne

---

[107] Can. 9 des Konzils von Melfi: „Quia novum hoc tempore clericorum acephalorum genus emersit, qui morantur in curiis, et viris et feminis ad sui ordinis dedecus subditi, cum in canonibus cautum sit ne quis sine licentia episcopi clericus, nec episcopus sine metropolitano curiam adeat, praecipiendo praecipimus et prohibentes prohibemus ne quis retineat huiusmodi; sed proceres ab episcopis animarum suarum 'procuratores' clericos 'postulent', si episcopi iussione pro tempore ac vicissim in curiis conversentur." Can. 18 des Konzils von Clermont: „ut nullus presbyter capellanus alicuius laici esse possit absque concessione sui episcopi. Ut nullus princeps capellanum habeat nisi quem sibi episcopus suus aut archidiaconus procuratorem animae delectum constituat." Diese Anordnungen sind von der Tatsache bestimmt, daß die Bewohner einer Adelsburg sehr bald anfingen, zu den Gottesdiensten in die Burgkapelle zu gehen, wodurch sie aus ihrem Taufbezirk herausgerissen wurden (über die Burg von Berzé in Burgund vgl. die von Duby zitierte Urkunde in: La société mâconnaise, cit., S. 287, n. 3). Wir sehen uns also vor einer neuen Gefahr, die die Taufkirchenorganisation, die man gerade wiederherzustellen suchte, zu vernichten drohte. (Der can. 9 des Konzils von Melfi nannte jene Kleriker geradezu „*novum hoc tempore* clericorum acephalorum genus", die der Inkardination in ihrer Diözese entflohen, um Kaplan an der *curia* eines Grundherren zu werden). Über den Bau von Kapellen in den Adelsburgen und über die Ansammlung von Mönchen und Kanonikern auf den Burgen s. P. Héliot, Sur les résidences princières bâties en France du Xe au XIIe s., in: Le moyen âge LXI (1955), S. 27—61; 291—317.

[108] Can. 15: „ut sine titulo facta ordinatio irrita habeatur, et in qua quislibet titulatus est in ea perpetuo perseveret". (Mansi, XX, 806).

[109] Can. 9 (Mansi, XX, 936), der dem can. 13 des Konzils von Clermont entspricht (Mansi, XX, 817).

vertreten zu lassen, war auf der ungarischen Synode von Szabolch im Jahre 1092 bestätigt worden.[110]

Die Bemühungen Urbans II. und seiner unmittelbaren Nachfolger um die Seßhaftigkeit der Kleriker und Mönche und um die Festigung der Kirchenbezirke hatten nicht die erwünschte Wirkung, doch weisen sie deutlich auf den Beginn eines neuen Kurses in der römischen Kirchenpolitik hin, die nun nicht mehr hauptsächlich vom cluniazensischen Vorbild beeinflußt war, sondern sich auch auf dieser Ebene nach den triftigeren Forderungen des 'Episkopalismus' richtete.[111]

[110] Can. 12: „Si quis in dominicis diebus aut in maioribus festivitatibus ad ecclesiam non venerit parochialem, verberibus corripiatur. Si vero illae remotae fuerint et ad ecclesiam suam parochialem villani venire non potuerint, unus tamen ex eis nomine omnium baculo ad ecclesiam veniat et tres panes et candelam ad altare afferat". (Mansi, XX, 763—764). (Über die reformatorische Bedeutung der Synode von Szabolch s. den Beitrag von E. Pasztor, Sulle origine della vita comune del clero in Ungheria, in: Vita comune del clero, cit. Bd. 2, S. 71—79.

Schon unter Gregor VII. waren Verfügungen getroffen worden, daß jedes Pfarrkind sich wegen der wichtigsten gottesdienstlichen und sakramentalen Handlungen ausschließlich an den Titularpriester seiner Taufkirche wenden sollte. S. can. 7 der zitierten Sammlung des Codex Vallicellianus: „Nullus presbyter parochianum alterius recipiat nisi per necessitatem in baptismo et in absolutione; et, si quid caritative sibi oblatum fuerit, ex consensu illius cuius parochianus fuerat habeat vel reddat." (Pflugk-Harttung, APRI, II, 126).

[111] Auf den obigen Seiten habe ich sowohl den Kampf gegen das Priestertum der Mönche oder zumindest gegen den Besitz der Klöster an kirchlichen Einkünften und Rechten als auch die Verordnung zur Bekämpfung der fahrenden Kleriker und Mönche, sowie die Verfügungen zur Festigung der Kirchenbezirke von Parochien, Pfarreien und Diözesen in einen einzigen Zusammenhang gestellt; ich habe ferner bemerkt, daß alle diese Maßnahmen von Forderungen aus den Kreisen der Eremiten, Kanoniker und auch der Bischöfe ausgelöst waren und sich gegen das Mönchtum vom Typ Clunys richteten mit dem Ziel, alle kirchlichen Rechte in der Diözese in die Hände der bischöflichen Obrigkeit zurückzulegen.

Daß diese zusammenfassende Sicht nicht willkürlich war, wurde mir jetzt durch die Feststellung bestätigt, daß die kanonische Sammlung, die unter dem Titel ›Decretales de sacerdotio‹ in einem Codex Ambrosianus

V

Aber es ist noch ein anderer Aspekt bei der Frage zu berücksichtigen, die das Ende der führenden Bedeutung des cluniazensischen Mönchtums für das vom Heiligen Stuhl geleitete Reformwerk und für die Festigung der kirchlichen Strukturen betrifft: Zu dem Zeitpunkt, den ich als entscheidend für die Überwindung des Gegensatzes zwischen Kaiser und Papst halte, verzichtete Urban II.,

enthalten ist, von Kanonikern während des Kampfes gegen die Klöster zusammengestellt worden war und Canones gegen den Besitz der Mönche an kirchlichen Einkünften und Rechten, gegen fahrende Kleriker und Priester, sowie für die Festigung der Taufkirchen- und Diözesanbezirke und der bischöflichen Autorität enthält. (Es handelt sich um den Kodex M 11 im Archiv der Basilika Sant' Ambrogio in Mailand, der von Kanonikern von Sant' Ambrogio im dritten oder vierten Jahrzehnt des 12. Jahrhunderts während des Kampfes gegen die Mönche des angrenzenden Klosters abgefaßt worden war. Einige Hinweise auf den Inhalt des Kodex finden sich bei P. Fournier—G. Le Bras, Hist. des collections canoniques en Occident, II, Paris 1922, S. 222 ff.; eine ausführliche und genaue, vorwiegend paläographische Beschreibung gab V. Foffano in: La vita comune del clero, cit. Bd. 2, S. 48—66. Dasselbe ließe sich von einem Kodex analogen Inhalts sagen, der nicht viel später in demselben Scriptorium der Kanoniker von Sant' Ambrogio entstanden ist (es handelt sich um den Kodex I 145 inf. der Ambrosianischen Bibliothek; über seinen Inhalt stellt z. Z. einer meiner Schüler Untersuchungen an. Über das Scriptorium des Kanonikerstifts von Sant' Ambrogio im 12. Jahrhundert arbeitet augenblicklich G. Billanovich mit seinen Schülern).

Man könnte die Hypothese aufstellen, daß auch die Konzils-Canones Gregors VII. aus dem Codex Vallicellianus (falls es sich dabei nicht um Canones eines einzigen Konzils handelt, was ich nicht für wahrscheinlich halte) nach demselben Grundsatz zusammengestellt seien wie die beiden zitierten Sammlungen ambrosianischer Kanoniker, da viele der gregorianischen Canones die genannten Themen betreffen. Doch sollte eine umfassende Forschung über diese Fragen und vor allem eine Untersuchung der Canones des Codex Vallicellianus (den ich, wie ich gestehen muß, noch nicht gesehen habe) von anderen Wissenschaftlern vorgenommen werden, die besser als ich in der Geschichte des kanonischen Rechts und auch in Kodikologie bewandert sind.

Das cluniazensische Mönchtum im 10. und 11. Jh.

insbesondere in Deutschland, darauf, sich direkt der Stärke des cluniazensischen Mönchtums zu bedienen und sich von dessen Vorbild beeinflussen zu lassen.

Gregor VII., der sich in den ersten Jahren seines Pontifikats darauf beschränkt hatte, so wie seine Vorgänger die 'Freiheit' der deutschen Königsklöster durch den apostolischen Schutz zu bestätigen und die Kanonizität ihrer Gründungen zu verbürgen und zu überwachen, hatte, nach Canossa, den Blick auf Saint-Victor in Marseille und St. Peter in Cluny als Vorbilder und Antriebszentren für seine Klosterpolitik in Deutschland gerichtet.[112] Bekannt sind der lange Aufenthalt des Abtes aus Marseille im Kloster Hirsau, die Einführung der Consuetudines von Cluny in diesem Kloster und die Ankunft Udalrichs und anderer cluniazensischer Mönche, *causa monasterii*, in Deutschland.[113] In einem der dramatischsten Augenblicke seines Kampfes gegen Heinrich IV. erklärte Gregor VII.[114] das Allerheiligenkloster in Schaffhausen (in dem der Abt Wilhelm von Hirsau die Leitung übernommen hatte, um dort die Reform einzuführen) zum Kloster *iuris apostolicae Sedis*, so daß es „ab omni seculari potestate securus et Romane sedis libertate quietus sicut constat Cluniacense monasterium et Massiliense manere" würde. Für den Grafen Eberhard von Nellenburg, den Gründer des Klosters, wurde damit jedes Recht auf Eigentum und Vogtei, auf Verfügung über die Klostergüter, sowie auf die Wahl und Einsetzung des Abtes ausdrücklich ausgeschlossen. Außerdem wurde, *ad*

---

[112] Vgl. A. Brackmann, Gregor VII. und die kirchliche Reformbewegung in Deutschland. Eine Zusammenfassung früherer Forschung, in: Studi Gregoriani II, 1947, S. 7—30.

[113] Vgl. Schmitz, Hist. de l'Ordre de s. Benoît, cit., I S. 202 ff., sowie die Bibliographie und die dort zitierten Quellen.

[114] In einem Brief an Abt Wilhelm von Hirsau, ed. in Gregorii VII Registrum, lib. VII ep. 24, ed. E. Caspar, in MGH, Epistolae selectae, t. II, 2ª ed., Berlin 1955, S. 502—505 (mit dem Datum vom 8. Mai 1080). S. die kürzlich erschienene Ausgabe in: Quellen und Forschungen zum Urkunden- und Kanzleiwesen Papst Gregors VII., I, hrsg. von L. Santifaller, Città del Vaticano 1957, nr. 184, S. 216—219 (mit dem richtigen Datum vom 3. Mai 1080). Vgl. auch reg. vom selben Datum in: Germania Pontificia, vol. II, pars II, S. 11, nr. 3).

Romane libertatis munus confirmandum, dem Abt das Recht auf Exemtion vom Diözesanbischof zugebilligt, falls dieser *ab apostolica sede discordaverit eique inoboediens fuerit*.

Mehr Gewicht als auf die normalen Beziehungen der Abhängigkeit des Klosters vom Diözesanbischof wurde auf das Recht des Abtes gelegt, sich an einen anderen Prälaten zu wenden; und der für solche Exemtion herangezogene Fall war einmalig und wurde ausdrücklich betont: der Ungehorsam des Bischofs von Konstanz gegenüber dem Papst.[115]

Solche Positionen an der Grenze zum Bruch waren in einer Zeit schärfster Spannung natürlich (1080). Doch änderte sich die Situation nach dem Tode Gregors VII. sehr schnell.

Um den toten Punkt zu überwinden und die päpstliche Tätigkeit im Kampf gegen das Kaisertum entschieden und erfolgreich in Gang zu bringen, durfte man vor allem nicht jene *cervicosi tauri* mit rücksichtsloser Gewalt angreifen, die im lombardischen wie im deutschen Episkopat so zahlreich waren, und es war außerdem notwendig, die positive Einstellung des deutschen Hochadels zur Kirchenreform zu nutzen. So verzichtete man darauf, das cluniazensische Klostergefüge als Vorbild für eine tiefgreifende, gewaltsame Re-

---

[115] Die ganze Urkunde neigt zu starker Betonung der Autorität und der Rechte des Heiligen Stuhles. Meiner Ansicht nach muß man sogar — wenigstens in diesem Falle — die Meinung von Hirsch akzeptieren, nach der „der Papst über das beschützte Kloster und seine Güter Obereigentümer wurde." (Studien über die Privilegien süddeutscher Klöster des 11. und 12. Jahrhunderts, in: Mitt. d. Instituts f. österreichische Geschichtsforschung, VII. Ergänzungsband, Innsbruck 1907, S. 521—522.) Tatsächlich hatte noch vor dem Brief Gregors VII. Graf Burkard von Nellenburg, der Sohn des Klostergründers, mit seiner Familie auf die Eigentumsrechte verzichtet. Der Papst bestätigte in seinem Brief ausdrücklich, daß das Kloster „iuris apostolicae Sedis" sei, und sorgte dafür, daß Abt Wilhelm von Hirsau als sein Stellvertreter mit der Weihe eines würdigen Abtes beauftragt wurde: „... fraternitati tue super cenobium illud nostre sollicitudinis vicem committimus, scilicet et fratres ibi disciplinis regularibus instruere, mores eorum vitamque competenter instituendo ea que ad animarum salutem pertinent vigilanter providere ac maxime ut inibi abbas secundum Deum ordinetur procures."

form der kirchenpolitischen Struktur auf kaiserlichem Boden zu nehmen, und behielt statt dessen, so weit dies möglich war, die kirchlichen Strukturen des Kaiserreichs bei, die schon eine erste Reform erfahren hatten, die wir — mit Dereine — eher als „Restauration" im Kielwasser der ottonischen Tradition bezeichnen möchten.

Daher akzeptierte Urban II. das System der freien Abteien unter der Oberhoheit des Landesherrn als Immunitätsherrn und beließ innerhalb dieses Systems den Diözesanbischöfen und den adligen Gründern ihre Rechte, setzte aber als obersten Immunitätsherrn an die Stelle des Landesherrn den Papst selbst.

Nehmen wir als Beispiel das Kloster Hirsau. Dieses bedeutende Zentrum von Reformen war von Graf Adalbert von Calw, einem Nachkommen des Gründers wiederhergestellt und mit Gütern ausgestattet worden. In seiner Eigenschaft als Klosterherr hatte Graf Adalbert in die Urkunde, in der er dem Kloster seine Güter übereignet hatte,[116] auch bestimmte Verordnungen eingefügt, durch die die Immunität und die „Freiheiten" des Klosters festgelegt wurden und für die er die Bestätigung und Sanktion des Landesherrn erbeten und erhalten hatte.[117] Welcher Art die von Graf Adalbert

---

[116] Der Text der von Graf Adalbert vollzogenen *traditio* zugunsten des Klosters Hirsau ist in der kaiserlichen Urkunde erhalten, die diesen Akt mit Datenangabe — Worms, den 9. Oktober 1075 — bestätigte und sanktionierte. Aber die uns überlieferte Urkunde ist ein Pseudo-Original, da sie nur eine Neufassung des Originals ist, die die Mönche von Hirsau gegen Ende des 11. Jahrhunderts verfaßt hatten. (S. die von D. v. Gladiss herausgegebene und mit einer erschöpfenden kritischen Einleitung versehene Ausgabe, in: MGH, Dipl. reg. et imp. Germ., Bd. VI, S. 357—362). Auf die *traditio* des Grafen Adalbert nimmt das Privileg, das Gregor VII. am Ende des Jahres 1075 dem Kloster Hirsau gewährte, weitgehend und ausführlich Bezug. (PL, CXLVIII, coll. 714—715; Santifaller, op. cit., n. 88, S. 71—73; reg. Germania Pontificia, vol. III, pars III, S. 121, nr. 3). Über diese Urkunde s. auch B. Messing, Papst Gregors VII. Verhältnis zu den Klöstern, Diss. Greifswald 1907, S. 83—85.

[117] Wie wir im folgenden näher ausführen werden, geht dies aus der königlichen wie aus der päpstlichen Urkunde hervor, die beide in der obigen Fußnote zitiert sind.

festgelegten Verordnungen waren, wissen wir nicht genau, doch sicherten sie dem Kloster bestimmt die „Königsfreiheit".[118]

Die Königsklöster, die nicht Privateigentum des Königs (Königseigenklöster) waren, sondern dem König in seiner Eigenschaft als Landesherr unterstellt waren,[119] genossen zu einem Zeitpunkt, an dem die Würde des Landesherrn sakralen Charakter und sakrale Funktion[120] erhalten hatte, die *libertas regia,* die hauptsächlich in dem Recht der Mönche auf freie Abtswahl lag und häufig auch in der Ermächtigung für den Abt, über die Güter frei zu verfügen und den Vogt zu wählen. In dieses System der Königsklöster begannen sich nun auch Klöster einzufügen, die wie Hirsau Privatpersonen gehörten. Der Eigentümer behielt seine Rechte, leitete sie aber vom Landesherrn ab und legte sie in präzis formulierten Verordnungen nieder, die durch die Sanktion des Landesherrn Gültig-

---

[118] Obwohl der Text der königlichen Urkunde, die die *traditio* des Grafen Adalbert überliefert, sicher weitgehend interpoliert worden ist, können wir trotzdem annehmen, daß der Abschnitt, in dem der Graf „ministris ... et famlie sanctuarie *eandem ... legem et servitutem quam cetere in regno ... libere abbatie"* gewährte, sowie der Abschnitt, der bestimmt, daß das Kloster dem Vogt für die Ausübung seiner Gerichtsgewalt nur „tercium bannum et consuetudinariam iusticiam et legem *quam ceteri advocati in aliis liberis monasteriis habent"* geben sollte, der Originalfassung entsprechen.

[119] Es handelt sich nicht um *königliche Eigentümerrechte,* sondern um *Königsrechte,* das heißt, es entwickelte sich eine *öffentliche Kirchenherrschaft.* Ich habe die sehr zutreffenden Ausdrücke von Feine, Kirchliche Rechtsgeschichte, 2. ed., I, Weimar 1950, S. 207, benutzt. Der bekannte Wissenschaftler vertritt allerdings die Ansicht: „Mundial- und Eigenherrschaft über Klöster gingen oft ineinander über" (op. cit., S. 208). Ich bleibe bei den Intentionen dieses Beitrags und meine dagegen, daß es eine solche Überschneidung nicht gab, sondern daß die beiden juristischen Begriffe deutlich voneinander unterschieden werden können, zumindest für die Zeit Heinrichs III. und in den ersten Jahren seines Nachfolgers. (Vgl. C. Violante, Aspetti della politica italiana di Enrico III prima della sua discesa in Italia (1039—1046), in: Riv. stor. ital. LXIV (1952), S. 295 und Fußnoten.

[120] Im Zusammenhang mit dieser Frage darf ich noch einmal auf mein Buch: La pataria, cit., S. 30 ff., hinweisen.

keit erhielten.[121] Es handelte sich dabei um *constitutiones immunitatis et libertatis*, in denen praktisch die gleichen „Freiheiten", wie sie die freien *abbatiae regiae* besaßen, anerkannt und bekräftigt wurden. Aus der Urkunde Gregors VII. (1075) wissen wir mit Bestimmtheit, daß dem Abt von Hirsau die freie Verfügung über die Güter überlassen wurde, während wir dem gefälschten Text der *traditio* des Grafen Adalbert als gesicherte Angaben die freie Wahl des Abtes durch die Mönche, die Beschränkung der vom Vogt bezogenen Einkünfte und die Bestimmung der juristischen Position der klösterlichen *familia* nach dem *status* der freien Königsabteien entnehmen können. Aber abgesehen von dem Zugeständnis dieser „Freiheiten" muß man meiner Ansicht nach auch jenem Passus der erwähnten *traditio* Glauben schenken, in dem die Vogtei den Nachkommen des Grafen Adalbert vorbehalten wurde, allerdings mit der Verpflichtung, daß der Abt und die Mönche die Wahl der Personen zu treffen hatten und das Recht besaßen, den Vogt im Fall von Gesetzwidrigkeiten abzusetzen. Dagegen ist der Passus der Urkunde, in dem dem Diözesanbischof die Weihe des Abtes entzogen wurde, unzweifelhaft gefälscht: Die *consuetudines Hirsaugienses* selbst sehen das Gegenteil vor.[122] Auch die betonte Art, mit der in der *traditio* beharrlich der Verzicht des Grafen Adalbert und seiner Erben auf das Eigentum des Klosters und der ihm verliehenen Güter erklärt wird, läßt vermuten, daß ein solcher ausdrücklicher Verzicht in Wirklichkeit nicht darin enthalten war,

---

[121] S. die bereits zitierte Urkunde Gregors von 1075 für Hirsau: „Constitutiones quoque et immunitatis et libertatis modos, quos prefatus comes illustris Adelberthus scripto suae tradicionis inseruit et regio sigillo imprimi curavit." S. ebenfalls die zitierte Urkunde von Heinrich IV.: „Ut autem predicte traditionis et libertatis status et omnia predicta statuta, ea ratione quo deo et sanctis eius destinata sunt, ab hac die omni evo in Christo rata et inconvulsa permaneant, hanc cartam testamentariam predicti comitis (scilicet: Adelberti) rogatu conscribi manuque propria corroborantes sigilli nostri impressione iussimus insigniri." (Dipl. Henrici IV, cit., S. 362).

[122] Lib. 11, cap. 1: „invitatur episcopus ad benedicendum eum (scil. abbatem), et ipse — non alius — donat pastoralem ei bachulum." (PL, CL, 1039).

zumal da sich auch keine Spur davon in der Bulle Gregors VII. befindet.

Mit dieser Urkunde von Ende 1075 akzeptierte und bestätigte also der große Papst ausdrücklich den faktischen und rechtlichen Status, der durch die vom Landesherrn sanktionierte *traditio* des Grafen Adalbert geschaffen war. Gregor VII. gewährte dem Kloster Hirsau für die vom Grafen Adalbert empfangenen Güter den apostolischen Schutz; über diese Güter sollte der Abt die freie Verfügungsgewalt haben, und die römische Kirche sollte für den gewährten Schutz vom Kloster einen jährlichen Zins einziehen.[123] Sonst beschränkte sich der Papst darauf, mit seiner Autorität die Verordnungen über Immunität und Freiheit zu bestätigen, die vom Grafen niedergelegt und — wie in der Urkunde Gregors ausdrücklich erwähnt wird — durch das königliche Siegel für rechtsgültig erklärt worden waren. Eine einzige Bedingung war gestellt worden: Die von der päpstlichen Autorität angeordnete Befolgung der Verordnungen durfte niemals etwas betreffen, das den heiligen Canones widersprach.[124] Die Nutznießung der 'Königsfreiheiten' von seiten des Klosters Hirsau ließ genügend Raum für die Respektierung dieser unumstößlichen Forderung.

[123] „... nos dilecti filii nostri Adelberti de Calwa laudabili desiderio congaudentes, precibus eius Sancte Sedi Apostolice humiliter directis acquiscere decrevimus, ut religiose postulata efficaciter concessimus. Qui ... in predio suo quod dicitur Hyrsaugia monasterium a progenitoribus antiquitus constructum, nuper, amissa restituens, venuste reparavit et in usus fratrum inibi Deo servientium pluribus possessionibus et reditibus adiectis et contraditis largius ampliavit. Quam sue liberalitatis institutionem, ne in posterum ulla perversorum hominum audatia imminuere aut violare presumat, apostolice auctoritatis privilegio muniri et sancte Romane ecclesie tuitione roborari, data annui aurei Bisantii pensione, postulavit."

[124] „Constitutiones quoque et immunitatis et libertatis modos, quos prefatus comes illustris Adelberthus scripto sue tradicionis inseruit et regio sigillo imprimi curavit, ad posteritatis cautelam et arcendos infestantium impetus diligenter observandos statuimus, hos dumtaxat qui canonicis sanctionibus non obsistunt, ut nec permissis de quidlibet negligatur, nec de vetitis quidlibet irrogetur."

Das cluniazensische Mönchtum im 10. und 11. Jh. 219

Der Papst erkannte also das 'System' an, in dem die wenn auch begrenzten Rechte des Klosterherrn zugestanden und unter die Oberhoheit des Königs gestellt waren; zugleich mit den Rechten der Nachkommen des Gründers der Abtei wurden auch die Rechte des Diözesanbischofs auf geistlicher Ebene anerkannt.

Wir können uns jetzt vorstellen, welche Auseinandersetzungen und welche durchschlagenden Auswirkungen die Politik Gregors VII. auf dem Gebiet des Klosterwesens in Deutschland nach dem Schicksalsjahr 1077 zur Folge hatten!

Aber die Zuspitzung des Gegensatzes zwischen Papst und Kaiser und die sich überstürzenden Ereignisse verhinderten eine weitere Entwicklung dieser procluniazensischen und proviktorinischen Politik, die sonst auf Widerstände und Hindernisse von äußerster Härte und auch auf solche von objektiver Gültigkeit gestoßen wäre.

Am 8. März 1095 nahm Urban II. das Kloster Hirsau unter apostolischen Schutz [125] und griff — was die Bestätigung der Güter und die freie Verfügungsgewalt des Abtes über sie betraf — auf die zwanzig Jahre zurückliegende Urkunde Gregors zurück.[126] Doch bestimmte Papst Urban die jährliche Zinszahlung an die Römische Kirche nicht mehr als Gegenleistung für den apostolischen

---

[125] PL, CLI, coll. 402—404; reg. Germania Pontificia, vol. III, pars III, S. 123, nr. 9.

[126] Der Papst schrieb für das Kloster auch die bereits vom Grafen Adalbert von Calw festgelegten *constitutiones* und die *immunitatis et libertatis modos* vor. Die zu diesem Zweck von Urban II. gebrauchte Formulierung ist fast identisch mit der, die Gregor VII. in der Bestätigung der gleichen Verordnungen benutzt hatte. Nur fehlt im Text Urbans II. die in der Urkunde Gregors enthaltene Bedingung „dumtaxat qui canonicis sanctionibus non obsistunt". Die von dem weltlichen Klosterherrn aufgestellten Verordnungen, Immunitäten und Freiheiten konnten von nun an keine Gefahren mehr für die Befolgung der canones enthalten, da die päpstliche Autorität, die sich immer stärker der deutschen Klöster bemächtigte, sie nach dem Tode des Grafen Adalbert zu ihren eigenen gemacht hatte. (Die dem Erben des Klosterherrn gewährte Vogtei war nur ein *servitium* feudalen Charakters und sollte sich auf weltlicher Ebene in der Verteidigung des Klosters und der Rechte der Kirche auswirken).

Schutz über die Besitzungen der Abtei, sondern als Zeichen für die empfangene „römische Freiheit": *ad indicium autem percepte huius a Romana Ecclesia libertatis*. Der Papst gewährte daher den Mönchen von Hirsau das Recht auf freie Abtswahl gemäß der Regel des heiligen Benedikt [127] und setzte als Vogt des Klosters den Sohn des Grafen Adalbert ein:

advocatum praeterea sive protectorem vobis Godfridum, praefati comitis Adalberti filium *instituimus*, sic huiusmodi ... fuerit *ut Ecclesiae et servis Dei honorem debitum exhibeat* et praedicti monasterii utilis et studiosus fuerit; sin autem, in vestra sit potestate eligere vestrum idoneum protectorem, qui *sine lucri secularis exactione id divine servitutis obsequium strenue ac reverenter exhibeat*.

Die Terminologie hat deutlich feudalen Charakter und ähnelt sehr stark dem Sprachgebrauch in den Urkunden der Landesherren für die Königsabteien. Die *tutela apostolicae sedis* über ein Kloster, kraft derer der Papst den Vogt einsetzt („instituit"), wurde auf die gleiche Ebene mit der königlichen *immunitas* gestellt.[128] Neben die öffentlich-rechtliche Oberhoheit des Landesherrn über die Königsklöster stellte sich nun die Oberhoheit des Papstes über die Abteien, die die „römische Freiheit" genossen.[128a] Der Papst setzte also als Oberherr und Schutzherr des Klosters *iuris sancti Petri* den Vogt ein. Dieser schuldete der Kirche *honorem debitum, devine servitutis obsequium*, ohne auf Erden Entgelt dafür zu erhalten, doch — offensichtlich — mit einer gewissen Belohnung im Himmel. Denn die Leistungen der Vögte lagen auf religiöser Ebene, da die Rechte der geweihten Stätten, die sie zu verteidigen hatten,

---

[127] Im Jahre 1075 war dagegen dieses Recht dem Kloster Hirsau durch die Verordnung des Grafen Adalbert zugestanden worden.

[128] In dieser juristischen Interpretation der Urkunden stimme ich mit A. Brackmann überein: Studien und Vorarbeiten zur Germania Pontificia; Die Kurie und die Salzburger Kirchenprovinz, Berlin 1912, S. 16 ff.

[128a] Ein Begriff, der dem von mir im Text gebrauchten gleicht, findet sich in dem Hauptwerk von Hirsch, doch wird er dort ziemlich starr und ohne genügende Berücksichtigung der Entwicklung in der Klosterpolitik der verschiedenen Päpste verwandt. (H. Hirsch, Die Klosterimmunität seit dem Investiturstreit, Weimar 1913, cap. II passim, bes. S. 41).

göttliche waren, auch wenn sie auf der menschlichen Ebene bei juristischen Streitfragen oder gesetzwidrigen und gewaltsamen Aneignungen verteidigt werden mußten. Zu dieser religiösen Vasallenschaft der *militia sancti Petri* gehörte die Blüte des 'gregorianischen' Adels in Deutschland, wie die Herzöge Bertold von Schwaben und Welf von Bayern, die von Urban II. als Vögte von Stiften oder Klöstern eingesetzt worden waren.[129]

Die *institutio* des Vogts ging immer vom Papst aus, auch wenn der Abt und die Mönche das Recht hatten, ihn, falls er unwürdig war, durch einen anderen vertrauenswürdigeren zu ersetzen. Diese letzte Klausel verringerte jedoch nicht die Bedeutung, die die Anerkennung der Rechte der Familie des adligen Gründers hatte, wenn auch nur in dem neuen juristischen, begrifflichen Rahmen.

Auf diese Weise entzog Urban II. dem Landesherrn zwar seine Macht über die Königsklöster, zerstörte aber nicht das Gefüge der deutschen Reichskirche, da er sich — in gewissem Sinne — darauf beschränkte, die Person des Papstes an die Stelle des Landesherrn in seiner Position als oberster Immunitätsherr zu setzen. Mit den Bindungen und Begrenzungen, die die Gewähr für die Treue zur reformatorischen Aufgabe erforderte, wurden in der Tat die Rechte und die Stellung der Nachkommen des adligen Klosterherrn anerkannt.

Auch die Rechte und Gewalten des Diözesanbischofs wurden von Urban II. anerkannt, und zwar in noch deutlicherer Absicht als von Gregor VII. Das Recht des Bischofs von Speyer auf die Segnung der Altäre, die Weihe der Kleriker und die Konsekrierung des Öles im Kloster Hirsau wurde direkt bestätigt; und die dem Kloster gewährte Erlaubnis, sich wegen dieser bischöflichen Amtshandlungen an einen anderen Bischof zu wenden, wurde keineswegs in Beziehung zu der erworbenen 'römischen Freiheit' gebracht, sondern lediglich als Hypothese aufgestellt für den allgemeinen Fall, daß der Bischof von Speyer nicht die Gunst des Apostolischen Stuhles

---

[129] A. Brackmann, Gregor VII. und die kirchliche Reformbewegung, l. c. S. 26—27. Über die reformfreundlichen Feudaldynastien Süddeutschlands und ihre Klosterpolitik vgl. Hirsch, op. cit. der Fußnote, S. 46 ff.

besäße, und für den konkreteren Fall, daß er seine Funktionen nicht "gratis et sine pravitate" erfüllen wolle.[130]

Eine solche bezeichnende Änderung in der Formulierung, die die Ausübung der bischöflichen Funktionen durch den Diözesanbischof betrifft, findet sich auch in den Urkunden Urbans II. für das Allerheiligenkloster von Schaffhausen,[131] das schon von Gregor VII. dieselben "Freiheiten" wie die cluniazensischen und viktorinischen Klöster empfangen hatte. Jedoch wurde Allerheiligen nicht ausdrücklich das Vogteirecht für die Nachkommen des adligen Gründers gewährt; tatsächlich aber forderte Urban II. nicht nur die ihm ergebenen Herzöge Welf von Bayern und Bertold von Schwaben, sondern auch den Grafen Burkard, den Sohn des Gründers Eberhard von Nellenburg, auf, die Verteidigung des Abtes von Schaffhausen gegen Versuche unrechtmäßiger Aneignung von Klostergütern zu übernehmen.[132]

In den Urkunden für Hirsau lassen sich also neue Formulierungen [133] erkennen, die die veränderte Klosterpolitik Urbans II.

---

[130] "Consecrationes altarium sive basilicarum, ordinationes quoque clericorum, oleum sanctum, et caetera ad episcopale officium pertinentia, ab episcopo Spirensi, in cuius estis diocesi, accipietis, si tamen catholicus fuerit et communionem apostolicae sedis habuerit, si ea gratis sine simoniaca pravitate impendere voluerit; alias vero liceat catholicum quem volueritis episcopum adire, et ab eo consecrationum sacramenta accipere qui, apostolica fultus auctoritate, quae postulastis indulgeat."

[131] Rom, 6. März 1090 (ed. Schenkel, Beiträge zur vaterländischen Geschichte, I, S. 96 ff. nr. 2; reg. Germania Pontificia, vol. II, pars II, S. 12, nr. 4); Anagni, 26. Januar 1092 (ed. Pflugk-Harttung, APRI, I., S. 56 bis 57, nr. 59; Quellen z. Schweiz. Gesch., III, S. 28—30, nr. 13; reg. Germ. Pont., vol. III, pars II, S. 13, nr. 6); Lyon, 8. Oktober 1095 (ed. PL, CLI, col. 519; Pflugk-Harttung, APRI, I, S. 60, nr. 63; Quellen z. Schweizer. Gesch., III, S. 48, nr. 26; reg. Germ. Pont., vol. II, pars III, S. 14, nr. 8).

[132] Brief aus Anagni vom 28. Januar 1092. (Ed. PL, CLI, col. 336; Quellen z. Schweizer. Gesch., III, S. 30—31, nr. 14; reg. Germ. Pont., vol. II, pars II, S. 13—14, nr. 7).

[133] Über weitere Urkunden Urbans II., in denen dieselbe Formulierung für die Vogtei gebraucht ist, s. Hirsch, Studien über die Privilegien, l. c., S. 499, n. 2. Eine analoge Untersuchung sollte über das Schicksal vorge-

widerspiegeln. Solche Formulierungen finden sich zum erstenmal in einem Privileg [134] für das Ordensstift von Rottenbuch.[135] In dieser Urkunde wurden die bischöflichen Rechte des Diözesanbischofs von Freising in den uns bekannten Grenzen bestätigt und Herzog Welf von Bayern als der Gründer des Stifts gemeinsam mit seiner Frau als Vögte eingesetzt.[136]

Die neue Klosterpolitik Urbans II. hatte den von Gregor VII. *in extremis* unternommenen 'cluniazensisch-viktorinischen' Versuch aufgegeben und das System der deutschen Reichskirche im wesentlichen akzeptiert, wobei die Person des Papstes die des Landesherrn ersetzte, ohne die Autorität der Diözesanbischöfe über die Klöster zu beseitigen; sie hatte ferner aus einer neuen Einstellung heraus den Schutz der großen weltlichen Herren über die Klöster akzeptiert. Dieser neue Kurs, der dem Landesherrn viele Hebel für seine kirchliche Macht aus der Hand genommen hatte und sich bemühte, dem Heiligen Stuhl die Unterstützung von Prälaten und Herren über Reichsländer zu erhalten, ergriff nicht nur die Klöster, sondern auch die Kanonikerstifte. Man kann sogar sagen, daß die Stifte, die Reformbischöfe oder Adlige, die von der neuen Frömmigkeit beseelt waren, kurz zuvor gegründet hatten, wahrscheinlich

nommen werden, das die Formulierung von dem bedingten Vorbehalt der bischöflichen Rechte gehabt hat.

[134] Hirsch, Studien über die Privilegien, l. c., S. 499, n. 2.

[135] Das Privileg ist datiert: Rom, 6. März 1090 (ed. Pflugk-Harttung, APRI, II, S. 146—148, nr. 180; reg. Germ. Pont., vol. II, pars I, S. 375, nr. 1).

[136] „Consecrationes altarium sive basilicarum, ordinationes clericorum, oleum sanctum ab episcopo Frisigensi sub cuius diocesi estis accipietis, si gratiam et communionem apostolicae sedis habuerit et vobis ista praebere gratis et sine pravitate voluerit; alias liceat vobis catholicum quem volueritis adire antistitem ac consecrationes ab eo accipere". „Praeterea advocatum sive protectorem vobis Welfonem, egregie strenuitatis ducem, quia eiusmodi est ecclesie fundator, instituimus eiusque post eum filios, si eiusmodi ... fuerint ut ecclesiis et servis Dei honorem debitum exhibentes, paternae fuerint protectionis executores; sin autem, vestri erit arbitrii quem placuerit eligere vestre ecclesie protectorem qui sine lucri secularis exactione id divine servitutis obsequium strenue ac reverenter exhibeat."

der Ort waren, an dem sich die neue Kirchenpolitik Urbans, einer Vorstellung von den kirchlichen Strukturen und ihren Funktionen folgend, die weit über das cluniazensische Ideal und Vorbild hinausgingen, zuerst durchsetzte.

Auf neuen Grundlagen also, die die strukturelle politisch-kirchliche Realität auf Reichsboden [137] sowie die Triebkräfte engagierter Frömmigkeit, die eine kluge Restauration nach ottonischem Vorbild dort lebendig erhalten hatte, berücksichtigte, verlieh Urban II. jener Forderung nach Rückkehr zur *vita apostolica*, die nicht nur im panmonastischen Ideal Clunys, sondern auch in Schichten des Volkes und der Eremiten, sowie in bestimmten Kreisen des Klerus lebendig war, Geltung und Wirksamkeit. Daraus ergab sich eine ganz „neue" Bewegung, die das „feudale" Element überwand, das sich aus der Entwicklung der Eigenkirche und der monastischen Exemtion nach der Art Clunys [138] gebildet hatte, und es festigten sich von neuem die Bedeutung und die Funktion der alten wie der neuen oder erneuerten Kirchenbezirke und der Obrigkeiten, die ihnen in einer vom Charisma getragenen und *ex officio* strukturierten Hierarchie vorgesetzt waren. Diese Bewegung, die die traditionellen politisch-juristischen Positionen und Institutionen respektierte oder vielmehr in neuem Geiste benutzte, machte es Urban II. möglich, den toten Punkt zu überwinden und die politisch-kirchliche Lage in der Lombardei wie in Deutschland zugunsten der Römi-

---

[137] Dieser Ausdruck soll — wie aus dem Zusammenhang ersichtlich ist — nicht in dem besonderen Sinn, den man der Bezeichnung „terre d'empire" gibt, verstanden werden, sondern in einer erweiterten Bedeutung, in der alle Territorien, die tatsächlich der kaiserlichen Autorität unterworfen waren, miteingeschlossen sind.

[138] In den allerletzten Jahren des 11. Jahrhunderts begann sich ein neuer Mönchsorden zu entwickeln, der viel straffer zentralisiert war als der Orden von Cluny. Aber dieser neue Orden der Zisterzienser lehnte bis über die Mitte des 12. Jahrhunderts hinaus jede seelsorgerliche Betätigung, jeden Besitz an kirchlichen Rechten und jede Exemtion von der Autorität des Diözesanbischofs ab. Daher bildete die Entwicklung eines so straff zentralisierten Ordens, wie es der von Cîteaux war, kein Hemmnis für die Tendenzen der bischöflichen und päpstlichen Politik zur Wiederherstellung und Festigung der Kirchenbezirke und der Autorität der Bischöfe, Erzpriester, Archidiakone etc.

schen Kirche zu wenden, wodurch der Konflikt zwischen Kirche und Kaiserreich beendet wurde.

In einer solchen Atmosphäre verlor das cluniazensische Mönchtum seine Funktion als ausschließliches oder vorwiegendes Vorbild und Gerüst für die Kirchenpolitik der römischen Päpste bei der Verwirklichung der Reform auf den Gebieten der religiösen Einstellung und der organisatorischen Strukturen.

Die zweite Hälfte des 11. Jahrhunderts war eine entscheidende Epoche. Nur selten finden wir in der Geschichte eine solche Vielfalt an Kräften, die daran beteiligt waren: religiöse, ökonomische, soziale, politische und institutionelle. Es war eine Epoche voller Gärungsstoffe, „reich an Anfängen", um einen treffenden Ausdruck von Volpe zu gebrauchen. Wie im Mikrokosmos der italienischen Städte (den lebendigsten Zellen dieses Organismus) vervielfachten sich die streitenden Kräfte und die „Gruppen, von denen ein Druck ausging"; neue religiöse Forderungen unterschiedlicher Richtung wurden erhoben, so daß es nun zur Beherrschung einer Stadt nicht mehr genügte, wenn der Landesherr einen ihm ergebenen Bischof dort einsetzte und unter seiner Kontrolle hielt, vielmehr mußte er sich mitten in die Auseinandersetzungen der Bürgerschaft begeben und von innen her die wirtschaftlichen, politischen und religiösen Forderungen der einen oder der anderen Partei unterstützen. So vermehrten und komplizierten sich in der abendländischen Christenheit die politischen und religiösen Ansprüche, Kräfte und Strömungen; bald schlossen sie sich zusammen, bald bekämpften sie sich. Päpste, die wie Gregor VII., Urban II., Alexander III. und Innozenz III. die außergewöhnliche Gabe besaßen, bei den verschiedenen Gelegenheiten die vielseitige Natur der beteiligten Kräfte, ihre Bedeutung und ihre Leistungsfähigkeit zu erkennen, solche Päpste verstanden es, die römische Kirche in der Tat in den Mittelpunkt des politisch-religiösen Lebens der christlichen Welt zu stellen.

* Während der letzten Durchsicht der Korrekturfahnen erreicht mich der Band ›Neue Forschungen über Cluny und die Cluniazenser‹ von J. Wollasch, H. E. Mager und H. Diener, hrsg. von G. Tellenbach, Freiburg im Breisgau 1959. Leider ist es mir nicht mehr möglich gewesen, diesen wichtigen Beitrag aus der Freiburger Schule noch zu berücksichtigen.

CLUNY UND DER INVESTITURSTREIT[1]

Von THEODOR SCHIEFFER

I

Ist Hildebrand, der im Jahre 1047 den Papst Gregor VI. ins rheinische Exil begleitet hatte, wirklich — wie Bonizo von Sutri berichtet[2] — Mönch in Cluny gewesen, ehe er nach Rom zurückkehrte? Das ist eine Frage, die in der Forschung immer wieder

---

[1] Vorweggeschickt sei der Hinweis, daß die folgenden Ausführungen nur einige Hauptlinien des weitgespannten Themas herausarbeiten können, da es sich um einen bloßen Vortrag handelt, den ich am 18. September 1953 auf dem Historikertag in Bremen, dann am 25. Januar 1954 in Rom zur Wiedereröffnung des Deutschen Historischen Instituts und am 22. September 1957 in Zug vor der Allgemeinen Geschichtforschenden Gesellschaft der Schweiz gehalten habe. Am 27. Oktober 1959 folgte in Paris, zur Eröffnung der Deutschen Historischen Forschungsstelle (des jetzigen Historischen Instituts), eine überarbeitete französische Fassung, die dann, mit einem knappen Anmerkungsapparat versehen, in der Revue historique 225 (1961), S. 47—72 erschienen ist. Dieser Publikation entspricht — ohne neuerliche Veränderung, d. h. ohne Bezugnahme auf jüngere Literatur — der hier erstmals veröffentlichte deutsche Text. — Allgemeine Literatur: E. Sackur, Die Cluniacenser, 2 Bde. (1892/94); L. M. Smith, The Early History of Cluny (1920) und: Cluny in the 11th and 12th Centuries (1930); G. de Valous, Le monachisme clunisien des origines au XVe siècle, 2 Bde. (1935) und: Art. „Cluny" im Dictionnaire d'histoire et de géographie ecclésiastiques 13 (1956), 35—174; G. Tellenbach, Libertas. Kirche und Weltordnung im Zeitalter des Investiturstreites (1936); Philibert Schmitz O.S.B., Geschichte des Benediktinerordens 1 (1947), 127 ff.; A Cluny. Congrès scientifique (1950); K. Hallinger O.S.B., Gorze-Kluny, 2 Bde. (1950/51); Neue Forschungen über Cluny und die Cluniacenser, hrsg. v. G. Tellenbach (1959).

[2] Liber ad amicum V, MGH Lib. de lite 1, 587.

aufgeworfen wird, in der man aber einen klaren Beweis für oder
wider kaum wird führen können.[3] Den Hintergrund zu dieser Diskussion um eine bloße biographische Einzelfrage bildet ein wirklich
zentrales Problem, von dem für das geschichtliche Verständnis des
Investiturstreites einiges abhängt: Was ist von der traditionellen
Vorstellung zu halten, daß die Cluniazenser die entscheidenden
Wegbereiter Gregors VII. gewesen seien, daß sich in der gregorianischen Hierokratie das cluniazensische Reformprogramm erfüllt
habe? Die Historiker glauben im allgemeinen nicht mehr an eine
so gradlinige Kontinuität und geben auf eine solche Betrachtungsweise nicht viel. Wir haben längst gelernt, 'cluniazensisch' und
'gregorianisch' als verschiedene Begriffe zu fassen, denn bei näherem
Zusehen ergibt sich, daß Cluny nur eine begrenzte kirchenpolitische
Aktivität entfaltete und sich im Investiturstreit — dem Anscheine
nach — reserviert, vermittelnd, fast neutral verhielt.

Nachdem bereits Ernst Sackur vorangegangen war, hat vor allem
Gerd Tellenbach diese differenzierende Sicht vertieft und sozusagen
genetisch erklärt aus den geistig-religiösen Werten, die im asketischen Mönchtum und im sakralen Priestertum zwei unterschiedliche
Ausprägungen und 'Hierarchievorstellungen' gefunden hatten.[4]
Gleichzeitig haben z. B. Gerhart Ladner und Philipp Funk[5] in
Einzeluntersuchungen präzisiert, daß die ältere Klosterreform auf
eine Erneuerung der monastischen Zucht aus dem Geiste der
Benediktinerregel zielte, in Fragen der Kirchenverfassung aber
konservativ blieb, während der Widerspruch gegen die königliche
Kirchenhoheit eher von der wiederbelebten Kanonistik pseudo-

---

[3] Die 'cluniazensische' These wird abgelehnt von A. Hauck, Kirchengeschichte Deutschlands [3.4.] 3 (1912), 597 Anm. 3, von Aug. Fliche, La
réforme grégorienne 1 (1924), 378, von Joh. Haller, Das Papsttum [2]2
(1951), 580 und von Ild. Schuster in der Scuola Cattolica 78 (1950),
52—57; verfochten wird sie dagegen von G. B. Borino in den Miscellanea
Giovanni Mercati 5 (1946), 218—62 und in den Studi Gregoriani 4
(1952), 441—56.

[4] Tellenbach a. a. O.

[5] G. Ladner, Theologie und Politik vor dem Investiturstreit (1935);
Ph. Funk, Pseudo-Isidor gegen Heinrichs III. Kirchenhoheit, in: Hist.
Jahrbuch 56 (1936), 305—29.

isidorianischer Observanz ausging. Was Cluny betrifft, so sind selbst die geistigen Antipoden Augustin Fliche und Johannes Haller[6] übereinstimmend der Ansicht, daß die Cluniazenser sich auf den Klosterbereich beschränkten und von der Ideenwelt Gregors VII. scharf zu scheiden seien. Solche zugespitzten Formulierungen kehrten also das traditionelle Geschichtsbild vollends um; konsequent zu Ende gedacht, laufen sie sogar auf ein beziehungsloses Nach- und Nebeneinander von Cluniazensern und Gregorianern hinaus,[7] also auf eine gar zu vereinfachte Schau, die auch nicht befriedigen kann und fraglos einer auflockernden Nuancierung bedarf. Diesen Weg hat P. Kassius Hallinger beschritten mit dem nachdrücklichen Hinweis, daß den Gregorianern und Cluniazensern eine „antifeudalistische Haltung" gemeinsam gewesen sei.[8]

Bei dem Versuch, diese Frage neu aufzurollen, rückt von selber die Gestalt des Abtes Hugo von Cluny in den Vordergrund, der von 1049 bis 1109, von der Zeit Heinrichs III. und Leos IX. bis in die Jahre Paschalis' II. und Heinrichs V. hinein, die Geschicke des Klosters lenkte. Die Persönlichkeit dieses fraglos bedeutenden Mannes bleibt für uns schattenhaft,[9] denn das literarische und dokumentarische Erbe aus dieser großen Zeit Clunys ist dürftig und erfaßt nur Ausschnitte der historischen Wirklichkeit: zwar Hunderte von Urkunden,[10] die für unser Thema kaum etwas hergeben, aber keine Klosterchronik, nur vereinzelte Briefe Hugos,[11] vor allem keine

---

[6] Fliche, 39—60; Haller, 613.

[7] So, mehr oder minder ausdrücklich, L. M. Smith, Cluny and Gregory VII, English Historical Review 26 (1911), 20—33.

[8] A. a. O. 582; Formulierungen solcher Art begegnen häufig in seinem umfangreichen Werk. Vgl. auch K. Hallinger, Le climat spirituel des premiers temps de Cluny, Revue Mabillon 46 (1956), 117—40.

[9] Immerhin gewinnen die Umrisse an Deutlichkeit durch die Arbeit von H. Diener, Das Itinerar des Abtes Hugo von Cluny, in: Neue Forschungen (Anm. 1), 353—426.

[10] A. Bernard - A. Bruel, Recueil des chartes de l'abbaye de Cluny 4 (1888), 171—824; 5 (1894), 1—230. Zwei Urkunden des Abtes Hugo sind von J. Ramackers in den Quellen und Forschungen aus italienischen Archiven und Bibliotheken 23 (1932), 47—49 veröffentlicht worden.

[11] Migne, PL 159, 927—32 u. 945—54; M. Férotin, Une lettre inédite

publizistischen Äußerungen zu den Problemen des Investiturstreits: in den ›Libelli de lite‹ ist Cluny überhaupt nicht vertreten! Wir haben ferner ein halbes Dutzend Viten Hugos, alle bald nach seinem Tode aufgezeichnet, doch bringen sie kaum etwas anderes als erbauliche Berichte des bekannten hagiographischen Genres.[12] Indes, wenn jene schlichten Viten des 12. Jahrhunderts den Abt Hugo als die Verkörperung des cluniazensischen Mönchsideals zeichnen, so haben sie bei aller Befangenheit im literarischen Schema das Wesentliche seiner geschichtlichen Rolle getroffen. Ihm fehlt das Pathos des Kämpfers und Neuerers, er war ein konservativer Vollender: die geistige Schulung mehrerer Mönchsgenerationen, die Tradition seines Standes und seines Klosters bestimmten diesen Mann, auch in seiner Haltung zu Kirchenreform und Investiturstreit.

II

Suchen wir die für unsere Fragestellung entscheidenden Wesenszüge des Cluniazensertums zu umreißen, so haben wir auszugehen vom Verhältnis des Klosters zur Welt, der Mönche zum Laienadel. Prinzipiell-theoretische Formulierungen wie etwa: Die Cluniazenser waren Mönche, die sich von der Welt abwenden, ihre Tätigkeit nicht über die Schranken des Mönchtums hinaustragen wollten, sind nicht falsch, treffen aber nur eine Halbwahrheit.

Es ist oft — in sehr prägnanter Weise namentlich von Harnack[13] — dargelegt worden, daß dem abendländischen Mönchtum eine fruchtbare Spannung von weltflüchtiger Askese und weltzugewandtem Apostolat eigen ist. Diese zweite Komponente gewinnt von einer monastischen Welle zur anderen an Gewicht, und in dieser Entwicklung steht auch Cluny. Gewiß ist noch längst nicht die

---

de saint Hugues, abbé de Cluny, Bibliothèque de l'Ecole des Chartes 61 (1900), 339—45, mit einem Nachtrag ebd. 63 (1902), 682—86.

[12] Th. Schieffer, Notice sur les Vies de saint Hugues, abbé de Cluny, Moyen Age 46 (1936), 81—103.

[13] A. v. Harnack, Das Mönchtum, seine Ideale und seine Geschichte (8–10 1921).

geschichtliche Stufe der Bettelorden erreicht: Cluny bleibt liturgisch-kontemplativ geprägt, in Predigt und Seelsorge sieht es grundsätzlich nicht seine Aufgabe, und erst recht sollen weltliche Geschäfte nicht Sache der Mönche sein, mit dem altmonastischen Ideal der Weltflucht war es ihnen ernst — in ihrer tatsächlichen Wirksamkeit aber reichten die Cluniazenser unter der Führung ihrer großen Reiseäbte weit über die Klostermauern hinaus.

Dieses Reformzentrum war konservativ-aristokratisch geprägt wie das Frühmittelalter überhaupt. Schon im frühen 10. Jahrhundert zeugen die Persönlichkeit und die Schriften des Abtes Odo († 942) von Cluny als einer geformten geistigen Potenz, als deren tragende Elemente Alfred Hessel recht treffend „mönchische Frömmigkeit, adliges Blut und karolingische Bildung" herausgestellt hat.[14] Das Reformkloster steht tatsächlich im lebendigsten geistig-materiellen Austausch mit der feudalen Herrenschicht, aus der es sich rekrutierte. Freilich klafft hier schon die erste Forschungslücke. Aloys Schulte hat Cluny nicht in den Kreis seiner bahnbrechenden Studien über Adel und Kirche einbezogen, sondern in etwas voreiliger Analogie zu einigen Hirsauer Klöstern einen Unterschied zu bestimmten adelsstolzen Reichsabteien erkennen wollen,[15] und seither ist es oft nachgesprochen worden, Cluny habe die sozialen Schranken beiseite geräumt.[16] Die Überprüfung dieser Frage wäre des Schweißes eines Doktoranden wert, denn der Gesamteindruck widerspricht geradezu massiv der Auffassung, daß sich Cluny in

---

[14] A. Hessel, Odo von Cluny und das französische Kulturproblem im frühen Mittelalter, Hist. Zeitschrift 128 (1923), 1—25. Mit Odo und dem cluniazensischen Geistesleben seiner Zeit befassen sich mehrere Arbeiten der letzten Jahre, insbesondere J. Laporte, P. Thomas und J. Leclercq in: A Cluny (Anm. 1) und der in Anm. 8 genannte Aufsatz von K. Hallinger. Vgl. auch J. Wollasch in: Neue Forschungen (Anm. 1), 120—42 zur Herkunft Odos aus dem Berry.

[15] A. Schulte, Der Adel und die deutsche Kirche im Mittelalter (1910; Neudruck mit Nachtrag 1922), 191; der Nachtrag 19—22 bringt einige zusätzliche Bemerkungen zu französischen Klöstern.

[16] C. Erdmann in den Quellen und Forschungen aus italienischen Archiven und Bibliotheken 19 (1927), 209; G. Schreiber, Gemeinschaften des Mittelalters (1948), 83.

einen solchen Gegensatz zur Gesellschaftsstruktur des Zeitalters gestellt habe. Das aristokratische Element dominierte hier jedenfalls vollkommen. Die Äbte, die an Königs- und Fürstenhöfen ein- und ausgingen, entstammten selbstverständlich dem Hochadel; der Abt Hugo war gar dem Kapetingerhause versippt.[17] Wiederholt haben wir Kunde von Grafen und Fürsten, die Cluniazensermönche wurden,[18] und eine deutliche Sprache reden auch die Urkunden, in denen neu eintretende Mönche dem Kloster Besitz überweisen,[19] denn hierbei muß es sich im wesentlichen um Angehörige des Grundherrenadels handeln. Jüngere Forschungen haben überdies in glücklicher gegenseitiger Ergänzung ins Licht gerückt, wie Cluny dank der Idee des stellvertretenden Gebetes, der büßenden Leistungen zu einem Brennpunkt geworden ist, der tief in die Laienwelt hinein strahlte[20]: der Beitrag zum Siege des Geistes über die rohen Kräfte, zur Verchristlichung des rauhen Kriegeradels, zur Weckung eines spezifischen Ritterethos ist eine entscheidende Leistung der Cluniazenser, wie Carl Erdmann im einzelnen dargelegt hat.[21] Ja, Cluny selber rezipierte gewisse Strukturelemente des Feudalsystems: bei dem Aufbau seines zentralen Verbandsorganismus hat

---

[17] Über die Herkunft Hugos vgl. Richard Lehmann, Forschungen zur Geschichte des Abtes Hugo I von Cluny (Diss. Göttingen 1869), 67—74, und Rudolf Neumann, Hugo I der Heilige, Abt von Cluny (Progr. Frankfurt 1879), 7 f. Eine seiner Schwestern war mit dem Herzog Robert I. von Burgund, einem Bruder des Königs Heinrich I., vermählt.

[18] So der Graf Wido II. von Mâcon (Bernard-Bruel 4, n° 3528), der Markgraf Hermann, Bruder des Herzogs Berthold von Zähringen (Bertholdi Ann. ad a. 1073, MGH Script. 5, 276; Bernoldi Chronicon, ebd. 430), der Herzog Hugo I. von Burgund (Brief VI 17 im Register Gregors VII., ed. E. Caspar, MGH Epist, selectae 2, 423), der Graf Eustachius von Boulogne (Bernard-Bruel 5, n° 3984).

[19] Als Beispiele seien verzeichnet: Bernard-Bruel 4, n° 2994, 3002, 3030, 3100, 3101, 3106, 3109, 3184, 3193, 3198, 3202, 3208, 3221, 3274, 3277, 3292, 3300, 3302, 3418, 3484, 3505, 3522, 3526, 3527, 3537, 3538; 5, n° 3672, 3681, 3682, 3823, 3825, 3873, 3984.

[20] E. Troeltsch, Die Soziallehren der christlichen Kirchen und Gruppen (1912), 232—34; Tellenbach, Libertas, 94—99.

[21] C. Erdmann, Die Entstehung des Kreuzzugsgedankens (1935), 60—64, 78—80.

zumindest unbewußt das Vorbild des Lehnswesens mitgewirkt;[22] die Verwandtschaft zwischen der Aufnahme eines Abtes in die cluniazensische Gemeinschaft und einer Lehnsauftragung läßt sich mitunter sogar aus der Sprache der Urkunden belegen.[23] Die erbitterte Satire des Bischofs Adalbero von Laon auf den „König Odilo", der sich mit seiner mönchischen Kriegerschar in weltliche Dinge einmischte,[24] verrät, daß schon die Zeitgenossen diese innere Beziehung empfunden haben.

Erst von diesem Gesamtverhältnis des Cluniazensertums zur feudalen Aristokratie aus läßt sich seine Stellung zum Eigenkirchenrecht, zur laikalen Kirchenherrschaft erfassen. Damit stoßen wir auf ein weitschichtiges, ja das schwierigste Problem unseres Themenkreises, das dringend einer umfassenden modernen Monographie bedürfte, denn diese Frage ist von besonderen methodischen Gefahren überschattet: schon mancher ist der Versuchung erlegen, die Geschichte des 10. und 11. Jahrhunderts vom Investiturstreit aus rückwärts zu schreiben, und ebenso bedenklich ist eine isolierte rechtsgeschichtliche Betrachtung, die sich an einzelne Urkundentexte klammert.

Der Protest gegen böse Begleiterscheinungen des Eigenkirchenwesens durchzog seit Jahrhunderten die Kirchengeschichte, aber diese Kritik bedeutete noch längst keinen Angriff auf das Rechtsinstitut als solches, und es wäre schlechthin ein Mißverständnis, bereits aus gewissen Synodalbeschlüssen, die im zweiten Drittel des 11. Jahrhunderts verkündet wurden, ein grundsätzliches Verbot laikalen Eigentums an Kirchen heraushören zu wollen[25] — vor

---

[22] Dem stehen die zurückhaltenden Bemerkungen von J.-L. Lemarignier, Hiérarchie monastique et hiérarchie féodale, Revue hist. de droit français et étranger, 4ᵉ série 31 (1953), 171—74 nicht entgegen.

[23] Vgl. die Urkunde Hugos über die Aufnahme des Abtes Lambert von Saint-Bertin in den cluniazensischen Verband (Migne, PL 159, 945).

[24] G. A. Hückel, Les poèmes satiriques d'Adalbéron, Bibliothèque de la Faculté des Lettres de l'Université de Paris 13 (1901), 87—167; vgl. dazu Erdmann (Anm. 21), 338—47.

[25] So G. Schreiber, Cluny und die Eigenkirche, in: Archiv für Urkundenforschung 17 (1942), 412 (Neudruck: G. Schreiber, Gemeinschaften des Mittelalters [1948], 132). Die Synodaldekrete von Bourges 1031 (c. 21;

allem aber dürfen wir Cluny überhaupt nicht in eine kanonistische
oder episkopale Widerstandsfront gegen das Eigenkirchenrecht ein-
reihen. Die Cluniazenser begegneten der Entartung des Eigenkirchentums nicht etwa durch einen Kampf gegen diese Rechtsordnung an sich, sie riefen nicht gegen die Laienherren die Autorität
der Kanones, der Synoden, der Bischöfe an, sie bemühten sich vielmehr erfolgreich, den Adel, in dessen Gewalt die Klöster waren, für
den Gedanken der Reform zu gewinnen, und damit erst rundet sich
die cluniazensische Aktion — monastische Erneuerung und Verchristlichung der feudalen Herrenschicht — zu einem Ganzen. Aus
einer solchen 'Bekehrung' des Eigenklosterherrn ergaben sich natürlich auch Konsequenzen rechtlicher Art. In der Bereitschaft, die
geistliche Eigenständigkeit der Klöster für die Zukunft zu sichern,
begannen die Klosterherren, ihre eigene Rechtsposition schrittweise
zu räumen[26]: der Laienabt überließ die interne Leitung einem
Regularabt und begnügte sich mit der weltlichen Eigenherrschaft,
und dieses Eigentum wandelte sich schließlich zur Schutzgewalt, die
dem Papst und dem König angetragen werden konnte, wie es,
wenigstens nacheinander, auch bei Cluny geschehen ist.

Um die klösterliche Autonomie wirksam zu sichern, war aber die
Begrenzung der Schutzgewalt nicht minder wesentlich: so erklärt
Wilhelm von Aquitanien in der Gründungsurkunde von 909/10,[27]
Cluny solle für die Regelung seiner inneren Angelegenheiten gesichert sein gegen den König, gegen weltliche und geistliche Große,
ja gegen den Papst (den doch die gleiche Urkunde als maßgebende
Schutzmacht proklamiert) und sogar gegen die Gründerfamilie selber, und da sich in Italien und im südlichen Frankreich überhaupt
nicht die Herrenvogtei deutscher Art entwickelte,[28] wurde Cluny,

Mansi 19, 505), Reims 1049 (c. 3; ebd. 742) und Toulouse 1056 (c. 8; ebd.
848) betreffen nur solche kirchlichen Benefizien und Ämter, die sich un-
rechtmäßig und mißbräuchlich in Laienhand befinden.

[26] Karl Voigt, Die karolingische Klosterpolitik und der Niedergang des
westfränkischen Königtums (1917), 163—250.

[27] Bernard - Bruel 1 (1876), n° 112.

[28] Vgl. etwa F. Senn, L'institution des avoueries ecclésiastiques en
France (1903), 95—109; Th. Mayer, Fürsten und Staat (1950), 12,
18—20 und passim.

wenigstens für das 10. und 11. Jahrhundert, in der Tat jeder Herrschaft ledig. Eine derartige freiwillige Selbstaufhebung der Eigenklosterherrschaft war also in extremen — oder wenn man will: in idealen — Fällen möglich, aber hier stellt sich wieder ein von der Forschung noch nicht gelöstes Problem: Läßt sich aus den Urkunden, aus den Viten und vor allem aus der Praxis der Äbte wirklich entnehmen, daß die Cluniazenser dem Verzicht der Herren auf alle Rechte an den Klöstern von Anfang an und konsequent eine zentrale Bedeutung beigemessen, daß die Reformäbte ausdrücklich auf völliger Unabhängigkeit jedes einzelnen Klosters ihres Verbandes bestanden haben? Wir finden, daß dem nicht so ist. Im Gegenteil, im frühmittelalterlichen Frankreich ist das eigenkirchliche Rechtssystem schlechthin Voraussetzung und Grundlage der cluniazensischen Reform, ihre Geschichte ist ein einziges Bündnis mit den Klosterherren, die ihnen auf Schritt und Tritt ihre Hilfe — notfalls auch eine sehr robuste Hilfe — liehen;[29] und solange das Gegenteil nicht schlüssig erwiesen ist, spricht der Anschein eher dafür, daß diese Herrengewalt, wenn sie nur in einem neuen Geiste gehandhabt ward und nicht störend in den internen Klosterbereich eingriff, von den Äbten nicht unter allen Umständen bekämpft wurde.

Noch deutlicher wird uns somit die innere Verwandtschaft von Cluniazensertum und feudaler Gesellschaft: der Klosterverband, auf der Basis eigenkirchlicher Verfügungsgewalt zusammengewachsen, blieb selber ein eigenkirchliches Gebilde, in der Stellung des Abtes zu seinem Kloster, wo er, nach Herrenrecht, faktisch seinen Nachfolger bestimmte,[30] und in der Struktur des ausgedehnten Besitzes, der überaus zahlreiche Eigenkirchen einbegriff. Gewiß, die Existenz und die Anerkennung eines solchen geistlichen Eigen-

---

[29] Es waren in der Regel gerade die Eigenkirchenherren selber, die ihre Klöster dem Abt von Cluny unterstellten; dabei scheuten sie sich nicht, notfalls die widerspenstigen Mönche zu vertreiben oder ihren Widerstand gewaltsam zu brechen. Als Beispiele seien die Vorgänge in Saint-Maur-des-Fossés 988/89 (Sackur [Anm. 1] 1, 248) oder in Vézelay 1026/27 (ebd. 2, 38) genannt.

[30] Vgl. außer der allgemeinen Literatur (Anm. 1) M. Rothenhäusler, Zur ältesten cluniacensischen Abtswahl, Studien und Mitteilungen zur Geschichte des Benediktiner-Ordens 33 (1912), 605—20.

kirchenwesens ist in der Wissenschaft nicht umstritten, aber gegenüber abweichenden Deutungen muß zugleich immer wieder betont werden, daß die Urkunden auch eine vollendete Unbefangenheit gegenüber dem laikalen Eigenkirchentum verraten.[31] Kirchen oder Teile von Kirchen werden wie jeder andere Besitz nicht bloß als Schenkung entgegengenommen, sondern ebenso gekauft und getauscht, unter Umständen also auch wieder aus der Hand gegeben,[32] vor allem aber wird man in den Schenkungsmotiven vergeblich die Erklärung suchen — auf die es entscheidend ankäme! —, daß der Laie, der eine Eigenkirche abgebe, damit auf ein angemaßtes, verwerfliches Recht verzichte. Auf einem anderen Blatt steht freilich, daß die Besetzung der abhängigen Abteien und Priorate von Cluny aus, möchte sie auch im Einvernehmen mit dem jeweiligen Klosterherrn geschehen, doch faktisch dessen Verfügungsgewalt weithin lahmlegte, daß die Ansammlung von Eigenkirchen im Besitz des Mutterklosters faktisch das laikale Eigenkirchenwesen aushöhlte und einem späteren typisch gregorianischen Anliegen — der Klerikalisierung der Kirche — Vorschub leistete, aber nichts berechtigt uns, solche faktischen Auswirkungen auf eine prinzipielle Verneinung der vorgregorianischen Ordnung zurückzuführen.

III

Diese Voraussetzungen machen nun vollends einen anderen, viel erörterten Wesenszug des Cluniazensertums verständlich. Wir dürften sogar sagen: Selbst wenn sich eine Feindseligkeit Clunys gegen Eigenkirche und Feudalsystem erweisen ließe, bliebe die Frage nach der Stellung des Reformklosters zur weltlichen Gewalt, zum Königtum noch offen, denn das Frühmittelalter sah im König ja nicht den Laien, und seine theokratische Kirchenhoheit war keine bloße

---

[31] Zu dieser Frage vgl. die reich dokumentierte und ergiebige Arbeit von H.-E. Mager, Studien über das Verhältnis der Cluniacenser zum Eigenkirchenwesen, in: Neue Forschungen (Anm. 1), 167—217.
[32] Von Kirchen, die prekarisch oder tauschweise Laien überlassen werden, handeln Bernard - Bruel 2, n° 912, 920; 3, n° 1933.

Eigenkirchenherrschaft. Die ganze Vorstellung von einem angeborenen Gegensatz der Cluniazenser zur Königsgewalt konnte überhaupt nur erwachsen aus einer Überspannung des für geschichtliches Denken an sich so fundamentalen Entwicklungsgedankens, indem das Bemühen, weit zurückreichende Wurzeln einer historischen Erscheinung aufzudecken, zu einem Denken in Längsschnitten führte und den Blick für die Gleichzeitigkeit geschichtsformender Kräfte trübte. Demgegenüber kann mitunter eine ganz elementare chronologische Beobachtung von Nutzen sein. Die Gründung von Cluny fällt in die Regierungszeit Karls des Einfältigen und Ludwigs des Kindes, und der Abt Odo, unter dem und durch den das Cluniazensertum bereits seine geistige Ausformung fand, gehörte der Generation des deutschen Königs Heinrich I. an, während der geschichtliche Blick des Kardinals Humbert, der erstmals gregorianisch klingende Ideen formulierte, nur bis zu den Ottonen zurückreichte. Schon diese einfache Überlegung lehrt, wie unhistorisch es wäre, den monastischen Aufbruch als eine Reaktion gegen die königliche Kirchenhoheit verstehen zu wollen. Cluny beginnt nicht als revolutionärer Neuansatz, sondern als Spätstufe der Karolingerzeit: in einer noch rekonstruierbaren direkten Filiationslinie knüpft es an den Reformabt Ludwigs des Frommen, an Benedikt von Aniane an.[33] Karolingische Tradition — das besagte: ein unbedingtes, auch kirchliches Übergewicht des König- und Kaisertums, in dessen Schutz sich auch die Klosterreform entfaltete. Wenn dann das französische Königtum dieser Aufgabe nur sehr unvollkommen gerecht wurde, so gewiß nicht, weil die Mönche widerstrebt hätten. Die Anlehnung an die Fürstengewalt steht beim Reformmönchtum durchaus im Vordergrunde. Wohl vermittelt durch die Burgunderin Adelheid, spielten sich seit den Tagen des Abtes Majolus ja die allgemein bekannten, sehr freundschaftlichen Beziehungen zu den Kaisern ein. Im cluniazensischen Kreise finden sich sogar Stimmen,

[33] Auf diese Filiation der monastischen Erneuerung hatten schon B. Albers O.S.B., Untersuchungen über die älteren Mönchsgewohnheiten (1905), 16—23, und Rose Graham, English Ecclesiastical Studies (1929), 1—29, hingewiesen; ausführlich erörtert wird sie in dem großen Werk von K. Hallinger (Anm. 1), der sich freilich in erster Linie für die „anianische" Tradition in der Reform des Reichsmönchtums interessiert.

die den monarchisch-theokratischen Gedanken im Sinne der karolingischen Tradition ausdrücklich verkünden. Ein markanter Wortführer ist der Abt Abbo des von Odo reformierten Loireklosters Fleury,[34] und Carl Erdmann hat uns ein womöglich noch wertvolleres Zeugnis aus der Feder Odilos, sein Schreiben an Heinrich II., erschlossen[35]: nicht nur, daß der Abt von Cluny hier die Verfügungsgewalt des Monarchen über die Bistümer als selbstverständlich anerkennt, er begegnet uns sogar als ein Vertreter jener Auffassung, die im Reiche der sächsischen Kaiser das Imperium Romanum fortleben sah, als eine christliche, aber nicht etwa vom Papsttum abgeleitete Universalherrschaft. Königsgewalt und Kaisertum finden also unter diesen großen Reformäbten entschiedene Anhänger — all dies steht in klarem Widerspruch zu den älteren Auffassungen, welche die cluniazensische Bewegung als eine Auflehnung gegen die vorgregorianische Ordnung verstehen wollten!

IV

Mönch und König sind aber nicht die alleinigen Partner in der Weltordnung des Frühmittelalters; den zentralen Platz nimmt eine dritte Potenz ein, an der die beiden anderen zugleich in unterschiedlicher Weise teilhaben: das Priestertum. Tellenbach hat mit der Herausarbeitung der drei Hierarchievorstellungen diese alte Polarität neuerlich fruchtbar gemacht.[36] Wie gebannt von dem heftigen Konflikt, der schließlich zwischen priesterlicher und monarchisch-theokratischer Gewalt ausbrach, war die Forschung allzu leicht bereit, Spannungen solcher Art bereits in der relativen Harmonie des vorgregorianischen Zeitalters sich abzeichnen zu sehen. Diese Fragestellung hat sich aber nur als bedingt ergiebig erwiesen, und über-

---

[34] Vgl. z. B. die Ausführungen über das Königtum in c. 3 u. 4 seiner *Collectio Canonum* (Migne, PL 139, 477—79), die — wie auch der *Apologeticus* (ebd. 462—72) — den Königen Hugo und Robert als Schutzherren der Mönche (*defensores et advocati*, eb. 474) gewidmet ist.

[35] Neues Archiv 24 (1899), 734 f.; C. Erdmann, Das ottonische Reich als Imperium Romanum, Deutsches Archiv 6 (1943), 433—41.

[36] Tellenbach, Libertas (Anm. 1).

dies lenkt sie gar zu leicht den Blick von der Tatsache ab, daß das Frühmittelalter in ganz anderem Grade von den unausgeglichenen Beziehungen zwischen Mönchtum und priesterlicher Hierarchie bestimmt ist — was freilich nicht so sehr in Deutschland mit seinem festen reichskirchlichen Gefüge, wohl aber in den romanischen Ländern sichtbar wird: Abbo von Fleury stellte ja das Mönchtum als besonderen Stand über den Klerus.[37] Was hier als Rivalität und Anspruch laut wird, ist gewiß nicht mehr vergleichbar mit den fundamentalen Spannungen jener kirchlichen Frühzeit, als das Mönchtum eine Elite von Laien in einem noch unabgeklärten Verhältnis zur geistlichen Hierarchie darstellte: sein institutioneller Einbau in den Organismus der Kirche war seit Jahrhunderten entschieden, aber geblieben war der Wille der Klöster zur Autonomie gegenüber dem Diözesanbischof. Darin verrät sich abermals die innere Affinität von Mönchtum und eigenkirchlicher Ordnung, die ja ebenfalls das altkirchliche Episkopalsystem aufgelockert hatte. Die Cluniazenser, die sich fast nie in ernstlichen Konflikten mit feudalen Mächten und Eigenkirchenherren befinden, die dem Laienadel vielmehr umgekehrt mit missionarischem Eifer begegnen, bewahren gegenüber dem Säkularklerus etwas von der alten weltabgewandten Reserve des Mönchtums und entfalten auch keineswegs einen sonderlichen Eifer im Kampf um Simonie und Zölibat. Gewiß fehlte es nie an freundschaftlichen Beziehungen zwischen Bischöfen und Klöstern (auch und gerade im Falle Clunys),[38] aber die Verschiedenheit, ja der Gegensatz des Verfassungsprinzips blieb, und der Schutz gegen den Diözesanbischof spielt schon eine entscheidende Rolle bei der Privilegierung von Klöstern durch die Könige und Päpste mit Schutzverhältnis, Immunität oder auch unmittelbarer *traditio*.

Auf ebendiesem Wege spielte sich das Bündnis mit dem Papsttum

[37] Im *Apologeticus* (Anm. 34).

[38] H. Diener, Das Verhältnis Clunys zu den Bischöfen, vor allem in der Zeit seines Abtes Hugo, in: Neue Forschungen (Anm. 1), 219—352 bringt eine Fülle von Belegen dafür, daß es jederzeit zahlreiche Bischöfe gab, die in freundschaftlichen Beziehungen zu den Cluniazensern standen, aber solche Beobachtungen prosopographischer Art genügen natürlich nicht zur Lösung eines so vielschichtigen Problems.

ein. Im Westfrankenreich war um 900 durch die Erschlaffung der Königsmacht eine Lücke aufgerissen. Hier griff die päpstliche Schutzgewalt Platz, auch und gerade bei Cluny. Die Zwangsvorstellung des 19. und 20. Jahrhunderts von einem naturgegebenen und ausweichlichen Gegensatz zwischen *regnum* und *sacerdotium* kann hier bedenklich in die Irre führen. In Wirklichkeit handelte es sich um Ergänzung und Parallelität. Aus der latenten Spannung zwischen Mönchtum und bischöflicher Gewalt ergab sich die Möglichkeit von Eingriffen des weltlichen Herrschertums,[39] aber auch eine kirchenpolitische Wahlverwandtschaft zwischen Mönchtum und Papsttum.[40] Beide erscheinen, wenn wir uns eines heute schon abgenutzten Begriffspaares bedienen dürfen, als 'dynamische' Elemente, die gegenüber dem 'statischen' Element der bischöflichen Sakralgewalt, gegenüber der 'Horizontale' gleichberechtigter Bischöfe in einem zunächst unbewußten, später aber sehr bewußten Zusammenwirken die 'Vertikale' einer jurisdiktionellen Hierarchie zur Geltung bringen.

Nicht als ob schon die Kommendation in den päpstlichen Schutz — die bereits eine Spitze gegen den übergangenen Diözesanbischof enthielt — an sich etwas Einmaliges wäre; aber die Besonderheit Clunys liegt darin, daß seine Äbte diesen Keim fruchtbar gemacht, die *libertas Romana* zur Leitidee, zur rechtlichen Norm verdichtet haben. Schon Odo faßte in Rom Fuß und stellte damit eine Ver-

[39] Vgl. z. B.: H. Büttner, Verfassungsgeschichte und lothringische Klosterreform, in: Aus Mittelalter und Neuzeit. Gerhard Kallen zum 70. Geburtstag dargebracht (1957), 17—27, untersucht die Verbindung von Klosterreform und Königsschutz, die sich zu Beginn des 10. Jh. in Lothringen abzeichnet.

[40] Es erübrigt sich, an dieser Stelle auf die zahlreichen Arbeiten einzugehen, die sich — seit G. Schreiber, Kurie und Kloster im 12. Jahrhundert (1910) — mit dem päpstlichen Schutz sowie mit der Exemtion, insbesondere der cluniazensischen Klöster, befaßt haben; für das Folgende genügt ein Verweis auf die Zusammenfassung von J.-Fr. Lemarignier, L'exemption monastique et les origines de la réforme grégorienne, in: A Cluny (Anm. 1), 288—334, und auf den Vortrag desselben Autors, Structures monastiques et structures politiques dans la France de la fin de X^e et des débuts du XIe siècle, in: Il monachesimo nell'alto medioevo e la formazione della civiltà occidentale (1957), 357—400.

bindung her, die stets lebendig geblieben ist,[41] während gleichzeitig die Reihe der päpstlichen Privilegien für Cluny einsetzt.[42] Seit dem Ende des 10. Jahrhunderts wird die Frontenbildung offenkundig: Abbo von Fleury verficht in dem bewegten Streit um den Reimser Erzstuhl mit programmatischer Schärfe die Autorität der römischen Kirche gegen den Episkopalismus,[43] die päpstliche Privilegierung der eng verwandten Abteien Cluny und Fleury weitet sich zur vollen Exemtion von der Diözesangewalt,[44] eine Rechtsstellung, um die alsbald erbitterte Einzelkonflikte ausgetragen wurden. Unter solchem Aspekt — nicht etwa in einem Kampf gegen die königliche Kirchenhoheit — zeichnet sich schließlich ein Weg ab, der das von Cluny geführte romanische Reformmönchtum wirklich mit den Päpsten des Investiturstreites verbindet: die Cluniazenser sind Parteigänger eines innerkirchlichen römisch-päpstlichen Zentralismus. Im übrigen kann keine Rede davon sein, daß sie einer Reform der Kirche und ihrer Verfassung aktiv vorgearbeitet hätten; wohl aber taten sie dies in einem allgemein-moralischen Sinne, indem sie ein neues geistig-religiöses Klima heraufführen halfen.

V

Vom Abt Hugo war bisher kaum die Rede; trotzdem ist das, was unsere Skizze zu diesem Thema beitragen will, in der Hauptsache schon gesagt. Es geht nur darum, die bereits gewiesene Richtung in wenigen Strichen für die zweite Hälfte des 11. Jahrhunderts nachzuzeichnen.

So wie Papst und Kaiser schon längst (beispielsweise 1027 nach der Krönung Konrads II. auf der feierlichen Lateransynode)[45] gemeinsam ihre schützende Hand über Cluny hielten, so erfuhr die frühmittelalterliche Weltordnung einer engen geistlich-weltlichen

[41] Sackur 1, 97—114.
[42] Ph. Jaffé, Regesta pontificum Romanorum 1 (²1885), n° 3584, 3588, 3598—3600, 3605.
[43] Hefele - Leclercq, Histoire des Conciles IV 2 (1911), 854.
[44] Jaffé n° 3872 und 3896.
[45] Sackur 2, 192—96.

Symbiose überhaupt in der gemeinsamen Reformpolitik Heinrichs III. und Leos IX. ihre letzte Sublimierung. Gewiß ist zugleich der Zeitpunkt erreicht, da die allgemeine kirchliche Erneuerung auch der Kanonistik zugute zu kommen beginnt, da sich etwa in den bekannten Äußerungen Wazos von Lüttich [46] der im kanonischen Recht an sich vorhandene, aber bisher nur latente Widerspruch gegen das Staatskirchentum aktualisiert, doch ist der eigentlich bestimmende Zug des Zeitalters in der Kampfgemeinschaft von Papst und Kaiser zu sehen. Die Urkunden zeugen vom Eifer Heinrichs III. in der Förderung der Klöster,[47] und mit Leo IX. setzt auch eine päpstliche Klosterpolitik ein, die aber noch keineswegs gegen die überkommenen Rechtsverhältnisse ankämpfen will.[48] Umgekehrt beginnt jetzt auch die für das Hochmittelalter charakteristische geistige Führung der Mönche in der Gesamtkirche: das Papsttum gewinnt die Verbindung mit den italischen Reformern, unter denen Petrus Damiani die markanteste Gestalt ist, und es zieht lothringische Mönche, an der Spitze Humbert von Moyenmoutier, in seinen unmittelbaren Dienst. Wenn damit das monastische Element einen neuartigen und umfassenden Einfluß in der Kirche gewinnt, so ist doch sehr darauf zu achten, daß diese gesamtkirchliche Erneuerung sich nicht etwa auf den gemeinsamen Nenner 'Cluny' bringen läßt — auch Humbert ist nur in mittelbarem Sinne Cluniazenser —,[49] aber daß auch Cluny dieser großen Wendung freudig zustimmte, versteht sich von selbst. Dem greisen Abt Odilo waren diese Ereignisse bedeutend genug, um ihn noch einmal zu einer Romreise zu veranlassen;[50] in den letzten Tagen des Jahres 1046 wohnte er der Erhebung Clemens' II. und der Kaiserkrönung bei. Sein Nachfolger Hugo trat in ein neuerliches, sehr enges Einver-

---

[46] Gesta ep. Leodiensium auct. Anselmo c. 58 u. 66, MGH Script. 7, 224 u. 229 f. Vgl. Ph. Funk (Anm. 5), 316—19.

[47] G. Ladner (Anm. 5) passim.

[48] R. Bloch, Die Klosterpolitik Leos IX. in Deutschland, Burgund und Italien, Archiv für Urkundenforschung 11 (1930), 176—257.

[49] Die Abtei Moyenmoutier war von einem Schüler Wilhelms von Dijon reformiert worden; Sackur 2, 131; Hallinger, 444.

[50] Sackur 2, 286—90.

nehmen mit Heinrich III., und es bedeutete geradezu ein Programm, daß der Kaiser den Abt von Cluny 1051 zum Taufpaten des Thronfolgers Heinrich berief[51]: vom Geiste cluniazensischer Religiosität sollte das Königtum seines Sohnes durchdrungen sein, Rat und Gebet des Abtes sollten ihn durchs Leben begleiten. Ebenso begegnet Hugo vom ersten Jahre an auf Synoden und Reisen an hervorragender Stelle in der Umgebung Leos IX.[52] Wenn der innerkirchliche Jurisdiktionsprimat, der bisher eine mehr oder minder theoretische Angelegenheit gewesen war, sich jetzt in Gestalt einer faktischen päpstlichen Kirchenregierung realisierte, so entsprach das durchaus der cluniazensischen Linie, zumal sich in Frankreich der Hauptstoß gegen die widerspenstigen Bischöfe richtete. Ebenso konnte der Kardinal Humbert Ansätze entfalten, die keimhaft auch im Cluniazensertum enthalten waren, wenn er in seiner Sentenzensammlung der 74 Titel[53] und im Auftreten gegen Byzanz so radikal auf dem Prinzip des Universalprimats bestand. Das romanische Reformmönchtum hatte diese Idee auch über die Verfallszeiten des Papsttums hinweg hochgehalten und trug jetzt maßgebend dazu bei, die Autorität der mit dem Kaisertum verbundenen römischen Kirche zu steigern. Die reformeifrigen Kirchenmänner durften sich in einem Zeitalter harmonisch reifender Erfüllung glauben.

Aber zu einer so gradlinigen Entwicklung, zu einem ruhigen Ausreifen kam es nicht. Darin (und nicht einmal so sehr in den machtpolitischen Folgen) liegt die epochale Bedeutung des vorzeitigen Todes Heinrichs III.: in einem Augenblick, da die Reform der Gesamtkirche eben in voller Wucht und Breite eingesetzt hat, erlischt auf lange Zeit das Kaisertum, zerreißt die Gemeinsamkeit der beiden Gewalten im Reformwerk. Das deutsche Königtum verlor die geistige Führung, ja es verlor den Kontakt mit der religiösen Erneuerungsbewegung, der formenden Kraft des Zeitalters, und in

---

[51] Brief des Kaisers an Hugo: MGH Dipl. Heinrici III., n° 263.

[52] Alle Belege zu den im Folgenden berührten Einzelheiten jetzt bei Diener, Itinerar (Anm. 9).

[53] A. Michel, Die Sentenzen des Kardinals Humbert, das erste Rechtsbuch der päpstlichen Reform (1943).

den Augen der Reformer setzte es dann gar durch die verhängnisvolle Fehlentscheidung von 1061 — das Schisma des Cadalus — sein moralisches Prestige überhaupt aufs Spiel. Unweigerlich ergab sich damit eine starke Gewichtsverschiebung zugunsten des Papsttums, dessen Autoritätsgefühl ohnehin, nicht zuletzt durch die Auseinandersetzung mit Byzanz, einen machtvollen Auftrieb erlebt hatte; aus der päpstlich-kaiserlichen wurde eine rein päpstliche Kirchenreform. Die Literatur neigt sogar dazu, hier bereits den prinzipiellen Bruch zwischen *regnum* und *sacerdotium* anzusetzen, gehört doch diesen kritischen Jahren die Kampfschrift Humberts gegen die Simonisten an.[54]

Auch zu dieser Wendung ist wissenschaftlich noch nicht das letzte Wort gesagt. Vor allem steht eine genetische Erklärung noch aus: Wie kam Humbert zu diesem Frontalangriff auf die überkommene Ordnung? Die ältere Meinung, daß es sich um eine bloße Fortbildung cluniazensischen Gedankengutes handle, ist in dieser Einfachheit nicht mehr haltbar. Gerd Tellenbach hat offen ausgesprochen, daß hier ein unvermittelt plötzliches, eines der überraschendsten Ereignisse der Weltgeschichte zu beobachten sei.[55] Immerhin dürfen einige Spuren angedeutet werden, deren Verfolgung sich lohnen könnte. In den Seitensprossen der cluniazensischen Bewegung brach sich mitunter ein Zug zum Radikalismus Bahn, der Cluny selber fremd blieb. Der Kardinal Humbert kam aus der Schule Wilhelms von Dijon, der in allen Disziplin- und Reformfragen offensichtlich eine besondere Härte an den Tag legte und den Simoniebegriff sehr streng faßte.[56] Als Humbert dann in die erhöhte Verantwortung seines neuen Amtes, in den Geist des kanonischen Rechtes hineinwuchs und mit den Kirchenverhältnissen Italiens in Berührung kam, wo die Simonie aufs schlimmste grassierte,

---

[54] MGH Lib. de lite 1, 95—253, in der Literatur oft behandelt, z. B. bei Fliche (Anm. 3), 283—308.

[55] Tellenbach, Libertas, 132 f.

[56] Auch dieser „Wilhelmus supra regulam", dem sogar der bei der Weihe dem Diözesanbischof geschuldete Gehorsamseid als simonistisch galt, ist eine Gestalt, die eine moderne Darstellung verdienen würde; bei K. Hallinger finden sich mancherlei beachtenswerte Hinweise auf ihn.

wo aber auch die heftige Kritik schon ihre Tradition hatte,[57] da dürfte sich in seinen Überzeugungen der Durchbruch zur grundsätzlichen Verneinung des ganzen „vorgregorianischen" Rechtssystems vollzogen haben. Umgekehrt ist aber auch davor zu warnen, die unmittelbare zeitgeschichtliche Bedeutung der Humbertschrift zu hoch anzuschlagen. Sie war doch eher eine private Niederschrift ohne öffentliche Resonanz und blieb ähnlich wie das schwer zu interpretierende sogenannte erste Investiturverbot von 1059 im Theoretischen stecken. Auch hier wiegt die Praxis schwerer als die literarischen Äußerungen, und sie verrät, daß das Papsttum jedenfalls seit 1061, dem Tode Humberts, vollends aber seit 1064, der Bereinigung des Schismas, noch keineswegs nach einem solchen Kampfprogramm handelte.[58] Der Pontifikat Alexanders II. hat ein eigenes Gepräge und ist bei aller latenten Entfremdung zwischen Papst und deutschem König nicht einfach Vorgeschichte des Investiturstreites.

Dies im einzelnen zu erörtern, gehört nicht zu unserem Thema. Für uns genügt die Beobachtung, daß Humberts Vorstoß gegen die Königsgewalt nicht dem Geiste Clunys entsprang. Vor allem aber dürfen wir uns nicht darüber täuschen, daß für die Zeitgenossen nicht solche Probleme, sondern immer noch die eigentlichen Reformanliegen im Vordergrunde standen, die ganz anders in den kirchlichen Alltag eingriffen und über alle Wirren hinweg eine sehr stetige, kontinuierliche Linie von Leo IX. her aufwiesen: von einem Pontifikat zum andern festigte sich die Autorität des Papsttums, des Jurisdiktionsprimats gegenüber der Diözesangewalt — und hierbei leistete auch Cluny treue Gefolgschaft. Hugo blieb den Päpsten aufs engste verbunden. Schon 1056 empfing er den Legaten Hildebrand in Cluny,[59] 1058 sehen wir ihn in der Umgebung und

---

[57] Dies ist wiederum ein Thema, das in der Literatur häufig zur Sprache kommt, aber sicherlich eine moderne Untersuchung lohnen würde; wir verweisen einstweilen auf A. Dresdner, Kultur- und Sittengeschichte der italienischen Geistlichkeit im 10. und 11. Jahrhundert (1890), insbesondere 31—124.

[58] Vgl. zuletzt G. B. Borino, L'investitura laica dal decreto di Nicolò II al decreto di Gregorio VII, Studi Gregoriani 5 (1956), 345—59.

[59] Th. Schieffer, Die päpstlichen Legaten in Frankreich (1935), 57 und passim zu den hier erwähnten Legationen.

am Sterbelager Stephans IX. An den einschneidenden Ereignissen des Jahres 1059 war er — charakteristischerweise — nicht beteiligt, aber er wirkte 1060 als Legat Nikolaus' II. in Südfrankreich und nahm auch in der Zeit Alexanders II. wiederholt an Legatensynoden auf französischem Boden teil. Ein Höhepunkt im traditionellen Zusammen- und Widerspiel der Kräfte wurde das Jahr 1063, als Hugo in Rom gegen den Bischof von Mâcon Klage führte und der Kardinal Petrus Damiani sich bereit erklärte, als Legat die päpstliche Schutzgewalt über das eximierte Kloster zur Geltung zu bringen.[60] Von dieser Reise aus schrieb er jenen Brief an den Erzbischof Anno von Köln, durch den er ein abermaliges Eingreifen des Reiches in das noch immer nicht ganz bereinigte Schisma erbat.[61] Hans von Schubert hat, an dieses Dokument anknüpfend, die kirchenpolitische Gemeinsamkeit Petrus Damianis mit den Cluniazensern herausgearbeitet[62] — mit denselben Cluniazensern, die um die gleiche Zeit in Spanien als Pioniere römischer Obödienz und Observanz zu wirken beginnen.[63] So stehen für Hugo noch durchaus die Kirchenangelegenheiten Westeuropas im Vordergrunde. Was am Pontifikat Alexanders II. so neuartig erscheint: die straffe Zügelführung auch gegenüber dem deutschen Episkopat, fällt nur ausnahmsweise in den cluniazensischen Aktionsbereich — so wenn Hugo sich im Auftrage des Papstes 1072 zu Heinrich IV. nach Worms begab, um in einem politischen Zwist zu vermitteln und den simonistischen Abt der Reichenau zu stürzen.[64]

---

[60] Ebd. 66—72.

[61] Brief III 6, Migne, PL 144, 293.

[62] H. v. Schubert, Petrus Damiani als Kirchenpolitiker, in: Festgabe für Karl Müller (1922), 83—102.

[63] Sackur 2, 101—13; Pierre David, Etudes historiques sur la Galice et le Portugal (1947), 341—49; M. Defourneaux, Les Français en Espagne aux XIe et XIIe siècles (1949), 23—47.

[64] G. Meyer von Knonau, Jahrbücher des Deutschen Reiches unter Heinrich IV. und Heinrich V., Bd. 2 (1894), 161, 165 f.

VI

Je mehr wir nun in die Jahre der dramatischen Ereignisse von weltgeschichtlicher Tragweite eintreten, um so summarischer kann unsere Skizze über Hugo und Cluny sein, weil es jetzt offenbar wird, daß Cluny nur noch sehr bedingt zu den geistigen Führungsmächten der Zeit zählt.

Auch mit Gregor VII. stand der Abt Hugo in enger Fühlung; die Briefe des Papstes bezeugen es zur Genüge. Vom ersten Tage an verschärfte der neue Papst abermals den Reformkurs und die kirchliche Zentralisation, aber auch diese Jahre waren noch keineswegs von dem Gefühl überschattet, die Harmonie der beiden Gewalten werde zerbrechen. Selbst Gregor lebte über alle Mißhelligkeiten hinweg sichtlich noch in der Erwartung, der junge König Heinrich werde in die ihm gebührende Rolle eines Förderers der Reform hineinwachsen,[65] und erst recht muß den Cluniazensern jedes klare Empfinden abgegangen sein für die gefährliche Phasenverschiebung, die seit dem Tode Heinrichs III. zwischen Papsttum und deutschem Königtum eingetreten war. Erst dem Historiker zeichnet sich die herannahende Krise mit beklemmender Deutlichkeit ab: ihm enthüllt namentlich der vieldiskutierte *Dictatus Papae* von 1075, welche Kluft im Denken über Aufgabe und Stellung von *regnum* und *sacerdotium* aufgebrochen war.

Was sich in Mailand zusammenbraute und anfangs 1076 in Worms entlud, kann in seiner Wucht und Plötzlichkeit nur als eine Explosion charakterisiert werden. Die Zeitgenossen waren dafür nicht gewappnet: noch erfaßten sie kaum, daß die bisherige Weltordnung in den Grundlagen wankte, noch setzten auch keine publizistischen Erörterungen über das Verhältnis der beiden Gewalten ein. Für den Abt Hugo war es selbstverständlich, daß er in dem ausgebrochenen Konflikt dem Papste die Treue hielt, und der scharfe episkopalistische Ton, der in den Wormser Absagemanifesten mitschwang, konnte ihn darin nur bestärken. Aber ebenso gewiß wollte er in den erregenden Auseinandersetzungen nur eine

---

[65] Dazu ein bemerkenswerter Abschnitt bei C. Erdmann, Studien zur Briefliteratur Deutschlands im elften Jahrhundert (1938), 225—81.

— wenn auch die bisher schwerste — Störung des Einvernehmens zwischen Papst und künftigem Kaiser sehen, die es baldigst zu bereinigen galt — und so handelte er. Er nahm (noch 1076) das Odium einer Begegnung mit seinem gebannten Patensohne auf sich,[66] und dann war es ihm beschieden, in Canossa als der große Vermittler an der Beschwörung des Unheils mitzuwirken.[67]

VII

In dieser Versöhnungsaktion von 1077 erfüllt das Cluniazensertum noch einmal die Mission, die ihm von seiner eigenen Geschichte vorgezeichnet war, aber es war nur ein retardierender Erfolg in dem nämlichen geschichtlichen Augenblick, da andere Kräfte sich Bahn brachen. Für Gregor VII. scheint der plötzliche offene Zusammenstoß ein abklärendes Gewitter gewesen zu sein, das den Blick freilegte auf die Unvereinbarkeit wesentlicher traditioneller Rechtsformen mit seinen mittlerweile ausgereiften Vorstellungen von der Autonomie, ja dem Vorrang der priesterlichen Hierarchie. Jetzt begann der Papst grundsätzlich gegen die Kirchenherrschaft der Laien Front zu machen, und in Deutschland gewann seine Klosterpolitik jetzt endlich jene kämpferische Note, die die ältere Literatur schon bei Leo IX. erkennen wollte. Im Innern Deutschlands war das laikale (weder königliche noch bischöfliche) Eigenkloster seit der Mitte des 11. Jahrhunderts eine neuartige Erscheinung, die aber bald aufgesogen wurde. Frühe Ansätze, solche Stiftungen aus der weltlichen Hoheit zu lösen und an die bischöfliche Gewalt zu binden, sind von Heinrich Büttner für den Mainzer Bereich aufgehellt worden,[68] während die vor allem für Süddeutschland erforschten königlichen und päpstlichen Schutzprivilegien [69]

---

[66] Bertholdi Annales, MGH Script. 5, 289.
[67] Die Belege bei Diener, Itinerar n° 81.
[68] H. Büttner, Das Erzstift Mainz und die Klosterreform im 11. Jh., Archiv für mittelrheinische Kirchengeschichte 1 (1949), 30—64.
[69] Genannt seien: H. Hirsch, Studien über die Privilegien süddeutscher Klöster, Mitteilungen des Instituts für österr. Geschichtsforschung, Ergän-

weithin das Herrenrecht als Erbvogtei bestehen ließen. Unter dem Eindruck des Kampfes mit Heinrich IV. aber schlug Gregor einen anderen Weg ein: er faßte das päpstliche Obereigentum im Sinne der Ausschließlichkeit und suchte die eigenkirchlichen Rechtselemente auszumerzen. Die Wende — das hat Theodor Mayer gezeigt — ist darin zu sehen, daß der Papst dem Hirsauer Privileg Heinrichs von Ende 1075, das noch die Erbvogtei vorsah, die Bestätigung versagte.[70] Dieser neue, revolutionäre Zug in der Haltung Gregors gehört zur Vorgeschichte des eigentlichen Epochenjahres 1080, das den endgültigen Bruch auslöste: beide Seiten brachen die Brücken hinter sich ab, und mehr noch als die Waffen legte der Streit der Feder und des Wortes in der Folgezeit die erbitterte Grundsätzlichkeit des Konfliktes bloß.

Allbekannt ist die Rolle der Hirsauer im Investiturstreit, allbekannt ist auch die Übernahme der cluniazensischen *Consuetudines* durch Wilhelm von Hirsau.[71] Gerade dies aber hat zu Fehlschlüssen und Unklarheiten über die Stellung Clunys und des Abtes Hugo im großen Kampf geführt. In Wirklichkeit muß Hirsau, das sich ja keineswegs der Leitung durch Cluny unterstellte, als eine eigene geistige Größe begriffen werden. Daß Wilhelm und seine Mönche in den Kampf gegen den Kaiser eintraten, war ihre autonome Entscheidung, die keineswegs für die Reformklöster in ihrer Gesamtheit und am allerwenigsten für Cluny repräsentativ war. Die monographische Forschung hat wiederholt herausgearbeitet, daß auch inmitten des Investiturstreites kaisertreue Gesinnung und monastischer Reformeifer oft genug Hand in Hand gingen; so bei dem Mainzer Erzbischof Wezilo,[72] so noch ausgeprägter bei dem Bischof Burchard von Basel, der sein Albanskloster an Cluny über-

---

zungsband 7 (1907), 471—612; H. Büttner, Zur Klosterreform des 11. Jahrhunderts, Schaffhauser Beiträge zur vaterländ. Geschichte 26 (1949), 99—113.

[70] Th. Mayer, Gregor VII. und das Eigenkirchenrecht, Zeitschrift für schweizerische Geschichte 28 (1948), 145—76 und a. a. O. (Anm. 28) passim, bes. 109—12.

[71] Herm. Jakobs, Die Hirsauer (1961).

[72] Büttner (Anm. 68), 52—54.

trug.[73] Ja, es hat sich sogar gezeigt, daß der im burgundischen Bereich bis Basel vorwaltende cluniazensische Einfluß einem Ausgreifen der spezifisch schwäbischen, kaiserfeindlichen Bewegung von Hirsau und St. Blasien ernstlich im Wege stand.

Während sich das traditionslose Hirsau entschlossen, ja mit Schroffheit auf die neue Situation einstellte, blieb Cluny ganz einer Tradition verhaftet, die es nicht hinnehmen konnte, daß die Harmonie von *regnum* und *sacerdotium* zerbrach, aber die Wogen der Geschichte begannen über Cluny und seine Tradition hinwegzugehen. Der Abt Hugo mag es als ein Glück empfunden haben, daß sein Kloster dank äußeren Gegebenheiten nicht unmittelbar in den großen Konflikt hineingezogen war: die burgundische Mönchsmetropole lag ja nicht im Reich, sondern in Frankreich, wo die Reibungen zwischen Papst und Königsgewalt ebenso wie die Auseinandersetzungen um das Eigenkirchentum längst nicht die Schärfe und Aktualität wie in Deutschland gewannen. Um so energischer wurde gerade in Frankreich die Kirchenreform im Stile Alexanders II. vorangetrieben, die Durchsetzung des Jurisdiktionsprimats gegen die widerstrebenden hohen Prälaten, und an diesem Werk wirkten die Cluniazenser auch unter Gregor VII. fort. Zwar billigte der Abt Hugo nicht die maßlose Strenge des Legaten Hugo von Die, aber auch er selber begegnet sehr oft als päpstlicher Legat. Überhaupt wurde die Aktivität der Cluniazenser keineswegs durch den Ausbruch des Investiturstreites alsbald gelähmt — die Ausweitung ihres Verbandes und ihrer Observanz nähert sich ja jetzt erst dem Höhepunkt —, aber auf ihnen lastete der Zwiespalt, den der Ausbruch des Investiturstreites in der Kirchenreform aufgerissen hatte.

Natürlich konnten sie im Konflikt zwischen Gregor und Heinrich keine prinzipielle Neutralität bewahren. Der Frontalangriff auf Person und Würde des Papstes und vollends die Aufstellung des Gegenpapstes mußten in ihren Augen ein furchtbarer Frevel sein. Umgekehrt freilich war die Zurückdrängung des Königs im kirchlichen Bereich, der Geist, der etwa aus den Briefen des Papstes an

---

[73] R. Massini, Das Bistum Basel zur Zeit des Investiturstreits (1946), 139—46, 183—86.

Hermann von Metz [74] oder gar aus Manegold von Lautenbach [75] spricht, nicht Clunys Geist und Programm! Aber dem Cluniazensertum gelang es auch nicht, einen Weg zur Überwindung oder auch nur zur äußeren Beilegung des Konfliktes zu weisen. Gewiß, Hugo mühte sich auch nach 1080 noch um einen Ausgleich, aber was ihm vorschwebte, wird weniger eine Bereinigung der grundsätzlichen Fragen als vielmehr eine persönliche Aussöhnung in der Art von 1077 gewesen sein. Noch einmal hatte er 1083 eine Zusammenkunft mit Heinrich, wahrscheinlich in Sutri [76], aber noch im gleichen Jahre mußte er erleben, daß der König hohe Geistliche, voran den Kardinal Odo von Ostia, den früheren Prior von Cluny, gefangensetzen ließ.[77] Diese Gewalttat scheint einen Bruch herbeigeführt zu haben. Bonizo von Sutri berichtet, seither habe Heinrich IV. auch dem Abt von Cluny als exkommuniziert gegolten;[78] zumindest fehlt von da an jede Spur von weiteren Beziehungen zwischen dem König und seinem Taufpaten.[79]

Ein linientreuer Gregorianer aber wurde Hugo auch jetzt nicht. Nach der Katastrophe von 1085 setzte sich mit der Wahl des Desiderius von Montecassino sogar noch einmal die ältere, monastisch-

---

[74] Briefe IV 2 und VIII 21 im Register Gregors VII., ed. Caspar (vgl. Anm. 18) 293—97 und 544—63. Zur Interpretation vgl. etwa Fliche (Anm. 2) 2 (1925), 309—16, 389—413 und H.-X. Arquillière, Saint Grégoire VII (1934), 201—88.

[75] Manegoldi ad Gebehardum liber, MGH Lib. de lite 1, 300—430. Dazu Arquillière (Anm. 74), 319—25; E. Voosen, Papauté et pouvoir civil à l'époque de Grégoire VII (1927) passim; A. Fauser, Die Publizisten des Investiturstreites (1938), 45—50.

[76] Vita s. Hugonis auct. Rainaldo c. 38 f.; MGH Script. 15, 941. Vgl. Meyer von Knonau (Anm. 64) 3 (1900), 491.

[77] Brief IX 35a im Register Gregors VII., ed. Caspar 628. Vgl. Meyer von Knonau 495.

[78] MGH Lib. de lite 1, 614.

[79] Die Formel *humili ac salutari petitione Hugonis Cluniacensis abbatis* findet sich in einem Kaiserdiplom für Peterlingen (Payerne) von wahrscheinlich 1093 (MGH Diplomata Heinrici IV. n° 434), aber aus dieser im Diplomstil geläufigen Wendung kann nicht auf eine persönliche Initiative Hugos oder gar auf eine Begegnung mit dem Kaiser geschlossen werden.

konservative Reformrichtung durch. Der Abt von Cluny, der zur Erbitterung der Intransigenten in seinen Klöstern immer noch — oder wieder — die liturgischen Gebete für den Kaiser sprechen ließ,[80] trat noch einmal als Haupt der versöhnungswilligen Gruppe hervor. Nach diesem letzten Aufflackern der Hoffnungen nahm dann der eben genannte Odo von Ostia das Steuer der Kirche in die Hand, ein Mann, der unser besonderes Interesse erheischt, weil er der Cluniazenser auf dem päpstlichen Stuhle war. So wie einerseits Alexander II., so muß auch Urban II. als eine Gestalt eigenen Gepräges gesehen werden, nicht als bloßer Epigone Gregors VII. Unser Thema spitzt sich also zum Schluß auf die Frage zu: Hat sich mit seiner Person eine Synthese von Cluniazensertum und Gregorianismus abgezeichnet? Entgegen manchen Auffassungen der älteren Literatur besteht sicherlich die Formulierung Hallers zu Recht, daß Urban II. im Grunde mehr Cluniazenser als Gregorianer war.[81] Er dachte gewiß nicht daran, seinen großen Vorgänger zu verleugnen, aber er ließ die hochgespannten hierokratischen Suprematieansprüche, die nicht aus cluniazensischem Geiste erwachsen und in der politischen Wirklichkeit gescheitert waren, stillschweigend fallen: von einem Gegenkönigtum in Deutschland, von einer päpstlichen Verfügung über die Krone ist nicht mehr die Rede, selbst in der Klosterpolitik lockerte sich die Strenge gegenüber dem Vogteiinstitut.[82] Aber so wie dieser Cluniazenser die christliche Ritterschaft zum Kreuzzuge aufrief, so blieb er auch der Tradition seines Klosters treu, wenn er die innerkirchliche Vollgewalt des Papsttums konsequent ausbaute. Unter diesem innerkirchlichen Aspekt wird erst das ganze Verhängnis offenkundig, das mit dem kaiserlichen Schisma auf der Christenheit lastete. Hier war an keinen Kompromiß zu denken, hier war eine Kampflinie vorgezeichnet, hinter die auch der versöhnungsbereiteste Cluniazenser nicht zurückweichen konnte. Da umgekehrt der Kaiser, zumal unter dem Einfluß der wibertinischen Bischöfe, seinem Papste die Treue hielt, blieben die

---

[80] Der Erzbischof Hugo von Lyon, ein entschiedener Gregorianer, beklagte sich darüber bitter bei der Gräfin Mathilde (Migne, PL 157, 515).
[81] A. a. O. (Anm. 3) 435.
[82] Th. Mayer (Anm. 28), 123—25.

Friedensbemühungen im Ansatz stecken. Der Investiturstreit erstarrte im Schisma. Auch der Abt Hugo hatte längst auf weitere Ausgleichsversuche verzichtet...

Damit stehen wir am Ende unseres Themas. Die Frage, ob eine fruchtbare Synthese cluniazensischen und gregorianischen Denkens noch möglich gewesen wäre, ist von der Geschichte unbeantwortet gelassen worden: die Fortdauer des Schismas versperrte diesen Weg. Um so aufschlußreicher — und zugleich menschlich ergreifend — ist es, daß sich Heinrich IV. im Jahre 1102, nach dem Erlöschen des Schismas, in einem auf uns gekommenen Briefe an seinen Taufpaten, den Abt Hugo, wandte und ihn im letzten Kampf, 1106, nochmals anrief.[83] Aber in dem Jahrzehnt Urbans II. hatte sich entschieden, daß es für die cluniazensische Lösung, die kaum etwas anderes hätte bedeuten können als eine Rückkehr zur vorgregorianischen Ordnung, zu spät war. Man begann sich mit dem bewußt gewordenen Dualismus der beiden Gewalten abzufinden und nach einem neuartigen modus vivendi zu suchen. Diesen Weg aber konnte nicht Cluny zeigen, sondern nur jene gleiche Kraft, die den geistigen Anstoß zu dem Kampf gegeben hatte: die Kanonistik. In den Jahren, da Hugo von Cluny resigniert auf jede Initiative verzichtete, griff Ivo von Chartres auf die Unterscheidung der geistlichen und der weltlichen Seite der Investitur zurück. Zu diesem Problem aber wußte Cluny keinen Beitrag zu leisten. Wenn Hugos Nachfolger, der Abt Pontius, noch gelegentlich für den Papst als Vermittler bei Heinrich V. in Erscheinung tritt,[84] so ist das nur noch ein Nachhall größerer Zeiten.

VIII

Die historische Funktion der großen Abtei Cluny vor und in dem Investiturstreit ist also ein vielschichtiges Problem. Handfeste Formeln helfen hier nicht viel. Cluniazenser und Gregorianer lassen

---

[83] Die Briefe Heinrichs IV., ed. C. Erdmann (Deutsches Mittelalter 1, 1937) n° 31, 37, 38; Erwähnung des Abtes Hugo auch in n° 40 und 41.

[84] Meyer von Knonau (Anm. 64) 6 (1907), 345 f. 355 f.; 7 (1909), 118 bis 21, 130 f.

sich weder in eins setzen noch völlig scheiden. Die scheinbaren Widersprüche, Unsicherheiten und Inkonsequenzen in der Haltung des Abtes Hugo klären sich weithin, wenn wir uns stets vor Augen halten, daß das Schlagwort „Investiturstreit" ja recht unterschiedliche historische Vorgänge zusammenfaßt: die innerkirchliche Zentralisation, die Durchsetzung des Jurisdiktionsprimates gegen Metropoliten und Bischöfe ist ja nicht dasselbe wie der Zusammenstoß von *regnum* und *sacerdotium*, der revolutionäre Wille zur Aufrichtung einer hierokratischen Weltordnung, und eben nach diesen beiden Aspekten differenziert sich die Haltung Clunys. Indem es eine Atmosphäre intensiverer Religiosität heraufführen half, indem es mit dem Rückhalt am Papsttum die episkopalistische Rechtsordnung durchbrach, hat Cluny unbewußt dem Investiturstreit vorgearbeitet, aber: den Investiturstreit deshalb als einen Sieg des Cluniazensertums zu verstehen — das geht nicht an! Im Gegenteil, eher muß Cluny ein Opfer — vielleicht gar: das Opfer des Investiturstreites genannt werden. Cluny ist eine typisch frühmittelalterliche Erscheinung, die ganz in der vorgregorianischen, von der geistlich-weltlichen Harmonie und Einheit bestimmten Ordnung wurzelte. Durch den Investiturstreit, der diese Einheit zerbrach oder doch mindestens in Frage stellte, gerieten die Cluniazenser in eine Krise, aus der sie nicht mehr wirklich herausfanden. Es ist kein Zufall, daß mit dieser Krise Clunys große Zeit zu Ende geht, daß es auch seine Rolle als monastische Vormacht an neue Kräfte abgeben mußte.

ZUR GESCHICHTE DES LEBENS IN CLUNY[*]

Von JEAN LECLERCQ

In der Literatur über Cluny und das Mönchtum findet sich seit etwa zehn Jahren die Auffassung vertreten, in Cluny habe man der Liturgie eine zu große, dem Apostolat dagegen eine zu geringe Bedeutung beigemessen, was zu einem Mangel an Kultur geführt habe. Glücklicherweise seien die Einflußsphäre von Cluny und die von Gorze, wo die Verhältnisse umgekehrt gelegen hätten, durch eine gewisse Grenze voneinander getrennt gewesen.

Die Behauptungen hängen eng zusammen wie die Teile ein und derselben These, genauso wie die Fakten zusammenhängen, auf die sie sich beziehen. Um die großen Probleme, zu denen sie Stellung nehmen, gruppieren sich die kleineren, die sich aus jenen ergeben oder sie konkret veranschaulichen, wie z. B. Fragen der Ordenstracht und anderer Bräuche. In diesen Behauptungen stecken vier Gruppen von Mythen und Gemeinplätzen, die sich bisweilen sogar untereinander widersprechen; sie werden entweder einfach als wahr hingestellt oder in abstrakten Begriffen ausgedrückt: es handelt sich dabei um Liturgie, Apostolat und Kultur, sowie, was Cluny betrifft, um Abgeschlossenheit oder gar Widerstand.

[*] Wenn ich den Vorschlag annehme, die beiden Vorträge hier zu veröffentlichen, die ich am 17. und 18. Oktober 1961 im Chaire d'études bourguignonnes der Universität Löwen über den gegenwärtigen Stand der Auseinandersetzung über die Beziehungen zwischen Gorze und Cluny gehalten habe, so lege ich Wert auf die Feststellung, daß es sich bei diesem Text nicht darum handeln kann, den wichtigen und zugleich schwierigen Gegenstand Gorze, Cluny und ihre Beziehungen zueinander erschöpfend darzustellen, noch mich in eine Polemik mit den Historikern, deren Arbeit Bewunderung verdient, einzulassen, sondern lediglich darum, den noch vor uns liegenden Forschungsaufgaben eine Richtung zu geben, damit Abschweifungen und Irrwege vermieden werden.

Wie verhielt es sich damit in Wirklichkeit? Worum handelte es sich? Welche Tatsachen werden durch solche Worte enthüllt oder verhüllt? Die Klärung dieser Fragen soll im vorliegenden Aufsatz in drei Teilen unternommen werden. Der erste, einem methodischen Problem gewidmete Teil soll den Forschungsbereich von den der Objektivität schädlichen Vorurteilen freiräumen. Der zweite wird eine möglichst genaue Bestimmung dessen enthalten, was dieses „Cluny", der Gegenstand der Auseinandersetzung, eigentlich ist. Im dritten Teil sollen die Wege zu einem konkreten Verständnis der Lebensweise von Cluny gewiesen werden.

I. Mythen, Gegensätze und Gemeinplätze

Es ist hier nicht der Ort, sich bei einer Definition des Mythus aufzuhalten. Es genügt die Feststellung, daß ein Mythus entsteht, wenn man eine einzelne Tatsache aus ihrem historischen Zusammenhang reißt, um ihr einen Wert, eine Tragweite und eine Bedeutung zu verleihen, die über sie hinausgehen, die sie in Wirklichkeit nicht besitzt. Sie wird auf diese Weise zum Symbol und zum Inbegriff des Ganzen und enthebt der Notwendigkeit, andere Tatsachen neben ihr zu beachten, das heißt, sie kennenzulernen, zu prüfen und aus ihrer Kenntnis die Vorstellung zu vervollständigen, die man aus dem Einzelfall gewonnen hatte. Kurz, der Mythus simplifiziert. Nun bedeutet aber in der Geschichte Simplifizierung Fälschung. Denn die wirkliche und mithin wahre Geschichte ist vielschichtig und komplex wie alles, was mit Menschen und menschlichem Geschehen zu tun hat, handele es sich nun um einen einzelnen oder, um wieviel mehr noch, um eine große Anzahl von Menschen. Der Mythus entsteht also aus einem zweifachen Vorgang: dem der Simplifizierung, bei der eine einzelne Tatsache hervorgehoben wird und alle anderen Faktoren unberücksichtigt gelassen werden, und dem der Verallgemeinerung, bei der die aus dieser einzelnen Tatsache gewonnene Vorstellung auf die anderen übertragen wird.

Ein Beispiel aus der Zeit vor Gorze und Cluny mag dies veranschaulichen: das sogenannte missionarische Mönchtum. Es ist durchaus nicht abwegig, an dieser Stelle davon zu sprechen, denn dieser

Mythus lastet schwer auf der Darstellung und Interpretation des eigentlichen Geschehens in der Epoche von Gorze und Cluny. Man spricht ständig von „der Bekehrung Europas als dem Werk heiliger Mönchsmissionare" [1], vom „apostolischen Zeitalter des Mönchtums", von der „zielbewußten Planmission des Mittelalters", von „Missionsgedanke" [2]. Bei einem neueren Autor wird die Formulierung „Missionsgedanke" auf einen Zeitraum von fünf Jahrhunderten angewandt; wenn hier aber fünfzehn Bischöfe als „Apostel" [3] bezeichnet werden, dann sind das nur drei in einem Jahrhundert und nicht einmal einer in einer Generation, da allein sechs von ihnen im 8. Jahrhundert gelebt haben, wenn man sich

[1] „La conversione dell'Europa ad opera dei sancti monaci missionari", B. Calati, La questione monastica nella letteratura di carattere teorico degli ultimi trent'anni, in: Problemi e orientamenti di spiritualità monastica, biblica e liturgica, Rom 1961, S. 365; vgl. ibid., S. 456, wo der Autor auf den Artikel von S. Hilpisch, Bonifatius als Mönch und Missionar, in Sankt Bonifatius, Gedenkgabe zum 1200. Todestag, Fulda 1954, S. 3—21 verweist, ohne die dort zitierten Texte nachgeprüft zu haben. An anderer Stelle, S. 364, ist die Rede von Missionaren als von den „ersten Schülern Romualds", als ob damals alle Mönche Missionare gewesen wären, wo es sich doch nur um die wenigen handeln kann, deren Leben Bruno von Querfurt in der Vita quinque fratrum beschrieben hat und deren Lebensumstände von den Historikern als ungewöhnlich und uncharakteristisch erkannt worden sind, so z. B. von R. Wenskus, Studien zur historisch-politischen Gedankenwelt Brunos von Querfurt, Münster-Köln 1956, S. 135 und 146, und schon früher von L. Zoepf, Das Heiligenleben im 10. Jahrhundert, Leipzig-Berlin 1908, S. 94—95, sowie von A. Pagnani, Storia dei Camaldolesi, Sassoferrato 1949, S. 10. Siehe weiter unten Anm. 84.

[2] K. Hallinger, Woher kommen die Laienbrüder?, in: Analecta S. Ord. Cisterciensis Bd. XII (1956), S. 93—94. In einem durchaus anregenden Aufsatz unter dem Titel: Spiritualità monastica, Rom 1959 bringt B. Calati neben anderen Verallgemeinerungen auch die von der „tradizione germanica di S. Bonifacio". An den Texten über den hl. Liutger (in: La vie spirituelle, Bd. CII (1960), S. 144—160; deutsche Übersetzung in: Erbe und Auftrag, Bd. XXXVII (1961), S. 191—305), sowie über den hl. Ansgar: (in: La vie spirituelle, Bd. CIII (1960), S. 415—431), habe ich gezeigt, daß man keineswegs von einer kontinuierlichen missionarischen Tradition im Mönchtum sprechen kann, auch nicht in Germanien.

[3] R. Tschudy, Die Benediktiner, Freiburg (Schweiz) 1960, S. 126.

erinnert, daß Spanien damals nicht dazu gehörte, daß Gallien schon christlich war ebenso wie Italien und Irland und daß die Länder des Ostens noch nicht einmal erforscht waren? Die Arbeiten eines so unparteiischen Mannes wie E. de Moreau über die Heiligen Willibrord und Ansgar und ihre Zeit erlauben es, diese Mythen leicht auf ihre wirklichen Proportionen zurückzuführen.[4] Gewiß gab es Mönche, deren Berufung es war, das Evangelium in die Welt hinauszutragen, so wie es andere gab — manchmal waren es aber auch dieselben —, die sich zum Eremitendasein berufen fühlten. Es gab Mönche, und zwar mehr als fünfzehn, die Bischöfe wurden, was normalerweise keineswegs in ihren Plänen lag. Es gab Äbte, die predigten, ohne doch das gleiche von ihren Mönchen zu verlangen, wie z. B. den hl. Benedikt[5]. Aber das Mönchtum als solches, als Institution, war zu keiner Zeit missionarisch, nicht einmal in Germanien, wo sich eines Tages das von Gorze beeinflußte Mönchtum ausbreiten sollte.[6]

Unter den Mythen über das Mönchtum hat der Mythus von Cluny lange Zeit eine hervorragende und, was das 10. und 11.

[4] E. de Moreau, S. J., Un missionaire en Scandinavie au IXe s., S. Anschaire, Löwen 1930, S. 24—25.

[5] P. R. Oliger, Les évêques réguliers, Paris-Löwen 1958, S. 18—20, zeigte, daß die wenigen Mönche, die Missionare waren, dies in ihrer Eigenschaft als Bischöfe und nicht so sehr als gewöhnliche Geistliche waren. Über die Haltung des hl. Benedikt und Gregor in der Predigtfrage vgl. O. Porcel, San Gregorio y el monacato. Cuestiones controvertidas, in: Monastica I, Montserrat 1960, S. 79—89.

[6] Eine weitere unangebrachte Simplifizierung in dem oben erwähnten Artikel: ›Woher kommen die Laienbrüder?‹, S. 94, liegt darin, daß die Formulierung „die italienische Eremitenbewegung" offensichtlich auf das Mönchtum einer ganzen Epoche und eines ganzen Landes angewandt wird, während in Wirklichkeit die Eremitenbewegung durch Ausnahmeerscheinungen wie den hl. Romuald, Petrus Damiani und Johannes von Matera repräsentiert wurde. So wird die Formulierung „Claustrum als Eremos" ohne Quellenangabe nur für das 10. und 11. Jahrhundert gebraucht (S. 94), obwohl es schon in der Vita des Adalhard von Corbie von Paschasius Radbertus im 9. Jahrhundert heißt: „claustrum pro eremo habens" (Mabillon, Acta Sanctor. O. S. B., saec. IV, Bd. I, Paris 1677, S. 348, 13).

Jahrhundert betrifft, eine fast ausschließliche Stelle eingenommen. Dazu hatte es wieder einmal genügt, zu simplifizieren und zu verallgemeinern. Unter derselben Bezeichnung, mit dem Namen eines einzigen Klosters hatte man lange Zeit die ganze cluniazensische Welt gefaßt und sie unter einem einzigen oder höchstens einigen wenigen Aspekten betrachtet, und dann hatte man das so gewonnene Etikett auf das ganze nicht zisterziensische Mönchtum übertragen. Es war das Verdienst von K. Hallinger, sich gegen diese unangebrachte Verallgemeinerung gewandt zu haben. Er hat gezeigt, daß es neben Cluny noch andere Stätten der Reformbewegung, besonders Gorze, gegeben hatte. Er belegt dies mit außergewöhnlich zahlreichen genauen Beispielen, die das Ergebnis ausgedehnter, geduldiger Textstudien und einer erstaunlichen Forschertätigkeit sind.[7] Sein umfangreiches Werk wird noch auf lange Sicht eines der wichtigsten Arbeitsmittel für alle diejenigen sein, die sich der Erforschung einer Zeit und eines Gebietes widmen wollen, die bis jetzt noch kaum erschlossen sind. Gewiß ist die Idee nicht neu, daß neben Cluny auch noch andere Zentren der Reform bestanden haben, vor allem in Gorze. Aber sie ist niemals zuvor so klar und beharrlich vorgetragen, nie mit so vielen Beispielen belegt worden. Allerdings war der Autor dieses bemerkenswerten Buches weniger erfolgreich im Vermeiden von Simplifizierungen, die doch den Mythus von Cluny erst erzeugt hatten. Im Gegenteil, er stellte diesem Mythus einen neuen, den von Gorze, das zum Symbol für das ganze „Reichsmönchtum" wurde, entgegen. Diesem vom burgundischen Mönchtum" von nun an scharf abgegrenzten „lothringischen Mönchtum" wird im weiteren Verlauf das ganze übrige nichtcluniazensische Mönchtum, besonders Englands und der Normandie, einverleibt. Gorze wurde in der Vorstellung vieler zu einer neuen absoluten Größe, was Hallinger in bezug auf Cluny grade hatte vermeiden wollen. Man stellte Gorze als eine Art Reichs-Cluny hin, als ob man die ganze Reformbewegung auf diese beiden Stätten, neben denen es doch noch andere gegeben hatte, reduzieren könnte.

[7] K. Hallinger, Gorze-Kluny (Studia Anselmiana, 22—25), 2 Bde., Rom 1950—1951.

Wenn nun aber schon der geschichtliche Mythus an sich eine bedauerliche Erscheinung ist, um wieviel mehr sollte man sich davor hüten, die Mythen noch zu vermehren und eine Simplifizierung durch eine andere zu verschlimmern. Um dieser Gefahr zu begegnen, arbeitete ich im Jahre 1957 eine kurze Stellungnahme aus über einen gesonderten Aspekt des Problems Gorze-Cluny, über das kulturelle Problem, das im übrigen mit den anderen zusammenhängt. Denn von dem außerordentlich reichen Material, das sich auf den 1087 Seiten des Werkes ›Gorze-Cluny‹ findet, haben manche, die nicht alles lesen konnten, nur einige Formulierungen behalten, die schon im Inhaltsverzeichnis des zweiten Bandes besonders auffallen, vor allem die von der „Kulturoffenheit" in Gorze und der „Kulturfeindlichkeit" in Cluny.[8]

Zu den Mythen gesellen sich die Gegensätze. ›Gorze-Kluny‹ hat den Untertitel ›Studien zu den monastischen Lebensformen und Gegensätzen im Hochmittelalter‹. In der Tat ist das ganze Werk auf das Schema „Gegensätze" aufgebaut. Ein bereits traditioneller Gegensatz zu Cluny ist Cîteaux. Er wurde mit einigen Varianten

[8] In einer kurzen Abhandlung in Revue Mabillon, Bd. XLVII (1957), S. 172—182, habe ich unter Berufung auf Darstellungen an anderer Stelle, besonders in einer Mitteilung auf dem Kongreß von Spoleto im Jahre 1956 und in einem Band über die monastische Literatur des Mittelalters, gefragt, ob man im Ernst die Frage stellen könne: War Cluny kulturfeindlich? Kurz danach erschien der ausführliche Text einer Mitteilung auf dem Kongreß von Todi unter dem Titel: Culture et spiritualité à Cluny, in Spiritualità cluniacense, Todi 1960, S. 103—151. Im gleichen Zeitraum reagierten mehrere Historiker unabhängig voneinander in ähnlicher Weise wie ich: H. Rupp, Deutsche religiöse Dichtungen des 11. und 12. Jahrhunderts, Freiburg im Breisgau 1958, S. 215—219; Der Neubeginn der deutschen religiösen Dichtung um die Mitte des 11. Jahrhunderts, in: Wirkendes Wort 8 (1958), S. 268—271; ferner J. Dubois, Revue d'hist. de l'Égl. de France, Bd. XLIV (1958), S. 247—248, und G. Tellenbach in dem Vorwort zu dem Band: Neue Forschungen über Cluny und die Cluniazenser, Freiburg i. Br. 1959. K. Hallinger hat seinerseits in seiner Besprechung von St. Odo of Cluny, translated and edited by Dom Gerard Sitwell, London 1958, Stellung genommen zum Gesamtkomplex der mit Cluny zusammenhängenden historischen Probleme (Theologische Revue, Bd. LVI [1960], Sp. 67—70).

aus der cluniazensischen „Feierlichkeit" und der zisterziensischen „Innerlichkeit", *affectus*,[9] aus der cluniazensischen Idee vom Abt als Herrscher und Fürst und der zisterziensischen Vorstellung vom Abt als geistlichem Vater [10] entwickelt; doch wollen wir uns hier nicht mit der Aufzählung solcher Simplifizierungen aufhalten. So dient Cluny gewissermaßen als Hintergrund vor dem sich durch Kontrast nicht nur Cîteaux, sondern auch Monte Vergine und Camaldoli abheben, die schon früher auf den Stand von Mythen reduziert worden waren. Dann wird von „Formalismus" und „Konservatismus" gesprochen, von der „Ablehnung von Schule und Seelsorge", kurz, von einem „integralen Mönchtum, das nach einem Schema interpretiert wird, welches Cluny von allen vorangegangenen und nachfolgenden benediktinischen Unternehmungen scharf unterscheidet" [11]. „Cluny lebt in der Glorie von Tabor und

[9] S. Hilpisch, Chorgebet und Frömmigkeit im Spätmittelalter, in: Heilige Überlieferung (Festgabe Herwegen), Münster 1938, S. 263 bis 284.

[10] S. Gammersbach, Das Abtbild in Cluny und bei Bernhard von Clairvaux, in: Cîteaux in de Nederlanden, Bd. VII (1956), S. 85—101. Man muß sich darüber wundern, warum der Autor bei der Herausarbeitung der Gegensätze ausgerechnet den Abt Pontius so ausführlich behandelt, obwohl dieser nicht der beste Vertreter und nur wenige Jahre lang Abt war, im übrigen von seinem Nachfolger mißbilligt wurde, wie er auch von seinen Vorgängern nicht gutgeheißen worden wäre. Warum hat er nicht lieber Bernhard mit Petrus Venerabilis verglichen, die Zeitgenossen waren und Briefe hinterlassen haben? Der Abt von Cluny würde dann mindestens ebenso 'väterlich' erschienen sein wie der von Clairvaux, aber das ist genau das Gegenteil von dem, was bewiesen werden sollte. Sehr aufschlußreich über den wahren Charakter des Abtes von Cluny ist die bis ins Einzelne gehende, durch Dokumente gut belegte Untersuchung von H. Diener in: Neue Forschungen über Cluny ..., S. 355—422. Aus den Consuetudines geht hervor, daß der Abt von Cluny trotz des ihm von seinen Mönchen entgegengebrachten großen Respekts sehr eng mit ihnen zusammenlebte: Sein Bett stand im gemeinsamen Dormitorium, er selbst gab das Zeichen zum Wecken (Udalricus, Consuet., III, 2; P. L., Bd. CXLIX, Sp. 734 A), half in der Küche: „Ad coquinam cum notatus fuerit, cum alias non sint nisi quattuor, ipse quintus solet esse" (ibid., III, 3; Sp. 737 B).

[11] G. Mongelli, La spiritualità di S. Guglielmo di Vercelli di fronte a

der Auferstehung, Camaldoli dagegen mehr in dem Gefühl vom Ende aller Dinge..."[12]

Das Problem von Gorze und Cluny wird dadurch erschwert, daß es sich hier nicht nur um einen Gegensatz zwischen zwei Mythen handelt, sondern um den Gegensatz an sich, der selber zum Mythus geworden ist und den man um jeden Preis zu rechtfertigen sucht. Wo liegt nun aber sein Ursprung? Er liegt in der Trennung zweier monastischer Welten, der Lothringens bzw. des Reiches von der Burgunds. Mag auch diese Behauptung, seit sie zum ersten Mal aufgestellt wurde, inzwischen mancherlei Abschwächungen erfahren haben, so bleibt doch die Tatsache bestehen, daß die seitdem erschienenen Veröffentlichungen und ihr beginnender Einfluß die Vorstellung bestärken, es habe zwischen den beiden Zonen nicht nur einen tiefgreifenden Unterschied, sondern auch ein Ringen um Einfluß gegeben. Man schreibt Cluny einen gewissen Imperialismus, einen „Eroberungswillen" zu, dem Gorze glücklicherweise verschlossen geblieben sei.[13] Wie verhielt es sich damit in Wirklichkeit?

Erst kürzlich haben sich H. Dauphin und nach ihm G. Tellenbach

---

quella cluniacense, in: Spiritualità cluniacense, Todi 1960, S. 288—290. Auch hier erscheint der 'Gegensatz' schon im Titel, und die ganze Abhandlung (S. 286—307) strotzt leider von Simplifizierungen und an den Haaren herbeigezogenen Vergleichen.

[12] „Cluny è nella gloria del 'Tabor' e della Resurrezione. A Camaldoli invec si sente piu il senso della fine delle cose (spiritualità della vita eremitica)" (B. Calati, Spiritualità monastica, Rom 1959, S. 36).

[13] „Fin dal sec. XI la volontà di conquista si sovrappose sempre più all'originale ideale di riforma. I metodi onesti del periodo primitivo (attrarre alla propria causa i proprietari delle chiese, e la messa in opera delle qualità monastiche) furono sostituiti: a) con il disprezzo degli altrui ideali; b) con l'indurre gli altri a riformarsi sotto pretesti disciplinari; c) con il condurre la riforma imponendosi con metodi coattivi sotto l'apparenza di lotta costituzionale". (K. Hallinger, Art. Cluny, in: Enciclopedia cattolica, Bd. III [1949], Sp. 1890). „Il tentativo cluniacense di monopolizzare il monachesimo..." (ibid.). „Con la sua politica aggressiva Cluny apri una profonda scissione fra se e il monachesimo riformato di Gorze..." (ibid., Sp. 1892.)

gegen diese neue Simplifizierung gewandt.[14] Sie beruht zum größten Teil auf den Eintragungen in den Totenbüchern, nach denen keinerlei Beziehung zwischen den Klöstern beider Zonen bestanden habe. Nun weiß man aber heute, daß in St. Maximin von Trier des hl. Maiolus und in St. Emmeram von Regensburg des hl. Odilo gedacht wurde.[15] Und schließlich hat Wollasch nachgewiesen, daß der hl. Hugo, wahrscheinlich um 1093/94, nach St. Blasien im Schwarzwald gegangen ist und mit dieser Abtei einen Verbrüderungsvertrag geschlossen hat „propter caritatem et ordinis observantiam quam ibi invenit"[16]. Mehr und mehr lassen die Nekrologe und die ›Libri confraternitatum‹ erkennen, daß das Mönchtum des 10. und 11. Jahrhunderts eine erstaunliche Fülle unterschiedlicher Richtungen aufwies, aus denen Klosterverbände entstanden, die innerhalb ein und derselben Landschaft von einer Generation zur andern variierten. Die Abteien orientierten sich nach den mächtigsten Zentren monastischer Observanz, ohne sich endgültig mit ihnen zu verbinden. In vielen Gegenden, sogar in den Ländern des Reiches, nahm Cluny in der liturgischen Gedächtnisfeier der Ordensgemeinschaften einen Platz ein, den man für Gorze keineswegs in gleicher Weise nachweisen kann. Außerdem gab es in Burgund und in ganz Frankreich zahlreiche nicht-

[14] H. Dauphin, Monastic Reforms from the tenth century to the twelfth, in: Downside Review, Bd. LXIX (1951), S. 62—74, bes. über Richard von St. Vanne. Weitere Hinweise: Hugo von Flavigny erzählt, daß die Äbtissin von St. Maur von Verdun im Kapitel von Cluny empfangen wurde (Chronicon, II, 16; MGH, SS, Bd. VIII, S. 391); er berichtet ferner, daß Richard von St. Vanne sein Kloster dem hl. Odilo anvertraute, während er in das Heilige Land zog (ibid., II, 18; S. 393). Selbst wenn die Ereignisse oder die Art ihrer Darstellung sich als ungenau erweisen sollten, so bedeuten solche Aussagen doch, daß ein Gegensatz zwischen Cluny und Verdun im Bewußtsein der Mönche, die diese Texte schrieben und lasen, nicht existierte.

[15] G. Tellenbach, Neue Forschungen . . ., S. 7.

[16] Muri und Sankt Blasien. Perspektiven schwäbischen Mönchtums in der Reform, in: Deutsches Archiv, Bd. XVII (1961), S. 420—446. Die Verbrüderungsurkunde ist S. 445—446 veröffentlicht. In einer Confraternitätsliste von Sankt Peter in Salzburg erscheint auch Cluny, und zwar unter den ersten Namen (ibid., S. 432).

cluniazensische Congregationen — z. B. La Chaise-Dieu, St. Victor von Marseille, Montmajour usw.[17] —, die alle ihre von einer großen Abtei abhängigen Priorate hatten und deren Häuser auch denen der anderen im Notfall Hilfe leisteten. La Chaise-Dieu war von Robert de Turlande, einem Neffen des hl. Odilo gegründet, aber niemals cluniazensisch geworden.[18] St. Bénigne von Dijon wurde von Wilhelm von Volpiano, einem ehemaligen Mönch von Cluny und Freund der Heiligen Maiolus und Odilo erneuert. Der hl. Odilo hatte St. Bénigne geholfen und gegen den Zorn des Königs verteidigt, obwohl die Ordensbewegung von St. Bénigne gänzlich unabhängig von Cluny war.[19] Die in der Nähe von Lyon gelegene Abtei Savigny und ihre Priorate blieben unabhängig, obwohl sie mitten in der cluniazensischen Expansionszone lagen und der hl. Odilo das Recht der Abtsdesignation hatte.[20] Begreiflicherweise war man damals bei der Übertragung von geographischen oder politischen Grenzbezeichnungen auf die monastischen Erscheinungsformen nicht immer sehr genau. So sprach Metell von Tegernsee noch im 12. Jahrhundert von den Klöstern rund um Trier und Gorze als von einem „pulcher ordo gallicus".[21] Und J. Semmler

---

[17] Eine Liste dieser Congregationen allein für Burgund findet sich bei B. Bligny, L'Église et les ordres religieux dans le royaume de Bourgogne aux XIe et XIIe s., Grenoble 1960, S. 229.

[18] Vgl. Vita Roberti, Mabillon, Acta Sanctor. O.S.B., saec. VI, Bd. II, S. 188; über Roberts Übertritt zu Cluny siehe ibid., S. 190, Anm. 7; über den Orden, dessen Abt er wurde, vgl. ibid., S. 186.

[19] Vgl. Rodulf Glaber, Vita Guillelmi, in: PL, Bd. CXLII, Sp. 698. Im Jahre 1016 griff Robert der Fromme Dijon an, verschonte aber auf Bitten Odilos St. Bénigne, vgl. Chronicon S. Benigni Divionensis, in: L. d'Achery, Spicilegium, Bd. I, 1655, S. 455.

[20] Vgl. A. Bernard, Cartulaire de Savigny, Paris 1853, S. 281, Anm. 581. Siehe auch D. Cateland, L'abbaye bénédictine de Savigny en Lyonnais, der origines au XVIe s., in: École nationale des chartes. Positions de thèses, Paris 1950, S. 29; der Autor stellt eine vorübergehende Annäherung Savignys an Cluny fest, fügt aber hinzu: « L'esprit d'indépendance l'écarte (Savigny) des grands mouvements monastiques. »

[21] P. Peters, Die Quirinalien des Metell von Tegernsee, Greifswald 1913, S. 145. Über die Bedeutung dieses Zeugnisses vgl. O. Blechl, Studien

nannte die Tracht der Siegburger Mönche „cluniazensisch".[22] Aber ebenso wie man sich vor der Trennung in Zonen hüten sollte, sollte man ihre Vermischung vermeiden und z. B. aus Rupert von Deutz nicht einen Repräsentanten des cluniazensischen Brauches und einen Theologen der cluniazensischen Lebensform machen.[23] Es gab in Lothringen und im Rheinland ganz gewiß in Praxis und Theorie Ähnlichkeiten mit Cluny, ohne daß man dort dem *ordo cluniacensis* angehört hätte.[24]

zur Tegernseer Briefsammlung des 12. Jahrhunderts, in: Deutsches Archiv XIII (1957), S. 60.

[22] J. Semmler, Die Klosterreform von Siegburg, Bonn 1959, Exkursus VII, S. 382—383. H. Löwe weist nach, daß St. Vincent von Laon dem Einfluß Clunys unterlag, während es gleichzeitig seine Beziehungen zu Fleury und Gorze aufrechterhielt, ohne sich jedoch einem dieser Reformzentren zu verpflichten (Dialogus de statu sanctae ecclesiae. Das Werk eines Iren im Laon des 10. Jahrhunderts, in: Deutsches Archiv XVII (1961), S. 43—44;, der Autor spricht in diesem Zusammenhang von den „spirituellen Imponderabilien", welche die Struktur der Orden verändern konnten (ibid., S. 67). Schon D. Misonne schrieb anhand von Beispielen: « Il n'existait pas de cloisonnement entre les divers mouvements de réforme au Xe s. La réforme de Cluny ne différait guère dans l'ensemble de celles de Lorraine, que ce fût de Brogne ou de Gorze » (Gérard de Brogne à St-Rémy de Reims, in Rev. bénéd., 1960, Bd. LXX, S. 175). R. Wenskus, op. cit., S. 132, spricht auch von der Unmöglichkeit, eine Persönlichkeit eindeutig der einen oder anderen Bewegung zuzuordnen, und fügt hinzu: „Welcher ‚Richtung' wollte man etwa Gerbert zuordnen? Im cluniazensischen Aurillac erzogen, in Reims in engster Verbindung mit Angehörigen der Gorzer Reform usw." Siehe weiter unten Anm. 84.

[23] Ebenso B. Calati, Spiritualità monastica, S. 16, und: La questione monastica, op. cit., S. 379.

[24] L. Gaillard, Gorze et St. Riquier, in: Mélanges de science religieuse, XVII (1960), S. 150, stellt mit Recht fest, « qu'il n'y a pas de spiritualité gorzienne. Dans ce domaine, les fils de S. Benoît ne connaissaient ni province, ni climat ». B. Calati besteht seinerseits, und in diesem Punkt vielleicht zu sehr, darauf, daß es im gesamten Mönchtum keine Unterschiede im Spirituellen gab: « La liturgia a Cluny si matura in vera mistica come in S. Gertrude, che è educata in ambiente non cluniacense, ma cisterciense, e come in tutta la esperienza monastica di questo tempo » (Spiritualità monastica, S. 20).

Wenn Cluny, Gorze oder andere Abteien, die Zentren von Klosterverbänden waren, sich einer besonderen und scharf umrissenen Rolle mit dem Ziel der Verbreitung eines theoretischen Programms bewußt gewesen wären, dann möchte man das an irgendeiner Stelle in den Quellen zum Ausdruck gebracht finden. Doch zeugen die Dokumentaruntersuchungen, die vom Freiburger Institut unter der Leitung von Tellenbach durchgeführt wurden, immer mehr davon, daß der Einfluß der Cluniazenser, zunächst in Aquitanien, dann auch in anderen und ferner gelegenen Gegenden, in Wirklichkeit auf eine sehr elastische Methode der Anpassung an die verschiedenen feudalen Verhältnisse und die konkreten Situationen der verschiedenen Klöster zurückzuführen ist; auf diese Weise wurden die Fürsten und die weltlichen Feudalherren für die monastische Reform interessiert, und das Hindernis, das die politischen Grenzen hätten bilden können, wurde dadurch auf ein Mindestmaß eingeschränkt.[25] Gewiß hatte das Reich eine festere politische und religiöse Struktur bewahrt als Frankreich und war vom Verfall des Feudalsystems weniger berührt. Daher bedurfte es nicht in demselben Maße der Zentralisation und der Exemtion.[26] Die Exemtion war übrigens manchmal sowohl das Ergebnis von äußeren Umständen als auch von einer bestimmten Vorstellung. Fleury z. B. erhielt noch vor Cluny die Exemtion anläßlich eines

---

[25] Neue Forschungen . . ., passim. Schon in dem Beitrag: Zum Wesen der Cluniazenser, in: Saeculum IX (1958), S. 370—378, macht G. Tellenbach anhand von Beispielen deutlich, was mit der folgenden Feststellung gemeint ist: „Andererseits ergibt sich, wie elastisch die Cluniazenser in ihrer Verbandsbildung gewesen sind" (S. 371—372). Denselben Zug von „Elastizität" betont auch R. Folz, Nouvelles recherches sur l'ordre de Cluny, in: Bulletin trimestriel [du] Centre international d'études romanes, Dezember 1960, S. 16—19. So wird immer deutlicher, daß die Ausstrahlung von Cluny sich nur durch die Intensität des monastischen Lebens erklären läßt, das in diesem Kloster seinen Mittelpunkt hatte.

[26] Vgl. A. Dumas, in: Fliche-Martin, Histoire générale de l'Église, Bd. VII, Paris 1940, S. 343—348; J. F. Lemarignier, Structures monastiques et structures politiques dans la France de la fin du Xe et des débuts du XIe s., in: Il monachesimo nell'alto medio evo e la formazione della civiltà occidentale, Spoleto 1957, S. 375—400.

Konflikts zwischen Abt Abbo und dem Bischof von Orleans als Ergebnis eines Prozesses, der auf dem Konzil von St. Basle im Jahre 991 begann und 997 mit einer päpstlichen Entscheidung endete.[27] Erst 998 oder 999 erhielt Cluny sein erstes Exemtionsprivileg.[27a] So entschied sich auch im 11. Jahrhundert der von Papst Victor II. 1055 zugelassene Orden von Vallumbrosa dafür, von einem Generalabt geleitet zu werden, wie ihn auch Cluny hatte, ohne daß zwischen den beiden Orden notwendigerweise eine wechselseitige Einflußnahme stattgefunden hätte.[28]

Der Historiker muß sich davor hüten, Phänomene, die keine Beziehung zueinander haben, künstlich in Verbindung zu bringen. Er darf nicht als Einfluß interpretieren, was nur Ähnlichkeit ist, und nicht aus einem Unterschied einen Gegensatz konstruieren. Es genügt keineswegs, nur das Unterscheidende zu berücksichtigen oder sich gar auf die Aufzählung der 'Unterschiede' zu beschränken, zumal sie häufig nur Einzelheiten betreffen. Man muß abwägen, dann wird man feststellen, daß diese Unterschiede sehr wenig Gewicht haben. Man sollte einmal eine Rechnung aufstellen und dann die Bilanz daraus ziehen: die Summe der Ähnlichkeiten zwischen den Bräuchen wird ersichtlich höher sein als die der Nuancen oder der tatsächlichen Verschiedenheiten. Das Mönchtum des 10. und 11. Jahrhunderts ist in den wesentlichen Zügen eine Einheit; in den Details aber gibt es tausend Nuancen; unter ihnen wird man Einflüsse, Gruppierungen und Verwandtschaften bemerken, manchmal vielleicht auch Gegensätze, aber von zweitrangiger Art. Gewiß gab es hier und da Zeichen eines Gegensatzes, wie in dem Brief aus Monte Cassino an die deutschen Mönche wegen des Ordenskleides von Cluny[29] — also wegen einer ganz bestimmten

---

[27] Vgl. J. F. Lemarignier, L'exemption monastique et les origines de la réforme grégorienne, in: A Cluny. Congrès scientifique, Dijon 1950, S. 302—311.

[27a] Vgl. J. F. Lemarignier, Études sur le privilège d'exemption et de juridiction ecclésiastiques des abbayes normandes depuis les origines jusqu'en 1140, Paris 1937, S. 10—11.

[28] Vgl. G. Penco, Storia del monachesimo in Italia, Rom 1961, S. 231 bis 234.

[29] Dieser Brief „ad hartwigum abbatem Eresfeldensis coenobii", bereits

Einzelheit und zu einem ganz bestimmten Zeitpunkt. Aber viel zahlreicher sind die Zeichen von Sympathie, wie sie in den Verbrüderungsakten, den Nekrologen und in den ausdrücklichen Erwähnungen zu finden sind. Mehr noch: es gab echte Freundschaften zwischen den Äbten verschiedener Verbände, wie zwischen dem hl. Odilo und Richard von St. Vanne, Ysarn von Marseille und Wilhelm von Volpiano oder zwischen dem hl. Hugo und Petrus Damiani.

Wenn man die Gegensätze auf ihre wahren Proportionen zurückführt, was bleibt dann noch von der Rivalität übrig, die sich als Folge der cluniazensischen Aggressionslust zwischen Gorze und Cluny entwickelt haben soll? Die Verbreitung einer Observanz war für die Äbte von Cluny ein Mittel, die Reform in den Klöstern zu sichern, dank ihrer Unabhängigkeit von den Bischöfen und den örtlichen Feudalherren: es handelte sich fast immer um Klöster, die Cluny von ihren Gründern oder Eigentümern als Schenkung erhalten hatte, oder die ihm von Bischöfen oder Päpsten angegliedert worden waren, oder die selber um ihren Anschluß gebeten hatten.[30] Die Tatsache, daß die eine oder andere Gemeinschaft

---

1723 von Mabillon, Vetera analecta, S. 154, herausgegeben, wurde 1877 von E. Dümmler, in: Neues Archiv, Bd. III, S. 180, und 1916 von H. Weihrich, Urkundenbuch der Reichsabtei Hersfeld, Marburg S. 199, erneut veröffentlicht. Er datiert aus der Zeit 1072—1073. Im Zusammenhang mit der Tatsache, daß der Chronist von Monte Cassino, Leo von Ostia († 1115), die reformatorische Tätigkeit unter Abt Odo absichtlich übergeht, spricht D. T. Leccisotti ‚Una lacuna nella storia di Montecassino nel secolo X, in: Studia Benedictina (Studia Anselmiana, 18—19), Rom 1947, S. 280, von einem «conflitto di mentalità» und ergeht sich in Spekulationen.

[30] Die Fälle lagen verschieden. Manchmal erhielt Cluny ein Kloster durch Schenkung des Gründers — Kirche und Wohngebäude mit einigen Mönchen, die „für das Seelenheil" des Gründers beten mußten —, und manchmal wurde ein schon bestehendes Kloster vom *advocatus* oder vom Eigentümer Cluny unterstellt; in diesen Fällen wurde die cluniazensische Reform entweder bereitwillig übernommen — und das scheint am häufigsten der Fall gewesen zu sein —, oder aber sie stieß auf einen gewissen Widerstand. Wenn es sich um eine Neugründung handelte, setzte der Abt

sich der Angliederung an Cluny widersetzte — doch wie viele Beispiele dafür gibt es im Vergleich zu all den anderen Fällen? — beweist noch nichts, da die meisten sie dann für rechtmäßig hielten, wenn der Eigentümer sie, dem Brauche der Zeit folgend, wünschte — ein Wunsch, dem Cluny sofort zu entsprechen wußte. Mit Recht konnte Rudolf Glaber sagen, daß die Mönche von Cluny sehr gefragt waren, *saepius petiti,* und daß das Kloster von Cluny es verstanden hatte, den Mönchen in den verschiedensten Provinzen Patres zu schicken.[31]

Über die Art, in der sich diese Expansion vollzog, darf man sich keine zu allgemeine Vorstellung machen. Glücklicherweise haben vor wenigen Jahren B. Bligny und die Mitarbeiter Tellenbachs die Vorgänge von damals klar herausgearbeitet. Bligny zeigte anhand von Zahlen, daß die Periode der größten Expansion Clunys vor dem Abbatiat des hl. Hugo lag;[32] er wies ferner für eine bestimmte Landschaft, für Burgund, nach, unter welchen besonderen Umständen und auf welche konkrete Weise Cluny, wie auch andere Hauptklöster, den Anschluß von Ordenshäusern durchführte.[33] Die Mitarbeiter Tellenbachs, Wollasch, Mager und Diener, erarbeiteten eine glänzende Illustration dessen, was ihr Lehrer die „Personenforschung" genannt hat, sowie eine Analyse der „Motive", die in den Gründungsakten und den Schenkungs- oder Filiationsurkunden von Cluny angeführt sind.[34] In ähnlicher Weise untersuchte R. Folz mehrere Urkundenbücher und

von Cluny dort einen Prior ein. Handelte es sich um einen Anschluß, dann wurde diese Abtei entweder in ein Priorat verwandelt, oder man beließ dort einen Abt, wie in St. Gilles, in St. Benoît-sur-Loire zur Zeit Odos, oder in Vézelay und St. Bertin während ihrer Zugehörigkeit zu Cluny.

[31] « Ex quo videlicet coenobio per diversas provincias fratres saepius petiti atque monachorum patres ordinati plurimum Domino adquisivere lucrum » (ed. M. Prou, R. Glaber, Les cinq livres de ses histoires, Paris 1880, S. 68).

[32] B. Bligny, op. cit., S. 193.

[33] Ibid., S. 229—243.

[34] In: Revue d'hist. de l'Église de France, Bd. XLVII (1961), S. 249 bis 252, habe ich die Ergebnisse dieser Arbeiten, die ich hier nur kurz erwähnen kann, zusammengefaßt.

konnte den spontanen Charakter der meisten Anschlüsse an Cluny, das sich mit der Anregung dazu begnügt hatte, feststellen. Anhand von Beweisen unterstrich er den religiösen Wert der „psychologischen Beweggründe" derer, die den Cluniazensern Kirchen schenkten oder zurückerstatteten.[35] Nur solche geduldige Forschungsarbeit vermag eine exakte Vorstellung von der vielschichtigen Wirklichkeit zu geben. Ein Beispiel möge dies veranschaulichen: Der Abt und der Prior von St. Rigaud d'Ancise in der Diözese Mâcon, denen es nicht gelungen war, ihre Abtei zu reformieren, hatten sich auf einer kleinen Insel in der Mündung der Gironde niedergelassen. Als sie erfuhren, daß das Eiland zu Cluny gehörte, schrieben sie an den hl. Hugo; dieser erlaubte ihnen nicht nur den Bau eines Hauses, sondern schickte ihnen auch noch einen im Fischfang erfahrenen Mönch aus Cluny. Unter welchen Begriff, unter welche Kategorie, unter welche Form von Imperialismus soll man ein solches Entgegenkommen einordnen, wie diese Hilfeleistung benennen, die der Abt von Cluny gewiß nicht ohne ein Lächeln gewährte, nur zu froh, einen Dienst erweisen und andere glücklich machen zu können? Als sich die Mönche von Cordouan bald darauf in Grave auf dem Festland niederließen, weil die Insel schwer zu erreichen war, schlossen sie sich mit ihren Ländereien spontan an Cluny an. Wenn es in diesem Fall eine Eroberung von seiten Clunys gab, dann war es aber eine friedliche.[36]

---

[35] Aspects du prieuré clunisien, in: Bulletin trimestriel [du] Centre international d'études romanes, Dezember 1959, S. 1—11.

[36] Die näheren Umstände sind bei F. Lemoing, Ermites et reclus du diocèse de Bordeaux, Bordeaux 1953, S. 35 und 141, angeführt. Der Text selbst, in dem der Abt und die Mönche von Cordes über die Ursprünge ihres Klosters und ihren Anschluß an Cluny berichteten, ist nicht ohne Reiz und soll darum hier wiedergegeben werden. Ich zitiere nach A. Bruel, Recueil des chartes de l'abbaye de Cluny, Bd. IV, Paris 1888, S. 801—803: „Notum sit omnibus presentibus atque futuris fidei cultoribus, quod ego Stephanus, abbas Sancti Rigaldi, et frater Ermenaldus, prior ejusdem loci, votiva concordia declinare volentes tumultuosas procellas secularium actionum, Christo presule, devenimus in Corda insulam, a parte occidentali in Oceano sitam. Cumque gratia solitudinis ibi manere vellemus,

Der Biograph des hl. Maiolus schrieb, dieser habe eine ganze Reihe reformbedürftiger Klöster der „mönchischen Ordensregel unterworfen", also einer mönchischen Lebensweise. Er tat dies entweder selber oder beauftragte einige seiner Mönche damit, die er als Äbte eingesetzt hatte: „perplura monasteria a regulari tramite devia, tam per se quam per suos, quos abbates ordinaverat, monastico ordini subdidit."[37] Die Durchführung dieser Aufgabe setzte voraus, daß die von Cluny ausgesandten Mönche die Ansichten ihres Abtes und ihrer eigenen Gemeinschaft über die Regelobservanz teilten, und nichts anderes. Kann man in einem solchen Falle von einem Ringen um Einfluß zwischen Cluny und anderen Reformzentren sprechen? Man mag zugeben, daß die Äbte von Cluny einen gewissen Wunsch nach Expansion im Sinn hatten. Aber

ipsam insulam iuris ęcclesię Cluniacensis esse audivimus. Factis itaque litteris, assensum domni Hugonis, abbatis, super hoc quesivimus, et paulo post ipsius litteras melliflua consolatione conditas, cum auctoramento habitandi et edificandi in fidelitate apostolorum Petri et Pauli et sua suscepimus. Venerat autem ad nos cohabitandi gratia quidam Cluniacensis monachus, nomine Willelmus, vir ingeniosus, laboriosus piscandi, acquirendi sollertissimus, in cunctis actionibus accomodatissimus. Ipso itaque retia componente, piscarias construente, qui eo tenus rebus pauperes eramus, Deo multiplicante, exuberare cepimus. Audientes itaque homines finitimę regionis famam nostrę conversationis, optabant perfrui solatio nostre collocutionis. Sed quoniam illuc vix intratur sine metu naufragii, multum timebamus ut aliquis interiret, dum nostri causa tantum periculum subiret. Gratia igitur hęc evadendi pericula, monachis ac principibus multa prece suadentibus, haud procul ab ipsa insula in locum qui dicitur Grava transmigravimus, ibique illis ad quos pertinebat concedentibus, edificare inchoavimus ... Erant autem hujus operis coadjutores, non solum predictus Willelmus, sed etiam alii monachi Cluniacenses. Considerantes itaque nobis multa provenire ipsorum consilio, et ex redditibus supradictę insulę, que juris est Cluniacensis ęcclesię, scientes etiam jam ex longo tempore antequam huc venissemus, quicquid habebamus, quicquid acquisituri vel edificaturi eramus, domno Hugoni abbati et ecclesie Cluniacensi nos concessisse, in eadem sententia permanentes unanimiter concordamus, ut nos et omnia nostra quecumque sunt vel que futura sunt ęcclesię Cluniacensi subiciamus et in eorum jus in perpetuum transfundamus ..."

[37] Syrus, Vita Maioli, II; PL, Bd. CXXXVII, Sp. 757 B.

gab es auch einen „Eroberungswillen"? Hierauf muß die Antwort negativ lauten, mit Ausnahme jener Fälle, in denen mit Cluny verbundene Klöster sich von ihm zu befreien suchten. Es scheint auch keinen Widerstand gegen Gorze, noch einen Widerstand des Gorzer Gesamtverbandes gegeben zu haben. Man darf nicht vergessen, daß die Äbte von Cluny ihre Herrschaft über einige Klöster auch ausübten, ohne sie mit Cluny zu vereinigen, und daß cluniazensische Mönche Äbte in nichtcluniazensischen Klöstern wurden. Die Expansion Clunys vollzog sich auf Grund von geographischen, politischen und persönlichen Faktoren, ohne daß ein Wille zur Herrschaft oder gar eine Expansionspolitik, das heißt ein fester Plan und ein im voraus aufgestelltes Programm vorausgesetzt werden müßten.[38] Die territoriale Ausdehnung, die immer zahlreicher werdenden Priorate und die Lage vieler cluniazensischer Niederlassungen an den großen Straßenknotenpunkten [39] können Gründe wirtschaftlicher Art gehabt haben und müssen nicht auf gewaltsamer Auseinandersetzung beruhen oder eine solche hervorgerufen haben. Wenn in einem Gebiet Differenzen auftraten, so waren sie oft die Folge von Rivalitäten zwischen den weltlichen Feudalherren, die die Klöster entweder beschützten oder ausbeuteten.

Wie alle anderen Klöster unterlag auch Cluny den politischen und geographischen Zufälligkeiten, und seine Äbte haben daraus

[38] Beweise für eine solche Tätigkeit des Ordens mit dem Ziel weiterer Expansion müßten erst anhand von Texten erbracht werden. Im Ganzen scheinen die Klöster vielmehr gern die cluniazensische Observanz verlangt oder angenommen zu haben, so wie sie sie auch späterhin anerkannten; denn sie bewunderten sie, wünschten, sie zu befolgen und sie, wenn nötig, weiterzuentwickeln. Den Äbten von Reims, die diese letztere Richtung vertraten, sagte Matthäus von Albano: „Quae nimirum consuetudines vos gloriosos et nobiles fecerunt et nomina vestra usque ad sidera extulerunt, a monasteriis vestris nomen malum et pessimum deleverunt nomenque bonum et praeclarum indiderunt ..." (U. Berlière, Documents inédits pour servir à l'histoire ecclésiastique de la Belgique, Bd. I, Maredsous 1894, S. 98).

[39] Vgl. E. Magnien, L'expansion de l'ordre de Cluny au long des grandes voies du moyen âge, in: XXVe Congrès de l'Association bourguignonne des sociétés savantes, Tournus, 18./21. Juni 1954. Communications présentées aux séances d'études, Dijon 1959 (Manuskript), S. 38—43.

das Beste zu machen versucht, wie es ihre Haltung gegenüber den Kaisern und dann den Capetingern zeigen sollte. Jedes Kloster hatte seine Gönner und Freunde; im allgemeinen stützten sich die Klöster einer bestimmten Landschaft auf dieselben Kreise, was dazu beitrug, dem Mönchtum dieser Gegend die ihm eigentümlichen Züge zu geben. Hatte ein Kloster Freunde und Gönner in einer anderen Gegend, so bestimmten sie das Bild der dortigen Nebenklöster. Alle diese Faktoren zusammengenommen ergeben zahlreiche feinste Nuancen. Hier von Antagonismen zu sprechen wäre abwegig.

Diese Anmerkungen zum Thema 'Gegensätze' haben nur das eine Ziel, die Forschung in eine bestimmte Richtung zu weisen; doch es bedarf noch vieler Untersuchungen, um diese Richtung deutlicher zu veranschaulichen. Es wäre ebenso falsch, überall nur Uniformität zu sehen, wie es falsch wäre, auf den Gegensätzen zu bestehen. Hallinger hat das Verdienst, auf die Unterschiede wie auf die Strömungen, die zur engeren Bindung zwischen gewissen Klöstern führten, aufmerksam gemacht zu haben. Aber es gibt noch etwas wichtigeres als die 'Gegensätze', zumindest in der Geschichte des Mönchtums, und das sind die 'Nuancen'.

Gemeinplätze sind nach Littré „abgenutzte" und „wieder aufgewärmte Ideen". Der Mythus ist das Ergebnis einer unangebrachten Verallgemeinerung eines oder einiger Einzelfakten; der Gemeinplatz ergibt sich aus der Verallgemeinerung eines Mythus, der Verbreitung gefunden hat und bald darauf unkontrolliert übernommen wird. Er stellt sich dann, ohne daß man sich dessen bewußt wird, zwischen die Fakten und das Urteil, das man sich über sie macht; bisweilen kommt er sogar dem Urteil zuvor und schränkt jedenfalls auf diese Weise die Möglichkeiten zur Objektivität ein.

Wenn man in der Frage Cluny auf die Weise vorgehen müßte, die Léon Bloy „die Exegese der Gemeinplätze" genannt hat, dann gäbe es noch viel zu tun. Denn Cluny stellt wegen seiner bedeutenden Rolle ein Problem dar, an dem kein Historiker der Kirchengeschichte, des Mittelalters, des Mönchtums, der Kunst oder der Liturgie vorbeigehen kann. Weil aber der Name Cluny — und das ist der eigentliche Grund seiner Bedeutung — einen ganzen Komplex von Fakten heraufbeschwört, kann keiner, der glaubt, darüber sprechen zu müssen, bis zu den Quellen vordringen und sich eine begründete Meinung bilden. Also wiederholt man, was andere schon vorher gesagt haben. Daher gibt es, und zwar bei sonst sehr gewissenhaften Autoren, über Cluny mehr Gemeinplätze als über alle anderen Themen aus der Geschichte des Mönchtums.

Es ist sicher nicht ohne Nutzen, einige Beispiele solcher präfabrizierter Urteile über Cluny anzuführen und kritisch zu untersuchen. Als erstes könnte man den sogenannten „Ritualismus" nennen.[40] Cluny, so wird gesagt, „erschöpfte das ganze Mönchsdasein in der Liturgie",[41] „wähnte sich schon in der eschatologischen Glorie",[42] „ging in gewissen Klöstern bis zur *laus perennis*",[43] wobei es besonders „den sakralen Charakter der Arbeit"[44] zugunsten „himmlischer Theorien"[45] vernachlässigte. Einige geschickt ausgewählte Tatsachen, die von einer Berücksichtigung aller übrigen entheben, unterstützen solche Behauptungen und geben ihnen Symbolcharakter. Weil die Diakone, die die Hostien für die Messe bereiten, dies vor Tagesanbruch tun müssen, wird das ganze Leben aller cluniazensischen Mönche aus drei Jahrhunderten als eine einzige Zeremonie bezeichnet.[46] Eine Eloge, die Petrus

[40] K. Hallinger, Art. Cluny, in: Enciclopedia cattolica, Bd. III, Sp. 1890; B. Calati, Spiritualità monastica, S. 21; vgl. S. 17.
[41] B. Calati, op. cit., S. 20.
[42] Collectanea Ord. Cist. Ref., Bd. XXIII (1961), S. 86.
[43] Ibid.
[44] Spiritualità monastica, S. 22.
[45] La questione monastica, loc. cit., S. 379.
[46] In Wirklichkeit scheint das beschriebene Zeremoniell für die Bereitung der Hostien nicht häufig praktiziert worden zu sein: „quotiescumque fieri hostias necesse fuerit, praecique tamen ante Domini Natalem vel sanctae Resurrectionis diem fieri solent", schreibt Udalrich (III, 13; PL, Bd. CXLIX, Sp. 757 A). Den historischen Zusammenhang, in den es gehört — Protest gegen die unwürdige Art, in der viele Priester und Laien die Eucharistie feierten oder empfingen —, beschreibt S. Simonin, Le culte eucharistique à Cluny de S. Odon à Pierre le Vénérable, in: Bulletin trimestriel [du] Centre international d'études romanes, März 1961, S. 3—13. Siehe auch O. Capitani, Motivi di spiritualità cluniacense e realismo eucaristico in Odone di Cluny, in: Spiritualità cluniacense, Todi 1960, S. 250—257, sowie ausführlicher in: Bollettino dell' Istituto storico italiano

Damiani, nicht ohne eine Spur von Rhetorik, auf den ausgedehnten Gebetsdienst in Cluny schrieb, wird als Ablehnung jeder Pause zwischen den feierlichen Offizien hingestellt.[47] Kurz gesagt, der Durchschnittscluniazenser aller Zeiten und aller Orte widmete sich so viel der Liturgie, ja einem wahren 'Liturgismus', daß er nicht mehr betete und nicht mehr arbeitete. In einer jüngst erschienenen Untersuchung über die Beziehungen zwischen ›Culte liturgique et prière intime dans le monachisme au moyen âge‹[48] habe ich mich vor allem an Zeugnisse aus cluniazensischen Schriften gehalten, um das Übertriebene solcher Darstellungen etwas abzuschwächen und ihre Fragwürdigkeit zu beweisen. Ich komme später darauf zurück.

Ein weiterer unbesehen hingenommener Gemeinplatz ist die Behauptung, es habe Cluny an 'discretio' gefehlt. Es genügte, daß ein Historiker diesen Begriff auf Cluny anwandte, um einen für andere Epochen durchaus zuständigen Kritiker zu veranlassen, Cluny aus diesem angeblichen Mangel einen Vorwurf zu machen.[49] Was aber dachten die Zeitgenossen darüber? Wenn *discretio* seiner ethymologischen Bedeutung entsprechend „Unterscheidung" heißt, also Aufstellung eines bestimmten, gegebenenfalls sogar hohen Maßstabes, so steht dies nicht in Widerspruch zu einer von dem Biographen des hl. Odo gebrauchten Formulierung: dort heißt es vor der Aufzählung der 138 Psalmen und anderer Gebete, die man täglich sang — *canebant*, wohlgemerkt im allgemeinen im Plural —: „At vero in quotidianis diebus et reliquis octavis sanctorum, talis *discretio* tenebatur."[50] Wenn *discretio* aber einer abgeleiteten Bedeutung entsprechend 'Mäßigung' heißt, dann konnte der Biograph des hl. Hugo das Wort auch in diesem Sinne

---

per il medio evo, Bd. LXXI (1959), S. 1—18, ferner meine Angaben in dem Beitrag: Le monachisme clunisien, in: Théologie de la vie monastique, Paris 1961, S. 456.

[47] Theologische Revue, Bd. LVI (1960), S. 70.

[48] In La Maison-Dieu, Nr. 69 (1962), S. 39—55.

[49] Studia monastica, Bd. I (1960), S. 230.

[50] Johannes von Salerno, Vita S. Odonis, 32; PL, Bd. CXXXIII, Sp. 57 B.

gebrauchen: „Ita monasticam *temperabat* disciplinam, ut etiam deliciis assueti eam sine querelam sustinerent." [51] Ebenso heißt es auch in den Consuetudines des Udalrich über das Fasten: „ita tamen ut ieiunent cum discretione et moderate." [52] Rodulf Glaber lobt an Cluny drei Tugenden: „sanctitatis ordo, ac districtio regularis, materque virtutum discretio." [53] Der hl. Bernard warf Cluny vor, man mißbrauche dort den Hinweis auf die discretio, um die Härte der Askese zu vermindern.[54] Der Begriff der discretio ist sicher zweideutig und wurde für ganz verschiedene Gegebenheiten verwandt.[55] Es wäre gut, wenn seine geschichtliche Entwicklung einmal untersucht würde. Wenn man jedoch Cluny die discretio durchaus absprechen will, unterliegt man dann nicht einem Mythus von der discretio, der sich wie ein Gemeinplatz ausbreitet und mit der Vorstellung, die sich die Zeitgenossen von der diesem Begriff entsprechenden Wirklichkeit machten, nicht übereinstimmt? [56]

Ein dritter Gemeinplatz betrifft die Kultur. Bevor wir ihn untersuchen, wollen wir an einem ganz bestimmten Beispiel seine Verbreitung verfolgen. Man bezichtigt Cluny einer wahren „Kulturfeindlichkeit". Ich habe an anderer Stelle gezeigt, daß dieser Vorwurf sich auf eine fragwürdige, weil polemische und überdies falsch

---

[51] Hilbert von Le Mans, ›Vita S. Hugonis‹, 6; PL Bd. CLIX, Sp. 885 C.

[52] Consuet., I, 52; PL, CXLIX, Sp. 697 C.

[53] Vita S. Guillelmi Divionensis, 9; PL, Bd. CXLII, Sp. 706 C—D.

[54] Apologia, 16; PL, Bd. CLXXXII, Sp. 908.

[55] In: La spiritualité du moyen âge, Paris 1961, S. 54 und 151, habe ich auf diese Zweideutigkeit des „discretio"-Begriffs hingewiesen.

[56] Eine erfreuliche Unabhängigkeit beweist R. Folz mit seiner Darstellung des « trait commun qui unit les aspects du rayonnement clunisien: l'esprit de mesure et de discrétion, l'un des aspects les plus attachants du spiritualisme de cette grande famille bénédictine » (Bull. trimestriel [du] Centre internat. d'études romanes, Dezember 1960, S. 19). In: Quelques documents sur Fécamp au temps d'Henry de Sully (1140—1189), in: Analecta monastica, Bd. VI (Studia Anselmiana 50), Rom 1961, S. 27, stellt J. Laporte das „zu strenge Ritual" des „Übercluniazensers" Wilhelm der „Annahme cluniazensischer Bräuche" gegenüber und äußert sich auch an anderen Stellen im gleichen Sinne, ibid., S. 34.

interpretierte Quelle stützt.[57] Diese Quelle wurde nicht nur falsch zitiert und falsch verstanden,[58] sondern auch in eine falsche Kurzfassung gebracht[59] und in dieser letzten Gestalt immer weiter überliefert. So gab die aus vierter Hand übermittelte Quelle Gelegenheit zu Sätzen der folgenden Art: „Die ersten literarischen Gegner Clunys, dem sie Kulturfeindlichkeit und eine starrsinnige Haltung vorwarfen..."[60] Alles stellt sich nun so dar, als hätte es von Anfang an mehrere Schriften von Gegnern Clunys gegeben anstelle der einen Polemik aus Hirsau und als wäre sie nur der Anfang einer ganzen Reihe gewesen.

Nun besteht aber die Gefahr, daß dieser sogenannte traditionelle Gegensatz zwischen Gorze als Kulturstätte und Cluny als Kulturfeind auch von ernsthaften Wissenschaftlern unbesehen übernommen wird. Das war erst kürzlich der Fall bei dem ausgezeichneten Buch von Semmler über die monastische Reform in Siegburg. Diese Abtei wird, wie auch alle anderen Klöster im Rheinland und in der Normandie, im Gegensatz zu Cluny als kulturelles Zentrum hingestellt, weil man sich dort der Seelsorge widmete.[61]

Man wüßte gern, was Rupert für die Evangelisation der rheinischen Landgebiete getan und was Anselm auf dem Gebiet der Seelsorge unternommen hatte, bevor er Erzbischof wurde. Genie ist immer ein Zufall. Sind die Philosophie und die Theologie Anselms und Ruperts lange Bibelkommentare aus der 'seelsorger-

---

[57] Es handelt sich um den ›Liber de unitate ecclesiae conservanda‹, in dem um 1092/93 ein Mönch aus Hersfeld einem Hirsauer Mönch, einem Parteigänger Gregors VII., antwortete. Über diese Schrift und ihren geschichtlichen Zusammenhang siehe die neueste Bibliographie bei H. Jakobs, Die Hirsauer, Köln 1961, S. 199—200.

[58] Gorze-Kluny, S. 455—457. In: Revue Mabillon, Bd. XLVII (1957), S. 176—178, habe ich die Interpretation dieses Textes nach Inhalt und Zusammenhang berichtigt.

[59] S. Hilpisch, Das Benediktinisch-monastische Ideal im Wandel der Zeiten, in: Studien und Mitt. zur Gesch. des Benedikt. Ordens Bd. LXVIII (1957), S. 78—79.

[60] R. Tschudy, op. cit., S. 242.

[61] Revue belge de philologie et d'histoire, Bd. XXXIX (1961), S. 135 bis 136.

lichen Arbeit' erwachsen? Die Schüler von Lanfranc und Anselm haben vor allem für Mönche und über monastische Themen geschrieben. Gewiß erbauten die Klöster der Normandie Kirchen auf ihren Ländereien. Aber war das eine „mönchische Betätigung auf dem Gebiet der Evangelisation unter der Landbevölkerung", wie behauptet wird? [62] Und wo steht geschrieben, daß die Mönche des 11. und 12. Jahrhunderts in diesen Kirchen predigten und, falls es sich um Pfarreien handelte, hier seelsorgerische Aufgaben erfüllten? Wenn das zuträfe, dann stünde Cluny, das so viele Kirchen auf dem Lande gebaut hat, an der Spitze der Bewegung.[63]

Dem Kloster von Siegburg wird eine weitere Form von *cura animarum* zugeschrieben: die Gebetsverbrüderung mit den Geistlichen und den Laien [64]. Aber auch sie ist „allen Klöstern" [65], Cluny inbegriffen, gemeinsam, und man wird zugeben, daß sie eine sehr indirekte Form von seelsorgerlicher Arbeit ist. Gewiß, Rupert hat das Recht der Mönche auf Ausübung des Priesteramtes verteidigt; aber hat er auch gesagt, daß dieses Amt ein Teil des normalen monastischen Aufgabenkreises wäre und daß man sich durch besondere Studien darauf vorbereiten müßte? Die Tatsachen, die J. Semmler zusammengetragen hat, werfen ein wenig Licht auf diese Fragen, doch bleibt vieles noch im Dunkel, das auch durch die bequeme Konstruktion von Gegensätzen nicht erhellt, sondern

---

[62] L. Musset, La contribution de Fécamp à la reconquête monastique de la Basse-Normandie (990—1066), in: L'Abbaye bénédictine de Fécamp, Fécamp 1959, S. 343, Anm. 36; der Autor fügt übrigens glücklicherweise hinzu, daß diese Frage eine Gesamtuntersuchung verdienen würde" (vgl. S. 634—664).

[63] J. Lenzenweger gibt allerdings zu: „Die Kluniazenser-Bewegung betonte nachdrücklich den Gebetsgottesdienst und die Zurückgezogenheit. Es wäre aber falsch, wenn man glauben wollte, sie hätte nicht auch apostolische Aufgaben erfüllt" (J. Lenzenweger, Berthold, Abt von Garsten, † 1142, Graz 1959, S. 47). Aber es handelte sich in diesem Zusammenhang ausschließlich um die Gastfreundschaft, die das Kloster von Garsten, das die cluniazensischen Bräuche übernommen hatte, gewährte, sowie um das Abnehmen der Beichten durch den dortigen Abt.

[64] J. Semmler, Die Klosterreform von Siegburg, Bonn 1959, S. 270, Anm. 27.

[65] Ibid.

eher nur verdrängt wird. Semmler hat einen bestimmten Fall untersucht, von dem einige Quellen berichten, die er übrigens nicht zitiert: Es handelt sich um Saalfeld, das als ein „Missions"-Kloster [66] angesehen wird, weil es „Seelsorgerechte" [67] besaß. Über besondere Studien zur Vorbereitung auf das Seelsorgeamt wird nichts gesagt; es wird nur näher ausgeführt, daß den Geistlichen, die in diesem Hause Aufnahme finden und Priester werden sollten, die Mittel für ihren Lebensunterhalt gewährleistet werden, und weiter nichts.[68]

Semmler gibt zu, daß die Mönche selbst in ihren Parochien nur selten seelsorgerlich tätig waren; die Fälle, die er anführt, entstammen dem Ende des 12. und vor allem dem 13. und 14. Jahrhundert.[69] Doch handelte es sich bei diesen nicht so sehr um die Verwirklichung eines Lebensideals als vielmehr um den Kampf mit den Bischöfen zur Rückgewinnung von Besitzungen — eine merkwürdige Form von Zusammenarbeit mit der Hierarchie.[70] „Das Kloster Siegburg selbst machte im 12. Jahrhundert keine Anstrengungen, die Seelsorge an Eigenkirchen, die Pfarrechte besaßen, in die Hand zu bekommen." [71] Es handelte sich also um Rechte und kanonische Privilegien und nicht um Apostolat: „Doch blieb sein direkter Einfluß auf die Seelsorge sehr beschränkt..." [72]

[66] „Missionsstützpunkt für die Sorbenmission", „Missionskonvent" (S. 273); Hinweise auf Quellen, die nicht zitiert und daher schwer nachzuprüfen sind, siehe ibid.
[67] Ibid.
[68] Ibid., S. 274. Man ist erstaunt, im Schlußkapitel, S. 280, eine unpassende Verallgemeinerung des Sonderfalles Saalfeld zu finden.
[69] Ibid., S. 275.
[70] „Der Kampf um die Seelsorgsrechte der Siegburger Propsteien hatte auch seine wirtschaftlich-ökonomische Seite, die wir nicht übersehen dürfen. In Mondsee wurde gar die Seelsorge ein Mittel im Kampf um größere Unabhängigkeit vom Bischof von Regensburg" (S. 280). „Die Forderung der Seelsorge war für Mondsee ein Mittel im Kampf gegen den Regensburger Bischof und Eigenklosterherren geworden. Es sollte dem Kloster Eigenkirchen, die ihm der Bischof entzogen hatte, zurückgewinnen" (S. 275).
[71] Ibid., S. 275.
[72] Ibid., S. 275.

„Noch im 13. Jahrhundert zum Beispiel wurde die Servatiuskirche in Siegburg von einem Weltkleriker pastoriert"[73] (gab es also noch andere ähnliche Fälle?). Zu Krankenbesuchen bedurften die Mönche jedesmal einer Sondergenehmigung des Bischofs.[74] Immer war es wichtiger, Rechte und Vorteile wirtschaftlicher Art zu fordern, als eine Vorstellung vom mönchischen Leben zu verteidigen, in dem die *cura animarum* und vorbereitende Studien einen Platz hätten.

In den wenigen angeführten Fällen eroberten sich die Mönche nur allmählich diese Rechte und gelangten kaum vor Anfang des 13. Jahrhunderts[75] in deren Besitz, da sie „die Schwierigkeiten kirchlicher und monastischer Tradition zu überwinden hatten, die die Benediktiner von der Pfarrseelsorge fernhielten."[76] Sogar im 14. Jahrhundert waren die Mönche mit viel Zurückhaltung und Zögern in ihren eigenen Kirchen tätig.[77] Noch zu diesem Zeitpunkt handelte es sich für sie weniger darum, selber seelsorgerlich tätig zu sein, als den Weltklerikern das 'Kollationsrecht' über die Seelsorge in den ihnen gehörenden Kirchen mitsamt den 'Pfarrechten' zu übertragen, das heißt vor allem, die Einkünfte aus diesem Amt zu bekommen. Ein solches Ziel war so schwer zu erreichen, daß man gefälschte Dokumente über diese angeblichen Rechte herstellen mußte.[78] Rupert hat sich für eine ganze Reihe solcher Rechte eingesetzt, doch blieb zumindest die persönliche Heiligung des Mönches seine oberste Sorge.[79] Es ist außerdem nicht bewiesen, daß seine Ideen irgendeinen Einfluß auf die wirtschaftlichen und juristischen Kämpfe gehabt hätten, die von den „Eigenkirchen" Siegburgs im 13. und 14. Jahrhundert verursacht worden waren.

Die Idee der *cura animarum* und der Vorbereitungsstudien ist also für Siegburg weder vor Rupert, noch in seinem Werke selber nachgewiesen, und auch nach Rupert sind die Belege dafür dürftig.

[73] Ibid., S. 275.
[74] Ibid., S. 276.
[75] Ibid., ¹. 276—277, 278—279.
[76] Ibid., S. 277, Anm. 85.
[77] Ibid., S. 278.
[78] Ibid., S. 279.
[79] Ibid., S. 280.

In den von J. Semmler gebrachten Tatsachen gibt es nichts, was dazu berechtigt, für das 11. und 12. Jahrhundert einen Unterschied zu machen zwischen den beiden Zonen Rheinland mit Normandie einerseits und Cluny andererseits, von denen jene die Seelsorge und die Studien gefördert, diese sie vernachlässigt habe. Wenn ein solcher Unterschied tatsächlich bestanden hat, dann muß er erst noch bewiesen werden.[80]

Wieder haben wir es hier mit einem zweideutigen Begriff zu tun, dem des Apostolats, der Seelsorge, der *cura animarum*. Man projiziert die Vorstellungen, die diese Worte heute in uns hervorrufen, auf das 11. Jahrhundert und glaubt, daß in einem Gebiet die Mönche, weil sie Kirchen besaßen, auch Pfarrer waren, in einem anderen dagegen nicht. Wenn man jedoch die Urkundenbücher untersucht oder auch nur die zahlreichen von G. Schreiber in verschiedenen seiner Arbeiten zusammengetragenen Fakten berücksichtigt, wird man feststellen, daß fast nirgendwo, weder im Reich noch in Frankreich, weder in Gorze noch in Cluny, bis zum 12. Jahrhundert und noch ein wenig darüber hinaus die Mönche in ihren eigenen Kirchen den Gottesdienst versahen und daß sie die Seelsorge im allgemeinen den Weltgeistlichen übertrugen. Dagegen haben sie allerdings die geistliche Verantwortung für die Stifter und deren Anhang übernommen und über die Einsetzung von würdigen Priestern in ihren Kirchen gewacht. Schreiber hat nachgewiesen, daß die Mönche von Cluny mehr als alle anderen aus ihren Kirchen Parochien gemacht haben.[81]

Es sollen hier keineswegs das Denken in Kategorien allgemeiner

---

[80] Siehe weiter unten Anm. 84.

[81] Vgl. G. Schreiber, Gregor VII., Cluny Cîteaux, Prémontré zur Eigenkirche, Parochie, Seelsorge, in: Zeitschrift der Savigny-Stiftung, Kanonist. Abt., Bd. XXXIV (1947), S. 117—176; der Autor spricht von der sehr klugen Psychologie, mit deren Hilfe Cluny diese Aufgaben verwirklicht hat (S. 119); er zeigt ferner, daß Gorze dieselbe reservierte Haltung gegenüber der Seelsorge eingenommen habe wie Cluny, daß Cluny jedoch außer der Sorge für die Kranken, die Sterbenden und die Toten auch gewisse kleinere pastorale Funktionen wie Predigt und Beichte gestattet hatte (S. 50—58). Vgl. außerdem vom selben Verfasser: Kurie und Kloster, Bd. II, Stuttgart 1910, S. 47—49, 68—75, 111—114.

Art oder die Methode der Schlußfolgerung aus einem Einzelfall auf eine ganze Gruppe von Erscheinungen verurteilt werden. Denn genau bekannte Beispiele wie die von Gorze und Cluny können, sofern sie wirklich genau bekannt sind, als typische Fälle dienen, und die 'Mythen' bleiben, wenn sie nichts weiter als Mythen sind, legitim, unter der Voraussetzung, daß man sich stets innerhalb der Grenzen der Objektivität hält. Die Frage, ob diese Fälle in den Augen ihrer Zeitgenossen immer den gleichen charakteristischen Symbolwert hatten, kann man für Cluny bejahen; jeder Autor jener Zeit, der dieses Kloster als Vorbild hinstellte und es zur Nachahmung empfahl, ist eine Bestätigung dafür. Das gleiche gilt auch für alle jene Fälle, in denen ein Kloster die Bräuche eines anderen übernahm und sich von ihm reformieren ließ.

Die moderne monastische Geschichtsschreibung hält zwei Gesichtspunkte für wichtig. Der erste betrifft die Berücksichtigung des „Individuellen", es sollte als ein wesentlicher Faktor genutzt, interpretiert und in das umfassende Ganze eingefügt werden; vor allem aber muß es überhaupt erst einmal konstatiert werden. Der zweite Gesichtspunkt betrifft die Berücksichtigung der Nuancen, die den 'Gegensätzen' oft vorzuziehen sind. Fast immer können durch ein sorgfältig abwägendes Vorgehen summarische Ergebnisse und die Verbreitung von leicht eingängigen und trügerischen Gemeinplätzen vermieden werden. Solche Wachsamkeit ist Aufgabe eines jeden von uns und kann uns die undankbare Verpflichtung auferlegen, rechtzeitig auf Irrtümer oder übereiltes Vorgehen aufmerksam zu machen. Marc Bloch hat gesagt: „Damit aus dem Irrtum eines einzelnen der Irrtum von vielen werden und eine schlechte Beobachtung sich in ein falsches Gerücht verwandeln kann, muß die Gesellschaft sich in einem Zustand befinden, der die Verbreitung von Irrtümern und Falschmeldungen begünstigt." [82] Die Achtung vor der Wahrheit in ihrer Vielschichtigkeit zu pflegen und zu verbreiten, ist eine Forderung von moralischem Rang an jeden Historiker.

---

[82] « Pour que l'erreur d'un témoin devienne celle de beaucoup d'hommes, pour qu'une mauvaise observation se métamorphose en un faux bruit, il faut aussi que l'état de la société favorise cette diffusion. » Marc Bloch, Apologie pour l'histoire ou métier d'historien, Paris, ³1959, S. 50.

Die Menschen sind Individualitäten, und wer sie kennenlernen will, muß sich für sie interessieren und erst an zweiter Stelle für die Probleme und Ideen, zu deren konkreter Veranschaulichung sie beitragen können. In diesem Zusammenhang möchte ich an den ernsten Satz von Gilson erinnern: „Die Historiker lieben nicht die Menschen, sondern nur die Probleme, denn die Geschichte will eine Wissenschaft sein und die Menschen lassen sich nicht in ihre Bestandteile zerlegen."[83] Wer den Menschen kennenlernen und verstehen will, muß ihn zuerst lieben und sich für ihn interessieren.[84]

II. Was ist Cluny?

Auf diese Frage läßt sich nicht leicht eine Antwort finden und sie läßt sich nicht einmal präzise formulieren. Zweifellos wäre es richtiger zu fragen: Wer ist Cluny? Da es sich bei der vorliegenden Arbeit um eine 'Entmythologisierung' handelt, muß der Gegen-

---

[83] « Les historiens n'aiment pas les hommes, ils n'aiment que les problèmes, parce que l'histoire veut être une science et que les hommes ne sont pas susceptibles de solution. » Gilson, Les idées et les lettres, Paris 1932, S. 241.

[84] Es sei mir gestattet, an dieser Stelle einige Ergänzungen zu dem oben Gesagten zu machen. Über den Wert des Zeugnisses der Vita quinque fratrum, von der weiter oben, Anm. 1, die Rede war, habe ich in dem Artikel S. Romuald et le monachisme missionaire, in: Revue bénédictine Bd. LXXII (1962), nähere Angaben gemacht; vgl. auch die Ausführungen von De Gaiffier, in: Anal. Bolland. Bd. LXXX (1962), S. 219. — Zur Anm. 22 vgl. A. Schneider, Thietmar von Merseburg über kirchliche, politische und ständische Fragen seiner Zeit, in: Archiv für Kulturgeschichte Bd. XLIV (1962); der Autor betont, wie schwierig es ist, einen so selbständigen Chronisten wie Thietmar in eine der beiden Strömungen, Cluny oder Gorze, einzuordnen, denn er vereinigte in sich Tendenzen, die man sowohl der einen wie der anderen Bewegung zugeschrieben hat; siehe besonders S. 35—39 und den Schluß, S. 71. — Meine Schlußfolgerungen zur Frage der Seelsorge im Siegburger Land (S. 278 f.) werden durch die Abhandlung von F. W. Oediger bestätigt: Mönche und Pfarrseelsorge im Erzbistum Köln im 11. und 12. Jahrhundert, in: Festschrift Wilhelm Neuss. Zur Geschichte und Kunst im Erzbistum Köln, hrsg. von R. Haass und J.

Geschichte des Lebens in Cluny

stand der Forschung zunächst einmal 'personalisiert' werden. Cluny war keine abstrakte Wirklichkeit, aber es wäre auch keine konkrete Institution gewesen, hätte es nicht Menschen, individuelle Persönlichkeiten als Träger gehabt. Doch welche Personen aus der Gesamtheit aller jener, auf die man die Bezeichnung Cluny und Cluniazenser anwenden kann, sind ihre wahren und typischen Repräsentanten? Sind es die Äbte, oder sind es auch die Mönche? Sind es, wenn das letztere zutrifft, die Mönche des Hauptklosters oder die der anderen Klöster? Und welche Generation soll es sein aus der langen Generationenreihe von der Gründung im Jahre 909 an bis zu einem *terminus ad quem*, den man sich nach Belieben auswählen kann? Dieser Schlußtermin könnte auf den Tod des hl. Hugo im Jahre 1109 festgesetzt werden, also kurz nachdem gegen Ende des 11. Jahrhunderts eine neue geschichtliche Situation sich für das gesamte Mönchtum und sogar für die Gesellschaft überhaupt abzuzeichnen begann. Es könnte auch das Jahr 1155 sein, in dem das Leben einer der letzten großen Abtsgestalten, des Petrus Venerabilis, sich vollendete. Diener wählte in einer ausgezeichneten Untersuchung als Grenztermin das Jahr 1161, in dem der Nachfolger des Petrus Venerabilis starb.[85] Die uns aus Dokumenten bekannte Erweiterung der Bibliothek und der literarischen Produktion erlaubt es, die Zeitspanne bis weit über das 12. Jahrhundert auszudehnen.

In diesen Jahrhunderten aber gab es mancherlei Veränderungen und Entwicklungen. Die Bräuche nahmen nur schrittweise, *paulatim*, wie Petrus Venerabilis sagte,[86] eine feste Form an, und schon Bernard von Cluny unterschied zwischen einem *olim* und einem

---

Hoster, Düsseldorf 1960, S. 40—47, sehr präzise zusammengefaßt von A. Franzen, in: RHE Bd. LVII (1962), S. 177. Anderseits hat P. Ladner gezeigt, daß Hugo von Cluny den Mönchen die Ausübung der cura animarum an Parochien, die zu einem cluniazensischen Kloster gehörten, gestattete. P. Ladner, Das St. Albanskloster in Basel und die burgundische Tradition in der Cluniazenserprovinz Alemannia, Basel-Stuttgart 1960, S. 50—53.

[85] Neue Forschungen..., S. 236—237.

[86] „Psalmorum familiarum paulatim multis de causis adaucta multiplicitas" (Statuta, 31; PL, Bd. CLXXXIX, Sp. 1034 C).

modo,[87] einer vergangenen und einer gegenwärtigen Situation. Nicht alle Zeitabschnitte sind gleich gut bekannt, denn einige Abbatiate hinterließen weniger Dokumente als andere. Es gibt Lücken zwischen den einzelnen Zeitabschnitten, wovon die *Consuetudines* zeugen. Die ersten, die *Antiquiores BB'*, datieren ungefähr von 990 bis 1020, also mindestens achtzig Jahre nach der Gründung. Hierauf folgen die Consuetudines von Bernard und Udalrich aus dem letzten Drittel des 11. Jahrhunderts, also fünfzig Jahre nach den Antiquiores BB';[88] für diese Lücke kann man allerdings auf die Consuetudo von Farfa um 1043 zurückgreifen. Für das Ende des 11. Jahrhunderts fehlt es nicht an ergänzenden Quellen, doch sind sie bereits indirekter Herkunft wie die Consuetudines von Lanfranc, von Wilhelm von Hirsau und von St. Bénigne in Dijon.[89] Die Consuetudo von Fruttuaria fällt in den Anfang des 12. Jahrhunderts; um die Jahrhundertmitte entstanden die Statuten von Petrus Venerabilis, 1132 als Edikt erlassen, aber 1143 öffentlich bekanntgegeben, sowie die Bräuche, die Albers als *Antiquiores C* bezeichnet hat. Diese letzteren Dokumente könnten Anlaß dazu sein, das Abbatiat des Petrus Venerabilis in den Forschungszeitraum miteinzuschließen, da es über ihn die meisten Nachrichten gibt. Schwierig bleibt zu entscheiden, welcher Abschnitt aus dieser langen Geschichte als besonders typisch für 'Cluny' zu gelten hat. Während

[87] „Olim tantum solebat esse spatium ipsius locutionis, ut sacerdos qui missam privatam volebat cantare interim eam finire posset, quod tamen modo raro contingit, quia multitudo fratrum accrevit" (Bernardus, Consuet., II, 20; hrsg. von M. Herrgott, Vetus disciplina monastica, Paris 1726, S. 324; dieses Werk und diese Ausgabe werden künftig unter der Abkürzung Bern. zitiert.).

[88] Über den gegenwärtigen Stand unserer Kenntnisse von der Überlieferung des Textes und der Datierung der cluniazensischen Bräuche berichtet ausführlich K. Hallinger, Klunys Bräuche zur Zeit Hugos des Großen (1049—1109), in: Zeitschrift der Savigny-Stiftung, Kanonist. Abt. Bd. XLV (1959), S. 99—140. Nach Ch. J. Bishko, Liturgical Intercession at Cluny for the King-emperors of Leon, in: Studia monastica Bd. III (1961), S. 65, sind die Consuetudines Bernards ungefähr um 1080 zu datieren.

[89] Um die Objektivität der Untersuchung zu garantieren, berufe ich mich hier im allgemeinen nur auf direkte Zeugen.

es nämlich verhältnismäßig leicht ist, einen Mythus zu kritisieren und die Fragwürdigkeit einer abstrakten Vorstellung aufzuzeigen, ist es schwer, diese durch wirklichkeitsnahe Symbole zu ersetzen. Hallinger unterscheidet sehr klug zwischen „Altkluny" und „Jungkluny", und das allein würde verbieten, weiter von einem einzigen Cluny zu sprechen, als ob es ein mit sich selbst in allen Punkten identisches Cluny gegeben habe, das zu allen Zeiten dieselben Vorwürfe oder dieselbe Bewunderung verdient hätte und als einziger Terminus zum Vergleich mit einer anderen Institution dienen könnte, deren geschichtliche Entwicklungsepochen man ebenfalls erst zu unterscheiden hat. Voraussetzung für eine brauchbare Parallele ist die Vermeidung eines Vergleichs zwischen nicht-zeitgleichen Größen.

Nachdem so die Schwierigkeiten einer gewissermaßen 'vertikalen', die zeitliche Ausdehnung Clunys erfassenden Untersuchung aufgewiesen worden sind, gilt es nun zu zeigen, welche Schwierigkeiten die 'horizontale', die räumliche Ausdehnung betreffende Untersuchung bietet. Zunächst einmal handelt es sich hier um bisweilen sehr große Entfernungen, weswegen anzunehmen ist, daß die vom Hauptkloster weit entfernt und in so gegensätzlichen Ländern wie England und Spanien liegenden Klöster den vom Zentrum ausgehenden Impuls auf sehr verschiedene Weise empfingen und weitergaben. Wo aber hätte man auf der Landkarte zu einem bestimmten Zeitpunkt das wahre Cluny zu suchen? Darüber hinaus handelt es sich aber auch in bestimmten Regionen — seien sie nahe bei oder weit weg von Cluny — um Klöster sehr unterschiedlicher Größenordnung und Belegschaft. Es gab zu manchen Zeiten in Cluny vielleicht zweihundert und mehr Mönche, in einigen Prioraten dagegen um dieselbe Zeit nur eine ganz geringe Anzahl. So bestimmte Henri de Fautrières im Jahre 1310, daß die Choralmesse nur dann gesungen werden durfte, wenn mindestens vier Mönche anwesend waren.[90] Jeder Punkt auf einer Landkarte der cluniazen-

---

[90] „In locis autem trium monachorum et infra ...", Statuta, hrsg. von M. Marrier, Bibliotheca Cluniacensis, Paris 1614 (im folgenden als Bibl. Clun. bezeichnet), Sp. 1543 C. Petrus Venerabilis sprach von Gemeinschaften von weniger als zwölf Mönchen (Statuta, 42; PL, Bd. CLXXXIX, Sp. 1037). R. Folz erklärt, daß im Mittelalter die Notwendigkeit bestand,

sischen 'Welt' müßte also mit einer Zahl oder einer Größenangabe versehen werden. Das Leben in den Klöstern Clunys war keineswegs überall das gleiche; die konkreten und die psychologischen Bedingungen für Arbeit und Gebet, für die geistige wie für die wirtschaftliche Tätigkeit unterschieden sich ganz erheblich voneinander. In der Consuetudo von Udalrich wird damit gerechnet, daß manche Klöster an dem *ordo* von Cluny als Ganzem festzuhalten wünschen: „Si ordinem nostrum per omnia tenere volueris..." [91] Mithin gab es Klöster, in denen man das nicht wünschte und nur einen Teil des ordo annahm. Es gab außerdem andere, und die waren sicher in der Mehrzahl, in denen man nicht alles genauso wie in Cluny machen *konnte*. Die Äbte der Provinz Reims gaben Matthäus von Albano dafür die folgende Erklärung: „Possumus enim quaedam facere, pauci numero, quae non potest Cluniacensium multitudo, sicut e contrario multi ipsi possunt pro sua multitudine quae non possumus pro nostra paucitate." [92] Wer diente in solchen Fällen als Vorbild? In den Statuten des Petrus Venerabilis besitzen wir wenigstens einen Text, in dem es heißt, daß Cluny das, was sich in allen seinen abhängigen Klöstern entwickelt hatte, nachvollzog. Man gab also einen Brauch, der nur noch im Hauptkloster geübt wurde, auf, „quia hoc in nullis Cluniacensibus monasteriis, praeter Cluniacum, servabatur." [93]

So konnten einzelne Gruppen von Mönchen zu einem bestimmten Zeitpunkt oder in einer bestimmten Frage viel eher 'Cluny' sein als die große Abtei selbst. Bei der berühmten Begegnung zwischen dem Legaten Matthäus von Albano und den Äbten der Provinz Reims

„de désencombrer l'abbaye quand elle était trop peuplée, en principe quand le nombre des religieux dépassait la vingtaine" (Aspects du prieuré clunisien, loc. cit., S. 1). Nur durch Einzeluntersuchungen werden wir auf diesem Gebiet genaue und gesicherte Kenntnisse bekommen können. Wie es scheint, lebten in vielen Prioraten etwa 8 bis 12 Mönche, in den großen Klöstern dagegen durchschnittlich 50 bis 60.

[91] Udalricus, Consuet. (= Udalr.), I, 41; PL, Bd. CXLIX, sp. 686 C.

[92] Epistola abbatum de communia contra epistolam domni Mathei Albanensis episcopi, hrsg. von U. Berlière, Documents inédits pour servir à l'histoire ecclésiastique de la Belgique, Bd. I, Maredsous 1894, S. 110.

[93] Statuta, 67; PL, Bd. CLXXXIX, Sp. 1044.

1131 nimmt man gewöhnlich an, das wahre Cluny sei damals durch den Kardinal, der die Vergangenheit bewahren wollte, repräsentiert worden. Aber lag nicht der echte, lebendige Impuls bei denen, die für eine Anpassung an das Neue und für ein sich weiterentwickelndes Cluny eintraten? Für das Gebiet der literarischen Produktion wies J. Hourlier darauf hin, wie schwer es ist zu entscheiden, ob gewisse Autoren den Cluniazensern oder den Nichtcluniazensern zuzuordnen sind. Wo soll man Abälard, Alger von Lüttich und Rodulf Glaber, die nur einige Jahre in Cluny verbrachten, einordnen? Gewiß, Glaber begann auf Verlangen des hl. Odilo mit dem Schreiben. Ist Wilhelm von Volpiano von dem Tag an, als der hl. Maiolus ihn nach Dijon schickte, etwa nicht mehr als Cluniazenser anzusehen? Ähnliche Fragen erheben sich auch bei Wilhelm von Merlehaut, Ordericus Vitalis, Johannes von Salerno und Gilo von Toucy.[94] Walter von Coincy, Verfasser der ›Miracles de Notre-Dame‹, war im cluniazensischen Priorat Coincy im Tardenois erzogen worden und wurde dann Mönch in St. Médard in Soissons, einer nichtcluniazensischen Abtei, die jedoch wie viele Klöster der Provinz Reims im Ausstrahlungsbereich von Cluny lag. Er verfaßte seine Schriften, als er Prior in Vic-sur-Seine war. Tra-

---

[94] Zu all diesen Fragen siehe die abgewogene Darstellung bei J. Hourlier, Art. Cluny, in: Diction. des lettres françaises, Moyen âge. Was den Traktat De claustro animae, PL, Bd. CLXXVI, Sp. 1017—1182, betrifft, so genügt es nicht, festzustellen, daß er „weder dem victorinischen, noch dem zisterziensischen Milieu zu entstammen scheint", um ihn als „cluniazensisch" bezeichnen zu können, wie es E. Bertola tut, Di alcuni trattati psicologici attributi ad Ugo di S. Vittore, in: Rivista di filosofia neoscolastica Bd. LI (1959), S. 443 und 455. Nicht alle „Benediktiner" waren „Cluniazenser", so wenig wie alle Regularkononiker „Victoriner" waren. Die von H. Peltier vorgenommene Zuschreibung an Hugo de Fouilloy, die Bertola nicht zu kennen scheint, ist ohne Zweifel zutreffend (H. Peltier, Hugues de Fouilloy, chanoine régulier, prieur de St. Laurent-au-Bois, in: Revue du moyen âge latin Bd. II (1946), S. 35—38). Der erwähnte Traktat enthält außerdem alles, was die Regularkanoniker und die Mönche an gemeinsamen Idealen und Gemeinsamkeiten der Observanz hatten; in meiner Abhandlung: La spiritualité des chanoines réguliers, in: La vita comune del clero nei sec. XI e XII, Mailand 1962, habe ich diese Tatsache erwähnt.

gen nun sein Stil und seine Frömmigkeit, beide geprägt durch Einfalt, das Zeichen von Cluny oder von Soissons oder nicht einfach das des Menschen, der er war?

Schließlich gibt auch das literarische Genre dieser ›Consuetudines‹ selbst, die zu unseren hauptsächlichen Informationsquellen gehören, Aufschluß über den elastischen und wandlungsfähigen Charakter der Institution, deren Konturen hier umrissen werden sollen. Diese Dokumente sind weniger normativer als deskriptiver Art,[95] mit der einen Ausnahme der Consuetudines Bernards.[96] Alle anderen wollen lediglich das eine oder andere Kloster über den *ordo* informieren, das heißt über die Lebensweise eines Klosters, die einem oder mehreren anderen Klöstern als Vorbild dient und deren keineswegs starre, unabänderliche Weisungen dann in gewissem Umfange befolgt werden. Auch Bernard selbst faßte übrigens seine Vorschriften in die Form von Beschreibungen: um zu zeigen, was getan werden sollte, schilderte er das, was getan wurde. Er ist der einzige, der für Cluny schrieb. Alle vor seiner Zeit entstandenen cluniazensischen Consuetudines stammen aus entfernt gelegenen Klöstern, in der überwiegenden Mehrzahl aus Italien.[97]

[95] Das ergibt sich aus Erklärungen der folgenden Art: „Habes enim consuetudines monasterii nostri, quas collectas utcumque notavi, quantum ego scire potui et recordari" (Udalr., Epist. nuncup.; PL, Bd. CXLIX, Sp. 639 A). „Quae notiora aestimavi, praeterivi" (Udalr., I, 31; PL, Bd. CXLIX, Sp. 678 C). „De hoc autem praefatus scholaris Christi non auditu quantum visu instruitur" (Id., II, 2; Sp. 702 D); die Consuetudines sind eher ein Brauch, der besteht und geübt wird, als ein Gesetz, das man liest und das einem auferlegt wird.

[96] Zumindest sagt er, daß er seine Absicht, die Bräuche aufzuschreiben, vom hl. Hugo gutheißen ließ: „si vestra mihi auctoritas imperaret ..., a vobis accepta iussione ..." (Epist. ad Hugonem, hrsg. von Herrgott, S. 134—135); das Ziel ist das folgende: „ut sciant (fratres) quibus sententiis inniti debeant, ut a sanctarum Consuetudinum tramite non recedant" (S. 135).

[97] Aus Italien kommen die Manuskripte Casanate 54 (Typ der Bräuche B′), kopiert in Nonantola unter Abt Rudolf (1002—1055), nach einem Text aus einem vom hl. Maiolus reformierten norditalienischen Kloster; das Ms. Barb. lat 477 f°s 110^v—123^v (Typ B); Poppi 63, das aus St. Hilarius von Galatea stammt; in meiner Ausgabe von: Le commentaire de

Als Udalrich seine Consuetudo für seine Mitbrüder in Hirsau niederschrieb, benutzte er nach seinen eigenen Worten Texte aus Cluny;[98] wo aber seine eigenen Erfahrungen und die Quellen ihn im Stich ließen, fragte er sogar seine Zeitgenossen als Zeugen der lebendigen Tradition.[99] Es ist möglich, daß es eine oder mehrere vollständige cluniazensische Consuetudines aus Cluny selbst gegeben hat, die verlorengingen und die weder den Kompilatoren, noch den Historikern und den früheren Herausgebern bekannt waren; doch ist dies wenig wahrscheinlich. Aber allein die Tatsache, daß die Bräuche nicht schriftlich fixiert waren, wenigstens nicht in allen Punkten, gibt zu denken. Cluny muß sich in ständiger Bewegung und Entwicklung befunden haben.[100] Dieser Eindruck wird

Teuzo sur la Règle bénédictine, in: Studien und Mitteilungen zur Geschichte des Benediktiner-Ordens Bd. LXIV (1952), S. 11, habe ich auf dieses Manuskript aufmerksam gemacht. Das Ms. Barb. lat. 477, f°s 130—147^v (Typ C) stammt aus St. André de Rosans in den Hautes-Alpes. Für mehrere genaue Angaben zu diesen und einigen anderen Punkten danke ich meinen Mitbrüdern A. Galli, der die Herausgabe dieser Texte besorgte, sowie R. Grégoire.

[98] „Aliquando quidam forte libellus in manus nostras venit, simulans quod olim scriptus esset ante plures annos, in quo inter cetera habebatur nostram esse consuetudinem ..." (Udalr. I, 46; PL Bd. CXLIX, Sp. 691 C). Auch Bernard spricht von der Benutzung von Schriften, zumindest solcher, die bestimmte Bräuche betreffen: „Sive ex his quae scripta reperirem ..." (Epist. ad Hugonem, hrsg. von Herrgott, S. 134).

[99] „Quaesivi curiosus a quodam iuvene perspicacis ingenii, et qui iam per viginti quinque continuos annos in claustro morabatur, quid inde sentiret et sciret; quod ipse mihi retulit, illud hic a me refertur" (I, 17; Sp. 666 B). „Hoc etiam a fratre, cuius supra memini, quaerere non omisi, et aliud nescio ... nisi quod ille rursus mihi dixerit" (I, 32; Sp. 680 A). „Quomodo autem, quia in nullo antiphonario inveni, certe de ipsa brevi factum notare curavi et ita quoque vestrae communico dilectioni" (I, 33; Sp. 682 B).

[100] Ein Brauch erhält nur dann einen gewissen verpflichtenden Charakter, wenn er sich im Leben bewährt hat; folglich wird aus den verschiedenen möglichen Handlungsweisen die ausgewählt, die sich als die beste erwiesen hat: „Perpendant suas antiquas consuetudines, perpendant tuas, cum quibus te nutriri contigit; perpendant et istas, et de omnibus quae

bestätigt durch die Art, wie die Quellen in den Manuskripten erscheinen. Selten stößt man auf einen reinen Consuetudo-Text; im allgemeinen ist der Text mit Korrekturen, mit Einfügungen zwischen den Zeilen und mit Ergänzungen am Rande überladen, die beweisen, daß jedes Kloster den Text veränderte, entweder auf Anordnung der örtlichen Autorität oder einfach bei der Auslegung der ursprünglichen Darstellung.[101] Man muß also jede Verallgemeinerung vermeiden und darf nicht auf andere Räume und andere Zeiten ausdehnen, was ein Dokument an Angaben über einen bestimmten Ort zu einem bestimmten Zeitpunkt enthält.[102] Nur das *Corpus Consuetudinum monasticarum,* an dem K. Hallinger mit viel Mut und großer Sachkenntnis arbeitet und dessen erste Bände demnächst vorliegen, wird uns in gewissem Grade die Möglichkeit geben, die wichtigsten Bräuche in ihrer zeitlichen Entwicklung, ihrer räumlichen Verbreitung und in ihrer Anwendung genau zu verfolgen. Der gegenwärtige Stand unserer Kenntnisse legt uns die größte Zurückhaltung auf.

Darf man nun unter Berücksichtigung all dieser Vorbehalte behaupten, die Frage „Was ist Cluny?" sei nicht zu beantworten? Gewiß nicht, nur muß jede Antwort Raum lassen für verbleibende Ungewißheiten und mögliche Veränderungen, damit sie nicht zur starren Kategorie, zu einem abstrakten Begriff, kurz, zu einem Mythus wird. Cluny bedeutet also zumindest drei Realitäten: ein

meliora videntur, de his fiat unum corpus quod de cetero teneatur" (Udalr., Epist. nuncup.; PL, Bd. CXLIX, Sp. 639 A). Vgl. auch Udalr., I, 18 (PL, Bd. CXLIX, Sp. 667 C): „De aliis cum quaestio esset, ad ultimum domno abbati complacuit et diffinivit ut ad ipsas quoque oratio dominica diceretur, sed tractim, diligenter et attente".

[101] In meiner Ausgabe von: Un coutumier de St-Martial, in: Revue Mabillon Bd. XLIV (1954), S. 38—39, habe ich anschauliche Beispiele für diese Art von Problemen angeführt.

[102] In: Cîteaux und die benediktinische Tradition. Die Quellenfrage des Liber usuum im Lichte der Consuetudines monasticae, in: Analecta S. Ord. Cisterciensis Bd. XVI (1960), S. 187; B. Schneider hat sehr genau beschrieben, wie sich die Bräuche und die zwischenklösterlichen Beziehungen im Lauf der Zeit veränderten und miteinander vermischten und wie dieser ganze Prozeß zu zahlreichen „Mischobservanzen" führte.

Kloster, ein Orden, eine Lebensweise. Als erstes ein Kloster, und zwar nicht irgendein unbedeutendes: den Zeitgenossen war Cluny ein großer Name wie Monte Cassino oder wie im 12. Jahrhundert Cîteaux und Clairvaux. Sodann ein Orden, ein organisches Ganzes, oder wie Petrus Venerabilis gern sagte, ein „corpus";[103] für den Orden gab es Rivalität um Einflußgebiete, Möglichkeiten zu Widerstand und Kampf, sowohl innerhalb des Ordens als auch zwischen ihm und anderen Klöstern; man denke nur an den Konflikt zwischen Cluny und Vézelay.[104] Schließlich bedeutet Cluny eine bestimmte mönchische Lebensführung. Und auch das bedeutet wieder verschiedene Dinge, und zwar zunächst, wie Gilson sehr treffend formulierte, einen „Vollkommenheitsstil",[105] dessen „Details" zur Unterscheidung der verschiedenen Nuancen innerhalb des benediktinischen Mönchtums beitragen können. Es bedeutet ferner die Gesamtheit der Bräuche. Diese können direkt oder indirekt von anderen Klöstern übernommen werden, ohne daß eine engere Verbindung zu Cluny hergestellt wird und ohne daß sich daraus Widerstände ergeben. Der Fall St. Bertin ist offensichtlich eine Ausnahme; hier war die Anpassung an Cluny mit einem Abhängigkeitsverhältnis verbunden, das übrigens nur vorübergehender Natur war;[106] aus der Tatsache der gleichen Disziplin entstanden politische Meinungsverschiedenheiten und Opposition, was in ausgesprochenem Widerspruch zu der Vorstellung steht, daß Gleichartigkeit Gegensätze ausschließt. Und schließlich gehört zu Cluny eine bestimmte Geisteshaltung, die vielen Klöstern aus der großen Zahl derer, die Reform und Bräuche von Cluny übernommen hatten, gemeinsam ist, jedoch nicht notwendigerweise allen. Wie es scheint, waren dies vor allem jene Nebenklöster, die ungefähr innerhalb der heutigen Grenzen Frankreichs lagen. Dagegen hat eine andere Geisteshaltung ebenso wie andere politische und wirtschaftliche

---

[103] In: Pierre le Vénérable, St. Wandrille 1946, S. 125—130, „Le corps clunisien", habe ich Belege dafür angeführt.

[104] Vgl. G. Schreiber, Kurie und Kloster im 12. Jahrhundert, Stuttgart 1910, Bd. I, S. 137—138.

[105] Le message de Cluny, in: A Cluny, Congrès scientifique, Dijon 1950, S. 33.

[106] Vgl. G. Schreiber, Kurie und Kloster im 12. Jh., Bd. II, S. 309—313.

Interessen zu der Abtrennung der cluniazensischen Provinzen Spaniens und Englands beitragen können. Es ist auch möglich, daß die Lothringer, selbst dann, wenn sie wie Richard von St. Vanne in freundschaftlichen Beziehungen zu Cluny standen, nicht durchaus die gleiche Geisteshaltung hatten wie die Cluniazenser, so wie sie sich auch nicht dieselben Vorstellungen machten von dem, was wir die gregorianische Reform nennen. Die beiden Bereiche der monastischen Observanz und der Kirchenreform sind im übrigen nicht voneinander abhängig.

Unter all diesen verschiedenen Faktoren mit all ihren Varianten im Lauf der Zeit, aus denen sich Cluny zusammensetzte, gibt es auch konstante Größen, dank derer das 'alte' und das 'junge' Cluny doch immer Cluny blieben. Zunächst einmal ist der 'Ort' Cluny trotz der baulichen Veränderungen, denen er etwa alle fünfzig Jahre unterworfen war,[107] stets derselbe geblieben. Auch im 'Geistigen' gab es eine Kontinuität während der langjährigen Abbatiate und von einem Abt zum anderen, trotz vieler Abänderungen von Einzelheiten der Observanz. Einen klaren Ausgangspunkt, an dem sich Generationen orientierten, bildeten sowohl die Freiheitsprinzipien, die in der Gründungsurkunde aufgestellt sind, als auch das Askeseideal, das der hl. Odo formulierte; falls sich die Formen seiner Verwirklichung weiterentwickelten, so nur langsam und stets auf die gleiche Weise. Kann man noch weiter gehen, noch tiefer in das cluniazensische Geheimnis eindringen und Unterschiede in der Gottesschau und der Gottesliebe, Nuancierungen dieses ursprüng-

---

[107] Über einen Zustand des Gebäudes und über die Kultur, von der es zeugt, gibt es eine eingehende Untersuchung von J. Hourlier, Le monastère de St-Odilon, in: Analecta monastica VI (Studia Anselmiana 50), Rom 1961, S. 7—23. Derselbe Forscher hatte schon zuvor einen wertvollen Beitrag über: S. Odilon bâtisseur, in: Revue Mabillon Bd. LI (1961), S. 303 bis 324, veröffentlicht. Dem Verfasser dieser beiden Untersuchungen verdanke ich viele Hinweise. — K. J. Conant bestätigt, daß der Architekt Gauzo sowie Hezelo von Lüttich, die eine bedeutende Rolle beim Bau von „Cluny III" spielten, „sicher eine wissenschaftliche Ausbildung genossen" hatten (K. J. Conant, Données nouvelles sur les restes de l'abbaye de Cluny, in: Bulletin de la Société nationale des antiquaires de France, 1960 [Paris 1962], S. 88—91).

lich konstanten Faktors im Verlauf der Jahrhunderte entdecken? Es bedarf noch vieler Untersuchungen, ehe man darüber Klarheit gewinnen, solche Imponderabilien wägen und feststellen kann, ob sie sich in Cluny immer von denen andernorts unterschieden. Fest steht zumindest, daß die Cluniazenser durch alle Generationen hindurch Mönche waren, deren geistliche Ausrichtung sich nicht von der anderer Mönche unterschied, wohl aber von der der Kleriker und auch von der der Regularkanoniker, nachdem diese zu der ihnen eigenen Form gefunden hatten.

Wenn es also schwierig ist, mit Bestimmtheit zu sagen, was Cluny ist, so lassen sich doch auf jeden Fall Vermutungen darüber anstellen. Ganz sicher aber kann man sagen, daß es nicht ein unkompliziertes, starres und uniformes Gebilde ist, dessen Namen eine einzige, keinerlei Abweichungen duldende Richtung oder Menschen, die alle in der gleichen Art denken, bezeichnet. Doch in welchem Maße waren sich diejenigen, die mit Sicherheit als Cluniazenser anzusehen sind, bewußt, anders zu sein als nichtcluniazensische Mönche? Die wenigen Andeutungen, die sich in den Consuetudines über Bräuche außerhalb von Cluny finden, verraten eher eine gleichgültige als eine ablehnende Einstellung. „Quamvis autem Galli non magnopere curent de prosis Teutonicorum", heißt es bei Udalrich, und in diesem besonderen Falle verhielt man sich sogar so wenig ablehnend, daß man einen jener Prosagesänge, „für die man kaum Interesse hatte",[108] übernahm. An anderer Stelle erklärt Udalrich: „In Natali Innocentium, quod aliae ecclesiae non cantant *Gloria in excelsis* nec *Alleluia*, de hoc minime curatur a nobis...[109] Si hoc apud nos est, tamen non est ita apud monachos Italiae, et ipsius Sedis Apostolicae, et Ecclesiae Romanae." [110] Bisweilen ge-

---

[108] Der Text fährt fort: „tamen, beato patre Odilone adnitente et de nostratibus asserente, haec sola *Sancti Spiritus adsit nobis gratia* obtinuit ut in nostro loco in isto die cantaretur" (Udalr. I, 24; PL, Bd. CXLIX, Sp. 672 A).

[109] Udalr., I, 47; PL, Bd. CXLIX, Sp. 693 D—694 A.

[110] Udalr., I, 52; PL, Bd. CXLIX, Sp. 697 B. Vgl. auch I, 3; Sp. 646 D: „Textus fidei, scilicet *Quicumque* a S. Athanasio conscriptus (cuius nonnullae ecclesiae nec meminerunt, nisi in sola Dominica), nullo die omittitur ut non dicatur a nobis...".

steht Udalrich seine Unkenntnis ein: „Nescio si apud Teutonicos ista sunt in usu." [111] Dann wieder behauptet er zu wissen, daß ein bestimmter Brauch cluniazensisch sei, obwohl er dessen Herkunft nicht kennt: „Qui mos unde primo inoleverit, de industria et studio an ex negligentia, nescio, nisi hoc scio contra usum esse multarum ecclesiarum tam in Romana lingua quam in Teutonica." [112] Doch was Udalrich wußte, mußte anderen nicht auch bekannt sein, wenigstens nicht bis zu jenem Zeitpunkt, an dem er seine Schriften veröffentlichte. Wenn es in der Seele eines cluniazensischen Mönches anders aussah als in der eines nichtcluniazensischen, so kann es sich dabei höchstens um Nuancen gehandelt haben.

III. Wie lebten die Cluniazenser?

Da sich diese Frage im Zusammenhang mit dem 'Gegensatz' zwischen Gorze und Cluny erhebt, sollte sie durch die andere Frage ergänzt werden: Wie lebten die Mönche von Gorze? Doch das hat uns bisher noch niemand gesagt. Bevor wir also feststellen können, ob es zwischen den beiden mönchischen Lebensweisen bemerkenswerte Unterschiede gab und welcher Art diese waren, wollen wir hier versuchen zu beschreiben, wie die Cluniazenser lebten.

Es ist sicher eine schwierige Frage. Was über die Verschiedenheit der Mönchsgruppen, die man mehr oder weniger als 'Cluniazenser' bezeichnen kann, insbesondere über den Unterschied zwischen Gemeinschaften von zweihundert Mönchen und solchen mit weniger als vieren gesagt worden ist, berechtigt schon zu einer ersten sehr allgemeinen Antwort: Nicht alle Cluniazenser hatten dieselbe Lebensweise. Aber vielleicht gab es Faktoren, die zu allen Zeiten und an allen Orten stets die gleichen blieben, charakteristische Gewohnheiten waren? Sie können in Ideen, in einer Vorstellung vom Leben und Wirken bestanden haben oder in Verfahrens- und Handlungsweisen, wobei sich normalerweise das Handeln aus den Vorstellungen ergibt; ein weites Gebiet also, das alle Lebensäuße-

---

[111] Udalr., I, 10; PL, Bd. CXLIX, Sp. 954 B.
[112] Udalr., I, 53; PL, Bd. CXLIX, Sp. 698 A.

rungen in ihrer Vielschichtigkeit, in ihrer Verbindung miteinander und in ihrer wechselseitigen Beeinflussung umfaßt. Will man versuchen, sie im Blick auf den Gegensatz zwischen Gorze und Cluny auf das Wesentlichste zu reduzieren, so könnte man sie vielleicht in drei Gruppen zusammenfassen: Wirken, Kultur und Gebet.

Diese drei Grundformen der Aktivität mönchischer Gemeinschaften sind untrennbar miteinander verbunden. Es wird behauptet, man habe sich in Cluny zu sehr dem Gebet gewidmet und zu wenig der Kultur, weil man kein Interesse daran gehabt habe, nach außen zu wirken, d. h. in der Form von Seelsorge Einfluß auszuüben. Diese Haltung sei gekennzeichnet durch die Gleichgültigkeit, ja sogar ablehnende Einstellung, die Cluny gegenüber den benachbarten Kirchen, den *Eigenkirchen*, eingenommen habe. Anstatt sich in das Geflecht der feudalen Beziehungen einzufügen mit dem Ziel ihrer Durchdringung, beweise Cluny seinen „Antifeudalismus", woraus sich alles übrige ergeben habe. Die jüngsten Darstellungen von Wollasch, Mager und Diener, auf die hier nicht näher eingegangen werden kann, haben mit dieser Behauptung aufgeräumt. „Der Antifeudalismus von Cluny ist eine Konstruktion." [113] Cluny unterhielt freundschaftliche Beziehungen zu den Feudalherren und den Bischöfen. Man interessierte sich in Cluny nicht weniger als

---

[113] H. E. Mager, in: Neue Forschungen ..., S. 214. Im gleichen Sinne Th. Schieffer, Cluny et la querelle des Investitures, in: Revue historique Bd. CCXXV (1961), S. 49—55; er schreibt zum Schluß: « Il n'est guère possible de résoudre le problème par des formules toutes faites ». Die von Mager und seinen Mitarbeitern getroffenen Feststellungen fanden auch die Zustimmung von F. J. Schmale, Papsttum und Kurie zwischen Gregor VII. und Innozenz II., in: Historische Zeitschrift Bd. CXCIII (1961), S. 273. Der Vorwurf des Antifeudalismus ist um so lächerlicher, als die Zisterzienser und andere Ordensgemeinschaften am Ende des 11. und zu Beginn des 12. Jahrhunderts Cluny genau den umgekehrten Vorwurf machten, es habe sich in der Feudalgesellschaft zu stark engagiert. In Wirklichkeit weiß man kaum etwas darüber, wie Cluny die in seinem Besitz befindlichen Kirchen geistlich verwaltete. Doch kann man auch schon beim gegenwärtigen Stand der Forschung einige Fakten zusammentragen. Was die allgemeinen Prinzipien betrifft — soweit solche bestanden —, so haben wir gesehen, daß ihre Verwirklichung für jede einzelne Gegend und jede einzelne Zeitspanne gesondert untersucht werden müßte.

andernorts für die als „*plebs rusticana*" in den Consuetudines von Udalrich bezeichnete niedere Landbevölkerung, die hin und wieder zur Feier der Messe [114] oder zum Anhören einer Predigt [115] aufgefordert wurde; man ließ solche Mengen von Menschen in die Abteikirche hinein, daß es notwendig wurde, den Mönchen einen Platz zu reservieren, an dem sie sich ihren persönlichen Andachten und Bußübungen hingeben konnten.[116] Was das seelsorgerliche Wirken betrifft, so sollte man den Einfluß der cluniazensischen Liturgie auf die *familiares*, auf die Bevölkerung aus den Nachbarorten, auf Gäste, Durchreisende und Pilger nicht unterschätzen und so vagen Formulierungen wie „Weltoffenheit" und „Weltabgewandtheit" mißtrauen. Cluny vereinigte beides gleichzeitig in sich. Der cluniazensische Mönch lebte eingeschlossen im Kloster, und die Consuetudines, die Predigten und andere Schriften vermitteln den Eindruck, als lebte er völlig außerhalb der Welt. Von Weltoffenheit zeugen dagegen die Urkunden und die Geschichte selbst, die Reisen und die Verwaltung der abhängigen Klöster sowie die menschlichen Beziehungen, Beweise dafür, daß viele cluniazensische Mönche zahlreiche Kontakte zur Außenwelt hatten. Mit anderen Worten: Die Cluniazenser kümmerten sich nicht um Theorien; sie waren Mönche und sie übten Caritas, sie gaben ein Beispiel und halfen, wo sie konnten. R. Folz lobte an Cluny „seine Vorstellung vom Mönchtum, zu der tätige Frömmigkeit, Sorge um das Gegenwärtige und Nutzung des Weltlichen im Dienste der Kirche gehörten".[117] So bleibt uns nun zum Schluß noch die Aufgabe, die beiden Probleme Kultur und Gebet gesondert zu untersuchen.

---

[114] Zu der sonntäglichen Frühmesse heißt es: „Cantatur autem absque Symbolo apostolico, nisi aliquando eveniat, ut propter aliquam tribulationem plebs rusticana convocetur ad eamdem missam audiendam" (Udalr., I, 9; PL, Bd. CXLIX, Sp. 653 D).

[115] „Recordetur festivae palmarum diei, publici quoque sermonis ad populum, quo a te dies illa solemniter illustrater est ...", schrieb Petrus Venerabilis an den Bischof von Troyes, Atto (Epist., II, 50 PL, Bd. CLXXXIX, Sp. 273 D).

[116] Petrus Venerabilis, Statuta, 53; PL, Bd. CLXXXIX, Sp. 1039 bis 1040.

[117] Aspects du prieuré clunisien, loc. cit., S. 10.

1. Das kulturelle Leben in Cluny

In einer jüngsten Stellungnahme zu dieser Frage wird damit argumentiert, das Horarium von Cluny habe im Gegensatz zu dem „anderer Gemeinschaften" keinen Raum für das „Schreiben" gelassen.[118] Daher muß zunächst das cluniazensische Horarium daraufhin untersucht werden, inwieweit es den Mönchen Zeit zum Lesen und Schreiben ließ.

Man kann anhand der Consuetudines wenigstens für einen bestimmten Zeitraum rein abstrakt die Summe der liturgischen Leistungen rekonstruieren, zu denen der Mönch verpflichtet war und derer er sich ohne Ausnahme zu entledigen pflegte, und sei dies auch nur in Cluny selbst der Fall gewesen.[119] Freilich muß man sich dann fragen, wie in einem normalen Tagesablauf das Minimum an Zeit für Schlafen und Essen zustande gekommen sein sollte. Wie verhielt es sich nun konkret in Cluny damit? Einige Texte und Tatsachen mögen darüber Auskunft geben.

Die Consuetudines von Udalrich schrieben vor, daß ein Mönch das Hochamt nach der Verlesung des Evangeliums verlassen durfte, um seine private Messe zu lesen; es wurde lediglich empfohlen, daraus keine Gewohnheit werden zu lassen.[120] So stellte denn auch Petrus Venerabilis fest, daß man damit so weit gegangen war, daß nicht einmal der vierte Teil der Gemeinschaft beim Hochamt anwesend war.[121] Es genügt ein Blick auf den Grundriß von Cluny, wie

---

[118] K. Hallinger, in: Theologische Revue Bd. LVI (1960), Sp. 70.

[119] So hat Ph. Schmitz, La liturgie de Cluny, in: Spiritualità Cluniacense, Todi 1960, S. 85—99, nach seinen eigenen Worten „versucht, unter Berufung auf Udalrich, den Tagesablauf eines Cluniazensers am Ende des 11. Jahrhunderts zu rekonstruieren, der im Winter zu dieser Zeit außerordentlich überlastet war".

[120] „Aliquando post evangelium maioris missae aliquis sacerdotum licentiam accipere potest; quod tamen reprehenditur, si frequentare voluerit et in usu habere" (Udalr., II, 30; PL, Bd. CXLIX, Sp. 724 D bis 725 A).

[121] „Occasione illarum missarum, in tantum maior et principalis missa negligebatur, et vix quarta pars, dum eadem celebraretur, adesset" (Statuta, 6; PL, Bd. CLXXXIX, Sp. 1027).

ihn Kenneth J. Conant rekonstruiert hat, um festzustellen, daß es dort mehrere Kapellen gab.[122] Dienten sie etwa keinem Zweck? In den Consuetudines wird wenigstens eine dieser Kapellen häufig erwähnt, die der Abteikirche gewissermaßen Konkurrenz gemacht habe: Es ist die St.-Marien-Kapelle, die für die Kranken bestimmt war, in der aber auch andere Personen zugelassen waren. Ein Text der Consuetudines Bernards schreibt allen Brüdern, die sich in den verschiedenen Arbeitsräumen des Klosters befanden, in omnibus officinis monasterii,[123] mit Ausnahme des Krankenpflegers, während der Stundengebete das Schweigen vor. An einer anderen Stelle, an der von dem Geläut für einen sterbenden Bruder die Rede ist, spricht Bernard von Mönchen, die sich nicht im Chor befinden, und anderen, die dort sind, von denen aber einige den Wink erhalten zu gehen: „Sed si haec tabulae percussio evenerit vel quando alterutra missa, vel quando regularis hora cantatur, quotquot stant foris chorum accurrunt, qui in choro minime, nisi quibus prior innuerit ..." [124] Wieder an anderer Stelle wird gesagt, daß viele Brüder oft wegen ihres Amtes oder anderer Verpflichtungen nicht im Chor waren: „Saepe contingit quod multi de talibus sint foris ad obedientiam vel propter quidlibet aliud." [125] Die Consuetudines Bernards sprechen von einer Prozession, „an der die ganze Gemeinschaft teilnehmen muß",[126] als ob dies keineswegs immer Pflicht gewesen wäre. Aus diesen Andeutungen, die bisweilen mehr über den wirklichen Tagesablauf verraten als die allgemeinen Vorschrif-

---

[122] Eine Wiedergabe der Grundrisse von Cluny findet sich bei K. J. Conant, Mediaeval Academy Excavations at Cluny, VIII. Final Stages of the Project, in: Speculum Bd. XXIX (1954), S. 15—31. Die Existenz zweier Chorräume an zwei verschiedenen Orten ist schon in den Consuetudines BB' belegt: „Post Nocturnos vero canant officium mortuorum simul. Inde veniant in alium chorum et canant matutinas de omnibus sanctis ..." (B. Albers, Consuetudines monasticae, Bd. II, Monte Cassino 1905, S. 3). „Deinde veniant in alium chorum ...", (ibid., S. 7). Vgl. auch Udalr., I, 3; PL Bd. CXLIX, Sp. 647 A.
[123] Bern., I, 74, Nr. 33; S. 273.
[124] Udalr., III, 29; PL, Bd. CXLIX, Sp. 722 A.
[125] Bern., I, 74, Nr. 48; S. 276.
[126] „Et huic conventus debet interesse totus ..." (Bern., II, 25; S. 336.

ten, wird deutlich, daß nicht alle Mönche immer an allen Messen, an allen Stundengebeten und an allen zusätzlichen Gebetsübungen teilnahmen. Es war vorgesehen, daß man einem Teil dieser Leistungen fernbleiben konnte, um sich zu rasieren oder zu baden,[127] um die Messe zu lesen oder aus anderen nicht näher bezeichneten Gründen: „licentiam cantandi missam, sive divestiendi aut radendi, sive cuius libet huiusmodi egressionis de conventu."[128] Dies läßt wahrlich viele Möglichkeiten offen. So war es den Brüdern, die den wöchentlichen Küchendienst versahen, erlaubt, den Chor zu einem bestimmten Zeitpunkt zu verlassen;[129] und nebenbei erfährt man, daß sie nicht als einzige diese Erlaubnis hatten: „coci et ceteri qui post evangelium accipientes licentiam..."[130] Dispens erhielten auch die Krankenpfleger, der Sakristan, der Gärtner, der Kornverwalter, der Refektor, der Gastmeister, der Armenpfleger und verschiedene andere Amtsträger.

Waren nun etwa die Mönche, die mit Büchern zu tun hatten, von all diesen Dispensen ausgeschlossen? Daß es sie gab, erkennt man; die Consuetudines räumten ihnen einen Platz im Leben der Gemeinschaft ein. Ein Text Bernards schreibt ganz allgemein vor, daß weder sie noch andere während eines Stundengebets in ihren Arbeitsräumen bleiben durften.[131] Aber an anderer Stelle, wo Bernard von ihnen im besonderen spricht, geht er davon aus, daß ihrer mehrere sind, daß ihre Arbeit eingeteilt ist und unter der Kontrolle eines Dienstoberen steht, und daß sie die Erlaubnis erhalten konnten, bei der Messe zu fehlen:

---

[127] „Hoc omnibus est familiare, postquam se raderint, continuo etiam balneare. Ad sonum signi si balneum iam intravit, et propter hoc unam horam regularem omiserit, non imputatur" (Udalr., III, 17; PL, Bd. CXLIX, Sp. 760 D).

[128] Bern., I, 74, Nr. 18; S. 270. Im gleichen Sinn, I, 71; S. 263.

[129] Consuetud. antiquiores BB', I, 3 (B. Albers, op. cit., S. 2); Udalr., II, 35 (PL, Bd. CXLIX, Sp. 727 B); Bern., I, 3 (S. 142).

[130] Bern. II, 22; S. 329.

[131] „Tamen, dum regularis hora canitur, neque scriptor, neque quilibet alius operarius in claustro vel in ceteris officinis operari debet; permittitur autem his qui lavant suos pannos..." (Bern., I, 30; S. 215).

Totius scripturae quae in ecclesia fit, et omnium scriptorum Magister atque Provisor est (sc. armarius), quibus praecipit, et quae praecipit scribunt, verumtamen de generali missa seu de regulari officio nullum remanere facit, nisi Abbatis aut Prioris licentia.[132]

Dieser Text unterscheidet zwei Arten von „Schriften", solche, die sich auf die Kirche beziehen, also liturgische Bücher und Bücher zum Lesen im Chor, von denen weiter unten noch die Rede sein wird, sowie andere Schriften, z. B. für die Kanzlei der Abtei und die Schule. Für die schriftlichen Arbeiten gab es *scriptores*, und zwar, wie es scheint, eine ganze Anzahl: *omnium scriptores*. An ihrer Spitze steht ein 'Magister' mit der Befugnis, die Aufgaben zu verteilen und zu befehlen. Er kann ohne Erlaubnis des Abtes oder des Priors nicht von der allgemeinen Messe und dem täglichen Gottesdienst dispensieren; dagegen ist nicht ausgeschlossen, daß er von der Frühmesse und den zusätzlichen, von der Regula nicht vorgeschriebenen Offizien beurlauben konnte.

Man schrieb also in Cluny. Und selbst wenn diese Tatsache nirgends erwähnt wäre, hätte man die Ergebnisse solcher Schreibarbeiten doch konstatieren und feststellen müssen, daß man in Cluny schreiben konnte. Da gibt es zunächst die Sammlung von Manuskripten, „die reichste Bibliothek Frankreichs", wie die Historiker übereinstimmend sagen.[133] Sodann gibt es die literarischen Werke. Hat man vielleicht in Cluny weniger produziert als andernorts? Sprechen wir nicht von Gorze selbst, denn dieses Beispiel wäre besonders schlecht gewählt. Was weiß man schon über die Kultur in Gorze? Wo sind seine Kunstwerke und seine literarischen Meisterwerke? Auf diesem Gebiet kann es sich nicht mit Cluny messen. Aber auch anderswo gab es vom 10. bis zum 12. Jahrhundert kein einziges Kloster, vielleicht mit Ausnahme von Monte Cassino, das eine so lange Liste von Autoren und Buchtiteln aufweisen kann.[134]

[132] Bern., I, 41; S. 161.

[133] Ph. Schmitz, Histoire de l'Ordre de S. Benoît, Bd. II, Maredsous 1942, S. 73, 76, 71—82; H. Zepper, Die Mittelalterliche Bibliothek, in: F. Milkau, Bibliothekswissenschaft, Bd. III, 1, Wiesbaden 1955, S. 399—400.

[134] Eine Liste der cluniazensischen Schriftsteller findet sich bei G. de Valous, Art. Cluny, in: Diction. d'hist. et de géogr. ecclés., Bd. XIII, Sp. 162—165.

Die Werke keiner anderen Abtei erreichen den Umfang der 1496 Spalten in Folio der ›Bibliotheca Cluniacensis‹, die M. Marrier 1616 veröffentlichte und zu denen noch die seitdem neu herausgegebenen Werke hinzukommen, neben den Consuetudines und den sechs Bänden der Urkundensammlung.[135] Man kann sich schlecht erklären, wie dieses große Werk in einem Haus entstanden sein soll, in dem niemand jemals Zeit zum Schreiben fand. Man darf auch zwei Texte, in denen deutlich gesagt wird, daß man wenig Zeit habe, sich zu unterhalten — vom Schreiben ist nicht die Rede — so auslegen, als habe es gar keine Möglichkeit zum Schreiben gegeben.[136] Ebensowenig darf man behaupten, daß fast ausschließlich

[135] B. Bernard und A. Bruel, Recueil des chartes de l'abbaye de Cluny, Paris 1876—1903. Über das kulturelle Niveau, von dem der literarische Wert der Urkunden von Cluny und anderen Klöstern zeugt, kann man noch kein Urteil abgeben, solange die *arengae* dieser Urkunden, die zum Vergleich dienen könnten, nicht auf die Qualität ihres Stils und ihre juristische Präzision hin untersucht worden sind.

[136] „Es blieb den Mönchen Klunys, wie ein Beobachter des Jahres 1063 feststellte, tagsüber kaum mehr als eine halbe Stunde Freizeit" (PL, Bd. CXLIV, Sp. 380 AB). Udalrich sagt genauer: „potius dixerim nullum (tempus) quam parvum" (PL, Bd. CXLIX, Sp. 668) (Theologische Revue, loc. cit., Sp. 70). Doch schreibt in dem ersten der hier zitierten Texte Petrus Damiani: „vix per totum diem unius saltem vacaret horae dimidium, *quo fratribus in claustro licuisset miscere colloquium*" (Epist., VI, 5; PL, Bd. CXLIV, Sp. 380). Der zweite Text spricht ebenfalls deutlich von der Kürze der Erholung und nicht von wenig Arbeitszeit: „Eodem quoque momento solent se fratres generaliter ad pausandum collocare, quanquam tales sint magis intenti ad lectionem quam ad pausationem. Nona autem, ad quam sunt se levaturi, adeo tarda erit ut postquam in refectorio biberint, *et iterum loquendi licentiam habuerint*, eamdem loquendi horam et hoc intervallum ante vesperas non immerito potius dixerim nullum quam parvum. Saepius namque priusquam omnes in claustro consideant, et aliquis fratrum vel unum verbum faciat, pulsatur signum ad vesperas, et ecce ibi finis loquendi" (PL, Bd. CXLIX, Sp. 668 C).

Man wundert sich, wie hier mit Textstellen in einer Weise argumentiert wird, die ihr Kontext verbietet. Wie soll der Text von Petrus Damiani mit dem des Jacobus von Vitry in Einklang gebracht werden, in dem noch deutlicher ausgesprochen wird, daß den Mönchen von Cluny eine Stunde *collocutio* zur Verfügung stand? (Hist. Occid., 14, schon zitiert bei G.

Äbte und Vorgesetzte schrieben und dies lediglich „über konkrete Dinge" wie die Reform oder liturgische Bräuche.[137] Man hat auch nicht das Recht, sich nur auf einen einzigen, noch dazu falsch interpretierten Text zu stützen und zu behaupten, alle übrigen Mönche entledigten sich des Schreibens wie einer „bitteren Last".[138] In dem angezogenen Text ist lediglich die Rede davon, daß der hl. Odo, bevor er Abt wurde, auf die Aufforderung eines Bischofs, einen Kommentar über Jeremias zu schreiben, entgegnete, er könne, gemäß der Regula, diese Arbeit nicht ohne Erlaubnis seines Abtes übernehmen, werde sie jedoch ausführen, sobald er die Genehmigung dazu erhalten habe.[139] Man hat ferner nicht das Recht zu behaupten, das Horarium von Cluny lasse für Schreibarbeiten kaum die nötige Zeit, nur weil es in einem Bericht heißt, in San Paolo fuori le mura hätten Odo und ein anderer Mönch ihre Schreibarbeit im Augenblick des Vesperläutens unterbrochen,[140] ein Verhalten, das doch der Regula entsprach und von frommen Mönchen zu allen Zeiten und an allen Orten als selbstverständlich befolgt wurde.[141]

Schreiber, Gregor VII., Cluny, Cîteaux, Prémontré zur Eigenkirche, Parochie, Seelsorge, in: Zeitschrift der Savigny-Stiftung, Kanonist. Abt., Bd. XXXIV (1947), S. 50, Anm. 75.)

[137] „In den Schriften jener Autoren geht es um konkrete Dinge: vor allem um Reformanliegen, um die eigenen Äbte und — soweit die Consuetudines in Frage kommen — um den liturgischen Dienst ... Kennzeichnend ist überdies, daß in erster Linie Äbte und Vorgesetzte zum Schreiben kamen" (Theologische Revue, loc. cit., S. 70).

[138] „Den wenigen sonstigen Begünstigten muß in Kluny das Schreiben zur bitteren Last geworden sein. Wenn die Mönche sich vor einem Schreibauftrag zunächst sträubten (Vita Od. I, 37), so darf man solche Widerstände wirklich ernst nehmen" (ibid.).

[139] Vita Odonis, I, 37; PL, Bd. CXXXIII, Sp. 60.

[140] „Nach allem, was wir heute über das liturgische Horarium Klunys wissen, stand für Schreibarbeiten die nötige Zeit kaum zur Verfügung (bezeichnend ist Vita Od. 2, 22)" (Theologische Revue, loc. cit., Sp. 70).

[141] So wird bereits von einem Mönch aus dem antiken Orient berichtet, daß er das Wort, ja sogar den Buchstaben, den er gerade begonnen hatte zu schreiben, im selben Augenblick abbrach, als er einem Befehl zur Erledigung einer anderen Aufgabe gehorchte (Apophtegmata Patrum; PG, Sp. 296 A). In den Bräuchen von Hirsau (II, 63; PL, Bd. CL, Sp. 992 BC) ist

Es steht also fest, daß in Cluny geschrieben wurde, weil die Möglichkeit dazu bestand, und daß man dort mindestens ebenso viel schrieb wie anderswo. Es muß an dieser Stelle nicht noch einmal erwähnt werden, wie sehr man in Cluny die Bücher, besonders die literarischen Werke, schätzte.[142] Aber daß man sie auch gern las und das Lesen im Horarium einen Platz hatte, das sollte doch noch gesagt werden. Man las im Chor — *in choro sedent et legunt* [143] — oder im Claustrum — *sedemus in claustra ad lectionem . . . Sedemus iterum ad lectionem . . .*, heißt es z. B. bei Udalrich.[144] Es kam sogar vor, daß einer jener unbeweglich, in aufrechter Haltung lesenden Mönche mit einer Säule des Klosters verglichen wurde: „Morabatur assidue in claustro cum fratribus (heißt es von Matthäus von Albano), et post plurimos mundi discursus, pene velut ea cui adhaerebat claustri columna, sacrae lectionis intentus studio inviolabiter perdurabat." [145] Gelesen wurde also vor allem im Chor und im Claustrum, sowie in der Krankenstube, so z. B. die Bücher, die zu Beginn der Fastenzeit ausgegeben wurden.[146] Wenn man in Cluny

---

sogar vorgeschrieben, das Wort, das man bereits auf den Lippen hat, zu unterbrechen. In der Regula Magistri, c. 54, liest man: „Cum aduenisse diuinam horam percussus in oratorio index monstrauerit . . . scriptores litteram non integrent", hrsg. von H. Vanderhoven, F. Masai, F. B. Corbett, Brüssel-Paris 1953, S. 257; in der Regula Benedicti, c. 5, 8, heißt es über die Reaktion auf einen vom Vorgesetzten ergangenen Befehl: „mox exoccupatis manibus et, quod agebant, inperfectum relinquentes", hrsg. von R. Hanslik, Wien 1960, S. 36.

[142] Vgl. Spiritualité et culture à Cluny, S. 108—11 und 150.

[143] Udalr., I, 18; PL, Bd. CXLIX, Sp. 668 CD.

[144] Udalr., I, 41; PL, Bd. CXLIX, Sp. 687 D.

[145] Chronicon Cluniacense, in: Bibl. Clun., Sp. 1654 B.

[146] Es ist die Rede von der „librorum erogatio" zu Beginn der Fastenzeit, Udalr., I, 52; PL, Bd. CXLIX, Sp. 697 C. Vgl. A. Wilmart, Le convent et la bibliothèque de Cluny vers le milieu du XIe s., in: Revue Mabillon, Bd. XI (1921), S. 89—124. Die Consuetudines Farfenses schreiben im einzelnen vor, daß abends im Bett nicht gelesen werden durfte: „Post Completorium nullus legat in strato suo" (Albers, I, 2, 16, S. 155). Über das Lesen in der Krankenstube vgl. die Consuetudines Fructuarienses, II, 14, hrsg. von Albers, IV, S. 181. Daß sich in den alten Katalogen

schrieb, so doch, weil man dort auch las. Zu den „Kulturtatsachen", die überall wohlbekannt sind und die Paolo Lamma noch unlängst interpretiert hat,[147] sind noch die folgenden hinzugekommen: E. Dekkers wies jetzt nach, daß fast alle bekannten Manuskripte von Tertullian auf die *Cluniacenses* des 11. Jahrhunderts zurückgehen,[148] und erst kürzlich machte M. Bévenot auf die cluniazensischen Quellen des Textes des hl. Cyprian aufmerksam.[149] Also fehlten die Mönche, die mit ihren Schreibarbeiten der Gemeinschaft und der Kirche einen Dienst erwiesen, mit derselben Berechtigung im Chor wie diejenigen, die den Küchendienst versahen. Und wenn der Autor des ›Streitgesprächs zwischen Cluniazenser und Zisterzienser‹ jenem die Tatsache zum Vorwurf macht, daß bei ihm die Kopisten von einem Teil der Gottesdienste dispensiert waren, so wird der Cluniazenser diese Tatsache keineswegs leugnen, sondern sie im Gegenteil als Gehorsamsakt rechtfertigen: „Quod scribentes ad opus Dei non veniunt, in hoc nequaquam regulae transgressores sunt, quia praecepto abbatis oboediunt." [150]

2. Das Gebetsleben in Cluny

Auch wenn man die vielen Möglichkeiten zum Dispens und all die Abweichungen von der Regel, die das Leben mit sich brachte,

der Bibliothek von Cluny und in der Liste der zu Beginn einer Fastenzeit ausgegebenen Bücher klassische Autoren befanden, gibt den Protesten gegen die profanen Schriften in den cluniazensischen Schriften wie der Vita Odonis altera, c. 89 (PL, Bd. CXXXIII, Sp. 89) oder der Vita Maioli (PL, Bd. CXXXVII, Sp. 753) ihre wahre Bedeutung; seit der hl. Hieronymus und andere dieses Thema erörtert hatten, galt es als Treue gegenüber einer literarischen Tradition, ein Gleiches zu tun.

[147] Momenti di storiografia Cluniacense, Rom 1961, ch. III, S. 43—48.

[148] Note sur les fragments récemment découverts de Tertullien, in: Sacris Erudiri, Bd. IV (1952), S. 373.

[149] M. Bévenot, The Tradition of Manuscripts. A Study in the Tradition of St. Cyprian's Treatises, Oxford 1961, S. 50—51.

[150] E. Martène und U. Durand, Thesaurus novus anecdotorum, Paris 1717, S. 1629.

berücksichtigt, so bleiben doch der Psalmodie sehr viele Stunden vorbehalten. Sie war, wie man sagte, „prolixe", von langer Dauer. Dieser Begriff kommt in den Quellen mehrfach vor. Hatte er hier vielleicht eine 'technische Bedeutung', die typisch cluniazensisch war? Vergessen wir nicht, daß es nur wenige Worte zur Bezeichnung eines Gebetes von sehr langer Dauer gibt. Schon in der Vulgata heißt es von Christus im Gebet auf dem Ölberg: *prolixius orabat*.[151] Es läßt sich leicht eine Liste von Belegen dafür aufstellen, die von den Kirchenvätern über das ganze Mittelalter bis an die Schwelle der Neuzeit reichen würde. Noch im 16. Jahrhundert gab man in Sankt Maximin zu Trier einem Novizen die folgende Ermahnung: „Oportet te servare perpetuam castitatem..., longas nocturnas vigilias, prolixum divini cultus officium, longum regulare ieiunium." [152] Zu allen Zeiten hat *prolixum* ganz einfach lang bedeutet.

Aber dieser Begriff war auch immer, besonders in der Hagiographie, ein literarisches Ausdrucksmittel, eine Phrase, derer man sich bediente, um hervorzuheben, daß etwas lange dauert, kontinuierlich ist und ununterbrochen anhält: „assiduus potius quam frequens..., tam frequens quam continuus..." [153] „In caelum semper intentus, invictum ab oratione spiritum non relaxabat", wird am Feste des hl. Martin in einem von Sulpizius Severus [154] inspirierten Responsorium gesungen. Und Petrus Venerabilis schrieb über Abälard an Heloise: „Libris semper incumbebat, nec, sicut de magno Gregorio legitur, momentum aliquod praeterire sinebat, quin semper aut oraret, aut legeret, aut scriberet, aut dictaret." [155] Wir wollen zugeben, daß er inzwischen auch aß und schlief, und

---

[151] Luk. XXII, 43.

[152] Ms. Straßburg, Grand Séminaire 18 (XVe s.), Ergänzung (XVIe s) zu f° 1.

[153] In: Études sur le vocabulaire monastique du moyen âge (Studia Anselmiana 48), Rom 1961, S. 132—133, habe ich Belege dafür zusammengestellt.

[154] Responsorium *Domine, si adhuc* aus der Messe zum Fest des hl. Martin im Mönchsbrevier; abhängig von Sulpizius Severus, Epist., III, 11, hrsg. von K. Halm, C.S.E.L., Bd. I, S. 148, 11.

[155] Epist., IV, 21; PL, Bd. CLXXXIX, Sp. 346.

dürfen uns von den stilistischen Übertreibungen, die die rhetorischen Regeln von damals vorschrieben, nicht täuschen lassen.[156] Boto von Prüfening gab noch mitten im 12. Jahrhundert die folgende Beschreibung vom Gebetsleben seines Klosters:

Quo circa cantandi usus apud nos cum sit continuus et vix aliquando ad momentum intermitti soleat, cetera, vitae spiritualis exercitia, hoc est legendi, meditandi et operandi studia, quibus et corpus exerceri et mens multum proficere posset, nobis quasi interdicta esse videntur.[157]

Doch sollte man die Tragweite dieser vereinzelt dastehenden Aussage nicht übertreiben, sowenig wie die von Petrus Damiani; das Horarium, über das Boto sich beklagt, hinderte ihn nicht, als vielbeschäftigter Kopist tätig zu sein und eigene Werke zu verfassen. Auch wissen wir, daß es in Prüfening keineswegs an literarischer Produktion mangelte.[158] Es ist zumindest recht interessant hervorzuheben, daß diese Erklärung über die nachteiligen Auswirkungen der Liturgie auf das geistige und kulturelle Leben nicht Cluny betreffen, sondern ein Reichskloster.

Bei der Frage der langen Dauer der Gottesdienste in Cluny drängen sich einige Beobachtungen auf, die zweifellos in weitem Umfange auch für alle anderen Klöster, die deutschen Reichsklöster inbegriffen, zutreffen. Es war ja keineswegs das Ziel, den allgemeinen Gebetsdienst so weit auszudehnen, daß er zu einer Art von *laus perennis* wurde, die durch die ständige Anwesenheit der Mönche erreicht wurde. Das war niemals der Fall gewesen, und selbst in den wenigen Klöstern und während der kurzen Zeitspannen im 6. bis zum 8. Jahrhundert, in denen die *laus perennis* Brauch ge-

---

[156] Über die literarische *exaggeratio* finden sich Angaben in meinen Arbeiten: Aspects littéraires de l'œuvre de S. Bernard, in: Cahiers de civilisation médiévale, Bd. I (1958), S. 445—449, und: Grammaire et humour dans les textes du moyen âge, in: Annales de la Société royale d'archéologie de Bruxelles, Bd. L (1951), S. 150—156.

[157] De Domo Dei, ed. in Maxima Bibliotheca Patrum, Bd. XXI, Lyon 1677, S. 502 C.

[158] Vgl. R. Bauerreiss, Kirchengeschichte Bayerns, III, St. Ottilien 1951, S. 140—141.

wesen war, war sie doch auf Gruppen von Mönchen verteilt gewesen, die sich im Lauf des Tages ablösten.[159] Auch ist an keiner Stelle gesagt, daß die ununterbrochene gottesdienstliche Feier für das Heil der Seele oder der Kirche als notwendig erachtet wurde. Doch hatte sich im Lauf von Generationen die Zahl der *psalmi familiares* und anderer von Gönnern für private Intentionen verlangten Gebete beträchtlich vergrößert.[160] Diese Gebete waren Konventualverpflichtungen der Klostergemeinschaft als Ganzes, doch brauchte diese nicht bei jedem Gebet vollzählig anwesend zu sein, sondern konnte dieses von einer Gruppe von Mönchen erledigen lassen. Die in den Consuetudines gebräuchliche Terminologie unterscheidet zwischen den *horae regulares,* die die Regula vorschreibt, und allen übrigen Gebeten. Der tägliche Gottesdienst wurde gesungen und zelebriert, während die meisten anderen Gebete gesprochen wurden; hierunter fielen jene Gebete, zu denen das Kloster durch besondere Persönlichkeiten verpflichtet war, sowie Gebete, die ursprünglich privater Natur gewesen waren, diesen Charakter zwar bewahrt hatten, jedoch einfach gemeinsam gebetet wurden. Von diesen stummen Privatgebeten, zu denen sich die gesamte Klostergemeinschaft am selben Ort zusammenfand, im Chor, der sozusagen der am häufigsten aufgesuchte Treffpunkt der Mönche war, hatten sich übrigens einige erhalten. Im Chor wurden ebenfalls die privaten Andachten vor der Terz gemeinsam gehalten: „Cum autem tempus fuerit horae tertiae..., eant in ecclesiam et faciant orationes in choro."[161] Andere Privatgebete wurden etwa um dieselbe Zeit gemeinsam verrichtet, und wenn nicht im selben Raum, so doch zumindest im selben Gebäude, das groß genug war, so daß jeder Mönch seine Andacht für sich allein halten konnte. So

---

[159] Hinweise darauf in meiner Abhandlung: Une parenthèse dans l'histoire de la prière continuelle: la „laus perennis" du haut moyen âge, in: La Maison-Dieu, Nr. 64, 1960, S. 90—100.

[160] Mit *psalmi familiares* bezeichnete man die Gebete für jene Freunde und Gönner des Klosters, die man *familiares* nannte; vgl. Du Cange, Glossarium, hrsg. von Favre, Bd. III, Sp. 410, zu dem Wort *Familiares,* und Bd. VI, Sp. 551, zu *Psalmi familiares.*

[161] Consuetudines B, Ms. Barb. lat. 477, f° 111. Ähnliche Formulierungen in BB', 7, hrsg. von Albers, Bd. II, S. 6; 27, S. 23; 35, S. 26.

geschah es z. B. nach der Morgentoilette: „Expleto matutino, eant in dormitorio, et calcient se, et postea lavent manus et facies, et redeant in ecclesiam, et faciant orationes, et sedeant ibi usque ad lucem diei." [162]

Darüber hinaus gibt die Tatsache zu denken, daß die nächtlichen Gebete im Sommer erheblich kürzer waren als im Winter; zu einer Zeit, in der die Beleuchtung noch etwas Seltenes und Kostspieliges war, bot die Teilnahme an den gemeinschaftlichen Gottesdiensten im Winter die einzige Möglichkeit, eine große Anzahl von Menschen zu beschäftigen. An Festtagen jedoch, auch im Winter, wenn der tägliche Gottesdienst selbst länger dauerte, entfiel natürlich ein Teil der zusätzlichen Gebete, die an gewöhnlichen Wochentagen, vor allem nachts, die Zeit ausgefüllt hatten. Es ist mehr als einmal eine Liste der zusätzlichen Leistungen zum Gottesdienst aufgestellt worden. Doch wäre es ebenso aufschlußreich, einmal alle diejenigen Stellen aufzuführen, an denen von Erleichterungen und Kürzungen der liturgischen Verpflichtungen die Rede ist:

Festivitate Omnium Sanctorum, remaneant illi duo psalmi quos solent dicere in duodecim lectionibus, propter officium quod faciunt in nocte. Similiter remaneant processiones quae solent celebrari ...[163] Officium mortuorum non debent dicere nec in Vigiliis, nec in die post vesperas, sicut solent dicere privatis diebus ...[164] Non debent facere processionem nec vigiliam mortuorum ...[165] Tunc etiam remaneant illi psalmi tri-

---

[162] Ms. Poppi 63, f° 6ᵛ. Hier ist die Rede vom Anziehen der Schuhe nach den Laudes, wie an anderer Stelle (BB', Albers, Bd. II, S. 11 und 28) vom Ablegen der Schuhe *(discalceare)* nach der Vesper und vor dem Totenoffizium; dies geschah nicht etwa, weil man es mit nackten Füßen feierte, sondern weil man um diese Zeit die Schuhe, die tagsüber getragen wurden, auszog und die *nocturnales,* das heißt Hausschuhe oder Pantoffeln anzog; vgl. Du Cange, Glossarium, Bd. V, c. 600.

[163] Ms. Barb. lat. 477, f° 112ᵛ.

[164] BB', Albers, Bd. II, S. 14. Falls man nicht annehmen will, daß der Schreiber sich widersprochen hat, so scheint die Vermutung berechtigt, daß das Totenoffizium auf die Zeit nach den Laudes verlegt worden war oder daß es in jenen Jahren nicht Pflicht war, daran teilzunehmen.

[165] Ms. Barb. lat. 477, f° 121. BB', Albers, Bd. II, S. 16.

Geschichte des Lebens in Cluny 309

ginta ...[166] Psalmodia quoque non dicatur post matutinum ...[167] Non debent dicere nisi solummodo matutinum mortuorum ...[168] Unter dem Abbatiat des hl. Hugo, als die zusätzlichen liturgischen Leistungen durch solche Ausnahmen eingeschränkt wurden, bezeichnen die Consuetudines des Udalrich ganz allgemein jene Tage, an denen die Zahl der vorgeschriebenen Zusatzpsalmen verringert werden sollte: „nunc in aestate, propter noctium brevitate; nunc pro diebus paschalibus et octavis; nunc pro eo quod fiunt duodecim lectiones." [169] Das Totenoffizium war schon von dem hl. Maiolus verkürzt worden.[170] In der Praxis bestand eine Überlastung mit Gebetsdiensten nur im Winter und an Festtagen.[171]

Das liturgische Horarium ließ also freien Raum für Arbeit und Gebet. Udalrich berichtete, daß in Cluny oft, sogar ziemlich oft gearbeitet wurde: „in loco ieiunii aliquod opus manuum saepius agitur a nobis." [172] Auch an anderer Stelle wird das opus manuum beiläufig erwähnt als einer jener Umstände, die das Abhalten eines Kapitels mit den Kindern gelegentlich verhindern.[173] Über das Beten gibt es zahlreiche Texte. Zur Zeit der stärksten Auswüchse in der Liturgie sprach Petrus Venerabilis häufiger vom Gebet als von der Liturgie, jedoch nicht etwa, weil er diese beiden Formen geist-

[166] Ms. Barb. lat. 477, f° 121.
[167] Ibid., f° 123ᵛ.
[168] Ms. Poppi 63, f° 15ᵛ, Diese Liste von Zitaten läßt sich beliebig verlängern.
[169] Udal., I, 4; PL, Bd. CXLIX, Sp. 647 C.
[170] „Nam maiores nostri, eo tempore quo in nocte non gerebatur officium sicut geritur in hyeme, ipsum officium in diebus dominicis et in aliis quibus duodecim lectiones fiebant, non omiserunt agere post coenam, ne pro una die solemni duo officia remenerent. Quod cernes sanctus Maiolus aliquando Fratribus esse maxime in tali die onerosum, pro ipso officio constituit ut post singulas horas duo Psalmi dicerentur 119 et 141" (ibid., S. 38).
[171] Man gibt auch lediglich eine Teilansicht vom „Tagesablauf eines Cluniazensers", wenn man sich für seine Rekonstruktion nur daran hält, wie ein solcher Tag im Winter ausgesehen haben könnte, zumal der Winter in Burgund nicht die längste Jahreszeit ist.
[172] Udalr., I, 29; PL, Bd. CXLIX, Sp. 575 C.
[173] Udalr., III, 8; PL, Bd. CXLIX„ Sp. 744 B.

licher Aktivität voneinander trennte, wie wir es heute zu tun geneigt sind. Es ist hier nicht der Ort, auf diesen Punkt näher einzugehen.[174] Zumindest sei festgehalten, daß P. Salmon, der Verfasser einer Geschichte der Messe und Fachmann auf diesem Gebiet, von der cluniazensischen Liturgie in differenzierenden Ausdrücken sprach.[175] Wahrscheinlich kann man das folgende Urteil von G. de Valous unterschreiben:

Die Cluniazenser waren niemals Gelehrte; aber auch wenn sie nur Liturgiker waren, bedurften sie doch, um Gott in angemessener Weise loben zu können, einer verhältnismäßig umfassenden Bildung, die erst nach ziemlich langem Studium zu erwerben war.[176]

Diese beiden Feststellungen — das Fehlen einer 'Gelehrten'-Wissenschaft und das Vorhandensein einer echten Bildung bei der Gesamtheit der Mönche — treffen sowohl für Gorze als auch für Cluny zu.

Schlußfolgerungen: Mannigfaltigkeit und Freiheit

Am Schluß dieser Abhandlung, die sich oft mit Detailfragen befaßte, können wir leider nicht behaupten, alle Probleme restlos geklärt zu haben. Ein großer Teil von ihnen bleibt im Dunkel, wie es immer geschieht, wenn es um die Geschichte menschlicher Probleme aus weit zurückliegenden Zeiten geht, über die wir nur spärliche Quellen haben und von denen uns tiefgreifende Unterschiede

---

[174] In meinen Arbeiten: Culte liturgique et prière intime dans le monachisme au moyen âge, in: La Maison-Dieu, Nr. 69, 1962, S. 39—55, und Pierre le Vénérable, St-Wandrille 1946, S. 317—321, habe ich Belege dafür aufgeführt.

[175] La prière des heures, in A. G. Martimort, L'Église en prière, Paris 1961, S. 836.

[176] „Les clunisiens ne furent jamais des savants, mais quand ce n'aurait été qu'en qualité de liturgistes, il leur fallait, pour bien louer Dieu, une culture générale relativement étendue et assez longue à acquérir." G. de Valous, Le monachisme clunisien des origines au XVe s., Bd. I, Paris-Ligugé 1935, S. 315.

psychologischer Art trennen. Doch sollten wir wenigstens unsere Unkenntnis nicht hinter lauten Worten verbergen, nicht Tatsachen, deren Kenntnis sich uns entzieht, durch gefällige Phrasen ersetzen und nicht die menschlichen Gemeinschaften entpersonalisieren und auf ein dürres Schema reduzieren. „Man sammelte Bücher, man reformierte, man erwarb in einem fort Latifundien, man errichtete riesige Bauwerke, man wollte pausenlosen rituellen Dienst."[177] Lebte man auch, betete man, dachte man, liebte man? Und wer war dieser anonyme „man"? Hat er existiert?

Die Quellen enthalten viele Hinweise, die es erlauben, an die Stelle von starren abstrakten Begriffen und 'Ismen' wie Ritualismus und Antifeudalismus Bilder vom Leben selbst zu setzen, die voller Bewegung und Lebensfreude sind, ohne die sich nichts Großes entwickeln und bewahren kann. Muß etwa die Feststellung, daß es in Cluny Dispense und Übertretungen der Regula gab, eine besondere Regelwidrigkeit in der cluniazensischen Observanz bedeuten? Doch nicht unbedingt, denn ein Stück Unzulänglichkeit haftet allem Menschlichen an. Wenn die Vorschriften für den Durchschnittsmönch aller Zeiten unerträglich wurden, rächte sich das Leben und zerbrach sie. In Cluny jedoch war dieses Element von Unvollkommenheit in der Erfüllung der Aufgaben vorausgesehen und bildete einen Bestandteil der Vorschriften; es ist ohne Zweifel diese Tatsache, die es möglich machte, daß sich die cluniazensische Bewegung so weit über Zeit und Raum ausdehnen konnte. In Cluny gab es, wie in allen Klöstern, Platz für die Schwachen und für die Eiferer, so wie es die Regel des hl. Benedikt vorsah.[178] Tatsächlich haben nur wenige Klöster so lange eine Wirkung gehabt wie Cluny: Drei außergewöhnliche Jahrhunderte im Hochmittelalter sind viel,

---

[177] Theologische Revue, loc. cit., Sp. 70. Die Erwähnung der „riesigen" Bauwerke ist besonders unangebracht; denn fast alle von Cluniazensern außerhalb von Cluny errichteten Kirchen waren von bescheidenen Ausmaßen und außerordentlicher Schlichtheit, wie viele der heute noch in Burgund, in der Auvergne und in anderen Gebieten erhaltenen Kirchen es beweisen.

[178] „Sit et fortes quod cupiant, et infirmi non refugiant" (Reg. S. Bened., c. 54, 19).

und was danach folgte, darf auch nicht gering eingeschätzt werden. Dies aber setzt eine gewisse Treue aller Generationen voraus, sowie eine angemessene Bildung, die allen Mönchen zu allen Zeiten gleichermaßen gewährt wurde, und eine Lebensform, die ihre Proben bestanden hatte, die gelebt werden konnte und gelebt worden war. Wenn die Vorschriften und Einrichtungen Clunys schon zu Lebzeiten von Udalrich, Bernard und Petrus Venerabilis so viel an humanem Geist in sich trugen, wie mußte es erst zur Zeit des hl. Odo ausgesehen haben, als die Regelung durch Gesetze und Vorschriften noch nicht so weit entwickelt gewesen war?

Ein gewisses Maß an Freiheit war dem Gewissen eines jeden vorbehalten. Es gab Dinge, die man nur tat, „wenn man wollte": „Cantent psalmodiam quae remansit", wird von jenen berichtet, die, mit der Bereitung der Hostien betraut, von bestimmten Pflichten entbunden waren und die *si voluerint*, horas de S. Maria" sangen.[179] Wo es sich um die notwendige Pflege der Gesundheit handelte, entsprach die Möglichkeit, den Zeitpunkt dafür selbst zu bestimmen, den Bedürfnissen, die sich aus dem Zustand des einzelnen ergaben; und das konnte einen Dispens vom Chor bewirken. Über den Aderlaß heißt es z. B., daß er gewöhnlich nach der Verlesung des Evangeliums der *missa maior* vorgenommen wurde; aber man konnte auch außerhalb der vom Konvent festgesetzten Tage darum bitten: „Si quis autem ex fratribus sibi sanguinem voluerit minui..."[180] So konnte man auch erreichen, daß der Aderlaß auf eine andere Stunde verlegt wurde: „nisi aliquis magister velit post Nonam..."[181] Es braucht nicht eigens betont zu werden, daß die Krankenpfleger insgesamt dispensiert waren. Es gab hygienische Maßnahmen, die man ergriff, wann es einem paßte: „aliquando, si voluerit... exit pro corporis necessitate."[182] Die Consuetudines von Fruttuaria enthalten eine lange Äußerung über die Vorstellung, die man sich in diesem Kloster, wie zweifellos auch in Cluny, von der Liturgie machte:

---

[179] Udalr., III, 13; PL, Bd. CXLIX, Sp. 758 A.
[180] Antiq. C, I, 33, Albers, op. cit., Bd. II, S. 33.
[181] Bern., I, 29; S. 212.
[182] Udalr., II, 16; PL, Bd. CXLIX, Sp. 708 B.

Si vero ad secundum Nocturnum vel ad Laudes potius hoc facere illis placuerit, non reprehenditur, ita tantum agant *ut chorus non multum evacuetur ab his qui opus Dei facere debent.*[183]

Eine solche Äußerung läßt an die von den Mönchen im Orient geübte Praxis denken.[184] Der Gottesdienst war mehr eine Angelegenheit der Gemeinschaft als der einzelnen Mönche, von denen jeweils einige ihn zu bestimmten Zeiten versehen „mußten". Es genügte, daß immer die vorgeschriebene Anzahl von ihnen anwesend war.

Man könnte die Liste solcher Einschiebsel wie *qui voluerint, quibus placuerit* noch beliebig verlängern.[185] Wo viele Mönche lebten, mußte die Institution geschmeidig bleiben, und die Pflichten mußten aufgeteilt werden. Als Petrus Venerabilis feststellte, daß nicht alle Mönche das ganze Offizium der Heiligen Jungfrau im Chor beten konnten, ordnete er an, daß es in der Krankenkapelle zelebriert werden konnte, wie es inzwischen Brauch geworden war:

Quia eius horae in conventu publico propter fratrum numerositatem et officiorum multiplicitatem, brevitate temporis prohibente, cantari non poterant, saltem in capella ipsius a paucioribus ex integro cantarentur.[186]

Wenn man aber schon dem einzelnen eine gewisse Freiheit ließ, um wieviel mehr erst den an Cluny angeschlossenen Häusern: „Si ordinem nostrum per omnia tenere volueris ..."[187] Sunt aliae antiphonae ... cum quibus quoties istas mutare volueris, nihil video inter-

---

[183] Consuetudines Fructuarienses, Albers, op. cit., Bd. IV, 1911, S. 89.

[184] Auf die Verbindung mit der orientalischen Liturgie war schon von G. Schreiber, Gregor VII. ..., S. 164, hingewiesen worden.

[185] In einem einzigen Absatz von Bern., I, 3; S. 142, findet sich zweimal *qui voluerint* und einmal *quibus placuerit*. Ebenso aufschlußreich ist eine Entgegnung Udalrichs zur Frage der *tres orationes*, die vor den Offizien gebetet wurden: „Certe, quod ego sciam, nullus modus certus est eis praefixus, quia non communiter fiunt et unusquisque, cum primum venerit in ecclesiam, facit eas singulariter et separatim; unus tamen seniorum novitium me docuit ut septem psalmos dicerem inter ipsas tres orationes;

[186] Statuta, 60; PL, Bd. CLXXXIX, Sp. 1041 D—1042 A.

verum quisque quod voluerit oret ..." (Udalr., I, 18; PL, Bd. CXLIX, Sp. 667 B.)

[187] Udalr., I, 41; PL, Bd. CXLIX, Sp. 686 C.

esse...", erklärte Udalrich.[188] Und Petrus Venerabilis, der doch die Bräuche von Cluny auf die von ihm abhängigen Klöster übertrug, schrieb in dem bereits zitierten Text aus seinen Statuten: „Quia hoc in nullis Cluniacensibus monasteriis, praeter Cluniacum, servabatur, hoc institutum est..."[189] Rodulf Glaber berichtet seinerseits, daß der hl. Odilo die in Cluny weilenden Spanier ermächtigte, das Fest der *Expectatio partus* ihrem Kalender gemäß schon im Dezember zu feiern, anstelle des Festes Mariä Verkündigung, das in Cluny am 25. März gefeiert wurde.[190] Und schließlich bleibt zu fragen, in welchem Maße die Bräuche von Cluny in den cluniazensischen Klöstern, auch in den größeren, befolgt wurden. Eine Antwort darauf werden wir nur durch Einzeluntersuchungen, soweit sie überhaupt möglich sind, erhalten können. Aber ob in Italien oder in England, in Spanien oder in Deutschland, in Aquitanien, in Mittelfrankreich, in der Provence oder der Normandie, überall bewirkten die Eigenarten des Landes und seiner Bewohner, die örtlichen Traditionen, ganz zu schweigen vom Klima, zahlreiche Nuancierungen des cluniazensischen Mönchtums, die sicher ebenso schwerwiegend waren wie die zwischen Gorze und Cluny oder die innerhalb der Gorzer Filiationen. Umgekehrt: Welche Unterschiede lassen sich zwischen cluniazensischen und nichtcluniazensischen Klöstern ein und derselben Landschaft feststellen, z. B. im Reimser Land zwischen den Prioraten von St. Rémy und denen von Cluny? Ohne Zweifel haben Klöster verschiedener Observanz, deren Mönche aber vorwiegend aus derselben Landschaft stammen, mehr Ähnlichkeit miteinander, als jedes einzelne von ihnen mit seinem Hauptkloster hat. Wie kann man überhaupt einen so wichtigen und zugleich so schwer zu fassenden Faktor wie die Mentalität der Bewohner eines Klosters ermessen? Ist dies aber nicht möglich, so sollte man zumindest sich eines Urteils enthalten und keine bloß

---

[188] Udalr., I, 57; PL, Bd. CXLIX, Sp. 695 C.
[189] Statuta, 67; PL, Bd. CLXXXIX, Sp. 1044 B; siehe oben S. 286.
[190] Historiae, III, 3; PL, Bd. CXLII, Sp. 651. M. Robin macht darauf aufmerksam, daß die Regula von Cluny nicht unbedingt mit aller Strenge in Spanien und auch nicht in Deutschland eingeführt wurde (M. Robin, Bernard de la Sauvetat, abbé de Sahagun, archevêque de Tolède [v. 1040 ou 1124], in: École des chartes, Positions des thèses, 1907, S. 163).

theoretisch begründeten Vergleiche anstellen. Die Mentalität eines Cluniazensers der Champagne oder der Picardie war ganz und gar nicht dieselbe wie die eines burgundischen oder prozenzalischen Cluniazensers.

Cluny unterstützte also bei den Individuen wie bei den Gemeinschaften jene geistliche Freiheit, ohne welche die rechtliche Freiheit ihr Ziel verfehlt haben würde. Syrus sagte von dem hl. Maiolus, er habe die Söhne des hl. Benedikt „auf den Flügeln der Freiheit" [191] zu Gott geführt. Gab es Freude in Cluny? Die durch die lange Dauer der Liturgie hervorgerufene Ermüdung und das *taedium* waren offen zugegeben worden. Noch heute wäre es ungerecht, wollte man den Anteil an Askese, der im Choralgebet inbegriffen ist, verkennen; nicht jeder kann sich dabei immer für alles begeistern. Tatsächlich stammen die wenigen Texte, in denen von Langeweile und Überdruß die Rede ist, aus jener späten Zeit, als Petrus Venerabilis als Heilmittel dagegen die Einschränkung der gottesdienstlichen Leistungen verordnete.[192] Ist es denn verwunderlich, daß, wie in anderen Klöstern, auch in Cluny Maßnahmen gegen die Schläfrigkeit im Chor ergriffen wurden?[193] Überall gab es den 'circator', der mit einer Laterne durch den Chor ging und die Schlafenden

---

[191] Vita Maioli, I, 1; PL, Bd. CXXXVII, Sp. 747 A.

[192] „Propter taedium cantantium altero breviorem edidi", schrieb Petrus Venerabilis zu einer neuen Hymne, die er zu Ehren des hl. Benedikt verfaßt hatte (Epist., 4, 30; PL, Bd. CLXXXIX, Sp. 360). „Causa instituti huius fuit taedium prolixitatis multiplicium adiectionum, quae a diversis diverso tempore officiis ecclesiasticis additae sunt ... Cuius taedii, ut aliqua relevatio fieret ..., hoc statutum est" (Petrus Venerabilis, Statuta, 67; PL, Bd. CLXXXIX, Sp. 1044 B). Über eine weitere Erleichterung heißt es: „Causa instituti huius fuit laboriosa, immo pluribus odiosa psalmorum familiarium paulatim multis de causis adaucta multiplicitas" (Statuta, 31, Sp. 1034 C). Schon Udalrich schrieb über die lange Dauer der Gottesdienste: „non minus graves sunt ad audiendum quam massa plumbea fore solet ad portandum" (Udalr., I, 41; PL, Bd. CXLIX, Sp. 688 A). Als einen außenstehenden Zeugen für die übertriebene Länge der Liturgie und das taedium in Cluny kann Peter von Blois aus dem 12. Jahrhundert zitiert werden (Epist., 86; PL, Bd. CCVII, Sp. 270 B; Epist., 97, Sp. 306 A).

[193] Udalr., II, 8; PL, Bd. CXLIX, Sp. 706 AB.

weckte. Wer von uns würde das nicht verstehen? In einer dunklen, nur von einer Leselampe erleuchteten Kirche tat es gut, sich vor der Kälte in die dichte wollene Kutte zu hüllen und sich der Müdigkeit hinzugeben. In einem Text, dessen menschlicher und demütiger Gehalt von besonderem Reiz ist, gestand Udalrich, wie er von seiner frommen Andacht oft abschweifte:

Fratres autem de ecclesia S. Mariae exeuntes ... revertuntur in chorum et singuli sedent in sedili suo ... Unusquisque facit quod sibi videtur vel quod potuerit. Nam ut mei ipsius exemplo meminerim, erat aliquando quod intentius orabam, aliquando quod psalmos ruminabam, aliquando quod somno adeo gravatus eram, ut ita sedens vellem nollem dormitarem. Sed si quis voluerit secretius orare, surgit et secedit ad aliquod altare ... In qua habitudinis diversitate fortassis plures non sunt mei dissimiles.[194]

Doch neben den Erwähnungen von Müdigkeit gibt es auch Texte, und zwar viel zahlreichere, in denen deutlich von dem Glück, in Cluny leben und Gott mit Eifer, *alacriter,* loben zu können, gesprochen wird.[195] Gewiß war, nach einem Wort des hl. Hugo, das Kloster in Cluny als die Zuflucht für reuige Sünder, als *asylum paenitentium,* gedacht; aber darin lag nichts Ungewöhnliches, kein besonderes Kennzeichen von Bußcharakter, der etwa in jenen Zentren literarischer Produktion gefehlt hätte, als welche die von Gorze aus entstandenen Klöster hingestellt werden.[196] Vom gleichen hl.

---

[194] Udalr., I, 41; PL, Bd. CXLIX, Sp. 687 B.

[195] „Cum angelicis spiritibus alacriter solemnizare" (Petrus Venerabilis, De miraculis, I, 15; PL, Bd. CLXXXIX, Sp. 880 B.

[196] „Diesem Nichts stand, wie man es im 12. Jahrhundert ausdrückte, der magnus continuus des liturgischen Tagewerks gegenüber (PL, Bd. CLXXXIX, Sp. 1043 C), das Kluny nach einem Wort des hl. Hugo eher als asylum penitentium (PL, Bd. CLIX, Sp. 932 A), als zum schöpferischen Schreibzentrum werden ließ" (Theologische Revue, loc. cit., Sp. 70—71). Der hier angezogene Text ist ein Brief, in dem der hl. Hugo dem König Philipp I. von Frankreich mitteilt, daß dieser, falls er Mönch in Cluny werden wolle, dort aufgenommen und als König behandelt werden würde: „Et nos parati sumus vos ut regem habere ...". In diesem Textzusammenhang konnte nicht von der Kopistentätigkeit die Rede sein; außerdem gab es die Bezeichnung eines Klosters als einen Ort, an dem „Büßer" lebten, das heißt Menschen, die nach einem Wort des hl. Hugo die „conversio perfecta" vollzogen hatten, überall und in allen Epochen

Hugo wird berichtet, „daß er die monastische Disziplin so weitgehend milderte, daß sogar die an Annehmlichkeiten Gewöhnten unter den Mönchen sie ohne Klagen, sine querela, ertragen konnten." [197] Tatsächlich wurden überlange Lektionen und Liturgie durch Gewährung von zusätzlichem Schlaf ausgeglichen: „idcirco potuimus cum alacritate et cum aliqua devotione vigiliis interesse, nec erat necesse somno satiatis iterum in ecclesia somno gravari." [198] Und Udalrich sagt noch an einer anderen Stelle: „ne putes nos ultra modum vigiliis gravari." [199]. Warum weigert man sich eigentlich, Erklärungen dieser Art zur Kenntnis zu nehmen? Sie machen wahrscheinlich, was Petrus Venerabilis zu wiederholten Malen behauptete, daß manche Mönche ihren Schlaf verkürzten, um noch mehr Zeit zum Beten zu haben: „Praeterea quosdam, nocturnis horis, aliis quiescentibus, sancte orationum furta quaerentes et, eadem causa, claustrum et ecclesias peragentes..." [200] Halten wir bei die-

des Mönchtums. Texte zu dieser Frage habe ich zusammengestellt in meiner Abhandlung: Le baptême des pénitents, in La vie parfaite, Turnhout 1949, S. 133—141. Die ersten im Zitat erwähnten Ausdrücke des *magnus et continuus labor* beziehen sich nicht auf die liturgische Belastung des einzelnen Tages, sondern auf die Observanz insgesamt; in dem vorangehenden Statut wird das liturgische Offizium nicht gekürzt, sondern „gemildert" durch die Tatsache, daß es „denen, die es wollen" — beachten wir wieder diesen Ausdruck — erlaubt wurde, sich zu setzen; *qui sedere voluerint, sedeant*. Ich zitiere hier den ganzen Satz, dem die irreführende Formulierung entnommen ist: „Causa instituti huius fuit ut magnus et continuus labor Cluniacensis conventus hac quantulacumque remissione relevaretur" (Petrus Venerabilis, Statuta, 65; PL, Bd. CLXXXIX, Sp. 1043 C). Das Wort *labor* ist einer jener traditionellen Begriffe, mit denen man die mönchische Askese insgesamt bezeichnete; schon in den Apophtegmata Patrum (PG, Bd. LXV, Sp. 215 C) heißt es auf die Frage *Quid est monachus?: Est labor quia monachus in omni opere laborat*. Vgl. ibid., Sp. 422 A: „Agon est et labor magnus..."

[197] Hildebert von Le Mans, Vita S. Hugonis, 6; PL, Bd. CLIX, Sp. 885 C.
[198] Udalr., I, 41; PL, Bd. CXLIX, Sp. 688 B.
[199] Udalr., I, 18; PL, Bd. CXLIX, Sp. 668 B.
[200] De miraculis, I, 17; PL, Bd. CLXXXIX, Sp. 883 A. „Non ei dies ad orationem, non nox sufficere potest" (ibid., I, 18; Sp. 883 C), heißt es

ser letzten Textstelle fest, daß hier von „Kirchen" im Plural die Rede ist. In den verschiedenen Kapellen wurden tagsüber gleichzeitig die gemeinschaftlichen Gebete verrichtet; daher konnte nicht jeder Mönch bei allen anwesend sein; in der Nacht wurden diese Kapellen ebenso wie die Claustra von den eifrigsten Mönchen häufig aufgesucht.

Was die Zeitgenossen mit ihren eigenen Augen gesehen und uns berichtet haben, erfüllt unter unseren Augen die cluniazensischen Bauten mit Leben. Wir sehen die Mönche, wie sie wirklich waren, die Schwachen und die Tapferen, die Eifrigen und die Müden, so wie es die Regula des hl. Benedikt voraussah. Gerne würden wir alle Einzelheiten aus dem Leben dieser Mönche kennen und genau beschreiben können. Wo uns das aber nicht möglich ist, sollten wir unsere Unkenntnis eingestehen. Was uns jedoch an Informationen darüber zur Verfügung steht, sollten wir keineswegs aus den Augen verlieren und nicht an die Stelle von konkreten Tatsachen abstrakte Mythen, gewaltsam konstruierte Gegensätze und unkontrollierte Gemeinplätze setzen. Bewahren wir uns die Achtung vor den Nuancen und vergessen wir niemals, daß am Ende jeder Analyse als Stoff und Gegenstand der Geschichte der Mensch steht.

über den Novizen Armannus; „Quando enim ad altaria occulte confugere poterat, quiescendi necessitate vix aliquando lecto retinebatur" (ibid., I, 20; Sp. 886 C), wird von dem Mönch Benedikt berichtet.

Von allen Consuetudines enthält die des Bernard die meisten konkreten, oft sehr anschaulichen Details über „das tägliche Leben in Cluny"; doch konnten sie in diesem Zusammenhang nicht angeführt werden, noch konnte eine Gesamtuntersuchung über „das Gebetsleben in Cluny" hier unternommen werden, was einer späteren Zeit vorbehalten bleiben muß.

VON CLUNY ZUM INVESTITURSTREIT

Von Hartmut Hoffmann

Seit Ernst Sackur 1892/4 sein zweibändiges Werk über die Cluniazenser veröffentlichte,[1] hat sich in der Wissenschaft die Überzeugung durchgesetzt, daß Cluny nicht die Schuld am Investiturstreit trägt. Doch dieser Consensus darf nicht darüber hinwegtäuschen, daß mit der neuen Lehre auch neue Schwierigkeiten aufgetaucht sind. Sackur hatte nämlich für das Problem nur eine negative Antwort gefunden: Indem er die burgundische Reform als konservativ kennzeichnete, ließ er die Frage nach den Urspüngen der gregorianischen Revolution offen. Es trifft ihn darum kein Vorwurf; denn sein Buch hatte ja nicht die römische Kurie, sondern die Klosterreform zum Gegenstand. In dieser Sicht erschienen monastische und allgemein-kirchliche Erneuerung unvermittelt nebeneinander oder nacheinander, obwohl doch niemand leugnete, daß die zweite ohne die erste nicht möglich gewesen ist: es sei hier nur an das Vordringen des Mönchtums in die höchsten Positionen bereits am Vorabend des Investiturstreits erinnert! Eine Zeitlang machte man dann die sogenannten lothringischen Rechtsschulen zum Ausgangspunkt der neuen päpstlichen Forderungen; aber diese besonders von Augustin Fliche[2] vertretene Meinung haben Gerd Tellenbach[3] und Johannes Haller[4] mit Entschiedenheit zurückgewiesen; sie sahen ihrerseits im Investiturstreit das Ergebnis einer

---

[1] E. Sackur, Die Cluniazenser in ihrer kirchlichen und allgemeingeschichtlichen Wirksamkeit bis zur Mitte des 11. Jh.s, 2 Bde. (1892/4), bes. II, S. 437 ff.

[2] A. Fliche, La réforme grégorienne I: La formation des idées grégoriennes (1924), bes. S. 126 ff.

[3] G. Tellenbach, Libertas, Kirche und Weltordnung im Zeitalter des Investiturstreits (1936), S. 123 ff.

[4] J. Haller, Das Papsttum ²II (1951), S. 571.

Entwicklung, die sich in Rom unter den unmittelbaren Vorgängern Gregors VII. angebahnt hatte. Von Cluny war in diesem Zusammenhang kaum mehr die Rede. Bloß auf sehr allgemeine Weise streitet man sich neuerdings darum, ob das Kloster „feudal" oder „antifeudal" gewesen sei, — ein Streit, der in einer nicht gerade sehr glücklichen, eher verunklärenden Terminologie geführt worden ist.[5]

Wenn vom Einfluß feudaler Anschauungen auf das Leben der Kirche gesprochen wird, so läßt sich das auf zweierlei Weise verstehen[6]: Entweder geht man davon aus, daß der hochmittelalterliche Adel und die hochmittelalterliche Kirche in ihrer geschichtlichen Erscheinung eng zueinander gehören, daß die herrschenden Schichten in der weltlichen wie in der geistlichen Sphäre aus denselben Adelsgeschlechtern hervorgegangen sind und daß Priester und Mönche auf die feudale Gesellschaft nur einwirken konnten, sofern sie sich deren Denkgewohnheiten mindestens teilweise zu eigen machten. Oder man denkt bei dem Wort „feudal" an etwas sehr viel Spezifischeres, nämlich an das Lehenrecht, und hat dessen Einsickern in die kirchlichen Institutionen im Auge.

Daß in dem ersten, allgemeinen Sinn die Kirche des Hochmittelalters vom Feudalismus geprägt worden ist, bedarf keiner längeren Erörterung. Wie die ganze übrige Geistlichkeit ist auch Cluny in dieser Hinsicht ein Kind seiner Zeit gewesen. Einzelheiten bleiben zu präzisieren, zumal die ständische Zusammensetzung der cluniazensischen Konvente wäre genauer zu erforschen.[7] Doch wissen wir

---

[5] K. Hallinger, Gorze—Kluny, 2 Bde. (1950/1), S. 583 ff., 740 ff. und passim; dazu zuletzt C. Violante, Il monachesimo cluniacense di fronte al mondo politico ed ecclesiastico (sec. X e XI), in: Convegni del Centro di studi sulla spiritualità medievale II. Spiritualità cluniacense (1960), S. 153—242; Th. Schieffer, Cluny et la querelle des Investitures, Rev. hist. 85ᵉ année, t. 225 (1961), S. 47—72.

[6] Allgemein s. O. Brunner, „Feudalismus" — Ein Beitrag zur Begriffsgeschichte, Ak. Wiss. u. Lit. Mainz, Abh. d. geistes- und soz.wiss. Kl., Jg. 1958, Nr. 10, S. 589—627.

[7] Vorläufige Bemerkungen bei A. Schulte, Der Adel und die deutsche Kirche im Mittelalter (1910, Neudruck ³1958), S. 190 f., auch 73; dazu Th. Schieffer, Rev. hist. 225, S. 51. Vgl. auch den Vorwurf, den Gregor VII.

bereits genug, um sagen zu können, daß das Kloster sich der Adelswelt nicht verschlossen, sondern im Gegenteil ihren Geist in sich aufgenommen und an ihrer Formung mitgearbeitet hat.[8] Man mag darüber streiten, ob es aus den genannten Gründen tunlich ist, geradezu von einer „feudalen Einstellung" Clunys zu sprechen (denn die Kirche ist ja immer auch mehr als nur „feudal" gewesen). Wie dem aber sei: wer Cluny in dem erörterten Sinn als feudal bezeichnet, plaudert letzten Endes eine Binsenwahrheit aus. — Man hat schließlich darauf hingewiesen, daß in spätkarolingischer und nachkarolingischer Zeit der Auflösungsprozeß der Gesellschaft sich im geistlichen nicht weniger als im weltlichen Sektor vollzieht: wie die großen Räume staatlicher Verwaltung in immer kleinere Einheiten zerfallen, so stellen sich privilegierte Abteien außerhalb des geschlossenen Verbands der Diözese; wie die Immunität den Grafen, so schließt die Exemption den Bischof aus; das allseits befreite Kloster entspricht der faktisch selbständigen Seigneurie.[9] Doch der Vergleich hinkt. Denn erstens ist Cluny dank der Exemption nicht sich selbst überlassen, sondern dem Papst unterstellt gewesen; zweitens ist das Zusammengehörigkeitsgefühl in der Kirche immer stärker geblieben als im karolingischen Reichsadel; und drittens hat gerade Cluny kraft seiner Ordensbildung[10] der Parzellierung der Gewalten wieder entgegengewirkt. Die Analogie zwischen Kloster und Seigneurie ist also recht unvollkommen. Ja, sie bleibt insofern überhaupt an der Oberfläche, als die scheinbare Unabhängigkeit des Konvents nicht aus seiner natürlichen Autarkie oder aus der Ohnmacht der übergeordneten Instanz entstanden ist (wie das für die Selbstherrlichkeit des Adels zutrifft); vielmehr wurde der Bischof ausgeschaltet, weil dieser selber nur zu oft den „feudalen" Zeitanschauungen verhaftet war, und somit kann man in der Beschneidung seiner Rechte im Grunde bereits eine Wendung gegen die vorherrschenden Tendenzen erblicken.

dem Abt von Cluny machte: *dum satis intendis aulicos nutrire, de rusticis parum tibi est curae*, in: Reg. VI, 17, ed. E. Caspar, MG. Epp. sel. II 2 (1923, Neudruck 1955), S. 423.
[8] Vgl. u. S. 327 ff.
[9] Violante, in: Spiritualità cluniacense, S. 153—242.
[10] S. u. S. 323.

Interessanter ist die zweite Fragestellung. Der Punkt, an dem hier die Verfechter der Feudalismus-These einsetzen, ist das Eigenkirchenwesen.[11] Nach der gängigen Auffassung der vorgregorianischen Epoche hatte jede Kirche einen Herrn und konnte von diesem weitgehend wie ein Vermögensobjekt behandelt werden. Sie geriet damit in Gefahr, anderen Vermögensobjekten, namentlich den lehenrechtlichen Benefizien, gleichgestellt zu werden. Der Herr, der *seine* Kirche an einen Geistlichen vergab, verlangte von diesem nicht selten materielle Dienste, und so ergab sich eine gewisse Ähnlichkeit zum Lehensverhältnis, bei dem der Vasall ein *beneficium* empfing und seinerseits dem *senior* zu Leistungen verpflichtet war. Der Unterschied zwischen kirchlicher und lehenrechtlicher Investitur schien sich zu verwischen. Der Investiturstreit hat es dann mit sich gebracht, daß die Reichskirchenfürsten tatsächlich zu Lehensträgern geworden sind und ihren Platz in der Lehenshierarchie gefunden haben. Allerdings ist selbst hier noch eine Einschränkung zu machen: Während die normalen Lehen im Hochmittelalter gewöhnlich vom Vater auf den Sohn bzw. auf den nächsten Verwandten übergingen, sind die Reichskirchen nicht vererbt worden.

Noch weiter rückt das Eigenkirchenwesen vom Lehnswesen ab, wenn wir diejenigen Kirchen betrachten, die sich in der Hand von Bischöfen oder Äbten befanden. Sie sind erstens nie formell dem Lehenrecht unterstellt worden; und zweitens haben sie im allgemeinen nicht jene militärischen Leistungen erbringen müssen, die für die Vasallität so charakteristisch sind. Bereits Ulrich Stutz hat dargelegt, daß Pfründe und Lehen nicht dasselbe sind, mögen sie auch mit demselben Terminus *beneficium* belegt werden.[12] Der Feudalismus des Mittelalters ist bekanntlich aus einer Verschmelzung des germanischen Gefolgschaftswesens mit dem spätantiken oder früh-

---

[11] Zur Orientierung s. U. Stutz, Die Eigenkirche als Element des mittelalterlich-germanischen Kirchenrechts (1895, Neudruck Wissensch. Buchgesellsch., Libelli Bd. 28, 1955). Die These des germanischen Ursprungs braucht in diesem Zusammenhang nicht diskutiert zu werden.

[12] U. Stutz, Lehen und Pfründe, ZRG. GA. 20 (1899), S. 213 ff.; H. E. Feine, Kirchleihe und kirchliches Beneficium nach italienischen Rechtsquellen des frühen Mittelalters, Hist. Jb. 72 (1953), S. 101—111.

fränkischen Benefizialwesen hervorgegangen.[13] Das Eigenkirchenwesen, das ja viel früher als das Lehnswesen entstanden ist, berührt sich aber zunächst nur mit einem dieser beiden Faktoren: dem Benefizialwesen. Solange es in diesem état pur verharrt, kann bei ihm von Feudalisierung folglich keine Rede sein. Das ist nun genau der Zustand, der im cluniazensischen Bereich anzutreffen ist. Die burgundische Abtei hat eine große Zahl von Klöstern und Pfarrkirchen gemäß dem Eigenkirchenrecht besessen.[14] (Die nur vorübergehend assoziierten Konvente brauchen im vorliegenden Zusammenhang nicht berücksichtigt zu werden, da zwischen ihnen und dem Reformzentrum keine Bindungen eigentumsrechtlicher oder lehenrechtlicher Art bestanden.) Dabei hat sich Cluny die anderen monastischen Gemeinschaften fest untergeordnet und sie auf den Rang von Prioraten hinabgedrückt. Ihr Vorsteher, der Prior, wurde jeweils vom Großabt ernannt, war absetzbar und mußte einen Gehorsamseid leisten.[15] Ebenso legten die Novizen der einzelnen Priorate die *professio* nicht in ihrem Heimatkloster ab, sondern mußten im Prinzip nach Cluny kommen und sich dort vom Großabt in den Mönchsstand aufnehmen lassen;[16] sie traten also zum Haupt ihres Ordens in ein viel engeres Verhältnis, als das etwa zwischen Aftervasall und Oberlehnsherr der Fall war. (Wenn man will, kann man hier höchstens eine vorzeitige Analogie zum lehenrechtlichen Treuevorbehalt sehen, der freilich im westfränkisch-französischen Reich des 10. und 11. Jahrhunderts noch unbekannt gewesen ist.[17]) Es

[13] Zum Folgenden sei nur auf die beiden maßgeblichen Darstellungen von H. Mitteis, Lehnrecht und Staatsgewalt (1933, Neudruck 1958), und F. L. Ganshof, Qu'est-ce que la féodalité? (^{3}1957), verwiesen.

[14] Zum „Orden" der Cluniazenser s. R. Molitor, Aus der Rechtsgeschichte benediktinischer Verbände 1 (1928), S. 111 ff.; G. de Valous, Le monachisme clunisien des origines au XVe siècle (1935), II, S. 1 ff.; J. Hourlier, Cluny et la notion d'ordre religieux, in: A Cluny, Congrès scientifique 1949 (1950), S. 219—26; C. Violante, in: Spiritualità cluniacense, S. 185 ff.

[15] de Valous, I, S. 187 ff.; G. Schreiber, Cluny und die Eigenkirche (in: Gemeinschaften des Mittelalters, 1948), S. 91 f.

[16] de Valous, I, S. 34 ff.

[17] W. Kienast, Untertaneneid und Treuvorbehalt in Frankreich und England (1952), S. 5 ff.

ergibt sich damit, daß die Bindung der Priorate an den Abt von Cluny mit den Normen des Feudalismus nichts gemein hat. Im Gegenteil: die cluniazensischen „Eigenkirchen" (in diesem Fall die Priorate) wurden aus allen feudalen Beziehungen gelöst und in eine straffe monarchische Organisation eingegliedert, die dem lockeren Lehensgefüge weit überlegen war. Nicht nur hatte der Großabt in den Prioraten ganz andere Rechte als ein Herzog oder Graf gegenüber seinen Vasallen: sondern es fehlte im cluniazensischen Bereich vor allem die Weitmaschigkeit des Lehenrechts, die es dem einzelnen Ritter erlaubte, vielerlei Bindungen einzugehen und frühere Verpflichtungen somit zu eskamotieren. Mit Recht hat daher Jean-François Lemarignier die Struktur des Cluniazenserordens als einen Schritt auf dem Weg zu höheren staatlichen Formen bezeichnet.[18]

Während das cluniazensische „Eigenkirchenwesen" nicht als Einfallstor des Feudalismus in Frage kommt, bleibt zu prüfen, ob dieser nicht auf einem anderen Weg in das Reich der Mönche eingedrungen ist. Die burgundische Abtei war selber niemandes Vasall: denn die theoretische Unterordnung unter den König beruhte auf der bloßen Zugehörigkeit zum westfränkischen Reich, und die Beziehungen zu Rom waren ebenso wenig lehenrechtlicher Natur. Wohl aber hat das Kloster selbst Vasallen gehabt, so daß Kassius Hallinger[19] im Hinblick darauf von der „feudalistischen Außenseite" Clunys gesprochen hat. Seine Beispiele stammen allerdings erst aus der 2. Hälfte des 11. Jahrhunderts, und es wäre zu fragen, ob sie sich in die Frühzeit zurückverfolgen lassen. Für das Verhältnis der Cluniazenser zur päpstlichen Reform ist dieser Punkt jedoch unerheblich. Ein der Kirche unterstelltes Lehenswesen steht historisch in keinem Widerspruch zur Entwicklung der *libertas ecclesiae*. In der Praxis verfolgte Gregor VII. das Ziel, nicht so sehr den weltlichen vom geistlichen Bereich zu trennen als vielmehr die Fürsten der kirchlichen Aufsicht zu unterwerfen. Daher ist gerade der Inve-

---

[18] J.-F. Lemarignier, Structures monastiques et structures politiques dans la France de la fin du Xe siècle et des débuts du XIe siècle, in: Settimane di studio del Centro italiano di studi sull' alto medioevo IV: Il monachesimo nell' alto medioevo e la formazione della civiltà occidentale (1957), S. 357—400.

[19] Hallinger, Gorze-Kluny I, S. 548, Anm. 90.

stiturstreit die Zeit, in der sich „das Eindringen des Lehnswesens in das Rechtsleben der römischen Kurie" [20] in besonders starkem Ausmaß vollzieht. Wenn Cluny in dieser Beziehung ähnlich wie das Papsttum handelte, vertrat es also keineswegs einen veralteten Standpunkt. Wie stark oder schwach aber auch die Spuren des Feudalismus in der Abtei und ihren Prioraten gewesen sein mögen: die Stellung der Cluniazenser zur allgemeinen Kirchenreform wird davon nicht betroffen.

*

Wenn jetzt nochmals die fast leidige Frage gestellt wird: „Welche Bedeutung kam Cluny in der Vorgeschichte des Investiturstreits zu?", so geben dazu drei Beobachtungen den Anlaß. Erstens lassen sich um die Mitte des 11. Jahrhunderts gerade im deutsch-französischen Grenzgebiet Stimmen vernehmen, die das System der königlichen Kirchenherrschaft kritisieren; und zwar geschieht dies hier früher als anderswo. Die Tragweite der geäußerten Kritik ist verschieden eingeschätzt worden, doch darf man sie nicht gänzlich bagatellisieren. Zweitens ist das geistige Klima, in dem allein erst der Konflikt zwischen *regnum* und *sacerdotium* möglich wurde, in Rom von jenen lothringischen Reformern erzeugt und heraufgeführt worden, die mit Leo IX. am Tiber Einzug hielten; es drängt sich daher die Frage auf, ob nicht der Ursprung der neuen Ideen in dem Land ihrer Herkunft zu suchen ist. Drittens bleiben schließlich die Beziehungen zwischen Rom und Cluny selbst während des Investiturstreits bemerkenswert intensiv. Zwar hat man immer wieder die „Neutralität" der Großäbte hervorgehoben; doch andere Momente lassen einen stärkeren gregorianischen Einschlag in dem Kloster vermuten.

Was Cluny in der geistig-politischen Entwicklung des 10. und 11. Jahrhunderts vor allem auszeichnete, waren zwei Dinge: seine Unabhängigkeit und seine Weltoffenheit. Schon bei seiner Gründung im Jahre 910 war das Kloster direkt dem Papst unterstellt worden, und im Laufe der nächsten 100 Jahre vollendeten

[20] K. Jordan, Archiv f. Urkundenforschung 12 (1932), S. 13—110.

weitgehende Exemtionsprivilegien seine Selbständigkeit.[21] Der Bischof von Mâcon, in dessen Diözese das Kloster lag, hatte dort schließlich keinerlei Befugnisse mehr, weder disziplinäre noch sakramentale. Und da Cluny keinen Vogt kannte, war es auch sonst zumindest rechtlich von allen lokalen Gewalten unabhängig. An sich gehörte es zwar nach wie vor zum westfränkischen Reich, aber seit der Mitte des 10. Jahrhunderts hatte der König in jener südöstlichen Grenzlandschaft des *regnum Francorum* überhaupt nichts mehr zu sagen, und so sollte es über zwei Jahrhunderte bleiben.[22] Der Einfluß der Karolinger bzw. der Kapetinger war ebenso gering wie der des Papstes, der im fernen Rom saß und nichts ausrichten konnte, da seine Autorität in der Christenheit nördlich der Alpen während des 10. und der 1. Hälfte des 11. Jahrhunderts fast auf den Nullpunkt gesunken war. Die beiden einzigen Mächte also, denen Cluny theoretisch untertan war, waren praktisch ausgeschaltet, und infolgedessen genoß das Kloster eine Quasisouveränität. Das zeigt sich nirgends deutlicher als bei der Abtswahl. In dieser Frage hatte sich in Cluny eine ganz eigenartige Praxis entwickelt. Denn den Abt ernannte kein Graf, kein Vogt und kein König, auch der Bischof nicht und selbst nicht der Papst; sondern im Designationsverfahren bestimmte jeder Abt seinen eigenen Nachfolger und ließ diesen dann von der Kongregation bestätigen.[23] Um die ganze Tragweite dieser unabhängigen Stellung zu ermessen, braucht man

[21] J.-F. Lemarignier, L'exemption monastique et les origines de la réforme grégorienne, in: A Cluny, Congrès scientifique 1949 (1950), S. 288—340.

[22] G. Duby, La société aux XIe et XIIe siècles dans la région mâconnaise (1953), S. 531.

[23] M. Rothenhäusler, Zur ältesten cluniazensischen Abtswahl, Stud. und Mitt. zur Gesch. des Benediktinerordens 33 (1912), S. 605—620; de Valous, Le monachisme I, S. 88 ff. Allgemein vgl. auch U. Berlière, Les élections abbatiales au moyen âge, in: Acad. royale de Belgique. Classe des lettres et des sc. morales et politiques. Mémoires, 2e sér., t. XX (1927), der allerdings auf die Verhältnisse im 10./11. Jh. weniger eingeht. Zur cluniazensischen Abtswahl und Selbstinvestitur s. jetzt auch K. Hallinger, Cluniacensis ss. religionis ordinem elegimus, Jb. f. d. Bistum Mainz 8 (1958—60), S. 244 ff., bes. 258—260.

nur einen Blick auf eines der großen Klöster im Deutschen Reich zu werfen. Fulda z. B. erfreute sich ebenfalls großzügiger Exemtionsprivilegien; aber dort nahm der deutsche König Einfluß auf die Abtswahl und nutzte das Klostergut ebenso wie das übrige Reichskirchengut. Von derartigen Lasten und Eingriffen war Cluny frei. Daher dürfte das Wort von der Quasisouveränität dem Sachverhalt durchaus gerecht werden.

Von dieser gesicherten Position aus versuchten nun die Mönche, die Welt zu durchdringen. Sie gründeten neue Klöster und besetzten sie mit ihresgleichen; sie übernahmen alte Abteien und brachten dort ihre Zucht zur Geltung. Wo es möglich war, gliederten sie sich diese Dependancen als abhängige Priorate oder Zellen an; wo sie auf größeren Widerstand stießen, verzichteten sie auf Unterordnung und begnügten sich mit loser Assoziation und nur zeitweiligem Einfluß. Zu diesen monastischen Zentren gehörten oder kamen nicht nur umfangreiche Ländereien, sondern vor allem auch eine stattliche Zahl von Niederkirchen. So entstand das, was ein französischer Historiker etwas phantasievoll „l'empire clunisien" genannt hat. Was in diesem großen Verband auffällt, ist die Mannigfaltigkeit, die in ihm herrschte. Nicht nur, daß die Beziehungen der monastischen Gemeinschaften zum Hauptkloster ganz unterschiedlich waren: auch die Niederkirchen waren ihm nicht einheitlich zugeordnet. Mitunter mußten sich die Cluniazenser mit Teilschenkungen oder bedingten Schenkungen begnügen, so daß es ihnen nicht in allen Fällen gelang, dem Adel seine Eigenkirchen zu entreißen.[24] Und nicht weniger „inkonsequent" waren sie in der Vogteifrage: Während Cluny selbst, wie gesagt, auf einen derartigen „Beschützer" verzichtet hatte,[25] gab es in seinem Reich andere Konvente, denen ein Vogt zur Seite stand. Aus dieser scheinbaren Systemlosigkeit wird man nicht schließen dürfen, daß es den Cluniazensern an durchgängigen Ordnungsvorstellungen gemangelt hat. Eher zeigen

---

[24] H.-E. Mager, Studien über das Verhältnis der Cluniacenser zum Eigenkirchenwesen, in: J. Wollasch, H.-E. Mager, H. Diener, Neue Forschungen über Cluny und die Cluniacenser, hrsg. v. G. Tellenbach (1959); dazu meine Besprechung in: Zs. f. Kirchengesch. 72 (1961), S. 169 f. und Th. Schieffer in: HZ. 195 (1962), S. 644 ff.

[25] S. de Valous, Le monachisme II, S. 141—145.

sich darin die Schwierigkeiten, auf die sie in der Welt stießen und vor denen sie oft zurückweichen mußten, weil sie zu schwach waren, sie immer zu brechen. Schon Odo, der erste der großen Äbte von Cluny, hatte in seinen Collationes geschrieben: „Je zügelloser die Mächtigen es treiben, desto vorsichtiger sind sie zu behandeln." [26] Die Stellung der Reformer war viel zu ungünstig, als daß sie jeweils ihr Maximalprogramm hätten durchsetzen können. Und vielleicht liegt es überhaupt an diesem notgedrungenen Opportunismus, daß der gedankliche Prozeß, der zum Investiturstreit führt, sich so schlecht verfolgen läßt. Noch Humbert von Silva Candida preist z. B. Kaiser Heinrich III. in seinen Libri tres adversus simoniacos als einen tüchtigen Fürsten, während er doch an einer anderen Stelle desselben Werks mit den Königen, die sich anmaßen, die Kirchen zu vergeben, heftig ins Gericht geht.[27] Dabei hat Heinrich III. — was Humbert natürlich nur zu gut wußte — das Investiturrecht so energisch gehandhabt wie je ein Herrscher zuvor! Daß der Kardinal mit dem Kaiser nicht in jeder Beziehung einverstanden war, deutete er in der Mailänder Frage an, in der Heinrich III. gegen den Willen des Klerus entschieden hatte; aber selbst hier hütete er sich, Namen zu nennen, und verhüllte somit die Kritik — offenbar, um nicht allzu großen Anstoß zu erregen.[28] Zu ganz ähnlichen Kompromissen mußten sich später etwa die Hirsauer bequemen: freie Wahl,

[26] III, 24, Migne PL. 133, 607: *Potentiores quidem tanto cautius alloquendi sunt, quanto et laxiorem vitam ducere permittuntur et ipsi sua potentia veluti quadam superbiendi materia ne se humilient incitentur* [sic!].

[27] III, c. 7, MG. LdL. I, S. 206; dagegen III, c. 5 f., 11, ebd. S. 203 ff., 211 f.

[28] op. cit. III, c. 10, S. 211: *ad hoc eos* [scil. *nostri temporis principes*] *iam perduxit ambitio perfidi Symonis, ut intolerabilior nunc eorum principatus incumbet catholicis ecclesiis quam Langobardorum quondam tyrannidis. Neque enim Langobardi ... nec eorum rex Agilulfus ... resistere Romano pontifici temptaverunt, quin Mediolanensis ecclesiae metropolitanum iuxta suae apostolicae sedis antiqua et canonica privilegia substituisset. Nec praeiudicavit consensus regis et eius gentis desiderium nec extorsit apostolico praesuli suum super metropolitanorum electione iudicium.* Dazu P. Schmidt, Der Begriff der kanonischen Wahl in den Anfängen des Investiturstreits (1926), S. 146.

Selbstinvestitur des Abts und Freiheit von ritterlichen Ministerialen scheinen sie angestrebt zu haben; doch die Chancen, all das zu erreichen, waren gering, und so ließen sich die deutschen Nachfolger Clunys wohl oder übel allenthalben Abstriche gefallen.[29] In der Wirklichkeit der Kirchen- und Klosterpolitik sah manches anders aus, als es sich die Reformer so kühn erträumt hatten.[30]

Wenn derartige Inkonsequenzen, derartige Halbheiten auch bei den Cluniazensern festzustellen und aus der geschilderten Situation zu erklären sind, dann darf das andrerseits nicht dazu verleiten, den Mönchen weitergehende Pläne unterzuschieben, als sie tatsächlich gehabt haben. In Cluny selbst ist während der ersten anderthalb Jahrhunderte seines Bestehens keine Stimme laut geworden, die gegen die Laienherrschaft in der Kirche protestiert hätte. Man kann daher keinesfalls sagen, daß das Programm des Kardinals von Silva Candida bereits in dem burgundischen Reformzentrum entstanden sei. Und doch hat Cluny einen wichtigen Schritt auf dem Weg zur neuen *libertas ecclesiae* getan: Es hat wenigstens in der Praxis einen großen Bereich freier Kirchen geschaffen, die der Einwirkung des Laienadels entzogen waren. Wichtig ist hier, daß sich in diesem Bereich nicht nur monastische Gemeinschaften, sondern gleichfalls zahlreiche Niederkirchen befanden.

Das Interesse an der Reformierung des Weltklerus und damit überhaupt an der „Welt" ist wiederum bereits bei dem großen Odo nachzuweisen.[31] Seine Collationes sind als Handbuch einem Bischof zugedacht;[32] in der Vita Geraldi zeichnete er dem Ritterstand ein neues Ideal vor;[33] und die Bibelstelle *Maledictus, qui prohibet*

---

[29] Vgl. H. Jakobs, Die Hirsauer (1961).

[30] S. auch u. S. 332, 357.

[31] Siehe A. Hessel, Odo von Cluny und das französische Kulturproblem, HZ. 128 (1923), S. 1—25; dann vor allem K. Hallinger, Zur geistigen Welt der Anfänge Klunys, DA. 10 (1953/4), S. 417—445, der allerdings auch manches überzeichnet. Vgl. J. Leclercq, Cluny fut-il ennemi de la culture?, in: Rev. Mabillon 47 (1957), S. 172—182.

[32] Migne PL. 133, 517—638; s. bes. die Epistola nuncupatoria an Bischof Turpin von Limoges, Sp. 517—520.

[33] Migne PL. 133, 639 ff.; dazu C. Erdmann, Die Entstehung des Kreuzzugsgedankens (1935, Neudruck 1955), S. 78—80.

gladium suum a sanguine faßte er als Mahnung auf, immer den Menschen ihre Sünden vorzuhalten.[34] Es ist ein fast missionarisches Bewußtsein, das uns in seinen Schriften entgegentritt; und Johannes von Salerno, sein Biograph, erzählt sogar, daß sich sein Held eifrig um die *pax regum et principum*, also um den politischen Frieden in der Welt, bemüht habe.[35] Die weiteren Beziehungen, die Cluny mit dem Saeculum verbanden, brauchen hier nicht im einzelnen erörtert zu werden; vor allem das Totengedächtniswesen[36] und die Treuga Dei[37] wären da noch zu nennen. Somit ist es nicht von ungefähr, daß sich die Cluniazenser auch für die Niederkirchen interessiert haben; selbst wenn die Mönche nicht persönlich die Seelsorge in den Pfarreien übernahmen, muß darum der Erwerb von Pfarrkirchen nicht ausschließlich durch wirtschaftliche Motive bestimmt gewesen sein.

*

Das wird nirgends so deutlich wie bei Abt Maiolus' größtem und erfolgreichstem Schüler: bei Wilhelm von Volpiano. Dieser war Ende des 10. Jahrhunderts aus Italien nach Burgund gekommen und hatte dort die Reformlehren mit solchem Eifer angenommen, daß ihn Kassius Hallinger im Hinblick auf seinen mittelalterlichen Beinamen Supra regulam den Übercluniazenser genannt hat.[38] Als ihn

---

[34] Collationes II, 17, Migne PL. 133, 563 f.: *Maledictus, qui prohibet gladium suum a sanguine* [Ier. 48, 10], *id est vocem suam ab increpatione peccati.*

[35] Johannes von Salerno, Vita Odonis I, c. 14 und II, c. 19, Migne PL. 133, 49 und 71.

[36] W. Jorden, Das cluniazensische Totengedächtniswesen vornehmlich unter den 3 ersten Äbten Berno, Odo und Aymard (1930).

[37] Dazu demnächst H. Hoffmann, Pax et Treuga Dei (1964).

[38] Hallinger, Gorze-Kluny I, S. 62 und öfter; nach Hugo von Flavigny, Chron. II, MG. SS. 8, 391. Hauck und Sackur geben noch die besten Zusammenfassungen über Wilhelm; im übrigen s. Eugenius De-Levis, Sancti Willelmi Divionensis abbatis et Fructuariae fundatoris Opera (Turin 1797); G. Chevallier, Le vénérable Guillaume, abbé de Saint-Bénigne de Dijon (1875); L. Chomton, Histoire de l'église Saint-Bénigne

Bischof Bruno von Langres zur Herstellung der Zucht nach dem Kloster Saint-Bénigne in Dijon berief, war dies der Anfang einer glänzenden Laufbahn. Er machte Dijon zu einem ähnlichen Mittelpunkt der Reform, wie Cluny es schon war. Nach und nach übertrug ihm der Bischof von Langres die übrigen Abteien seines Sprengels;[39] ja, sogar im Lothringischen drang Wilhelm vor, wo er auf das altberühmte Gorze Einfluß nahm[40] und vor allem im Bistum Toul einen Stützpunkt gewann.[41] Ein ganz neues Betätigungsfeld erschloß sich ihm, als Herzog Richard II. von der Normandie ihn mit der Leitung von Fécamp betraute und damit erst die Wiederherstellung des echten Mönchtums in diesem lange paganisierten Gebiet in Gang kam.[42] Aber nicht genug mit diesen mannigfaltigen Aufgaben: der „Übercluniazenser" gründete schließlich in seiner oberitalienischen Heimat auf den Gütern seiner Familie das Kloster Fruttuaria, von dem wiederum starke Reformimpulse ausgehen sollten.[43]

In all diesen Wirkungsbereichen hielt sich Wilhelm möglichst streng an das cluniazensische Vorbild. Das galt vor allem für seine

de Dijon (1900); M. Chaume, Les origines du duché de Bourgogne I (1925), S. 468—470; W. Watkin, William of Dijon, a Monastic Reformer of the Early XIth Century, Downside Review 52 (1934), S. 520—544; R. Herval, Un moine de l'an mille: Guillaume de Volpiano, 1er abbé de Fécamp (962—1031), in: L'abbaye bénédictine de Fécamp, Ouvrage scientifique du XIIIe centenaire, 658—1958, t. I (1959), S. 27—44.

[39] Chron. s. Benigni, Migne PL. 162, 818: *Domnus autem episcopus Bruno ... omnia in suo episcopio monasteria ipsius delegavit providentiae.*

[40] Ebd. Sp. 828: *praesul Mettensis ecclesiae Theodericus Gorziensem abbatiam eodem zelo Dei commendavit illi, defuncto illius loci abbate; qui dum praefatum regeret locum, ex clero Mettensi quemdam clericum Sigifridum vocatum ... ad monasticum attraxit ordinem. Qui post eius decessum eamdem rexit congregationem.*

[41] Ebd. Sp. 824 f.: *Bertoldus Leucorum ... episcopus ... monuit* [scil. *Willelmum*] *instanti prece, ut abbatiam s. Apri suscipiens emendare curaret secundum s. Benigni institutionem.* Vgl. u. S. 345 f.

[42] H. Böhmer, Kirche und Staat in England und in der Normandie im XI. und XII. Jh. (1899), S. 6 ff.

[43] Sackur, Cluniazenser II, S. 2 ff.; Hallinger, Gorze—Kluny II, S. 1005, Register s. v. Fruttuaria.

drei Hauptklöster Saint-Bénigne, Fécamp und Fruttuaria. Nicht nur die Consuetudines lehnten sich hier an die Gebräuche des burgundischen Stammklosters an;[44] auch die äußere Rechtsstellung war ähnlich. Zwar die Vogtfreiheit, die Cluny besaß, konnte Wilhelm nicht überall durchsetzen, da er z. T. auf längst etablierte und schwer zu verändernde Verhältnisse stieß. So war Saint-Bénigne Eigenkloster des Bischofs von Langres,[45] und die Vogtei lag in den Händen von burgundischen Großen.[46] In Fécamp übte der normannische Herzog die Schutzherrschaft aus, wenn er auch als Landesherr nicht den Namen des Vogts trug.[47] Nur in Fruttuaria, wo er selbst erst die Gründung vornahm, konnte Wilhelm die lästige Laienprotektion fernhalten. Mehr Erfolg hatte er in seinen Exemtionsbestrebungen; denn alle drei Hauptklöster konnte er aus der Disziplinargewalt des Bischofs lösen.[48] Noch wichtiger war es vielleicht, daß es ihm gelang, das zweite Kernstück cluniazensischer Freiheit durchzusetzen: er übernahm aus Cluny die Designationswahl des Abts und bestimmte sich vor seinem Tode selber die Nachfolger in Fruttuaria,[49] Fécamp[50] und Dijon; ja, er ließ eine Bestimmung, die dies Verfahren regelte, sogar in ein Diplom König

[44] de Valous, Le monachisme I, S. 19 ff.; Th. Mayer, Fürsten und Staat (1950), S. 63 ff.; K. Hallinger, Klunys Bräuche zur Zeit Hugos des Großen (1049—1109), ZRG. KA. 45 (1959), S. 99—140 (mit weiterer Literatur).

[45] Chron. s. Benigni, Migne PL. 162, 819; dazu Sackur, Cluniazenser I, S. 260 ff.

[46] Chron. s. Benigni, in: Migne PL. 162, col. 813: *a Vizone advocato sancti Benigni*; ferner Sackur, Cluniazenser I, S. 264.

[47] Böhmer, Kirche und Staat, S. 31.

[48] Lemarignier, in: A Cluny, S. 317 f.; ders., Etude sur les privilèges d'exemption et de jurisdiction ecclésiastique des abbayes normandes depuis des origines jusqu'en 1140 (1937), S. 34 ff.; G. Chevrier — M. Chaume, Chartes et documents de Saint-Bénigne de Dijon, t. II (1943), S. 40—42, nr. 247; JL. 3950, Migne PL. 139, 1485.

[49] S. u. Anm. 51; Rothenhäusler (s. o. Anm. 23).

[50] Chron. s. Benigni, Migne PL. 162, 827: [*Willelmus*] *quendam sibi valde dilectum monachum, eiusdem loci* [scil. *Fiscannensis*] *priorem, constituit abbatem;* vgl. J. Leclercq—J.P. Bonnes, Un maître de la vie spirituelle au XIe siècle, Jean de Fécamp (1946), S. 13.

Arduins von Ivrea einfügen.⁵¹ Ebenso scheint Halinard, den er in Saint-Bénigne eingesetzt hatte,⁵² später Johannes von Fécamp als Abt in Dijon nominiert und damit die beiden Lieblingsklöster Wilhelms wieder unter einen Hut gebracht zu haben.⁵³

Auch darin tat es Wilhelm den Cluniazensern gleich, daß er von dem gesicherten, inneren Bereich der Klosterfreiheit in die Welt vorstieß. Auch er erstreckte seine Fürsorge auf die Niederkirchen. Als er den allgemeinen Tiefstand der Pfarrerbildung erkannte, eröffnete er Schulen in seinen Abteien, auf daß die Weltgeistlichen die Liturgie auf geziemende Weise feiern könnten.⁵⁴ Er selbst wandte sich in seinen Predigten ebenfalls an ein Laienpublikum;⁵⁵ und in Fécamp soll er gar eine Bruderschaft der Spielleute, der *ioculatores*, organisisert haben.⁵⁶ Nicht anders als die Äbte von Cluny verkehrte und vermittelte er in den Pfalzen der Herrschenden. Doch fehlt es diesem Bild nicht an Dissonanzen. Schon Wilhelms Eltern waren als Anhänger des Hauses Ivrea in Oberitalien in Gegensatz zu den Ottonen geraten.⁵⁷ Und als bald nach der Jahrtausendwende der

---

⁵¹ D Arduin 9; Consuetudines Fructuarienses II c. 2, ed. B. Albers, Consuetudines monasticae IV (1911), S. 125 f.: *pater Willelmus, qui hoc Fructuariense cenobium edificavit, ... dedit operam, ... ut locus iste nulli episcoporum, sed nec alicui terrene potestati subditus sit, nisi Romanae ecclesie etc.*

⁵² Chron. s. Benigni, Migne PL. 162, 841: *Hunc* [scil. *Halinardum*] ... *Willelmus ... congregationi fratrum praeficiens, animarum curam eidem commisit.*

⁵³ Ann. s. Benigni Divionensis zu 1052, MG. SS. 5, S. 42; Chevrier—Chaume, Chartes II, S. 107 ff., Nr. 326.

⁵⁴ Rodulf Glaber, Vita s. Willelmi Divionensis c. 14, Migne PL. 142, 709 f.; dazu H. Böhmer, Kirche und Staat, S. 9, Anm. 2.

⁵⁵ S. bes. Sermo IV, De b. Iob et de eleemosyna, de nobilium fastu et amore pauperum, ed. Chevallier (s. o. S. 330, Anm. 38), S. 224—229.

⁵⁶ de Beaurepaire, Les ménétriers de Rouen, Bull. de la Comm. des antiquités de la Seine-Inf. XI, 1897/9 (1900), S. 170—192; ebd. S. 180 bis 183 das Vidimus von 1402 einer Urkunde des Abts Radulf von Fécamp (1189—1219), derzufolge die *fraternitas* unter Herzog Richard I. gegründet und von Abt Wilhelm neu organisiert worden ist. Um das Jahr 1200 gehörten der *fraternitas* der *ioculatores* auch *milites* an.

⁵⁷ A. Hauck, Kirchengeschichte Deutschlands III (³·⁴1920), S. 461.

burgundische Erbfolgekrieg ausbrach, sah sich Wilhelm in das Lager
der Gegner des französischen Königs gedrängt. Denn Otto-Wilhelm, der nach der burgundischen Herzogswürde griff, war sein
Verwandter und außerdem Vogt von Saint-Bénigne; [58] eben dieses
Saint-Bénigne aber gehörte wie das ganze Dijonnais dem Bischof
Bruno von Langres, und Bruno, der Förderer Wilhelms, bekämpfte
die Kapetinger gleichfalls auf das erbittertste.[59] In dieser schwierigen
Situation entschied sich Wilhelm gegen Robert den Frommen und
mußte es sich daher gefallen lassen, daß jener ihm 1003 das Kloster
Réome wegnahm.[60] Nicht weniger betroffen war man in Dijon, als
nach dem Tod Bischof Brunos um das Jahr 1016 sein Nachfolger
Lambert nur unter der Bedingung investiert wurde, daß er dem
König das Dijonnais abtrat. Es hätte den Anschauungen der Zeit
entsprochen, den Handel als Simonie anzuprangern, und in Dijon
klagte man wenigstens, daß die Kirche ihre Freiheit verloren habe
und wie Jerusalem zur Magd geworden sei.[61] Trotz dieser Mißhelligkeiten scheint Wilhelm mit den Jahren in ein leidliches Verhältnis zu den Kapetingern gekommen zu sein. Sein Urteil blieb
allerdings kritisch, und so soll er zu Robert dem Frommen gesagt
haben, kein Stand habe es so schwer wie die Könige, die ewige
Seligkeit zu erlangen [62] (eine Auffassung, die sich ähnlich bereits bei
Odo von Cluny findet und deren Ursprung letztlich in den Worten
Jesu vom Kamel, das nicht durchs Nadelöhr geht, liegen dürfte[63]).

[58] Sackur, Cluniazenser I, S. 264.

[59] Chr. Pfister, Etudes sur le règne de Robert le Pieux (1885), S. 260.

[60] Chron. s. Benigni, Migne PL. 162, 835: *huius malivolentiae causa
domino abbati Willelmo tulit abbatiam s. Ioannis monasterii Reomensis,
eo quod partibus favebat, ut iustum erat, sui pontificis.*

[61] Vita Garnerii, Bouquet, Recueil X, 382: *Brunone namque superstite
in Divionensi potestate rex nihil habebat: quam successor eius Lambertus, ut
fertur pro adeptione episcopatus regi concessit; sicque ad detrimentum cleri
et ecclesiarum, sicut de Hierusalem dicitur, quae erat libera, facta est ancilla.*

[62] Rodulf Glaber, Vita s. Willelmi Divionensis c. 21, Migne PL. 142,
714: *ex ullo hominum gradu non tam paucissimos salvos futuros aestimo,
sicut de regum.*

[63] Collationes III, 30, Migne PL. 133, 613: *Omnes libros antiquitatum
considera, potentiores semper invenies peiores.* Vgl. C. Voormann, Studien
zu Odo von Cluny (phil. Diss. Bonn, masch.schriftl. 1951), S. 20.

Daß er den Laiengewalten darum und angesichts all des Vorgefallenen das Mitregiment in der Kirche bestritten hätte, wird nicht überliefert. Es erscheint jedoch fraglich, ob er es für das Ideal oder für das Selbstverständliche hielt. Seine Klosterpolitik und die Erfahrungen, die man in Dijon mit dem König machte, lassen von der Harmonie, die in vorgregorianischer Zeit gemeinhin zwischen Geistlichem und Weltlichem herrschte, nur noch wenig verspüren.

Halinard, den sich Wilhelm wohlweislich selber zum Nachfolger in Saint-Bénigne bestellt hatte, stieß gleich zu Beginn seines Abbatiats mit Robert dem Frommen zusammen. Denn dieser hatte nach Wilhelms Tod ohne Zögern im Kloster Bèze — das man in Dijon als Dependance betrachtete — einen Abt seiner Wahl namens Ulger eingesetzt. Halinard dagegen nahm den Eingriff nicht hin. Es gelang ihm, seiner eigenen Partei in Bèze für kurze Zeit zum Sieg zu verhelfen; doch dann kehrte Ulger zurück und konnte nun endgültig das Feld behaupten.[64] Während das Chronicon sancti Benigni, das Ende der 50er Jahre des 11. Jahrhunderts entstanden ist,[65] von diesen unliebsamen Vorfällen nichts berichtet, hält es mit dem Urteil über einen anderen Gewaltakt des Königs nicht zurück:[66] 1031, also wenig später als Wilhelm von Volpiano, starb in Langres Bischof Lambert. Robert der Fromme hatte allerdings seinen Tod gar nicht abgewartet, sondern bereits einen Geistlichen namens Richard zum Nachfolger ernannt. Obwohl weder an seiner Bildung noch an seiner Lebensführung etwas auszusetzen war, woll-

---

[64] Chronik von Bèze, Migne PL. 162, 909.

[65] Ch. Dahlmann, Untersuchungen zur Chronik von Saint-Bénigne, NA. 49 (1932), S. 285; vgl. auch S. 331.

[66] Chron. s. Benigni, Migne PL. 162, 838: *Antequam ipse pater finiretur, in eius locum substituit Robertus rex episcopum Richardum vocatum, clericum litteris optime eruditum et bonis moribus ornatum, tamen contra voluntatem cleri et plebis totius: quapropter post menses quinque adepti episcopatus, captus ac pulsus civitate, non multis post diebus veneno vitam finivit. Rex autem ... ad iram animatus, iterum dedit episcopatum cuidam clerico Carnotensis ecclesiae ... Sed is adiecta crudelitate eundo per fas et nefas, ad ultimum postquam decem et octo per annos Lingonicum tribulavit clerum et populum, pulsus a sede iudicio domni Leonis IX papae ...*

ten Klerus und Volk von dem Kandidaten, der ihnen gegen ihren Willen aufgedrängt werden sollte, nichts wissen. Man duldete ihn gerade fünf Monate, dann wurde er verjagt und starb bald darauf. Die zweite Wahl, die der König traf, war in den Augen des Chronisten wiederum ein Mißgriff. Doch der neue Bischof Hugo konnte sich halten und wurde erst von Leo IX. abgesetzt, nachdem er 18 Jahre lang Klerus und Volk von Langres „gepeinigt" hatte.[67] Diese Vorgänge sind bemerkenswert; aber noch bemerkenswerter ist es, daß sie vom Geschichtsschreiber von Saint-Bénigne verdammt werden, — und zwar zu einer Zeit, da der Ruf nach freien Bischofswahlen noch längst nicht zur allgemeinen Parole geworden war. Sollte man in Dijon in diesem Punkt früher empfindlich geworden sein als anderswo?

Auf dem Hintergrund der Bedrängnisse und Bekümmernisse, die den beiden Reformäbten von Saint-Bénigne von seiten des französischen Königs widerfahren sind, nimmt sich Halinards bekannte Eidesverweigerung vielleicht doch etwas anders aus, als man sie bisher zu sehen gewohnt war. Als Heinrich III. ihm das Erzbistum Lyon übertragen wollte und dafür den üblichen Eid forderte, wies Halinard das Ansinnen von sich, weil Bibel und Benediktinerregel das Schwören verböten.[68] Im allgemeinen hat man hierin die unpolitische Haltung eines strenggesinnten Mönchs gesehen und ihr keinerlei Bedeutung für die Entwicklung der Libertas-Idee beigemessen.[69] Nun wäre es gewiß verfehlt, dem burgundischen Mönch

[67] Vgl. G. Drioux, Léon IX et les évêques de Langres Hugues et Hardoin, Studi Gregoriani II (1947), S. 31—41.

[68] Diese Episode wird in jeder Darstellung der Vorgeschichte des Investiturstreits behandelt. Zu Halinard s. Abbé Rony, Halinard de Sombernon, Archêvéque de Lyon. 1046—1052, in: Bull. hist. du diocèse de Lyon, année 1926, S. 188—201, 281—292; année 1927, S. 13—21, 78—85; B. de Vregille, Dijon, Cluny, Lyon et Rome. A propos de deux documents sur Halinard de Sombernon, in: Ann. de Bourgogne 31 (1959), S. 5—24.

[69] So schon Hauck, Kirchengeschichte III, S. 595. C. Violante, La pataria milanese e la riforma ecclesiastica I (1955), S. 55, sieht einen Zusammenhang zwischen Halinards Eidesverweigerung und Heinrichs III. Constitutio de iuramento clericorum vom 3. April 1047 (DH. III 191). Doch diese Auffassung hat bereits Ph. Funk, Pseudo-Isidor gegen Heinrichs III.

Hintergedanken zuzuschreiben, von denen die Tradition nichts weiß. Aber so unpolitisch Halinard seine Äußerungen gemeint haben mag, so politisch waren ihre Auswirkungen; und diese Auswirkungen sind ihm zweifellos nicht verborgen geblieben. In das richtige Licht rückt seine Tat erst, wenn man einen Parallelfall beachtet, der sich mehr als 50 Jahre früher zugetragen hat. Damals sollte Wilhelm von Volpiano, noch ein unbekannter Mönch in einem oberitalienischen Kloster, dem Bischof von Vercelli Treue schwören als Gegenleistung für die Priesterweihe, wie es eine eingebürgerte Gewohnheit verlangte. Statt dessen griff er das Unkanonische des Verfahrens an und verweigerte den Eid mit der Begründung, daß die Weihe „gratis" zu erteilen sei.[70] Es ist nun sehr wahrscheinlich, daß dieses Beispiel und dieses Motiv auch seinen Schüler Halinard geleitet haben. Denn Halinard wollte sein Amt ebenfalls „gratis" empfangen, und zwar ohne die Verpflichtung, als „Entgelt" für die Investitur dem deutschen Herrscher die üblichen Dienste zu leisten. Er berief sich nicht nur auf das Schwurverbot in der Regula sancti Benedicti, sondern ebenso auf das Gebot, von weltlichen Handlungen abzulassen.[71] Das aber bedeutete, daß er sich der politischen Konsequenzen des geforderten Eids voll bewußt war und daß er eben nicht durch die Übernahme des Erzbistums in die Reichsgeschäfte verwickelt werden wollte. Diese Abneigung gegen die Vermischung der Kompetenzen läßt sich auch sonst im Kreis um Wilhelm von Dijon belegen: Bischof Adalbero II. von Metz, einem Mann, der unter dem Einfluß der Reformer stand, war der Reichs-

---

Kirchenhoheit, Hist. Jb. 56 (1936), S. 314, Anm. 18, mit guten Gründen abgelehnt.

[70] Rodulf Glaber, Vita s. Willelmi Divionensis c. 7, in: Migne PL. 142, col. 705 f.: *inoleverat ... usus, ut nullus fratrum loci illius levitici ordinis gradum prius susciperet quam sese assertione iurandi promitteret servaturum fidelitatem episcopo. Hoc quoque dum suggestum fuisset Willelmo, ... dixit se non posse salubriter respondere, ut pro his quae solius Dei imperio gratis praestari deberent, horum ministro alicuius servandae fidei assertionem ullo modo exhiberet.*

[71] Chron. s. Benigni, MG. SS. 7, 236; *regula patris Benedicti praecipit monacho non iurare et a saeculi actibus se facere alienum.*

dienst so zuwider, daß er sich schließlich von ihm losgekauft hat.[72] Mag man hier mit Albert Hauck [73] noch an einen „Zug von Kleinlichkeit" denken: in Halinards Fall tritt das Grundsätzliche klar hervor. Die Absage an das ottonisch-salische Kirchensystem war bei ihm eindeutig. Schließlich waren schon früher Mönche auf Bischofsstühle erhoben worden — man denke nur an die Mainzer Erzbischöfe, die aus Fulda und Hersfeld gekommen sind! —, ohne daß es solche Szenen gegeben hatte. Allerdings hatten es auch ein Odilo von Cluny [74], ein Poppo von Stablo [75] und ein Richard von Saint-Vanne [76] entschieden von sich gewiesen, einer Diözese vorzustehen; doch wird nicht berichtet, daß sie das angebotene Amt deshalb ausgeschlagen hätten, weil ihnen prinzipielle Bedenken — etwa wegen des damit verbundenen *servitium regis* — gekommen seien.

Heinrich III. hat schließlich auf den Eid verzichtet, jedoch aus seinem Mißtrauen gegen die Reformer von Dijon kein Hehl gemacht. 1037 hatte nämlich Erzbischof Hugo I. von Besançon die ihm gehörige Kirche St. Anathol in Salins, die vorher mit Kanonikern besetzt gewesen, den Mönchen von Saint-Bénigne übertragen. Dagegen erhob Heinrich Einspruch — zu einem Zeitpunkt, der sich leider nicht präzisieren läßt — und machte die Schenkung ungültig, mit dem Bemerken, er könne es nicht hinnehmen, *praedium nostrae ecclesiae ad ecclesiam alterius regni et episcopatus translatum esse*.[77] Gewiß hat der König ganz allgemein mit Urkunden für ausländische Kirchen gekargt. Aber der Besitzentzug, den er gegenüber Saint-Bénigne praktizierte, ist aus einem geltenden Rechtssatz schlecht zu erklären und verstößt offenkundig gegen den Internationalismus der hochmittelalterlichen Kirche. St. Anathol in Sa-

---

[72] Constantin, Vita Adalberonis c. 25, MG. SS. 4, 464.

[73] Hauck, Kirchengeschichte III, S. 464.

[74] Rodulf Glaber, Hist. V, c. 4, Migne PL. 142, 696; ed. M. Prou (Collection de textes, 1886), S. 131.

[75] Vita Popponis c. 19, MG. SS. 11, 304 f.

[76] Hugo von Flavigny, Chron. II, c. 30, MG. SS. 8, 403.

[77] DH. III 239; Chevrier — Chaume, Chartes II, S. 100, Nr. 320; S. 110, Nr. 328. Dazu P. Kehr, Vier Kapitel aus der Geschichte Kaiser Heinrichs III., Abh. Preuß. Ak. Wiss., Jg. 1930 (1931), phil.-hist. Kl., Nr. 3, S. 48.

lins war zudem auf Hugos Eigengut gegründet worden und mag allenfalls wenige Jahre der Kathedrale St. Stephan in Besançon zugeordnet gewesen sein. Daß die Kirche dann den Mönchen von Dijon übergeben wurde, war etwas ganz Normales. Wäre Heinrich wirklich der Auffassung gewesen, die er vorschützte, dann hätte er noch so manche Besitzverschiebung in den Grenzbistümern anordnen müssen. Derselbe Hugo hatte z. B. 1033 den Cluniazensern ein Kloster seiner Diözese überlassen,[78] ohne daß wir von einem Protest des Königs hörten.[79] Man kann sich daher kaum des Eindrucks erwehren, daß Heinrich III. im Fall von St. Anathol aus einer besonderen Abneigung gegen die Reformtendenzen von Dijon gehandelt hat.

Milieu und Zeitpunkt der Halinardschen Weigerung sind nicht unerheblich. Sie war nur eine von mehreren Äußerungen des Protests, die um die Mitte des 11. Jahrhunderts aus den französisch-deutschen Grenzlanden kamen. Im westlichen Lothringen fand die Kritik einen günstigen Nährboden. Von den Kaisern wurde dies Gebiet an der Peripherie ihres Reichs vernachlässigt, so daß sie sich z. B. in den Bischofsstädten Toul, Verdun und Cambrai nie oder fast nie blicken ließen. Es mangelte hier wohl an ausreichendem Krongut, und daher wurde die Versorgung des durchreisenden königlichen Haushalts zu einem schwer zu bewältigenden Problem.[80] Daß

[78] A. Bruel, Rec. des chartes de l'abbaye de Cluny IV (1888), S. 86—88, Nr. 2890; vgl. auch Chevrier — Chaume, Chartes II, S. 98—100, Nr. 319, dazu R. Bloch, Die Klosterpolitik Leos IX. in Deutschland, Burgund und Italien, Arch. f. Urk.forsch. 11 (1930), S. 192.

[79] Man kann auch nicht einwenden, daß das Versagen der Mönche in St. Anathol an ihrer Vertreibung schuld gewesen ist. Wenn davon in dem Privileg Leos IX. vom 16. November 1049 für Besançon (Chevrier — Chaume, Chartes II, S. 110, Nr. 328; JL. 4198) etwas anklingt, so kann das höchstens die halbe Wahrheit sein. Denn Hugo mußte nach Ausweis des kaiserlichen Diploms erst von seinem Herrscher gezwungen werden, die Transaktion rückgängig zu machen. Vgl. ferner H.-E. Mayer, Die Politik der Könige von Hochburgund im Doubsgebiet, DA. 18 (1962), S. 535 f.

[80] H. J. Rieckenberg, Königsstraße und Königsgut in liudolfingischer und frühsalischer Zeit (919—1056), Arch. f. Urk.forsch. 17 (1942), S. 53; 81, Anm. 7; S. 103 f.

Heinrich II. 1003 durch den Moselgau zog, betrachtete man als etwas Außergewöhnliches; denn sein Biograph Adalbold unterstellt ihm die Überlegung: *sciens quod terra, quam rex non frequentabat, saepissime pauperum clamoribus et gemitibus abundat*,[81] — bei einer vielbesuchten Landschaft wäre diese Anmerkung sinnlos gewesen! Ob die Abwesenheit des Herrschers im Westen mehr Unruhe hochkommen ließ als im Innern Deutschlands, ist schwer zu sagen. Die Zeitgenossen empfanden jedenfalls lebhaft die Ferne vom König, wie aus dem Brief hervorgeht, den die Kleriker von Toul an Konrad II. schrieben; sie erbaten sich Bruno von Egisheim, den späteren Papst Leo IX., zum Bischof und wiesen dabei auf ihre exponierte Stellung hin: von allen Seiten würden sie angegriffen und beunruhigt; in diesem Winkel an der Reichsgrenze könnten sich ihre Feinde um so mehr herausnehmen, je weiter der König weg sei; außerdem habe der Kapetinger ein Auge auf die Bischofsstadt geworfen...[82] Kein Wunder, daß die derart Benachteiligten anfingen, an der Weisheit eines Systems zu zweifeln, welches die höchsten geistlichen Würdenträger zu Beamten des Reichs machte, ohne zum Entgelt hinlänglichen Schutz zu gewähren. Zudem lag jenseits der Grenze das burgundische Vorbild vor Augen und zeigte, wie zumindest in beschränktem Rahmen die Freiheit der Kirche zu verwirklichen war.

1042 geriet Bischof Gerhard von Cambrai mit Heinrich III. in Konflikt. Anscheinend hatte er das Reichskirchengut seines Bistums nicht im Sinn des Königs verwaltet. In einem fragmentarisch erhaltenen und daher nicht leicht zu verstehenden Brief verteidigte er sich gegen den Vorwurf: er habe nur nach dem Maß des Möglichen für die ihm anvertrauten Gläubigen gesorgt; und im übrigen ließ er durchblicken, daß das Versagen auf seiten des Herrschers liege, der selber für Ordnung im Land hätte Sorge tragen müssen.[83]

[81] Vita Heinrici II., c. 19, MG. SS. 4, 688.
[82] Vita Leonis IX., auctore Wiberto, I, c. 8, ed. I. M. Watterich, Pontificum Romanorum Vitae I (1862), S. 135; vgl. auch I, c. 9, S. 137.
[83] Gesta epp. Camerac. III, c. 60, MG. SS. 7, 488 f.: *Et sicut liberalitas vestra sacellarium habet, qui causis supervenientibus cotidianas expensas faciat, ita et ego sacellarius eorum sum, ut dilatio mortis, ne dicam vitae requies eorum, qui mecum sunt, acquiri valeat, quod virga disciplinae*

Daß in dieser Atmosphäre der Unzufriedenheit neue Gedanken aufkamen, ist nicht überraschend. So wurde etwa in Gerhards Umkreis die Meinung vertreten, bloß der Kaiser oder ein Bischof könne ein Kloster vergeben.[84] Der Satz rüttelte bereits an den Grundlagen des laikalen Eigenkirchenrechts. Es fehlte nur, daß die Ausnahmestellung angezweifelt wurde, die man bislang noch dem Kaiser im Unterschied zu den (übrigen) Laien zugebilligt hatte.

Einen Schritt weiter ging Bischof Wazo von Lüttich, als er 1046 Heinrich dem Dritten das Recht bestritt, den wenig reputierlichen Erzbischof Widger von Ravenna abzusetzen: allein in weltlichen Dingen — so führte er aus — schuldeten die Bischöfe dem Kaiser Treue, und daher dürfe dieser nur über die weltlichen Vergehen der Geistlichen urteilen.[85] Wazos Äußerung verdient um so stärkere Beachtung, als Widger noch gar nicht konsekriert worden war und Heinrich III. infolgedessen eigentlich bloß die Wahl und die „welt-

---

vestrae habuerat facere. Allgemein zu Gerhard I. s. Th. Schieffer, Ein deutscher Bischof des 11. Jhs.: Gerhard I. von Cambrai (1012—1051), DA. 1 (1937), S. 323—360; M. H. Koyen, De prae-gregoriaanse hervorming te Kamerijk 1012—1067 (1953), bes. S. 48 ff.

[84] Gesta epp. Camerac. III, c. 21, S. 472: *abbatiam quamlibet nullus preter imperatorem aut episcopum debeat commendare;* ähnlich III, c. 6, S. 468.

[85] Anselm, Gesta epp. Leod. II, c. 58, MG. SS. 7, 224: *Ita coactus, tandem quod super his sentiret aperuit: Summo, inquiens, pontifici oboedientiam, vobis autem debemus fidelitatem. Vobis de secularibus, illi rationem reddere debemus de his quae ad divinum officium attinere videntur, ideoque mea sententia quicquit iste contra aecclesiasticum ordinem admiserit, id discutere pronuntio apostolici tantummodo interesse. Si quid autem in secularibus, quae a vobis illi credita sunt, negligenter sive infideliter gessit, procul dubio ad vestra refert exigere.* Vgl. bes. Tellenbach, Libertas, S. 124—126; J. Closon, Wazon, évêque de Liège, in: Chron. archéol. du pays de Liège, juillet-sept. 1937, S. 65 ff.; H. Glaesener, Les démêlés de Godefroid le Barbu avec Henri III et l'évêque Wazon, Rev. d'hist. ecclés. 40 (1944/5), S. 141—170; Ch. Dereine, L'école canonique liégeoise et la réforme grégorienne, in: J. Cassart (ed.), Misc. Tornacensia. Mél. d'Archéol. et d'Hist. (Congrès Tournai 1949), t. I (1951), S. 85 f.

liche" Investitur zu annullieren brauchte, um ihn aus seiner bisherigen Stellung zu entfernen. Wenn der Bischof von Lüttich den Kaiser trotzdem in die Schranken wies, so vertrat er offenbar die Auffassung, daß auch für den Wahlvorgang, in dessen Verlauf Widger zunächst vom Herrscher bestimmt, dann von den Ravennaten anerkannt worden war, allein eine kanonische Instanz, nicht jedoch Heinrich III. zuständig war. Blieb der König noch Herr der *electio* — so wird man fragen müssen —, wenn er nicht mehr ihr Richter sein sollte? Bekannt ist schließlich Wazos Protest gegen die Vorgänge des Jahres 1046: Seiner Ansicht nach war Heinrich III nicht befugt gewesen, Papst Gregor VI. abzusetzen.[86] Diese Meinung ist an sich nicht revolutionär gewesen; der Satz *papa a nemine iudicatur* hatte eine lange Tradition und war schon in dem Fall Leos III. zur Zeit Karls des Großen erörtert worden.[87] Aber daß gerade Wazo ihn wieder aufgriff, während sich sonst keine Opposition hervortraute, ist doch bezeichnend.

Denn sein Tadel richtete sich nicht allein gegen den Angriff auf die höchste geistliche Autorität des Abendlands, sondern überhaupt gegen die kaiserliche Mitregierung in der Kirche. Der Ausgangspunkt seiner Kritik scheint nicht dieser oder jener Canon gewesen zu sein, den er in der Überlieferung vorfand; vielmehr entsprangen seine Bedenken der ganz unkonventionellen Erkenntnis, daß der Kaiser im Vergleich zu den Bischöfen von niederem Rang sei. Und er hat es gewagt, seinen Standpunkt in aller Öffentlichkeit auf einem Hoftag zu vertreten. 1046 oder 1047 sollte er sich an einem Feldzug gegen den Grafen Dietrich von Holland beteiligen; doch da er das Unternehmen schlecht vorbereitet fand, wollte er seine Mannschaft nicht unnötiger Gefahr aussetzen und hielt sich zurück. Heinrich III. war ob der Pflichtversäumnis des Bischofs natürlich höchst aufgebracht und zog ihn zur Rechenschaft. Es blieb Wazo daraufhin nichts übrig, als sich dem Spruch des Kaisers zu fügen. Doch scheint er bei dieser Gelegenheit die königliche Herrschaft

---

[86] Anselm, Gesta epp. Leod. II, c. 65, MG. SS. 7, 228 f.
[87] A. M. Koeniger, Prima sedes a nemine iudicatur, in: Beitr. zur Gesch. des christl. Altertums u. d. Byzantinischen Lit., Festgabe A. Ehrhard (1922), S. 273—300; zuletzt H. Zimmermann, Papstabsetzungen des Mittelalters, MIÖG. 69 (1961), S. 1 ff. und bes. 70 (1962), S. 79 f.

über den Episkopat in Frage gestellt zu haben. Heinrich hatte nämlich behauptet, kraft der kirchlichen Weihe, die ihm zuteil geworden sei, könne er allen anderen — und damit auch den Bischöfen — befehlen. Wazo ließ das Argument nicht gelten: zwischen Bischofssalbung und Königssalbung, so belehrte er seinen Herrscher, bestehe ein tiefgreifender Unterschied; die eine bringe das Leben, die andere den Tod; und darum sei die erste der zweiten ohne Zweifel überlegen.[88] Wichtig an der Replik ist nicht die alte Lehre vom Vorrang des Geistlichen vor dem Weltlichen, sondern wichtig ist vor allem die Abwertung der Herrscherweihe, die nun nicht mehr ausreichen sollte, Eingriffe in kirchliche Angelegenheiten zu legitimieren. Damit wurde das Kernstück aus der Rechtfertigung des ottonisch-salischen Reichskirchensystems herausgebrochen. Hatte nicht Thietmar von Merseburg die Herrschaft der Könige über die Bischöfe gerade damit begründet, daß die geweihten Kronenträger über allen anderen Menschen stünden?[89] Und haben nicht die kaiserlichen Publizisten des Investiturstreits, ja noch der Anonymus von York, auf der gleichen Linie gefochten?[90]

Leider wird nicht deutlich, welche Konsequenzen Wazo selbst aus seinen Worten gezogen hat. Der Zusammenhang, in dem sie stehen, ist nicht schlüssig, weil Anselm von Lüttich, dem wir all unsere

---

[88] Anselm, Gesta epp. Leod. II, c. 66, MG. SS. 7, 229 f.: *Imperator vero, utpote qui eiusmodi homo esset, qui sibi super episcopos potestatem nimis carnaliter, ne dicam ambiciose, quereret usurpare: Ego vero, inquit, similiter sacro oleo data mihi prae caeteris imperandi potestate sum peructus. Quem econtra antistes ... talibus breviter instruendum esse censuit: Alia, inquiens, est et longe a sacerdotali differens vestra haec quam asseritis unctio, quia per eam vos ad mortificandum, nos auctore Deo ad vivificandum ornati sumus; unde quantum vita morte praestantior, tantum nostra vestra unctione sine dubio est excellentior.*

[89] Thietmar von Merseburg, Chron. I, c. 26, ed. R. Holtzmann, MG. Scr. rer. Germ. NS. 9 (1935), S. 34.

[90] Vgl. C. Mirbt, Die Publizistik im Zeitalter Gregors VII. (1894), S. 547; F. Kern, Gottesgnadentum und Widerstandsrecht im früheren Mittelalter (1914, Neudruck 1954), S. 74 f.; M. Maccarone, Vicarius Christi (1952), S. 78—83, 87—90; Violante, La pataria I (1955), S. 46 f.; auch C. Erdmann, Studien zur Briefliteratur Deutschlands im 11. Jh. (1938), S. 131 mit weiterer Literatur.

Kenntnis über den Vorfall verdanken, sich die Pointe der Szene hat entgehen lassen.[91] Wollte Wazo die Verpflichtung zum *servitium regis* bezweifeln? Oder ging es ihm um die Investitur der Bischöfe? Wenn er den König unbedingt außerhalb des geistlichen Bereichs wissen wollte, gab es für ihn in dieser Frage nur zwei Möglichkeiten: Entweder mußte er die Einsetzung durch den Herrscher überhaupt verdammen, oder er konnte die Einweisung als rein weltliche Temporalieninvestitur werten und billigen, etwa in der Art des Kompromisses, der sich später durchsetzen sollte. Das letztere wäre unter den gegebenen Voraussetzungen der einzige Weg gewesen, dem König eine Mitsprache zu belassen und trotzdem folgerichtig zu bleiben. Darf man Wazo diese Lösung zutrauen? In der Lütticher Bistumsgeschichte wird sie nicht ausdrücklich vorgetragen: aber wenn der Bischof in der ravennatischen Angelegenheit dem Kaiser nur in den *saecularia, quae a vobis illi credita sunt,* ein Urteil zugestand, dann ist die Unterscheidung zwischen Temporalien und Spiritualien anscheinend impliziert.[92] Sie war damals nicht unbekannt, wurde im allgemeinen freilich bloß von einigen Simonisten vorgebracht.[93]

Über Wazos letzten Ansichten und Absichten liegt ein Dunkel. Immerhin ist soviel klar, daß er dem Bruch mit dem kirchenpolitischen System der Ottonen und Salier bedenklich nahe gekommen

[91] Nach Anselm, Gesta epp. Leod. II, c. 66, MG. SS. 7, 229 f., hätte Wazo während des Hoftags auf sein hohes Alter und die Ehrfurcht, die dem Bischof gebühre, gepocht, um die Erlaubnis zum Sitzen zu bekommen; daraufhin hätte Heinrich gesagt, er könne allen anderen befehlen usw., wie oben angegeben. Der Zusammenhang ist hier offenbar verwirrt; denn in Wazos Bitte war die *potestas imperandi* des Königs gar nicht angetastet worden, und so steht die anschließende Auseinandersetzung zwischen Bischof und Herrscher ohne rechte Beziehung zur angeblichen Ausgangssituation, wie sie Anselm schildert.

[92] Vgl. o. Anm. 85. Vielleicht ist Wazo erst durch die italienischen Ereignisse zu seiner intransigenten Haltung gekommen, während er früher an der Investitur durch den König anscheinend nichts auszusetzen gehabt hat: vgl. R. Huysmans, Wazo van Luik in den ideeënstrijd zijner dagen (1932), S. 175.

[93] Vgl. Tellenbach, Libertas, S. 125 f.; H. Hoffmann, Ivo von Chartres und die Lösung des Investiturproblems, DA. 15 (1959), S. 394 ff.

ist. Die Elemente, aus denen die neue *libertas ecclesiae* zu begründen war, hat er gesammelt, und wenn er selbst noch gezögert haben sollte, aus ihnen den zwingenden Schluß zu folgern, so trugen andere Zeitgenossen weniger Bedenken. Der erste, der den Kaiser von den Bischofswahlen ausschloß oder zumindest seine Mitwirkung zu einer belanglosen Formalität entwertete, war der sog. Auctor Gallicus, seiner Herkunft nach anscheinend ebenfalls ein Lothringer. In einem nach Frankreich gerichteten Traktat beschäftigte er sich mit den Papstintrigen in Rom und tadelte dabei aufs heftigste die Kirchenpolitik Heinrichs III.[94]

Die nächsten und wichtigsten Spuren der Opposition führen sodann ins Bistum Toul. Hier hatte sich der Einfluß von Saint-Bénigne in besonders starkem Maße geltend machen können. Schon Bischof Berthold hatte zu Beginn des 11. Jahrhunderts sein Kloster Saint-Evre dem „Übercluniazenser" Wilhelm übertragen. Eine stetige Entfaltung war der Reform allerdings zunächst nicht vergönnt gewesen. Bertholds Nachfolger Hermann zeigte nicht die gleiche Vorliebe für die burgundischen Mönche, er behinderte sie im Gegenteil und traktierte sogar Wilhelms Schüler, den Propst Widrich von Saint-Evre, mit Stockschlägen.[95] Waren es die Freiheitsforderungen der Cluniazenser, die Hermann zu dieser Feindseligkeit veranlaßten? Wir wissen es nicht. Aber schon damals ergriff Bruno von Egisheim die Partei der Bedrängten,[96] und zum Siege führte er sie

---

[94] De ordinando pontifice, MG. LdL. I, 8—14.

[95] Rodulf Glaber, Vita s. Willelmi Divionensis, c. 22, Migne PL. 142, 714: *Cum igitur post mortem Bertoaldi Tullensis pontificis, qui ei* [scil. Wilhelm von Dijon] *monasterium s. Apri confessoris commiserat, eidem episcopatui quidam Hermannus praesul datus fuisset, ita coepit exosos huius patris habere monachos cum sua institutione, ut etiam honestissimum fratrem, Widricum nomine, qui post illum eiusdem loci pater devotus exstitit ... baculo verberaturus eum impegerit.*

[96] Vita Leonis IX., I, c. 6, ed. Watterich, S. 133: *Compatiebatur ... venerabilibus venerabilis Apri coenobitis, in quos procacissimae adulatorum et invidorum linguae supra modum instigabant animum praefati antistitis. Nunc pro eis murum semet quantum poterat opponebat, nunc quod solum poterat, cum flentibus flebat.* S. auch die Notitia Brunonis de instauratione s. Apri, Migne PL. 143, 581—584.

schließlich, als er selbst Bischof wurde und nicht nur Saint-Evre, sondern auch die beiden Klöster Saint-Mansui und Moyenmoutier den Reformern aus Saint-Bénigne überantwortete.[97] Vor der Mitte des Jahrhunderts sind aus dem Touler Kreis, zu dem seiner Reformgesinnung nach auch Siegfried von Gorze gehörte, keine Stimmen bekannt, die geradezu nach der neuen *libertas ecclesiae* gerufen hätten. Aber der Geist der Kritik war hier nicht weniger lebendig als in Lüttich. Der genannte Abt von Gorze, der ein Schüler Wilhelms von Dijon war, tadelte die unkanonische Ehe Heinrichs III. und den üppigen Zuschnitt der königlichen Lebensführung.[98] Ein Mönch, der aus Saint-Evre kam, entlarvte in den 40er Jahren des 11. Jahrhunderts die hohle Frömmigkeit der Herrschenden in einer geistvollen Satire.[99] Und offenen Ausdruck fand diese Richtung später in den Worten und Taten Leos IX., des aus Toul gekommenen Papsts, und des Kardinals Humbert von Silva Candida, der seine Jugend als Mönch in Moyenmoutier verbracht hatte.

Es ist höchst bezeichnend, daß all die frühen Rufer im Streit gegen das Königtum aus ein und derselben Gegend, ja zum großen Teil aus ein und demselben Milieu hervorgegangen sind. Halinard von Saint-Bénigne und sein Kreis, der Bedenkliche aus Cambrai, Wazo von Lüttich und der Auctor Gallicus, Siegfried von Gorze und der Dichter der Ecbasis captivi, schließlich Leo IX. und Hum-

---

[97] Vita Leonis IX., I, c. 11, ed. Watterich, S. 141: *Medianensis namque ac sancti Mansueti monasterii praelatos deposuit in ipso suae electionis exordio atque domino venerabili Guidrico ... commendavit.*

[98] W. v. Giesebrecht, Geschichte der deutschen Kaiserzeit II (⁵1885), S. 714 ff., Nr. 10 f. Zu Siegfried vgl. o. S. 331, Anm. 40.

[99] Vgl. H. Hoffmann, Poppo von Tier in der Ecbasis cuiusdam captivi?, Arch. f. Kulturgesch. 40 (1958), S. 289—314. C. Erdmann, Konrad II. und Heinrich III. in der Ecbasis captivi, DA. 4 (1941), S. 382—393, hat die Ecbasis überzeugend in den 40er Jahren des 11. Jh. angesetzt; dagegen mit unzureichenden Gründen G. Vinay, Contributo alla interpretazione della „Ecbasis captivi", in: Convivium 1949, S. 234—252; G. Scalia, in: Studi medievali, 3ª ser., I, 1 (1960), S. 237—241. Vgl. auch H. R. Jauss, Untersuchungen zur mittelalterlichen Tierdichtung, Beih. zur Zs. f. roman. Philologie 100 (1959), S. 84—93.

bert von Silva Candida, — sie alle hatten in dem französisch-deutschen Grenzgebiet ihr Zuhause. Die Mehrzahl von ihnen war der Reform von Saint-Bénigne verpflichtet, während die geistige Herkunft des lothringischen (?) Anonymus und die Fäden, die Cambrai und Lüttich mit Dijon oder Toul verknüpft haben können, uns verborgen geblieben sind. Immerhin wird es hier nicht an Beziehungen gefehlt haben; es sei nur daran erinnert, daß einer der deutschen Begleiter Leos IX. der Archidiakon Friedrich von St. Lambert in Lüttich gewesen ist, der später als Stephan IX. den Stuhl Petri bestieg![100]

Die Überzeugungen, die diese Männer vor 1048 vertreten haben, stammten nicht aus einem einheitlichen oder gar wohlformulierten Programm. Zudem trat in ihren Handlungen und Entscheidungen das Neue mit unterschiedlicher Deutlichkeit hervor. So umstritten aber dieses oder jenes einzelne Zeugnis sein mag, — insgesamt läßt sich ihre Bedeutsamkeit nicht leugnen: In Lothringen/Burgund regte sich damals etwas, was im übrigen Abendland noch unerhört war. Soweit sich die leitenden Ideen klar erkennen lassen, liefen sie auf eine stärkere Betonung des kanonisch Gültigen hinaus, als sie bisher üblich gewesen war; und dadurch wurde wiederum der Einfluß der weltlichen Gewalten in der Kirche zurückgedrängt. Die große Frage nach den Ursachen dieses geistigen Wandels, der sich auf so scharf umrissenem Raum vollzog, ist nicht leicht, vielleicht nie mit Sicherheit zu beantworten. Zwei Dinge dürften jedoch in der Entwicklung eine Rolle gespielt haben: die Grenzsituation in dem beschriebenen Bereich und das Vorbild cluniazensischer Unabhängigkeit. In Cluny wie in Saint-Bénigne hatte kein Laie bei der Abtswahl mitzureden, und die Freiheit, die sich daraus ergab, kam nicht nur den Mutterklöstern, sondern indirekt auch den abhängigen Prioraten, Zellen und Pfarrkirchen zugute, in denen der Laieneinfluß ebenfalls ausgeschaltet war. Die wenigen, die im Westen des Deutschen Reichs unter den Bann dieser Vorstellungen gerieten, mögen sie sich mit besonderem Eifer angeeignet haben. In ihrer Umwelt

---

[100] Vgl. G. Despy, La carrière lotharingienne du pape Etienne IX, Rev. belge de phil. et d'hist. 31 (1953), S. 955—972, der eine erste Begegnung zwischen Friedrich und Leo IX. auf dem Mainzer Konzil 1049 annimmt.

waren sie Fremdlinge, zum Teil sogar Verfolgte, wie das Vorgehen Hermanns von Toul gegen Saint-Evre zeigte. Während sie dank dieser Ausnahmestellung die Verhältnisse wachen Blicks betrachteten, teilten sie zugleich die Empfindung der Zeitgenossen, daß der König den Landschaften an der Peripherie seiner Herrschaft nicht die gebührende Aufmerksamkeit schenke, und waren vielleicht auch aus diesem Grund geneigt, das Bestehende zu kritisieren.

*

Daß die Ideen, die die Welt revolutionieren sollten, im Burgundisch-Lothringischen und nicht erst allmählich in Rom entstanden sind, beweist der Pontifikat Leos IX. In ihm hat man schon immer das Epochemachende gesehen. Aber während noch Albert Hauck das Unversöhnliche hervorgehoben hatte, das der Idee nach zwischen Leos Kirchenregiment und der Politik der deutschen Kaiser lag,[101] betrachtet die neuere Forschung, vornehmlich von Paul Schmid[102] beeinflußt, den Papst als einen konservativen Reformer, welcher eigentlich bloß durch seine größere Rührigkeit der cathedra Petri zu frischem Ansehen verholfen, jedoch nicht in einem tieferen Gegensatz zu Heinrich III. gestanden habe. Eine derartige Auffassung konnte nur entstehen, wenn man das Neue an Leos Maßnahmen verkleinerte oder übersah.

Schon vor seinem Aufbruch nach Rom scheint Leo durch einen öffentlichen Entschluß angedeutet zu haben, wie er so ganz anders als seine Vorgänger zu handeln gedachte. Am Tiber hatte es vermutlich eine Partei gegeben, die sich nicht ihn, sondern den Erzbischof Halinard von Lyon an der Spitze der westlichen Christenheit gewünscht hatte.[103] Aus begreiflichen Gründen war er dem deutschen Hof nicht genehm, und die Wahl fiel daher nicht auf ihn, sondern auf den Bischof Bruno von Toul. Aber Leo IX., wie sich Bruno hinfort nannte, knüpfte die Annahme des Amts an eine Bedingung: nur wenn die Römer die kaiserliche Nominierung billig-

[101] Kirchengeschichte III, S. 613 ff.
[102] P. Schmid (s. o. Anm. 28), S. 68 ff.
[103] Chron. s. Benigni, MG. SS. 7, 237: *Defuncto memorato papa Clemente, Romani petierunt eum* [scil. *Halinardum*] *ab imperatore*.

ten, wollte er Papst sein. Die Authentizität dieses Vorbehalts ist umstritten. Die Nachricht davon findet sich — wenn wir von Späteren absehen — bei Leos Biographen, dem sogenannten Wibert von Toul, der um 1060 schrieb und an sich nicht der polemischen Verfälschung verdächtig ist.[104] Des Bischofs vorsichtige Äußerung würde jedenfalls gut in die Situation passen. Das Wesentliche daran war ja nicht das Verlangen nach einer offiziellen Inthronisierung, bei der der *populus Romanus* in einer Scheinwahl die deutsche Entscheidung gutheißen mußte. Denn wenn er das gewollt hätte, so hätte Bruno keine Bedingung zu stellen brauchen — so selbstverständlich war ein derartiges Verfahren in den Augen der damaligen Welt. Vielmehr kann der Sinn seiner Worte nur der gewesen sein, daß er nicht als der aufgezwungene Protégé des Kaisers in die Ewige Stadt seinen Einzug halten, sondern tatsächlich die Zustimmung der führenden Kreise Roms erlangen wollte (Dazu bedurfte es keiner „Wahl" durch den *universus populus* während des feierlichen Akts in St. Peter; eine solche wäre immer manipulierbar gewesen und ist oft genug manipuliert worden; vermutlich hat sich Bruno vor der Zeremonie der positiven Stimmung im Adel und vor allem in der Geistlichkeit vergewissert.) In diesem Zusammenhang legt der Biograph dem Papst auch die Worte in den Mund, daß die kanonische Wahl vor der *dispositio aliorum* rangiere; das aber hieß: die *alii* (darunter sind die Laienfürsten zu verstehen) hatten die Entscheidung zu respektieren, die von Klerus und Volk gefällt worden war. Die Äußerung ist somit geeignet, alle Zweifel am Inhalt jener *condicio* zu beseitigen, von deren Erfüllung der Bischof von Toul seine Zusage abhängig gemacht haben soll.

Überflüssig war der Vorbehalt nicht, zumal nachdem Heinrich III. den ursprünglichen Wahlvorschlag der Römer abgewiesen

---

[104] Vita Leonis IX., II, c. 2, ed. Watterich, S. 150: *coactus suscepit iniunctum officium ... ea conditione, si audiret totius cleri ac Romani populi communem esse sine dubio consensum;* ebd., S. 151: *Dicit electionem cleri et populi canonicali auctoritate aliorum dispositionem praeire.* Vgl. H. Tritz, Die hagiographischen Quellen zur Geschichte Papst Leos IX., Studi Gregoriani 4 (1952), S. 258; zur Quelle s. den Exkurs, der in der Urfassung dieses Aufsatzes in: Arch. f. Kulturgesch. 45 (1963), S. 203 bis 209 folgte.

hatte. Die beiden deutschen Vorgänger Leos IX., Clemens II. und Damasus II., werden manchem als *intrusi* gegolten haben, und man munkelte sogar, sie seien mit Gift aus der Welt geschafft worden.[105] Daß unter diesen Umständen der Bischof von Toul dem alten kanonischen Rechtserfordernis neue Geltung sichern wollte, ist nur zu erklärlich. Und erklärlich wird damit auch, warum der Kaiser den Bescheid, den ihm Bruno erteilte, hinnahm. Bereits Paul Kehr[106] hat darauf aufmerksam gemacht, daß Brunos Wahl ein Kompromiß darstellte, insofern sich zwei deutsche Reichsbischöfe alten Schlags als Nachfolger Petri nicht recht bewährt hatten und nun in dem Bischof von Toul der Mann gefunden war, der auch zu den Reformkreisen des Westens (und des Südens) vermitteln konnte. In dieser Mittlerstellung ruhte seine Stärke, und sie erlaubte es ihm — wenn nicht allein der Antrieb des Gewissens genügt haben sollte —, selbst einem Heinrich III. Bedingungen zu machen. Zudem mochte der Kaiser zu Bruno, seinem Verwandten, mehr Vertrauen haben als zu Halinard von Lyon; und was die persönliche Loyalität Leos IX. betrifft, so hat sich Heinrich ja im großen ganzen auch nicht in ihm getäuscht.

Die Zuverlässigkeit des Biographen Wibert wird aber nicht nur durch diese Überlegungen wahrscheinlich gemacht, sondern auch die folgenden Taten des Papsts stehen in Einklang mit jener Nachricht von dem anfänglichen Vorbehalt. Bereits auf der Reise nach Süden ist Hildebrand zu dem Erwählten gestoßen,[107] und später soll er selber behauptet haben, den Kandidaten des Kaisers vor einem unkanonischen Amtsantritt gewarnt zu haben.[108] Diese Erzählung

---

[105] Dazu zuletzt K. Hauck, Zum Tode Papst Clemens II., Jb. f. fränk. Landesforsch. 19 (1959), S. 265—274.

[106] Kehr, Vier Kapitel, S. 53.

[107] Gregor VII., Reg. VII, 14 a, ed. Caspar, MG. Epp. sel. II 2, S. 483; dazu Hauck, Kirchengesch. III, S. 597, Anm. 2.

[108] Bonizo von Sutri, Liber ad amicum V, MG. LdL. I, 587: *Qui* [scil. Hildebrand] *cum causas itineris a quodam narrante audisset, cepit rogare patrem, ne illo tenderet, dicens eum non apostolicum, sed apostaticum, qui iussu imperatoris Romanum conaretur arripere pontificatum ... eius consilio acquiescens papalia desposuit insignia, que gestabat, sumensque scarsellam usque ad apostolorum limina properavit* [scil. Leo].

wird sich vielleicht einige Abstriche gefallen lassen müssen; sofern sie in der Substanz wahr ist, geht aus ihr wohl hervor, daß Leo schon damals die aufrührerischen Reden Hildebrands in seiner Umgebung duldete; und indirekt liefert sie einen weiteren Beleg dafür, daß vor der Ankunft in Rom der modus procedendi nach dem strengen Kirchenrecht diskutiert worden ist. Die Reformgesetzgebung der nächsten großen Synoden sollte dann zeigen, wie energisch der neue Papst die Forderung nach freier Wahl erhob. 1049 verkündete er auf der Synode zu Reims, daß niemand ohne Wahl durch Volk und Klerus zu einem geistlichen Amt gelangen dürfe.[109] Dieser Satz war nicht bloß auf örtliche Mißstände in der französischen Kirche gemünzt; vielmehr verfügte Leo, daß die Reimser Beschlüsse forthin als Bestandteil des kanonischen Rechts zu gelten hätten, und er selbst bestätigte sie bei späteren Gelegenheiten.[110] Wie die übrigen Canones, die 1049 promulgiert wurden, hatte auch die Wahlbestimmung ihre aktuelle Bedeutung. Daß damit das herrschende System der Scheinwahl, einer *libera electio* unter königlichen oder kaiserlichen Auspizien gutgeheißen wurde, ist undenkbar. Hätte Leo IX. nur die übliche Praxis im Auge gehabt, so wäre der ganze Satz überflüssig gewesen; der Papst hätte dann ausgesprochen, was schon hundertmal ausgesprochen worden, was jedermann bekannt war und wonach sich jedermann richtete. Allerweltsweisheiten zu wiederholen kann nicht die Absicht des bedeutenden Reformers gewesen sein. Sie stellt im übrigen kein absolutes Novum dar. Bei der Betrachtung der vorgregorianischen Laienherrschaft in der Kirche kann nur zu leicht der Eindruck entstehen, als wären die Bischofseinsetzungen seit eh und je die Sache der Könige gewesen. In Wirklichkeit war die Unterdrückung der echten Wahl

---

[109] Anselm von Saint-Rémi, Historia dedicationis ecclesiae s. Remigii, Migne PL. 142, 1437 (can. 1): *Ne quis sine electione cleri et populi ad regimen ecclesiasticum proveheretur.* Nicht zugänglich war mir S. Giet, Le concile de Reims de 1049, Mém. de la Soc. d'agriculture, commerce, sc. et arts du dép. de la Marne 75 (1960), S. 31—36.

[110] JL. 4185, Migne PL. 143, 616 f.: *quae omnia capitulis digesta inter canones haberi praecepimus et postea in omnibus synodibus quas habuimus id ipsum confirmare curavimus.* Dazu Hauck, Kirchengesch. III, S. 614, Anm. 5.

in Deutschland erst seit relativ kurzer Zeit die Regel ohne Ausnahme geworden. Noch unter Heinrich II. hatten die Domkapitel entschieden auf ihre Rechte gepocht, und erst dieser Herrscher, der ja auch sonst als Vollender des ottonischen Reichskirchensystems gilt, hatte dank seiner Hartnäckigkeit jeden Widerstand so vollkommen gebrochen, daß künftig die Entscheidung von oben überall als bindend anerkannt wurde.[111] Aber diese Ereignisse lagen 1049 gerade ein Menschenalter zurück, und die Versuche der Diözesangeistlichkeit in Frankreich, ihre Wahl von königlicher Bevormundung freizuhalten,[112] werden Leo IX. und seinen Freunden noch besser in Erinnerung gewesen sein. Der Reimser Canon brachte also bloß ein nie vergessenes, aber in letzter Zeit zumeist beiseite geschobenes Stück Kirchenrecht wieder zu Ehren.

Der Papst ließ den Worten die Taten folgen. Auf der Mainzer Synode desselben Jahres 1049 wurde über den Anspruch eines gewissen Bertald auf das Erzbistum Besançon verhandelt. Ihm hatte schon vor Jahren König Rudolf von Burgund das genannte Hochstift übertragen, doch konnte sich Bertald in der Stadt nicht durchsetzen. In Mainz wurde er zudem der Simonie beschuldigt, — ein Vorwurf, an dem man später nicht festgehalten zu haben scheint. Als das Konzil unter Leos Vorsitz die Entscheidung fällte, wies es den Prätendenten lediglich deshalb ab, weil er vom Kirchenvolk des Erzbistums nicht gewählt und nicht anerkannt worden sei.[113] Wie hier der Papst auf einer echten Wahl bestand, so auch vier Jahre danach, als in Le Puy der Archidiakon Petrus zum Bischof gewählt wurde, und zwar gegen den Willen König Heinrichs I. von Frankreich, der einen anderen Kandidaten durchsetzen wollte. Dieser zweite Bewerber stand allerdings im Ruf der Simonie. In Rom hat man aber sein Erscheinen oder seinen Einspruch offenbar gar

---

[111] Hauck, ebd. S. 400 ff.; G. Weise, Königtum und Bischofswahl im fränkischen und deutschen Reich vor dem Investiturstreit (1912), S. 117 ff.; Th. Schieffer, Heinrich II. und Konrad II., DA. 8 (1951), S. 394 ff.

[112] S. o. S. 335 f.

[113] MG. Const. I, S. 98, Nr. 51: *decrevit sancta synodus eundem Bertaldum a filiis ecclesiae non electum, non receptum, non pro pastore habitum, sed semper repudiatum, semper repulsum, invitis dari non potuisse nec debuisse.* Vgl. Mayer, DA. 18, S. 537.

nicht abgewartet, sondern Leo IX. sprach das Bistum dem rechtmäßig Gewählten zu, ohne sich um die Rechte des Königs zu kümmern.[114]

Was der Papst in diesen beiden Fällen verfügte, lief den deutschen Interessen nicht direkt zuwider. Die französische Angelegenheit wird Heinrich III. kaum berührt haben, und in Besançon wäre ihm eine Entscheidung zugunsten Bertalds vermutlich sogar peinlich gewesen, weil dann der reichstreue Erzbischof Hugo hätte weichen müssen. Doch über den unmittelbaren Gegebenheiten ist das Grundsätzliche nicht zu vergessen. In Deutschland selbst ist die Neubesetzung von Toul bemerkenswert: als Leo 1051 sein altes Bistum abgab, ließ er den Nachfolger, seinen Kanzler Udo, zuerst von Volk und Klerus wählen und dann vom Kaiser bestätigen.[115] Daß die verwaiste Geistlichkeit einer Bischofsstadt einen Kandidaten präsentierte, kam mitunter auch sonst vor. Immerhin hatte es besondere Tragweite, wenn der Papst den Mann seines Vertrauens die Formalitäten nicht am Königshof, sondern an der Stätte seines künftigen Wirkens beginnen ließ; gegen die Autorität von Toul u n d Rom konnte dann der Herrscher schwerlich entscheiden, während es ihm in anderen Fällen eher freistand, sich über lokale Wünsche hinwegzusetzen.

[114] Cl. Devic — J. Vaissète, Histoire générale de Languedoc V (ed. Privat 1875), col. 468—470, Nr. 234. Die Darstellung der Vorgänge in Besançon und Le Puy bei P. Schmid, Begriff d. kanon. Wahl, S. 86 ff., leidet darunter, daß er neben Wahl und Scheinwahl zu großes Gewicht auf die *intrusio* als dritte Möglichkeit der Bischofserhebung legt; denn wenn der *intrusus* vom König gestützt wurde, war er zumeist in der Lage, eine Scheinwahl zu organisieren.

[115] Gesta epp. Tullensium c. 41, MG. SS. 8, 645: *Demum domnus apostolicus cernens eum in sancta religione de virtute in virtutem proficere, disposuit eum praecedente cleri plebisque electione in huius sedis praesulatus officio sibi subrogare, ac legatione ad Henricum tertium Romani imperii rectorem directa, illum sibi successorem substituere.* Undeutlich ist Wibert, Vita Leonis IX., II, c. 8, ed. Watterich, S. 159. Vgl. Weise, Königtum und Bischofswahl, S. 130, dessen allgemeine Folgerung, daß Heinrich III. „nicht sehr streng über der Aufrechterhaltung seines Vorschlagsrechts gewacht" habe, aus seinen übrigen Beispielen allerdings nicht abzuleiten ist.

In der deutschen Kirche war durchaus nicht alles zum Besten bestellt, so daß hier die eigene Entscheidung der Wähler überflüssig gewesen wäre, gleichsam als hätte der kirchlich-strenge Heinrich III. schon von sich aus nur geeignete Persönlichkeiten auf die Bischofsstühle entsandt. Ganz im Gegenteil: der Kaiser verzichtete zwar auf die simonistischen Praktiken seines Vaters, aber im übrigen bevorzugte er tüchtige Verwalter, von denen die wenigsten dem Ideal der westlichen Reformer entsprachen.[116] Von deren Standpunkt aus befanden sich unter den Ernannten sogar ausgesprochene Versager: ein Sigibodo von Speyer,[117] ein Nitker von Freising[118] standen in keinem guten Ansehen bei ihren Zeitgenossen. So mögen sich manche eine Besserung der Verhältnisse vom Fortfall der kaiserlichen Wahl„beteiligung" erhofft und eine echte *libera electio* herbeigewünscht haben. Auf lange Sicht hätte demnach der Reimser Canon von 1049 auch in Deutschland ein Anwendungsfeld finden müssen. In den wenigen Jahren, die sowohl dem Papst wie Heinrich III. noch beschieden waren, ist es zu keinem Konflikt gekommen. Doch es läßt aufhorchen, wenn man sich in Lüttich darüber empörte, daß der Herrscher einem der Hofkapläne um ein Haar den Vorzug vor Wazo, dem Kandidaten der Stadt, gegeben hätte.[119] In Rom dachte man ähnlich wie in Lothringen. In einem Brief an den Patriarchen Petrus von Antiochien drückte Leo seine Bereitschaft aus, ihn anzuerkennen, sofern er den Bischofsstuhl nicht als *curialis* bestiegen habe.[120] Das Schriftstück mag vom Kardinal

---

[116] Kehr, Vier Kapitel, S. 28—30; der großzügigen Art, mit der Haller, Papsttum ²II, S. 572, 576 u. öfter, über Kehrs Forschungen hinweggehen möchte, wird man kaum beipflichten können.

[117] Vita Leonis IX., II, c. 5, ed. Watterich, S. 156 f.; Hermann von Reichenau, Chron. zu 1039, MG. SS. 5, 123; Lampert von Hersfeld, Ann. zu 1050, ed. O. Holder-Egger, MG. Scr. rer. Germ. (1894), S. 62.

[118] Hermann von Reichenau, Chron. zu 1052, MG. SS. 5, 131; Vita Leonis IX., II, c. 7, ed. Watterich, S. 159.

[119] Anselm, Gesta epp. Leod. II, c. 50, MG. SS. 7, 219: *ex capellanis pocius episcopum constituendum.*

[120] C. Will, Acta et scripta quae de controversiis ecclesiae Graecae et Latinae saec. XI. composita extant (1861), S. 170, a 25: *Noveris tamen nos ipsam tuam promotionem taliter approbare si non hanc neophytus aut*

Humbert aufgesetzt worden sein,[121] aber darum drückte es nicht weniger die offizielle Meinung des Heiligen Stuhls aus. Und ist es glaubhaft, daß man dort mit zweierlei Maß gemessen? daß also im Westen als unanstößig gegolten hat, was man den Byzantinern als rechtswidrig ankreidete?

Die Bedeutung, die die Wahlfrage unter Leo IX. erlangt hatte, kann leicht unterschätzt werden, weil in der Folgezeit das Verbot der Laieninvestitur zum wichtigsten Programmpunkt der Neuerer geworden ist. Doch hatte dabei bloß die Methode, nicht der Zweck gewechselt. Wahl und Investitur waren zwei verschiedene Momente innerhalb ein und desselben Vorgangs, nämlich der Besetzung eines Bistums oder sonst einer Kirche. Wollte man den Laieneinfluß beseitigen, so war es eine Frage der Opportunität, nicht aber der Prinzipien, bei welchem der konstitutiven Akte, die zur Bischofserhebung gehörten, man einsetzte. Während Leo IX. von der kanonischen Wahl ausging — was auf den ersten Blick weniger revolutionär zu sein schien—, erkannten seine Nachfolger die Notwendigkeit, das Investiturrecht den Laien zu entwinden, weil mit diesem die Verfügung über das Kirchenvermögen gegeben war. Es nutzte ja nichts, einen geeigneten Geistlichen in freier Wahl zu bestimmen, wenn ihm dann die (Temporalien-)Investitur und damit der Lebensunterhalt verweigert wurde.[122] In der Laieninvestitur kam die weltliche Herrschaft über eine Kirche am sinnfälligsten zum Ausdruck. Indem man sie bestritt, verhinderte man, daß zwischen einer

---

c u r i a l i s seu digamus vel pretio aut alio quolibet modo sacris canonibus contrario, quod absit!, obtinuisti = ed. A. Michel, Humbert und Kerullarios II (1930), S. 466. Zu *curialis* s. K. Jordan, Die Entstehung der römischen Kurie, ZRG. KA. 28 (1939), S. 108 ff., bes. 111, 118 f. (Neudruck der Wiss. Buchges., Libelli 91 [1962], S. 18 ff.).

[121] A. Michel, Humbert u. Kerullarios II, S. 423.

[122] Die Zusammengehörigkeit von Kirchenamt und Kirchenvermögen ist schon vor dem Ausbruch des Investiturstreits von den Publizisten erörtert worden, wobei freilich dem weltlichen Akt der Temporalieninvestitur zunächst nicht die kanonische Wahl, sondern die kanonische Weihe gegenübergestellt wurde: Mirbt, Die Publizistik, S. 471 ff.; ebd., S. 497 ff., 534 f. über das Verhältnis von Wahl und Investitur.

etwaigen freien Wahl und der materiellen Einweisung ins Amt ein
Widerspruch entstand, bei dem das Wahlrecht unterliegen mußte,
solange das laikale Eigenkirchenrecht nicht grundsätzlich ab-
geschafft worden war. Das Verbot der Laieninvestitur ist daher nur
die konsequente Radikalisierung des Kampfs um die *libera electio*.
Wenn die Maßnahmen der Späteren über den Ansatz des ersten
Reformpapstes hinausführten, so sind sie seiner Idee darum nicht
untreu geworden.

Noch an einem anderen Punkt läßt sich Leos neue Auffassung
von der *libertas ecclesiae* ablesen: an seiner Klosterpolitik. In Süddeutschland gelang es ihm, die Dynastengründungen Donau-
wörth[123], Ottmarsheim[124] und Heiligkreuz-Woffenheim[125] in das
ius der römischen Kirche überzuleiten, wobei er den Stifterfamilien
lediglich die Vogtei beließ.[126] Damit beseitigte er das laikale Eigenkirchenrecht und führte das cluniazensische Verfassungsmodell
(wenn man von der Vogteifrage absieht) in einem Land ein, wo es
bisher keine Nachfolge gefunden hatte.[127] Ebenso wurde 1051 in
Italien das Kloster S. Maria di Picciano aus der Herrschaft seines
adligen Besitzers herausgelöst und von Leo IX. mit einem Privileg
bedacht.[128] Es ist bemerkenswert, daß darin die Unterstellung unter
Rom nicht erwähnt ist, obwohl sie in einer anderen Quelle aus-

---

[123] JL. 4207; Migne PL. 143, 637—639, Nr. 32; A. Brackmann, Germania Pontificia II 1 (1923), S. 97, Nr. 1.

[124] JL. 4196; DH IV 99; Brackmann, GP II 2 (1927), S. 269, Nr. 1.

[125] JL. 4201; Migne PL. 143, 635—637, Nr. 30; Brackmann, GP II 2,
S. 283, Nr. 1.

[126] Siehe H. Hirsch, Untersuchungen zur Geschichte des päpstlichen
Schutzes, MÖIG. 54 (1942), S. 389—401, gegen R. Bloch, Klosterpolitik
Leos IX., AUF. 11, S. 176—257; vgl. auch Th. Mayer, Fürsten und
Staat, bes. S. 198 ff.; W. Schwarz, Iurisdicio und Condicio, ZRG. KA. 45
(1959), S. 64 f.; J. Semmler, Traditio und Königsschutz, ebd., S. 17 ff.,
23 f.

[127] Ob darüber hinaus die Vogteibestimmungen in Leos Privilegien die
Reform auf die Dauer mehr gehindert als gefördert haben — wie behauptet worden ist —, braucht im vorliegenden Zusammenhang nicht erörtert zu werden.

[128] P. Kehr, Italia Pontificia IV (1909), S. 291, Nr. 1; Nachr. d. Ges.
d. Wiss. Göttingen, philol.-hist. Kl. 1899, S. 216 f., Nr. 2.

drücklich bezeugt wird. Infolgedessen ist damit zu rechnen, daß der Papst noch mehr laikale Eigenklöster in das *ius beati Petri* aufgenommen hat. Es wäre etwa an jene Konvente zu denken, für die er geurkundet hat, die aber erst im 12. Jahrhundert als Eigentum der römischen Kirche auftreten, ohne daß sich das Datum der Übereignung ermitteln ließe. Zwei weitere Fälle liegen ähnlich: In seiner Bischofszeit hatte Bruno 1044 das Priorat Deuilly aus der Hand der adligen Gründer in den Besitz von Saint-Evre, dem „cluniazensischen" Reformzentrum seiner Diözese,[129] überführt, und ebenso machte er 1050 Bleurville (im Bistum Toul) aus einem adligen zu einem bischöflichen Eigenkloster.[130] Man kann vermuten, warum die beiden Anstalten nicht dem Heiligen Stuhl unterstellt worden sind: 1044 hatte es noch kein Reformpapsttum gegeben, und 1050 war Leo IX. noch gleichzeitig Bischof von Toul! Die betroffenen Kirchen wurden wenigstens auch hier aus der Verfügungsgewalt der Laienherren herausgelöst. Zunächst sind das keine aufregenden Ereignisse gewesen; aber schon Hans Hirsch hat es als „das Kennzeichen eines Aufstiegs" bezeichnet, „daß die Stellungnahme der aufstrebenden Gewalt einmal deutlicher, das andremal schwächer betont erscheint".[131]

Schwierig ist die Frage, ob sich auch der Status der Reichsklöster, die gleichzeitig Papst und Kaiser untertan waren, verändert hat.[132] Bisher hatten dort die beiden Schutzrechte verschiedener Herkunft ungestört nebeneinander bestanden; d. h. in der Praxis gab der König den Ton an und verfügte über die betreffenden Abteien. Wie lauten nun die Formulierungen in den Privilegien, die Leo IX. ihnen erteilte? Zeigt sich da eine exklusive Tendenz, die allein den päpstlichen Anspruch gelten läßt oder den kaiserlichen gewissermaßen nur subsidiär anerkennt? Das burgundische Kloster Lure steht 1051 unter der *iurisdictio* bzw. dem *ius Romane ecclesie*,

---

[129] S. o. S. 339, Anm. 78.
[130] Migne PL. 143, 587 ff., 660—662; JL. 4243. Vgl. R. Bloch, AUF. 11, S. 193, 205.
[131] MÖIG. 54, S. 399.
[132] Das Problem bedarf einer nochmaligen Untersuchung; im Folgenden bloß einige Hinweise.

während dem Kaiser die *defensio* resp. das *tutamen* obliegt.[133] Es ist nicht zu verkennen, daß der Papst hier als Eigentümer, der Kaiser bloß als Schutzherr erscheint; aber sind darum die Rechte des Herrschers geschmälert worden? Ähnlich verhält es sich mit St. Simon und Juda zu Goslar. Diese seine Lieblingsgründung hatte Heinrich III. dem Heiligen Stuhl übergeben, und Leo erteilte ihr daraufhin ein Privileg, demzufolge der Kaiser die erbliche Vogtei und das Recht behielt, den Propst zu ernennen.[134] Heinrich hat die Maßnahme offenbar ergriffen, um das Stift vor seinen eigenen Nachfolgern zu schützen und es in seinem Besitzstand zu sichern. Dagegen dachte er nicht daran, auf seinen normalen Einfluß zu verzichten, wie die päpstlichen Bestimmungen zu seinen Gunsten erweisen. In anderen Fällen war die Abgrenzung der beiden Sphären nicht ganz so klar. Eine Urkunde des Papstes für S. Maria di Tremiti von 1053 enthielt den Passus ... *sciens locum ipsum apostolice nostre sedi ita esse speciale ac proprium, ut nullus preter eam sibi in eodem loco usurpet quodlibet dominium*,[135] und es sieht so aus, als ob der Satz im krassen Widerspruch zu der Verfügung steht, die Konrad II. in seinem Diplom für das Kloster getroffen hatte und die daraus in die Bestätigung seines Sohns gewandert ist: *Volumus etiam atque statuimus ut deinceps sit sub nostro regimine et nulli nisi nobis respondeat.*[136] Weitere Privilegien der deutschen Könige für S. Maria di Tremiti sind nicht bekannt. Daher scheint es, daß sich auf die Dauer der römische Standpunkt durchgesetzt hat.

Insgesamt reichen die besprochenen Beispiele freilich nicht aus, um einen nicht nur latenten, sondern offenen Gegensatz zwischen Heinrich III. und Leo IX. in der Frage der päpstlichen Reichsklöster bündig zu beweisen. Doch der Konflikt ist nicht ausgeblie-

[133] W. Wiederhold, Papsturkunden in Frankreich I, Nachr. d. Ges. d. Wiss. Göttingen, philol.-hist. Kl. 1906, Beih. 1, S. 21—23, Nr. 3.

[134] JL. 4194; G. Bode, Urkundenbuch der Stadt Goslar und der in und bei Goslar gelegenen geistlichen Stiftungen I (1893), S. 131, Nr. 43; Bloch, AUF. 11, S. 225.

[135] JL. 4303; A. Petrucci, Codice diplomatico del monastero benedettino di S. Maria di Tremiti (Fonti per la storia d'Italia 98, 1960), S. 156—158, Nr. 49.

[136] DK II 272; DH III 323.

ben. Denn wie groß der Papst dachte, wie weit er sah, das zeigte sich in jenem merkwürdigen Vertrag, den er Weihnachten 1052 mit Heinrich III. schloß: er tauschte die Abtei Fulda und verschiedene andere deutsche Orte, die St. Peter unterstellt waren, gegen Rechte ein, die der Kaiser in Italien besaß.[137] Eine kühne, ja eine unerhörte Forderung, mit der Leo IX. da auftrat! Und man wundert sich nicht, daß Heinrich gezögert haben soll, auf sie einzugehen. Was waren das für eigenartige Ansprüche, die die römische Kurie jetzt auf das Reichskloster Fulda *aliaque nonnulla loca et coenobia* erhob? Der Rekognitionszins, den man dort schuldete, war zu unbedeutend und auch zu gut beglaubigt, als daß man darüber hätte streiten können.[138] Daher muß Wichtigeres auf dem Spiel gestanden haben. Seit Jahrhunderten hatten die Päpste in Fulda Schutz- und Jurisdiktionsrechte inne,[139] und wenn man bedenkt, daß im früheren Mittelalter Schutz und Eigentum Hand in Hand gingen, sich gegenseitig bedingend und begründend, so wird erkennbar, wie Leo hier aus der nie aktualisierten römischen *libertas* des Klosters ein Recht konstruiert haben muß, das mit dem des deutschen Königs empfindlich konkurrierte. Während in vergangenen Zeiten die Privilegien von Kaiser und Papst einträchtig nebeneinander hergelaufen waren, worin niemand einen Widerspruch gesehen und woraus

[137] Über den päpstlichen Besitz in Deutschland vgl. E. Perels, Päpstliche Patrimonien in Deutschland zur Karolinger- und Sachsenzeit, in: Festgabe K. Zeumer (1910), S. 491; dazu A. Brackmann, Die Kurie und die Salzburger Kirchenprovinz (Stud. u. Vorarbeiten zur Germania Pontificia I, 1912), S. 103—114; Bloch, AUF. 11, S. 219. Im übrigen s. J. Ficker, Forschungen zur Reichs- und Rechtsgeschichte Italiens II (1869), S. 365 f., § 356; O. Vehse, Benevent als Territorium des Kirchenstaates bis zum Beginn der avignonesischen Epoche, QFIAB. 22 (1930/1), S. 95—97.

[138] Vgl. K. Jordan, Zur päpstlichen Finanzgeschichte im 11. und 12. Jh., QFIAB. 25 (1933/4), S. 70 ff., bes. 72; Ficker, a. a. O.

[139] Grundlegend E. E. Stengel, Die Immunität in Deutschland bis zum Ende des 11. Jhs. I. Teil (1910), S. 383 ff.; ferner ders., Die Reichsabtei Fulda in der deutschen Geschichte (1948), S. 17 f. mit Anm. 22; H. Goetting, Die klösterliche Exemtion in Nord- und Mitteldeutschland vom 8. bis zum 15. Jh., AUF. 14 (1936), S. 107 ff., bes. 133 f.; Hirsch, MÖIG. 54, S. 395—397, 419 ff.; H. L. Mikoletzky, Kaiser Heinrich II. und die Kirche (1946), S. 68, 83; W. Schwarz, ZRG. KA. 45, S. 90 ff., bes. 92 f.

der weltliche Herrscher den größten Nutzen gezogen hatte, sollten jetzt die Rechtstitel voneinander abgegrenzt werden und der Heilige Stuhl das ihm Gebührende erhalten. So und nicht anders ist Hermann von Reichenau, der über diese Vorgänge am eingehendsten berichtet, zu verstehen.[140]

Zu den *alia nonnulla loca*, die Rom damals als Eigentum betrachtete, gehörte nach der Chronik von Montecassino auch das Bistum Bamberg, von Heinrich II. gegründet und direkt dem Papst unterstellt.[141] Wenige Jahre nach dem Tod Leos IX. berührte Humbert von Silva Candida diesen Punkt in seinen Libri tres adversus simoniacos: *nomine tenus* hätten die deutschen Kaiser das Bistum in das *ius apostolicae sedis* gegeben, *cum sibi tamen et successoribus suis omne dominium inde detinuerint*.[142] Der Kardinal prangerte also die Nichterfüllung eines Versprechens an (wobei er freilich übersah oder übersehen wollte, daß nach Königsrecht eine sehr viel kompliziertere Abrede dem gemischten Besitzverhältnis zugrunde gelegen haben dürfte). Er sprach geradewegs aus, wovon die Chronisten nur eine Andeutung gaben. Aber andrerseits bieten uns eben jene

[140] Chron. zu 1053, MG. SS. 5, 132: *Ubi cum papa, sicut dudum coeperat, Fuldensem abbatiam aliaque nonnulla loca et coenobia, quae sancto Petro antiquitus donata feruntur, ab imperatore reposcens exegisset, demum imperator pleraque in Ultramontanis partibus ad suum ius pertinentia pro Cisalpinis illi quasi per concambium tradidit.*

[141] Chron. von Montecassino, II, c. 46, MG. SS. 7, 658: *augustus* [scil. Heinrich II.] *... construxit ecclesiam ... in Babemberg ... atque episcopalem in ea sedem constituens, beato Petro exintegro obtulit; statuto censu per singulos annos equo uno optimo albo cum omnibus ornamentis et faleris suis, et centum marcis argenti. Postmodum vero Leo nonus papa vicariationis gratia Beneventum ab Heinrico Chuonradi filio recipiens, praedictum episcopium Babembergense sub eius dicione remisit, equo tantum quem praediximus sibi retento;* ähnlich II, c. 81, S. 685. Beide Stellen fehlen in Clm. 4623, der einzigen Chronikhandschrift, die nach dem derzeitigen Forschungsstand von Verfälschungen des Petrus Diaconus frei sein könnte: s. zuletzt P. Meyvaert — P. Devos, Autour de Léon d'Ostie et de sa „Translatio S. Clementis", Analecta Bolland. 74 (1956), S. 211 ff. Die Angabe über den hohen Geldzins verdient daher wenig Glauben; dazu o. S. 359, Anm. 137 f.

[142] III, c. 15, MG. LdL. I, 217.

chronikalischen Nachrichten die Gewähr dafür, daß nicht erst Humbert, in der kaiserlosen Zeit nach dem Ableben Heinrichs III., den juristischen Status der deutschen patrimonia sancti Petri neu gefaßt, sondern daß bereits der erste große Reformpapst sich in seiner Politik auf dieses Argument gestützt hat.

Ob es nun um die Formen der Bischofswahl oder um die gehörige Bindung der Klöster an Rom ging: — Leo IX. machte Ernst mit den Vorschriften des kanonischen Rechts, das hinfort eine strikte Auslegung erfuhr.[142a] Und während bei dem ersten Problem der Einfluß der westlichen Reform, wie gezeigt, bloß indirekt zu erspüren ist, liegt dieser bei dem zweiten offen zutage. Denn der Plan, mit dem der Papst sich getragen hat, scheint darauf hinausgelaufen zu sein, die Rechtsstellung, die in Frankreich Abteien wie Cluny oder Vézelay innehatten, auf den deutschen Raum zu übertragen. Es wäre verlockend, aber auch gefährlich, darüber zu spekulieren, was die römische Kurie mit dem neu-alten Erwerb in Deutschland hätte anfangen wollen. Eine wesentlich erhöhte materielle Nutzung durch das Papsttum dürfte sich angesichts der wenig fortgeschrittenen naturalwirtschaftlichen Verhältnisse verboten haben und wäre auch ohne Parallele im burgundischen Bereich gewesen. Sollte es daher Leo vornehmlich um die weltliche Unabhängigkeit der „römischen" Klöster zu tun gewesen sein?

Der elsässische Grafensohn, wie Leo IX. gern apostrophiert wird, zeigte sich jedenfalls als ein Vertreter jener burgundisch-lothringischen Reform, die bestrebt war, den Eigenraum des Kirchlichen genauer zu bestimmen, zu verteidigen und auszuweiten. Erst wenn man das berücksichtigt, wird verständlich, wieso Leo ausgerechnet den Bischof Wazo von Lüttich, dessen oppositionelle Einstellung

---

[142a] Es sei noch angemerkt, daß unter Leo IX. „die Kaiserjahre definitiv aus der päpstlichen Kanzlei verschwinden", während sie 1047 unter Clemens II. in ein paar Urkunden nach längerer abweichender Übung neu eingeführt worden waren: H. Bresslau, Handbuch der Urkundenlehre II (Neudr. 1958), S. 421; A. Menzer, Die Jahresmerkmale in den Datierungen der Papsturkunden bis zum Ausgang des 11. Jhs., Röm. Quartalschr. 40 (1932), S. 61. Kommt darin zum Ausdruck, daß Leo kein „Reichsbischof" sein wollte?

ihm sicherlich nicht verborgen geblieben war, in einem Privileg als großes Vorbild feiern konnte: *Memores... fuimus... domini Wasonis, Tungrensis ecclesiae vigilantissimi pastoris, qui dum vixit aequitatis norma, catholicae religionis, canonicae simul honestatis semper fuit regula* [143]! Die Wurzeln der Libertas-Bewegung liegen letztlich in Cluny. Obwohl seinen Äbten nichts ferner lag, als die Welt zu revolutionieren, und obwohl noch Odilo Kaiser Heinrich II. zum Eingreifen in geistliche Angelegenheiten ermunterte,[144] machte das Beispiel des Klosters auf ungeahnte Weise Schule, und der Gedanke der Kirchenfreiheit führte von hier mit seltsamer Folgerichtigkeit erst zum Reformpapsttum, dann zum Investiturstreit. Im Hegelschen Sinne könnte man dabei von einer List der Vernunft sprechen: aus einzelnen, eng gefaßten Maßnahmen erwachsen Konsequenzen, die von ihren Urhebern nicht bedacht worden waren. Der Idee wohnt eine eigentümliche Sprengkraft inne; aus dem Besonderen drängt sie ins Allgemeine, wenn sie den günstigen Nährboden findet.

So wenigstens erging es der Freiheit von Cluny. Als Abwehrmaßnahme im Kampf gegen die Feudalgewalten des zerfallenden westfränkischen Reichs geboren, wurde sie an der deutsch-französischen Grenze zum Ausgangspunkt einer herben Kritik am ottonisch-salischen Kirchensystem. Als später die Lothringer in Rom Fuß gefaßt hatten, trat die zentral gelenkte Aktion an die Stelle der unkoordinierten Nörgeleien. Der Zufall und der genius loci taten das Ihre: beflügelt von den Machtansprüchen des Papsttums und begünstigt durch die politische Lage nach dem Tod Heinrichs III., griffen die Reformer jetzt das Übel an der Wurzel an, und ihr Programm gewann daraus neue Impulse und neue Dimensionen. Hier erweiterte sich die Freiheit der Einzelkirche zur Freiheit der Gesamtkirche; und nachdem die Bevormundung gefallen war, sollte auch die in der Theorie seit jeher bekannte Überlegenheit des Geistlichen über das Weltliche verwirklicht werden. Es kam die Zeit, da

---

[143] Migne PL. 143, 743.

[144] E. Sackur, Ein Schreiben Odilo's von Cluni an Heinrich III. vom October 1046, NA. 24 (1899), S. 734 f.; dazu C. Erdmann, Das ottonische Reich als Imperium Romanum, DA. 6 (1943), S. 434 ff.

der große Gregor den Traum von der päpstlichen „Weltherrschaft" konzipierte.

Darüber hinaus kann man freilich fragen, ob sich Clunys Bedeutung für den geistigen Kampf des 11. Jahrhunderts in der Vorbereitung der leitenden Gedanken erschöpft. Die vorausgehende Klosterreform, zumal die Klosterexemtionen stellten dem Papsttum ein ungeheures Kräftereservoir zur Verfügung.[145] Und dies hatte wiederum zur Folge, daß die Mönche in immer höhere Positionen aufstiegen, bis schließlich im letzten Viertel des 11. Jahrhunderts die Päpste aus ihren Reihen hervorgingen. Cluny stand in dieser Beziehung nicht abseits. Die Verbundenheit des burgundischen Klosters mit Rom sorgte dafür, daß es von den großen Fragen der Kirchenpolitik nicht unberührt blieb. Während seine Äbte, gleichsam als beati possidentes, aus innerer Überzeugung oder aus diplomatischer Vorsicht mit den alten Mächten nicht brechen wollten, scheinen nicht wenige von ihren Untergebenen den beschränktmonastischen Standpunkt von 911 hinter sich gelassen und kühneren Vorstellungen gehuldigt zu haben.

Gibt es nicht zu denken, daß die beiden bedeutendsten Päpste des Investiturstreits hier eine Zeit ihres Lebens zugebracht haben? Laut Bonizo von Sutri ist Hildebrand in Cluny Mönch gewesen.[146] Man hat der Nachricht mitunter weniger Glauben geschenkt, als sie verdient. Aber selbst wenn Bonizo sich geirrt haben sollte: wäre es dann nicht bezeichnend, daß die Zeitgenossen gerade Cluny für den Ort hielten, in dem der junge Römer seine geistige Prägung erfahren haben sollte? Daß Urban II. dort Mönch gewesen war, ist schließlich über jeden Zweifel erhaben,[147] und auch Paschalis II.

---

[145] Lemarignier, in: A Cluny, S. 327 ff.

[146] Liber ad amicum V, MG. LdL. I, S. 587. Vgl. auch Otto von Freising, Chron. VI, c. 33, ed. A. Hofmeister, MG. Scr. rer. Germ. (1912), S. 300 f. S. zuletzt G. Borino, Quando e dove si fece monaco Ildebrando, in: Misc. G. Mercati, vol. V (Studi e Testi 125, 1946), S. 218—262; ders., Note Gregoriane, Nr. 1, in: Studi Gregoriani 4 (1952), S. 441—456.

[147] A. Fliche, La Réforme grégorienne et la Reconquête chrétienne, Histoire de l'Eglise, publ. par A. Fliche et V. Martin, 8 (1946), S. 200. Von seiner Vorliebe für das burgundische Kloster zeugen auch die zahlreichen Weihen von cluniazensischen Kirchen und Altären während seiner großen

kam offenbar aus einer cluniazensischen Dependance.[148] Zwei der tätigsten Mitarbeiter der römischen Kurie in den Jahren vor dem Ausbruch des großen Streits stammten ebenfalls aus Cluny: nämlich Stephan von San Grisogono [149] und Gerald von Ostia [150], die u. a.

französischen Rundreise 1095/6: R. Crozet, Le voyage d'Urbain II en France (1095—1096) et son importance au point de vue archéologique, Ann. du Midi 49 (1937), S. 58 f.

[148] Ordericus Vitalis gibt für Paschalis II. dasselbe Ursprungskloster *Vallis Brutiorum* wie für den Abt Pontius von Cluny an (Hist. eccl. X, c. 1; XII, c. 10, Migne PL. 188, 718, 879). Es wird sich demnach um einen cluniazensischen Konvent handeln. Ob man ihn mit K. Jordan, QFIAB. 25 (1933/4), S. 97, Anm. 4, in Südfrankreich oder mit Haller, Papsttum ²II, S. 472, in Süditalien zu suchen hat, tut hier nichts zur Sache.

[149] Allgemein s. Th. Schieffer, Die päpstlichen Legaten in Frankreich vom Vertrage von Meersen (870) bis zum Schisma von 1130 (1934), S. 62 ff.; F. Dressler, Petrus Damiani (1954), S. 111, 162, 184, Anm. 61 C. Baronius, Annales ecclesiastici zu 1061, § V (ed. Köln 1609), t. XI, col. 293: *[Stephanus] presbyter Cardinalis, vir laudatissimus, qui ex Cluniacensi coenobio ad eum dignitatis apicem virtutum merito fuerat sublimatus;* ohne Quellenangabe. F. Duchesne, Histoire de tous les cardinaux français I (Paris 1660), S. 29, läßt Stephan unter Odilo in Cluny Mönch werden; dies konnte freilich ohne weiteres aus der Mitteilung des Baronius deduziert werden. Ihr hat die Forschung bisher keinen Glauben geschenkt, sie im allgemeinen nicht einmal erwähnt. Doch hat sie nichts Unwahrscheinliches, zumal seitdem H.-W. Klewitz, Die Entstehung des Kardinalkollegiums, ZRG. KA. 25 (1936), S. 163, Anm. 1, einen Beleg dafür gefunden hat, daß Stephan später Abt von St. Andreas in clivo Scauri gewesen ist: J.-B. Mittarelli, Annales Camaldulenses OSB. II (Venedig 1756), App. col. 213—215, Nr. CXIX f. Ob St. Andreas ad clivum Scauri allerdings bereits von Odo reformiert worden ist, ist ganz unsicher; die Nachricht in der Chronik des Benedikt von S. Andrea, ed. G. Zucchetti (Fonti per la storia d'Italia, 1920), S. 167 f., bezieht sich wahrscheinlich nicht auf dieses, sondern auf das Soracte-Kloster: vgl. G. Antonelli, L'opera di Odone di Cluny in Italia, in: Benedictina 4 (1950), S. 28, gegen Sackur, Die Cluniazenser I, S. 100 ff. S. ferner A. Rota, La riforma monastica del „princeps" Alberico II nello stato Romano ed il suo significato per il potere indipendente del „princeps", Arch. Soc. romana di Storia patria 79 (1956), S. 11 bis 22; J. Leclercq, Saint Pierre Damien (1960), S. 121, Anm. 1.

[150] Vita prior s. Udalrici, c. 6; Vita posterior s. Udalrici, c. 11, MG.

als Legaten auf wichtige Missionen geschickt wurden. Daß es sich bei den beiden Kardinälen nicht um Einzelfälle handelte, sondern daß Gregor VII. bewußt auf das Menschen „reservoir" von Cluny zurückgegriffen hat, verdeutlicht ein Satz der Historiae Tornacenses: der Papst, so heißt es da, habe Abt Hugo aufgefordert, *ut sibi aliquos de monachis suis viros sapientes transmitteret*.[151]

Nicht anders als in Rom haben Cluniazenser und cluniazensisch Beeinflußte in Deutschland die Forderungen des Reformpapsttums vertreten: Udalrich von Zell und die Hirsauer sind der burgundischen Reform zutiefst verpflichtet gewesen, sind als Cluniazenser eingeschätzt worden,[152] und Abt Wilhelm von Hirsau überbot sogar die deutschen Gregorianer, indem er die von jenen geduldete Temporalieninvestitur dem Gegenkönig Hermann nicht zugestehen wollte.[153] Ebenso wie in Deutschland betrachtete man im anglo-

SS. 12, S. 253, 257. Vgl. Klewitz, ZRG. KA. 25, S. 137, 206. — Zu erwähnen wäre auch der deutsche Kleriker Albero, ein *familiarissimus* des Abtes Odilo, der mit Leo IX. nach Rom kam: Jotsald, Epitaphium et mir. Odilonis abb. Cluniacensis I, c. 17, MG. SS. 15, 2, S. 814; Petrus Damiani, Vita s. Odilonis, Migne PL. 144, 944.

[151] IV, c. 1, MG. SS. 14, 341. Vgl. damit die Chron. von Montecassino III, c. 24, MG. SS. 7, 715: *Sed cum praedictus apostolicus* [scil. Alexander II.] *magnae admodum circa hoc monasterium devotionis existeret, suggerente pariter et instigante Hildebrando archidiacono, si quos ex hac domo* [scil. Montecassino] *fratres a domno abbate adquirere poterat, vel suo lateri ad ecclesiasticum ministerium sociabat, vel certe in episcopos sive abbates honorifice promovebat.*

[152] H. Jakobs, Die Hirsauer (1961), Register s. v. „Cluny-Hirsau", S. 254. Jakobs selbst schlägt den cluniazensischen Einfluß in Hirsau nicht hoch an; doch ist er in der Beseitigung des laikalen Eigenkirchenrechts und in den Consuetudines deutlich zu greifen, während andrerseits die deutsche Situation Modifikationen an dem cluniazensischen „Modell" erforderlich machte.

[153] C. Erdmann — N. Fickermann, Briefsammlungen der Zeit Heinrichs IV., MG. Briefe der deutschen Kaiserzeit V (1950), S. 42, Nr. 18: *potestis acceptissimum Domino obedientie sacrificium per hoc exordiri, . . . si et vos ipse in dandis ecclesiasticarum potestatum investituris devitatis prevaricari.* Mit den *ecclesiasticae potestates* können nur die Temporalien gemeint sein. Jakobs, Die Hirsauer, S. 212, glaubt, daß Wilhelm

normannischen Bereich das Cluny Hugos des Großen als einen Hort der *libertas ecclesiae:* Dorthin wandte sich Anselm von Canterbury, als er mit Wilhelm II. Rufus gebrochen und England verlassen hatte.[154] Setzte er damit nicht voraus, daß er in dem Kloster für seine Unnachgiebigkeit gegenüber dem englischen König Verständnis finden würde? Wenn also der Baum an seinen Früchten zu erkennen ist, dann kann Cluny nicht die Hochburg uneingeschränkter Neutralität während des Investiturstreites gewesen sein.[155]

Schließlich hat selbst Abt Hugo der Große sich als Legat in den Dienst der römischen Sache gestellt;[156] und wenn er es gleichzeitig mit der anderen Seite nicht verderben wollte, so scheint das Vermittelnde an ihm eher eine Frage des Temperaments als der Prinzipien gewesen zu sein. Nur schwer kann man sich vorstellen, daß Gregor VII. sein Vertrauen einem Mann geschenkt hätte, dessen er nicht im Grundsätzlichen sicher war.[157] Urban II. ging den Abt um Hilfe an[158] und machte die Kammer des Klosters geradezu zum

hier dem König noch eine Art „Belehnung" belassen habe. Zur Situation s. H. Hoffmann, DA. 15, S. 398—400.

[154] Eadmer, Historia Novorum, ed. M. Rule (1884), S. 90 f.: *Anselmus ... statuerit apud se summam negotii sui considerationi ac dispositioni eius* [scil. des Erzbischofs von Lyon] *necne reverendi Hugonis Cluniacensis abbatis ex integro commendare.* Dazu zuletzt: N. F. Cantor, Church, Kingship, and Lay Investiture in England 1089—1135 (1958), S. 111 f.

[155] Zu den andersgearteten Ergebnissen von H. Diener, Das Verhältnis Clunys zu den Bischöfen vor allem in der Zeit seines Abtes Hugo (1049 bis 1109), in: Neue Forschungen (s. o. Anm. 24), S. 219 ff., s. meine Bemerkungen in Zs. f. Kirchengesch. 72 (1961), S. 170.

[156] Schieffer, Die päpstlichen Legaten, S. 57 und passim. Vgl. auch A. Brackmann, Die politische Wirkung der kluniazensischen Bewegung, HZ, 139 (1929), S. 34—47, bes. S. 41 ff.

[157] Zu Hugo s. jetzt Th. Schieffer, Rev. hist. 225, S. 61, 64 ff. H. Diener hat „Das Itinerar des Abtes Hugo von Cluny" zusammengestellt in: Neue Forschungen (s. o. Anm. 24), S. 353—426. Dazu kommt anscheinend ein weiterer Aufenthalt bei Gregor VII. in „Apulien" und Rom: F. S. Schmitt, Neue und alte Hildebrand-Anekdoten, Studi Gregoriani 5 (1956), S. 15.

[158] J. Ramackers, Analekten zur Geschichte des Reformpapsttums und

Mittelpunkt seiner eigenen Finanzoperationen,[159] — alles Dinge, die mit „Neutralität" kaum zu vereinbaren sind! Von den großen Mönchskonventen der Zeit hat ein anderer dem Reformpapsttum noch näher gestanden: die Wiege des Benediktinerordens, Montecassino.[160] Aber gerade hier stoßen wir auf eine überraschend ähnliche Situation und müssen feststellen, daß ein gelegentliches Schwanken des Vorstehers für die eigentliche Haltung des Klosters wenig besagt, zumal wenn diese sich aus einwandfreien Tatsachen als ganz anders zu erkennen gibt. Mag Desiderius auch in der Not dem Kaiser zu weit entgegengekommen sein:[161] Montecassino in seiner Gesamtheit ist immer eine der stärksten Stützen des Reformpapsttums gewesen. Ganz ähnlich dürften die Dinge in Cluny gelegen haben: Hugo bewegte sich vorsichtig zwischen den Fronten, bis die Bindung an Rom dies unmöglich machte; doch von seinen Mönchen werden viele der gregorianischen Sache mit weniger Vorbehalten angehangen haben. So spricht alles dafür, daß auch in Cluny während des 11. Jahrhunderts die Zeit nicht stehengeblieben ist. Freilich, die Rolle des Vorreiters hatte es wohl schon unter Abt Odilo ausgespielt; andere, energischere Kreise hatten das Gesetz des Handelns an sich gerissen. Aber die neuen Anschauungen vom Kirchenregiment, die in Saint-Bénigne, Toul und Rom langsam herangereift waren, gehen letztlich in nicht geringem Maß auf Cluny zurück und wurden dort auch in den Jahrzehnten Hugos des Großen nicht gänzlich verleugnet.

der Cluniazenser, QFIAB. 23 (1931/2), S. 43 f., dazu S. 29 f.; Migne PL. 151, 285 u. 291.

[159] Jordan, QFIAB. 25, S. 76 ff.; J. Sydow, Cluny und die Anfänge der Apostolischen Kammer, Stud. und Mitt. OSB. 63 (1951), S. 54.

[160] G. B. Borino, Per la storia della riforma della chiesa nel sec. XI, Arch. della R. Soc. Romana di Storia Patria 38 (1915), S. 453—513; H.-W. Klewitz, Montecassino in Rom, QFIAB. 28 (1937/8), S. 36—47. Die aus Montecassino stammenden Kardinäle hat Klewitz, ZRG. KA. 25, S. 206 ff., ermittelt. S. auch o. S. 365, Anm. 151.

[161] Chron. von Montecassino III, c. 50, MG. SS. 7, 739 ff.; vgl. aber T. Leccisotti, L'incontro di Desiderio di Montecassino col re Enrico IV ad Albano, in: Studi Gregoriani 1 (1947), S. 307—319.

Nachtrag 1974

Zu Anm. 31: R. Kottje, Klosterbibliotheken und monastische Kultur in der 2. Hälfte des 11. Jh.s, Zs. f. Kirchengesch. 80 (1969), S. 145—162.

Zu Anm. 36: K. Schmid/J. Wollasch, Die Gemeinschaft der Lebenden und Verstorbenen in Zeugnissen des Mittelalters, Frühma. Studien 1 (1967), S. 365—405; J. Wollasch, Mönchtum des Mittelalters zwischen Kirche und Welt (1973).

Zu Anm. 38: N. Bulst, Untersuchungen zu den Klosterreformen Wilhelms von Dijon (1973).

Zu Anm. 66: Bulst S. 203 Anm. 94 bietet einen anscheinend besseren Text der Chronik von Saint-Bénigne; danach läßt sich nicht mehr behaupten, daß Robert der Fromme schon zu Lebzeiten Lamberts von Langres den Nachfolger bestellt habe. Bulsts weiterer Versuch, die Spannungen zwischen Saint-Bénigne und den weltlichen Mächten herunterzuspielen, hat mich nicht überzeugt.

Zu Anm. 85: Widger von Ravenna war (u. a.) wegen liturgischer Verstöße angeklagt worden. Wazo scheint der Meinung gewesen zu sein, daß nicht eine Synode der Reichsbischöfe unter dem Vorsitz (oder der Beteiligung?) des deutschen Herrschers, sondern eine italienische Synode unter dem Vorsitz des Papstes bzw. dieser allein darüber zu richten habe. Es dürfte also um Fragen der kirchlichen Disziplin (nicht der „sakramentalen Befugnisse des Bischofs"!) und um den geistlichen Charakter des Synodalverfahrens gegangen sein. Offenbar wollte Wazo den königlichen Einfluß auf den Reichssynoden eingeschränkt wissen. Vgl. O. Capitani, Immunità vescovili ed ecclesiologia in età „pregregoriana" e „gregoriana" (1966), S. 21 ff. Anm. 44; R. L. Benson, The Bishop-Elect (1968), S. 207 bis 209.

Zu Anm. 99: Ob meine 1958 gegebene Interpretation der Ecbasis in allen Punkten stichhaltig ist, möchte ich dahingestellt sein lassen. Allerdings scheinen mir die anderen Deutungen, die vorgetragen worden sind, noch weniger begründet zu sein; vgl. zuletzt L. Gompf, Die ‚Ecbasis cuiusdam captivi' und ihr Publikum, Mittellat. Jb. 8 (1973), S. 30—42. Zur Datierung des Gedichts s. H. Hoffmann, Gottesfrieden und Ecbasis captivi, DA. 25 (1969), S. 230—233.

Zu Anm. 100: Den Selbständigkeitsforderungen im Westen des Deutschen Reiches ist es wohl auch zuzurechnen, daß man im Kloster Selz behauptete, Kaiser Heinrich II. *abbatem illius cenobii* ... *ab imperatoria servitute absolvit*: Mir. Adelheidis c. 5, ed. H. Paulhart, Die Lebensbeschreibung der Kaiserin Adelheid von Abt Odilo von Cluny, MIÖG. Erg.bd. 20, 2 (1962), S. 50. Der allgemein angenommene terminus ante quem der Miracula, nämlich 1057 (Tod Herzog Ottos III. von Schwaben), scheint freilich nicht sicher zu sein, da der Herzog in c. 13, ed. Paulhart S. 53, vielleicht doch nicht als noch lebend bezeichnet wird. Vgl. J. Wollasch, Das Grabkloster der Kaiserin Adelheid in Selz am Rhein, Frühma. Studien 2 (1968), S. 135 bis 143; K. J. Benz, A propos du dernier voyage de l'impératrice Adelaide en 999, Rev. d'hist. ecclés. 67 (1972), S. 81—91.

Zu Anm. 104: H. Hoesch, Die kanonischen Quellen im Werk Humberts von Moyenmoutier (1970), S. 243—253, nimmt an, daß die Vita Leonis (bis II c. 3) das Werk Humberts von Silvacandida sei. Er beweist aber lediglich, daß der Autor die Vita Deodati gekannt hat. Seine weiteren Argumente sind nicht zwingend, zumal da er vom Stilvergleich absieht. Im übrigen müßte das Problem von Humberts „Jugendwerken" noch einmal gründlich untersucht werden.

Zu Anm. 109: Capitani, Immunità vescovili S. 149 ff.; demnächst U.-R. Blumenthal, The Reims Council of 1049 — A New Text?, in: Festschr. G. Fransen (Studia Gratiana).

Zu Anm. 118: Zufolge der Vita prior Udalrici Cellensis c. 3 (MGH. SS. 12, 251) soll ihrem Helden die *levitas concapellanorum* am Hof Heinrichs III. mißfallen haben. — Auch was wir aus den Briefen Meinhards von Bamberg über seinen Bischof Gunther, den ehemaligen Kanzler Heinrichs III., erfahren, läßt nicht gerade an einen vorbildlichen Prälaten denken: C. Erdmann/N. Fickermann, Briefsammlungen der Zeit Heinrichs IV., MGH. Briefe d. dt. Kaiserzeit 5 (1950), S. 110, 121, 127 f., 217, 227 etc.

Zu Anm. 141: H. Hoffmann, Studien zur Chronik von Montecassino, DA. 29 (1973), S. 59—162.

Zu Anm. 144: O. Capitani, Ancora della lettera di Odilone ad Enrico Imperatore, in: Misc. G. G. Meerssemann 1 (1970), S. 89 bis 106.

Zu Anm. 145: H. E. J. Cowdrey, The Cluniacs and the Gregorian Reform (1970) passim (bes. S. 170 f.), übernimmt einige meiner Gedanken, ohne die geistige Schuld anzuerkennen.

Zu Anm. 146: Zum Verhältnis der Päpste Stephan IX. und Nikolaus II. zu Cluny s. J. Wollasch, Die Wahl des Papstes Nikolaus II., in: Adel und Kirche. G. Tellenbach zum 65. Geburtstag (1968), S. 205—220. Es ist allerdings zu fragen, ob die beiden genannten Päpste durch das Totenbuch von Marcigny wirklich eindeutig als Professen Clunys ausgewiesen werden. Vgl. D. Hägermann, Zur Vorgeschichte des Pontifikats Nikolaus' II., Zs. f. Kirchengesch. 81 (1970), S. 352—361.

Zu Anm. 157: P. Segl, Zum Itinerar Abt Hugos I. von Cluny, DA. 29 (1973), S. 206—219.

Gerd Tellenbach: Il monachesimo riformato ed i laici nei sec. XI e XII, Vortrag, gehalten auf der 3a settimana internazionale di Studio, Mendola 1965. In: Miscellanea del Centro di Studi Medioevali V, I laici nella „Societas Christiana" dei secoli XI e XII, Milano 1968, S. 118—142. — Deutsch vom Verfasser.

DAS REFORMMÖNCHTUM UND DIE LAIEN IM ELFTEN UND ZWÖLFTEN JAHRHUNDERT[1]

Von Gerd Tellenbach

I

Begriffe wie monachesimo riformato, Reformmönchtum, finden sich längst in der historischen Literatur. Mehr auf die Klöster bezogen sind Ausdrücke wie riforma monastica, réforme monastique, Klosterreform. Oder einzelne Kreise der Klosterreform meinen réforme clunisienne, riforma cluniacense, Gorzer Reform, réforme Romualdienne usw. Von einzelnen oder vielen Reformklöstern wird in der deutschen Literatur sehr oft gesprochen, wobei in den bekannten Büchern von Theodor Mayer[2], Hans Hirsch[3] oder Albert Brackmann[4] die Verfassungsprobleme im Vordergrund standen. Entsprechende Redeweisen wie abbayes réformées, monasteri riformati sind in der französischen und italienischen Literatur, soweit ich sehe, weniger häufig. Die gleichen sachlichen Probleme tauchen aber auch dort auf. Überall spricht man von Klosterreformbewegung, von movimenti monastici riformati, movimento cluniacense, grande corrente monastica, mouvements de réforme, auxquels sont attachés les noms de Cluny et de Gorze usw. Wir werden an die Analyse des Begriffs Klosterreformbewegung oder mönchische Bewegungen für unser Thema entscheidend wichtige Unter-

---

[1] Der Charakter des Vortrages bleibt in der deutschen Fassung gewahrt. Nur einige auf die Tagung in Mendola bezügliche Bemerkungen wurden gestrichen.

[2] Th. Mayer, Fürsten und Staat. Studien zur Verfassungsgeschichte des deutschen Mittelalters, 1950.

[3] H. Hirsch, Die Klosterimmunität seit dem Investiturstreit, 1913.

[4] A. Brackmann, Studien und Vorarbeiten zur Germania Pontificia I, 1912.

suchungen anzuknüpfen haben. Vorher sehen wir uns aber noch ein wenig um, wie sich unser Begriff der Klosterreform zu den Aussagen der Quellen verhält.

Viele Klöster sind bei ihrer Gründung mißlungen, sei es, daß die Gründer ihre Pläne fallenließen, die Ausstattung des Klosters nicht durchführten, so daß sich die Mönche verliefen, und der erste Kirchen- oder Kapellenbau verfiel. In anderen Fällen kam es zu solchem Fehlschlag, weil die Erben des Gründers sich um das Kloster stritten oder die geschenkten Güter wieder an sich zogen. Mitunter sind Klöster zwei- oder dreimal gegründet worden, wobei die Wiederholung als Reform aufgefaßt werden kann. Ein berühmtes Beispiel ist das im 9. und 11. Jahrhundert gegründete Hirsau.[5] Allbekannt ist der Verfall angesehener Abteien infolge der Sarazenen-, Normannen- und Ungarneinfälle im 9. und 10. Jahrhundert. Man braucht nur an die bewegende Schilderung der Destructio Farfensis zu erinnern, wo Monte Cassino erwähnt wird, *quod in vastatione Agarenorum omnino destructum fuerat, sicut pleraque ut prefati sumus, monasteria regni Italici.*[6] In großen Teilen Frankreichs sah es nicht besser aus, da die Mönche, aus ihren Klöstern im Westen und im Zentrum vertrieben, mit ihren Reliquien nach Osten geflohen waren. Weitaus am häufigsten wird als Grund der Klosterreform aber in den Quellen erwähnt, die klösterliche Disziplin sei erlahmt gewesen oder lau geworden, die religio verdorrt, die Mönche hätten die Regel nicht mehr befolgt und die Klostergüter verpraßt. Solche oft düsteren Schilderungen entsprachen gewiß oft den Tatsachen, mehr noch im 10. als im 11. oder 12. Jahrhundert. Nachdem nämlich Mittelpunkte vorbildlichen klösterlichen Lebens hohen Ruhm gewonnen hatten, erschienen manchmal auch altberühmte traditionelle Klöster als reformbedürftig. Es geschieht leicht, daß gegenüber der religio, dem Ordo Cluniacensis, Fruttuariensis, Gorzensis oder gar dem Novum Monasterium Citeaux die Gewohnheiten älterer Klöster vorwurfsvoll abgewertet werden. Man muß immer mit solchen polemischen Tendenzen rechnen, wie

---

[5] K. Schmid, Kloster Hirsau und seine Stifter, in: Forsch. zur Oberrheinischen Landesgeschichte 9 (1959), S. 53 ff.
[6] Destructio Farfensis c. 7, Monum. Germ. hist. SS XI, S. 535.

wir sie im 12. Jahrhundert bei den Cisterciensern gegenüber den Cluniacensern,[7] bei den Eremitengemeinschaften gegenüber den Coenobiten finden. So wirft Rainald der Eremit, der Korrespondent Ivos von Chartres, den *claustrales* vor: *claustrales observantias custodiunt, et domini praecepta contemnunt*.[8] Die Vorwürfe und satirischen Ausführungen treffen oft nicht wirklich Schwächen, sondern gehen aus Auseinandersetzungen über verschiedene religiöse Ideale hervor. Dessen ist sich Bischof Hato von Troyes, der 1145 oder 1146 als Mönch in Cluny eintrat, bewußt, wenn er auf cisterciensische Angriffe erwidert: *Summam namque felicitatem esse, quis ambigat, in hac vita, pro sequenda perpetua vita Cluniacensi vita vivere, quia constat ab antiquo Domino complacere.* Und ich wünsche nicht, wenn ich selig sein kann, so meint er ironisch, noch seliger zu sein.[9]

Allgemein wird der Reformvorgang etwa so berichtet, daß der Herr eines Klosters die verschleuderten Güter sammelt und neue schenkt, daß er gute Mönche von auswärts kommen läßt und die bisherigen zur Beachtung der Regel zwingt, daß er das Kloster

[7] D. Knowles, Cistercians and Cluniacs, The controversy between St. Bernard and Peter the Venerable, 1955; A. H. Bredero, The Controversy between Peter The Venerable and Saint Bernard of Clairvaux, in: Petrus Venerabilis, Studia Anselminiana 40 (1950); A. Wilmart, Une riposte de l'ancien monachisme au manifeste de Saint Bernard, Revue Bén. 46 (1934), S. 302 f.; J. Storm, Untersuchungen zum Dialogus duorum monachorum Cluniacensis et Cisterciensis, 1926. Über die Entgegnung vgl. meine Studie: Der Sturz des Abtes Pontius von Cluny und seine geschichtliche Bedeutung, in: Quellen und Forschungen aus ital. Archiven und Bibliotheken 42/43 (1963), S. 48 ff.

[8] D. G. Morin, Rainaud l'ermite et Ives de Chartres: une épisode de la crise du cénobitisme au XIe—XIIe siècle, in: Revue Bén. 40 (1925), S. 108: *qui pharisiaco supercilio intumentes, et de singulari sanctitate religionis suae gloriantes, canonicos, heremitas, reclusos et quoscumque arbitrantur et asserunt desipere.*

[9] G. Constable, The letters from Peter of St. John to Hato of Troyes, in: Petrus Venerabilis (wie Anm. 7), S. 49: *Crucient qui volunt corpora sua et se pellitiis vestibus ac femoralibus carere gratulentur; ego quod ad salutem sufficit, mutari debere non estimo, neque si salvus esse possum, magis salvus esse desidero.*

einem angesehenen Abt übergibt, der es *ad redintegrandum divini cultus ordinem* empfängt. Man benutzt Vokabeln wie *emendare, ad regularem normam reducere, regularem renovare districtionem, restaurare, meliorare*, aber auch oft *reformare, in melius reformare* usw.[10] In den Quellen ist also ebenso oft von Besserung, Restaurierung, Erneuerung die Rede wie von Reform. Solche Klosterreformen hat es im 11. und 12. Jahrhundert unendlich häufig gegeben; viele gelangen, andere mißglückten und hatten keine dauernden Folgen. Das allgemein-geschichtlich wirksame Reformmönchtum gruppiert sich um berühmte Mönchsgestalten und vorbildliche Klöster, wie Cluny, Gorze, Brogne, Vallumbrosa, Camaldoli, La Cava, Hirsau, Siegburg, St. Ruf, La Grande Chartreuse, Citeaux, Prémontré, Fontevrauld, S. Giovanni in Fiore, um nur einige der wichtigsten Reformzentren zu nennen. Einzelklöster sind sehr oft nach dem Vobild dieser Häuser reformiert worden. Bei der Gründung von Fruttuaria wird z. B. schlicht bemerkt: *brevi namque in spatio temporis collecta est ibidem numerosa fratrum congregatio Deum timentium, instituta beati Benedicti abbatis praecipui servantes, quae isdem pater Willelmus a sancto Maiolo Cluniacensi didicerat.*[11] Alferius bringt die Gebräuche von Cluny nach La Cava, von wo aus sie sich weiter verbreiten.[12] Es geht um die religio, den ordo, die consuetudines Clunys oder eines anderen Reformzen-

---

[10] Die beispielsweise zitierten Wendungen finden sich bei Rodulfus Glaber, Vita Wilhelmi c. 11 und 13, Migne 142 c. 708 f.; ders., Hist. III c. 5, 16, ed. M. Prou, 1886, S. 66; Destructio Farfensis c. 7, SS XI S. 535 f. Ademar von Chabannes, Chron. III c. 56, ed. J. Chavanon, 1897, S. 181. Vita S. Willihelmi Hirsaug. c. 22, SS XII, S. 219: *alia vero tria (monasteria) id est Scapheshusense, Petrihusense, Kampergense, pene iam destructa restauravit*. Zu dem schon auf Tertullian zurückgehenden Begriff der reformatio in melius vgl. G. Ladner, Art. Erneuerung in: Reallexikon für Antike und Christentum, Bd. 5 (1964), Sp. 259.

[11] Vita Wilhelmi c. 17, Migne 142 c. 712.

[12] Vita S. Alferii abb. in: Vitae quattuor piorum abb. Cavensium, ed. L. M. Cerasoli, Rer. It. SS VI, p. V (1941), S. 6: *Vir autem vite valde venerabilis Odilo, Cluniacensis abbas, forte tunc ad idem cenobium venerat, quem cum plurimum rogaret, ut habitum sancte religionis imponeret, Cluniacum deductus est ubique quod pie postulavit, obtinere promeruit.*

trums, wie die älteste Vita Erzbischof Annos von Köln berichtet, viele rheinische Bischöfe und Fürsten hätten sich für die Reform ihrer Eigenklöster Mönche aus Gorze, Cluny oder Siegburg kommen lassen.[13]

Was bedeuten aber solche Reformen und in welcher Weise verbreiten sie sich über viele Klöster und Mönchsgemeinschaften? Damit kommen wir auf die Frage zurück, in welchem Sinn man Klosterreform „Bewegungen" nennen kann, und wir schließen Beobachtungen darüber an, wer einerseits die Träger, die Initiatoren und Propagatoren solcher Bewegungen gewesen sind, und auf wen sie eingewirkt haben. Damit sind wir bei unserem eigentlichen Thema „Das Reformmönchtum und die Laien" angelangt.

„Bewegung" ist von Haus aus ein Begriff der Physik und der Biologie. Nicht so sehr der physikalische, sondern der biologische Bewegungsbegriff ist von der Sozialwissenschaft übernommen worden. Wie bei der biologischen wird bei der sozialen Bewegung ein Subjekt, etwas, was sich bewegt, und eine Richtung, ein Ziel angenommen. Träger einer sozialen Bewegung ist eine Gemeinschaft, die sich in der Verfolgung eines Zieles konstituiert, Träger einer religiösen Bewegung sind Menschen, die sich religiös einheitlich orientieren, und der Prophet, der Geist, die Gottheit, die sie dazu befähigen, werden oft als so übermächtig empfunden, daß die Individuen sich selbst als Objekte, als Ergriffene, empfinden und die Bewegung als überpersönlicher, aus sich selbst erfolgender Vorgang erscheint.

Das christliche Mönchtum ist schon von seinen Ursprüngen her eine religiöse Bewegung in diesem Sinn. Was allen Christen aufgegeben ist, nämlich sich als Jünger des Herrn zu heiligen, versuchen die Mönche radikal und in höchster Vollkommenheit in der Erneuerung ihres Lebens und in der Nachahmung der Apostel zu verwirklichen. Die perfectio in der Nachfolge Jesu Christi ist ein

---

[13] Vita Annonis c. 23 SS XI S. 476; daraus Lamperti monachi Hersfeld. Annales ad a. 1075, ed. O. Holder-Egger, Script. rer. Germ., 1894, S. 245. Dazu vgl. F. W. Oediger, Eine verlorene Fassung der Vita Annonis, in: Düsseldorfer Jahrbuch 1951, S. 146 ff. und J. Semmler, Die Klosterreform von Siegburg. Ihre Ausbreitung und ihr Reformprogramm im 11. und 12. Jahrhundert, in: Rheinisches Archiv 53 (1959), S. 222 f. und S. 348.

Zentralbegriff in der ganzen Geschichte des Mönchtums, so auch in jeder mönchischen Reformbewegung. Immer geht es um die *arctior vita*, um *perfectio* in sittlicher Leistung und in kontemplativer Empfänglichkeit.[14] Dieses Streben kehrt wieder bei den einzelnen Menschen, die ihre *conversio* erleben — es soll nicht verkannt werden, daß viele Mönche auch aus traditionellen, sozialen oder sonstigen Motiven ins Kloster geraten sind —, es wiederholt sich in der Geschichte der großen Figuren des Mönchtums, die Neuerungen oder Erneuerungen bewirkten, wobei auch bei ihnen natürlich die seit der Urkirche vorgeformten Bahnen eine große Rolle spielen können, wie die mönchische Topik in der Literatur über sie zeigt. Klösterliche religio hat keine dogmatische Färbung, sondern sie ist gleichbedeutend mit ordo, mit disciplina, sie ist sittliche Leistung in dem Jahrhunderte hindurch herrschenden Glauben, daß eine geradezu militärische Disziplin in asketischer Lebensführung gottgefällig und ein sicherer Weg zu einer spirituellen Annäherung an Gott schon auf Erden und zum ewigen Leben sei.[15]

Die mönchische Existenz beruht auf der „Idee personaler Erneuerung, Klosterreform ist institutionelle Erneuerung" (G. Ladner). Aber alle Klosterreform ist doch genährt vom ursprünglichen Streben des einzelnen Menschen nach religiöser Erneuerung. So bedeutet Klosterreform stets das Streben nach höchster Vervoll-

---

[14] G. Schreiber, Cluny und die Eigenkirche, in: Gesammelte Abhandlungen I (1948), S. 136. Ders., Praemonstratenserkultur des 12. Jahrhunderts, in: Anal. Praem. 16 (1940), S. 61 ff. Semmler (wie Anm. 13), S. 362 Anm. 18.

[15] Die Benediktinerregel ordnet an, daß man angezogen schlafen soll, um stets zum Gottesdienst bereit zu sein. Vgl. XXII, 5 und 6, ed. R. Hanslik, Csel 75, 1960, S. 77 f.: *Vestiti dormiant ... et ut parati sint monachi semper...* Darüber darf man die sittlichen Fundamente der Regula nicht außer acht lassen: Prol. 29, S. 6: *ipsa in se bona non a se posse, sed a domino fieri existimantes;* und an der Spitze des Katalogs der guten Werke findet man (IV 1, S. 29): *Inprimis dominum deum diligere ex toto corde, tota anima, tota virtute. Deinde proximum tamquam seipsum.* Über den Zusammenhang des sittlichen Strebens mit der charismatischen Heiligung vgl. *meine* grundsätzlichen Bemerkungen: Zum Wesen der Cluniacenser, in: Saeculum IX (1958), S. 376.

kommnung mönchischen Dienstes. Aber wer ist es, der den Anstoß zu den historischen Reformen des hohen Mittelalters gibt? [16]

Sicher nicht eine spontane Bewegung von Mönchen war die erste berühmte und umfassende Klosterreform, nämlich diejenige, die im Auftrag Ludwigs des Frommen, des *imperator monachus*, Abt Benedikt von Inden begann. Kaiser Ludwigs Klosterreform ist ein Teil der karolingischen Reichs- und Reichskirchenpolitik, die in der ordinatio imperii von 817 gipfelt. Dies haben zuletzt besonders Untersuchungen von Jos. Semmler [17] ergeben. Die *varietas* der Regeln und Gewohnheiten sollte beseitigt werden. Kaiserlicher Wille und kaiserlicher Befehl gaben Anstoß und Richtung. Äbte und Mönche eiferten, die von Benedikt von Inden ausgearbeiteten Consuetudines zu kopieren und zu übernehmen, sich über den Musterbauplan zu informieren und echte liturgische Texte zu erhalten,[18] um die sich schon Karl der Große bemüht hatte.

Schon vor dem Verfall des Großfrankenreiches begann die Dezentralisierung des Klosterwesens, und Könige, Herzöge, Bischöfe und Adlige teilten sich in den herrschenden Einfluß über Klosterwesen und Mönchtum. Wenn man die Frage nach den bewegenden

---

[16] Hier kann natürlich nicht näher auf die religiösen Grundlagen des christlichen Mönchtums eingegangen und die reiche neuere Literatur verzeichnet werden. Vgl. den soeben erschienenen, Anm. 10 zitierten Artikel von G. Ladner mit seiner reichen Bibliographie und Ladners bedeutendes Buch: The Idea of Reform. Its Impact of christian Thought and action in the age of the Fathers, 1959, bes. S. 319 ff.

[17] Reichsidee und kirchliche Gesetzgebung, in: Zeitschr. für Kirchengesch. 71 (1960), S. 45 ff. Vgl. auch Semmler, Zur Überlieferung der monastischen Gesetzgebung Ludwigs des Frommen, in: DA 16 (1960), S. 309 ff.

[18] Über den St. Gallener Klosterplan als Idealplan der Reform Ludwigs des Frommen vgl. H. Reinhardt, Der karolingische Klosterplan von St. Gallen, 1952, S. 16 f., wo bes. die Einwände gegen Dopsch und Hecht zu beachten sind. Studien zum St. Galler Klosterplan, hrsg. v. J. Duft, Mitteil. z. vaterländ. Gesch. von St. Gallen 42 (1962), S. 41 ff. (Duft); S. 67 ff. (B. Bischoff). Semmler, Reichsidee S. 53 kann trotzdem mit Recht an einem Zusammenhang mit der Klosterreform Ludwigs des Frommen festhalten. Th. Klauser, Die liturgischen Austauschbeziehungen zwischen der römischen und der fränkisch-deutschen Kirche vom achten bis zum elften Jahrhundert, in: Hist. Jahrbuch 53 (1933), S. 177 ff.

Faktoren der Kloster- und Mönchsreformen des 10., 11. und 12. Jahrhunderts stellt, so trifft man auf sehr verschiedenartige Verhältnisse. Sie sind bei der cluniacensischen Reformbewegung besonders kompliziert. An Cluny [19] ist nach neueren Forschungen von J. Wollasch in seinen Anfängen nicht die Tradierung an den hl. Stuhl durch den Gründer, den Laien Wilhelm von Aquitanien, das Entscheidende. Denn solche Übereignungen von Klöstern an die heiligen Petrus und Paulus hatte es auch sonst gegeben, und der Herzog hatte ausdrücklich bestimmt, Cluny sollte von Rom nicht beherrscht, sondern beschützt werden, wobei die Päpste vor der Mitte des 11. Jahrhunderts kaum imstande waren, etwas zum Schutz der burgundischen Abtei zu leisten. Das Wesentliche ist vielmehr, daß Cluny in einer Landschaft entstand, die nicht zum Imperium gehörte und auch dem französischen König verschlossen war. Wenn Cluny die Freiheit von jeglicher geistlicher oder weltlicher Herrschaft beurkundet wurde, so kam es in den damals einzigartigen Zustand, auf den Schutz, den jedes Kloster bis dahin von irgendeinem Herrn erhielt und auch beanspruchte, zu verzichten.

Wenn Cluny von früh an gezwungen war, ohne einen Herrn zu existieren und nicht in den Kreis des monastischen Wirkens eines Königs, Fürsten oder Bischofs gehörte, so ging andererseits von ihm ein monastischer Einfluß aus, der von Abt Odo an jegliche politischen Grenzen übersprang und Klöster in Burgund, Aquitanien, Francien, Italien, dann auch in Spanien, England und Deutschland erfaßte. Viele Herren öffneten dem Abt von Cluny ihre Klöster und riefen ihn zur Reform herbei. Und Odo und seine Nachfolger erwirkten für ihr Kloster, das keinen Herrn hatte, den Schutz vieler Mächtiger und riefen sie ihrerseits zur Teilnahme an ihrem Reformwerk auf. Sehr bedeutsam wurde es, daß Odo für drei von ihm geleitete Klöster, für Cluny, Bourg-Dieu und St. Benoit-sur-Loire die päpstliche Erlaubnis erwirkte, andere Klöster zur Besserung des mönchischen Lebens anzunehmen und Mönche heruntergekommener

---

[19] Vgl. künftig auch zum folgenden die grundlegenden Ausführungen in der noch ungedruckten Freiburger Habilitationsschrift von J. Wollasch, Mönchtum des Mittelalters zwischen Kirche und Welt, 1963 (inzwischen erschienen in: Münstersche Mittelalter-Schriften, Bd. 7, München 1973).

Klöster bei sich aufzunehmen.[20] Eine entscheidende Formel in der Urkunde Papst Johannes XI. lautet: *si autem coenobium aliquod ex voluntate illorum, ad quorum dispositionem pertinere videtur, in sua ditione ad meliorandum suscipere consenseritis, nostram licentiam ex hoc habeatis.*[21] Diese Formulierung der Reformlizenz, die von der päpstlichen Kanzlei übernommen wurde, ist ein wichtiges Zeugnis dafür, daß der Papst damals das Faktum eigenklösterlicher Herrschaft ohne Bedenken hinnahm. Und es gibt auch kaum Beispiele dafür, daß die frühen Cluniacenser den Rechtsstand der Klöster, in die sie gerufen wurden, hätten antasten wollen. Daraus ergab sich dann, daß viele von Cluny reformierte Klöster später wieder ihre eigenen Wege gingen und nicht zur Ecclesia Cluniacensis gehörten. Jedoch gab es Eigenklosterherren, die Cluny ihre Klöster nicht nur zur Einführung des gereinigten mönchischen Lebens übergaben, sondern zu Eigentum, andere, die dem Abt von Cluny wenigstens die Bestellung des Abtes in ihrem Eigenkloster gewährten. So gab die Gräfin Adelheid von Burgund, die Herrin, und, nach einer verbreiteten Gepflogenheit, zugleich Äbtissin von Romainmoutier, ihr Kloster so an Cluny, daß die Mönche beider Klöster unter einem Abt einen einzigen Konvent bilden sollten.[22] Fortan wurde Romainmoutier von einem Prior geleitet. So wuchs die Zahl der Klöster, die, von Äbten oder Prioren geleitet, die Anweisungen Clunys über das mönchische Leben befolgen mußten. Hier ist also ein Klosterverband entstanden, wie es ihn sonst im 10. und 11. Jahrhundert noch nicht gab, der nicht nur von religiösen Idealen, sondern auch von rechtlichen Bindungen begründet wurde.[23]

Wenn man sich nun fragt, in welchem Sinn man von einer cluniacensischen „Bewegung" reden könne, so läßt sich sagen, daß eine

---

[20] J. Wollasch, Königtum, Adel und Klöster im Berry während des 10. Jahrhunderts, in: Neue Forschungen über Cluny und die Cluniacenser, hrsg. v. G. Tellenbach, 1959, S. 100 ff.

[21] JL 3584, Migne 132 c. 1057.

[22] A. Bernard et A. Bruel, Recueil des chartes de Cluny 1, 1876, S. 358 ff. Nr. 379. Dazu vgl. E. Sackur, Die Cluniacenser I, Neudruck 1965, S. 72 ff. und künftig Wollasch (wie Anm. 19).

[23] Vgl. meine Bemerkungen (wie Anm. 15) S. 372.

mönchische Initiative durchaus vorhanden war. Die führenden Geister wie Odo, Odilo oder Hugo sind sowohl religiös wie klosterpolitisch höchst aktiv. Sie erreichten mit der religio von Cluny Äbte und Mönche, Weltgeistliche und Laien. Es muß an dieser Stelle stark hervorgehoben werden, daß die Äbte und Mönche aus der gleichen adligen, in Italien dann auch großbürgerlichen Schicht stammten wie Bischöfe und Kanoniker, wie Herzöge, Grafen, ritterliche Vasallen und städtische Patrizier. Die mönchischen Reformbewegungen des 11. und 12. Jahrhunderts haben diese ganze Gesellschaft ergriffen, ob sie innerhalb oder außerhalb von Klostermauern lebte. Mönche, Bischöfe oder Domherren, Herzöge, Grafen und Ritter erlebten eine conversio, eine Berufung und wurden Mönche oder sie gaben als Eigenklosterherren oder Klostergründer selbst die Anlässe für die Entstehung oder Ausbreitung einer Reformbewegung.

Die Wirkung vorbildlichen Mönchtums auf andere Mönche läßt sich aus der reichen Vitenliteratur in großer Vielfalt ablesen. Ich wähle hier nur zwei Beispiele aus. Der hl. Alferius, der Reformabt von La Cava, traf in San Michele della Chiusa mit Odilo von Cluny zusammen und ging mit ihm nach Cluny, wo er Mönch wurde, bevor er von Weimar IV. von Salerno in seine Heimat zurückberufen wurde. Auch der dritte Abt von La Cava, Petrus, geht auf die Kunde von der religio celeber nach Cluny zu Abt Hugo und bleibt dort 5 Jahre.[24] Als Wilhelm von Volpiano Fruttuaria gründete, führte er dort die consuetudines von Cluny ein, die er von Abt Maiolus gelernt hatte.[25] Ähnliche Einwirkungen auf Äbte und Mönche sind jedem Leser monastischer Quellen des 11. und 12. Jahrhunderts hundertfältig bekannt.

Darüber darf aber nicht vergessen werden, daß Alferius vom

---

[24] Vita S. Petri abb. Cavensis, ed. Cerasoli S. 6 (wie Anm. 12) und S. 17: *Per idem tempus cum cenobii Cluniacensis religionem celebrem comperisset, odore tante fame illectus, quamquam longe positus, illius congregationis ordinem emulari ardenter cepit.* Vgl. auch G. Penco, Storia del monachesimo in Italia, 1959, S. 197 f.

[25] Vita Wilhelmi c. 17, Migne 142 c. 712: *Brevi namque in spatio temporis collecta est ibidem numerosa fratrum congregatio Deum timentium, instituta beati Benedicti abbatis praecipue servantes, quae isdem pater Willelmus a Sancto Maiolo didicerat.*

Fürsten nach Salerno gerufen wurde, der ihm alle Klöster der Stadt zur Leitung übertrug.[26] Und den Anstoß zur Gründung von Fruttuaria gab nicht der hl. Wilhelm selbst, sondern als er auf einer Rückreise aus Rom nach Burgund erkrankte, brachten ihn seine Brüder, drei hochadlige Laien, zur Pflege auf ihre Güter. Dort wurde er von ihnen und anderen Herren jener Gegend bestürmt, auch in seinem Geburtsland ein Kloster zu gründen, wie er es im Ausland getan hatte.[27] Der Ruf von St.-Benigne-de-Dijon war also zu ihnen gedrungen. Man versprach große Schenkungen, und zwei der Brüder des Heiligen äußerten die Absicht, selbst die Welt zu verlassen.

Es würde zu weit führen, auf die zahllosen Fälle näher einzugehen, in denen Klosterreformen auf den Wunsch und den Befehl von Fürsten, Adligen und Bischöfen zurückgehen. Von Wilhelm von Aquitanien, dem römischen Fürsten Alberich, der ottonischen Dynastie, den Bischöfen von Metz und Verdun im 10. Jahrhundert führt eine ununterbrochene Kette bis in das späte 12. Jahrhundert, ja noch darüber hinaus. Würde man eine Statistik aufstellen, so fände man, daß an der Gründung von Eremitenkreisen Männer, die nicht selbst Mönche oder Eremiten waren oder wurden, verhältnismäßig wenig beteiligt waren. Als Beispiele könnte man die italienischen Eremitengemeinschaften anführen, von denen K. Elm gehandelt hat, außerdem besonders auch Wilhelm von Vercelli und die Gruppe von Montevergine, obwohl auch für sie die Gönnerschaft Rogers II. von großer Bedeutung wurde.[28] Auch die Frühgeschichte der Prämonstratenser, und dann der Bettelorden zeigt, wie entscheidend bei dauerhaften Genossenschaften das Eingreifen von außen, eines oder mehrerer Bischöfe oder des Papstes in der

---

[26] Penco a. a. O.

[27] Vita Wilhelmi a. a. O.: *Ad illum quinque suorum ac plures domini civitatum vicinarum et suadere illum coeperunt, promittentes se plura largituros, si in nativa patria coenobium sibi, sicut in externa audiverant, aedificare inciperet.*

[28] K. Elm: Italienische Eremitengemeinschaften des 12. und 13. Jahrhunderts, in: L'eremitismo in Occidente nei secoli XI e XII, in: Atti della seconda settimana internazionale di studi a Mendola, 1965, bes. S. 528 ff. Zu Montevergine Penco (wie Anm. 24) S. 248 ff.

Regel war. Bei Reformklöstern, bei Gründungen oder Reformmaßnahmen sind dagegen Laien noch häufiger maßgebend als Bischöfe, unter denen es aber auch genug hochberühmte Klosterreformatoren wie Adalbero von Metz, Bruno von Köln, Anno von Köln oder Otto von Bamberg gegeben hat. Das wird auch bei den Zisterziensern nicht anders. Wenn man etwa die hundert frühesten Gründungen von Zisterzienserklöstern in L. Janauscheks Origines Cistercienses [29] durchliest, findet man, daß die meisten auf Anstoß von Laien erfolgten. Das älteste italienische Cistercienserkloster Tiglieto geht auf Markgraf Anselm II., seine Gattin Adelasia, seine Söhne Wilhelm und Manfred zurück, und auch sein Bruder Bischof Azzo von Acqui tritt als Petent für Tiglieto auf,[30] worin wir ein gutes Beispiel dafür sehen, wie gegenüber dem Reformmönchtum Laien und Weltgeistliche eine einzige Gruppe bilden. Lucedio wurde auf Veranlassung des Markgrafen Rainer von La Ferté aus mit Cisterciensern besetzt, der Gründer von Stafarda ist Graf Manfred I. von Saluzzo.[31] In Fossa Nova wurden die Cistercienser von Papst Innocenz II. eingeführt.[32] S. Andrea di Sestri soll von Abt Stephan von Citeaux erworben und reformiert worden sein.[33] Chiaravalle Milanese, Ceredo und Morimondo gehen auf vornehme Mailänder Bürger zurück,[34] Chiaravalle della Colomba auf Bischof Arduin sowie

---

[29] 1. Bd., 1877.

[30] JL 7587. Italia Pontificia II 2, 1914, S. 197 Nr. 1. Vgl. auch zum folgenden P. Lugano, I Cistercensi e le loro propaggini nell'Alta Italia, in: Riv. Stor. Bened. 6 (1911), S. 325 ff. A Dimier, Les fondations de S. Bernard en Italie, in: An. s. Ord. Cist. 13 (1957), S. 63 ff.

[31] It. Pontif. VI 2, S. 30 f. und 102. Vgl. C. F. Savio, L'abbazia di Staffarda 1135—1802, 1932. Zu Lucedio vgl. auch G. Falco, Sulla data di fondazione dell'abbazia di S. Maria di Lucedio, in: Riv. di Storia, Arte, Archeolog. per la provincia d'Alessandria e Asti 64/65 (1955/56), S. 126 ff.

[32] Nach Janauschek soll auch Casamari schon 1140 übergeben worden sein, aber vgl. Kehr, It. Pont. II 5, S. 166 f.

[33] Janauschek S. 22, It. Pont. VI 2, S. 342. Dazu vgl. G. Salvi, La badia di S. Andrea di Sestri, 1940.

[34] Ital. Pont. VI 1, 1913, S. 120, S. 128 und S. 251. Ob die Gründer von Morimondo Priester oder Laien waren, ist ungewiß. Vgl. Janauschek S. 33, dazu aber A Cavagna Sangiuliani, L'abbazia di Morimondo, Riv. stor. bened. 3, 1908, S. 589 ff. In Cereto wurden die Cistercienser einge-

Kleriker und Bürger von Piacenza [35], S. Maria di Fiastra auf Herzog Garnerius von Spoleto.[36] Auch Roger II. hat außer anderen mönchischen Richtungen Cistercienser begünstigt und an ihrer Verbreitung mitgewirkt.[37]

Ich möchte auf Einzelheiten nicht weiter eingehen, sondern grundsätzlich überlegen, auf welche Weise sich reformklösterliche Richtungen eigentlich verbreiten. In neueren Arbeiten findet man oft Kartogramme, bei denen von einem Reformkloster Linien zu den Klöstern gezogen werden, die einen Abt oder Mönche aus jenem erhalten haben.[38] Oft gehen dann von einem so besetzten Haus wieder Mönche und Äbte in ein anderes Kloster, das mit einer weiteren Linie auf solch einem Kartogramm dem Verband angeschlossen wird.[39] Zugrunde liegt die Idee des Verhältnisses von Mutter- und Tochterkloster, die übertragen wird auf den Reformmittelpunkt und die von dort reformierten Klöster. Man muß freilich bei solchen Forschungen vorsichtig sein. Daß z. B. zwei Mönche aus Gorze bei der Reform von St. Maximin in Trier durch Herzog Giselbert von Lothringen in die Trierer Abtei eintraten, gab den Anlaß, diese zum Ableger von Gorze und zum Mittelpunkt einer Untergruppe von Gorze zu machen, obwohl die beiden Mönche bald nach Moyenmoutier weitergingen und dann als Eremiten in

---

führt, nachdem Benediktiner, die Anaclet II. anhingen, vertrieben worden waren oder sich bekehrt hatten. Vgl. G. Agnelli, Monasteri lodigiani cistercensi usw., in: Arch. stor. di Lodi 30 (1911), S. 146 f.

[35] It. Pont. V., 1911, S. 521. Vgl. G. F. Rossi, La fondazione di Chiaravalle della Colomba, prima abbazia di S. Bernardo in Italia, 1954.

[36] It. Pont. IV, 1909, S. 127. Dazu zuletzt W. Hagemann, Studien und Dokumente zur Geschichte der Marken im Zeitalter der Staufer II. Chiaravalle di Fiastra, in: Quellen u. Forsch. aus ital. Archiven und Bibliotheken 41 (1961), S. 48 ff. mit der Anm. 1 zit. Literatur.

[37] Vgl. Penco (wie Anm. 24) S. 262 f.

[38] Vgl. bes. das berühmte Werk von K. Hallinger, Gorze-Kluny. Studien zu den monastischen Lebensformen und Gegensätzen im Hochmittelalter, 2 Bände, 1950—1951. Ferner Semmler (wie Anm. 13), S. 385 ff. und auch die Karte zu H. Jakobs, Die Hirsauer. Ihre Ausbreitung und Rechtsstellung im Zeitalter des Investiturstreits, 1961.

[39] Hallinger, a. a. O. S. 59 f.

die Einöde. Wo aber wirklich eine stärkere Einpflanzung erfolgte, konnte sie früher oder später durch erneute Reform von anderer Seite überlagert werden. Es soll indessen gar nicht verkannt werden, daß auch dauerndere Beziehungen zwischen einem originären Reformkloster und einem von ihm reformierten Haus bestehen können, so daß dieses sich mit Stolz auf seinen ordo von Cluny, Gorze, Fruttuaria oder Siegburg beruft. Aber was bedeutet es, wenn ein Kloster nach dem ordo eines anderen lebt oder gar gesagt wird, es lebe nach seinen Gewohnheiten? Hier muß man noch die Ergebnisse der aufblühenden Consuetudinesforschung abwarten. Vorläufig scheint es so, als ob oft auch übernommene consuetudines, trotz Berufung auf Cluny, Gorze, Hirsau usw. stark variiert sein konnten. Ebensowenig ist die genaue Übernahme von Verfassungselementen selbstverständlich. Es besteht der Verdacht, daß die Filiationsidee von den späteren Orden seit der Ausgestaltung des Zisterzienserordens anachronistisch auf das 10. und 11. Jahrhundert übertragen wird. Bei den Zisterziensern ist, wie man weiß, wirklich die Filiation wesentliches Element beim moralischen und rechtlichen Aufbau des Ordens gewesen. Citeaux und seine vier berühmten Tochterabteien gewinnen eine durch schriftlich fixierte Statuten bestimmte Stellung im Ordensverband. Die Äbte der Mutterklöster visitieren die Tochterklöster, kurz, hier ist ein wirklicher Klosterverband mit ausgestalteter Verfassung entstanden.[40] Eine Obrigkeit wie der Abt eines cisterciensischen Mutterklosters oder wie der Abt von Cluny gegenüber den cluniacensischen Prioraten sind die Äbte der früheren Reformmittelpunkte Camaldoli, Vallumbrosa, La Cava, Gorze, Hirsau, la Grande Chartreuse nicht gewesen.

Auf der Suche nach dem, was mönchische Bewegungen eigentlich sind, müssen wir feststellen, daß Ideen von einem vorbildlichen mönchischen Leben sich nicht einfach durch Mönche von Kloster zu Kloster verbreiten, daß nicht mönchische Initiative allein, nicht bloß eine intern monastische Entfaltung zur Ausbreitung der berühmten

---

[40] R. Molitor, Aus der Rechtsgeschichte benediktinischer Verbände I, 1928, S. 170 ff. J. B. Mahn, L'ordre cistercien et son gouvernement des origines au milieu du XIIIe siècle (1098—1265), 1945, S. 173 ff. und S. 217 ff.

Richtungen des Reformmönchtums geführt hat, sondern immer die Welt, die nichtmönchischen Faktoren, die Klöster besitzenden, gründenden, reformierenden Könige, Bischöfe und Adligen beteiligt sind. Wie sorgsam man bei der Verteilung der Gewichte vorgehen muß, mag nur noch ein einziges Beispiel zeigen: Wir lesen, Abt Immo von Gorze sei nach der Reichenau gegangen, um die berühmte Reichsabtei zu reformieren. Aber 1. war Immo von Kaiser Heinrich II. geschickt worden, 2. war Immo nicht nur Abt des Metzer Bistumsklosters Gorze, sondern auch der Reichsabtei Prüm. Daß Kaiser Heinrich II. Immo als Reichsabt von Prüm, nicht als Abt von Gorze, in eine zu reformierende Reichsabtei schickte, ergibt sich schlüssig daraus, daß nach Immos Scheitern wieder ein Mönch von Prüm, nicht von Gorze, in die Inselabtei gesandt wurde, dieses Mal der berühmte Abt Bern von der Reichenau.[41] Es kann sich also nicht irgendein Reformkloster oder sein Abt vornehmen, ein anderes Kloster zu reformieren, sondern man muß vom Herrn des Klosters gerufen sein, was meistens geschah, oder man mußte mindestens den Herrn für die eigenen Reformideale gewinnen.

Eine Verselbständigung des Mönchtums gegenüber der Weltkirche und dem Laientum erfolgt dann aber in der Folge des neuen Ordensbegriffes, der von den Zisterziensern geschaffen wurde. Kartäuser und Prämonstratenser entwickelten sich zu Orden erst unter dem Einfluß der Zisterzienser. Cluny wurde erst um 1200 ein Orden im neuen Sinn. Wie die Ritterorden oder die Franziskaner und Dominikaner erhielten nach und nach alle großen Mönchs- und Klosterverbände eine straffe Ordensverfassung mit ständigen Organen und einer genauen Regelung der Kompetenzen. Wer etwa die Carta Caritatis in ihren verschiedenen Fassungen und die Statuten der zisterziensischen Generalkapitel studiert,[42] bemerkt, daß diese Institutionalisierung mit der allgemeinen Verrechtlichung des Kirchenlebens im späten 11. und im 12. Jahrhundert zusammen-

---

[41] Die Nachweise erbringt im einzelnen J. Wollasch (wie Anm. 19).
[42] Zu den neuesten Forschungen über Regel und Verfassung der Zisterzienser vgl. P. Zakar, Die Anfänge des Zisterzienserordens. Kurze Bemerkungen zu den Studien der letzten zehn Jahre, in: Analecta s. ordinis Cist. 20 (1964), S. 103 ff.

hängt. Es ist zu greifen, daß die Urheber dieser Bestimmungen Zeitgenossen Gratians und der anderen großen Vertreter des kanonischen Rechtes gewesen sind.

Die Orden sind in der Folge der Beitrag des Mönchtums selbst zu seiner Befreiung aus alten Bindungen an das Laientum wie an die Weltkirche. Im 12. Jahrhundert sind allerdings gerade auch Zisterzienserabteien noch weitgehend abhängig von Gründern und Vögten geblieben. Aber diese Abhängigkeit löst sich später mehr und mehr, und der Orden ist für das Einzelkloster eine Stütze in der neuartigen Einordnung in den spätmittelalterlichen Staat. Bei jüngeren Orden wie den Franziskanern, Dominikanern oder Augustinereremiten tritt ja überhaupt der Einzelkonvent, das einzelne Haus, hinter das Ganze des Ordens zurück. Der Mönch lebt mehr im gesamten Orden als in einem Kloster.[43] Für das späte Mittelalter wären die Aspekte der Stellung des Mönchtums in der Gesellschaft zu erörtern. Die alte Einheitlichkeit der vorwiegend noch adligen geistlich-weltlichen Gesellschaft des 11. und 12. Jahrhunderts hat einer größeren Differenziertheit Platz gemacht. Die geistlichen und laikalen Stände haben ihre Besonderheiten stärker ausgeprägt und sind sich gegenseitig fremder geworden. Dafür erscheint mir immer die Geschichte der Auseinandersetzungen des jungen Salimbene de Adamo mit seinem Vater als bezeichnend.[44] Der Mönch hat sich sogar seiner Familie entfremdet und behandelt seine Eltern mit einer fast abstoßenden Kälte. Im Ganzen hat das mehr abgesonderte Mönchtum nie wieder den gleich hohen Einfluß auf die Welt ausgeübt, den das Reformmönchtum vom 10. bis 12. Jahrhundert besessen hatte. Während das alte benediktinische Mönchtum, auch die Zisterzienser, nun in größerer Distanz zur Gesellschaft existieren, erfüllen neue Reformbewegungen wie die Bettelorden, die den Laien

---

[43] Besonders klar kommt dies beim Johannbonitenorden zum Ausdruck. Vgl. K. Elm (wie Anm. 28), S. 524: „Zugleich wurde angeordnet, alle Hinweise auf das Mutterhaus und den Ordensgründer aus dem Ordenstitel zu tilgen und die Ordensleute 'sine alicuius loci vel proprii nominis expressione' fortan nur noch 'fratres ordinis heremitarum' zu nennen."

[44] Cron. ad a. 1229, SS. XXXII S. 39 f., ed. F. Bernini, Scrittori d'Italia 187, S. 53 ff.

nahe sind, in einer ihnen verständlichen, asketischen Zurückgezogenheit und zugleich im Willen, durch apostolische Predigt sich dem lucrum animarum zu widmen, die religiöse Sehnsucht des späten Mittelalters.

II

Daß an der Verbreitung des Reformmönchtums und seiner einzelnen Zweige im 11. und 12. Jahrhundert neben Päpsten und Bischöfen besonders Laien beteiligt waren, hat seinen Grund darin, daß die Frömmigkeit des Mönchtums Jahrhunderte hindurch die der abendländischen Menschheit überhaupt gewesen ist. Dies habe ich früher im Einzelnen darzustellen versucht.[45] Hier will ich einige Zeugnisse dafür beibringen, wie berühmte Gestalten der Klosterreform auf die Umwelt einwirkten, die sich uns als sehr bereit erwiesen hat, das Reformmönchtum zu fördern, zu steigern und zu verbreiten. Nochmals sei gesagt, daß es dieselben Menschen sind, die als Laien das Klosterwesen unterstützen und als Mönche in den Klöstern leben. Viele Gründer und Reformatoren treten in ihre Klöster selbst ein wie Adalbert von Calw oder Eberhard von Nellenburg. Immer wieder ziehen Mönche ihre Verwandten ins Kloster, und manche Familien entsenden Söhne und Töchter Generationen hindurch in ein ihnen nahestehendes Kloster. Darüber lassen sich weitere personengeschichtliche Forschungen neue Erkenntnisse erhoffen.[46] Wir hörten schon, wie zwei Brüder des Wilhelm von Volpiano in Fruttuaria Mönche wurden, nachdem Wilhelm schon seinen Vater überzeugt hatte, ins Kloster einzutreten.[47] Sein Neffe

---

[45] G. Tellenbach, Libertas. Kirche und Weltordnung im Zeitalter des Investiturstreites, 1936, S. 94 ff.

[46] Darauf wies ich in meinem Beitrag zur Festschrift für M. Miller (Neue Beiträge zur südwestdeutschen Landesgeschichte), 1962, S. 3 f. hin. Verhältnismäßig reiche Ergebnisse erzielte H. Keller, Kloster Einsiedeln im ottonischen Schwaben, in: Forsch. z. oberrh. Landesgeschichte 13 (1964), S. 13 ff.

[47] Vgl. Anm. 25 und Wilhelms Briefe an seinen Vater S. Wilhelmi opera, ed. E. de Levis, 1797, S. 69 ff.

Johannes Homo Dei wurde erster Abt.[48] Des Alferius von La Cava zweiter Nachfolger Petrus (Pietro Pappacarbone) war mit ihm verwandt.[49] Romuald bewog seinen Vater zum Eintritt ins Kloster.[50] Fast die ganze Familie Bernhards von Clairvaux verließ die Welt.[51] Und erst recht findet man in den Eremitenkreisen des 12. Jahrhunderts ganze Familien und Verwandtschaften.

Manche großen Mönche richten ihren Eifer darauf, andere Menschen, Weltgeistliche und Laien, zu bekehren, sie zum Verlassen dieser Welt und zum Gewinnen des ewigen Lebens zu bewegen. So berichtet Rodulfus Glaber in der Vita Wilhelmi: *omni studio satagebat ... colligere viros servituti Christi idoneos, suadendo eis vitae coelestis gloriam pariterque comminans inferorum supplicia.*[52] Am heiligen Alferius wird als Frucht seines Wirkens die Menge seiner Nachahmer gerühmt,[53] Norbert von Xanten bekehrte Kleriker, Laien, Männer und Frauen, ja ganze Familien.[54] Kleriker gaben ihre Pfründen auf, Adlige ihre Lehen und Güter.[54a] Von

---

[48] Penco (wie Anm. 24), S. 207. Dazu vgl. A. Wilmart, Jean l'homme de Dieu, auteur d'un traité attribué à S. Bernard, in: Rev. Mabillon 15 (1925), S. 5—29.

[49] Vita S. Petri abbatis (wie Anm. 12) S. 17.

[50] Petrus Damiani, Vita S. Romualdi c. 12, ed. G. Tabacco, in: Fonti per la storis d'It. 94 (1954), S. 33. Über die Familie von Honstetten-Wagenhausen und Allerheiligen in Schaffhausen vgl. K. Schmid, Königtum, Adel und Klöster zwischen Bodensee und Schwarzwald, in: Forsch. z. oberrh. Landesgesch. 4 (1957), S. 320.

[51] E. Vacandard, Vie de Saint Bernard I, 1927, S. 24 ff., S. 84 ff.

[52] c. 18, 12.

[53] Vita S. Alferii, ed. Cerasoli S. 6: *multum imitantium se fructum dedit.*

[54] Vita S. Norberti c. 7, SS XII S. 676: *concursum tam clericorum quam laicorum, insolitum huius vivendi modum admirantium:* c. 12, S. 682. Vgl. auch J. Becquet, L'érémitisme clerical et laic dans l'ouest de la France, in: L'eremitismo (wie Anm. 28) S. 188.

[54a] Über den Zustrom von edlen Laien nach St. Blasien, Hirsau und Schaffhausen: Bernoldi Chron. ad a. 1083, SS V S. 439: *Ad quae monasteria mirabilis multitudo nobilium et prudentium virorum hac tempestate brevi confugit, et depositis armis evangelicam perfectionem sub regulari disciplina exequi proposuit; tanta, inquam numero, ut ipsa monasteriorum*

Charles Dereine ist besonders darauf hingewiesen worden, daß unter Norberts Anhängern Kanoniker sind, die nur die niederen Weihen nehmen und das Recht behalten, eine Familie zu begründen;[55] und zu den zahlreichen Eremitengemeinschaften gehören auch viele Personen, die zunächst oder für immer Laien bleiben, Männer und besonders auch Frauen.[56] Das Chronicon Affligemense berichtet von dem Priester und Mönch Wedericus, der 6 Ritter bewegt, ungerechten Erwerb aufzugeben und für drei Monate ein armes Leben mit ihm zu führen.[57] Diese sechs Ritter entbrennen in der Sehnsucht nach einer *arctior vita*. Wedericus schickt sie zum Erzbischof von Köln, der ihnen auferlegt, dort zu büßen, wo sie gefehlt haben. Später beginnen sie, ein mönchisches Leben zu führen und mönchische Gewänder anzulegen. Einer von den sechs verläßt sie zwar und kehrt in die Welt zurück und fordert sogar den 6. Teil der Güter für sich, die der Gemeinschaft von frommen Anhängern geschenkt worden waren.[58] Also kommt es zuweilen zu Rückschlägen. Dann aber nahm der Ruf ihrer Heiligkeit zu, viele, Kleriker und Laien, strömten zu ihnen, die einen im Wunsche nach eigener conversio, die anderen, um sich dem Schutz der Diener des Herrn zu empfehlen.[59] Bei den klösterlichen Gemeinschaften gewinnt das Institut der Konversen immer größere Bedeutung. Das berühmteste Beispiel von lucrum animarum im 12. Jahrhundert bietet wohl Bernhard von Clairvaux. Wie wir es deutlich bei religiösen Bewegungen des 13. Jahrhunderts beobachten können, muß auch dem lawinenhaften

aedificia necessario ampliarent, eo quod non aliter in eis locum commanendi haberent.

[55] Ch. Dereine, Les origines de Prémontré, in: Revue d'hist. eccl. 42 (1947), S. 360 f.

[56] Vita B. Roberti de Arbiselle c. 19, Migne 162, c. 1053: *Multi confluebant homines cuiuslibet conditionis; conveniebant mulieres, pauperes et nobiles, senes et adolescentes, meretrices et masculorum aspernatrices.*

[57] Chron. Affligemense c. 2, SS IX S. 408. Dazu vgl. C. Dereine, La spiritualité „apostolique" des premiers fondateurs d'Affligem, in: Rev. d'hist. eccl. 54 (1959), S. 49 ff.

[58] c. 7, S. 409.

[59] c. 8, S. 410: *Coeperunt igitur plurimi tam clerici quam laici ad eos confluere, aliis quidem conversionis commendarent patrocinio.*

Anwachsen der Zisterzienser, namentlich des Filiationsstamms von Clairvaux, eine glühende religiöse Begeisterung zugrunde gelegen haben. Sonst wären nicht in etwa 3 Jahrzehnten rund 350 Zisterzienserklöster entstanden.

Die intimsten Einblicke in die missionarische Wirksamkeit eines Mönchsheiligen vermittelt vielleicht des Petrus Damiani Vita Romualdi. Es wird allgemein gerühmt, daß der Herr durch ihn viele *animarum fructus* erworben habe: *Tantus namque in sancti viri pectore faciendi fructus ardor incanduerat ..., adeo ut putaretur totum mundum in heremum velle convertere et monachico ordini omnem populi multitudinem sociare.*[60] Auffallend oft ist von der Härte des heiligen Mannes gegen sich und andere die Rede. Er zeigt sich unnachgiebig und gibt lieber die ihm von Otto III. übertragene Abtei S. Apollinare auf, als seine perfectio aus Rücksicht auf die unzufriedenen Mönche zu mindern.[61] Oft hören wir von harten Züchtigungen von Mönchen, mehrfach von Racheakten. Als er das Kloster S. Michele di Vergherato gegründet hatte, schickte ihm Markgraf Hugo von Tuszien 7 Pfund Münzen. Davon gab er einen großen Teil Brüdern, deren Kloster niedergebrannt war. Darüber ärgerten sich die Mönche von Vergherato, überfielen und verprügelten ihn, nahmen ihm alles weg und vertrieben ihn.[62] Als er in der Zeit, in der er in Spanien, im Kloster Cuxa, lebte, gehört hatte, sein Vater, Herzog Sergius, den er zum Mönchtum bekehrt hatte, wolle in das Saeculum zurückkehren, eilte er nach Italien, schlug den Vater in Fesseln, traktierte ihn mit harten Schlägen *et tamdiu corpus eius pia severitate perdomuit, donec eius mentem ad salutis statum Deo medente reduxit.*[63] Als in Spanien Oliba, Graf von Cerdagna, Berga und Besalù dem Heiligen seine Sünden beichtete, antwortete ihm dieser, er könne anders nicht gerettet werden, als wenn er die Welt verließe und ins Kloster ginge. Der Graf widerspricht und beruft sich auf seine geistlichen Berater. Diese werden

---

[60] Vita S. Romualdi (wie Anm. 50) c. 37, S. 78. Vgl. auch c. 35, S. 73: *Ibi autem quantos animarum fructus per illum Dominus acquisierit, quis valeat vel atramento describere vel lingua proferre?*
[61] c. 22, S. 48.
[62] c. 18, S. 42 ff.
[63] c. 12 f., S. 35 f.

versammelt, bestätigen aber das Urteil Romualds.[64] Sie entschuldigen sich damit, daß sie bis dahin aus Furcht nicht gesprochen hätten.

Der Bekehrungseifer der großen Mönche hat freilich nicht immer so robuste Formen angenommen wie bei dem heiligen Romuald. Die ältere Vita Norberts von Xanten etwa rühmt im Gegenteil die *discretio* des Stifters der Praemonstratenser. Bei einem westfälischen Grafen, einem *raptor alienorum*, wünschte er, daß er Eigentum für die Kirche opfere, einen Grafen Theobald, einem freigebigen Spender von Almosen, Erbauer von Kirchen und Klöstern, Vater der Waisen, Schützer der Witwen, Behüter von Armen und Kranken wollte er nicht *sanctae huius conversationis consuetudinem mutare*; er möge bei dem begonnenen guten Werk verharren, heiraten und einen Erben zeugen, der mit dem Segen seiner Väter reiches Land erhielte.[65] Dies erinnert an die Vita Geraldi Odos von Cluny, die ja für Laien geschrieben ist, um ihnen vor Augen zu führen, daß auch sie ein heiliges Leben führen könnten. *Fateor enim vobis, quoniam incomparabiliter melius est bonus laicus quam sui propositi transgressor monachus.*[66] Denn Gerald darf um so mehr ein Bekenner genannt werden, als er mit sehr gerechtem Handeln Gott bekannt hat.[67] Auch Gregor VII. wünschte nicht immer, daß fromme Laien die Welt verließen. So tadelte er Hugo von Cluny, weil er Herzog Hugo von Burgund in sein Kloster aufgenommen hatte.[68]

Über die Bekehrung zum Kloster- oder Eremitenleben hinaus hat das Reformmönchtum aktiv auf die geistlich-weltliche Führungsschicht des 11. und 12. Jahrhunderts eingewirkt. Es ist allbekannt, wie die Großen der Welt den mönchischen Heiligen großen Einfluß einräumten, ja, wie sie diese oft hilfesuchend an sich heranzuziehen

---

[64] c. 11, S. 32 f. In einer ähnlichen, fast erpresserischen Weise soll Wilhelm von Hirsau nach der Vita c. 3, SS XII, S. 212 den Grafen Adalbert von Calw zu seinem berühmten Freiheitsprivileg bewogen haben.

[65] Vita S. Norberti c. 15, SS XII S. 688 f.

[66] Odonis vita S. Geraldi com. II c. 8, Migne 133, c. 675.

[67] Ebenda II praef., c. 669.

[68] Reg. Greg. VII., VI 17, ed. E. Caspar, Mon. Germ. hist., Epp. sel. 2, 1920, S. 423 f.

versuchten. Diese waren Vertraute der Kaiser, Könige und Fürsten, der Päpste und Bischöfe. Auf solche innigen Beziehungen geht es ja gerade zurück, wenn alle diese hohen Herren Mönche zur Gründung und Reformierung von Klöstern herbeirufen, und die Fülle der Schenkungen den frömmsten Mönchsgemeinschaften zuteil wird. Die Gemüter werden von der Hoffnung beherrscht, daß die Fürbitte der Mönche, die der Welt entsagten und ganz dem Gottesdienst lebten, für das Heil der Seele hilfreich sei. Die Teilhabe an den guten Werken der Cluniacenser ist von hohem Wert, und Ausschluß von dieser Teilhabe gilt als schwere Strafe.[69] Es soll nicht verkannt werden, daß oft auch weniger religiöse Motive sich beimischten. Es wäre eine Beschönigung zu verschweigen, daß echte Gesinnungsethik zuweilen zu einer banalen Erfolgsethik verflachte, daß konkret und unspiritualistisch Sünden und Leistungen mit dem strafenden und belohnenden Gott förmlich verrechnet werden. Man ist erstaunt zu lesen, daß sogar den Gründern von Fruttuaria nach Rodulfus Glaber bewußt gewesen sein soll, daß die vom heiligen Wilhelm geleiteten Klöster sowohl durch Reichtümer wie durch Heiligkeit hervorragten, und daß der Heilige beteuert haben soll, wenn die Institution von Dijon befolgt werde, so würden die Mönche nie an irgend etwas Mangel leiden.[70] Begreiflicher ist schon die

---

[69] Vgl. etwa Bernard-Bruel V S. 308 Nr. 3952: *Siquis vero illius* (des Erzbischofs von Lyon) *nenias sedis apostolicae decretis preposuerit, et illa nefaria scripta in nostris ecclesiis annunciaverit, nos cum auctoritate beati Petri et domini pape eiusdemque Cluniacensis ecclesie omnium benefactorum vestrorum expertam facimus* ... Über den Zusammenhang Tellenbach (wie Anm. 7), S. 33 f. Weitere Beispiele für *pars et societas in omnibus benefactis, quae facta fuerunt in praesenti loco Cluniacensi et in omnibus appendiciis eius, in missis, in psalmis, in orationibus et in cunctis divinis obsequiis,* Bernard-Bruel II Nr. 2112, IV 2927, 2984, 3042, 3312, 3346, 3364, 3393.

[70] Rod. Glaber, Hist. III c. V, 16, ed. Prou S. 66: *statim compellebatur tam a regibus vel comitibus quam a pontificibus, ut meliorandi gratia illud ad regendum susciperet, quoniam ultra cetera divitiis et sanctitate ipsius patrocinio assumpta cernebantur excellere monasteria. Ipse quoque firma testabatur assertione, quia si huius institutionis tenor quocumque loco a monachis custodiretur, nullam omnino indigentiam cuiusque rei patientur.* Vgl. auch Vita S. Alferiis c. 8, 2. Abschnitt.

Einstellung des Grafen Fulco Nerra, der nach vielen Sünden aus Furcht vor der Hölle nach Jerusalem pilgerte und dann das Kloster Beaulieu-près-de-Loches gründete. Denn er war auch skrupellos genug, um sich wegen der Weihe unter Beifügung von viel Gold und Silber an Papst Johannes XIX. zu wenden, als der Erzbischof von Tours ihn mit dem Bemerken abgewiesen hatte, er möge erst einmal das viele von ihm geraubte Kirchengut herausgeben.[71] Solche Geschichten passen gut zu unseren Vorstellungen vom besitzgierigen, fehdelustigen, abenteuersüchtigen, abergäubischen, dabei von Zeit zu Zeit um das Heil seiner Seele besorgten Laienadel jener Zeit. Die Reformmönche hatten viel Gelegenheit, einen versittlichenden Einfluß auf diese Gesellschaft auszuüben, die ihnen bald rücksichtslos, bald in liebevoller, bald in furchtsamer Verehrung begegnete. Wie oft wurden sie zu Vertrauten in intimen Angelegenheiten, so Maiolus bei Otto II. und seiner Mutter Adelheid, Nilus und Romuald als Berater Ottos III. in seiner Sündenangst, Poppo von Stablo als Kritiker Heinrichs II., Guido von Pomposa und Petrus Damiani als Stützen Heinrichs III. in seinem Kampf gegen die Simonie, auch Halinard von Dijon, der diesen Kaiser über die Pflichten der Mönche belehrte, Wilhelm von Volpiano als *spiritualis medicus*[72] Roberts des Heiligen von Frankreich. Oder, um nur ein Beispiel anzuführen, nach der Vita des Vital von Savigny tröstete der Abt eine Gräfin, die ihr Mann derb geprügelt hatte, und dann lesen wir, wie derselbe Graf sich von dem heiligen Mann zur Buße nach einem auch von Kardinal Robert Pullus (gest. 1146) berichteten Brauch, nackt mit Ruten schlagen ließ.[73]

Es muß beachtet werden, daß in dieser Vitenliteratur immer wieder greifbar wird, daß die berühmten Reformführer oft die rohen Sitten der Laienwelt milderten. Man sollte einmal solche Fälle sammeln. Abt Leo von La Cava verhinderte durch seine Autorität Hinrichtungen und Blendungen,[74] Romuald erbat für einen

---

[71] Rod. Glaber, Hist. II c. 5 ff., S. 32 ff.

[72] Rod. Glaber, Vita Wilhelmi c. 21; c. 714.

[73] B. Vitalis Saviniacensis vita, ed. E. P. Sauvage, in: Anal. Bolland. 1 (1882), S. 363 f., dazu Roberti Pulli card. Sententiarum l. VIII c. 3, Migne 186 c. 914.

[74] Vita S. Leonis abb., ed. Cerasoli (wie Anm. 12), S. 12 f.

Einwohner von Tivoli, der den Dux Mazzolinus getötet hatte und der dessen Mutter in Ketten zur Bestrafung ausgeliefert worden war, die Begnadigung.[75] In der älteren Vita des Norbert von Xanten tritt vor allem die Tätigkeit des Heiligen als *pacis et concordiae minister* hervor, der *inveterata odia et bella* schlichtet.[76] Die Wirksamkeit des Reformmönchtums in der Geschichte des Gottesfriedens und der Treuga Dei scheint nach den Forschungen von C. Erdmann und H. Hoffmann nur beschränkt zu sein.[77]

III

Man wundert sich wahrscheinlich, daß ich bisher unvollständige und wenig abgerundete Darlegungen über den Anteil der Laien am Reformmönchtum und den Einfluß des Reformmönchtums auf die Laien gebracht habe, ohne von dem zu reden, was vielleicht besonders erwartet wurde, von dem Verhältnis des Reformmönchtums zu der großen Reform der Kirche, die mit dem Namen Gregors VII. verbunden ist, und die Stellung der Laien in der Kirche der damals herrschenden Tradition zuwider neu zu regeln unternahm. Ich habe mich darüber vor 30 Jahren eingehend geäußert. Seitdem ist weiter darüber nachgedacht und viel geschrieben worden. Doch zu allen diesen Meinungen und Forschungsergebnissen kann hier nicht Stellung genommen werden. Es ist einem so bedeutenden Thema auch kaum mit Begründung und Widerlegung einzelner Thesen gerecht zu werden, sondern eher im Rahmen einer ausführlichen wissenschaftlichen Geschichtsschreibung, die alle Gesichtspunkte berücksichtigen und in einer sachgemäßen Weise differenzieren und nuancieren kann.

[75] Petrus Damiani, Vita S. Romualdi c. 25, ed. Tabacco (wie Anm. 50), S. 52.
[76] Vita S. Norberti c. 6 ff., SS XII S. 675 f.: *inveterataque odia et bella ad pacem reducens; pacis et concordiae esse ministrum.*
[77] C. Erdmann, Die Entstehung des Kreuzzugsgedankens, 1935, S. 60 ff. H. Hoffmann, Gottesfriede und Treuga Dei, Schriften der Mon. Germ. hist. 20, 1964, bes. S. 45 ff., S. 53, 85 und 130 zu Odilo und Wilhelm von Volpiano.

Nur soviel mag hier gesagt werden: Nachdem neben den benediktinischen Reformbewegungen auch die Stellung der Regularkleriker und der Eremiten besser erkannt ist, darf noch weniger als früher an der hohen Bedeutung des Reformmönchtums für die Vorbereitung und Entstehung der Kirchenreform des 11. und 12. Jahrhunderts im Ganzen gezweifelt werden. Einwände wie die A. Fliches[78] sind ja auch immer selten gewesen und geblieben. So besteht die eigentliche Aufgabe mehr darin, die Einwirkungen des Reformmönchtums auf Kirche und Christenheit im einzelnen zu bestimmen und sein Verhältnis zu anderen Impulsen und historischen Vorgängen in der Geschichte des 11. Jahrhunderts zu durchdenken.

Die durch sein Wirken und sein Vorbild gesteigerte Frömmigkeit, die Sorge um das Seelenheil, zu der die Mönche unermüdlich ermahnten, brachten viele Laien zu einem reineren und bußfertigeren Leben und vermehrten die Verehrung der kirchlichen Gnadenmittel. Deshalb ist in diesen Kreisen gerade gegen Gefährdungen der Sakramente durch Simonie und Nikolaitismus so sehr geeifert worden, deren Beseitigung die frühen Programmpunkte der Kirchenreform waren, denen aber auch Gregor VII. und seine Nachfolger noch viel Energie widmeten. Besonders heftig scheint der Kampf gegen die Simonie unter dem Einfluß des Romuald und des Johannes Gualbertus geführt worden zu sein,[79] und Petrus Damiani, einer der Vorkämpfer, wußte recht wohl, daß seine Widersacher nicht nur in den Reihen der Laien, sondern unter Bischöfen und Weltklerikern zu finden waren. Sagt er doch, er wisse nicht, ob der heilige Romuald, der bewunderte Bußprediger, solange er lebte, auch nur einen einzigen simonistischen Bischof bekehrt habe.[80] Ist also in dieser Hinsicht die Rolle des Reformmönchtums gegenüber Laien und Klerus eindeutig bestimmbar, so gehört die Humbertsche Neufassung des Simoniebegriffes, nach der auch schon die unentgeltliche Ge-

---

[78] La réforme Grégorienne I, 1924, S. 39 ff.
[79] R. Davidson, Geschichte von Florenz I, 1896, S. 167 ff., 178 ff., 222 ff. B. Quilici, in: Arch. Stor. Ital. 99, II (1941), S. 52 ff. und 100, I (1943), S. 71 ff. G. Miccoli, Pietro Igneo, Studi sull'età gregoriana, in: Studi Storici, 1960, S. 1 ff.
[80] Vita S. Romualdi c. 35, ed. G. Tabacco S. 75.

währung kirchlicher Ämter durch Laien als simonistisch betrachtet wird, zu der großen Wende gegen den bis dahin bestehenden Einfluß der Laien in der Kirche.[81]

Es bedürfte einer ausführlichen, Schritt für Schritt belegenden Darstellung, um die Vor- und Mitarbeit des Reformmönchtums im weitesten Sinn bei dem Angriff auf Staatskirchentum und Eigenkirchenwesen sowohl in ihrer positiven Bedeutung wie in ihrer Begrenztheit herauszuarbeiten. Nur wenige Bemerkungen darüber können hier Platz finden.

Wenn ein neuerer Forscher schrieb: „Von Sackur bis Tellenbach übersah man ferner, daß jene altmonastische Geistigkeit streng antilaizistisch eingestellt war," [82] so beweist alles, was hier gesagt wurde, daß ich tatsächlich eine solche antilaizistische Einstellung des Mönchtums zwar nicht „übersehe", sondern daß sie bei aller Aufmerksamkeit wirklich nicht zu entdecken ist. Auch G. Schreibers These,[83] nach der Cluny mehr als zweihundert Jahre gekämpft habe, um die Eigenkirchen der Laien in eine neue Sphäre der Kirchherrschaft zu überführen, und längst vor der Gregorianischen Reform grundstürzende Maßnahmen bejaht habe, hat sich als nicht haltbar erwiesen. Es konnte gezeigt werden,[84] daß die Kirchenschenkungen an Reformklöster kaum diejenigen an nichtreformierte Klöster übertreffen. Da aber vor der Mitte des 11. Jahrhunderts der prozentuale Anteil der Kirchenschenkungen unter allen Schenkungen von Laien überhaupt nicht allzu hoch ist — auch absolut sind in der vorgregorianischen Periode noch längst nicht so viele

---

[81] Tellenbach, Libertas (wie Anm. 45), S. 130 ff.

[82] Hallinger (wie Anm. 38), I S. 583.

[83] Schreiber (wie Anm. 14), S. 133. Vgl. dazu G. Mollat, La restitution des églises privées au patrimoine ecclésiastique en France du IXe au XIe siècle, in: Rev. hist. du droit franç. et étranger, s. IV 28 (1949), S. 399 ff.

[84] H. E. Mager in: Neue Forschungen (wie Anm. 20), S. 173 ff. Dazu vgl. Th. Schieffer, in: HZ 195 (1962), S. 644 ff., ferner Th. Schieffer, Cluny et la querelle des Investitures, in: Rev. Hist. 225 (1961), S. 53, wo bes. Anm. 1 zu beachten ist mit der richtigstellenden Unterscheidung der früheren Konzilien (Bourges 1031, Reims 1049, Toulouse 1056). Schreiber hatte schon ihnen allen das Verbot laikalen Niederkircheneigentums zugeschrieben.

Eigenkirchen von Laien geschenkt worden wie später [85] —, kann man keine grundsätzliche und bewußte Tendenz Clunys gegen das laikale Eigenkirchenrecht erschließen. Bei näherem Zusehen ergibt sich über das bisher Vorgebrachte hinaus gegen Schreibers These, daß auch viele Bischöfe und Kleriker Kirchen und Klöster an Cluny geschenkt haben. Und auch Laien, die Kirchen erst bauen und ausstatten, um sie Cluny schenken zu können, sprechen gewiß gegen die Annahme, Cluny habe den Laien die von ihm für ungerecht gehaltene Kirchherrschaft entreißen wollen.[86] Vor allem ist nicht beachtet worden, daß selten von Laien Kirchen mit ihrer dos allein geschenkt wurden, sondern fast immer außerdem noch andere Güter, z. B. jährlich ein Carrata Salz,[87] was doch wirklich nichts mit einer cluniacensischen Politik gegen Kirchenbesitz von Laien zu tun haben kann. Wenn die Cluniacenser aber einen Druck auf die Laien hätten ausüben wollen, um sie zu bewegen, ihre „ungerechte" Kirchherrschaft aufzugeben, so müßten öfter ausschließlich Kirchenschenkungen vorkommen. Wenn man den 3. und 4. Band von Bernard-Bruel durchliest, findet man vielerlei Sünden der Laien erwähnt, daß aber der bloße Besitz einer Kirche bereits eine Sünde sei, findet man dort erst spät. Man muß bis Nr. 3580 vom Jahre 1081 lesen, um bei der Schenkung einer Kirche durch Herzog Wilhelm von Aquitanien in Anwesenheit der rigorosen Gregorianer Amatus von Oleron und Hugo von Die eine so eindeutige Bemerkung zu finden wie: *postquam de manu laicali eripui et ei libertatem Deo donante adquisivi.*

Es ist zwar lohnend und wichtig, zu beobachten, wo in der Periode des Staats- und Eigenkirchenrechts sich ein Bewußtsein davon erhalten hat, daß die geltenden Zustände dem ursprünglichen Kirchenrecht widersprachen, und wo solche Überzeugungen wieder erwachen.[88] Von den eigentlichen mönchischen Idealen und von den

---

[85] Dies zu den Bedenken von C. Violante, Il monachesimo cluniacense di fronte al mondo politico ed ecclesiastico, in: Spiritualità cluniacense, Convegni del centro di Studi sulla spiritualità medievale II, Todi 1960, S. 219 f. Anm. 95.
[86] Bernard-Bruel IV Nr. 3347.
[87] Ebenda Nr. 3310.
[88] Tellenbach, Libertas S. 115, S. 126 f. H. Hoffmann, Von Cluny zum

Menschen, die vor dem Investiturstreit von diesen beherrscht wurden, sind die Hauptanstöße zu einer umwälzenden Neuordnung der kirchlichen Verfassung kaum ausgegangen.

Wenn man die Wirkungen des Reformmönchtums auf die Kirchenreform richtig beurteilen will, wird man sorgsam die verschiedenen Stadien und die einzelnen Ziele der Kirchenreform unterscheiden müssen. Zwischen Heinrich III. und den von ihm nominierten Päpsten, auch Leo IX., und der mönchischen Reform herrschte noch weitgehende Übereinstimmung der Gesinnung und der Ziele. Kaiser und Päpste gehen freilich in wesentlichen Stücken ganz andere und neue Wege. Die Befreiung der römischen Kirche aus stadtrömischen und mittelitalienischen Gebundenheiten ist eine zugleich politische und kirchliche Aufgabe, die von den Mönchen wohl bejaht, aber nicht aus ihrem Geist gestellt ist. Die Normannenpolitik Leos IX. und seiner Nachfolger folgt eigenen Motivationen und stößt bei mönchischen Kreisen eher auf Bedenken. Auch die zweite große Bewegung, die mit Leo IX. beginnt, die Verwirklichung von Ansprüchen aus der Idee des päpstlichen Primats, folgt eigenen Gesetzen. Es bedurfte kaum des Vorbildes der damaligen Ecclesia Cluniacensis mit ihrem Großabt und ihren abhängigen Klöstern und Kirchen, um das Reformpapsttum zu seinen hierarchischen Ansprüchen an der Spitze der ecclesia universalis anzuregen. Sie waren, wohlformuliert, durch die Jahrhunderte hindurch überliefert worden und haben immer wieder auch zu praktischen Konsequenzen geführt. Und das System des päpstlichen Schutzes und der Exemtion von Klöstern durch päpstliches Privileg hat in denjenigen Jahrhunderten die päpstliche Autorität in Erinnerung gebracht, in denen sie sich in der Kirchenpolitik verhältnismäßig wenig

---

Investiturstreit, in: Arch. f. Kulturgesch. 45 (1963), S. 165 ff., dem ich aber nicht in allem völlig zu folgen vermag, so in der Meinung, die Reformer hätten aus „Opportunismus" (S. 172 n. 193) prinzipielle Forderungen oder ein „Maximalprogramm" nicht vorgebracht oder in der Annahme, Leo IX. habe schon den revidierten Begriff der kirchlichen Wahl gemeint und angewandt. Dafür, daß damals auch die konventionelle Bischofswahl (consensus) nichts ganz Selbstverständliches war, bringt Hoffmann selbst beiläufig bereits drei Beispiele.

zur Geltung bringen konnte.[89] Doch es soll nicht verkannt werden, daß Cluny mit einzelnen seiner Einrichtungen, mit denen ja die großen Reformpäpste persönlich wohlvertraut waren, anregend gewirkt hat.[90]

Wer die Zusammenhänge zwischen dem Reformmönchtum und der allgemeinen Kirchenreform untersucht, muß daran denken, daß diese mit Gregor VII. weit über die Reinigung von Simonie und Priesterehe, sogar auch über die Lösung vom zuvor herrschenden Einfluß der Laien und über die Durchsetzung des päpstlichen Primats in der kirchlichen Hierarchie zu einem jahrhundertelangen Kampf um den Führungsanspruch in der christlichen Welt fortgeschritten ist. Man würde einer genialen Natur wie Gregor VII. kaum gerecht, wenn man seine Erscheinung und sein Werk völlig aus historischen Voraussetzungen erklären und ihn, wie es in der älteren Geschichtsschreibung zuweilen geschah, zum bloßen Vollstrecker der Ideen „Clunys" machte. Andererseits zeigt sich, daß hervorragende Vertreter des Mönchtums wie Petrus Damiani, Hugo von Cluny, Desiderius von Monte Cassino, trotzdem sie zuverlässige Freunde des Reformpapsttums waren, eine selbständige, eigenartige Haltung bewahren. In früheren Untersuchungen versuchte ich,[91] darauf hinzuweisen und ferner hervorzuheben, daß man in der Geschichte des Reformpapsttums sorgsam verschiedene Stufen unterscheiden müsse. Eine erste Epoche war der Tod Stephans IX., nach dem Hildebrands vorwiegender Einfluß nicht mehr zweifelhaft ist. Gregor VII. folgen dann wiederum die vier Päpste aus Monte Cassino und Cluny, bis es unter Calixt II. zu dem Ein-

---

[89] J. Fr. Lemarignier, L'exemption monastique et les origines de la réforme grégorienne, in: A Cluny, Congrès scientifique, 1950, S. 288 ff. mit Diskussionsbeiträgen S. 530 und 537 und meinen Bemerkungen (wie Anm. 20) S. 12 ff.

[90] J. Sydow, Cluny und die Anfänge der Apostolischen Kammer, Studien zur Gesch. der päpstlichen Finanzverwaltung im 11. und 12. Jahrhundert, in: Stud. u. Mitteil. aus d. Gesch. des Benediktinerordens 63 (1951), S. 54 ff. Ders., Untersuchungen zur kurialen Verwaltungsgeschichte im Zeitalter des Reformpapsttums, in: Deutsches Archiv 11 (1954/55), S. 43 ff.

[91] Vgl. meine in Anm. 7, 15 und 20 erwähnten Beiträge.

schnitt kommt, der dem bestimmenden Einfluß des alten Reformmönchtums ein Ende setzt.

Man muß die eigene Linie mönchischer Kreise im Zeitalter Gregors VII. sorgsam beachten. Dadurch kann besser erkennbar werden, was schon im älteren Mönchtum vom Gregorianismus angelegt ist, was nicht. Die bedeutenden Führer des Mönchtums folgten dem großen Papst in seinem Programm der Ein- und Unterordnung der Laien, aber doch mit mehr Konzilianz und vor allem mit einem weisen Festhalten an den weltüberlegenen Idealen, die das Mönchtum großgemacht hatten.

BIBLIOGRAPHIE
(in Auswahl)

Zusammengestellt von Helmut Richter

Diese Bibliographie kann wie alle anderen nur eine Auswahl aus der Fülle des zum Problem Cluny vorhandenen Schrifttums bringen. Empfohlen wird daneben, die Bibliographien von Cowdrey (Nr. 56), Hunt (Nr. 119) und de Valous (Nr. 220) beizuziehen sowie die Neuerscheinungen in den Zeitschriftenbibliographien (Cahiers de civilisation médiévale, Revue Bénédictine, Revue Mabillon, Revue d'histoire ecclésiastique) zu verfolgen.

Abkürzungen

AfD	Archiv für Diplomatik, Schriftgeschichte, Siegel- und Wappenkunde
AHR	American Historical Review
ALMA	Archivum Latinitatis Medii Aevi
AmrhKG	Archiv für mittelrheinische Kirchengeschichte
BCIER	Bulletin du centre international d'études romanes
BECh	Bibliothèque de l'école des chartes
BISTIAM	Bulletino d'istituto storico italiano per il medio evo e Archivio Muratoriano
CCM	Cahiers de civilisation médiévale
COCR	Collectanea ordinis Cisterciensium reformatorum
DR	Downside Review
HZ	Historische Zeitschrift
QFIAB	Quellen und Forschungen aus italienischen Archiven und Bibliotheken
RB	Revue Bénédictine
RHE	Revue d'histoire ecclésiastique
RM	Revue Mabillon
SM	Studia monastica
SMGOSB	Studien und Mitteilungen zur Geschichte des Benediktinerordens

ZKG	Zeitschrift für Kirchengeschichte
ZSRG KA	Zeitschrift der Savigny-Stiftung für Rechtsgeschichte, Kanonistische Abteilung

1. A Cluny. Congrès scientifique. Dijon 1950.
2. Actes du colloque international de Moissac, in: Annales du Midi 75, 1963.
3. Albers, B.: Untersuchungen zu den ältesten Mönchsgewohnheiten, Veröff. aus dem Kirchenhist. Sem. München II, 8. München 1905.
4. —: Le plus ancien coutumier de Cluny, RB 20, 1903, 174—184.
5. Anger, B.: Le nombre des moines à Cluny, RB 36, 1924, 267—271.
6. Antonelli, G.: L'opera di Oddone di Cluny in Italia, Benedictina 4, 1950, 19—40.
7. Arnaldi, G.: Il biografo „Romano" di Oddone di Cluny, BISTIAM 71, 1959, 19—37.
8. —: „Prior" e „praepositus" nella Vita Odonis di Giovanni Romano, ALMA 29, 1959, 167—171.
9. Barruol, J.: L'influence de S. Mayeul et de ses proches dans la renaissance provençale du XIe siècle, Bulletin philologique et historique du comité des travaux historiques et scientifiques 1965, 561—571.
10. de Barthélemy, M. A.: Numismatique clunisienne, Revue numismatique 1905, 14—26.
11. Baudrillart, A.: Cluny et la papauté, Revue pratique d'apologétique 11, 1910, 5—24.
12. Becker, A.: Papst Urban II. Bd. 1, Schriften der Monumenta Germaniae Historica 19, 1. Stuttgart 1964.
13. Becquet, J.: Le coutumier clunisien de Maillezais, RM 55, 1965, 151—163.
14. Bénet, A., und Bazin, J.: Archives de Cluny. Mâcon 1884.
15. Berlière, U.: Les monastères de l'ordre de Cluny, RB 10, 1893, 97—112.
16. Berthellier, S.: L'expansion d'ordre de Cluny et ses rapports avec l'histoire politique et économique du Xe au XIIe siècle, Revue d'archéologie 6. Serie 11, 1938, 319—326.
17. Bertoni, G.: Un frammento di una raccolta di miracoli e Odilone di Cluny, Romania 41, 1912, 161—170.
18. Besse, J. M.: L'ordre de Cluny et son gouvernement, RM 1, 1905, 5—40, 177—194; 2, 1906, 1—22.
19. —: La vie monastique à Cluny, Annales de l'Academie de Mâcon 3. Serie 15, 1920, 39—48.

20. Bishko, Ch. J.: Liturgical intercession at Cluny for the kingemperors of Leon, SM 3, 1961, 53—76.
21. —: The cluniac priories of Galicia and Portugal. Their acquisition and administration 1075—ca. 1230, SM 7, 1965, 305—356.
22. Bishop, E.: Cluniacs and Cistercians, DR 52, 1934, 48—70, 209—230.
23. Bligny, B.: L'église et les ordres religieux dans la royaume de Bourgogne aux XIe et XIIe siècles. Grenoble 1960.
24. Boissonade, P.: Cluny, la papauté et la première grande croisade contre les Sarazins d'Espagne-Barbastro, Revue des questions historiques 117, 1932, 257—301.
25. Bourdon, L.: Les voyages de S. Mayeul en Italie, Mélanges d'archéologie et d'histoire 43, 1926, 61—89.
26. du Bourg, A.: Saint Odon. Paris ²1905.
27. Brackmann, A.: Die politische Wirkung der cluniazensischen Bewegung, HZ 139, 1929, 34—47; Abdr. in: ders., Zur politischen Bedeutung der cluniazensischen Bewegung, Libelli 26, Darmstadt 1955, 1—27.
28. Bruel, A., und Bernard, A.: Recueil des chartes de l'abbaye de Cluny, Bd. 1—6, Paris 1876—1903.
29. Cabrol, F.: Zum Millennium von Cluny, SMGOSB 22, 1911, 51—64.
30. Cames, G.: Recherches sur l'enluminure romane de Cluny, CCM 7, 1964, 145—159.
31. Cantor, N. F.: The crisis of western monasticism 1050—1130, AHR 66, 1969, 47—67.
32. Capitani, O.: Motivi di spiritualità cluniacense e realismo eucaristico in Oddone di Cluny, BISTIAM 71, 1950, 1—18.
33. Chacuat, G.: Influence clunisienne en Italie au temps de S. Odilon, Société des amis des arts et sciences de Tournus, 1963, 25—36.
34. —: Des rapports entre l'abbaye et les inhabitants de Cluny au XIe, XIIe et XIIIe siècle, Annales de l'academie de Mâcon 3. Serie 44, 1958/9, 19—26.
35. Chagny, A.: Cluny et son empire. Paris, Lyon ⁴1949.
36. —: Jean l'Italien, biographe de saint Odon, in: Nr. 1, 121—129.
37. Champly, L. H.: Histoire de l'abbaye de Cluny. Paris ³1930.
38. Charvin, G.: Statuts, chapitres généraux et visites de l'ordre de Cluny, Bd. 1—5, Paris 1964—1970.
39. Chaume, M.: Les grands prieurs de Cluny, RM 28, 1938, 147—152.
40. —: Observations sur la chronologie de l'abbaye de Cluny, RM 16, 1926, 44—48; 30, 1940, 81—89, 133—142; 31, 1941, 14—19, 42—45, 69—82; 32, 1942, 14—20, 133—136; 38, 1948, 1—6; 39, 1949, 41—43; 42, 1952, 1—4.

41. Chaumont, L.: Histoire de Cluny depuis les origines jusqu'à la ruine de l'abbaye. Paris ²1911.
42. Chevrier, G.: Evolution dans la notion de donation dans les chartes de Cluny du XIᵉ à la fin du XIIᵉ siècle in: Nr. 1, 203—209.
43. Christe, Y.: Cluny et le Clunisois. Genf 1967.
44. Conant, K. J.: Cluny, les églises et la maison du chef d'ordre, Publications of the medieval academy of America 77, Mâcon 1968.
45. —: Les rapports architecturaux entre Cluny et Payerne, in: L'abbatiale de Payerne, Bibliothèque historique Vaudoise 39, Lausanne 1966, 173—186.
46. Constable, G.: The letters of Peter the Venerable, Harvard historical studies 78, Cambridge/Mass. 1967.
47. —, und Kritzeck, J.: Petrus Venerabilis 1156—1956, Studia Anselmiana 40, Rom 1956.
48. Constable, G.: Petri Venerabilis sermones tres, RB 64, 1954, 224—272.
49. —: The vision of Gunthelm and other visions attributed to Peter the Venerable, RB 66, 1956, 92—114.
50. —: Cluniac tithes and the controversy between Gigny and Le Miroir, RB 70, 1960, 591—624.
51. La spiritualità cluniacense. Convegni del centro sulla spiritualità medievale 2, Todi 1960.
52. Cortese-Esposito, R.: Analogie e contrasti fra Cîteaux e Cluny, Cîteaux. Commentarii Cistercienses 19, 1968, 5—39.
53. Côte, L.: Un moine de l'an mille: S. Odilon, abbé de Cluny de 994 à 1049. Moulins 1949.
54. Cousin, P.: L'expansion clunisienne sous l'abbatiat de S. Odilon, in: Nr. 1, 186—191.
55. —: La dévotion mariale chez les grands abbés de Cluny, in: Nr. 1, 210—218.
56. Cowdrey, H. E. J.: The cluniacs and the Gregorian reform. Oxford 1970.
57. —: Unions and confraternity with Cluny, Journal of ecclesiastical history 16, 1965, 152—162.
58. Cucherat, M. F.: Cluny au onzième siècle; son influence religieuse, intellectuelle et politique. Lyon, Paris ³1881.
59. Deguerce, P.: Cluny, étude d'évolution urbaine, Etudes Rhodaniennes 1937/8, 121—134.
60. David, P.: Les Bénédictins et l'ordre de Cluny dans la Pologne médiévale. Paris 1939.

61. Delaruelle, E.: L'idée de croisade dans la littérature clunisienne du XIe siècle et l'abbaye de Moissac, in: Nr. 2, 419—440.
62. Delisle, L.: Inventaire des manuscrits de la bibliothèque Nationale, fonds de Cluny. Paris 1884.
63. Demimuid, M.: Pierre le Vénérable ou la vie et l'influence monastique au XIIe siècle. Paris 1905.
64. Diener, H.: Das Itinerar des Abtes Hugo von Cluny, in: Nr. 214, 355—426.
65. —: Das Verhältnis Clunys zu den Bischöfen, vor allem in der Zeit seines Abtes Hugo 1049—1109, in: Nr. 214, 219—352.
66. Duby, G.: La société aux XIe et XIIe siècles dans la région mâconnaise. Paris 1953.
67. —: Economie domaniale et économie monétaire. Le budget de l'abbaye de Cluny entre 1080 et 1155, Annales, économies, sociétés, civilisations 7, 1952, 155—171.
68. —: Cluny e l'economia rurale, La bonifica benedettina, Rom 1963, 107—117.
69. Duckett, G. F.: Monasticon cluniacense Anglicanum or charters and records among the archives of the ancient abbey of Cluni 1077—1534, 2 Bde., Lewes 1888.
70. —: Visitations of English Cluniac foundations. London 1890.
71. —: Visitations and chapters generals of the order of Cluni. London 1893.
72. Duparay, P.: Pierre le Vénérable. Chalons s. Saône 1862.
73. Egger, B.: Geschichte der Cluniazenserklöster in der Westschweiz bis zum Auftreten der Zisterzienser, Freiburger hist. Studien 3, Freiburg/Sch. 1907.
74. Ermini, F.: Il pianto di Iotsaldo per la morte di Odilone, Studi medievali 1, 1928, 392—405.
75. —: La fine del mondo nell' anno mille e il pensiero di Oddone di Cluny, Ehrengabe für Karl Strecker, Studien zur lateinischen Dichtung des Mittelalters, Schriftenreihe der Hist. Vierteljahresschrift Bd. 1, 29 ff.
76. Evans, J.: Monastic life at Cluny. Oxford 1931.
77. —: The romanesque architecture of the order of Cluny. Cambridge 1938.
78. —: Cluniac art of the romanesque period. Cambridge 1950.
79. van den Eynden, D.: Remarques sur la chronologie du chartulaire de Cluny au temps de Pierre le Vénérable, Antonianum 43, 1968, 217—259.
80. —: Le commencement de l'année à Cluny au temps de Pierre le Vénérable, Antonianum 43, 1968, 401—418.

81. van den Eynden, D.: Les principaux voyages de Pierre le Vénérable, Benedictina 15, 1968, 58—100.
82. Fechter, J.: Cluny, Adel und Volk. Studien über das Verhältnis des Klosters zu den Ständen 910—1156. Phil. Diss. Tübingen 1966.
83. Férotin, M.: Une lettre inédite de S. Hugues, abbé de Cluny, à Bernard d'Agen, archevêque de Tolède, BECh 61, 1900, 339—445; Nachtrag BECh 63, 1903, 682—686.
84. Folz, R.: Aspects du prieuré clunisien, BCIER 1959, 3—13.
85. Fuhrmann, H.: Pseudoisidor im Kloster Cluny, Proceedings of the second internat. congress of medieval canon law, Monumenta iuris canonici Serie C Bd. 1. Città del Vaticano 1965, 17—22.
86. Fumagalli, V.: Note sulla Vita Geraldi di Oddone di Cluny, BISTIAM 76, 1964, 217—240.
87. Gaillard, G.: La pénétration clunisienne en Espagne pendant la première moitié du XIe siècle, BCIER 1960, 8—15.
88. Galla, F.: La riforma di Cluny e l'Ungheria, Etudes de l'Academie de S. Etienne Sect. Hist. II, 4. Pecs 1931.
89. Gammersbach, S.: Das Abtsbild in Cluny und bei Bernhard von Clairvaux, Cîteaux in de Nederlanden 7, 1956, 85—101.
90. Gay, J.: L'abbaye de Cluny et Byzanz au début du XIIe siècle, Echos d'Orient 34, 1931, 84—90.
91. Graham, R., und Clapham, A. W.: The monastery of Cluny 910—1155, Archaeologia 80, 1930, 143—178.
92. Graham, R.: The cluniac order in its English province, Journal of the British Archaeological association 28, 1922, 169—175.
93. —: The relation of Cluny to some other movements of monastic reform, Journal of theological studies 15, 1913/4, 179—195.
94. Greeven, H.: Die Wirksamkeit der Cluniacenser auf kirchlichem und politischem Gebiet im 11. Jahrhundert. Phil. Diss. Jena. Wesel 1870.
95. Grodecki, L.: Guillaume de Volpiano et l'expansion clunisienne, BCIER 1961, 21—31.
96. Guilloreau, L.: Les prieurés anglais de l'ordre de Cluny, RM 8, 1912, 1—42 und in: Nr. 157 Bd. 1, 291—373.
97. Gwynn, A.: Irish monks and the cluniac reform, Studies 29, 1940, 409—430.
98. Hägermann, D.: Ein Brief Erzbischof Christians I. von Mainz an die Mönche von Cluny. Cluny und das Papstschisma von 1159, AfD 15, 1969, 237—250.

99. Häuser, R.: Die Polemik der Cistercienser und Cluniacenser im 12. Jahrhundert. Phil. Diss. masch. Frankfurt/M. 1952.
100. Halkin, J.: Les prieurés clunisiens de l'ancien diocèse de Liège, Société d'art et d'histoire du diocèse de Liège 10, 1881, 155—293.
101. Hallinger, K.: Gorze-Kluny. Studien zu den monastischen Lebensformen und Gegensätzen im Hochmittelalter. Studia Anselmiana 22—25, Rom 1950—51.
102. —: Klunys Bräuche zur Zeit Hugos des Großen (1049—1109), ZSRG KA 45, 1953, 99—140.
103. —: Neue Fragen der reformgeschichtlichen Forschung, AmrhKG 9, 1957, 9—32; italienische Fassung in: Settimane di Studio 4, 1957, 257—291.
104. —: Cluniacensis ss. religionis ordinem elegimus, Jahrbuch für das Bistum Mainz 8, 1958/60, 224—272.
105. — (Hrsg.): Corpus consuetudinum monasticarum Bd. 1—5. Siegburg 1963—68.
106. Hamilton, B.: The monastic revival in the tenth century Rome, SM 4, 1962, 35—68.
107. Hardick, L.: Cluny und Citeaux. Theol. Diss. masch. Münster 1949.
108. Hauviller, E.: Ulrich von Cluny. Ein biographischer Beitrag zur Geschichte der Cluniazenser im 11. Jahrhundert, Kirchengeschichtliche Studien III, 3, Münster 1896.
109. Heijmann, H. Untersuchungen über die Prämonstratensergewohnheiten: Prémontré und Cluny, Analecta Praemonstratensia 1927, 5—27.
110. Hessel, A.: Odo von Cluny und das französische Kulturproblem im frühen Mittelalter, HZ 128, 1923, 1—25.
111. —: Cluny und Mâcon, ein Beitrag zur Geschichte der päpstlichen Exemptionsprivilegien, ZKG 22, 1901, 516—524.
112. Hoffmann, H. Gottesfriede und Treuga Dei, Schriften der Monumenta Germaniae Historica 20, Stuttgart 1964.
113. —: Zu den Briefen des Petrus Venerabilis, QFIAB 49, 1969, 399—441; Nachtrag QFIAB 50, 1971, 447—449.
114. Hofmeister, Ph.: Cluny und seine Abteien, SMGOSB 75, 1964, 183—239.
115. Hourlier, J.: Saint Odilon, abbé de Cluny, Bibliothèque de la RHE 40, Louvain 1964.
116. —: S. Odilon bâtisseur, RM 51, 1961, 303—324.
117. —: L'entrée de Moissac dans l'ordre de Cluny, in: Nr. 2, 353—363.
118. —: Remarques sur la notation clunisienne, Revue Grégorienne 30, 1951, 231—240.

119. Hunt, N.: Cluny under Saint Hugh 1049—1109, London 1967.
120. — (Hrsg.): Cluniac monasticism in the central middle ages. London 1971.
121. Jäschke, K. U.: Zur Eigenständigkeit einer Junggorzer Reformgruppe, ZKG 81, 1970, 17—43.
122. Jakobs, H.: Die Hirsauer. Ihre Ausbreitung und Rechtsstellung im Zeitalter des Investiturstreits, Kölner historische Abhandlungen 4, Graz, Köln 1961.
123. Jardet, P.: Saint Odilon, abbé de Cluny. Sa vie, son temps, ses œuvres. Lyon 1898.
124. Jorden, W.: Das cluniazensische Totengedächtniswesen vornehmlich unter den drei ersten Äbten Berno, Odo und Aymard 910—954, Münstersche Beitr. z. Theologie 15, Münster 1930.
125. Joubert, E.: Saint Géraud d'Aurillac. Aurillac 1968.
126. Knowles, D.: Cistercians and Cluniacs. The controversy between St. Bernard and Peter the Venerable. Oxford 1955.
127. —: Peter the Venerable, Bulletin of the John Rylands Library 39, 1956/7, 132—145.
128. Kolmer, L.: Odo, der erste Cluniacensermagister, Beilage zum Jahresbericht des Gymnasiums Metten 1912/3, Deggendorf 1913.
129. Kritzeck, J.: Peter the Venerable and Islam, Princeton Oriental studies 23, Princeton 1964.
130. Ladner, P.: Cluny et la maison royale de Bourgogne, in: L'abbatiale de Payerne (s. Nr. 45), 11—20.
131. Lamma, P.: Momenti di storiografia cluniacense, Studi storici 42—44, Rom 1961.
132. Laporte, J.: Saint Odon, disciple de saint Grégoire le Grand, in: Nr. 1, 138—143.
133. Leclercq, J.: Spiritualité et culture à Cluny, in: Nr. 51, 101—151.
134. —: Cluny, fut-il ennemi de la culture?, RM 47, 1957, 172—182.
135. —: Culte et pauvreté à Cluny, La Maison-Dieu 21, 1965, 33—50.
136. —: Le monachisme du haut moyen âge, in: Théologie de la vie monastique Bd. 1, Collection Théologie 49, Paris 1961, 437—45.
137. —: Le monachisme clunisien, in: Théologie (s. Nr. 136), 447—457.
138. —: La crise du monachisme aux XIe et XIIe siècle, BISTIAM 70, 1958, 19—41.
139. —: L'idéal monastique de S. Odon d'après ses œuvres, in: Nr. 1, 227—232.
140. —: S. Maiolo fondatore e riformatore di monasteri a Pavia, Atti del 4° congresso internazionale di studi sull'alto medio evo, Spoleto 1969, 155—173.

141. —: Pierre le Vénérable et les limites du programme clunisien, COCR 18, 1956, 84—87.
142. —: Pierre le Vénérable. St. Wandrille 1946.
143. Lehmann, R.: Forschungen zur Geschichte des Abtes Hugo I. von Cluny. Göttingen 1869.
144. Lemarignier, J. F.: Structures monastiques et structures politiques dans la France de la fin du Xe et des débuts du XIe siècle, Settimane di studio 4, 1957, 357—400.
145. Letonnelier, G.: L'abbaye exemte de Cluny et le Saint-siège, Archives de la France monastique 22, Ligugé, Paris 1923.
146. L'Huillier, H.: Vie de Saint Hugues, abbé de Cluny 1024—1109. Solesmes 1888.
147. —: I priorati cluniacensi in Italia, Brixia sacra 3, 1912, 14—29, 60—69, 97—104, 168—183.
148. Lloyd, R. W.: Cluny epigraphy, Speculum 7, 1932, 336—349.
149. Lopez, C.: Leyre, Cluny y el monacato navarro-pirenaico, Yermo 2, 1964, 131—160.
150. Mager, H. E.: Studien über das Verhältnis der Cluniazenser zum Eigenkirchenwesen, in: Nr. 214, 167—218.
151. Magnien, E.: Le pèlerinage de S. Jacques de Compostella et l'expansion de l'ordre de Cluny, BCIER 1957, 3—17.
152. Magrassi, M.: La bibbia nei chiostri da Cluny a Cîteaux, in: Bibbia e spiritualità, Biblioteca di cultura religiosa 79, Rom 1967.
153. Marrier, M., und Duchesne, A.: Bibliotheca Cluniacensis, Paris 1614, Neudruck Mâcon 1915.
154. Mattoso, J.: Le monachisme ibérique et Cluny, Recueil des travaux d'histoire et de philologie 4. Serie 39, Louvain 1968.
155. Meissburger, G.: Grundlagen zum Verständnis der deutschen Mönchsdichtung im 11. und 12. Jahrhundert, München 1970.
156. Mettler, A.: Die zweite Kirche in Cluni und die Kirchen in Hirsau nach den „Gewohnheiten" des 11. Jahrhunderts, Zeitschrift für Geschichte der Architektur 3, 1909/10, 273—286; 4, 1910/11, 1—16.
157. Millénaire de Cluny, Congrès d'histoire et d'archéologie. 2. Bde. Mâcon 1910.
158. Moll, H. M.: Rechtsprobleme der kluniazensischen Reform im 10. und 11. Jahrhundert am Beispiel der Vita des Abtes Odo. Jur. Diss. Kiel 1970.
159. Morey, A.: The conflict of Clairvaux and Cluny, DR 50, 1932, 87—107.

160. Morghen, R.: Riforma monastica e sprirualità cluniacense, in: Nr. 51, 31—56; englisch in Nr. 120, 11—28.
161. Morin, G.: Le passionaire d'Albert de Pontida et une hymne inédite de Saint Odilon, RB 38, 1926, 53—59.
162. Mortet, V.: Note sur la date de rédaction des coutumes de Cluny dites de Farfa, in: Nr. 157, 142—145.
163. Mundó, A.: Moissac, Cluny et les mouvements monastiques de l'est des Pyrénées du Xe au XIIe siècle, in: Nr. 2, 551—576; englisch in Nr. 120, 98—122.
164. Neumann, R.: Hugo I., der Heilige, Abt von Cluny, Programm der Musterschule Frankfurt, Frankfurt/M. 1879.
165. Ogerdias, L. J.: Histoire de Saint Mayol, abbé de Cluny. Paris, Moulins 1877.
166. Oursel, R.: Le bienheureux Aimard de Cluny. Notes par un méconnu, Annales de l'Académie de Mâcon 46, 1962/63, 28—31.
167. —: Pierre le Vénérable, Suger et la lumière gothique, Annales de l'Académie de Mâcon 44, 1958/9, 53—56.
168. —: Les saints abbés de Cluny. Namur 1960.
169. Patrucco, C.: Per la data della cattura di S. Maiolo, abbate de Cluny, Rivista storica benedettina 7, 1912, 185—194.
170. Paulhart, H.: Die Lebensbeschreibung der Kaiserin Adelheid von Odilo von Cluny, Mitteilungen des Instituts für österreichische Geschichtsforschung, Ergänzungsband 20, 2, Graz, Köln 1962.
171. Pelargus, C.: Geschichte der Abtei Cluny von ihrer Stiftung bis zu ihrer Zerstörung zur Zeit der Französischen Revolution. Tübingen 1858.
172. Philippeau, H. R.: Pour l'histoire de la coutume de Cluny, RM 44, 1954, 141—151.
173. Picot, L.: Cluny et la Franche-Comté. Besançon 1911.
174. Pignot, J. H.: Histoire de l'ordre de Cluny depuis la fondation jusqu'à la mort de Pierre le Vénérable. Autun, Paris 1868.
175. Ramackers, J.: Analekten zur Geschichte des Reformpapsttums und der Cluniazenser, QFIAB 23, 1931/2, 22—52.
176. Richard, J.: La publication des chartes de Cluny, in: Nr. 1, 155—160.
177. Richter, H.: Zur Persönlichkeitsdarstellung in cluniazensischen Abtsviten. Phil. Diss. Erlangen 1972.
178. Ringholz, O.: Der heilige Abt Odilo von Cluny in seinem Leben und Wirken, Brünn 1885; abgedruckt auch SMGOSB 5, 1884 und 6, 1885.
179. —: St. Odilo, der große Marienverehrer. Einsiedeln 1922.

180. —: Die Einführung des Allerseelentages durch den heiligen Odilo von Cluny, SMGOSB 2, 1881, 236—251.
181. Rothenhäusler, M.: Zur ältesten cluniazensischen Abtswahl, SMGOSB 33, 1912, 605—620.
182. Rubat du Mérac, L'abbaye de Cluny, Revue des questions historiques 88, 1910, 440—467.
183. Sabbe, E.: La réforme clunisienne dans le comté de Flandre au début du XIIe siècle, Revue belge de philologie et d'histoire 9, 1930, 121—138.
184. Sackur, E.: Die Cluniacenser in ihrer kirchlichen und allgemeingeschichtlichen Wirksamkeit bis zur Mitte des 11. Jahrhunderts, 2 Bde. Halle 1892—94, Neudruck Darmstadt 1965.
185. —: Handschriftliches aus Frankreich, Neues Archiv 15, 1890, 103—139.
186. —: Noch einmal die Biographien des Maiolus, Neues Archiv 12, 1887, 503—516.
187. Sant'Ambrogio, D.: I capitoli generali o „definizioni" di Cluny e la decadenza dell'ordine, Rivista di scienze storiche 1, 1908, 161—164.
188. Schapiro, M.: The Parma Ildefonsus. A romanesque illuminated manuscript from Cluny and related works, Monographs on archaeology and fine arts 11, New York 1964.
189. Schieffer, T.: Notice sur les vies de saint Hugues, abbé de Cluny, Moyen âge 46, 1936, 81—103.
190. Schmitt, P. S.: Neue und alte Hildebrandanekdoten aus den „Dicta Anselmi", Studi Gregoriani 5, 1956, 1—18.
191. Schmitz, Ph.: Un conflit entre monastères clunisiens d'après la correspondance de Pierre le Vénérable, RB 49, 1937, 366—375.
192. Schnack, I.: Richard von Cluny. Seine Chronik und sein Kloster in den Anfängen der Kirchenspaltung von 1159. Berlin 1921.
193. Schnürer, G.: Das Necrologium des Cluniacenserpriorats Münchenwiler, Collectanea Friburgensia 19, Freiburg/Sch. 1909.
194. Schreiber, G.: Zur cluniazensischen Reform, in: Gemeinschaften des Mittelalters (Ges. Abh. 1), Münster 1948, 139—149.
195. —: Cluny und die Eigenkirche, in: s. Nr. 194, 81—138.
196. —: Gregor VII., Cluny, Cîteaux, Prémontré zu Eigenkirche, Parrochie, Seelsorge, in: s. Nr. 194, 283—370.
197. Schröder, W.: Mönchische Reformbewegungen und frühdeutsche Literaturgeschichte, Wissenschaftliche Zeitung der Martin-Luther-Universität Halle-Wittenberg 4, 2, 1955, 237—248.

198. Schultze, W.: Über die Biographien des Maiolus, Forschungen zur deutschen Geschichte 24, 1884, 153—172.
199. —: Noch ein Wort zu den Biographien des Maiolus, Neues Archiv 14, 1889, 545—564.
200. Schwarzmaier, H.: Das Kloster S. Benedetto di Polirone in seiner cluniazensischen Umwelt, in: Adel und Kirche, Festschrift für Gerd Tellenbach, Freiburg/Br. 1968, 280—293.
201. Simon, P.: Bullarium sacri ordinis Cluniacensis. Lyon 1680.
202. Simonin, S.: Le culte eucharistique à Cluny de saint Odon à Pierre le Vénérable, BCIER 1961, 3—13.
203. Sitwell, G.: S. Odo of Cluny. London 1958.
204. Smith, L. M.: The early history of the monastery of Cluny. Oxford 1920.
205. —: Cluny in the eleventh and twelfth centuries. London 1930.
206. —: Ezelo's life of Hugh of Cluny, English historical review 27, 1912, 96—101.
207. Southern, R.: Saint Anselm and his biographer. Cambridge 1963.
208. Stacpoole, A.: Hugh of Cluny and the Hildebrandine miracle tradition, RB 77, 1967, 341—363.
209. Stiennon, J.: Hézelon de Liège, architecte de Cluny, in: Mélanges René Crozet Bd. 1, Poitiers 1966, 345—358.
210. Swoboda, A. (Hrsg.): Odonis abbatis Cluniacensis Occupatio. Leipzig 1900.
211. Sydow, J.: Cluny und die Anfänge der apostolischen Kammer, SMGOSB 63, 1951, 45—66.
212. Talbot, H.: S. Odilo, a forerunner of s. Bernard in mariology, The Clergy review 24, 1944, 193—202.
213. Tellenbach, G.: Libertas. Kirche und Weltordnung im Zeitalter des Investiturstreites, Forschungen zur Kirchen- und Geistesgeschichte 7, Stuttgart 1936.
214. — (Hrsg.): Neue Forschungen über Cluny und die Cluniazenser. Freiburg/Br. 1959.
215. —: Der Sturz des Abtes Pontius von Cluny und seine geschichtliche Bedeutung, QFIAB 52/3, 1963, 13—55.
216. Tenet, J. M.: Panégyrique de S. Mayol, abbé de Cluny. Grenoble 1882.
217. Töpfer, B.: Volk und Kirche zur Zeit der beginnenden Gottesfriedensbewegung in Frankreich, Neue Beitr. z. Geschichtswissenschaft 1, Berlin 1957.
218. Tomek, E.: Studien zur Reform der deutschen Klöster im 11. Jahrhundert. Wien 1910.

219. Traube, L.: Abermals die Biographieen des Maiolus, Neues Archiv 17, 1892, 402—407.
220. de Valous, G.: Le monachisme clunisien, Archives de la France monastique 39/40, Ligugé, Paris 1935, Neudruck Paris 1970.
221. —: Le temporel et la situation financière des établissements de l'ordre de Cluny du XIIe au XIVe siècle, Archives de la France monastique 41, Ligugé, Paris 1935.
222. —: Le domaine de l'abbaye de Cluny aux Xe et XIe siècles. Paris 1923.
223. de Valous, J.: Sur quelques points d'histoire relatifs à la fondation de Cluny, in: Nr. 157, 177—219.
224. van der Velde, E.: Saint Odon, réformateur musical et religieux, Bulletin de la société archéologique de Tourraine 22, 1927, 290—292.
225. Vezin, J.: Une importante contribution à l'étude du „scriptorium" de Cluny à la limite des XIe et XIIe siècles, Scriptorium 21, 1967, 312—320.
226. Vogelgsang, M.: Der cluniazensische Chronist Rodulfus Glaber. Phil. Diss. masch. München 1952; Teilabdruck SMGOSB 67, 1956, 25—38, 277—297.
227. Voormann, K.: Studien zu Odo von Cluny. Phil. Diss. masch. Bonn 1951.
228. Werner, E.: Die gesellschaftlichen Grundlagen der Klosterreform im 11. Jahrhundert. Berlin 1953.
229. White, H. V.: Pontius of Cluny, the curia Romana and the end of gregorianism in Rome, Church history 27, 1958, 195—219.
230. Williams, W.: Monastic studies. Manchester 1938.
231. Wilkens, C. A.: Petrus der Ehrwürdige. Leipzig 1857.
232. Wilmart, A.: Le couvent et la bibliothèque de Cluny vers le milieu du onzième siècle, RM 11, 1921, 89—124.
233. —: Le poème apologétique de Pierre le Vénérable et les poèmes connexes, RB 51, 1939, 53—69.
234. —: Deux pièces relatives à l'abdication de Pons, abbé de Cluny, RB 44, 1932, 251—253.
235. Wolff, A.: Cluny und Chartres, in: Von Bauen, Bilden und Bewahren. Festschrift f. Willi Weyres. Köln 1964, 199—218.
236. Wollasch, J.: Die Überlieferung cluniazensischen Totengedächtnisses, in: ders. und Karl Schmid, Die Gemeinschaft der Lebenden und Verstorbenen in Zeugnissen des Mittelalters, Frühmittelalterliche Studien 1, 1967, 389—405.

237. Wollasch, J.: Ein cluniazensisches Totenbuch aus der Zeit Abt Hugos von Cluny, Frühmittelalterliche Studien 1, 1967, 406—443.
238. —: Königtum, Adel und Klöster im Berry während des 10. Jahrhunderts, in: Nr. 214, 17—166.
239. —: Qu'a signifié Cluny pour l'abbaye de Moissac?, in: Nr. 2, 345—352.
240. —: Kaiser Heinrich II. in Cluny, Frühmittelalterliche Studien 3, 1969, 327—342.
241. Wolter, H.: Ordericus Vitalis. Ein Beitrag zur kluniazensischen Geschichtsschreibung, Veröffentl. d. Instituts für europäische Geschichte Mainz 7, Wiesbaden 1955.

Handbücher zur
GESCHICHTSWISSENSCHAFT

Erdmann, C.: Die Entstehung des Kreuzzugsgedankens. (1935) 1972. XII, 420 S. **Nr. 199**

Franz, G.: Der deutsche Bauernkrieg. 10. Aufl. 1974. XVI, 328 S., 16 Abb., 3 Faltkt. **Nr. 202**

Grönbech, W.: Kultur und Religion der Germanen. 6. Aufl. 1961. 868 S. **Nr. 943**

Hartung, F.: Neuzeit von der Mitte des 17. Jh. bis zur Französischen Revolution 1789. (1932) 1965. VIII, 213 S. **Nr. 2755**

Hellmann, S.: Das Mittelalter bis zum Ausgang der Kreuzzüge. (2. Aufl. 1924) 1969. IX, 398 S. **Nr. 4375**

Hinrichs, C.: Friedrich Wilhelm I., König in Preußen. (1943) 1968. XII, 788 S., 40 Abb. **Nr. 3910**

Kern, F.: Gottesgnadentum und Widerstandsrecht im früheren Mittelalter. 6. Aufl. 1973. XVI, 416 S. **Nr. 129**

Koser, R.: Geschichte Friedrichs des Großen. (1921/25) 1964. XXXIII, 1892 S., 1 farb. Kt., 14 Schlachtsk. **Nr. 1576**

Lindner, Th.: Deutsche Geschichte unter den Habsburgern und Luxemburgern (1273—1437). (1890/93) 1970. XXVIII, 915 S., 1 farb. Kt. **Nr. 4407**

Mitteis, H.: Die deutsche Königswahl. (2. Aufl. 1944) 1972. 239 S. **Nr. 5340**

Monger, G.: Ursachen und Entstehung der englisch-französisch-russischen Entente 1900—1907. 1963. VIII, 432 S. **Nr. 6538**

Mühlbacher, E.: Deutsche Geschichte unter den Karolingern. (2. Aufl. 1959) 1972. VI, 697 S., 1 Stammtaf., 1 farb. Faltkt. **Nr. 589**

Peuckert, W.-E.: Die große Wende. Das apokalyptische Saeculum und Luther. (1948) 1967. IV, 749 S. **Nr. 2765**

Raumer, F. von: Geschichte der Hohenstaufen und ihrer Zeit. 1968. XV, 357 S. mit Regententab., 1 Frontispiz, 3 Stammtaf. **Nr. 4949**

Rimscha, H. von: Geschichte Rußlands. 3. Aufl. 1972. XX, 692 S. **Nr. 5534**

Ritter, M.: Deutsche Geschichte im Zeitalter der Gegenreformation und des Dreißigjährigen Krieges (1555—1648). (1886 ff.) 1974. XL, 1780 S. **Nr. 1162**

Schieffer, Th.: Winfrid-Bonifatius und die christliche Grundlegung Europas. (1954) 1972. XII, 337 S., 2 Kt. **Nr. 6065**

Schmeidler, B.: Das spätere Mittelalter von der Mitte des 13. Jh. bis zur Reformation. (1937) 2. Aufl. 1962. XIII, 492 S. **Nr. 1586**

Schneider, F.: Mittelalter bis zur Mitte des 13. Jh. (1929) 4. Aufl. 1973. VIII, 491 S. **Nr. 1587**

Zechlin, E.: Bismarck und die Grundlegung der deutschen Großmacht. (1930) 2. Aufl. 1960. XXI, 652 S., 4 Faks., 5 Kt. im Text. **Nr. 939**

WISSENSCHAFTLICHE BUCHGESELLSCHAFT
61 Darmstadt   Postfach 1129

OCT 0 5 2005